Anonymous

Mani

Forschungen über die Manichäische Religion. Erster Band (Voruntersuchungen und

Quellen)

Anonymous

Mani

Forschungen über die Manichäische Religion. Erster Band (Voruntersuchungen und Quellen)

ISBN/EAN: 9783337410490

Hergestellt in Europa, USA, Kanada, Australien, Japan

Cover: Foto ©Lupo / pixelio.de

Weitere Bücher finden Sie auf **www.hansebooks.com**

MANI.

FORSCHUNGEN

ÜBER DIE

MANICHÄISCHE RELIGION.

EIN BEITRAG
ZUR
VERGLEICHENDEN RELIGIONSGESCHICHTE DES ORIENTS

VON

Dᴿ· KONRAD KESSLER
AO. PROFESSOR DER ORIENTALISCHEN PHILOLOGIE
AN DER UNIVERSITÄT GREIFSWALD

ERSTER BAND.

VORUNTERSUCHUNGEN UND QUELLEN.

BERLIN.

DRUCK UND VERLAG VON GEORG REIMER.

1889.

MOTTO: NIL DESPERARI —

Vorrede zu Band 1 und 2.

Es ist die Pflicht des Philologen, namentlich aber des Orientalisten, beim Studium seiner Texte auch um die Realia seines Faches sich zu kümmern. Zu diesen gehört für den Semitisten (ausser der Literaturgeschichte) die Geschichte des alten wie neueren Orientes, und unter deren Einzelfächern neben der politischen Geschichte gerade in der Gegenwart die Geschichte der orientalischen Religionen.

Diese kann und muss nach dem jetzigen Stande der wissenschaftlichen Erkenntniss immer mehr, wie parallel damit die Erforschung der Sprachen, vergleichend betrieben werden. Die vergleichende Behandlung ermöglicht insbesondere ein tieferes Eindringen in das Verständniss der arg vernachlässigten Mischreligionen. Manche, sonst als obscure oder verdrehte Sekten angesehene Gebilde, zumal in der nachchristlichen Religionsgeschichte, gewinnen durch die Wiederbestimmung ihrer Elemente als alter Reminiscenzen eine erhöhte Bedeutung — ganz ähnlich wie bei den Mischsprachen. —

Von diesen Gesichtspunkten aus ist das vorliegende Werk geschrieben worden.

Es behandelt eine untergegangene grosse Religion, entstanden in früher nachchristlicher Zeit, deren Ueberreste aus kärglicher Ueberlieferung hier gesammelt und vielfach zum ersten Male vergleichend erläutert werden. —

Der Verfasser, von Haus aus und noch jetzt wesentlich Grammatiker nach seiner differentia specifica, betrat das hier

vorliegende Arbeitsfeld literarisch zuerst vor nunmehr länger als
12 Jahren bald nach Beginn seiner akademischen Lehrthätigkeit.
Aus einem äusseren Anlasse wurde die erste einschlägige kleine
Schrift als theologische Licentiatendissertation im Jahre 1876
publicirt. Die erforderlichen Vorstudien sollten ursprünglich nur
eine episodische Unterbrechung grammatischer Arbeiten bilden.
Jene kleine Arbeit sollte zwar noch etwas fortgesetzt werden,
aber diese Fortsetzung sollte, wie die Dissertation, nichts weiter
als Vorfragen des manichäischen Stoffes behandeln. Indessen
— das Interesse an dem einmal erwählten Stoffe war nun doch
inzwischen, leider! muss ich sagen, ein lebhafteres geworden.
Die Schwelle war überschritten, und weiter, immer weiter führte
der Weg in die Gänge des Labyrinthes der Mischreligionen, bis
endlich der Ariadnefaden gefunden war, mit dessen Hilfe schliesslich eine Orientirung über die Weite des Umfangs und die Zusammenhänge gelang und der Ausgang wieder erreicht wurde.
Das vorliegende zweibändige Werk ist das Resultat der langen
Abschweifung. Der Druck der fortgesetzten Dissertation aber
wurde 1877 wegen Erkrankung des Verfassers eingestellt. —

Meine akademische Lehrthätigkeit der damaligen Zeit, die
ganz vorwiegend dem Hebräischen, der Wissenschaft des Alten
Testaments in allen ihren Theilen, gewidmet war und mich als
Docenten fast völlig zum Theologen machte, trug mit dazu bei,
mich an diesen religionsgeschichtlichen, also halbtheologischen
Stoff immer und immer wieder zu fesseln. So haben sich denn
Jahre lang drei verwandte Studiengebiete, ausgedehnte religionsgeschichtliche Studien, die alttestamentlichen und jene ursprünglichen, nie aufgegebenen, zur vergleichenden Grammatik der semitischen Sprachen, bei mir gekreuzt, die eine Art der anderen
die für eine jede ersehnte Vollendung zum Zwecke der Veröffent-
lichung erschwerend. Mit vorliegendem Werke lege ich also vor-
erst einmal einen grösseren Ertrag meiner religionsgeschichtlichen Studien vor. Erschöpft ist damit der die Jahre über
gesammelte Stoff zwar keineswegs, aber ich gebe hiermit Dem,
was ich über die Religion des Mani ermittelt zu haben glaube,
endlich den Abschluss.

Es darf also schon nach diesen Verhältnissen, bei der langen
Zersplitterung meiner Thätigkeit, das vorliegende Werk nicht als

ein opus duodecim annorum, als das Product ununterbrochener
12jähriger Arbeit angesehen, und demzufolge der Massstab ganz
besonderer Vollendung an dasselbe angelegt werden. Denn noch
dazu ist die, an sich stets getheilt gewesene, Beschäftigung mit
diesen Forschungen lange Zeit hindurch auch von einer ungewöhnlich mannigfachen Ungunst der persönlichen Verhältnisse
des Verfassers bedrückt und öfter gänzlich unterbrochen worden,
ja meine Arbeitskraft ist zeitweise ganz lahm gelegt gewesen.
Das hier an die Oeffentlichkeit tretende Werk über Mani ist
somit ein Schmerzenskind seines Verfassers in selten umfassen-
der Bedeutung des Wortes. —

So wichtig nun Forschungen wie diese sind, ebenso undank-
bar sind sie, von der inneren Befriedigung abgesehen, welche
der klarere Einblick in das Verworrene gewährt, jedenfalls für
den Autor, der mit ihrer Durchführung als mit seinem ersten
grösseren Werke sich der Gelehrtenwelt vorstellt. Schon der
Stoff liegt von der Heerstrasse ziemlich abseits. Der Orientalist
aber, welcher diese Untersuchungen anstellt, thut dies auf
Grundlage von Fragmenten von Texten, von meist arabischen
Excerpten, nicht auf Grundlage vollkommen erhaltener grösserer
Religionsschriften. Die Arbeit am Verständnisse dieser Texte
kostet nun zwar mindestens ebenso viel Mühe, wie die Edition
eines grösseren arabischen Werkes aus Handschriften, oder wie
eine grössere grammatische Arbeit zur semitischen Sprachvergleichung. Und doch trägt eine derartige Publication, wie die
der letzteren Art, ihrem Autor, dem Orientalisten, directe Legitimirung als Philolog bei seinen Fachgenossen ein. Durch ein
Werk aber, wie das vorliegende, geräth er, weil es mit ins
theologische Gebiet hineinragt, leicht „zwischen zwei Stühle“.
Dazu kommt, dass aus fragmentarischem Material sich nicht
immer ganz Sicheres ermitteln lässt, und der Forscher leicht
hüben wie drüben als Conjecturenmacher erscheint. So darf
ich denn also, jetzt beim Rückblicke auf die vollendete Arbeit,
keineswegs mit einem Bekenntnisse der Selbstkritik zurückhalten.
Ich hätte eine solche weitschichtige Arbeit, die mich so lange
zu nichts anderem kommen liess, so lange auf literarischem Gebiete zum Schweigen verurtheilt hat, besser für ein späteres
Stadium meiner schriftstellerischen Thätigkeit aufsparen sollen.

Ich hätte zunächst durch Herausgabe unedirter Werke der arabischen, syrischen, persischen Literatur, und durch Fortsetzung meiner Arbeiten auf meinem eigentlichen, aber von mir seit 1875 öffentlich nicht wieder betretenen Lieblings- und Berufsfelde, dem rein grammatischen, mich bei den fachgenössischen Orientalisten als einen Philologen weiter legitimiren sollen, der dann auch diesem spröden und schwierigen Stoffe der auf Religionsgeschichte angewandten orientalischen Philologie gewachsen wäre. Diese Erkenntniss ist mir auch nicht erst jetzt, sondern schon sehr zeitig gekommen, als ich den Umfang der Arbeit immer mehr anschwellen sah. Aber nachdem erst die einzelnen kleineren Publicationen, mit welchen ich doch immerhin von Zeit zu Zeit meine Beschäftigung mit dem manichäischen Thema vor der Gelehrtenwelt documentiren durfte (s. das Verzeichniss am Ende dieser Vorrede), von den für den Stoff sich interessirenden Gelehrten, Orientalisten wie Theologen, nicht ohne Beifall aufgenommen waren, da empfand ich es als eine Pflicht, das nie völlig erschöpfbare Thema wenigstens zu einem gewissen Abschlusse zu führen und das auch öffentlich gegebene Versprechen einzulösen. Ich kann hier öffentlich mit gutem Gewissen bezeugen, dass ich mich zu der endlichen Vollendung, richtiger: Zusammenfassung des von mir Gesammelten, so früh aufgerafft, und sie so schnell durchgeführt habe, als es die Besserung meiner persönlichen Verhältnisse und zuletzt — der innere Kampf mit dem Ueberdrusse nur irgend gestatteten. —

Eine neue quellenmässige und umfassende Untersuchung über den Manichäismus wurde seit dem Jahre 1862, wo Gustav Flügel's verdienstvolles Werk[1]) erschien, nicht unternommen. Sie ist aber längst ein Bedürfniss geworden, nachdem in den letzten 25 Jahren ein tieferes Verständniss der Religionen des vorderen Orients durch eine Fülle ganz ungeahnten Materials erschlossen worden ist, wie es vor Allem die neue Disciplin der Assyriologie gebracht hat. Die neue Untersuchung konnte nicht

[1]) Mani. Seine Lehre und seine Schriften. Ein Beitrag zur Geschichte des Manichäismus. Leipzig, Brockhaus, 1862.

von einem Theologen, sondern nur von einem Orientalisten durchgeführt werden, der aber mit der sprachlichen Beherrschung der orientalischen Quellen weiterhin, als sachliches Erforderniss, theologische Vorkenntnisse und theologisches Interesse für die Gedankenwelt des manichäischen Systems vereinigte. —

Das vorliegende Werk unterscheidet sich von früheren über dasselbe Thema vor Allem durch eine von der alten fundamental abweichende Auffassung vom Wesen des „Manichäismus". Dasselbe fasst den sogenannten Manichäismus nicht auf als eine einfache Secte einer der älteren grösseren Religionen. Er ist weder eine solche des Christenthums noch eine solche des Parsismus (der Religion Zarathustra's). Vielmehr erkenne ich im „Manichäismus" eine, wenn auch jüngere, so doch jenen beiden gegenüber durchaus selbständige, neue grosse Religion, eine Weltreligion, die an machtvoller Entfaltung und Verbreitung jenen beiden, nicht nur dem Parsismus, auch dem altkatholischen Christenthume, mindestens ebenbürtig war, und dies in weit höherem Grade, als die mit der Manireligion zum Theil wurzelverwandte, noch jetzt lebende jüngste der sogenannten Weltreligionen, der Islâm, die Religion Muhammed's. Ich rede deshalb auch richtiger nicht von „Manichäismus", so wie man in der christlichen Dogmengeschichte etwa von „Sabellianismus" oder „Socinianismus" und anderen Ketzereien oder „—ismen" redet, sondern von der Religion des Mani, dem Manithum, also so wie man von der Religion des Buddha, dem Buddhathum, und wie man — den Vergleich wolle man nicht missverstehen — von der Religion Christi, dem Christenthum redet. Mit dieser Auffassung, die ich schon 1881 in meinem Artikel „Mani und die Manichäer" in Herzog's Realencyclopädie (2. A. Bd. IX S. 223 ff.) öffentlich vertreten habe, freue ich mich, mit derjenigen des Kirchenhistorikers Adolf Harnack zusammengetroffen zu sein, welcher im Anhange seines herrlichen Meisterwerkes „Lehrbuch der Dogmengeschichte" Bd. 1 (1. Aufl. 1885 S. 681 ff.) den Manichäismus, den Neuplatonismus und das altkatholische Christenthum als die drei grossen Religionen anerkennt, die sich am Ende des dritten nachchristlichen Jahrhunderts um die Weltherrschaft concurrirend gegenüberstehen. — Sodann aber sehe ich, abweichend von der alten

Auffassung nicht den dualistischen Parsismus als die wirkliche Heimath und den Boden der Gebilde des manichäischen Lehrcomplexes an. Diesen finde ich vielmehr in dem Mythenschatze der altbabylonisch-chaldäischen Religion, wenn auch vielfach nur in verjüngter, theilweise philosophischer Reflectirung oder in syncretistischer Verquickung mit anderen, paganistisch-semitischen sowohl als auch jüdisch-christlichen, Elementen. — Mithin gehört die vorliegende Untersuchung nicht in das Bereich der christlichen Theologie (Dogmen- und Kirchengeschichte), sondern in das der allgemeinen vergleichenden Religionsgeschichte. Denn mit demselben Rechte, mit welchem man den Manichäismus eine christliche Häresie nennt, kann man ihn auch eine muhammedanische nennen. Die „Zandiken", wie die Orientalen der Chalifenzeit und später für die Anhänger Mani's sagen, waren im Oriente, im Gebiete des Islâms, ebenso zahlreich vertreten, wie die Manichäer zur Zeit Augustin's und später im christlichen Abendlande, und jene waren dort ebenso als Anhänger einer Geheimreligion gegenüber der herrschenden Staatsreligion, dem Islâm, verfolgt, wie diese in den christlichen Ländern. —

Es waren philologische Untersuchungen, bei denen ich s. Z. zuerst näheres Interesse für Mani und seine Lehre schöpfte, nämlich das Studium gewisser syrischer Schriften, die sich mit dem „Häretiker" polemisch befassen, und aus denen ich damals für meine Studien über die semitische Nominalbildung Material sammelte [1]. Eine wenig beachtete, aber sehr interessante Ausführung Efräm's des Syrers gegen Mani ist im vorliegenden ersten Bande S. 265 ff. in vokalisirtem Texte mit Uebersetzung in extenso wiedergegeben worden; von ihr zumeist bin ich zuerst angeregt worden. Die syrischen Kirchenväter legen durch ihre ausnehmend leidenschaftliche Bestreitung des Mani, der ihnen viel gefährlicher erscheint als irgend ein anderer „gnostischer" Ketzer, etwa als Marcion, widerwillig bereits hinreichend Zeugniss ab für die grosse Macht, welche die Manilehre in ihrer

---

[1] Studiorum ad linguarum Semiticarum grammaticam comparativam pertinentium partic. I, agens de formatione quorundam nominum Syriacorum. Marpugi ad Lognanam 1875. Cf. die Recension von Th. Nöldeke in DMZ XXIX (1876) S. 646 ff.

Zeit über religiös erregte Gemüther ausübte, und lassen ahnen, dass diese Lehre einen weit reicheren Kreis abweichender Vorstellungen gegenüber dem orthodoxen Christenthum in sich barg, als irgend eine der früheren innerchristlichen Häresieen mit ihren vereinzelten Paradoxieen oder Heterodoxieen. Mein hierdurch rege gewordenes sachliches Interesse wurde nun vollauf befriedigt durch das überraschend neue Bild, welches eine nunmehrige umfassende Kenntnissnahme a l l e r orientalischen Quellen von dem wirklichen, einheimischen, orientalischen „Manichäismus" mir verschaffte. In erster Linie thaten dies natürlich die authentischen und ausführlichen Mittheilungen des Arabers p. p. anNadîm in seinem literaturgeschichtlichen Werke Fihrist al-'ulûm, die uns Flügel 1862 so reichhaltig commentirt hat; da bekommt man schon eine andere Vorstellung von dem geschlossenen Zusammenhange und dem Reichthum der Manilehre, als allein aus Augustin's dürftigen Excerpten und einseitig-dialektischen Bestreitungen hervorgeht. Indessen, näher im Einzelnen betrachtet, erscheinen Mani's lehrhafte Aufstellungen, will man sie nicht als reine Phantasiegebilde von ihm auffassen — was sie nicht sind —, ihrer religionsgeschichtlichen Herkunft nach zuerst als ebenso viele Räthsel. Diesen Charakter verlieren sie aber, so wie man Verwandtes auf verwandten Gebieten findet. Eine Wahrnehmung, die ich bei fortgesetzter Nachforschung in dieser Richtung machte, wurde für mich das entscheidende Moment, welches meine Aufmerksamkeit auch nach vielen und langen Unterbrechungen immer wieder an das anziehende Thema der manichäischen Ideengebilde zu fesseln vermochte. Dies ist die Erkenntniss der grossartigen entwicklungsgeschichtlichen Zusammenhänge eines gewaltigen jahrhundertelangen religiösen Entwicklungsprocesses, in welchem die Manilehre als der Höhepunkt mitten inne steht. Weit zurück bis in vorchristliche Zeit reichen die Wurzeln ihrer constituirenden Einzelbestandtheile, und lange nachhaltend, als wesentliches Ferment, haben sich im Bereiche der innerislamischen Sektenbildung die Nachwirkungen dieser Elemente gezeigt. — Dass einzelne manichäische Lehren mit denen gewisser älterer Sekten, z. B. der sogenannten „häretischen" Ebioniten und der Neupythagorüer, verwandt seien, haben schon ältere Forscher wie F. Chr. Baur und Chr. Lassen ausgesprochen, aber es fehlte ihnen die Erkenntniss eines wirklichen genetischen Zusammenhanges, und vollends konnte man nicht wissen, welches die gemeinsame Quelle ist, und damit auch nicht, welches das Band, das sich wie ein rother Faden durch das Labyrinth der Mischreligionen hindurchzieht. Dieses einigende und leitende Element ist für mich die Ein- und Nachwirkung der chaldäisch-babylonischen Religion, deren Grundzüge man erst seit kaum 20 Jahren quellenmässig kennt. — Will man den Manichäismus verstehen, so stösst man beim Umschauen nach vorangegangenem Verwandtem zuerst natürlich auf den „Gnosticismus", um dieses weitverzweigte Gebiet mit dem herkömmlichen Collectivnamen zu benennen. „Gnosticismus" und „Manichäismus" nennt man ja gewöhnlich die beiden gefährlichsten Feinde der altchristlichen Kirche. Ich sehe im „Gnosticismus", d. h. in den vielen Lehrbildungen dieses Namens eine Religionsmischung, eine Vermischung des mehr oder weniger rein erhaltenen Babylonismus mit der christlichen Lehre, aber keine blosse Verfälschung der christlichen Lehre durch Aufnahme einzelner paganistischer Elemente. Der Grundstamm aller gnostischen Systeme ist für mich heidnisch, und auf das Heidnische ist das Christliche (wie in der Kabbâlâ das Jüdische!) aufgepropft, nicht umgekehrt. Der Gnosticismus ist eine Reaction des in Asien einheimischen paganistischen (d. i. im Wesentlichen babylonischen) Semitismus gegen die Macht der vorchristlichen (israelitischen) und der christlichen Offenbarungsreligion und zugleich gegen das fremde Griechenthum. Mag die Form und die Terminologie mancher dieser Systeme, z. B. des valentinianischen, noch so stark gräcisirt sein, die Grundbeschaffenheit der Lehren bleibt die heidnisch-babylonische [1]). Daher ist für mich der „Manichäismus" auch kein zweites Neues neben dem Gnosticismus, sondern er ist der Urgnosticismus, weil in ihm das babylonische Grundelement aller „Gnosis" vorherrscht und am ursprünglichsten bewahrt ist. — So kam ich denn vom Manichäismus zu-

---

[1]) Ich habe dies bereits näher ausgeführt in meinem Vortrage „über Gnosis und altbabylonische Religion" auf dem Berliner Orientalisten-Congresse 1881.

nächst auf die engverwandte Lehre der Mandäer und fand in deren Originalschriften (besonders Sidrâ rabbâ und Kolastâ), die mich auch sprachlich im Detail beschäftigt haben, den Ausdruck einer Religionsform, welche den Reflex des Altbabylonischen ebenso treu bewahrt hat wie Mani, wenn auch viel mehr als er unter der Verkleidung biblischer Namen, in welcher aber daneben noch ein anderes bei Mani zurücktretendes Element breiten Raum einnimmt, das ich wegen der sprachlichen Form der Namen als die Volksreligion der heidnischen Aramäer Babyloniens (im Unterschiede von der altbabyl. Priesterreligion) glaube bezeichnen zu müssen. — Der manichäischen und mandäischen sehr nahe verwandt, wenn auch stärker gräcisirt, fand ich die Lehre der „Sethianer", der „Peraten", der „Naassener" u. s. w. nach der Beschreibung in den unschätzbaren Φιλοσοφούμενα des Pseudo-origenes Buch V. Man gewinnt nun auch eine Vorstellung von dem Alter, von der weiten Verbreitung und der Eigenart jener (ächten) „Sabier" oder „Täufer", die Muhammed im Koran mit den Juden und den Christen als eine dritte grosse Religionsgemeinschaft von „Schriftbesitzern" zusammengestellt; das heisst also von solchen, welche der Bibel, d. i. den jüdischen und christlichen heiligen Büchern im Inhalte nahe verwandte Religionsschriften besassen, aber als Religionsgenossenschaft von Juden wie Christen abgesondert sind. „Anführer" der „Täufer" (arabisch almughtasilah) heisst aber im Fihrist jener „Elkesai" (verdorben zu alḥasaiḥ الحسيح): und dieses Wiedererkennen babylonischer Elemente (besonders die Lehre von der fortlaufenden Prophetie durch Incarnationen der Gottheit) führt rückwärts weiter auf den Ideenkreis der „Elkesaiten" (philosoph. IX. Epiphan. 53) (und „Ebioniten") mit den pseudoclementinischen Schriften. — Von da aber weiter zeitlich rückwärts kommt man zur Erklärung der räthselhaften, gerade in der Gegenwart theologischerseits (Ohle u. s. w.) viel besprochenen Essäer, damit aber bereits in vorchristliche Zeit hinauf. Der Essenismus ist eine Mischung von babylonischen, arabischen und jüdischen Elementen, das Wesentliche sind aber die ersteren. Mit den Essäern sind von jeher die Neupythagoräer zusammengestellt worden, die zuerst im 3. Jahrhundert vor Chr. bezeugt sind. Die Essäer aber führen weiterhin in die Sphäre der jüdischen

Apokalyptik und Pseudepigraphik[1]) hinein, und die Eigenart des in diesem ganzen Schriftthume seit dem Buche Daniel sich
ausdrückenden Judenthums lässt sich auf Einflüsse aus Babylonien zurückführen. Babylonische Namen (Daniel, Elchasai)
bilden neben altbiblischen (Adam, Seth) die Titelträger der
apokalyptischen Schriften (Buch des Daniel, des Seth, des „Elkesai)“. Babylonische Einflüsse müssen überhaupt auf das nach-
exilische Judenthum in viel stärkerem Umfange als bisher (nicht
nur Monats- und Engel-Namen) anerkannt werden. Die in Babylonien angesiedelten Juden sind mit der Zeit halb aramäisch
in ihrem Glauben geworden, und der 'Azàzêl des Versöhnungs-
fest-Ritus levit. 17 ist lediglich ein babylonisch-aramäischer
Göttername, und der böse Engel des Buches Henoch. Wer den
ganzen Umfang der babylonischen Beeinflussungen des Judenthums feststellen will, hat bis auf Ezechiel und die Theologie
des Deuterojesaja zurückzugehen. Wenn nun selbst in der
Philosophie des alexandrinischen Judenthums und in palästinensischen Apokryphen wie der Σοφία Σολομῶντος neben den griechischen recht deutlich babylonische Elemente wiederzuerkennen
sind, so erkennt man mit Erstaunen, dass in grossem Massstabe, jedenfalls seit Alexanders Eroberung der Strom babylonischer Einwirkungen sich ebenso weithin nach Westen
ergossen und religionsmischend gewirkt hat, wie umgekehrt seit Alexander in der hellenistischen Zeit der
Einfluss des Griechenthums im Osten bis nach Central-
asien hinein. Auf die Religion der Israeliten speciell müssen
aber mesopotamische Einflüsse, dieser Art, ächt babylonische,
nicht persische, schon seit der Zeit der schwindenden staatlichen
Selbständigkeit der beiden israelitischen Reiche sich erstreckt
haben. Direct angesiedelte babylonische Colonien haben, wie
die Samaritaner zugestandener Weise, so auch im Ostjordanlande die Elkesaiten und verwandte Mischreligiosen producirt und
zu dem gemacht, was sie sind, zu Mischlingen babylonischer

---

[1]) Der νομοθέτης, dessen Namen zu lästern den Essäern die grösste
Sünde war, ist nicht Moses, sondern Ιεσσαί d. i. יֶחַי, ein babylonisch-jüdi-
scher, neuhebräischer Männername, nach welchem ein סֵפֶר יֶחַי, ein heiliges
Buch J., und die „Jessäer“, d. i. Essäer selbst, benannt sind.

und jüdischer Art besonders auch in der Religion. — Abwärts
gehend führt der Manichäismus nun zunächst auf die Vorgeschichte des Islâms, schon durch das Mittelglied der dem
„Elkesaitismus" verwandten Richtung in Ostpalästina und Syrien,
die als eine Vorstufe für viele Glaubensmeinungen wie Satzungen
Muhammed's anerkannt ist und anzuerkennen bleibt. Directe
Einwirkungen aus Babylonien verräth aber weiter schon der
Name der Hanifen. Der Name bleibt für mich das (arabisirte)
babylonisch-aramäische ḥanĕfĕ; so aber, als „Heiden" oder „Pro-
fane", bezeichneten ursprünglich die streng altgläubig gebliebenen Juden Babyloniens diejenigen Bewohner dieses Landes,
welche bei der allmählig erfolgten Mischung des heidnisch-ara-
mäischen Glaubens der einheimischen Babylonier und des alt-
israelitischen Glaubens der angesiedelten Juden zwar von letzteren den Monotheismus mit dem Gottesnamen Jahweh und den
biblischen Namen wie Adam, Hebel, Seth angenommen, sonst
aber der (aramäischen) Volksreligion zugethan geblieben waren,
während die Juden ihrerseits heilige Personen (Götter) der babylonischen Volksreligion als Namen von Engeln (und Teufeln),
meist auf -êl ausgehend, Gabrî-êl, Ûrî-êl etc. bei sich aufnehmen.
Bei Mâni ist dieses letztere (babylonisch-aramäische) Element
für unsere Kenntniss schwach, aber doch merklich (cf. der En-
gelname Eltawam التَنُوم im Fihrist) vertreten. Auf Babylonien
weist doch sehr bestimmt z. B. der bekannte Mârût (Hârût und
M.) des Korans; ܡܪܘܬܐ Μαρούθα; ist ja ein babylonischer Männername, den noch christliche Heilige und Märtyrer in den syrischen Märtyreracten führen; die Paradiesesquelle Salsabil (und
Kâfûr) in Sure 76, 18 und 5 hat offenbar einen aramäischen
Namen und ist altbabylonische Vorstellung. Die Form der biblischen Legenden im Koran uud überhaupt im Islam hat mit der
bei Mani (von den Protoplasten) wie bei den Christen z. B. in
der „Schatzhöhle" (ed. Bezold 1887) und im „Buche der Biene"
(ed. Budge 1886) und namentlich bei den Juden (im Midrasch)
viel Verwandtes; das Unbiblische darin, oft mit dem vagon Namen „rabbinisch" belegt, ist aber das hinzugemischte heidnisch-
aramäische uud altbabylonische Element, zum Theil aus der
Heroen- („Izdubar"-) Sage. Die Schi'iten haben bekanntlich die

ächt altbabylonische Lehre von der fortlaufenden Prophetie (die Imâme mit dem Mahdî als letztem) weiter entwickelt, und so erinnern die Grundzüge der Lehre vieler Sekten im weiten Rahmen des Isläms direct an Mani, weil sie (nicht neuplatonische, nicht zoroastrische, parsische, sondern) altbabylonische Gedanken ausführen. Bei den „Ismaeliten“, im Sufismus, in der „unitarischen“ Mystik, in den Systemen der „Lauteren Brüder“, in Schriften wie die „Theologie des Aristoteles“ (ed. Dietcrici) und die des Hermes Trismegist über die Läuterung der Seele (ed. Bardenhewer) sind lediglich ächt babylonische Lehren ausgeführt, und die Ausdrücke sind zum Theil direct die des Mani. Der nâṭiḳ der Ismaeliten, die Incarnation des Allverstandes, ist Marduk, der Sohn des allwissenden Ea! Endlich sei darauf hingewiesen, dass jenes Element noch viel deutlicher in diesen nur halbmuhammedanischen Lehrgebilden hervortritt, wie die Drûsen und die Jezîden sind. Letztere beide sind schon 1850 Uhlhorn am Ende seiner trefflichen Monographie über die Pseudoclementinen als dem Manichäismus verwandt erschienen. Auch sei anerkannt, dass Ernest Renan schon in den fünfziger Jahren die Bedeutung des chaldäischen Elementes für die Sectengeschichte geahnt und ausgesprochen hat, ohne natürlich in dieser Zeit vor aller Assyriologie das Einzelne zu wissen. —

In der riesigen Fülle dieses weitumfassenden Stoffes steht also die Religion des Mani als das Centrum und der Höhepunkt, der Zeit wie dem Grade, nach mitten inne. Damit war die Ausdehnung von selbst gegeben, welche ich im weiteren Verlaufe meinen Studien für den Manichäismus nach rückwärts wie vorwärts allmählich zu geben hatte und gegeben habe. Es hielte nicht schwer, ergäbe sich vielmehr sofort, über die in diesem Sinne gefassten „origines du manichéisme“, so wie Renan für das Christenthum that, eine Reihe von Bänden zu füllen, in denen kaum etwas wirklich Episodenhaftes zu stehen hätte, wie in dem dickleibigen Quartbande des alten Beausobre (Hist. de Manichée). In der That ist es ein gutes Stück vergleichender Religionsgeschichte, was quellenmässig für den Manichäismus herbeizuziehen ist. Dieses Stück liegt aber auf einem ebenso hochwichtigen wie dunklen und vernachlässigten Felde, dem der

Mischreligionen. Unschätzbar ist oft der Gewinn für die einzelnen der mit einander vermischten Religionen, und aus dem Mischmasch der hier behandelten „obscuren Secten" ist gar manches uralte Bestandstück älterer Religionen, wie besonders des Babylonismus, rein bewahrt herauszuschälen. —

Es liegt auf der Hand, dass der Abschluss solcher Arbeiten — wenn überhaupt! — erst nach Jahren erfolgen kann, auch wenn es dem Autor vergönnt ist, was mir nicht vergönnt war, ohne schwere Hindernisse, ohne Unterbrechungen, mit voller Kraft und Musse und ohne Zersplitterung durch andere Arbeiten seine Forschung zu betreiben. Bei der Fülle des Stoffes, der in die Geschichte des Judenthums, des Christenthums und des Isläms zugleich tief hineinführt, war ich auch oft in Gefahr, den Blick auf den Ausgangs- und Mittelpunkt, die Religion des Mani, zu verlieren. Endlich also halte ich inne und lege hiermit vor, was nunmehr der Ertrag meiner Arbeit speciell für das Verständniss der Manireligion geworden ist. —

Ich habe nun näher die Aufgabe zu präcisiren, welche ich mir für meine neuen Untersuchungen über den Manichäismus gestellt hatte. Meine Neubearbeitung knüpft natürlich an die Werke G. Flügel's (Mani etc. 1862. Ausgabe des Fihrist 2 Bde. 1871) an und will eben das thun, was Flügel noch zu thun übriggelassen hat. Hier war nun zunächst das Quellenmaterial zu revidiren und zu erweitern. Es waren also vor Allem die bereits bekannten Quellenschriften von Neuem und genauer kritisch zu prüfen; auch sind von mir einige bis 1871 unbekannte oder unbeachtete (arabische, syrische, persische) Berichte neu ans Licht gezogen werden. Indessen der Nachdruck auch für unser heutiges Quellenstudium bleibt doch auf den wichtigen Excerpten des Arabers anNadim ruhen, welche durch Flügel bereits aus dem „Fihrist" bekannt gemacht worden sind. — Die eigentliche Aufgabe meiner Forschung war aber die Erläuterung der vorhandenen Nachrichten über die Manireligion mit den Mitteln der vergleichenden Religionsgeschichte.

Ich finde also die wahre Grundlage dieser Mischreligion nicht im Parsismus, sondern in der alten chaldäisch-babylonischen Religion. Deshalb wäre wohl zu einer solchen vergleichenden Studie, um in den Gebilden dieses späten Nachwuchses die altbabylonischen Figuren und Mythen wiederzuerkennen, ein professioneller Assyriolog (der genügend Arabisch und Syrisch verstände!) der berufenste gewesen, nicht ein Arabist. Indessen das eigentliche Material, das hier erklärt werden soll, bleibt doch arabisch, aramäisch, persisch, und die Assyriologen pflegen sich um die arabische und syrische Literatur weniger zu kümmern. Fragliche Details aus der ja noch so oft problematischen Interpretation von Texten wie von den assyrischen oder gar akkadisch-sumerischen Götterhymnen durften und sollten nicht mit hereingezogen und verwerthet werden, und das Gesicherte in den Resultaten der Keilschriftforschung vom Unsicheren zu unterscheiden ist wohl auch einem Semitisten der älteren, vorassyriologischen Gattung, ausserhalb des Kreises der speciellen Assyriologen, möglich, wenn er, wie Verfasser, für Zwecke der semitischen Sprachvergleichung seit langem auch das Assyrische mit hereinzuziehen pflegt. Ebenso war es mir bei Vergleichung der persischen Nationalreligion (Bd. 2 cap. VII) möglich, direct die Awesta- und Pehlewitexte, nicht etwa blos deren Uebersetzungen, herbeizuziehen; das Alt- und Mittelpersische hat einst eine später wieder aufgefrischte Lieblingsbeschäftigung von mir gebildet.

Was aber den manichäischen Stoff selbst betrifft, so bleiben die späteren occidentalischen Formen der manichäischen Lehre, wie schon der abendländische Manichäismus zur Zeit des Augustin, dann die Bogomilen und die „neumanichäischen" Ketzer, die Katharer, ausser Betracht. Ueberhaupt war es nicht zu meiner Aufgabe gehörig, eine Darstellung von der allmählichen Umgestaltung des ursprünglichen babylonischen Manichäismus in den verschiedenen Ländern des Westens zu geben; dies zu thun, kann und muss der Orientalist den Theologen (Kirchenhistorikern) überlassen. Ueberhaupt wollte ich nicht, wie zu einer erschöpfenden Monographie, Stoff umfassend anhäufen, sondern ich wollte die Grundlehren in vergleichender Weise erklären. Ich beschränke mich daher wesentlich auf den Urmanichäismus, wie er von Mani und seinen ältesten Aposteln gelehrt worden ist, also auf das, was man beim Christenthum „Urchristenthum" und „altkatholische Kirche" nennt, und suche deshalb zu Eingang des zweiten Bandes den urmanichäischen Lehrcomplex vollständig zu reconstruiren. Mit dem Ur-Manithum aber beschäftigt mich als Orientalisten dann weiter von der Fortentwicklung dieser Religion nur diejenige im Oriente, also Lehren und Schicksale der sogenannten Zandiken, wie die Manichäer in der Chalifenzeit heissen. So wird auch nach der einfach religionshistorischen Seite, abgesehen von der vergleichenden Zerlegung in die Factoren, meine Arbeit eine Ergänzung der älteren theologischen, die ja bei Mangel anderen Materials fast nur die stark christianisirte Gestalt in den Schriften Augustin's behandeln. — Die armenischen Paulicianer dagegen werden mich vielleicht noch einmal eingehender beschäftigen.

Der erste Band des Mani ist vorwiegend philologisch und enthält sprachlich-literarhistorische Voruntersuchungen besonders über die Quellen, der zweite ist comparativ-religionsgeschichtlich und gibt die zusammenhängende religionsgeschichtliche Analyse des altmanichäischen Systems. Die Untersuchungen des Bd. I beziehen sich zunächst auf das eigenthümliche Schriftwerk, welches weiland die eigentliche und einzige Quelle der christlichen Theologen über den Ursprung des Manichäismus war, die sogenannten Acta Archelai; ich hoffe, hier definitiv bewiesen zu haben, dass das Syrische wirklich die Originalsprache der „Acta" ist. — Vorher geht aber erst, das Buch eröffnend, ein Abschnitt, welcher eigentlich schon in die Geschichte der Manireligion und in die Erklärung der Dogmen, also in den Stoff von Bd. II hineinführt, die umfassende Untersuchung der Sage von „Scythianus" und „Terebinthus". Diese Sage, sonst bekanntlich in den Lehrbüchern der Kirchen- und Dogmengeschichte auf Grund der „Acta Archelai" und des Epiphanius ganz ernsthaft als „Vorgeschichte des Manichäismus" nacherzählt, musste so eingehend und gerade a limine behandelt werden, damit diese wissenschaftlichen Spukgestalten, die Erzeugnisse pfäffischer Unwissenheit und Verworrenheit, endlich definitiv verduften, und dem Leser das Recht des Verfassers erhelle, jene bei der wirklichen Genesis der Manilehre in Bd. II einfach zu ignoriren. —

Dieses Stück (I S. 21—86) ist die Umarbeitung von 2 Partieen eines schon vor Jahren (1877 und 1881) veranstalteten, aber unter unglücklichen Verhältnissen des Verfassers leider nicht zum Abschlusse gekommenen, und als Torso liegen gebliebenen ersten Druckes. Vielleicht ist Manches jetzt veraltet, und sodann trägt wohl dieser Theil in mancherlei Unebenheiten noch Spuren der Zusammenarbeitung an sich. Im dritten Abschnitte habe ich versucht, die zerstreuten Nachrichten über die altmanichäische Originalliteratur zu sammeln und zu erläutern. Vollständigkeit beanspruche ich nicht, wenn ich auch nichts Wesentliches vergessen zu haben hoffe; ein fortgesetztes Weitersuchen, besonders in der arab., syr. und armenischen Literatur, wird wohl noch allmählich Einzelnes aus abgelegenen Stellen zu Tage fördern. — Noch weniger erschöpfend als hier, sondern lediglich als Auswahl will natürlich die im vierten Abschnitte veranstaltete Vorführung der aussermanichäischen, orientalischen Berichterstatter über die Manichäer betrachtet sein; zu den hier gegebenen Texten lassen sich unter der Hand gewiss noch eine Anzahl weiterer aufspüren, da die islamischen Schriftsteller aller Epochen im Allgemeinen für Mani und seine Gläubigen, die „Zandiken“, durchweg ein reges Interesse bekunden. —

Der zweite Band bringt dann nach einer orientirenden Einleitung zunächst:

I. Eine reconstruirende Darstellung des Systems der ursprünglichen Manireligion. Hierauf folgt:

II. Die Religion des Mani und der Mithrasdienst.

III. Eine übersichtliche Skizzirung der politischen und religiösen Zustände zur Zeit des Mani im vorderen Oriente im Allgemeinen. Alsdann wird die wiedererkannte Grundlage der Manilehre vorgeführt:

IV. Die alte Religion Babyloniens in ihren Entwicklungsstufen. — Es folgt:

V. Die heidnischaramäisch-jüdische Mischreligion in Babylonien (das Sabierthum), und nunmehr die durchgeführte Vergleichung:

VI. Genetischer Zusammenhang des Manithums mit der babylonischen Religion aller Stufen. Hieran schliesst sich, um das wirkliche Verhältniss der Lehre Mani's zum Parsismus festzustellen und die Verwandtschaft auf das richtige Mass zurückzuführen, das Capitel

VII. Die altpersische Nationalreligion zur Zeit des Mani und dessen Verhältniss zu derselben. Gleicherweise, zur Auseinandersetzung mit den beiden anderen grossen Religionen der Zeit:

VIII. Das altkatholische Christenthum und Mani. Die christliche Gnosis und Mani.

IX. Das Manithum und die Religion des Buddha.

Den Schluss bilden Skizzen aus der späteren Geschichte dieser Religion im Oriente, sowie über ihre Zusammenhänge mit jüngeren und ihre Nachwirkung in späteren Bildungen:

X. Zur Geschichte der Manireligion. Rückblick und Ausblick.

- - - ———

Für diejenigen Gelehrten, welche sich für den ganzen Stoff näher interessiren, bemerke ich zur Uebersicht, dass dieser hier herauskommenden grösseren Arbeit des Vf. über Mani bereits folgende kleinere Schriften von mir vorbereitend vorausgegangen sind:

1876 Untersuchungen zur Genesis des manichäischen Religionssystems. 37 Ss. 8vo. Meine erste Schrift über das Thema. Marburger Licentiaten-Dissertation. Behandelt allein die sagenhafte Vorgeschichte, besonders die Scythianusfrage. Im Einzelnen jetzt Manches veraltet.

[Die directe Fortsetzung dieser Schrift als des ersten Stückes, denselben Titel „Untersuchungen zur Genesis des manichäischen Religionssystems" führend, bildet der unterbrochene Druck, der XXIX und 139 Ss. 8vo. umfasste (Leipzig 1877—1881), aber nicht ausgegeben worden ist. Enthält die vollständige Untersuchung über die Scythianus-Terebinthussage (I und III) und eine Abhandlung über „Mani's Lehre nach Efräm dem Syrer" (II), letztere hier in Bd. I unverändert (S. 262—302), erstere mehrfach verändert (S. 21—86) enthalten. —]

1878 eine kurze Skizze über Ursprung und Verwandtschaftsverhältnisse des Manichäismus in F. Justi's Geschichte des alten Persiens (Berlin 1879; Allg. Geschichte in Einzeldarstellungen herausgegeben von W. Oncken Bd. 4) S. 185 und 186.

1880 ein Vortrag über den religionsgeschichtlichen Zusammenhang des Manithums besonders mit der Mandäerlehre, von der Lösung des „Terebinthus"-Räthsels ausgehend, in der orientalischen Section der XXXV. Versammlung deutscher Philologen zu Stettin. Siehe die Berichte über die Verhandlungen dieser Versammlung.

Eine ausführliche Zusammenfassung aller meiner bis dahin gewonnenen Resultate über die Manifrage und Verwandtes bildeten meine beiden Abhandlungen in der Realencyclopädie für protestantische Theologie, herausgegeben von Herzog und Hauck, 2. Aufl., Bd. IX 1881, und zwar die Artikel Mandäer l. c. S. 205—222 und besonders Mani und die Manichäer S. 223—259. Diese letztere Arbeit, welche ich besser auch als Sonderabdruck hätte erscheinen lassen sollen, hat sich trotz ihrem Verborgensein in dem bänderreichen Sammelwerke und der gebotenen thesenartigen Kürze in den Einzelaufstellungen, des Beifalls der Fachgenossen, die sie kennen lernten, zu erfreuen gehabt. Ihre Ergebnisse im Einzelnen, so gerade in der von mir zuerst gewagten und dort im Detail vollzogenen Zurückführung der gnostisch-manichäischen Gedanken auf die altbabylonische Religion, sind schon in massgebende Lehrbücher der christlichen Dogmengeschichte wie das von Harnack (l. c. S. 683 ff.) und der allgemeinen Religionsgeschichte wie das von Chantepie de la Saussaye (p. 455) übergegangen, und darf also die hier endlich erfolgende Ausführung der Thesen zu ihrer nachträglichen Legitimirung ebenso mit Vertrauen an die Oeffentlichkeit treten wie mit Schmerz über die lange vorgehaltene Unmöglichkeit, es früher zu thun.

1882 Artikel „Mandaeans" in der Encyclopaedia Britannica Bd. XV S. 218 ff. Eine mehrfach verbesserte Neubearbeitung des gleichnamigen Artikels in etc. Herzog.

1882 die Abhandlung „Ueber Gnosis und altbabylonische Religion" in den Verhandlungen des 5. internationalen Orientalisten-Congresses gehalten zu Berlin, Th. 2, 1. Hälfte nr. XII S. 288—305. Berlin 1882; auch als Separatabdruck ausgegeben. Verallgemeinerte Ausdehnung der These von der Abkunft der manichäischen Dogmen aus Altbabylonien auf die ganze Gnosis. —

In dieser letzten Arbeit (S. 294) und schon im Artikel
Mani bei Herzog (am Ende S. 259 cf. S. 226 Mitte) ist die
ausführlichere Begründung der in den obigen Abhandlungen
aufgestellten Sätze schon für 1882 versprochen worden und wird
demnach mein „Mani" in benutzenden Schriften hier und da
schon als 1882 erschienen citirt. Die Ausführung erscheint also,
zunächst als das vorliegende zweibändige Werk, erst jetzt, 7 Jahre
später. Die Wiederaufnahme der Arbeit in Form der wirklichen
Zusammenfassung des unter der Hand Gewonnenen wurde erst
möglich im Herbste 1886; hiernach ist der 1881 abgebrochene
Druck zu Ende des Jahres 1887 wieder von vorn neu angefangen
und, während Bd. II im Manuscripte vollendet ward, allmählich
fortgesetzt worden, bis zu seinem Abschlusse im Januar 1889.
Das Buch wendet sich nun an diejenigen, qui de republica non
desperaverunt. — Habent sua fata libelli.

Ein dritter Band, der bald nachfolgen kann, da er ja gelegentlich des „Mani" mit durchgearbeitete Stoffe behandelt, wird
sich zuerst quellenmässig mit der Religionsform der Mandäer, alsdann mit der Vorgeschichte — Essener, Elkesaiten, Ebioniten — und der ältesten Form des Isläms und
speciell der Lehre des Korans beschäftigen. Späterhin werde
ich wahrscheinlich auch auf gewisse Secten innerhalb des
Isläms näher eingehen, welche nach meiner Meinung die Nachwirkung chaldäisch-babylonischer Elemente zeigen. —

Von direct einschlägiger neuester Literatur, also solcher
über den Manichäismus, ist mir aus der Zeit nach 1881 nichts
Beachtenswerthes bekannt geworden. Ich muss aber auch bekennen, dass ich mich jetzt zum Zwecke der Herausgabe dieses
Werkes nicht ängstlich in der neuesten (d. h. der seit 1886 erschienenen) theologischen, kirchen- und dogmengeschichtlichen
Literatur nach eventuellen Novitäten über das weitere Gebiet der
gnostischen Systeme umgesehen habe. Hier, speciell in der Kirchengeschichte, mich au fait zu halten, fand ich die Zeit nicht mehr,
wollte vielmehr nur mein eigenes, sachlich längst vollendetes und
für mich sonst immer mehr in die Klasse von πάρεργα καὶ παρα-
λειπόμενα zurücktretendes Werk früherer Jahre endlich publiciren.

Auch bemerke ich, dass die neuesten Arbeiten zur orientalischen Geschichte, von Nöldeke (Zur persischen Geschichte

1887) und Gutschmid (Geschichte Irans seit Alexander d. Gr. 1888), sowie die zur semitischen Religionsgeschichte von Wellhausen (Reste arabischen Heidenthums 1887), Fr. Baethgen (Beiträge zur semitischen Religionsgeschichte 1888) und J. Goldziher (Muhammedanische Studien 1889) erst als das vorliegende Werk bereits im Drucke befindlich war erschienen sind und nur noch zu Nachträgen zu benutzen waren. —

Bei der Transscription der orientalischen Wörter in lateinische Schrift bin ich so verfahren, dass ich nur bei wirklich philologischen Erörterungen die conventionelle linguistische Transscription der Deutschen Morgenländischen Gesellschaft streng durchgeführt habe. Im sonstigen Zusammenhange der Rede, auch in den Uebersetzungen, habe ich dagegen mit Rücksicht auf die eventuellen Leser auch ausserhalb des Kreises der Orientalisten, besonders Theologen und Historiker, meist eine mehr populäre und weniger genau fachmännische, jedoch gewiss nie undeutliche Umschreibung für ausreichend gehalten, bin mir hier aber wohl nicht recht consequent geblieben; doch würde ich mich trösten, wenn dies allein zu tadeln wäre. So liest man also (ohne Quantitätsbezeichnung) Mani neben Mânî, Bardaisan neben Bardaiṣân, Shapuragân neben Ṣâpûragân, Ṣâbier neben Sabier, Muġtasilah neben Mughtasilah. Bedauerlich ist mir aber, dass ich die correcte persische Aussprache Shahristânî (mit *i*, statt der gewöhnlichen arabisirten Form Shahrastânî mit *a*) erst von S. 337 an consequent durchgeführt habe.

Die zur Anwendung gebrachten syrischen Lettern sind freilich etwas zierlich, machen sich aber sowohl in den grösseren Texten wie in den kleineren in die lateinische Schrift eingemischten Citaten dem Auge durchaus wohlgefällig aus.

Die Correctur ist von mir allein besorgt worden, woraus ich zu erklären und zu entschuldigen bitte, wenn diese oder jene kleinere Uncorrectheit unverbessert stehen geblieben sein sollte.

Am Ende des zweiten Bandes werden neben einer ausführlicheren Inhaltsangabe über beide Bände detaillirte Register über das ganze Werk Platz finden. —

Es ist mir eine angenehme Pflicht, hier am Schlusse den Herren Professoren Ahlwardt hier in Greifswald, Nöldeke in

Strassburg und Wellhausen in Marburg für gelegentliche belehrende Mittheilungen zu dieser Arbeit meinen besten Dank aussprechen zu können.

Auch habe ich den Bibliothekverwaltungen zu Marburg, Giessen und Göttingen, zu Greifswald und Berlin, sowie der Bibliothek der D M Z zu Halle a./S. für die reiche und stets bereite Erfüllung meiner Desiderien zu danken.

Ich stehe am Schlusse einer Arbeit, die mir, so oft ich mich immer wieder in sie vertiefen durfte, reichen Genuss bereitet hat. Sie ist noch sehr verbesserungsfähig, wollte ich aber mit dem Abschlusse noch weiter zurückhalten, so müsste ich endlich dem Syrer Efräm seine hier Bd. 1 S. 277 Ende citirten Worte nachsprechen, und die Arbeit könnte eine Sisyphus-Arbeit werden.

Wohl hoffe ich, durch meine hier vorgelegten Studien andere Forscher von der Wichtigkeit des lange vernachlässigten Stoffes der semitischen Mischreligionen überzeugen und dieselben zum Mitanfassen anregen zu können. Was indessen die Vortrefflichkeit meiner eigenen hier bereits mitgetheilten Resultate betrifft, so empfindet Niemand besser als ich, in wie hohem Grade Vieles, vielleicht Alles, der Vervollkommnung aus dem Zustande der Gewagtheit und Zweifelhaftigkeit heraus bedarf. Aber es zu wagen — war jedenfalls an der Zeit. —

Gustav Flügel, mein verdientester Vorarbeiter, veröffentlichte als sein erstes grösseres Werk vor jetzt gerade 60 Jahren (1829) Ta'âlibi's Mu'nas alwahîd. Ich schliesse die Vorrede zu meiner ersten grösseren Arbeit, meinem Mâni, der auch mir lange ein „vertrauter Gefährte des Einsamen" gewesen ist, mit den Worten Flügel's an gleicher Stelle als meinem aufrichtigen Bekenntnisse:

فإنّ لا أدرى نصف العلم.

Greifswald in Pommern, Weihnachten 1888.

K. Kessler.

Inhalt
von Band 1.

Voruntersuchungen und Quellen.

Seite

Vorrede . . . . VII—XXVII
Einleitung . . . . 1—20
  I. Scythianus und Terebinthus, die „Vorgänger" des Mâni . 21—86
 II. Sprache und Composition der Acta Archelai . . . . . . 87—171
III. Die manichäische Originalliteratur . . . . 172—261
IV. Die wichtigsten orientalischen Quellen zur Kenntniss der
    Religion des Mâni . . . . 262—381
    1. Efräm der Syrer . . . . 262—302
    2. Afraates über die Manichäer . . . . 303—304
    3. Bîrûnî . . . . 304—323
    4. AlJa'ḳûbî . . . . 323—331
    5. Der Mâni-Abschnitt in anNadim's Fihrist al-'ulûm . 331—338
    6. AlShahristânî über die Mânireligion . . . . 338—343
    7. Ibn alMurtaḍà über Mâni . . . . 343—355
    8. Abûlfaraġ (Gregorius Barhebraeus) über Mâni . . . 355—358
    9. Die manichäische Abschwörungsformel in der griechi-
       schen Kirche . . . . 358—365
   10. AlĠâḥiz über Schriften und Lehren der Zandiken
       (d. i. der Manichäer) . . . . 365—369
   11. Ibn Shiḥnah über Mâni . . . . 369—370
   12. Abû'lma'âli über Mâni und seine Lehre . . . . . 370—372
   13. Firdausi im Shâhnâmeh über Mâni . . . . 373—376
   14. Mirchônd über Mâni . . . . 377—381
        Anhänge.
       1. Der Abschnitt des Fihrist al'ulûm über
         die Manireligion auszugsweise neu über-
         setzt . . . . 382—401
       2. Der Text des Abûlfaraġ (zu Bd. 1 S. 355 ff.) 401. 402
       3. Der griechische Originaltext der Abschwö-
         rungsformel . . . . 403—405
     Nachträge und Berichtigungen 406. 407

Einleitung.

Seit dem grundlegenden Werke Gustav Flügel's: „Mânî, seine Lehre und seine Schriften. Ein Beitrag zur Geschichte des Manichäismus. Aus dem Fihrist des an-Nadîm. Leipzig 1862" ist keine umfassende Bearbeitung des manichäischen Religionssystems erschienen [1]. Der hochverdiente Orientalist hatte sich mit seinem ausführlichen Commentare zu dem von ihm zuerst edirten und zuverlässig übersetzten Abschnitte des Fihrist über Mânî auch um die theologische Disciplin der Dogmengeschichte das Verdienst erworben, das seit Baur's klassischer Bearbeitung [2] ziemlich vernachlässigte Studium des hochinteressanten Manichäismus von neuem angeregt, und durch Zuführung neuen unschätzbaren Materials neue überraschend klare und tiefgehende Erkenntnisse ermöglicht zu haben. Dabei verdient die ausgedehnte und sorgfältige Verwerthung so ziemlich aller bereits früher bekannten Quellen und aller namhaften älteren Bearbeitungen gerechte Bewunderung. Rechnet man dazu die aufsehen-

---

[1] Zu den seit dem Jahre 1876 über den Manichäismus erschienenen zusammenfassenden Arbeiten gehören: A. Harnack's Artikel Manicheism in der Encyclopaedia Britannica Bd. XV, 1882, deutsch wiederholt mit Erweiterungen am Ende von Desselben Lehrbuch der Dogmengeschichte, Bd. 1, 1886 S. 681—694; und vorher (1881) mein längerer Aufsatz über Mani und die Manichäer in der zweiten Aufl. der Real-Encyclopädie für protestant. Theologie und Kirche von Herzog Bd. IX S. 223—259. Zu vergl. auch ebenda mein Artikel Mandäer S. 205—222.

[2] F. Chr. Baur, Das manichäische Religionssystem nach den Quellen neu untersucht und entwickelt. Tübingen 1831.

erregende Neuheit der Angaben der arabischen Quelle, die über
das ganze System mit sammt den Lebensumständen des Stifters
und den Schicksalen der Religionspartei[1]), sei es auch vielfach
nur in der Kürze eines Excerptes, helles Licht verbreitet, so
wird man es begreiflich finden, dass, wie einst Baur's so nunmehr Flügel's Buch als ausschliesslicher Gewährsmann betreffs
des Manichäismus geschätzt und benutzt wurde[2]).

Dennoch ist auch nach Flügel noch manches zu thun. Er
selbst betont in der einleitenden Vorerinnerung S. 33 (Mitte
d. S.), dass die Notizen des Fihrist unfehlbar „wieder eine ganze
Reihe neuer Fragen auftauchen lassen und zu umfassenden Untersuchungen Veranlassung geben könnten, ähnlich denen, wie sie
Chwolsohn in seinen Ssabiern[3]) verfolgte". Hat nun auch
Flügel in sehr vielen Fällen nicht blos Stoff zur Verarbeitung aus
der reichen Fülle seines orientalischen, culturgeschichtlichen und
theologischen Wissens aufgehäuft, sondern schon factisch die betreffende Frage gelöst, so hat doch schon ein kundiger theologischer Recensent des Flügel'schen Werkes im Literarischen
Centralblatt 1862 nr. 28 S. 571—74 die Aufgaben, welche der
wissenschaftlichen Forschung nach und durch Flügel erwachsen
sind, in treffendster Weise dahin formulirt, dass „ausser einer
noch eindringenderen Quellenkritik, die sich insbesondere
auch auf Sichtung der verschiedenen Bestandtheile der

---

[1]) Ueber die innere Geschichte der manichäischen Kirche im Orient
wusste man vor Bekanntwerden des Fihrist nichts. Flügel S. 317/18.

[2]) Beispielsweise die manichäische Christologie ist auf Grund der
Angaben des Fihrist ganz anders als bisher üblich darzustellen. Fl.
Anm. 168 Ende.

[3]) Der vollständige Titel dieses unerschöpflichen Schatzes vorderasia-
tischer Religions- und Culturgeschichte, eines Werkes, das ich, was Reichthum des Inhalts und bahnbrechende Ergebnisse betrifft, mit Lobeck's
Aglaophamus vergleichen möchte, lautet: Die Ssabier und der Ssabismus.
Von Dr. D. Chwolsohn, Professor an der Kaiserlichen Universität zu
St. Petersburg. Bd. 1 (Geschichte), II (Quellen). St. Petersburg 1856. —
Die in diesem Werke der Entstehungsgeschichte des Manichäismus gewidmeten Seiten (I, 123—135) haben mich zuerst für die Genesis des Mani-
chaismus interessirt, und ich habe sie als Führer bewährt gefunden, ohne
natürlich die vielen bedenklichen Combinationen und auch Unrichtigkeiten
zu befolgen, die mit unterlaufen.

neuen Urkunde zu erstrecken hätte, einmal die schärfere
Unterscheidung der zeitlich und räumlich verschiedenen Formationen der manichäischen Lehre, ausserdem aber eine
Untersuchung der Bestandtheile angestellt würde, aus
denen Mânî selbst seine Lehre zusammengesetzt hat" [1]).
In diese drei Gesichtspunkte, denen ich als vierten noch die einheitliche Zusammenfassung der gewonnenen Resultate zu einer
neuen (Gesammtdarstellung [2]) beifügen möchte, dürfte sich in der
That das Programm für die weiterhin dem Manichäismus zuzu-
wendende Thätigkeit gliedern. Die Quellenschriften zunächst,
unter denen zwar die arabischen Berichte im Fihrist und bei
Śahrastânî die zuverlässigsten sind, aber doch daneben die sogenannten Acta Archelai [3]) und Epiphanius, von den kleineren
Streitschriften abgesehen, ihren Werth als alte und interessirte
Zeugen behalten müssen, sind einer Sonderung ihrer Bestandtheile nach der Methode zu unterwerfen, wie sie Lipsius in
seinem wichtigen Buche: „Zur Quellenkritik des Epiphanios.
Wien 1865" [4]) und nach ihm später Adolf Harnack geübt
haben. Diese zu einer wahrhaft historischen Darstellung nothwendig vorauszusetzende Arbeit ist noch nicht einmal für den
Epiphanius-Abschnitt (haeres. LXVI) gethan; Lipsius ist nur
bis zu den Noëtianern (haer. LVII) gekommen; und dass diese

---

[1]) Vergl. auch für die richtige Stellung der Aufgabe, wie der Manichäismus in ächt historischer Weise untersucht werden muss, die Recension
des Baur'schen Buches über Mânî von D. v. Cölln in der Hall. Allgem.
Literatur-Zeitung für 1832 nr. 54 ff.
[2]) Wie sie in dem Flügel'schen Werke noch keineswegs vorliegt, zum
wenigsten nicht in der Form übersichtlicher Zusammenstellung, die aber
von Fl. gar nicht zu erwarten war, da er nur einen Commentar zu seinem
Texte geben wollte. S. 142 vor Ende.
[3]) Die zwar gewiss nach ihrem geschichtlichen Rahmen aber keineswegs nach ihrem sachlichen dogmengeschichtlichen Gehalte unächt und
werthlos sind und die Fihristangaben vielfach ergänzen, so dass erst aus
einer Combination beider die Wahrheit erkannt wird. Siehe z. B. Oblasinski's gleich zu nennende fleissige Schrift S. 10 Anm. 15, über den Zustand der Seele nach dem Tode.
[4]) Später, durch Harnack's Kritik veranlasst, erschien von Lipsius
das Buch: „Die Quellen der ältesten Ketzergeschichte, neu untersucht.
Leipzig 1875."

1*

Untersuchung auch für den Bericht des gelehrten an-Nadîm [1])
von Nöthen ist, leuchtet schon aus der am Tage liegenden Verschiedenheit der von diesem Polyhistor benutzten Primärquellen
nach Zeit und Eigenart der Autoren hervor, eine Thatsache, die
bei aller anerkannten Treue der muhammadanischen Geschichts-
schreiber im Quellenstudium und aller Objectivität der Berichterstattung, ja gerade wegen dieser, eine Constatirung des
eigentlichen Bestands erheischenden, Vorsicht nöthig macht.
Dazu kommen die verschiedenen Gestalten, welche die uns beschäftigende Lehre nach Zeitepochen und Ländern annahm, und
die so entstehende Disharmonie der Relationen, deren jede eben
nur — wenn sie nicht wie die Acta interpolirt ist — Einen
Zeitabschnitt repräsentirt. Der westliche, afrikanische Manichäismus hat auf seinem Wege nach Westen aus der griechischen
Welt vieles aufgenommen, was Mânî selbst nicht gelehrt hat,
und deshalb muss Manches in der reichen Notizenfülle, die uns
Augustin's [2]) Bestreitungsfeier aufbewahrt hat, mit dem, was
die Araber über den östlichen, asiatischen Zweig der manichäischen Kirche sagen, disharmoniren. So stimmt noch weniger
der im 13. Jahrhundert unserer Zeitrechnung schreibende christliche Metropolit Abulfaraǵ (es ist Gregorius Barhebraeus) in
seiner zusammenhängenden Charakterskizze des Manichäismus
(Histoir. dynast. ed. Pocock. S. 130—131) mit seinem gleich-
sprachigen Vorarbeiter an-Nadîm überein, aber gerade diese
Unabhängigkeit a priori, sowie die Prüfung seiner Angaben im
Einzelnen a posteriori muss uns veranlassen, dem christlichen
Chronisten auch in der manichäischen Frage eine ehrenvollere
Stelle anzuweisen als Flügel, der ihn für „gänzlich unzuver-
lässig" hält, und nach ihm Oblasinski thut. Wenn freilich
Abulfaraǵ den Mânî vor seinem Auftreten als Häretiker christ-

---

[1]) Dessen Fihrist, eine Literatur- und Culturgeschichts-Encyclopaedie,
als Excerptenbibliothek und unschätzbarer Ersatz verlorener Werke mit
Photius βιβλιοθήκη zu vergleichen ist.

[2]) Aufzählung der augustinischen Streitschriften in jeder der ausführlichen Bearbeitungen, zum Beispiele Baur S. 7, v. Wegnern S. 11. 12;
auch Alex. Geyler S. 5; es ist also unnöthig, oft Gesagtes hier zu wiederholen.

lichen Presbyter in Ahwâz ') gewesen sein lässt, so ist das jedenfalls nichts weiter als sozusagen eine sehr concrete Personi-
ficirung von Mâni's Berührungen mit dem Christenthum, durch
die der Eklektiker, der das christliche Lehrsystem möglichst für
sich auszubeuten für nöthig fand, geradezu zum christlichen
Lehrer gestempelt wurde. Indess — damit beging der alte
Metropolit keinen grösseren Fehler, als die meisten Kirchenhistoriker bis auf die Neuzeit²), indem sie den Manichäismus
für nichts als eine häretische Gestaltung des Christenthums
halten. — Eine Untersuchung, welche die hiernach dringend
sichtungsbedürftigen Manichäismusquellen seciren und dann wieder zusammensetzen müsste, würde denselben Gewinn für die
Erkenntniss dieses Systems eintragen, den Heinrici³) der valentinianischen Gnosis gebracht hat.

Aber auch solange nach diesen beiden Richtungen hin die
Forschung noch nicht abgeschlossen ist⁴), dürfte es möglich sein,
die Untersuchung des dritten oben (S. 3) aufgestellten Problems
zu unternehmen und nach der Genesis des Manichäismus
zu fragen, nach „den Bestandtheilen, aus denen Mâni selbst
seine Lehre zusammengesetzt hat". Dass der Manichäismus
nicht aus dem Christenthum hervorgewachsen ist, wird wohl
jeder zugestehen, der einmal das Tableau der manichäischen
Lehre mit ihren mannichfaltigen mythologischen Bildern von
kolossaler Grösse, Seltsamkeit und vielfach Furchtbarkeit von
dem kundigen an-Nadîm sich hat entrollen lassen. Geradezu
unheimlich wird dem zu Muthe, der hier das wohlbekannte

---

¹) صَارَ قَسِيسًا بِالْأَقْوَاز er wurde Presbyter in Ahwâz.

²) wie noch z. B. Schneckenburger in der Recension von Baur's
manich. Lehrsystem, Stud. u. Krit. 1833.

³) Die valentinianische Gnosis und die heilige Schrift. Berlin 1871.

⁴) Sehr beachtenswerthe literargeschichtliche Untersuchungen über
die Disputationsacten bietet die Schrift von Adalbert Oblasinski: Acta
disputationis Archelai et Manetis. Ein Abschnitt aus einer Darstellung und
Kritik der Quellen zur Geschichte des Manichäismus. Leipzig 1874. Schon
im Jahre zuvor: Heinr. v. Zittwitz, Acta disputationis Archelai et Manetis, nach ihrem Umfange, ihren Quellen und ihrem Werthe untersucht.
Zeitschr. f. d. histor. Theologie 1873. 4. Heft S. 467—528.

traute Christenthum, wenn auch mit häretisch entstellten Abweichungen, zu finden meint und nun alsbald nach seinem Eintritt sich von einer Welt schauerlich kolossaler Dimensionen und voll verkappter, ganz unkenntlicher Gestalten umgeben sieht, von einem Labyrinth, aus dem er nicht wieder heraus kann [1]). Und doch hört man da von Jesus, von einem Engel der von Gott gesandt wird um zu offenbaren, von Adam, der Eva, Kain, Abel, Seth; — vom Satan und seinen Engeln; es muss also doch ein gewisser Zusammenhang mit dem Christenthum, mit christlicher Lehre wenigstens, bestehen, aber, wenn, dann ganz gewiss nicht mit der apostolisch einfachen und reinen, sondern mit der „häretischen", welcher das Bedürfniss zu wissen höher stand als das glauben zu können und selig zu sein in Gott, also mit der häretischen Gnosis. So weit der Augenschein, den wir bis dahin allein reden liessen und den nach seiner Stichhaltigkeit zu untersuchen Aufgabe der dogmengeschichtlichen Forschung ist. Wir wollen uns dieser Aufgabe unterziehen, jedoch nicht sofort — warum? Weil es uns als ein Axiom festzustehen dünkt, dass wir aus einer Vergleichung des heidnischen Manichäismus mit der christlichen vorderasiatischen, der sog. syrischen Gnosis (uns werden speciell die sog. ophitischen Systeme [2]), vornehmlich deren späteste Frucht, die Lehre des

---

[1]) Ich möchte meinen, dass ein blosser unbefangener Blick auf das Lehrgebäude des Manichäismus, der doch ein Product desselben Himmels und desselben religionsphilosophischen Dranges ist, wie der Gnosticismus, einen veranlassen muss, Thomasius (D. Dogmengeschichte der alten Kirche. Erl. 1874 S. 72 Anm. 1) gegen Lipsius Recht zu geben, dass der Gnosticismus in den orientalischen Theogonien und Kosmogonien, nicht im Christenthum seine Wurzel habe und ein Product des an das Christenthum herantretenden philosophirenden Heidenthums sei, nicht, wie Lipsius (besonders S. 231a bei Ersch. u. Gruber I, 71) meint, des den heidnischen Stoff in christliche Form giessenden Christenthums.

Zur richtigen Erkenntniss des Wesens der Gnosis s. auch W. Baudissin, Studien zur semit. Religionsgesch., 1875 H. I S. IV.

[2]) die γνωστιχοί χατ' ἐξοχήν, Epiphan. haer. 26, cf. Philosoph. V, 6. Lipsius, Quellen d. Ketzergesch. neu untersucht S. 191. Desselben Gnosticismus S. 127 fgg. (des Separatabzugs aus Ersch. u. Gruber Sect. I Th. 71), Hilgenfeld's Zeitschr. 1863 S. 425. Quellenkritik des Epiphan. S. 103.

Buches Πίστις Σοφία, in Betracht kommen) nur — zuweilen auffallende — Uebereinstimmungen in der Entfaltung des Baumes
zu Aesten und Zweigen, nicht in der Wurzel werden ans Licht
treten sehen. Oder aber wir erkennen, dass eine Uebereinstimmung zwischen Manichäismus und Gnosis zwar annähernd, aber
nicht evident vorliegt, dass also ersterer nicht — was ja zeitlich
recht gut möglich war [1] — aus letzterer geradezu entsprang,
sondern mit ihr eine gemeinsame Wurzel hat, auf die hin
der gegenwärtige Bestand über sich hinaus weist. — Schon a
priori dürfte ferner der Satz feststehen, dass eine so lebenskräftige, energisch sich verbreitende, ältere Bildungen [2] absor-
birende und — die Katharer des Mittelalters hinzugerechnet —
nahezu tausendjährige Religionsbildung, wie der Manichäismus
ist, einerseits kein lose zusammengefügtes Conglomerat aus bestehenden, ziemlich *nude crude* in der vorliegenden Gestalt her-
übergenommenen Religionsbildungen sein darf, sondern Ein or-
ganischer, gesunder Leib, andererseits, dass die einheitliche
Wurzel, aus der dieser Baum entspross, eine noch ziemlich un-
entwickelte, doch unter Hinzukommen belebender Elemente
weithin entwicklungsfähige sein muss.

Diesen Gesichtspunkt darf man nicht verlieren, wenn man
vom Manichäismus als von einer Mischreligion redet. Es wird
mit seiner Ausbildung ebenso gegangen sein, wie mit der des
Muhammadanismus. Auch dieser ist nicht als etwas schlechthin
Neues in die Welt getreten, wie er denn auch den Anspruch
erhob, die Wiederherstellung der urväterlichen „Religion Abraham's" zu sein. Vielmehr bestand, dem Wahne vom vor
Muhammed ausschliesslich herrschenden arabischen Polytheismus
entgegen [3], ein stark monotheistischer Zug in der arabischen
Nation, der sogar durch die organisirten Religionsgesellschaften

---

[1] Denn Bardesanes (um 225 nach Hilgenfeld) war „der letzte Gnostiker".
[2] wie den Marcionitismus, cf. Harnack in Hilgenfeld's Zeitschr. 1876
H. 1 S. 84 oben.
[3] Götzen gab es genug, wie man aus Krehl's Abh. über die vorisl.
Rel. (1863) sieht, aber für das Ganze gilt das Wort Sprenger's „Das
Heidenthum der Araber bestand darin, dass sie dem Allah Genien an die
Seite stellten, deren Schaich er war". S. Sprenger, Das Leben und die
Lehre des Mohammed Bd. I S. 15.

der Hanife und der Rakûsier zur Parteisache gemacht ward [1]);
und es bedurfte nur Eines energischen und selbstbewussten
Charakters, um dem Glauben der kleinen geläuterten Genossenschaft [2]) unter Hinzunahme geeigneter Ingredienzien aus verwandten und geschätzten religiösen Anschauungskreisen — dem
jüdischen und dem christlichen — zur Anerkennung als Univer-
salreligion zu verhelfen [3]). Diese Ingredienzien aber, die Muhammed aus der zeitgenössischen Form des vulgären Judenthums
und des damaligen orientalischen Christenthums zu seinem
Hanifismus hinzubrachte, berechtigen uns noch keineswegs, den
eigentlichen Muhammadanismus als direkt aus dem Judenthume
und aus dem Christenthume entstanden zu denken, denn diese
beiden lieferten wohl Beiträge, aber nicht den Grundstock, der
in Arabien selbst gewachsen ist. Wir mussten diese Parallele
etwas ausdehnen, weil sie uns eine ziemlich vollkommene zu
sein scheint, und kehren jetzt zum Manichäismus zurück. —

In Anwendung unseres Kanons können wir die Zusammen-
gehörigkeit des Manichäismus und des Parsismus nicht so eng
annehmen, wie das wegen des beiderseitigen Dualismus gewöhn-

---

[1]) Sprenger l. c. S. 43.

[2]) „Muhammad selbst bekannte offen, dass er ein Hanif sei" Spr.
l. c. S. 47.

[3]) Es ist merkwürdig, dass gerade diese sozusagen vormuhammadani-
schen Muhammadauer nach Wesen und Wohnort mit den vormanichäischen
Manichäern, den Elkesaiten, in engster Verwandtschaft stehen. Denn die
Grundlage der Rakusierlehre ist „ein auf ebionischen Boden gepflanzter
Monophysitismus", die Hanife aber, die eigentlichen Vorläufer des Islam,
sind „mehrfach modificirte Essäer" Sprenger l. c. S. 43. Dann haben, ist
unsere Voraussetzung über die Elkesaiten richtig, die Wiege des Manichäismus und des Muhammadanismus in nächster Nähe gestanden. — Hanife
und Rakûsier sind nach meiner dermaligen Auffassung Bezeichnungen für
die Bekenner der in Nord- und Mittelarabien eingebürgerten heidnischara-
mäisch-jüdischen Mischreligion Babyloniens, die nach dem pseudoepigraphen
Titelträger der Religionsschriften („Rollen Abrahams") der Glaube der „ab-
rahamitischen Sâbier" heisst, der ächten Sâbier nämlich (im Gegensatz zu
den Pseudosâbiern in Harrän), einer weitverzweigten, auch in Ostpalästina,
wie in Babylonien, herrschenden Richtung. Eingehender wird über diese
Sâbier-Religion in Abschn. V des zweiten Bandes („die heidnischaramäisch-
jüdische Mischreligion Babyloniens und Mani") gehandelt. Auch die Namen
H. und R. sind babylonisch-aramäischen Ursprungs, aber arabisirt.

lich geschieht[1]). Schon Reichlin-Melldegg[2]) hat in der Kürze
(S. 47. 48) in einigen ganz richtigen Antithesen die Grundgegen-
sätze der Religion des Zarathustra und des Mâni formulirt; auch
Baur, bei aller Anerkennung, dass der Manichäismus „mit
seiner tiefsten Wurzel in den Zoroastrismus zurückgehe" [3]) (Das
manich. Religionssystem S. 416), sah es doch (*ibid.* gegen Ende
der Seite) „als eine nicht unwichtige Aufgabe" seiner Untersuchung an, „die Differenz der manichäischen und zoroastrischen
Lehre schärfer, als bisher geschehen ist, ins Auge zu fassen" [4]),
und das hat er denn auch S. 416—433 seines Buches, soweit

---

[1]) Nöldeke GGA 1869 S. 486 oben: „hat man ja auch bei den
Manichäern die Bedeutung der persischen Elemente übertrieben."

[2]) Die Theologie des Magiers Manes und ihr Ursprung. Frankfurt am
Main 1825.

[3]) Dies müssen wir freilich von unserer Auffassung aus als zu viel
gesagt, ja als unrichtig ansehen.
Auch der armenische Häresiolog Esnik in seiner Refutatio haereseon
lib. IV. identificirt Parsenlehre und Manichäismus.

[4]) Der gründliche Kenner eranischer Religion und Sprache, Fr. Spiegel, hat in seiner Alterthumskunde Bd. II 195—232 zwar das Religionssystem des Mâni im Laufe der Betrachtung der eranischen Sekten abgehandelt, aber unter ausdrücklicher Betonung der Kluft zwischen den ähnlich gefärbten Systemen sowohl im Ganzen (S. 195 „verschweigen wollen
wir gleich im Eingange nicht, dass trotzdem eine viel grössere Kluft zwischen dem Manichäismus und der Religion Zarathustras besteht als wir
zwischen dieser und den bisher behandelten Sekten kennen gelernt haben.
Man ist längst davon zurückgekommen, in dem Manichäismus
eine christliche Sekte zu sehen, ebensowenig kann er für eine
eranische gelten.") als im Einzelnen seiner durch die Vergleichung des
Parsismus so dankenswerthen Ausführung. Spiegel wird gewiss am wenigsten unserem Versuche, den Manichäismus aus einer ächt semitischen
Urform abzuleiten, von vorn herein abgeneigt sein, da er wiederholt in
seinen Schriften auf den Einfluss Nachdruck gelegt hat, den der Semitismus (bes. die assyr.-babylonische Cultur) auf die Religion (z. B. die „un-
endliche Zeit", zrvâna akarana, der Parsen gleich dem „alten Bel" der
Babylonier, Alterthumsk. II, 9) und selbst grammatische Syntax (Arische
Studien 1. Heft 1874 S. 45 ff.) der Perser ausübte. — Seitdem ist Fr. Spiegel im 3. Bande seiner Eranischen Alterthumskunde von 1878 mehrfach
wieder auf die Manichäer zurückgekommen und hat, die babylonische Verwandtschaft freilich nicht weiter verfolgend, namentlich sehr wichtige Fingerzeige auf die Beziehungen Mani's zum Buddhismus gegeben.

es bei der damaligen Kenntniss der persischen Religionsurkunden
möglich war, gründlich und überzeugend durchgeführt. Beide
Systeme differiren in ihrer Betrachtung der Materie, die dem
manichäischen durchaus und radical böse, dem persischen dagegen von Haus aus gut und nur vom Bösen durch gewaltsamen
Einbruch inficirt worden ist; aus dieser Anschauungsverschieden-
heit dürften sich alle weiteren erklären. Soviel nur vorläufig,
wir kommen auf die genauere Untersuchung beider Systeme nach
ihrer Verwandtschaft und ihrer Differenz in einem späteren Theile
zurück. Kurz und treffend sind die Gegensätze beider Systeme
auch von Colditz S. 30. 31 (s. S. XIX Anm. 3) ausgedrückt.

Baur kam nun bekanntlich, nachdem er im Manichäismus
so vieles gefunden hatte, „was aus der zoroastrischen Religion
nicht erklärt werden kann, ihr sogar entschieden entgegengesetzt
ist" auf den Buddhismus als „die Quelle (!?) einer von der
zoroastrischen so bedeutend abweichenden Welt- und Lebensan-
sicht" S. 433. 34; und nach ihm hat Lassen in der Alterthumskunde Bd. II und neuestens Alexius Geyler (in einer Jenaer
Dissertation [1]) die divergirenden Zuthaten des Mânî zum Zoroastrismus aus dem Buddhismus hergeleitet (Das System des
Manichäismus und sein Verhältniss zum Buddhismus. Jena
1875 S. 52 ff.). Nicht zu leugnen ist die grosse Aehnlichkeit
der beiderseitigen Sittenlehre, wie Baur S. 445—51 (Geyler
S. 60—62) ausführt, aber ich möchte sehr bezweifeln, ob der
asketische Grundzug, den der Manichäismus mit dem Buddhismus Indiens gemein hat, nicht vielmehr eine gemeinsame Fa-
milienähnlichkeit aller orientalischen Religionssysteme, selbst
im Muhammadanismus unverkennbar, ist, den jeder Reformator,
weil diesen Zug die sittliche Anschauung der reflektirenden
Volksgenossen hochhielt, zu einer herrschenden Stellung aufnehmen musste; und sodann ist zu bedenken, ob man, wenn
man nach äusseren Zeugnissen für die Berührung des sich
bildenden, des werdenden Manichäismus mit anderen Re-
ligionsgebieten, mit anderen Worten für Einflüsse auf die Ge-

---

[1] Im Ganzen freilich geringen Werthes; cf. die Urtheile von Weiz-
säcker Theol. Literaturzeitung 1876 nr. 5 und von A. Harnack in Brieger's Zeitschrift f. Kirchengeschichte I, 1 S. 128/29.

nesis der manich. Lehre sucht, wie man das Recht hat und wie
Baur l. c. S. 451 ff. thut, nicht vielmehr, statt sich von den
auch vom Fihrist¹) bezeugten Bekehrungsreisen Mànî's nach dem
Osten von Babylonien und Iran weisen zu lassen, besser thut,
die doch gewiss nicht ganz ersonnene Vorgeschichte anzusehen und auszudeuten und in ihr einen Fingerzeig für gestal-
tende Einflüsse aus dem Westen zu sehen. Denn die historisch
verbürgten Reisen Mànî's nach Indien waren doch Bekehrungsreisen und keine Studienreisen²). Mànî wollte durch sie seiner
bereits gemachten Lehre den im persischen Vaterlande bis dahin nicht zu gewinnenden Boden verschaffen, nicht aber erst,
wie Pythagoras und Plato in Aegypten, so hier indisch-chine-
sische Weisheit zur eigenen Religionsschöpfung kennen lernen.
Wenn aber die Berührung Mànî's mit Indien bereits der Geschichte der manichäischen Lehre als solcher angehört, so
darf man von dieser Berührung keinen Gebrauch zur Erklärung
der Vor-, der Entstehungsgeschichte machen, wie Baur thut,
sondern muss eben mit der überlieferten Vorgeschichte, die ja
auch im Eingange des Fihristberichtes andeutungsweise vertreten
ist, zu machen suchen, was sich machen lässt. Denn Mànî ist
nun doch einmal, woran nach an-Nadîm's Zeugnissablegung
zu zweifeln Thorheit wäre, eine historische Person, kein Simon
Magus der judenchristlichen Sage, an dem man Geschichte und
Vorgeschichte *pêle-mêle* nach Baur'scher Manier als „Symbolik
und Mythologie" durcheinandermengen und zu einer gutschei-
nenden Ordnung wieder auseinanderwürfeln könnte (das manich.

---

¹) Flügel S. 85 Ende: „Auch hatte Mànî bereits die Inder, Chinesen
und die Bewohner von Churâsân zur Annahme seiner Lehre aufgefordert
und in jedem Bezirk einen seiner Schüler zurückgelassen".

²) Doch ist Folgendes mitzubeachten. Mani hat bei seiner Anwesen-
heit im Bereiche des Buddhismus, nämlich in Ostiran und in Indien, meines
Erachtens ohne Zweifel, wenn auch hauptsächlich missionirt, so doch
zugleich von der organisirten buddhistischen Gemeinschaft für die äussere
Gestaltung seiner späteren Gemeinde Entlehnungen vorgenommen, jene
als Muster benutzend, wie in Abschn. X des zweiten Bandes dieses Werkes
(„Mani und die Religion des Buddha") begründet wird. Aber der Grundcharakter beider Religionen ist grundverschieden schon ihrer Tendenz
nach; die Tendenz der Buddhalehre ist eine ethische, die der Manilehre
eine intellectualistische.

Syst. S. 467 ff. besonders S. 475—481 betr. der Helena). Die Vorgeschichte [1] des Manichäismus aber weist uns mit ihrem Aegypten und Judäa bereisenden „Scythian“ und „Terebinthus“ entschieden nach Westen, und hier, meine ich, fände sich wohl ein Gebiet und eine Religionsrichtung weit ausgebreiteter Art und — vielleicht — sogar Persönlichkeiten, die, besser bezeugt als „Scythianus“ und „Terebinthus“, und von stetigeren Documenten in ihrer Existenz beglaubigt als von Büchertiteln und Sagen von Zaubereien, nach Mâni's Vaterlande und der Geburtsstätte seiner Schöpfung einen wohlerkennbaren, directen Brückenpfad hinüberführen [2]. Dort wird auch, hoffe ich, die asketische Ethik des Manichäismus ihre Erklärung finden und dazu — der eigenthümliche Materialismus des manichäischen Systems, der zum Buddhismus einen Gegensatz bildet, wie er nicht schärfer gedacht werden kann. Wie kann Baur bei Besprechung dieses, für die leibliche Verwandtschaft beider Systeme doch wohl principiellen, Angelpunktes S. 436 bloss meinen: „der Gegensatz zwischen dem Geist und der Materie ist zwar in der buddhistischen Lehre nicht so strong gedacht wie in der manichäischen“, wo doch wahrlich nichts gröber Materielles und Sinnliches gedacht werden kann als die manichäische

--- — ---

[1] Auch Baur benutzt sie, aber um die Identität von „Terebinthus“ und Buddha nachzuweisen und damit (S. 466) einen Zusammenhang des Manichäismus mit dem Buddhaismus, eine Abkunft (!) des ersteren aus dem letzteren als Thatsache der Ueberlieferung unverkennbar ausgesprochen“ zu finden — um, meine ich, eine Unrichtigkeit der Geschichte mit einer Unmöglichkeit der Sprache (בּוּטְמָא d. i. τερέβινθος, = Buddha S. 464 Anm. 37) zu erklären.

[2] Es ist dies eine Hinweisung auf die weitverbreitete Religion der ächten Sâbier in Babylonien, die nach meinen jetzigen Ergebnissen auch namentlich in den Elkesaiten im Osten Palästinas Zweigformen hat. Bei den „Persönlichkeiten“ denke ich an Elkesai; dies ist nach meiner jetzigen Erkenntniss der aramäisch-babylonische Eigenname אֶלְחֲזִי „Gott ist sehend“, der titelgebende Träger des in den Philosophumena (IX) excerpirten סֵפֶר אֶלְחֲזִי. Näheres in Abschn. V des zweiten Theiles, wo auch gesagt wird, dass ich für eine historische Person im Sinne einer chronologischen Fixirbarkeit ihn nicht halten kann, sondern ס' אלח' mit einem pseudepigraphen „Buch des Seth, Adam, Abraham“ gleichsetze.

Hyle, aber nichts Feineres, Geistigeres als bei den Buddhisten „die unendlich fein und unsichtbar gedachte" Materie! Der compact-dicken manichäischen Finsterniss entspricht im Buddhismus der leere Raum, das Nichts, die feinen Partikeln des Raumes, aus denen die Welt durch die Mâyâ (Täuschung) sich bildet! Dazu, um schon hier vorläufig noch ein Weiteres hervorzuheben: im Buddhismus ist das Herabfallen eines göttlichen Lichtstrahls in die Materie von schöpferischer Wirkung, aber dieser Act ist hier auf Gottes Seite ein durchaus freiwilliger, im Manichäismus ein nur zu unfreiwilliger; und Ein Strahl, der herabfällt, ist noch keine gewaltsam mit der schwere Hyle zusammengeknetete Lichtmasse, zu deren Befreiung die Dauer des Weltverlaufes nöthig ist! Dass „die der indischen Religionslehre zu Grunde liegende Weltansicht durch den vorherrschenden Gegensatz des Geistes und der Materie durchaus bedingt ist", das ist doch etwas im ganzen Verlaufe der Zeit, wo im Morgenlande wie im Abendlande philosophirt worden ist[1]), so häufig aufgestelltes Philosophem, dass dieses allgemeine Substrat noch nicht das Recht geben kann, den Manichäismus aus der Buddhareligion zu erklären, „so verschieden auch ihre Formen sind" (Baur l. c. S. 434 Ende, 435 Anf.). Genug — dass der Buddhismus in gewissen Aeusserlichkeiten den Mânî beeinflusst haben mag, soll nicht in Abrede gestellt werden, aber ein genetischer Zusammenhang besteht nicht und Baur hat entschieden Unrecht, wenn er im Manichäismus „nach der ganzen inneren (?) Gestaltung des Systems einen Versuch" sieht, „den Zoroastrismus mit dem Buddhismus zu verschmelzen, oder nach Mânî's Sinne, jenen durch diesen zu reformiren"[2]). Sollen wir mit einem Citate, das uns annehmbar scheint, diese ablehnende Erörterung be-

---

[1]) bis auf Schopenhauer und Ed. v. Hartmann herab.

[2]) Noch weiter ging bald nach Baur Fr. Ed. Colditz (die Entstehung des manich. Religionssystems historisch-kritisch untersucht. Leipzig 1837), der S. 21 „den Beweis zu führen" beginnt, „dass die indischen Religionsideen die wesentliche Basis des Systems bilden" und dass ausserdem nur „zoroastrische, jüdische und christliche Elemente" in ihm sich vorfinden. Sonst vergleicht man von indischen Religionsgestaltungen als dem Mchmus. ähnlichste gewöhnlich die Meinungen der Jâina-Sekte. So schon Baur, auch Colditz (S. 22 Anm. 2).

schliessen, so sei es eines aus Spiegel, dessen allgemeine Ansicht über die religionsgeschichtliche Art des Manichäismus wir
völlig adoptiren, wenn er sie mit folgenden Worten (Alterthkde.
II S. 195) darlegt: (Der Manichäismus) ist der Versuch, eine
Weltreligion auf ziemlich breiter Grundlage zu errichten,
welche ausser den Eraniern noch die Bewohner Mesopotamiens
im Westen und weiter, im Osten aber die indischen Buddhisten
umfassen sollte" — nur fragt es sich, welches der eigentliche
Keim war, aus dem die lebenskräftige Pflanze entstand, die selbst
die Einpfropfung nicht homogener Setzlinge mancherlei Art zur allgemeinen Förderung ihres Wachsthums vertragen konnte. Diesen
Kern herauszuschälen bleibt eine missliche Sache, eine Aufgabe
der rein inneren Kritik. Wir wagen es deshalb, sie aufzunehmen, weil wir unseres Erachtens nicht mehr, wie z. B. zu
Reichlin-Melldegg's (1825) und Colditz' (1837)[1]) Zeiten
der Fall war, ganz auf die Combination des proprium ingenium
angewiesen, sondern durch die Fortschritte der Religionswissen-
schaft mit äusseren Urkunden und sichergestellten Thatsachen
zur Vergleichung ausgestattet sind[2]), die uns als concrete, vor
zu weiter Abirrung schützende Führer dienen können.

Wenn wir also in Verfolgung unseres Zweckes zunächst auf

Die Vorgeschichte des Manichäismus und die Jugendgeschichte des Mânî

näher eingehen, so darf es gewiss als überflüssig unterlassen
werden, die Erzählung der griechischen Quellen über die angeblichen Vorläufer des Mânî, „Scythianus" und „Terebinthus",
etwa in der ausführlichen Gestalt der Acta cc. LI—LIII[3]) hier
zu wiederholen. Sie ist allbekannt, bei Baur (l. c. S. 549 ff.),
Beausobre (S. 10—16), Spiegel (Eran. Alterthumskunde II
S. 197—200 nach Epiphanius), Colditz (S. 47 ff.) zu lesen, auch

---

[1]) die beide über die „Entstehung" des manichäischen Systems
schrieben.

[2]) ich meine die Erforschung des mandäischen Idioms durch Nöldeke
(Grammatik 1875) und die religionsgeschichtlichen Ergebnisse der assyr.-
babyl. Keilschriftforschung.

[3]) Ich citire die Acta disputationis stets nach der Ausgabe in den
Reliquiae sacrae von Routh, ed. alt. t. V (Oxon. 1848) S. 3—206.

von Zittwitz S. 519 l. c. nacherzählt. Dieses Sagengewebe
wird die Untersuchung zwar zerreissen, aber in ihrem Resultate
die einzelnen Elemente, für sich betrachtet, als sehr beachtenswerthe Fingerzeige auf Fakta wenn auch geringerer Art anerkennen. Dieses Ergebniss werde, statt an den Schluss gesetzt,
vorausgestellt, damit so von vorn herein einige Aufmerksamkeit
auf die Erörterung über einen Bericht gelenkt werde, den man
jetzt allgemein als platterdings unächt und werthlos verächtlich
bei Seite zu werfen scheint, da der Fihrist ihn nicht habe, dafür ganz glaubwürdige, offenbar historische, weil nüchterne, nicht
oder· nur wenig übernatürlich angeräucherte Daten gebe. Wir
glauben erweisen zu können, dass nur durch eine Combination
des Fihristberichtes über die Herkunft und Jugend des Mânî (in
der Flügel'schen Uebersetzung S. 83—85) mit den — keineswegs wie gelehrt wird mit ersterem unvereinbaren [1]) — occidentalischen Relationen die Wahrheit gefunden, ein klares zusa-
gendes Bild entworfen werden kann. Beide Berichterstattungen
ergänzen und bestätigen sich in erfreulicher Weise, oder die
Wahrheit liegt zwischen beiden in der Mitte.

Von Gesammtdeutungen der ganzen Vorgeschichte gibt es
meines Wissens unter der vorhandenen Literatur über den Manichäismus nur zwei, von Colditz und von Chwolsohn. Colditz hält (S. 56 seiner Schrift) die ganze fragliche Erzählung
für eine „historisch-mythische Darstellung des Zweckes
und der Bildungsweise des manichäischen Religionssystems, die wahrscheinlich dem Manes selbst ihren Ursprung
verdankt — der durch solches Verfahren seiner Religion den
Schein grösserer Alterthümlichkeit und Autorität geben wollte —
die aber von den Griechen missverstanden, zum Theil entstellt

------

[1]) so selbst Flügel S. 45: „— — dass in nichts sich ein grösserer
Widerspruch unseres Verfassers mit den Acta und deren Nachfolgern findet
als in der Jugend- und Bildungsgeschichte Mânî's. Da ist von keinem
Scythianus und Terebinthus, sowie deren Schriften und von keiner alten
Frau die Rede — — wie möchte diese Erzählung der Acta und die an
sie sich anknüpfenden weiteren Berichte nur im Entferntesten (!?) mit
der ganz einfachen (? Mythologie und Fabel ist auch da!) Darstellung unseres Verfassers zu vereinigen sein“? Die Namen decken sich freilich
nicht Buchstabe für Buchstabe, vielleicht aber Sache für Sache!

und als reine Geschichte mit Manes' Lebensverhältnissen in Verbindung gesetzt worden ist". Die Möglichkeit einer solchen ten-
denziösen Erfindung muss zugegeben werden, ebenso die Möglichkeit des Missverständnisses durch die Griechen [1]); nur treten dem
Prüfer sofort verschiedene Züge entgegen, die wenigstens gegen
die Erfindung durch den, in dessen Händen sie allein sich natürlich ausmacht, durch den Stifter selbst sprechen, wie die doch
in das Ganze fest eingewobene ehemalige Sclavenstellung des
Mânî selbst, die Niederlage der beiden Vorläufer in Disputationen
und ihr schmachvolles, unrühmliches Ende, u. a. m. Aber lassen
wir auch solche Einzelbedenken gegen die Colditz'sche Hypo-
these vorläufig bei Seite und betrachten wir die Grundzüge des
Deutungsbildes, was sagen wir da zu solchen Sätzen wie S. 59
oben: „werden Scythianus und Buddas für die Urheber des
Manichäismus erklärt, so kann das nichts anderes heissen als:
die indischen Religionen des Brahmaismus und Buddhismus bilden die Basis des manichäischen Religionssystems"; noch mehr
S. 59 Mitte: „unter der Gefangenen in Hypsela in der oberen
Thebais ist nach meiner Ansicht die ägyptische Religion zu verstehen, die im ganzen Alterthume eine hohe Stufe behauptete
(ὑψηλή die Hohe), schön heisst „in Bezug auf den äusseren
prachtvollen Cultus"; lasterhaft, eine feile Dirne, „weil sich die
ägyptische Religion in späterer Zeit mit fremden, besonders mit
griechischen Elementen vermischt hatte"; die Befreiung der Gefangenen durch Scythianus [2]) bedeutet: „erst durch den Manichäismus wird der ägyptische Cultus von seinen Zusätzen ge-
reinigt (!)"; vollends aber (S. 61): „als die zoroastrische Lehre
unter der fremden Oberherrschaft der Perser ihre äussere Macht
verloren d. h. Wittwe geworden war, da konnte sie es nicht
hindern, dass die indischen Religionen im persischen Reiche Eingang fanden d. h. die Wittwe nimmt den Buddas auf! —;
(S. 60) „die Juden, welche Mânî zu bekehren wünschte, wider-

---

[1]) S. die von Colditz S. 56 Anm. 2 citirte Bemerkung Neander's
(Kirchengesch. I, 2 S. 542): „man weiss, wie schwer es den Griechen
wurde, in eine ihnen ganz fremde Volksthümlichkeit sich zu versetzen und
sie rein aufzufassen."

[2]) in Wirklichkeit die deutlichste Spur vom Eindringen simonianischer
Gnosis.

standen und vereitelten seine Mühe; dies bedeutet die Disputation in Jerusalem (!)"; der Reichthum der Wittwe bedeutet:
Mânî erhielt im Zoroastrismus eine gute Erziehung (S. 62); die
drei angeblichen Schüler, nach verschiedenen Himmelsrichtungen
gesandt, drücken den Gedanken aus: Mânî will die verschiedenen
Religionsparteien des Orients zu einem System vereinigen, den
ägyptischen Cultus (Thomas), den vom „höheren Asien",
Brahmaismus und Buddhaismus (Addas) und den Zoroastrismus (den Hermas behält er bei sich)! — Ich glaube, die
beste Widerlegung dieser Colditz'schen Erklärung der Vorgeschichte ist — ihre möglichst getreue Anführung. Eine solche
verdient aber dieser Versuch unbedingt, denn durch eine solche
Behandlung verschwindet allerdings durchaus das Hauptbeden-
ken gegen die Erzählung, nr. 3 bei Colditz S. 68, „das Befrem-
dende, dass die Orientalen in ihren Berichten über Mânî's Lebens-
verhältnisse von seinen Vorläufern nicht das Mindeste erwähnen"
— weil diese Vorläufer nämlich von Colditz hinwegpersonificirt
werden, und, von dem mit durchgängiger Bequemlichkeit angewandten Symbolisirungsinstrumente in die Höhe gehoben, aus
dem Dunkel plötzlich — hinweggezaubert verduften. Diese Methode, die mit einer gewissen Behandlungsweise der evangelischen
Geschichte eine auffallende Verwandtschaft verräth, setzt voraus,
dass dem Stifter des Manichäismus — oder seien es auch dessen
ihn verherrlichende Nachfolger — die Idee, nach der er die Bestandtheile seines Machwerks zusammenzusetzen gedachte, die be-
wusste Kenntniss von alle den Orten, von denen her die fertige
Religion grössere oder kleinere (Aegypten, Judenthum) Entlehnungen in sich trug, von vorn herein innegewohnt habe, wie ein
Gerüst vor ihm stand, das er nur auszubauen habe; und dieser
Ausbau wurde in der Theorie durch Personificationen und Verbindung der so geschaffenen Gestalten unter einander vollzogen.
Ein solches, doch rein philosophisches Verfahren ist dem orientalischen Alterthume fremd. Unbewusste Personification von
Naturkräften oder auch hervorragenden Geschichtsepochen (letzteres auch bei den Hebräern) ist ja wohl sehr gewöhnlich in
der Mythen- und Religionsbildung, aber gerade dieses Unbewusste, Tendenzlose charakterisirt ächte, aus dem Sinne und
Triebe einer ganzen Nation, einer ganzen Zeit herauswachsende

Religionsbildungen, zu denen doch wahrlich der Manichäismus
wegen seiner weltumfassenden Ausdehnung und der langen Zeit
seines Bestehens zu rechnen ist. Colditz' Personification aber
ist eine zu künstliche, als dass sie eine unbewusste hätte sein
können. Mit dieser Einen Antithese dürfte seinem Entwicke-
lungsprocesse in der richtigen Weise entgegnet sein, da dieser
ja nur die monotone Durchführung Einer These ist. Das Verfahren des Mannes entspringt offenbar aus dem gänzlichen Ver-
zweifeln daran, wirklich historischen Gehalt in den einzelnen Angaben der Erzählung des Acta-Anhanges ermitteln zu können.

Chwolsohn verfällt in den entgegengesetzten Fehler wie
Colditz, indem er zuviel Geschichte annimmt. Der Erkenntniss, dass in „Scythianus" oder, allgemeiner gesagt, in dem Träger
und Helden der Vorgeschichte eine Person historischer Existenz
zu sehen sei, möge sie auch von der verherrlichenden und zugleich verflüchtigenden Sage noch so sehr unkenntlich, unanfassbar
gemacht sein, konnte er sich nicht verschliessen; er identificirte
ihn wegen der chronistischen Coincidenz mit dem Stifter der
babylonischen Sabier (nach dem Fihrist) und der Elkesaiten der
Philosophumena und des Epiphan, „Elchasaich" (arab. ‏الخسائح‎)
oder Elkesai (Ἠλχασαΐ bei Hippolytus), urgirte nun die Angabe,
dass „Scythianus" „im Zeitalter der Apostel" gelebt habe, und
lässt den Scythianus zur Zeit des Kaisers Nerva, er sagt unvor-
sichtig bestimmt, im Jahre 97, auftreten. Auch den „Terebinthus-Buddha" hält er als Schüler des Scythianus für historisch
(S. 130) und weist diesem (S. 132) eine Lebenszeit „bis 170
oder 180 und sogar länger" an; übrigens beschäftigt er sich mit
dieser Person nicht eigentlich, mich dünkt, weil er nichts Rechtes
mit ihr anfangen kann.

Baur formulirt seine Ansicht l. c. S. 462 dahin: „Die Vergleichung der beiden vorgeblichen Lehrer Mânî's und die Schicksale, die sie gehabt haben sollen, lässt mich kaum zweifeln,
dass beide eigentlich nur Eine Person sind, wer aber diese Eine
Person sei, sagt uns wohl der von Terebinthus in der Folge an-
genommene Name Buddha deutlich genug — nämlich dass wir
an keinen anderen Buddha zu denken haben, als an den bekannten Religionsstifter"; und nun ergeht sich Baur über den
muthmasslichen Zusammenhang der Namen Terebinthus und

Buddha, auf eine halsbrechende sprachliche Combination gestützt. Von S. 467 an erbringt er dann den gewiss [1]) strin-
genten Beweis, dass in der Scythianusgeschichte viel Simonia-
nisches enthalten sei, besonders dass „die ägyptische Dirne des
Scythianus den Vorläufer des Manichäismus in nahe Verbindung
mit dem Vorläufer des Gnosticismus, dem berüchtigten Magier
Simon, bringe" [2]).

Dem Grundgedanken nach mit der Baur'schen Ansicht
identisch [3]) ist die Spiegel's (in der Alterthumskunde II, 201),
der die beiden Personen für unhistorisch, die occidentalische
Lebensbeschreibung Mâni's für im Wesentlichen erfunden hält
und vermuthet, dass mit „Scythianus" der indische Çâkya oder
Çâkyamuni gemeint sei.

Von den neuesten Schriftstellern zur Geschichte des Manichäismus urtheilt Zittwitz l. c. p. 523, Scythian und Terebinth schienen Phantasiegebilde zu sein. Geyler, der die Sache
S. 53—55 erwähnt, fällt kein Urtheil oder bringt wenigstens
nichts Neues, wenn er der Erzählung wie alle anderen „nicht
völlige historische Glaubwürdigkeit" zuschreibt und das Bestreben sieht, den Manichäismus in Zusammenhang mit dem
Buddhismus zu setzen. Oblasinski in seiner verdienstlichen
Untersuchung prüft S. 40—44 auch unsere Vorgeschichte be-
dächtig und genau, er ist nicht abgeneigt, Scythian und Terebinth für historische Personen zu halten, bei deren Zeichnung
man jedoch, „von der unhistorischen Erzählung der Acta und
der von ihnen abhängigen Berichte gänzlich absehen" müsse,
und kommt zu dem Resultate, den Terebinthus, später Buddhas
genannt, mit dem Schüler Mâni's Addas „oder richtiger mit dem
indischen Buddhas" (sic!) [4]) für identisch zu halten; über die

---

[1]) wenn auch nicht in allem Einzelnen, wie in dem Excurse über die
Helena S. 476 ff., wo viel zu viel Baur'sche Gelehrsamkeit über „Symbolik
und Mythologie" dem Simon Magus zu Gute gehalten wird, wenn dieser
seine Helena für die des trojanischen Krieges erklärte.

[2]) l. c. S. 468 oben.

[3]) S. 201 oben: „Auch dass Terebinthus in Persien den Namen Buddha
annimmt ist nicht klar, wenn man auch einsieht, dass damit ein Zusammenhang des Manichäismus und Buddhaismus angedeutet
werden soll."

[4]) Sprung von 600 und mehr Jahren!

2*

Persönlichkeit des Scythianus, die „viel schwieriger näher zu bestimmen" sei [1]) als Terebinth, gibt er keine positive Aufstellung.

Flügel erwähnt nur S. 33 (Mitte) die Thatsache, dass der Fihrist Scythianus, Terebinthus und „weitere Zuthaten" völlig ignorire und lehnt es S. 156 kurz ab, weiter zu untersuchen, was sich für die Berechnung der Lebenszeit des „mystischen" Scythianus und Terebinthus infolge der Berichte seines Schriftstellers und der von Flügel selbst gemachten chronologischen Zusammenstellungen für veränderte Resultate ergeben, bemerkt aber doch soviel, „dass alle früheren mühsam von den verschiedensten Berichterstattern zusammengebrachten Zahlen und chronologischen Bestimmungen nicht mehr aufrecht zu erhalten sind". Ueber die Sätze Beausobre's, der zur wissenschaftlichen, historisch-kritischen Bearbeitung des Manichäismus den ersten gediegenen Grund legte und dabei der Vorgeschichte zuerst den Boden der Zuverlässigkeit entzog, reden wir besser in unmittelbarer Verknüpfung mit unserer eigenen Untersuchung. Treten wir nun in diese ein.

---

[1]) S. 44.

I. Scythianus und Terebinthus, die „Vorgänger" des Mânî.

Wir gehen, wie billig, vom Einfacheren zum Complicirteren vor, also vom Fihristbericht aus. Wenn irgendwo, bestätigt sich hier Flügel's Charakteristik der arabischen Quelle S. 33: „schon diese erste Seite löst so manches Räthsel, beseitigt vielfache Muthmassungen oder bestätigt andere, indem sie auf das einzig Richtige hinweist".

Zunächst ist mit Flügel S. 45 oben anzuerkennen, dass der ganze Inhalt des Fihristabschnittes über Mânî „auf völlig einheimischem Boden unerschütterlich wurzelt" d. h. keinen Christen oder Muhammadaner, sondern einen oder mehrere gläubige Manichäer zu Gewährsmännern hat, zu denen der Verfasser des Fihrist nur wie ein Redactor sich verhält. Doch möge man bedenken, dass gerade dieser Charakter, wie nach der einen Seite grösste Glaubwürdigkeit, die aus der Intimität der Bekanntschaft folgt, so nach der anderen Seite auch das gerade Gegentheil von dieser mit sich bringt, denn keine Religionspartei pflegt die Person ihres Stifters von sagenhaften, wenigstens übertreibenden Ausschmückungen frei zu halten [1]. Andererseits steht der muhammadanische Historiker an-Nadîm doch nicht so ganz indifferent zur Seite; denn ein erklärender Zusatz wie der S. 84

---

[1] S. Flügel Anm. 37 . — — abgesehen von den Zuthaten der höheren Berufung, die unser Schriftsteller aus den unverkennbar besten Quellen, aus den Lehrbüchern der Manichäer selbst, entlehnte — —"

Z. 12 u. 13 (in der Uebersetzung) zu der ächt manichäischen
Bezeichnung Gottes als „des Königs der Paradiese des Lichtes"
tretende: „und das ist seinem eigenen Ausdruck nach Gott
der Erhabene"[1]) ist doch zu deutlich eine muhammadanische
Glosse, denn die stehende Bezeichnung Gottes in der muhammadanischen Theologie ist allbekanntermassen „Gott der Ge-
priesene und der Erhabene", الله تبرّك وتعنى oder blos „Gott
der Erhabene", الله تعلى. Man bedenke auch die Verwün-
schungen, welche orthodoxe muhammadanische Abschreiber nicht
umhinkönnen, zur Seite des ketzerischen Textes, gegen dessen
verruchten Inhalt gerichtet, zu placiren. — Treten wir also mit
vorwiegendem Vertrauen an den Fihristbericht heran, so sehen
wir, derselbe spricht von Mâni's Eltern, gibt deren Abstammung
an, erzählt die Uebersiedelung des Vaters von Hamadân (= Ekbatana) in Persien nach Babylonien und die Wandlungen von
dessen religiöser Parteistellung; dann lässt er Mâni im Gebiete
von Dschauchâ (Gauḥa)[2]) geboren und den talentvollen Knaben
unter den Auspicien seines Vaters aufgezogen werden, so dass
er schon in seinem zwölften Lebensjahre zu einer selbständigen Entscheidung und Parteinahme in religiöser Hinsicht fähig ist, die der verherrlichende Bericht als eine Engels-
ermahnung darstellt. Wir ersehen aus diesen Notizen, dass schon
Mâni's Vater ein für religiöse Fragen reich interessirter Mann
war, der ascetisch-reformatorischen Bestrebungen nachhing, so
dass der Sohn, Mâni, zum Religionsstifter gleichsam her-

---

[1]) arab. S. 50 Z. 6 von u. وهو الله تعلى عمّا يقوله d. h. umschrie-
ben: „das Wesen, welches Mani mit K. d. P. d. L. bezeichnete, ist nach
seiner eigenen Erklärung das Höchste, Gott, den wir allâhu ta'âlâ nennen",
sc. wir Muslims. cf. die Anm. Flügel's S. 139.

[2]) arab. جَوْخَى. Der Ortsname ist جَوْخَى zu schreiben, nicht
حوخى oder خُوخى und ist nicht Koche Κωχη, sondern ein weiter
südlich gelegener Landstrich östlich vom Tigris in Chûzistân, über den
Jâḳût II, 144 (oben) handelt, und der bei den Syrern נוכי, mandäisch
נאובא, im Talmud נובראי heisst (Nöldeke brieflich 1879). Es ist also
der Ibn Ḳutaiba S. 222 erwähnte Bezirk, über welchen einst der Statt-
halter al-Ḥaǧǧûǧ gebot.

anwuchs. — Fassen wir nun, dies im Allgemeinen voraus-
schickend, die handelnden Personen des Fihristberichtes
näher ins Auge, so sind dies, abgesehen von der mehr beiläufig
erwähnten Mutter [1]), nur zwei, der Vater Màni's und Màni
selbst. Nur diese beiden Plätze des zu Grunde liegenden Fihrist-
berichts sind also mit den präexistirenden Personen der occidentalischen Vorgeschichte zu besetzen; sehen wir, ob diese Personen in die Plätze passen. Da Màni gleich Màni ist, so wird
nach mathematischer Methode, wenn die beiden Berichte (was
wir vorläufig nur supponiren) gleich sind, entweder der Vater
des Màni gleich Scythianus sein und Terebinthus dazu —
oder aber letzterer muss mit Màni identisch sein, wenn seine
Person nicht überflüssig sein soll; tertium non datur. Wem ist
nun „Terebinthus" gleich, dem Vater oder dem Màni? Und
zweitens, ist eben der Vater gleich Scythianus? Gelingt diese
Identification, so ist die Frage entschieden.

Màni's Vater heisst nach dem Fihrist فتق, wie Flügel in
seinem Texte zum „Màni" bietet; dieses Wort vocalisirt Flügel
in der Uebersetzung Futtak, فَتَّق. Das arabische Consonantengerüst hat blos das Aussehen فتق und ist also bezüglich des
mittleren Consonanten an sich mehrfacher Bestimmung fähig.
So hat denn Chwolsohn, der Bd. I seines Werkes S. 123—126
die manich. Urgeschichte aus dem Fihrist bereits in vollständigem Textauszuge mit Uebersetzung vor Flügel gegeben hatte,
aus einem Leydener Codex فُتَّق Funnak als die richtige Aussprache aufgenommen. Dass dieses aber entschieden nicht die
richtige Form ist, bezeugen die Gestalten dieses Namens bei
den anderen orientalischen Autoren über unseren Gegenstand,
deren Schreibweise zweifelsohne als zweiten, mittleren Consonanten einen T-Laut verbürgt. Der Vater Màni's heisst bei
Mas'ûdî (in den „Goldwiesen") فتيك Faddìk [2]), bei Sahra-

---

[1]) Mais, auch Utachim, auch Marjam genannt.

[2]) S. die Angabe Flügel's l. c. Anm. 4. S. 116. — In der Pariser
Ausgabe der „Goldenen Wiesen" Bd. II. (1863) S. 167 ist von den Heraus-
gebern aus den Varianten des Namens gerade die schlechteste in den Text

stâni (ed. Cureton S. ١٨٨ Mitte) فتك sprich Fâtak¹) und im byzantinischen Griechisch der Abschwörungsformel für die Manichäer (bei Cotelier, Patres apostolici I S. 544 und bei Tollius, Insignia itinerarii Italici S. 144) Πατέκιος, aus welcher Form die Lateiner Patricius gemacht haben, Flügel S. 116 Anm. 4, Cave, Hist. Liter. II P. 469; Beausobre I S. 66 Anm. 7. Man sieht, diese allein in Betracht kommenden Namenformen stimmen in den Consonanten völlig (von d—t, k und ḳ kann man absehen) überein, nur in den Vokalen — in semitischer Schreibung die Nebensache — ist Differenz. Doch auch hier kann nur Eins richtig sein und muss das einzig Richtige sich feststellen lassen.

Flügel sagt (l. c. S. 116), Futtaḳ sei die allein richtige Lesart. Adoptiren wir diese Entscheidung vorläufig, auch rücksichtlich der Vokale. Wir werden sehen, wohin dies führt²). — Wir setzen die hier nothwendige sprachliche Erörterung fort und fragen rücksichtlich des Namens: was für ein Landsmann? Flügel schliesst S. 116 Ende aus der verschiedenen Schreibweise, dass „eher eine Transscription dieses Namens aus einer fremden Sprache, der er angehört", anzunehmen als „derselbe für ursprünglich (arabisch nämlich) zu halten" sei. Er urtheilt dann aus der Angabe, dass dieser Futtaḳ aus Ha-

aufgenommen worden, يزيد, die wie die andere (S. den Anh. des 2. Bds. S. 449 Anm. zu S. 167) برمك zu beurtheilen d. h. zu verwerfen ist. Beide sind bekannte muhammadanische (arab. pers.) Männer- und Familiennamen und so an Stelle des fremdklingenden Faddik eingedrungen durch unwissende Schreiberhand. Wie aber ein Orientalist wie Barbier de Meynard diese unächte Form recipiren konnte, begreife ich nicht. — Als Var. steht in der edit. Paris. S. 449 ططبك, nicht فدبك, jedenfalls nicht mit Zuverlässigkeit. — Dass aber ein d nöthig ist, zeigt auch der Ductus von ز in يزيد.

¹) Die Araber machten sich die Form zu einem nomen agentis des kal mundgerecht. Das Faddik mit seinem i beweist nichts.

²) Die jetzt folgende Ausführung ist eine Berichtigung meiner Ansicht über den Namen in der Schrift: „Untersuchungen zur Genesis des manichäischen Religionssystems". Marburg 1876, S. 4 ff., wo ich den Namen des Futtak gleich Buddha erklärt habe. Von den dort gegebenen sprachlichen Ausführungen wiederhole ich, was noch jetzt richtig ist.

madān, also aus dem eigentlichen Persien, eingewandert sei, dass es ein „ursprünglich altpersischer" (S. 117 oben) Name sei, der durch das Medium des „Babylonischen oder Chaldäischen" hindurchgehend alterirt wurde und so bei den Arabern verschiedene Schreibweisen erfuhr. — Uns leitet auf persische Abkunft des Namens nicht erst die freilich bestätigende, bekräftigende Notiz des Fihrist, sondern die grammatische Namensform selbst und zwar ihre Endung -ak. Sie wird im Arabischen bald mit ق bald mit ك (فُتَّق, فَتَك) geschrieben, da die Geltung des persischen Lautes vor dem Ohre des Arabers der Art war, dass sowohl ḳ als k als graphischer Repräsentant geeignet, d. h. keiner von beiden physiologisch verschiedenen arabischen Lauten dem persischen völlig entsprechend schien[1]. Diese Endung -ak ist einer der allergewöhnlichsten Wortausgänge der persischen Sprache in derjenigen ihrer Epochen, die direct vor und in der Sāsānidenzeit, circa 200 bis circa 700 n. Ch., also gerade in der hier für Mānī's Vater zu setzenden Zeit, herrschte und nach Analogie des Mitteldeutschen das Mittelpersische oder mit einem einheimischen Namen Pehlewi oder Huzwaresch[2] genannt wird. Spiegel urtheilt S. 41 §. 18 Anm. 1 seiner Grammatik dieses Dialects, zweifellos sei in den letzten Zeiten, wo das Huzwarasch gesprochen wurde, dieses schliessende k nicht mehr gehört worden, und er beweist dies mit Textstellen, wo das k blos der Dehnung wegen ohne alle etymolo-

---

[1] Dieses wohlbekannte mittelpersische (Pehlewi-) Affix -ak wurde wohl sehr weich, wie گ, g, gesprochen, sonst hätte es nicht als einfacher Verschluss der offenen, vokalisch auslautenden Silbe dienen können, wo im Neupersischen ه‍ ah oder ā steht.

[2] Ueber die Namen s. Spiegel, Grammatik der Huzwāresch-Sprache. Wien 1856, S. 15. 18—20. 23 Anm. 1, über den Namen Huzwāresch jetzt auch desselben „Arische Studien" 1874, 1. Heft, S. 78 ff. Seitdem ist durch Justus Olshausen in der Abhandlung: „Parthava und Pahlav" in den Monatsberichten der Akad. der Wiss. zu Berlin 1877, cf. Z. D. M. G. XXXI, 557, ein für allemal nachgewiesen worden und wohl jetzt allgemein angenommen, dass Pahlawi (Pehlewi) nichts anderes als „Parthisch" bedeutet, indem es (durch Palhawi) aus Parhawi, Parthawik entstanden ist.

gische Bedeutung steht¹), so dass es, stumm dem auslautenden a oder à angefügt, nur den Schein der Endung -ak erweckt (l. c. §. 141,2 S. 126). Indessen diese lautliche Schwäche
oder Nichtexistenz gilt doch gewiss nicht für die älteren und
ältesten Zeiten des 2. und 3. Jahrhunderts unserer Zeitrechnung,
in denen die semitischen Dialecte, in engerer Berührung mit
dem Mittelpersischen stehend, diesem Vocabeln entlehnten, die
nun in semitischem Internate oder vielmehr Bürgerrechte das
zum semitischen dritten Consonanten gewordene persische k für
alle Zeiten bewahren. So im Arab. رِزْق rizḳun „Lebensunterhalt" von mp. rôzîk²) neup. rûzi (Tagesportion), besonders aber
im Aramäischen, wie syrisch bàhàrḳa np. بَهْرَ Antheil (Castell
p. 85) und vornehmlich im Mandäischen, für welches letztere auf
Nöldeke's Grammatik, Einleitung S. XXXI (אקנבשיי. ראבנק etc.)
zu verweisen genügt. Doch soviel ist aus diesem sprachlichen
Processe zu erschliessen, dass das Mittelpersische eine Abneigung dagegen hatte, ein Wort rein vokalisch ausgehen zu lassen, und um dies zu vermeiden jedem Vokale,
besonders dem a, gern sein vielbeliebtes k anhängte.

Streichen wir also das k von Futtak ab, so dass die Form
Futta bleibt, so erscheint dies wie die arabische Form des
persischen, aber aus dem Indischen entlehnten Buddha. —
Wie kommt nun aber Buddha von Indien nach Persien und
wird da Männername, so dass ein Einzelner wie Màni's Vater
Buddha heissen konnte? Es wäre denkbar, durch die buddhi-
stische Religion. Man weiss, dass die indische Buddhareligion
schon sehr früh sich westwärts ausgebreitet und dort zahlreiche
Anhänger gefunden hat, s. den Aufsatz von A. Weber in der
Allgem. Monatsschrift für Wissenschaft und Literatur 1853
S. 579 ff., Chwolsohn, Sabier I S. 113 Anm. 1. — Ritter

¹) Das Verschwinden eigentlich grammatischer Bedeutung des k geht
soweit, dass in späteren Huzwàreschstücken, wie in der Uebersetzung des
Vispered, das k am Ende geradezu nichts weiter ist als Schreibungs-
zeichen für den schliessenden Vokal, S. c. l. Anm. l am Ende.

²) syrisch rûziḳâ, Cast. S. 859.

(die Stupas S. 31 bei Flügel, Mani S. 392) bezeugt, dass das Buddhathum frühzeitig in den Culturthälern von Baktrien, des indischen Kaukasus und Kabulistan war. Aber wir dürfen in der christlichen Zeit noch weiter nach Westen Buddhisten suchen, im eigentlichen Persien, ja in Babylonien, wenn auch nur vereinzelt. Weber lässt (l. c. S. 675 bei Chwols. I p. 134) schon zur Zeit der griechischen Herrschaft in Indien buddhistische Missionen in die weiteren westlichen iranischen Länder kommen, wenn er auch keine genauen Zeitangaben machen kann. Unser an-Nadîm sagt (Chwols. S. 134 oben) an einer Stelle des Fihrist ausdrücklich, dass der Buddhismus vor Mâni auch in Transoxanien eingedrungen sei; „die ersten, welche in das transoxanische Gebiet eindrangen, waren die manichäischen Religionsparteien, abgesehen von den (schon früher gekommenen) Samanäern", d. h. den Buddhisten. Die Nachricht des Mas'ûdî von den Reisen des Bûdàsp [1]) nach Sigistân, Zabulistân, Persien und Kirmân (Chwols. l. c. und S. 798 des I. Bandes) beziehe ich mit Chwols. auf Verbreitung des Buddhismus in den westlichen Provinzen des eranischen Hochlandes in der Nachbarschaft Babyloniens [2]). Halten wir also fest, dass im 2. und Anfang des 3. Jahrhunderts unserer Aera der Buddhismus auf dem Hochlande von Iran (von Baktrien im

---

[1]) Dies ist das indische Bôddhisattva; die Endung -asp hat mit der altpersischen -açpa (in Kereçàçpa etc.) nichts zu thun. Arabisirt Bûdasaf بوداسف Birûni 204, 18.

[2]) Dieser „reisende" Buddhasp, der aus Indien stammt (S. 797 Ende) ist kein anderer als der indische Religionsstifter Buddha, Chw. l. c. p. 798. Uebrigens ist hier ausdrücklich zu constatiren, dass nach dem dermaligen Votum der Specialisten eine Verbreitung der Buddhareligion in grösserem Massstabe über den Ost- und Nordrand des iranischen Hochlandes hinaus durchaus zu keiner Zeit bezeugt ist. Der Tigris war im Westen sicher die alleräusserste Grenze für das Vorkommen von Buddhisten, und können deren da auch nur ganz vereinzelte gewesen sein. Von einer Beeinflussung etwa gar der christlichen Evangelien durch buddhistische Berichte vom Leben des Buddha und seiner Jünger (Seydel u. a.) kann gar keine Rede sein, wie Max Müller und Oldenberg zur Genüge erhärtet haben, so wenig wie von buddhistischem Ursprunge des Essenismus oder des christlichen Mönchthums.

Osten bis Persis im Westen) verbreitet gewesen ist, so könnte
sich auch hier eine Erscheinung dargeboten haben, die in jeder
sich entwickelnden Religion sich findet, dass der Name des
Religionsstifters mit Vorliebe als Männername benutzt wurde.
Wie viele Muhammadaner heissen nicht „Muhammad", so gerade
der Fihristverfasser selbst, dessen vollständiger Name Abû'l-
faraǵ Muhammad ibn Ishâk al-warrâk lautet; und selbst
der Name des göttlichen Urhebers der christlichen Religion kommt
in vielen Eigennamen wie Χριστόφορος, Christlieb, Christian. als
Vorname, ja ohne weitere Verstärkung, „Christ", als deutscher
Familienname vor. Dann könnte also immerhin Mâni's Vater,
wenn sein Name mit Flügel Futtak auszusprechen wäre,
wie der indische Religionsstifter Çâkyamuni „Buddha" geheissen haben [1]).

Gegen die Zulässigkeit der Gleichung Futta = Buddha erheben sich nun aber von sprachlicher Seite die schwersten
Bedenken; wie ja beim ersten Anschein keiner der Consonanten in beiden Formen genau stimmt. Es fragt sich nur. ob
die Lautveränderung nicht auf grammatische Gesetze zurückgeführt werden könnte. Vor allem könnte die Anfügung eines k
im Pehlewi an Fremdwörter anzufechten sein. Die Möglichkeit muss aber wohl zugegeben werden, wenn man an Formen

[1]) bei Johann. Malalas ed. Bonn. 309,19 ff. heisst ein manich. Sendbote in Rom Βούνδος, vielleicht mandäische Form für Βούδδας. In gleicher
Weise ist auch Zarâdušt (Zoroaster) persischer Männername seit der Sasanidenzeit, also der Name des altpersischen Religionsstifters. So hiess der
Lehrer des Mazdak: Zarâdušt, der z. B. in den Märtyreracten ed. Hoffmann S. 49 Mitte mit Mâni zusammengestellt wird: „Die beiden Pfähle
im Fleische, den Mâni und den Zarâdušt, — rottete er aus und machte er
aufhören" u. s. w., cf. auch über ihn Nöldeke, Tabari übers. S. 154 und
S. 456 ff.; Z. D. M. G. 32,743. — Den Namen des sagenberühmten Heros
Manošćithra, neupers. Manošćihr (Sp. E. A. K. I, 558 ff.) führt noch ein
iranischer Fürst zur Zeit des Ardašir I. (Nöldeke, Tabari S. 6 und dazu
ibid. Anm. 6). — Mazdak (erweiterte Form von Mazdà, Ahura Mazdào) ist
selbst eigentlich ein Gottesname. Ebenso das viel gebrauchte n. propr.
Mihr für Mithra und dessen Erweiterung Mithrak. Der Königs- und
sonstige Männername Hurmuz ist Ahuramazda selbst in seinen beiden
Bestandtheilen.

wie שנתק „jährig“ von שנה [1]) neben dem ächtpersischen סאלק von
سـ Jahr (bei Spiegel, Avesta übers. I S. 28 Zeile 22) denkt.
Auch findet man ja im Huzwaresch das Princip, einheimische
Endungen an Fremdwörter anzusetzen, z. B. bei Infinitivbildungen
wie בתרונתהן bleiben נפרונתהן fallen u. s. w. mehr vertreten [2]).
Bedenklicher aber ist der Uebergang von d in t, der gar nicht
zu erklären ist. Vor allem aber weist das a in den griechischen
und überhaupt den abendländischen Formen, auf welches mehr
zu geben ist wie auf das u der arabischen Codices, uns darauf
hin, dass die Formen mit a in erster Silbe wie فتك Παταχος
u. s. w. die der Urform am nächsten stehenden sind.

Dann aber ist das Wort mit Spiegel (Eran. Alterthumskunde Bd. 2, 1873, S. 202, Anm. 1) für altpersisch zu halten
und auf ein altpers. pàtaka zurückzuführen, welches von bekannter Wurzel herkommend „Beschützer“ bedeuten würde
und sich auch in Ατραπαταχάν wiederfindet. Nur die Verdoppelung, welche für das t in arabischen codd. bezeugt ist, könnte
Bedenken machen, doch ist dadurch wohl nur eine bequemere

---

[1]) wenn sie so, santak, auch gesprochen und nicht blos geschrieben, aber sâlak gesprochen worden ist.

[2]) Man nimmt freilich an, dass auch unter Schreibung dieser semito-
persischen Unformen beim Lesen lediglich die persischen (màntan, uftätan)
gesprochen worden sind. — Es wird bei näherer Untersuchung doch als
faktisch sich herausstellen, dass nicht nur einheimisch persische, sondern
auch nichtpersische Wörter im Pehlewi mit schliessendem k versehen wurden. So heisst bei den Harraniern der Mercur (عطارد) einheimisch نبق
Fihrist 321,30, was doch nur die persische Aussprache des alten babylonischen Götternamens Nabu — man beachte noch das festbezeugte
Damma als Ausdruck des alten u — sein kann, um so mehr, da auch die
Armenier (Chwols. Ssabier II, 161 vorl. Zeile nach Moses von Khor. II,
27) Nabok sprechen; cf. auch Spiegel, Gr. der Huzv.-Spr. 1856, S. 787
am Ende). — Ferner weist die Aussprache des Namens der Bewohner vom
Districte Bê-Garmai (arab. Bâ-Garmâ) mit גרמקיא bei den Syrern und
جرامقة bei den Arabern, neben Γαραμαῖοι bei den Griechen (cf. Nöld.,
Tabari übers. S. 35 Anm. 1) doch auf eine persische Form (des aramäischen
Landnamens) Gârmak neben Garmâ (cf. auch S. Fränkel, Aram. Lehn-
wörter im Arabischen 1886 S. 44) hin. Die Beispiele für semitische Wörter
mit k im Persischen liessen sich wohl noch vermehren.

Aussprache der Silbe mit langem Vokal ausgedrückt. Sprechen wir also von jetzt an Fatak aus, arabisirte Form für
Pàtak.

Wir wenden uns jetzt vom Namen des Vaters zu dem des
Sohnes. Eine Etymologie des Namens Màni zu versuchen ist
ein kitzliches Unterfangen! Alle die verunglückten Versuche,
die wahre Herkunft des Wortes zu bestimmen, hier zu wiederholen und einzeln zu besprechen vermeiden wir. Als das Beste
vergleiche man, neben Flüg. S. 113—116, Pott in der Zeitschrift
der D. M. G. XIII. S. 385—86; neuerdings Oblasinski in seiner
Dissertation S. 1. Anm. 1. Die wichtigste Glosse der Alten über
die Bedeutung des Namens ist wohl die des Cyrill von Jerusalem
catech. VI §. 24, der Name Μάνης bedeute κατὰ τὴν τῶν Περσῶν
διάλεκτον τὴν ὁμιλίαν, also Verkehr; specieller kann es Redeverkehr, Redegewandheit, sein, mit dem erklärenden Zusatze:
ἐπειδὴ γὰρ διαλεκτικὸς ἐδόκει εἶναι — οἱονεὶ ὁμιλητήν τινα ἄριστον [1]).
Dies veranlasst nun Lagarde (Gesammelte Abhandlungen p. 167)
an die persische Wurzel man zu denken, „von der ein διαλεκτικός bedeutendes Wort füglich abgeleitet werden konnte"; aber
nach der Cyrillstelle soll ja das Wort gar nicht διαλεκτικός, sondern nur ὁμιλία bedeuten [2]), und ein diese Bedeutung tragendes
Wort hat der persische Vokabelschatz, wie ihn unsere Wörter-
bücher wenigstens bieten, nicht [3]). Ueberhaupt scheint es, dass,
abgesehen von der bekannten Bedeutung der W. man als
„denken", was ja wohl auch verba nectere, statt blos cogi-
tata, sein könnte, die Erklärer von dem Ausdruck κατὰ τὴν
τῶν Περσῶν διάλεκτον zu stark sich leiten lassen. Cyrill braucht
nicht exact die persische Sprache in linguistischer Bestimmtheit
gemeint zu haben, sondern eine der im persischen Reiche ge-
sprochenen Sprachen, und zu diesen konnte bei der Ausdehnung
des persischen Reiches zu Cyrill's Zeit (2. Hälfte des 4. Jahrh.
p. Chr.) ganz gut auch das Babylonische gerechnet werden. Auch
Lassen (Indische Alterthumskunde III S. 495, von altpersisch

---

[1]) Photius bei Gallandi XIII, 607 ungenauer ὁμιλητικὸς καὶ πρὸς
διάλεξιν δραστήριος.

[2]) es heisst nur: ἐπειδὴ διαλ. ἐδόκει εἶναι.

[3]) Flügel S. 113 Mitte.

manih Geist) leitet das Wort aus dem Persischen her. Pott
(l. c.) kommt zu dem Resultate, dass man wohl nur zwischen
den beiden Wörtern man denken und mani (sanskrit.) „Edel-
stein“ zu wählen habe, und auch Flügel meint (die Stelle bei
Cyrill und Photius als Zeugniss dafür zwar missverstehend)
S. 114 Ende: „dass der Name ein persischer sei.“ — Halten wir
also fest, dass die Bedeutung ὁμιλία sein soll und vergessen die
Worte κατὰ τὴν τῶν Περσῶν διάλεκτον (im richtigen Sinne) nicht.
Die erste Frage muss für uns die nach der ursprünglichen
Form des Namens sein, damit uns diese auf die Heimath leite.
Diese Urform pflegt aber in allen semitischen Sprachen meist in
dem Beziehungsadjectiv, dem nomen relationis (نِسْبَة) der
arabischen Grammatik, rein erhalten zu sein. Stellen wir, dieser
Spur folgend, alle vorhandenen Adjectivformen für „Manichäer“
zusammen, so bieten uns die Griechen nur Μανιχαῖος, ein Manichäer [1]), die Araber aber für „die Manichäer“, sowohl الْمَنَانِيَّة,
el-manänijjah, eine anomale Relativbildung, als الْمَانَوِيَّة el-mäna-
wijjah, daneben in einzelnen Handschriften des Fihrist (Flügel
S. 112 post med.) الْمَانُونِيَّة el-mänûnijjah, auch الْمَانِيَّة, el-mä-
nijjah, zu denen Flügel l. c. mit Recht bemerkt: „Formen, die
die wir einstweilen den Abschreibern anheimgeben müssen“;
endlich die Syrer nennen die Ketzer מָנִינָיֵא Manînâjê. So der
Thatbestand. Es sind das lauter werthvolle Fingerzeige. Gehen
wir ihnen nach. — Das χ in Μανιχαῖος weist auf eine Grundform Mânîk mit dem persischen k [2]), führt also auf eine Grundform Mânî hin, die von den Persern Mânîk gesprochen worden

---

[1]) wie denn bei den Occidentalen, z. B. bei Augustin regelmässig, der
Stifter selbst Manichaeus heisst.

[2]) Wenn Spiegel, der aus der griech. Form in seiner Alterthmske. II,
S. 202 Anm. 1 diese persische Gestalt richtig erschliesst, zur Erklärung des
Namens meint, „vielleicht sei מאניח (sic: gemeint ist wohl מָנִיח, be-
ruhigend,) zu vergleichen“, so ist dies wegen der Heterogenität von pers.
k und semit. ḥ, auch wegen der Vokalosigkeit der ersten Silbe im Syrischen, unmöglich.

ist. Indessen diese, die gewöhnliche bei den Arabern und Syrern [1]), findet sich blos in dem syrischen Adjectiv Maninâjâ [2]) und in der seltenen arabischen Form el-Mànijjah, in der das i des Grundwortes mit dem î der Endung ijj zu Einem Laute zusammengeflossen ist — wenn anders diese arabische Form handschriftlich feststeht. Die gewöhnlichen arabischen Formen aber, manà-nijjah und màna-wijjah weisen ganz zweifellos auf ein Grundwort Manà, Màna, denn nur von einem solchen, aus der Ableitung mit Sicherheit zu erschliessenden können beide Wörter herkommen [3]), ersteres, das die Grundform am deutlichsten mit unversehrtem à bewahrt hat, mit unregelmässigem n der Ableitung, letzteres mit naturgemäss entstandenem w der Verbindung (à-ij- gibt àwij-). Endlich die Form Mànû-nijja und die mandäische Manûnâjê Sidr. rabb. ed. Pet. I, 225, 11 enthält das Prototyp Mànû. — Wir fanden also drei gleichberechtigte Stammformen als Gestalten des Namens des Häretikers. Die eine, Mâni, wurde die gewöhnliche. Aber die beiden anderen sind für die Erkenntniss der Herkunft wichtiger. — Im mandäischen Religionssysteme, das bekanntlich eine sehr ausgeschweifte, vielfach unsinnig phantastische [4]) Gnosis darstellt, eine höchste Entwicklung der „syrischen" Gnosis mit Aeonen und Emanationen ohne Zahl, heisst der oberste Lichtkönig מאנא רבא דיעקארא „die grosse Intelligenz der Herrlichkeit", und die von ihm ausgehenden Aeonen מאניא רורביא כאביריא,

---

[1]) Die gewöhnlich das a der ersten Silbe nicht plene mit Vokalbuchstaben, mithin als kurzen Vokal, schreiben, مَنْي; doch findet sich auch, wenn auch nicht so häufig, مَانْي, s. Oblas. S. 1 Anm. 1 Mitte. Auch die Form مَنَانِيَّة hat das m mit kurzem Vokal, wie auch die mandäische Form Manûnâjjé מנונאיא Sidra rabbâ ed. Peterm. I S. 225 Zeile 11.

[2]) mit unregelmässig eingeschobenem n, wie auch im arab. مَنَنِيَّة: mehr Beispiele aus dem Arabischen bei Flügel S. 112—113.

[3]) Flügel nennt also Anm. 1 (S. 111) Anfang ungenauer Weise مَنَانِيَّة und مَنَوِيَّة Relativwörter von مَنِي, Mâni.

[4]) Wenigstens in der Gestalt, wie es uns heute in den Büchern der Sekte vorliegt.

„grossherrliche, starke Intelligenzen", z. B. Sidr. rabb. ed. Pet. I, 68 Z. 2 u. 1 von unten [1]); ja auch die den Körper betretende wie ihn verlassende Seele kann von sich sagen (sidr. rabb. pars sinistra, II, p. 38 l. 5 vor Ende ff.): בנו; מאנא אנא דיחייא רביא ?בנו תיביל בעצטון פאנריא מאנו תיביל מאן אשריאן מאן אשריאן רמאן מאנו רמאן „ein Geist bin ich vom grossen Leben (d. i. Mànâ rabbâ); wer hat auf der Erde mich wohnen gemacht, wer mich wohnen gemacht? Wer nur hat auf die Erde, in den Ständer [2]) des Körpers mich geworfen, wer nur mich geworfen?" — Also dieses häufige, in seiner Bedeutung nicht zweifelhafte Wort des mandäischen Idioms, mit dem schon Gesenius [3]) den Namen Mànî zusammengebracht hat (Probeheft zur Allgem. Encyclopädie von Ersch und Gruber, Art. Zabier p. 97 Anm. 1), hält Nöldeke (mand. Gramm. p. XXXII) für ein allem Anscheine nach iranisches Wort, welches, wenn man auch keine genau entsprechende Form im Mittel- und Neupersischen weiss, doch bezüglich der Abkunft von der Wurzel man und des Zusammenhanges mit مَنِش (neup.), manisn (pehlewi) Geist kaum zweifelhaft erscheine. Ich kann nicht beipflichten, so verlockend gerade im Interesse, den Namen Mànî zu erklären, die That-

---

[1]) וכדי הוא מאנא רבא דיעקארא דיהון מָינָא מאניא רורביא כאבירייא etc. (in hebräischer Transscription des mandäischen Alphabets) d. h. und da war der grosse Geist der Herrlichkeit, von dem die grossherrlichen mächtigen Geister ausgingen.

[2]) עצטון das durch die semitischen Buchstaben unkenntlich gemachte persische Lehnwort سُتُون syr. אֶסְטוּנָא Säule, hier von dem wie ein fühlloser Pfahl oder Ständer, Klotz aufrechtstehenden Körper. Norberg übersetzt III, 193 Z. 4. v. E. truncus (corporeus), unwörtlich.

[3]) dessen Annahme über den Grund, weshalb sich Mani so genannt habe, recht beachtenswerth ist: „Da Mani, der Stifter des Manichäismus, sich selbst für einen Aeon, مَانَا Mànâ, wenigstens einen kleinen Aeon مَانِكْ mànek (!? so konnte doch das persische Diminutiv nicht heissen!) ausgab, so wird man seinen Namen, so wie den abgeleiteten der Manichäer مَانِكِي (mànekî — wo hat Ges. diese Form gefunden? Fingiren darf man hier nicht) am richtigsten so zu erklären haben." Dann wäre es ein mit Vorbedacht angenommener Name; wir werden diese Vermuthung noch von einer anderen Seite (Cubricus) nahe gelegt finden.

sache sein könnte, dass altbaktrisch mainyô (für manyô mit
Einsetzung des durch das y veranlassten i) in jüngerer Form
eigentlich manî lauten müsste. Die mandäische Form Mânâ
hat in der ersten Silbe wohl ein langes â '). Dies festhaltend
könnte man, wenn man wirklich das Wort aus dem Persischen
erklären müsste, von män wegen des ä abzusehen genöthigt,
eher auf die Erklärung von Gesenius (l. c. p. 97 und Jenaische
Literaturzeitung 1817 nr. 48 — Anzeige der Norberg'schen
Ausgabe — p. 385) von persisch مانا mànà ewig (eig. blei-
bend, von mânden bleiben) zurückkommen, wozu sich mit Gesenius das griechische αἰών im Gebrauche vergleichen liesse.
Aber auch eine semitische Etymologie liegt nicht fern. Das
lange א in der ersten Silbe kann einen nach mandäischer Aussprache untergegangenen Gutturalbuchstaben anzeigen. Wie nun
das ע in עקארא Ruhm, עצטונא Säule und so oft in der Schrift
für das einfache א (den spiritus lenis) steht, so kann auch א in
der Schrift dahin gerathen, wo der Etymologie nach ein ע stehen
sollte '), das aber wie alle Gutturalen in den jüngsten semitischen
Dialekten (im Samaritanischen, der Galiläischen Mundart, im
Babylonischen des Talmud, in der heutigen Manier der Juden,
das Deutsche mit hebräischen Buchstaben zu schreiben) doch
nicht gesprochen worden wäre, seine ehemalige Consonanten-

') Dies schliesse ich aus der Durchgängigkeit der Setzung des א in
der Petermann'schen Ausgabe. An sich könnte dies zwar nach der bekannten Art der mandäischen Schrift auch blosser Vokalbuchstabe sein,
aber der wäre hier, wo die zweite Silbe des nur zweisilbigen Worts denselben Vokal â hat, überflüssig; cf. die Schreibung רבא râbbâ, ohne א,
direct bei מאנא; sonst חייא Leben, nicht ראייא, aber wieder מאן quis?,
denn syrisch مَن. Doch schreibt man im Mandäischen wieder auf der anderen Seite יאמא „Meer", wo doch das a (cf. יְמָא chaldäisch) entschieden
kurz ist.

') Beispiele מאנרא Erkenntniss für מאאנרעא; מישמא hören (Infinitiv des Peal, Nöldeke p. 129) für מישמע, מארבא 1) Untergang,
wo ע von ערב, und 2) Mutterleib, wo das Final ע von רבע durch א vertreten wird u. s. w. — S. auch im „nabatäischen" Dialekte مينا für تحتلا
D. M. G. XXIX, 451. — Nuwairî (bei Spiegel, Huzw. Grammatik p. 24
Anm. 1) schreibt den Nabatäern انقلاب العين والهمزة, Uebergang des Ain
in spiritus lenis, zu.

kraft[1]) blos in der Verlängerung des Vokals geäussert hätte und
also auch einfach durch das Alef bezeichnet werden konnte. So
nehmen wir denn als Grundform an מַעֲנָא, ein Abstractnomen,
wenn man will eine (mit m gebildete) Infinitivform des Pe'al
(Nöldeke p. 129 Mitte), von עֲנָא „antworten, einen Redeverkehr unterhalten", einem Verbum, das auch im Mandäischen
häufig ist, s. Norborg's lexidion p. 176[2]). Dann erhalten wir
die Bedeutung „Unterredung" ὁμιλία, also die von Cyrill vor-
gezeichnete, direct. Die Deutung des Photius durch ὁμιλητικός herauszubekommen wäre auch eine Möglichkeit, wenn man
im Mandäischen die Form מַפְעֵל oder מאפעאל wie im Arabischen[3]) als starke Adjectivintensivform nachweisen könnte[4]);
doch scheint dies nicht der Fall zu sein; bei Nöldeke l. c.

---

[1]) wie selbst das ה.

[2]) Die dort citirte Stelle für das der Bedeutung nach hier wohl am
meisten unser Interesse erregende Wort עניאנא „Unterredung, confabu-
latio" findet sich bei Peterm. I S. 342 Z. 16. 17: עניאנא לדיליא היביל,
זיוא ראמיא ואמאר Júschamin (יושאמין), beginnend eine Unterredung
mit mir, dem Hibil Zivä, sprach" u. s. w. — Die Form מַעֲנָא in dieser
Gestalt, mit ע, kann ich zwar aus den Texten nicht belegen, aber sie ist
durchaus nach der Analogie gebildet; cf. noch מיקרא „rufen" Infinitiv
von קרא.

[3]) de Sacy, Gramm. arabe, sec. édit. tom. I. §. 744 p. 323, wo مِقْدَام
audacieux, مِحْرَاب belliqueux, مِعْزَال zum Weichen geneigt, wacklich,
herauszuheben sein dürften (sind eigentlich nomm. instrumenti, wie de Sacy
mit Recht meint).

[4]) Bei Freitag findet sich, (III, 236 b.) aus Ǵauhari entlehnt, von
dem im Arabischen einen allgemeineren Sinn „sich mit etwas beschäftigen"
[besonders III. مُعَانَاة, von عَنِيَ] und „bezwecken, bedeuten" [يَعْنِى das
heisst, مَعْنَى „Sinn", wie allbekannt] darstellenden Verbum عنى die
Ableitung مَعْنِى in der activen Bedeutung: curam impendens, sollicitus
(nicht passiv: bezweckt, angedeutet), wohl eigentlich ein nom. loci, Ort,
Stätte der Sorge, oder abstract: Handlung des Sorgens, aufs Adjectivische
übertragen. Dies wäre allerdings direct das Wort Mâni. Die verschiedenen
Bedeutungen von عنى, ܚܢܐ, עֲנָה aus dem Grundbegriff des عن: „entgegentreten" abzuleiten ist hier nicht der Ort.

fehlen die Belege; und dies schadet auch durchaus nichts, da
die Bedeutung ὁμιλητικός von der ὁμιλία so direct und leicht
und in derselben Weise abzuleiten ist, wie die arabischen Ad-
jectiva beregter Art von den Abstract- und Instrumentnamen,
mit denen sie eigentlich identisch sind. — Schon Gesenius
(Jenaer Literaturzeitung l. c. p. 385) dachte an eine solche Ableitung des mandäischen מאנא, indem er unter vier vorgetra-
genen Möglichkeiten als dritte den Zusammenhang mit arabischen مَعْنَى νοῦς (sic! wenigstens ungenau) hinstellt, seinen
Lesern die Wahl lassend!

Mit dem mandäischen Mànà ist nun sowohl unseres Mànî
Name nach dem Gesetze über die Gleichbedeutung von à und
î im Auslaute identisch[1]), als auch die oben gleichfalls er-
schlossene Form Mànû. Letztere lässt den halbvokalischen
dritten Radical als waw in dem u noch deutlich erkennen.
Das î von Mànî auch als Index des 3. Radicals zu erklären
stehe dahin.

Genug — dass das Wort Mànî semitischer Abkunft ist und
nicht persischer, ergibt für mich in zwingender Weise die mandäische Form Mànû, welche aus der Nisba Měnûnàjê hervorgeht.
Die Anfügung eines k Seitens der Perser, welche in Μανιχαῖοι
ganz deutlich hervortritt, wäre derselbe Fall wie in der Form
نبوك für das babylonische Nabu (Nebo), wie der Planet bei
den Harraniern heisst, Chwolsohn II, 162 ff., Finzi, Antichità
Assira, Turin 1872, S. 517.

Die Ableitung von ענא hat freilich insofern Schwierigkeiten,
da man statt מאנא im Mandäischen bei der sonstigen Behandlung von ursprünglichem ע eher מינא erwartete, während hier
das ע in der Form מנונאיא geradezu verschwunden ist[2]). So

---

[1]) Wie Chwolsohn I, 807 Ende sagen kann: „Vielleicht ist der Name
„Manichäer", der nicht auf Mànî zurückgeführt werden kann (!!),
corrumpirte (!) Bildung von dem bekannten Mando di-Chajo der Man-
daiten" begreife ich nicht. Da hört doch aller formelle Zusammenhang
zwischen den Etymologien auf! Dann würden sie sich doch geradezu
Mandäer genannt haben, wenn die hypostasirte γνῶσις ζωῆς bei ihnen
so massgebend gewesen wäre wie bei den „Johanneschristen".

[2]) Man erwartete dann im stat. absol. מינא, im stat. emph. מינא; und

könnte man denn ernstlich wegen der Form auf û an die Iden-
tificirung des Namens mit dem arabischen, iu Edessa als Königs-
namen häufigen מעני مَعَنٰى denken, da wir ja arabischen Einfluss
bei den Mughtasilah in Südbabylonien kennen lernen und sofort
auch in Namen weiter sehen werden — aber der Name ist doch
gewiss nicht von dem mandäischen, so häufigen nom. appellativum
und proprium mànâ „Geist" zu trennen, welches ich mich nicht
entschliessen kann, mit Nöldeke (Mand. Gramm. S. XXXII) für
ein persisches Lehnwort zu halten, so nahe dies bei der weiten
Verbreitung der iranischen Wurzel man auch zur Bildung von
Wörtern ähnlicher Bedeutung, wie manìn im Pehlewi, liegt.
Schwer fällt bei der Gleichung Mànà — Mânî besonders die
Beobachtung ins Gewicht, dass Mànà als Männernamen bei
den Manichäern zu belegen ist. Es kommt nämlich in einem
der manichäischen Brieftitel des Fihrist (337, 10 ed. Flüg.) als
nr. 71 ein „Sendschreiben des (oder: an) Mànà über das
Kreuzigen رسالة مان فى التصليب, vor, wobei jeder sofort das
seltsame Zusammentreffen bemerkt, dass hier ein Mànà über das
Kreuzigen schreibt oder angeschrieben wird und dass andererseits
Mânî selbst das Kreuzigen nach der Geschichte erlitt. — Bemerkenswerth, aber zweifellos feststehend ist übrigens hierbei
eine sprachliche Erscheinung, nämlich die mundartige Aussprache
des â des aramäischen status emphaticus in Babylonien als î.
Die Gestalt nämlich, welche aramaisirte Eigennamen in dem
„nabatäische Landwirthschaft" genannten vielbesprochenen arabischen Falsificate [1]) tragen, so gering sonst der Gewinn für die
Kenntniss des Aramäischen sein mag [2]), lässt doch die durch-

---

עניאנא syr. ܟ݁ܝܢܳܢܳܐ, welches freilich sowohl allgemein „Verkehr, Umgang", consuetudo, ὁμιλία, wie speciell Redeverkehr, Unterredung,
Wechselrede (Antwort) bedeutet, hat das weiterbildende Suffix ân, durch
welches also auch die Bedeutung der unverstärkten Form weitergebildet
sein wird. Indessen geradezu unzulässig ist die entwickelte Ableitung des
mânà (màni) von ענא keinesfalls, sie bleibt jedenfalls möglich.

[1]) Als solches erwiesen von v. Gutschmid (Zeitschrift der deutschen
morgenländischen Gesellsch. Bd. XV) und von Renan in den Mémoires de
l'Institut de France t. XXIV part. 1 p. 139—190.

[2]) Nöldeke in der Zeitschrift der D. M. G. Bd. 29 S. 450 ff.

gehende grammatische Regel erkennen, dass der sog. status emphaticus in diesem babylonisch-aramäischen Dialekte statt des durchgängigen, wenigstens vorherrschenden à [1]) auch auf -i ausgehen kann [2]). Dass neben -â dieses i und weiterhin auch ai vorkommt, ist auch bereits von Gutschmid D. M. Z. XV S. 13 bemerkt worden. — Insbesondere wechseln in durchaus derselben Bedeutung Adam und Adamî und namentlich Tammûz und Tammuzi [3]). Werfe man nur einen Blick auf die Masse von Eigennamen, die man aus dem erwähnten arabischen Werke in den ihm gewidmeten Abhandlungen von Chwolsohn (Sabier I, S. 705 ff., und besonders in der Schrift „über die Ueberreste der altbabylonischen Literatur" in den Petersburger Mémoires présentés par divers savants étrangers t. VII.) und Renan (l. c., Anm. 2) aufgezählt findet. Man wird finden, dass die Mehrzahl auf â ausgeht, wie z. B. bei Renan l. c. p. 151 Ankebûtâ, Askolebitâ (= Ἀσκλήπιος), p. 180 Calbâmâ, Nimrodâ, Marinatâ u. s. w., aber daneben stehen nicht wenige auf î wie Kûthâmî, Harmatî (S. 180), Qerûcânî, u. s. w. Nun sieht man ja bald, dass in sehr vielen dieser angeblich altchaldäischen Culturhelden ächt griechische Namen verkappt stecken, und erkennt z. B. in Thamitrî sofort mit Renan den griechischen Δημήτριος, aber wie ist's bei Kûthâmî? Bei Adamî zumal? Soll auch hier ein Ἀδάμιος zu Grunde liegen und sein ι in ιος in nabatäisch

---

[1]) Dies geht sogar so weit, dass (Nöldeke l. c. S. 451 Mitte) das „Immergrün", ἀείζωον, arabisch حَيّ العالَم in حيا عوناليم, mit â in der Wortkette sogar, umgebildet wird! Ich betone dies, damit man nicht fragen könne, ob denn auch wirklich in der Agric. Nabat. aramäische Flexion herrsche. „Seth" der Patriarch wird z. B. ايشيثا Nöld. p. 448 Z. 5.

[2]) Das i mag am Ende blosse zugespitzte Aussprache von â sein, aber in der Schrift ist es diesem gegenüber selbständig.

[3]) s. Chwolsohn, über Tammuz 1859 p. 41, Z. 2 vor Ende des arabischen Textes كما ناحت الملايكة والسكاين كلّها على تموزى und dazu Chwols. Anm. 4. Die sumerische Urform dieses Namens, Dumuzi, in Dumu-zi etymologisch zu trennen, (s. auch Schrader in der Deutschen Lit.-Ztg. II. Jahrg. 1881 S. 996), kann zur Erklärung des i nur in diesem einzelnen Beispiele, aber nicht im Allgemeinen herbeigezogen werden.

ی‍— verewigt haben? Aber warum wählte man denn, wenn
man eben dieses gestohlene griechische Gut unkenntlich machen
wollte, nicht die beliebte Endung jâ, ‍ی, also Adamjâ, die doch
wahrlich näher lag? Oder das -î soll doch nicht gar durchweg
arabische Nisbe sein, von Ibn Waḥśijah den fremden Wörtern
angeklebt? Kurz ich muss das î im Ausgange dieser Wörter
für eine einheimische Endung halten, die dem babylonischen
Dialekte der aramäischen Mundart, der, von den Arabern „das
Nabatäische des Irâq" genannt, in der „nabatäischen Landwirthschaft" Vokabeln abgesetzt hat, eigen war[1]). Hat dieses Neben-
einanderbestehen keinen tieferen sprachwissenschaftlichen Grund,
so doch gewiss einen auf die Aussprache bezüglichen. Auch im
Maltesischen Vulgärarabisch wird die weibliche Pluralendung -ât
als ît gesprochen, Gesenius, Ueb. d. maltes. Sprache (Leipzig
1810) §. 3, p. 10. Ich lasse noch einige aus anderen Schriften
gesammelte Beispiele folgen. Bei Flügel, Mani, S. 125 oben,
wird eine Angabe des von Juynboll edirten arabischen lexicon
geographicum citirt, das Kloster Ḳunnâ (دير قنى) werde auch
Kloster des heiligen Mârî genannt, دير مر مارى dair Mâr Mârî,
von dem Flügel notirt, dass er 81 nach Chr. gestorben und in
diesem Kloster begraben sei. Sollte dieser Name etwas anderes
sein als das urbekannte syrische Wort ܡܳܪܝ „der Herr" in obiger
Weise gesprochen? Es wird doch nicht der Abendländer Marïus
sein![2]) — Auch der Name Dair Ḳunnâ gibt Anlass zu der-

---

[1]) Dieser Dialekt war dem Mandäischen aufs Engste verwandt; es fragt
sich, ob nicht auch dieses wenigstens in der Aussprache an der in Rede
stehenden Erscheinung participirt hat und noch participirt, indem das א
des Ausgangs wie î gesprochen wurde. Die Araber nennen die Sprache
„nabatäisch" und ihre Sprachgelehrten haben uns einige noch nicht vollständig gesammelte Vokabeln erhalten.

[2]) Mârî, der mesopotamische Apostel, wird von den Syrern oft genannt, s. z. B. bei Georg Hoffmann, Persische Märtyrer 1880 S. 45 Z. 3
vor Ende zusammen mit Addai. Der Name ist zweifellos ein aramäische
Wort für „Herr", es wird in dem î aber doch nur das noch verlautbarte
Suffix der ersten Person, nicht das als î ausgesprochene â des stat. absol.
zu sehen sein. Ein einfaches Mârâ „der Herr" statt Mârî „mein Herr"
haben wir als Eigennamen in dem ܡܳܪܰܐ ܒܰܪ in Cureton's

selben Beobachtung. Sein syrischer Name ist nach Assemani's
Bibl. orient. II, 394 Anm. 1 bei Flügel S. 126 ܒܡܪ ܢܘܒܣܐ und
wird diese Benennung dort von einer vornehmen Matrone mit Namen ܢܘܒ Kûni[1]) abgeleitet, die der Glaubensbote Mâri vom
Aussatze heilte und die ihm dafür das Landgut schenkte. — Eine
Sekte der Manichäer, die der herrschenden Lehre entgegen
glaubte, dass beim Weltende nicht alles Licht aus den Fesseln
der Materie durch die Schöpfmaschine mit Sonne und Mond ausgelöst sein werde, hiess die Mâsiyâ, und Flügel bemerkt dazu S. 242 Anm. 147 richtig: „die M. haben wahrscheinlich von
einem Mâsî ihren Namen, der nicht weiter bekannt ist. Der
Name ist chaldäisch und kommt oft genug in der agricultura
Nabataeorum vor[2])." Ich erwähne noch die talmudische Form
יוחני Jûḥanî neben der üblichen יוחנא bei Fürst, Kulturge-
schichte der Juden in Asien (1849) S. 102 nr. 45 der Namen-
liste. — Uebrigens sei zur Nominalendung î und deren weiterer
Anwendung statt â noch das nom. propr. in der aramäischen Legende bei de Vogüé, Mélanges d'archéol. (1868) S. 125 nr. 27
verglichen: לכרוי „von Kârûzî", Bildung offenbar von ܟܪܙ verkündigen; sowie das nom. propr. חליפי בר חננו bei de Vogüé,
Syrie centrale p. 14 nr. 9 in einer palmyrenischen Inschrift.

Doch wir wenden uns von dem schwer zu bestimmenden
Namen Mani ab[3]) und kommen auf den anderen Namen zu

Spicil. Syriac. S. 43 ff. Im Uebrigen ist das schliessende i an Stelle des
sonst schliessenden â in vielen Beispielen eine zwar noch nicht aufgehellte,
aber thatsächliche Erscheinung.

[1]) Arabisch قُنّى mit Doppel-n (welches das Syrische bekanntlich nicht
kennt) und mit â statt i (eigentlich alif maķşûra).

[2]) Der Name Mâsi in der „Nab. Landw." wird doch wohl nur der entstellte Môśê (syr. ܡܘܫܐ) sein, vielleicht durch die Orthographie מאשי
— sprich Môśê mit Trübung des â — zu erklären, das die Araber mit
مُسى Zeichen für Zeichen wiedergaben.

[3]) Der Name des Einsiedlers und Hemerobaptisten Βανοῦς, des Lehrers
des Josephus, ist, als Eigenname, gewiss nicht, wie Ewald Gesch. des
V. Israel VI. Anm. 1 (3. Aufl.) erklärt, aus Abânû d. i. „unser Vater" „um-
gegrieckt", sondern wohl nichts anderes als das vielgebrauchte مَعّن,

sprechen, den wenigstens die Griechen und die Occidentalen dem
Stifter des Manichäismus geben, Cubricus, von den Abend-
ländern mannigfach zurechtgeändert in Corbicius, Urbicus u. s. w.
Diesen Namen haben nur die Occidentalen, die Christen. Aus
dem Buche eines Christen, des Jahjâ ibn an-Nu'mân, das dieser
gegen die Magier schrieb, kennt ihn auch Bîrûnî p. 208 Z. 13
und gibt ihn als den „Namen des Mani bei den Christen" in
der Form قوربيقوس Kurbîḳûs [1]). Dass diese Schreibung eines
entlehnten Fremdwortes bei Bîrûnî zur Ermittelung der Urform
des Namens nicht verwendet werden kann, versteht sich von
selbst. Zur Wiederherstellung des orientalischen Originals des
Namens [2]) haben wir zu bedenken, dass die Urschrift der Acta
syrisch gewesen ist. Das so lautende Zeugniss des Hieronymus
(de viris illustr. 72) genügt uns an sich nicht, um diese Thatsache festzuhalten, vielmehr thun wir dies, gegenüber den neueren
gegentheiligen Annahmen griechischer Abfassung durch Zittwitz
und Jacobi, späterhin aus der Beschaffenheit der griechisch-
lateinischen Sprache der Acta selbst dar. Und in dieser Hinsicht, in welcher wir alsbald weitere Beispiele anführen werden,
ist denn doch die später von uns gegebene Lösung des Räthsels
von „Terebinthus" der schlagendste Beweis; welche Metamor-
phosen hat das einfache syrische nomen appellativum ܠܡܨܪܘ „der
Zögling" nicht alle nach Form (Turbo selbst zuletzt!) und Bedeutung (Sklave!) bei den Griechen durchmachen müssen, nur
weil man einen einfachen aramäischen Satz in aramäischer Ueberlieferung nicht verstand! Eine ähnliche Erscheinung liegt nun

---

palmyr. מעינו; -οὖς bewahrt die arabische Endung in präcisirter Gestalt.
Der Uebergang von m in b hat nichts Auffallendes. Arabischer Einfluss
im Ostjordanlande — dessen man bei Erklärung der Entstehung der Essener
zu gedenken hat.

واسم مانى عند النصارى على ما ذكره يحيى بن النُّعْمان [1])

النصرانىّ فى كتابه على المجوس قوربيقوس بن فتق d. i.: Der Name
des Mani bei den Christen lautet nach dem, was J. ibn an-N. der Christ
in seinem Buche gegen die Magier sagt, Ḳûrbiḳûs ibn Fâtak.

[2]) Zittwitz in der Zeitschrift für historische Theologie 1873 S. 527,
Jacobi in der Zeitschrift für Kirchengeschichte, herausgeg. von Brieger,
Bd. 1, S. 494.

unseres Erachtens mit Cubricus Κουβρικος vor. In aramäischer
Schrift — der im dritten Jahrhundert und folgenden bekanntlich mit der aramäischen Sprache im Orient herrschenden —
würde dieses Wort ܩܘܒܪܝܩ aussehen. Nun kann aber bei der
Aehnlichkeit der Schriftzüge das Consonantenpaar ܩܘ, Ḳôf mit
Wâw, sehr gut aus mandäischem Schîn, das dem syrischen Semkat sehr ähnlich aussieht, entstanden sein. Dann ist also ܩܘܒܪܝܩ
aus ܫܒܪܝܩ verschrieben. Mit letzterem Worte aber treten wir
auf sprachlich bekannten Boden. Es ist das arabische nomen
proprium شُرَيْك (eig. ein Diminutiv), Šuraik, in palmyrenischen
Inschriften, in denen ja bekanntlich viele arabische Namen vorkommen, recht oft z. B. p. 15, nr. 11 de Vogüé (Syr. centr.)
שריכו, griechisch in nabatäischen Inschriften Σοραιχος oder Σω-
ραιχος, ΣΟΡΑΙΧΟΣ [1]). Eben dieser Eigenname wird nun lateinisch D. M. Z. XII S. 212 Suricus wiedergegeben, also auch in
den Vokalen genau zu dem emendirten Cubricus stimmend.
Dann führte also Mani ursprünglich den arabischen Namen
Šuraik. Dass Mani seinen Namen gewechselt habe, berichten
die abendländischen Quellen einstimmig, es ist aus den Actis
ziemlich sicher zu entnehmen, und die Annahme des bedeuts-
ameren Namens Mânâ oder Mânî „Geist“, „Engel“ an Stelle des
insignificanten Šuraik ist sehr wohl denkbar. Der arabische Name
kann in Südbabylonien, wo die vielbesuchten Emporien Forat-
Meisan und Charax lagen, ebensowenig auffallen, wie in Palmyra. Wir gewinnen so einen neuen Fingerzeig für arabische
Elemente in Südbabylonien unter den Mughtasilah. Es verliert
dann auch das entschieden arabische Wort für das Höllenfeuer im Bundehesh, armušterà, bekanntlich von Justi [2]) mit
al-mušta'il المشتعل erklärt, das Auffallende.

Wir kehren nun endlich zur weiteren geschichtlichen Prüfung der manichäischen Vorgeschichte zurück, ermüdet von den
rein sprachlichen Erörterungen, in die wir nur aus Anlass von
„Terebinthus“ noch einmal kurz werden einzutreten haben.

---

[1]) wie Nöldeke, Berliner Monatsberichte 1880 S. 768 die Lesung bei
Waddington 2182 herstellt.

[2]) Der Bundehesh. Herausgeg. u. s. w. von F. Justi, Leipzig 1868.

An-Nadîm erzählt von Mâni's Vater Fatak, dass er aus
Hamadàn stamme, von wo er nach der Provinz Babylonien,
speciell nach der Stadt Ktesiphon auswanderte[1]), hier in Babylonien wurde Mâni geboren. Von dem Vater wird weiter gesagt, dass er dem Geschlechte der Haskânier angehört habe.
Dieses Geschlecht, nach arabischer Angabe bei Flügel Anm. 6
aus der persischen Stadt Nisâbûr stammend, eine dort berühmte Familie bildend, verräth schon durch seinen Namen das
persische Geblüt[2]). Dazu führt Fatak den persischen Beinamen
Babek, und das ist ein nicht seltener persischer Eigenname. Die
Grundform lautet Pâpà oder Pâpî, auch einfach Pâp, bei den
Griechen dann als Πάπας und Παπις, Πααπις, bei den Arabern
in directer Transscription بابى, einmal unter den manichäischen
Sendschreibentiteln des Fihrist فـى. So hiess der Vater des
ersten Königs und Begründers der Sasanidendynastie, des Ardaschîr (Artaxerxes), der daher Ard. Bâbekân heisst; so hiess
ein bekannter nachmanichäischer dualistischer Ketzer im persischen Reiche, über den Flügel in der D. M. G. Bd. XXXIII. gehandelt hat und der Fihrist (ed. Flügel Bd. I S. 342—44) ausführlich redet. Unter den Ahnen des Fatak nennt der Fihrist
in der üblichen Genealogiensprache, die er nach der Art der
Araber auch auf Nichtaraber anwendet, einen — die Richtigkeit
des Textes vorausgesetzt — Barzâm oder Abarzâm, von dem
er den Fatak mit بن ابى برزام[3]) direct ableitet, der also Gross-

---

[1]) قيـل ان اصـل ابيـه مـن همدان انتقل الى بابل وكان ينزل
المـدايـن فى الموضع الذى يسمّى ڪيسفون. Man hat den Ursprung
aus Hamadàn wohl individuell und persönlich dem Fatak, nicht etwa
seinem Geschlechte, seiner Familie, den Haskaniern, zu vindiciren.

[2]) Ihm entsprossen in muhammadanischer Zeit viele namenhafte Gelehrte, Repräsentanten der theologischen Wissenschaft der Traditionskunde
(علم الحـديث).

[3]) Das ابى vor برزام ist gewiss nur eine Dittographie des بر, der
ganze Name aber ist ابرزأم Abarzâm zu lesen und ist ein in der damaligen
Zeit nicht seltener Männername; cf. Nöld. Tab. übers. S. 9 oberste Zeile.
Ein arabischer Vatername mit Abû ist ja hier bei einem vorislamischen
Iranier ganz unpassend. Die Etymologie des, allerdings anscheinend alt-

vater des Màni sein müsste. Wir entnehmen dieser Notiz, zu deren anderweitiger historischer Bekräftigung uns freilich die Mittel fehlen, so viel, dass die Quelle des Fihrist an die Spitze eine bestimmt lautende, dreigliedrige Genealogie stellen konnte und also von den persönlichen Verhältnissen des Màni noch eine recht detaillirte Kenntniss haben musste. Diese Kenntniss muss aus manichäischer Autorschaft stammen, war hier nur wenig durch die muhammadanische Redaction inficirt und darf also mit gutem Grunde als zuverlässige Operationsbasis bei der Entwirrung, als Stützpunkt, benutzt werden [1]). Aus der Gesammtheit der vorgeführten Namen aber schöpfen wir die Erkenntniss, dass die Familie Màni's, wenigstens väterlicher Seits, eine ächte und zwar vornehme persische war [2]). Wenn es nun weiter von der Mutter Màni's heisst, sie sei aus dem Geschlechte der Aschghanier [3]) d. i. der Arsaciden, also eine par-

---

persischen, Namens ist eine precäre. Das altbactr. varezâna (s. Justi, Handbuch der Zendsprache 1864 S. 269a s. v.) heisst auch Nachbar, Schutzverwandter; also nicht unpassend, aber das beginnende a in Abarzâm (Apersâm armenisch) macht Schwierigkeiten. Sollte das Wort parthisch sein?

[1]) Sehr richtig sagt Flügel in der Gesammtausgabe des Fihrist S. 158 über unseren Maniabschnitt: (Z. 3 v. o.) „unverkennbar hat der Verfasser des Fihrist diesen Abschnitt über die Manichäer mit besonderer Vorliebe, welche sich in der grösseren Ausführlichkeit zeigt, behandelt. Dazu mochte ihn der ihm zu Gebote stehende Reichthum von Quellen veranlassen, der ganz dazu geeignet war, den Muhammadanern bisher unbekannte Geheimnisse zu enthüllen".

[2]) So auch Flügel S. 128 Anm. 15, „wir sehen also den persischen Ursprung der Familie immer mehr gesichert". Die hier von Flügel angeknüpfte Schlussfolgerung freilich: „und schon hierdurch die bis auf den heutigen Tag aufgeworfene Frage, in welcher Sprache der Knabe Màni aufgezogen worden sein möge, ihrer Beantwortung näher geführt" können wir, wenn er, wie ersichtlich, die persische Sprache meint, durchaus nicht theilen.

[3]) Wie Flügel später, sein Bedenken Anm. 10 im Màni aufgebend, in den Text des Fihrist (p. ٣٢٧ lin. ult. من ولد الاشغانية statt des ganz unpersisch aussehenden اسعنية im „Màni" mit ع) aufnahm und in der zugehörigen Anmerkung (Bd. II. S. 162 nr. 5) begründete. — Was aus den Angaben von Namen der Mutter Màni's, die dreifach bezeichnet wird, Thatsächliches zu entnehmen ist, dessen ist wenig. Wir widmen ihm blos

thische Prinzessin gewesen, so wird uns dadurch vielleicht auch
ein Grund für die Uebersiedelung des Fatak von Hamadàn nach
Ktesiphon, der parthischen Residenz, an die Hand gegeben, dass
nämlich die geschlossene Verwandtschaftsbeziehung zu dem parthischen Regentenhause eine auch örtliche Annäherung an den
arsacidischen Hof mit sich brachte.   Mit den Arsaciden mag

---

diese Anmerkung. Der dritte Name ist gewiss mit cod. C. مَرْيَم zu lesen (das
مـ davor sind die unnützer Weise, denn es ist ein Weibername, wiederholten Anfangsbuchstaben, an كُحْل ist nicht zu denken) und dies ist der Name
der Mutter Jesu, von dem mehr zu Tage tretenden Interesse der Neben-
buhlerschaft zwischen Mani und Jesus auf Màni's Mutter übertragen.   In
أوطاحيم habe ich in der Dissertation von 1876 S. 25 Anm. 2 eine arabische
Form des griechischen εὐδόκιμος zu sehen geglaubt: ἡ εὐδ., „die Hochge-
feierte“ als Bezeichnung der Maria, der Mutter Gottes, in der damaligen
orientalischen Kirche; doch ziehe ich dies als verfehlt jetzt zurück. Die
Erklärung von ميس, dem ersten der Namen, den Flügel aus dem türk.
Kamus (Anm. 7) als „Lotus“ bedeutend erweist, wonach die Mutter Màni's
der buddhistische Weltenbaum (qui porte la graine des mondes) Lotus sein
soll, halte ich durchaus für verfehlt, da eine so tief in den Manichäismus
einfliessende Lehre des Buddhismus als unstatthaft auszuschliessen ist,
denn Màni war durchaus nicht Buddhistennachbeter. Ausserdem ist ميس
Mais ein ächt arabisches Wort und zwar ein zu seltenes, als dass es als
des Arabers Uebersetzung eines persischen (أزورد) gedacht werden könnte,
für gewöhnlich سِدْر oder دُرَق, auch حَنْدَقُوقَة). Da zwei Mss. das
blosse Consonantengerüst مـمـس geben (s. die Varianten in der ed. des
Fihrist), so möchte ich eher dies als مَنِش punktiren, d. i. neu- (eigentlich
mittel-) persische Form (für مَنِشْن bei Spiegel, Tradit. Literatur der
Perser, Glossar) des Mainyô Kheretô, der „himmlischen Weisheit“, der
hypostatirten Σοφία der Perser, einer bekannten Gestalt des späteren persischen Systems. Man beachte auch den Ausdruck unbestimmter Tradition
(„oder“ in Flügel's Uebersetzung) in dem ويقـال „und man sagt auch“
des Textes. Also historischen Gewinn gibt hier auch der zuverlässige
Fihrist kaum! Die Κάροσσα der Abschwörungsformel (sieht aus wie كُرْتِﺎ
die „Verkündigerin“, auch mandäisch, Norberg Lexid. S. 105), ist mir
völlig undeutbar.

Mâni verwandt gewesen sein, wie dies ja mit so vielen Magna-
tengeschlechtern der sasanidischen Monarchie, ja gerade den vornehmsten, den Mihrân, Surên, Karên, thatsächlich der Fall war.
Von Ktesiphon begab er sich, durch eine Aenderung seiner religiösen Ueberzeugung veranlasst, nach Dastumaisân, dem Gebiete des späteren Baṣra, zu „den sich Waschenden", Mughtasilah, die mit den Mandäern nahe verwandt sind. Dies noch
vor der Geburt Mâni's; denn während der Schwangerschaft
seiner Mutter eben erfolgte der Umschwung in der religiösen
Ueberzeugung des Fatak, der ihn veranlasste, auch seinen Wohnort anderswo zu nehmen, sich auch durch locale Annäherung
mit seinen neuen Glaubensgenossen weiter südwärts in den
Sumpfdistricten zu verbinden, und mithin seine Familie zu-
rückzulassen, da ja die Enthaltung vom ehelichen Umgang
einer der wesentlichsten der von ihm angenommenen ascetischen
drei Grundsätze war.

Es ist hier der Ort, nach den Erörterungen über Mâni's
Vater uns nun zu dem zu wenden, was die orientalischen
Quellen uns über seine Mutter berichten. Sie sind einstimmig
in der Angabe, dass Mâni's Mutter aus dem Geschlechte der
Aschghanier d. i. Arsaciden entsprossen sei. Schwierigkeiten aber
macht, was der Fihrist über ihren Namen sagt. Hier fällt zunächst doch auf, dass der F. aus der Ueberlieferung für die
Mutter Mâni's nicht weniger als 3 Namen zu schöpfen weiss, die
er mit seinem unbestimmten ويقال „und man sagt auch" aneinan-
der reiht. Es sind die Namen ميس, اوتاخيم und مرميم. Andere
Autoren geben gar keine Namen der Mutter Mâni's an. Darum
dürfte wohl eine Notiz, welche Bîrûnî gelegentlich bringt, vielleicht auf die Spur des richtigen Verständnisses der räthselhaften, vereinsamt dastehenden Fihristnotiz führen. B. sagt S. 208,
Z. 7 ff.: „Die Geburt Mani's geschah in Babylonien in einer
Stadt Namens Mardinu مردينو (sic!), zugehörig zu dem
oberen District von Nahar Kutha, nach dem was er in dem
Buche Ṣabûrakân erzählt u. s. w." Da diese Nachricht als Entlehnung aus dem dem Grosskönige Ṣâhpûr (Ṣâbûr) gewidmeten,
nach ihm benannten Hauptwerke des Mani selbst gegeben wird,
so haben wir an ihrer Historicität nicht zu zweifeln. Das Ge-

biet von Kutha, dieser auch im Alten Testamente 2 reg. 17,
24 und 30 vorkommenden babylonischen Stadt, südlich von
Ktesiphon gelegen, wird von Tabari (übers. von Nöldeke S. 16)
mit unter den Aemtern ausgeführt, welche der Stifter des Sasanidenreiches Ardasîr der von ihm Ktesiphon gegenüber neuer-
bauten Stadt Beh-Ardasîr zutheilte. Der Name des Districts
Nahar Kutha, d. i. Kanal von K., wie Nahar Darqît und Nahar
Gaubar l. c. bei Tabarî, erinnert an die vielen Canäle, von
welchen das babylonische Flachland bekanntlich im Interesse
reicherer Bewässerung von den ältesten Zeiten an durchzogen
war. Die babylonische Stadt Mardinu, in welcher Mani also geboren ist, und deren Name[1]) wohl derselbe ist wie der der
bekannten nordmesopotamischen Stadt Mâridîn nordwestlich von
Nisibis am Abhange des Tûr Abdîn, über welche Jâkût IV ٣٩. zu
vergleichen — ist mir sonst nicht bekannt; aber dass sie später
überhaupt nicht mehr sehr hervorgetreten sein muss, folgere ich
aus der etwas weitläufigen Einführung des Namens bei Bîrûnî:
„in einer Stadt, die genannt wird M." Dieses Mardinu, welches
durchaus handschriftlich bezeugt ist, erinnert nun sofort an den
angeblichen Namen der Mutter Mani's مرمريم. Ich vermuthe
daher, dass letzteres lediglich eine Entstellung von
Mardinu ist[2]), und dass die Ueberlieferung weiter aus
der وَلَادَة مَنِى eine مَنِى, aus seiner „Geburt" d. i.
Geburtsstätte seine „Mutter" gemacht hat. Es wird
wieder durch verschiedene Lesung einer syrischen Original-
notiz gekommen sein. Ein (unvokalisirtes) [ܝܠܕܐ] ܝܠܕܐ des
Originals wurde statt ܝܠܕܐ („Geburt", z. B. evang. Matth. I, 1
Pesch.) verstanden: ܝܠܕܐ „Gebärerin", „Mutter" des Mani. Zu
dieser Auffassung stimmen nun auch die beiden anderen Namen.

---

[1]) gewiss aramäisch; auffallend ist nur das ‿ am Ende. Sollte dieses
arabischem Einflusse zuzuschreiben sein, als das bekannte ܝ in den palmyrenischen Namen מלכו, Maliku, מקימו Muḳimu u. s. w.? cf. übrigens den
Namen Bardînâ bei Mas'ûdî, s. S. 128 vor Ende. Das Wort ist jedenfalls
„nabatäisch" d. h. babylonisch-aramäisch. Der Wechsel von ú und à der
Endung ist bemerkenswerth.

[2]) graphisch durchaus ohne Schwierigkeiten.

Hat man also unter der „Mutter" eben die Geburtsstätte, das Heimathland zu verstehen, so bedeutet ميس ganz einfach Mesene, gewöhnlich allerdings ميسان Meisân genannt, ein Theil des Sawâd, die Gegend von Baṣra, welche unter dem Namen „das Gefilde von Meisân" دستنميسان im Fihr. als die Wohnstätte der Mughtasilah vorkommt[1]). Mesene heisst allerdings dann ungenauer Weise im Vergleich zu Kuthas Gebiete Mani's Heimath, und doch wieder mit vielem Rechte, weil er hier im südlichen Babylonien als einer der „Täufer" seine Jugend verlebte und auch die Grundlehren seines Systems schöpfte. In dem räthselhaften اوتاخيم aber steckt vielleicht nichts anderes als eben der Stadtname كوثا Kutha, in dem ﺠ der Endung, welches in ﺤ zu ändern, das erweichte mittelpersische Endungs-k wie in ﺘﻴﺴﻔﻮﻧﻦ neben ﺘﻴﺴﻔﻮﻦ, und das يم ist wohl nicht ohne den Einfluss des entstellten مرميم dazugekommen. Die Benennung der Mutter Mani's mit Sancta Maria wäre auch eine gar zu plumpe Entlehnung aus dem Christenthume gewesen. Doch kommen in der That in Mani's Geschichte viele jüdische Namen vor, wie Simeon, Zakwâ u. s. w., so dass der jüdische Name Mirjâm nicht unerhört wäre. — Wie die Mutter des Mani aber wirklich geheissen, wissen wir also, ist obige Erklärung, wie wir hoffen, richtig, bis jetzt noch nicht.

Man sieht, dass in den späteren Jahrhunderten die Ueberlieferung über die Geburtsstätte des Mani ins Schwanken gerieth; dass er wirklich in der Nähe von Ktesiphon, wohin Nahar Kutha führt, geboren sein muss, kann man auch aus dem öfteren Hinreisen seines Vaters nach Ktesiphon schliessen, welches der Fihrist berichtet[2]).

Nach erfolgter Geburt des Sohnes Mânî kehrt der Vater nach Ktesiphon zurück, um seinen Sohn mit sich zu nehmen an seinen neuen Wohnort und in seinem neuen Glauben zu

---

[1]) s. Flügel, Mani S. 131. 132 und Reinaud's oben citirte Abhandlung in den Mém. de l'Institut 1864.

[2]) „Fâtak pflegte in den Götzentempel (wohl ein Marduk-Tempel!) zu gehen, wie die übrigen Leute zu gehen pflegten", Fihrist S. 328, Z. 3.

erziehen [1]). Er wird diese Erziehung seines Sohnes in der
Religion mit dem vollen Interesse betrieben haben, das er
als Neueingetretener selbst dem Ṣâbierthum [2]) widmete, und
so wird er auch an der selbständigen Entwickelung des Sohnes
in religiöser Hinsicht, ja zum Religionsstifter, den regsten Antheil genommen haben. Wenigstens erzählt uns der Fihrist
ausdrücklich, dass er seinen Sohn bei dessen erstem öffentlichen Auftreten vor König Sâbûr begleitete „um zu sehen wie
seine neue Lehre aufgenommen werden möchte" (S. 84 Ende,
im Arab. S. 51 Mitte: ‏(ومعه ابوه ينظر ما يكون من امره‏). Er
muss überhaupt ein sehr religiöser Mann gewesen sein, der
wegen seiner Arbeit an seiner und seines Sohnes Entwickelung
und Ausbildung zu klarer Ueberzeugung in gewisser Hinsicht mit
Recht ein Vorläufer des Mânî genannt werden könnte.
Es kam ihm gerade bei der Ausübung seines Gottesdienstes nach

---

[1]) Ganz wie die Essener nach dem Berichte des Josephus Kinder
zwar nicht erzeugten, aber doch in ihren Niederlassungen in ihrer Lebensweise grossgezogen. Den im Texte aufgestellten Sinn der betreffenden
arabischen Textesworte hat später Flügel, der Ansicht im „Mânî" entgegen,
in Text und Erklärung (S. 163. 164) des „Fihrist" aufgenommen. Die Lesart ‏قُرْبَى‏ „Verwandte" (die Bedeutung der Form ist nur die abstracte,
propinquitas) und besonders das neben diesem ganz pleonastische ‏معه‏, mit
sammt dem ‏وعلى ملته‏ ohne den Kitt eines ‏كان‏ schwerfällig angefügt, war
auch gar zu ungefällig. Doch möchte ich nicht mit Flügel, der ‏قـربى‏
mit Golius, Ewald (G. G. A. 1862) und Fleischer in ‏قُرْبى‏ in unwider-
sprechlicher Weise ändert, auch für ‏أَبْعَدَ‏ (das ja inchoativ-intransitive Bedeutung hat) ‏أَنْفَذَ‏ „er sandte" ändern, so schönes, glattes Arabisch das
‏انفذ فحمله‏ sein würde. Es passt in den Zusammenhang des Ganzen
besser, den Vater des Knaben selbst aus seiner Abgeschiedenheit kommen
zu lassen, um durch Mitfortnehmen des neu- und letztgeborenen Sohns den
völligen Bruch mit seiner Vergangenheit zu besiegeln.

[2]) Wir meinen hiermit die einst grosse Religionsgemeinschaft, welche
in den Mughtasilah und wieder in den Mandäern Specialformen hat. Als
Ṣâbierthum, Ṣâbismus, oder Täuferthum werden wir sie von jetzt
an ständig bezeichnen.

heidnischer Art, im Götzentempel zu Ktesiphon, der innere Drang
zur Reformirung seines gottesdienstlichen Thuns und Lassens'),
ein Drang, dessen befehlende Unabweisbarkeit die manichäische
Legende als das Erschallen einer geheimnissvollen Götterstimme
(eines Hâtif nach muhammadanischer Terminologie, bei den
Syrern Bath-ḳâl) an ihn im Götzentempel darstellt. Es heisst
ausdrücklich, dass dieser Ruf an ihn wiederholentlich, mehrere
Male, drei Tage lang²), erschollen sei, ehe er sich zur Folge-
leistung, d. h. zum Eintritt unter die Mughtasilah, entschloss,
und wir lesen in dieser Legende gewiss mit Recht die Thatsache, wenn auch nur sie, dass der Vater Mâni's lange ernstlich
überlegt habe, ob er sich einer anderen Partei mit geläuterter
Moral, mit sorgfältiger Enthaltung von der Unreinheit der Sinnlichkeit (Fleisch, Wein, Geschlechtslust) anschliessen sollte, ehe
der Entschluss gerade im Heiligthume der alten Religion in ihm

---

¹) Der Götzentempel بيت الاصنام in Ktesiphon (بها vor بالا' geht
auf طليسفون) war wohl, wie auch Flügel Anm. 20 S. 130 erkennt, kein
Parsentempel. Feuertempel, بيت النيران, sondern eine Stätte des babylonischen Heidenthums. Flügel scheint, wenn er sagt, „— — dass Mâni's
Vater seit seinem Aufenthalte in Ktesiphon nicht sowohl Parse als Heide
oder Götzendiener war" eher an ein Heidenthum wie das der Harranier,
der Heiden κατ' ἐξοχήν bei den Muslims, zu denken, deren Cultus nach
Chwolsohn's Erweisungen ein jüngster Enkel des altsyrischen Heidenthums war. Etwas Aehnliches wie in Harrân muss man auch in Ktesiphon
vermuthen, wenn wir auch nichts davon bestimmt wissen. Die Stelle des
Fihrist meint mit dem بيت الاصنام, dem „Götzentempel", also wohl einen
Tempel des babylonischen Heidenthums, sei es einen der altbabylonischen Götter Marduk, Nabu, Samas u. s. w. oder einen der gleichen aus
dem aramäischen Heidenthum. Wieder ein Hinweis auf die babylonische Volksreligion, mit der Mâni Beziehungen hatte. Das Treiben
in den harranischen Götzentempeln können wir uns nach dem betreffenden
Abschnitt des Fihrist einigermassen näher vorstellen. Eine weite Verbreitung des betreffenden Cultus in Ktesiphon finde ich angedeutet in
den Worten وكان فتق يحضر كما يحضر سائر الناس, F. besuchte
den Tempel wie ihn die anderen Bewohner besuchten.

²) تكرّر ذلك عليه دفعت فى ثلثة ايام فلمّا رأى فتق
ذلك u. ff.

hervorbrach. — Dass der Vater Màni's auch bei den Manichäern hochangesehen war, folgern wir daraus, dass in den Anathematismen, die die Manichäer beim Uebertritt in die orthodoxe Kirche abzulegen hatten (Tollii insignia S. 144) auch ausdrücklich er verflucht wird: ἀναθεματίζω τὸν πατέρα Μάνεντος Πατέκιον οἷα ψεύστην καὶ τοῦ ψευδοῦς πατέρα καὶ τὴν αὐτοῦ μη-τέρα Κάρωσσαν u. s. w.[1]) Unter den Titeln manichäischer Sendschreiben, deren Aufbewahrung blos im Fihrist uns einer der unschätzbarsten Vorzüge eben dieses Berichtes ist, weil er gerade dort die allerwichtigsten Andeutungen enthält, wird nr. 7 der Flügel'schen Uebersetzung „das grössere Sendschreiben an Fatak" und unter nr. 24 „das Sendschreiben an Sis und Fatak über die Gestalten" erwähnt[2]). Ich halte beide Sendschreiben für solche Màni's an seinen Vater Fatak, da nach Flügel S. 375 oben (Anm. 346) „kein Grund da ist, irgend einen Manichäer gleichen Namens an dessen Stelle zu setzen, ausserdem aber noch, weil Fatak in dem zweiten Titel mit Sis[3]) zusammengestellt ist, sowie besonders wegen des in diesem Titel erhaltenen Zwecks des Sendschreibens. Sis ist der Nachfolger Màni's im Vorsteheramt der Sekte, nach dem Zeugnisse des Fihrist (S. 97 d. Uebers.) von Màni selbst noch vor seinem Tode zum Nachfolger bestellt. Er muss also gewiss einer der hervorra-

---

[1]) Man darf, da nun noch mehrere historische Personen Ἱέραξ, Σισίννιος, Ἀδείμαντος (des Augustin, contra Ad. Manichaei disc.) folgen, nicht die Verfluchung der Eltern als der Wurzel des Uebelthäters im Allgemeinen fassen, ohne persönliche Schuld der einzelnen, wie „verflucht bis ins dritte und vierte Glied".

‎رسالة سيس وفتق فى الصُور‎ und ‎رسالة فتق العظيمة‎ ([2]

[3]) = Sisinnius, Σισίννιος der Occidentalen, auch in der Abschwörungsformel Σ. τὸν διάδοχον τῆς τούτου μανίας. Ueber die Namensform Sis s. Flügel S. 316/17. Die von Fl. angemerkte widersprechende Nachricht der Acta (Routh l. c. S. 184 cap. 51) über den S. als einen Verräther Màni's erkläre ich — sie natürlich mit Fl. verwerfend — als maliziöse, orthodox-fanatische Satyre auf die laxe Pönitenzpraxis der Manichäer. Da Màni die Verläugnung der Anhängerschaft in Zeiten der Noth, der strengen christlichen Praxis entgegen, wohl um für die Zahl seiner Parteigenossen zu sorgen, für erlaubt hielt, so wurde der Nachfolger Màni's auf dem Stuhle geradezu zum Abtrünnigen gemacht.

4*

gendsten, eifrigsten Schüler des Mânî gewesen sein und konnte so wohl wegen Gleichgradigkeit des Interesses Mitadressat des Vaters des Vorstehers werden. Das Thema aber „über die Gestalten", d. i. (Flügel S. 375) über die verschiedenen Gestalten oder Schicksale, das verschiedene Loos, welches den verschiedenen Klassen der Abgeschiedenen nach dem Tode zukommt und über das die Manichäer eine detaillirte Lehre (Flügel, Mânî S. 100 bis 101) haben — musste den alten Fatak am meisten von allen interessiren, da ihm, der schliesslich gewiss auch Anhänger seines Sohnes geworden war, nach so vielen Wandlungen der religiösen Stellung im Alter, bei Erwägung baldigen Todes, es darum zu thun sein musste, über die letzten Dinge Gewissheit zu erhalten; über die klar orientirt zu sein aber auch für den zum Nachfolger im manichäischen Papstthum bestimmten Anhänger von Nöthen sein musste[1]). — Nun kommen wir von diesen, hoffentlich nicht zu weit ins Gebiet der Hypothesen ausgesponnenen, Ausführungen gegebener Andeutungen zurück und schreiten auf unser erstes Ziel zu, an das wir, die Folgerung als Resultat ziehend, zu gelangen hoffen. Ich identificire den Fatak mit dem Scythianus. Eine Uebereinstimmung werde hier direct an die eben geschehene Erwähnung des Sendschreibens Mânî's an Fatak angeknüpft, da sie zu auffallend an letztere Fihristnotiz anklingt. Unter den Brieftiteln und Brieffragmenten, die aus der manichäischen Literatur bei den Griechen erhalten und von Fabricius in Bd. II (der neuen Ausgabe von Harless, in der alten Bd. V) seiner Bibliotheca Graeca zusammengestellt sind, findet sich ein Brief πρὸς Σκυθιανόν, der zwar, wie der Name Σκυθιανός selbst, ganz und gar griechische Fiktion sein könnte, als dessen Adressat aber eben dann kein anderer angenommen werden darf, als der Vorläufer des

---

[1]) Der Eifer, mit welchem die Religionen adoptirt werden, hängt in der ganzen Welt, besonders aber im Oriente, von dem Glanze ab, in den der Stifter das Jenseits zu setzen weiss, vgl. besonders den Muhammadanismus, aber auch den Buddhismus mit seiner nur in der Aussicht völliger „Befreiung von allen Daseinsbeschwerden, mumôkśa, seliger Auflösung ins Nirwâna", übernommenen, von ihr getragenen, entsetzlichen Askese. — Vielleicht war der alte Fatak auch etwas schwergläubig, wie Faustus, Clemens' Vater, in dem Clemensromane.

Mâni[1]), denn von einem anderen Scythianus als diesem weiss die occidentalische Gestalt der manichäischen Sage nichts. Wie kann nun Mâni's Vater Fatak, von dem wir also auf Grund des Fihrist uns ein nicht gerade unklares Bild entwerfen können, Scythianus d. h. Scythe[2]) genannt werden, wie kann er zu dem an „Schätzen" wie an „Weltweisheit" aller Art reichen „Saracenen" werden, der aller Herren Länder, selbst Indien und Aegypten, nach Bericht des Actaschreibers als des ältesten und des Epiphanius als des redseligsten und ausführlichsten Zeugen, durchstreift; der vier Bücher als Inbegriff der gesammelten Weisheit schreibt; der mit den Juden in Judäa erfolglos disputirt und bei einem Versuche, seine Niederlage durch eine magische, zur Selbstverherrlichung dienende Himmelfahrt wieder aufzuwägen, zu Grunde geht, einen Nachfolger in der Person des Torebinthus hinterlassend? Ja, bildet nicht die ausdrückliche chronologische Angabe der Acta (ed. Routh l. c. S. 186 Mitte) von Scythianus: Apostolorum tempore fuit sectae huius auctor et princeps, sicut et fuerunt et multi alii apostatae[3]), die unüberschreitbare

---

[1]) gegen Neander, Geschichte der christlichen Religion I, 2 S. 816.

[2]) Denn dass dieser Name bei den Griechen und Lateinern nichts ist als Völkername, nimmt wohl heute jeder wissenschaftliche Theologe an. Die Worte der Acta (l. c. S. 186 Mitte) „quidam ex Scythia, Scythianus nomine" sind wie sie dastehen eine blosse Tautologie. Doch, darf ich eine Vermuthung aussprechen, liegt hier in dieser Stelle der Acta die Wurzel der Benennung. Die Formen auf ānus, ανός, durchaus Adjective von geographischen Eigennamen, sind im Griechischen verhältnissmässig selten, desto häufiger im Lateinischen. Sie stehen nur von aussergriechischen Orten, wie Σαρδιανός von „Sardes", Ἀσιανός u. s. w. Nun trägt wenn irgendwo in dem cap. LI ff. der lateinische Text der Acta die Spuren der Uebersetzung aus dem Griechischen an sich. Ich glaube, dass der lateinische Uebersetzer die Originalworte: ἀλλ' ἐκ τῆς Σκυθίας τις mit „sed ex Scythia quidam" wiedergab, wozu ein Abschreiber die Glosse „Scythianus" machte, die ein Dritter, sie missverstehend, mit dem Beisatze „nomine", also sie zum nom. pr. erhebend, in den Text aufnahm. Die Varianten Scutianus (u für y wie oft), Excutianus (sollte noch lateinischer aussehen!) und Stutianus (stultus?) bei Routh l. c. p. 176 Anm. 1 sind werthlos.

[3]) wie eine Interlinearversion der griechischen Worte: ὡς καὶ ἦσαν καὶ ἄλλοι πολλοὶ ἀποστάται. So allein erklärt sich das doppelte et fuerunt et etc.

Schwelle, die uns durchaus von der Vergleichung zweier Männer fernhält, die eine Kluft von nahezu 2 Jahrhunderten trennt? — —

Der Manichäismus, diese umfassende und auf den überhaupt der Speculation nur erreichbaren Grund zurückgehende Beantwortung der Frage, die sich jedem denkenden Betrachter von Vergangenheit und Gegenwart der Welt aufdrängen muss: „woher kommt der fortwährende Krieg Aller gegen Alle?" war bezüglich seiner äusseren Platz- und Gestaltgewinnung von seinem hochbegabten und gelehrten Stifter auf das damals in frischer Kraft des Neuerstehens sich aufrichtende persische Reich der Sasaniden berechnet. Steht auch die eigentliche Wiege dieses grossartigen Products der combinirenden und compilirenden religionsphilosophischen Gestaltungskraft an der äussersten Südwestgrenze des Reichs, am vereinigten Eufrat-Tigris und in den ärmlichen Wohnstätten der Mandäer, so hat die manichäische Religion diese Schranke doch bald gesprengt und sich durch eine sehr starke Accommodation an persisches Geisteseigenthum auf persischem Boden so heimisch gemacht, dass sie diesem entsprossen zu sein schien, und ihre Zurückführung auf ihre Heimath ausserhalb Persiens der wissenschaftlichen Untersuchung Schwierigkeiten macht. So war es zu natürlich, dass bei den Manichäern der späteren Decennien, da sie ihrer Nationalität nach meist Perser waren[1]), Mânî ganz als Perser erschien, der semitische Ṣabier, der er von Haus aus war, ganz zurücktrat. Wie viel mehr musste Letzteres nun mit dem Manne der Fall sein, der eigentlich nur, wenn ich so sagen darf, die particularistische, vorkosmopolitische Entwickelungsstufe der manichäischen Religion repräsentirt, der ganz Ṣabier war, weil mit Absicht geworden, wenn er auch bei seiner engen Verknüpfung mit der Entwickelung des Sohnes schliesslich dessen klargewonnene Ueberzeugung, wenn irgend Einer, zu schätzen und zu theilen gewusst haben wird, mit Mânî's Vater Fatak. der, wie wir sahen, bei den Manichäern doch hochgeehrt war? Man wusste von ihm, dass er unter mehrfachem Wechsel seines Wohnorts mehrfachen Wechsel seiner religiösen Stellung durch-

---

[1]) Eben deshalb verfolgten die Oströmer den Manichäismus so eifrig als ein Product des feindlichen Perserreiches.

gemacht hatte; und diese Kunde erhielten auch die griechisch
redenden Christen Vorderasiens. Diese wussten von den wenig
Aufsehen erregenden Ṣabiern im südlichen Chaldäa nichts,
konnten also auch den Fatak als Ṣabier, weil nicht begreifen,
so auch in der Erinnerung nicht fixiren. Dahingegen wurde auf
seine Reisen ein grosses Gewicht gelegt und er zum à la Pythagoras [1]) herumreisenden, Weisheit sammelnden Philosophen
gemacht, natürlich indem ihm die dem Verschlechterungseifer
nun einmal unabkömmlichen Zuthaten nicht abgingen, da ja
(nach Tertullian nicht blos) philosophi haereticorum patriar-
chae sind. Und eben als Vater eines so eminent gefährlichen
Ketzers, der, wie Mânî doch that, geradezu eine Gegenkirche
aufzurichten vermochte, musste Fatak alles Ketzerische und
Unfromme, das sonst Häeretiker einzeln trugen, in sich vereinigen. — Jenes Wandern des Fatak also, von dem die Griechen
vernahmen, machte ihn bei diesen zum Manne aus fernem
Osten, zum Scythen, und zum Manne aus fernem Süden,
zum Saracenen. Konnte schon dem persischen Manichäer
unser Fatak, der eine parthische Prinzessin geheirathet hatte [2]),
dazu von Hamadân nach Ktesiphon und von da nach Südchaldäa
ausgewandert war, um mit seinem Sohne später an den persischen Hof zu ziehen [3]), als Ausländer gelten, wie viel mehr

---

[1]) an dessen Person die Griechen auch durch verschiedene Punkte der
manichäischen Lehre erinnert wurden, die „Scythianus" natürlich vom
Pythagoras entlehnt hatte. Sagt doch Porphyrius in der Vita Pytha-
gorae vom Pythagoras: ἐκάλει γὰρ τῶν ἀντικειμένων δυνάμεων τὴν μὲν βελ-
τίοντα Μονάδα καὶ φῶς καὶ δεξιὸν καὶ ἴσον καὶ μένον καὶ εὐθύ, τὴν δὲ χείρονα
Δυάδα καὶ σκότος καὶ ἀριστερὸν καὶ ἄνισον καὶ περιφερὲς καὶ φερόμενον (bei
Beausobre I, 29 Anm. 1).

[2]) ob Flügel (Mânî S. 20 Anm. 10 Ende) dem Umstande, dass Mânî
mütterlicherseits dem durch die Sasaniden gestürzten Herrschergeschlecht
der Arsaciden angehört, eine Mitwirkung an Mânî's Katastrophe unter
einem sasanidischen Könige mit Recht zuschreibt, lasse ich dahingestellt,
finde es aber wahrscheinlich, da ja nach dem Fihrist Sâbûr, vor dem Mânî
zuerst auftrat, zuerst „den Entschluss gefasst hatte, sich seiner zu be-
mächtigen und ihn zu tödten" (S. 85 der Uebersetzung vor Ende), bis ihn
Mânî durch sein imponirendes Auftreten für sich gewann.

[3]) vielleicht auch die Flucht nach Indien mitzumachen, von der Mas'udi
(ed. Par. Bd. II S. 164) sagt: (nach anfänglicher Gunst des persischen Königs

den Griechen, deren geographische Kenntniss von Mittelasien
gering, von Süd- und Hochasien gleich Null war! Die Unwissenheit machte dann solche unbekannte, schwer zu erreichende
Länder zu Fundorten utopischer Weisheit und ebensolchen Reichthums. So geschah es also mit „Scythien“, „Saracenenland“;
schliessen wir gleich an, den „Serern“ in „Parthien“ in der
Geschichte des „Elkesai“ Philosoph. IX, 13. „Scythien“ hat bei
den Griechen eine sehr weite Ausdehnung. Man bezeichnete
mit diesem Lande, kann man sagen, die Nordostgrenze der dem
classischen Alterthume bekannten Welt, also die Strecken nördlich vom schwarzen, östlich vom kaspischen Meere und hier die
Flussgebiete des Oxus und Jaxartes nicht nur, sondern auch
ostwärts bis nach China und Indien hin, so schon Ptolemaeus
VI, 13—15. Pomponius Mela I, 2, 3 ff. Siehe Forbiger in
Pauly's Realencyclopädie der class. Alterthumswissenschaft VI
p. 898. 907. Chwolsohn I, 133 Anm. 1 '). Das äusserste Ost-
ende der antiken Welt bewohnten aber die Serer, die „fernen
Serer“ ') der lateinischen Dichter, die berühmten Verfertiger
der Seidenstoffe; und wenn daher der „elkesaitische“ Sendbote
Ἀλκιβιάδης zur Zeit des Kallist in Rom als heiligen Codex seiner
Lehre ein Buch bei sich trägt, das er als von den Serern in
Parthien (ἀπὸ Σηρῶν τῆς Παρθίας Philosophumena IX, 13, 52
ed. Duncker S. 462) herstammend bezeichnet, so will er durch
diese Aussage dem Buche die Abkunft aus dem fernsten

---

gegen Mâni's Neuerung) لحق مانى بارض الهند لاسباب اوجبت
.ذلك قد اتينا على ذكرها فيما سلف من كتبنا Mâni zog ins Land
Indien aus Gründen, die dies nöthig machten und die wir in unseren
früheren Schriften [uns leider nicht erhalten] erwähnt haben".

') Chwolsohn l. c. I, 133 zu vag: „er stammte aus irgend einer
nordöstlichen Gegend Parthiens, die in späterer Zeit mit dem generellen Namen Scythien bezeichnet wurde". Ein Theil eines selbst nur
beschränkten Gebiets, wie Parthien ist, kann keinen so „generellen“ Namen
erhalten. — S. auch Colditz S. 57: „Scythen — die mittelasiatischen Völker überhaupt", wenn auch das in der Anm. 4 gegebene angebliche Motiv
der Benennung „Scythianus“ (die Mâni wählte, „um alle orientalischen
Völker durch eine Hindeutung auf die Verwandtschaft ihrer religiösen
Ideen mit seinem Systeme — — zu gewinnen") kindisch ist.

') Horat. od. I, 12, 55. 56 — subiectos Orientis orae Seras et Indos.

Lande der Erde (er redet in Rom, mitten im Occidente, und passt seine Rede dem Sprachgebrauche der Occidentalen an) und dadurch den Charakter des Seltenen, Geheimnissvollen verschaffen. Interessant ist, dass an der in Rede stehenden Stelle des Hippolyt „Parthien" als Wohnsitz der Serer genannt ist; denn wir sehen hier vor unseren Augen den Verallgemeinerungsprocess sich darlegen, dass eine Provinz, ein enges Wohngebiet einer orientalischen Völkerschaft, zu einer allgemeinen Beziehung einer fernöstlichen Gegend ausgedehnt wird, wie es auch von einem so gelehrten und wenigstens Kleinasiens aus Autopsie kundigen Manne, wie Hippolyt war, geschehen konnte, weil er die occidentalische Anschauung theilte [1]. — „Saracenen" nun, dass wir zu dieser Bezeichnung übergehen, nannten die Griechen die orientalischen Handelsleute (Beausobre I, 42; Baur S. 466), besonders die, welche die Waaren des glücklichen, besonders des südlichen Arabien und die Indiens herbeibrachten [2]. Sie sind wesentlich mit den Arabes der Alten identisch, die wegen ihrer Reichthümer sprichwörtlich waren [3]; aber der Name ist ebenso eine Collectivbezeichnung für die Orientalen [4] wie „Scythen", nur geht ersteres mehr auf die südlichen, letzteres auf die östlichen Völker Vorder- und Mittelasiens. Im speciellen Sinne pflegte man freilich mit „Saracenen" die Bewohner des nordwestlichen Arabiens, die an Syrien direct angrenzten, zu bezeichnen, und der Ortsname Σαρακηνία dürfte wohl immer in diesem restricten Sinne stehen. Der Gang, den die Griechen

---

[1] Eben daher wird Apamea, die Stadt „aus der Alkibiades stammt", als „das syrische" bezeichnet, obwohl es wegen der Serer τῆς Παρθίας gewiss das parthische (Strabo XI p. 514) ist. Alkib. rückte seinen Wohnsitz in eine den Occidentalen bekanntere Stadt des Namens, um so seine eigentliche Vaterstadt in der Provinz südlich von den kaspischen Pässen mehr ins Dunkel der Entfernung zu rücken. — Wie vag die geographischen Bezeichnungen der Griechen sind, zeigt Epiphanius, der haer. LXVI, [S. 17 Bd. III ed. Dind. Z. 10] sagt Τερεβίνθου τινὸς — μετονομασθέντος δὲ Βουδδᾶ κατὰ τὴν τῶν Ἀσσυρίων γλῶσσαν!

[2] Euseb. in Jes. commentar. 13, 20 οἱ παρ' ἡμῖν καλούμενοι Σαρακηνοί, οἱ τὰς πραγματείας ποιούμενοι.

[3] Siehe Horat. od. I, 29, 1. 2 ieci, beatis nunc Arabum invides Gazis — —; XXVI, 1. 2 Intactis opulentior Thesauris Arabum — —

[4] Chwolsohn I, 133 Z. 5. 6.

mit ihrer Benennung des Ketzervaters nahmen, war nun folgender. Der Anfangs ganz allgemein appellative [1]) Name Scythianus [2]) wurde zum Eigennamen. Nun musste doch der Mann hinsichtlich seiner Abkunft bezeichnet sein, es musste also ein neuer Titel geschaffen werden; und da wählte man für den Weitgereisten den Namen Σαρακηνός, der ihm auch das Attribut grossen Reichthums und des Besuches von Indien (und Aegypten [3]) vielleicht) eintrug. Doch einer Restriction dieser weitgehenden Kategorie bedürftig liess ihn Epiphanius aus Saracenien im engeren Sinne[4]) stammen und in dem an Palästina angrenzenden Theile Arabiens aufwachsen, und so erhalten wir schliesslich (Epiphan. l. c. ed. Dind. S. 17 Z. 10—13) die Gestalt Σκυθιανοῦ τινος, ἀπὸ τῆς Σαρακηνίας ὁρμωμένου, κατὰ δὲ τὰ τέρματα τῆς Παλαιστίνης, τουτέστιν ἐν τῇ Ἀραβίᾳ, ἀνατραφέντος [5]).

Bei der umfassenden Bedeutung jedoch, welche Scythien als geographischer Begriff hat, muss man fragen, in welchem engeren Sinne hier die Benennung als „Scythe" [6]) zu fassen ist, und da ist kein Zweifel, dass es, wie schon Chwolsohn deutete [7]) (Ssabier I, 133), soviel als Parther, Parthicus ist.

---

[1]) was er für das Gefühl des gesunden Beurtheilers wohl von Anfang an sein und bleiben wird.

[2]) Bei den Griechen ist Σκύθης fast zur Appellativbezeichnung eines rohen Menschen geworden; cf. σκυθίζω wie ein Scythe d. i. viehisch (besonders im Trinken) leben: cf. Plutarch. moral. p. 847 F. ἐν τοῖς λόγοις Σκύθης, ein Scythe in seinen Reden. Vergleicht man damit die Anrede des „Archelaus" an Manes in der Acta ed. Routh S. 134 (cap. XXXVI): Persa barbare, der nur Chaldaeorum linguam versteht quae ne in numerum quidem aliquem ducitur, so dürfte die Tendenz der festgehaltenen Benennung klar sein.

[3]) dies war eine Haupt-Verkaufsstation der „Saracenen".

[4]) in den Acta noch allgemein (ed. Routh S. 187 Z. 7 v. o.) cap. LII Anfang: Qui Scythianus ipse ex genere Saracenorum fuit.

[5]) Die hier dem „Scythianus" zur Heimath angewiesene Gegend berührt sich ziemlich eng mit dem von Epiphanius haer. XIX, 2 den Ὀσσαῖοι zugewiesenen Gebiete, der Ναβατίτις γῆ ἡ καὶ Περαῖα πρὸς τῇ Μωαβίτιδι. Zu den hier wohnenden Sektirern kam nach §. 1 ὁ καλούμενος Ἠλξαΐ, der Elkesai genannte ψευδοπροφήτης als ihr Reformator.

[6]) nicht etwa für eine Uebersetzung von Çâkya Spiegel l. l. S. 201.

[7]) wegen des ἐκ Σηρῶν τῆς Παρθίας, woher der elkesaitische Sendbote Alcibiades war.

Die Bezeichnung von Màni's Vater als Parther erklärt sich aber
leicht. Ekbatana (Hamadàn), von wo Fatak nach dem Fihrist
stammt, lag mitten im ehemaligen Partherreiche und zwar gerade in einem Theile, der schon ausserhalb des gewöhnlichen
Gesichtskreises der Griechen und Römer, der mit dem Tigris
seine Grenze hatte, sich befindet; cf. die Angabe des Strabo
B. XVI §. 28 p. 748 ὅριον δ' ἐστὶ τῆς Παρθυαίων ἀρχῆς ὁ Εὐφρά-
της καὶ ἡ περαία· τὰ δ' ἐντὸς ἔχουσι Ῥωμαῖοι .... In diesem
Sinne haben wir auch die oben gegebene Deutung des Scythianus
als des Mannes aus fernem Osten bez. Norden aufrecht zu erhalten. Ausserdem aber wissen wir ja aus dem Fihrist ausdrücklich, dass Fatak's Frau, Màni's Mutter, aus dem vornehmen
parthischen Geschlechte der Aschghanier (Arsaciden) stammte.

Die Haskànier حَسْـنـِيـَة, das Geschlecht des Fatak, stammen
nach dem Kàmùs s. v. aus dem ächtparthischen Nesàpùr (Nisà-
bùr), einer der Residenzen der Parthergrosskönige, in „Parthien"
im engeren Sinne gelegen. Was übrigens die Verbindung des
Begriffs der Scythen mit den Parthern betrifft, so erinnern wir
an die Stelle des Plinius hist. nat. VI, 29 regna Parthorum
— — pertinent ad Scythas cum quibus ex aequo degunt.
Scythen nördlich vom Oxus wurden von parthischen Königen
gegen Antiochus VII. zu Hilfe gerufen [1]), und dass das scythische Element im parthischen Heere überwog, ist aus der Angabe Strabo's (XVI, 16, p. 743) über die Erwählung des Dorfes
Ktesiphon anstatt Seleucias zur Residenz Seitens der parthischen
Könige zu entnehmen: πλησίον δ' [sc. τῆς Σελευκείας] ἐστὶ κώμη
Κτησιφῶν λεγομένη, μεγάλη· ταύτην δ' ἐποιοῦντο χειμάδιον οἱ τῶν
Παρθυαίων βασιλεῖς φειδόμενοι τῶν Σελευκέων, ἵνα μὴ καταστα-
θμευόιντο ὑπὸ τοῦ Σκυθικοῦ φύλου καὶ στρατιωτικοῦ, also damit
die Bewohner von Seleucia nicht durch die Einquartirung von
scythischen Soldaten belästigt würden. Der Periplus Maris Ery-
thraei bezeichnet als „Parther, die im Industhale herrschen",
die Scythen, welche zwischen Kaschmir, dem Meere, Afgha-

---

[1]) s. Reinaud, Mémoire sur la Mésène et la Characène in den Mémoires de l'Institut de France, Ac. des Inscr. t. XXIV deux. partie (1864)
S. 183.

nistan und dem Ganges das indoscythische Reich gründeten. Es
kommt dies daher, dass um 130 v. Chr. Scythen, die aus ihren
Sitzen in der Nähe von China verjagt waren, in die Dienste
des Partherkönigs Phraates bei dessen Kampfe gegen die Könige
von Syrien traten, dann aber mit den Parthern sich vereinigten
und in Baktrien (Strabo XI, 8) und auch jenseits des Hindu-
kusch sich ein selbständiges Reich gründeten, das als das indoscythische bekannte. Dass also bei den Angehörigen des römischen Reiches die verblassende, ungenaue Ueberlieferung aus
einem Parther einen Scythen machen konnte, begreift sich leicht,
da man ja auch die Stammverwandtschaft des „Reitervolkes" der
Parther, der gefährlichsten Rivalen der Römer in der Herrschaft
des Orients, mit den steppebewohnenden Scythen nach Nationalität und Art des Lebens und besonders der Kriegsführung fest-
hielt [1]). Für die Benennung des aus Ekbatana stammenden
Vaters des Màni mit Scythianus aber hat man noch ganz besonders zu bedenken, dass wie Ktesiphon die Winter-, so Ekbatana die Sommerresidenz der parthischen Könige war, Strabo
XVI, 16. Uebrigens war Fatak, wenn dem Geschlechte der
Haskanier entsprossen, ein ächter Perser von Geburt; auch der
Name Bàbak, den er noch führt, ist ein in jener Zeit sehr gewöhnlicher persischer Männername.

Die Parther sind aber mit „Saracenen" d. i. Bevölkerungen
arabischer Abstammung, sehr viel in Berührung gekommen.
Araber streiften nicht nur als Nomaden bis an die Ufer des

---

[1]) Dass die Griechen und Römer die Parther als Nichtperser, Nicht-
iranier, als Fremde in Iran, positiv als „Scythen", d. i. als von turanischer
Abkunft, ansahen, steht fest. Damit ist aber nicht gesagt, dass diese
Meinung der Alten richtig war. Höchst wahrscheinlich waren vielmehr
die Parther, dieses „Reitervolk", gute Iranier, wie die ächten Perser, die
auch „Reiter" waren, wenn auch ihre Urheimath, „Parthien", in einem der
nördlichen Grenzgebiete Irans gegen das turanische Steppenland lag.
Höchstens war die parthische Dynastie, die Arsakiden, nichtiranischer
Abkunft, doch hat sie im Uebrigen z. B. durch ihr Bekenntniss zur maz-
dajasnischen Nationalreligion, durch Führen meist ächt persischer Namen
u. s. w. sich ganz als einheimisch gegeben. S. hierüber die werthvollen
Begleitbemerkungen von Nöldeke zu dem 5. Bande von Mommsen's Römischer Geschichte in der Zeitschrift der D. M. G. Bd. 39 (1885) S. 331 ff.,
besonders S. 344 ff.

Euphrat, sondern wohnten auch in grosser Zahl mit ihren Heerden in den weiten Ebenen von Mesopotamien selbst, ja bis in das eigentliche Babylonien hinein und müssen sich überdies mit der einheimischen aramäischen Bevölkerung von Babylonien, Chaldäa und dem Gebiete des unteren Gesammtstromes in fester Ansiedelung vermischt haben. Arabische Namen auf der ganzen Linie des Euphratgebietes, von Armenien, Edessa, Palmyra bis nach Mesene und der Vereinigung der beiden Ströme herab, zeigen in den erhaltenen inschriftlichen Denkmälern und den Zeugnissen der Historiker des Alterthums die Bedeutung des arabischen Elementes in den Euphratländern schon in dieser Zeit der römischen und parthischen Herrschaft. Der sasanidische Perserkönig Śâpûr „der Schultermann" siedelte, nachdem er lange mit den Arabern sich herumgeschlagen, nach Tabarî (übers. von Nöldeke p. 67) einige Stämme von den Taghlib, 'Abdalḳais und Bekr ibn Wâil, also aus Nordarabien, in Karmanien, Chuzistan und der Persis an. Für die cultivirten Regionen Mesopotamiens und Syriens erwies sich die Bedeutung der Araber namentlich in ihrer Eigenschaft als Führer der Karawanen, als Handelsleute; und Eine Nation arabischer Abkunft, die Nabatäer von Petra, waren sogar geradezu an die Stelle der Phönicier getreten. Sie waren die ausschliesslichen Herren des Handels zwischen Indien über Forat am unteren Tigris, Palmyra und Petra nach Aegypten. In den Zeiten der Spannung zwischen Römern und Parthern waren die Peträer, damals noch selbständig, mit den Palmyrenern und Meseniern die von beiden Theilen, namentlich aber von den Römern, gern gesehenen Vermittler der Handelsbeziehungen zwischen den beiden Reichen, die die Waaren aus dem parthischen auf römisches Gebiet führten. Dies bedenke man, wenn „Scythianus" in den abendländischen Berichten z. B. in den Actis Archelai ein Saracene heisst, der „in den Grenzgebieten Arabiens" aufgewachsen und dann in Aegypten gelebt haben soll. Wie sind nun der „Saracenus" und der Parthicus (Scythianus) näher zu vereinigen?

Das Epitheton „Saracene" besagt nicht ganz speciell, dass „Scythianus" seiner Nation nach zu den Saracenen gehöre; aber man hat doch in dieser Benennung mehr angedeutet zu finden als blos den Begriff „Orientale", eigentlich weitgereister

Handelsmann, das Epitheton, welches die Grirchen, die orientalischen Handelsleute allgemein Σαρακηνοί¹) nennend, Mâni's weit-
gereistem Vater Fatak beilegten in der verblassten Gestalt. in
welcher von ihm noch Kunde erhalten war. Eine specielle
Hinweisung auf das nordöstliche Arabien, das Saracenenland im
eigentlichen Sinne, ist nicht ausgeschlossen; jene allgemeine,
appellative, genügt nicht, und es liegt weiter, irren wir nicht,
in dieser Erzählung vom religionstiftenden Saracenen Scythianus
ein sehr wohl zu beachtender hochinteressanter Fingerzeig auf
innere Vorgänge im religiösen Gebiete in den Gegenden südlich
und östlich von Palästina im 1. und 2. nachchristlichen Jahrhundert. Die in den Acta Archelai vorliegende Gestalt der
manichäischen Vorgeschichte knüpft ein Band zwischen Ost-
palästina-Arabien auf der einen und Babylonien-Persien auf
der anderen Seite. Sie lässt vermöge einer Lehrmittheilung
durch geheimnissvolle Mittelpersonen, Scythianus und Terebinthus, den Mâni seine Lehre von zwei Vorgängern schon
überliefert erhalten, so dass er sie nur zu proclamiren braucht.
Hier schimmert nun aus dem Thun und Treiben, wie es dem
„Saracenen" „Scythianus" beigelegt wird, die grosse, einfluss-
reiche Bedeutung durch, welche das mächtige, reiche Handelsvolk
der Nabatäer in dieser eigenthümlichen, an Religionsbildungen
seltsamer Art so reichen Zeit und Gegend auf den gährenden
religiösen Bildungsprocess gehabt hat. Die Nabatäer sind
nächst den Juden als das wichtigste Glied in der
Uebermittelung und Verbreitung altbabylonisch-chal-
däischer Ideen nach dem Westen, namentlich nach
Ostpalästina und Aegypten, zu betrachten. Ihre Han-
delsverbindungen erstreckten sich von Aegypten durch die syrische Wüste theils direct theils indirect (über Palmyra) nach
Babylonien; hier mündet die grosse Handelsstrasse von Petra
direct in Forat, der Hauptstadt der Landschaft Mesene, und in
deren Nachbarstadt Charax aus. Die Nabatäer waren also zur
Vermittelung des Ideenaustausches wie geschaffen²): und dass

¹) cf. Χαλδαῖοι geradezu für „Zauberer".
²) Die Bedeutung der Nabatäer für die Verbreitung sowohl babylonischer Religion im Westen, besonders in Ostpalästina, als auch arabischer

dies auch ein religiöser gewesen sein muss, wird niemand, der
den engen Zusammenhang von Religion und Volkthum im
Alterthum kennt, in Abrede stellen. Man bedenke, dass ja auch
der Handelsmann Muhammed es war, der nach den auf seinen
Kauffahrten erhaltenen Belehrungen und Anregungen die arabische Volksreligion zu einer Weltreligion reformirte. Als ein
mächtiger Staat tritt das Nabatäerreich schon in der Diadochen-
zeit hervor. Seine reiche, stark befestigte Capitale Petra, in
einem gesegneten, durch ein unübersteigliches Felsenlabyrinth ge-
schützten Thale des Gebirges Sê'ir, in dem heutigen Wadi Musa,
reizte schon die Eroberungslust des Antigonus und seines Feldherrn Athenaeus, Diod. Sicul. XIX, 9 ff.

Diese Nabatäer müssen also auch ein sehr wichtiges Bindeglied in dieser fruchtbaren Zeit der Religionsbildung, den beiden
ersten vorchristlichen und den beiden ersten nachchristlichen
Jahrhunderten, gewesen sein. Ohne Annahme von Entlehnungen
aus der uns nicht unbekannten arabischen Volksreligion der
Nabatäer und zugleich aus der Lebensart, Stammverfassung und
überhaupt den Sitten- und Lebensgebräuchen der Nomadenaraber,
also ohne arabische Einflüsse mancherlei Art ist meines Erachtens die Entstehung schon des Essenismus, noch mehr aber des
Elkesaitismus und des „häretischen" Ebionismus durchaus nicht
zu erklären. Der Neupythagoräismus, mit dessen Herbeiziehung
man nach Zeller's Vorgang bei Erklärung des Ursprungs der
Essener und deren Verwandten viel operirt, ist selbst ein Product der Vermischung chaldäisch-babylonischer Elemente mit
griechischen. Dass man aber vom 3. und 4. christlichen Jahr-

Religion und Sitte im Osten muss anerkannt werden. Doch ist hier Eins
hinzuzufügen, es waren nicht die Nabatäer allein. Es ist zur Erklärung
der „Essener", „Elkesaiten", „Sampsäer" (d. i. ــــــ und dieses verkürzt aus ـــــ שׁמְשַׁיָא gleich ـــــ θεραπευταί, Verwalter, sc. der Geheimceremonien, nämlich der chaldäischen Mysterien in
Ostpalästina, und der der anderen dualistischen („gnostischen") Mischparteien
des Westens) vor allem daran zu erinnern, dass hier bereits durch die
erobernden Assyrer und Babylonier nach ihrer beliebten Politik geradezu
babylonische Kolonisten angesiedelt waren; cf. z. B. das Zeugniss des
Stephan. Byzant. s. v. Βαβυλών für die Stadt Χαραχμωβα im Lande Moab.
Was in Samaria geschehen, war noch an vielen anderen Orten geschehen.

hundert an gerade die Bewohner der Sinaihalbinsel und der angrenzenden Gebiete, eben von unserer Arabia Petraea, mit dem Namen Saracenen bezeichnete, ersieht man aus der Bemerkung des Augustin in Numer. (bei Reland, Palästina S. 72), dass „Midianiter" der alte Name des zu seiner Zeit Saracenen genannten Volkes sei. — In den Mittheilungen also, welche die Acta Archelai und die aus ihnen geflossenen Berichte vom „Saracenen" Scythianus und seinem Aufenthalte in dem an Judäa angrenzenden Arabien und in Aegypten bringen, sehen wir zwar keine geschichtlich getreuen Personalnotizen zum Leben von Mâni's Vater Fatak, wohl aber die Wiedergabe der von den Saracenen auf Fatak ausgeübten Einflüsse durch die Verkörperung des Treibens dieser Nation in der Person des Fatak. Es beruht diese Skizzirung des Saracenenthums durchaus auf geschichtlicher Wahrheit, ähnlich etwa, wie man mit Lenormant, Geheimwissenschaften Asiens (Jena 1878) S. 525ff. die allgemeine zu Grunde liegende Darstellung der altbabylonischen Verhältnisse aus der Zeit des Nebukadnezar in den 6 ersten Kapiteln des Buches Daniel als durchaus geschichtsgetreu anerkennen muss, ohne Daniel selbst und das über ihn Erzählte für historisch zu halten. Die „Acta" bringen also hier keine neuen äusseren Daten, aber sie ergänzen den wichtigsten der orientalischen Berichte, den des Fihrist, den man allzeit zu Grunde zu legen hat, in dankenswerther Weise durch Skizzirung wichtiger innerer religionsgeschichtlicher Zusammenhänge in der Zeit vor und während der Jugend des Mâni in Form einer Personification. Abgesehen von den Berührungen mit den Nabatäern, die als Kauffahrer immer wieder nach Südbabylonien kamen, und die die Vertreter der „Weisheit von Midian und Theman" als μυθολόγοι καὶ ἐκζητηταὶ τῆς συνέσεως Baruch 3, 23 waren, muss ein saracenischer Einfluss noch unmittelbarerer Art auf Fatak stattgefunden haben. Er schloss sich nach dem Berichte des Fihrist an die Genossenschaft der babylonischen Mughtasilah, „der sich Waschenden", an und übte mit ihnen die Askese in der Enthaltung von Fleisch, Wein und Geschlechtsgenuss aus. Diese Gelübde, späterhin bekanntlich auch die Verpflichtungen der „Gerechten" der Manichäer, erklären sich nicht alle aus babylonischer Observanz. Zwar die

Vermeidung der Weiber und des Fleisches findet sich nach Chwolsohn II, 359ff. 462, cf. S. 50ff. auch in den Mysterien der Harranier, dieser langlebigen ächten Ausläufer des alten nord- mesopotamisch-syrischen Heidenthums. Aber die Enthaltung von Wein, der in den harranischen Riten so vielfach vorkommt, ist durchaus unbabylonisch — sie ist aber ächt altarabisch, eine Vorschrift der Nomadenaraber. Aus deren Abneigung gegen jede Ansässigkeit, dem Ausfluss des ausgebildeten Freiheits- stolzes, erklärt sich das Verbot, Getreide und Wein zu bauen, welches Diodor XIX, 94 von dem nomadischen Theile der Na- batäer berichtet: νόμος δ' ἐστὶν αὐτοῖς μήτε σῖτον σπείρειν . . . . μήτε οἴνῳ χρῆσθαι . . . . ὃς δ' ἂν παρὰ ταῦτα ποιῶν εὑρίσκη- ται, θάνατον αὐτῷ πρόστιμον εἶναι; über die σωφροσύνη der Naba- täer cf. auch Strabo XVI, 26 p. 783. Es müssen sich also mit der einheimischbabylonischen, aramäisch redenden Bevölkerung, der die Mughtasilah angehören, Araber vermischt haben, die, dort ansässig geworden, ein Stück ihrer alten Lebensweise bei- behielten. Nach Strabo XVI p. 748 wohnen ja τῶν Ἀράβων οἱ φύλαρχοι μέχρι Βαβυλωνίας, ibid. Σκηνῖται οἱ νομάδες οἱ τῷ ποταμῷ (dem Euphrat) πλησίον. — Eine nähere Betrachtung von Namen der manichäischen Vorgeschichte zeigt, dass selbst ara- bische Namen herauszuerkennen sind. — In diesem Lichte be- sehen verliert die Bezeichnung von Mâni's Vater als Saracene ebenso wie die als Scythe (Parther) jedes Auffallende. Wir haben natürlich nicht noch weiter zu gehen und den Fatak in Person als Religionsstifter in Ostpalästina, Judäa und Aegypten gewesen sein zu lassen. Dies gilt eben nur von dem Volke der Saracenen, die auf Fatak so grossen Einfluss hatten, so dass er ganz als einer der Ihrigen erschien und nun in der Sage als ihre Verkörperung dasteht. Die enge Verbindung der südbabylo- nischen Taufbeflissenen mit den nordarabischen Nabatäern, über- haupt mit der an den Eufrat heranreichenden arabischen Bevöl- kerung, erklärt auch das Auftreten des „Täuferthums" und über- haupt babylonischer Ideen in den ostpalästinensischen Secten wie den Hemerobaptisten und Elkesaiten — wie andererseits durch nabatäische Vermittelung palästinensische Elemente nach Südbaby- lonien gekommen sein werden, was namentlich die hohe Stellung Johannis des Täufers, des Vorläufers Jesu, bei den Mandäern zeigt.

Bei dieser Sachlage dürfte es nun nicht zu kühn sein, eine corrupte Stelle zu Anfang des Berichtes über Mânî's Jugend bei an-Nadîm etwas näher zu bestimmen. Nach der Angabe über Mânî's Mutter folgt eine verderbte Stelle, welche Flügel im Mânî (1862) herzustellen unterlässt, die aber in der Gesammtausgabe des Fihrist in der Gestalt gegeben wird, wie sie Fleischer durch Conjectur verbessert hat. Fleischer liest وقيل ان مـنـى كـان اسقف قنى والعربـن من اقل جوخى ومـ يلى بـدراـ وبـاكسـاـ und übersetzt: man sagt, dass Mânî „Bischof war von Ḳunnâ und den Dschauchâ und die Umgegend von Bâdaraja und Bâkusâja bewohnenden Arabern". عُربُنٖ „Die Araber" ist eine nach neuarabischer Art verstärkte Pluralform wie السُودان von السُود u. s. w., siehe Fihrist Bd. 2 S. 162. Dass die Fihristworte so herzustellen sind, halte ich für gewiss. Damit ist natürlich noch nicht gesagt, dass die Nachricht, Mânî sei Bischof der Araber gewesen, auch sachlich richtig sei. Von Fleischer ist auch bereits der richtige Gesichtspunkt zur Erklärung hervorgehoben worden, die Nachricht beruht ebenso auf Christanisirung wie die Mittheilung des viel späteren Abûl'farag, Mânî sei Presbyter in Ahwâz قسيس بلاهواز gewesen; freilich die Benennung der Mutter Mânî's mit Marmarjam kann ich nicht als weiteren Beleg hierherziehen. Dass auch Autoren wie der Verfasser des Fihrist bei den Mittheilungen über Mânî und die Manichäer neben den authentischen manichäischen Sectenschriften selbst, die sie zu Grunde legen, auch christliche Berichte benutzt und zu einzelnen Notizen herangezogen haben müssen, sieht man an dem Beispiele des nicht viel später (um 1000 n. Chr.) schreibenden al-Bîrûnî. Dieser gibt p. ٢٠٧ ed. Sach., wo er etwas näher auf die Lehre des Mânî zu sprechen kommt, authentische Auszüge aus Mânî's Hauptwerke, dem Sâhpûrakân und leitet doch seinen Bericht Z. 13 mit der Angabe ein, Mânî sei ein Schüler des فدرون gewesen, d. i. offenbar قردون oder مـارقيون, Kerdon oder Marcion. Wir finden eben die Gewohnheit des Efrâm und seiner Schule, den Mânî in ein Schülerverhältniss zu früheren Gnostikern zu setzen, aus syrischen Quellen auch zu den Arabern übergegangen. — Dass übrigens an-Nadîm seiner Quelle, aus der er die in Rede stehende Notiz entnahm, nicht recht Glauben schenkte, zeigt er mit dem einleitenden قيل selbst, wie bereits Flügel S. 163 des Fihrist gefunden hat. Sachlich beurtheilt ist die Angabe, Mânî sei christlicher Bischof oder Presbyter gewesen, schon wegen der chronologischen Schwierigkeiten einfach unrichtig. Werth hat sie aber als der bei aller Verworrenheit noch deutlich durchscheinende Reflex des Verhältnisses, dass Mânî oder vielmehr zunächst sein Vater, dann er, dessen „Zögling“, selbst, bei den Arabern in Südbabylonien eine angesehene Stellung als religiöses Oberhaupt gehabt habe. Es geht dies auf die Zeit, wo er sich zu den „Täufern“, den al-Mughtasilah, hielt, in deren Satzungen ihn ja sein Vater auferzogen hatte [1]). Das Ende dieses Lebensabschnittes trat in Mânî's zwölftem Jahre ein, als er den Ruf des Engels Eltawam (אֶלְתַּאִם) zu hören glaubte: „Verlasse diese Secte, denn du gehörst nicht unter sie.“

Ueber die weiteren Theile der Scythianussage können wir uns kurz fassen. Die Reise des „Scythianus“ nach Aegypten erklärt sich einmal aus der Bedeutung der ägyptischen Weisheit im Alterthume. Mânî selbst rühmte sich „ägyptischer Weisheit“; woher sollte er diese anders haben als von seinem Vorgänger und Lehrer, den wir als seinen Vater wiedererkennen? Auch abgesehen von der Mittheilung an den Sohn durfte der selbst als Ketzer verabscheute Vater nicht den Besuch Aegyptens unterlassen haben, um dort „tela ignea Satanae“ zu erwerben. Zugleich gab die Hinführung des Mannes nach Aegypten, wo er in der Stadt „Hypselis“ („Hochmuthsstadt“) ein schönes Hurenweib heirathet, die beste Gelegenheit, ihn mit demjenigen in Parallele zu setzen, ex quo universae haereses substiterunt Irenaeus I, 23, 2, dem Simon Samaritanus. Heisst es doch von diesem in der Hauptquelle für unsere Kenntniss seiner Lehren, in den Clementinen (ed. Dressel. Gotting. 1853) II, 22: Σίμων ἐν Ἀλεξανδρείᾳ τῇ πρὸς Αἴγυπτον γεγονὼς ἑλληνικῇ παιδείᾳ πάνυ ἐξασκήσας ἑαυτὸν καὶ μαγείᾳ πολὺ δυνηθεὶς καὶ φρενωθεὶς θέλει

---

[1]) p. ٣٢v Z. 9 فَرِبَى معه وعلى ملته.

νομίζεσθαι ἀνωτάτη τις εἶναι δύναμις. Vom Simon entlehnte dann auch die Sage die ihm nach dieser Stelle reichlich zu Gebote stehende ἑλληνικὴ παιδεία für den „Scythianus", von dem Epiphan. p. 618 A (ed. Dind. S. 17 Z. 13 ff.) sagt: παιδευθεὶς τὴν Ἑλλήνων γλῶσσαν καὶ τὴν τῶν γραμμάτων αὐτῶν παιδείαν δεινὸς γέγονε περὶ τὰ μάταια τοῦ κόσμου φρονήματα. Vom Magier Simon [1]) entlehnte die sagenumwebte Person des Scythianus natürlich auch die Niederlage in einer Disputation mit den hier die Stelle des Petrus vertretenden Synedristen, wohl auch die verunglückte, mit magischen Künsten unternommene Himmelfahrt. die sich bei seinem Doppelgänger „Terebinthus" wie ein im Osten genommener Abklatsch wiederholt. Doch spielt hier auch unverkennbar ein Zug aus der ächt manichäischen Sage sowie der manichäischen Religion mit hinein. Der Fihrist erzählt (S. 84 oben der Uebers.), dass die Mutter des Mâni, als dieser eben geboren war, „in Bezug auf ihn schöne Träume hatte und im wachenden Zustande sah, als ob Einer ihn nahm, in die Luft entführte [2]) und dann wiederbrachte. Bisweilen blieb er einen oder zwei Tage aus, dann brachte er — der Entführende — ihn wieder zurück" — also dass die Mutter im ekstatischen Zustande ihres Sohnes Erhöhung in den Himmel und sein Verweilen daselbst vorgebildet sah. So bezeichnen denn die Manichäer auch die Aufnahme der Seele des „Auserwählten" ins Lichtreich als „Erhebung, Emporhebung", اِرْتَفَعَ [3]) S. 66 Z. 10, und sagen von Mâni selbst, dass er „in die Paradiese des Lichtes erhoben wurde", اِرْتَفَعَ الى جنان النور (ibid.), und noch vor seiner „Erhebung" den Sis zum Nachfolger im Imâmat bestellt

---

[1]) wir verweisen, das Weitere betreffend, auf Baur, Das manichäische Religionssystem S. 467 ff., besonders S. 473—75.

[2]) wörtlich: mit ihm in die Luft aufstieg يصعد به انى الـجـو. Man vergleiche übrigens die „Nacht des Aufsteigens" sc. in den Himmel, ليلة المِعْرَاج, in der Geschichte Muhammed's.

[3]) Von der allerdings im eigentlichsten Sinne mit Bezug auf die mehrfachen Stationen (Säule des Lobpreises, Sphäre des Mondes etc.) die Rede sein kann.

habe. Auch die Mandäer reden von einem Aufsteigen", סלקאתא,
der Seele nach ihrer Trennung vom Körper [1]). — Was die „vier
Bücher" betrifft, die Scythianus abgefasst haben soll [2]), so kann
an die „vier Vedas" kein Gedanke sein, obschon bereits Assemani diese zur Vergleichung heranzieht. Der Grund, weshalb
man an die Vedas dachte, war, abgesehen von der Vierzahl (der
Bücher Scythian's einerseits und der Veden andererseits) und
dem (für die Combinirenden wenigstens bestehenden) Nichtvor-
handensein einer solchen bestimmt abgeschlossenen Tetras von
heiligen Schriften an einem anderen Orte des Orients als in
Indien, gewiss in erster Linie jene althergebrachte Meinung, dass
im Manichäismus ein gut Theil indischen Buddhismus von seiner
Wurzel an stecke, die ganz unbegründet ist. Aber, wäre dem
auch so, eben dann ist es ganz unmöglich, an die Vedas zu
denken. Letztere sind ja die heiligen Grundschriften der alt-
indischen Religion, die man im Gegensatze zum Buddhismus
mit Brahmanismus bezeichnet und zu der der Buddhismus in
directester Feindschaft steht, weil er gerade zur Reformation des
grobsinnlichen, so wenig geistigen Brahmanismus gekommen ist,
dessen Naturreligion gerade in den Vedas ihre allerursprüng-
lichste, rein naturvergötternde Basis hat. Von Beziehungen
Mâni's aber zum Brahmanismus wissen wir doch gar nichts und
müssten solche allein aus der Notiz von den vier Scythian-
Büchern entnehmen. Von der Unwahrscheinlichkeit, dass die
Titel der „vier Bücher", mit denen der vier Veden als sachlich
identisch [3]) erweisbar wären, wollen wir ganz absehen. — Viel
näher als die „vier Vedas" lägen meines Erachtens die „vier
Evangelien" des Neuen Testamentes; denn Berührungen mit
dem Christenthum sind bezeugt, mit dem Brahmanismus nicht.
Aber das christliche Element, das übrigens sehr spärlich ver-

---

[1]) S. auch Nöldeke in den Götting. Gel. Anzeigen 1869 S. 490. Der
ganze zweite Theil des Sidrâ rabbâ handelt von den Begegnissen der
Seele nach dem Abscheiden vom Leibe.

[2]) Epiphanius 619 C Ende; Acta LII (p. 187 ed. Routh Ende).

[3]) Was haben wohl die μυστήρια, κεφάλαια, das εὐαγγέλιον und der θησαυρός zu thun mit dem Lehrbuche (Veda) des Lobpreises (rg-v.), der Ver-
söhnung (sâma-veda), des Opfers (yâgur-v.) und der Feuerpriester (atharva-v.)!

treten ist, kommt — dies müssen wir als klar erkennbares
Factum aus der occidentalischen Tradition über Màni's Leben
entnehmen — erst spät, nach fast schon vollendeter Bildung
des Systems, wie ein Accidens, ein Anflug zum orientalischen
Grundstoffe hinzu. Wir dürfen also, da an der Nachricht von
den vier Büchern des Scythian etwas Historisches sein muss,
wegen ihrer ausdrücklichen Hinübernahme in die Geschichte des
„Terebinthus" und die des „Cubricus", die beide jene Notiz
wie ein rother Faden durchzieht und mit der vom Scythianus
verbindet, das christliche Element nicht bereits unter die eigentlichen Bildungselemente des Systems versetzen [1]) und doch zugleich die Nachricht nicht rein von der späteren Zeit eingesetzt
sein lassen. — Unverkennbar ist das Bestreben des historischen
Màni, sich im Verkehr mit den christlichen Westasiaten das
Aeussere eines christlichen Sendboten zu geben. Im Briefe an
Marcell nennt sich der Briefschreiber Μανιχαῖος ἀπόστολος Ἰησοῦ
Χριστοῦ und fährt ganz paulinisch fort καὶ οἱ σὺν ἐμοὶ πάντες ἅγιοι.
Màni hat 12 Schüler, die ersten Electi; dann die 12 magistri und
72 Bischöfe der manichäischen Kirche; die Namen der christlichen
Glaubensboten Thomas und Addas fehlen nicht für die Länder
Indien und Syrien, in welche sie die altkirchliche Ueberlieferung
schickt [2]). — Aber die Namen der Scythianbücher bereiten eine
unüberwindliche Schwierigkeit; man müsste denn sagen, die Idee
der vier heiligen Schriften sei von den christlichen Evangelien
entlehnt, die Namen von Màni frei erfunden. Wir müssen also,
da uns überhaupt von manichäischen Schriften so wenig, nicht
viel mehr als die Titel, bekannt ist, von den Titeln selbst ausgehen und sehen, ob wir die Namen durch wirkliche Dinge be-
leben können.

---

[1]) Epiphanius LXVI, 5 [622 B extr.] ὁ Μάνης ἀκηκοὼς περὶ ὀνόματος
Χριστοῦ καὶ τῶν αὐτοῦ δούλων, χριστιανῶν δέ φημι, διεγνώκει διὰ τοῦ ὀνόματος τῆς ὑποθέσεως χριστοῦ ἀπατῆσαι τοὺς πεπλανημένους, von
dem die christlichen Schriften für sich requirirenden Màni. Der Ausdruck
ist in Anbetracht der vollkommenen Wirkung recht bezeichnend.

[2]) Die Manichäer hatten ja ein Evangelium des Thomas (wohl wesentlich identisch mit den 1826 von Thilo edirten Acta Thomae), welcher
Letztere in der Abschwörungsformel als der Verfasser jener Ketzerschrift verflucht wird, ἀναθ. Θωμᾶν τὸν συντάξαντα τὸ κατ' αὐτὸν λεγόμενον εὐαγγέλιον.

Die Titel der vier Scythianbücher sind nach Epiphan. c. 2 (S. 19 Z. 9—12 bei Dindorf) Ende μυστήρια, κεφάλαια, εὐαγγέλιον, θησαυροί; für letzteren Plural setzen die Acta (S. 187 ult.) den Singular: novissimum omnium thesaurum appellavit. Letzterer Name leitet uns auf die richtige Spur. Die wichtigste und umfangreichste Schrift der Mandäer, eine Art corpus doctrinae für die Lehre derselben [1]), führt den Titel Ginza גינזא d. i. bekanntlich Schatz, thesaurus, neben dem anderen Titel Sidrâ rabbâ סידרא רבא. Titel pflegen in verwandten Literaturen dieselben zu bleiben, wenn sie nur allgemein genug sind, um auch einen modificirten Inhalt zu decken [2]); es kommt nur darauf an, welches die tonangebende Urliteratur war, deren termini technici ihre Herrschaft auch über die secundären Literaturen forterstreckten. Diese Urliteratur ist aber im vorliegenden Falle die ṣabische. Die ausdrückliche Angabe, dass Mânî in der ṣabischen Religion von seinem dieser angehörenden Vater aufgezogen sei, berechtigt uns doch wahrlich angesichts der Thatsache, dass eine uns erhaltene mandäische Schrift mit einer manichäischen und einer „vormanichäischen“ (thesaurus, Schatz), eine andere manichäische wenigstens mit einer „vormanichäischen“ denselben Titel (mysteria) hat, den Ursprung dieser Titel aus ṣabischem Eigenthume abzuleiten. Zu den Resten der ṣabischen Religionsliteratur gehören die Mandäerbücher. Die mandäische Literatur ist noch jetzt reich genug (s. Nöldeke, Mand. Gramm. S. XXII ff.) zu nennen, wenigstens bezüglich des Umfanges der einzelnen Schriften, wie des „grossen Buches“, wenn auch nicht wegen der Anzahl der gesonderten Bücher, von denen bis jetzt vollständig nur das grosse Buch“ und das „Qolasta“ d. h. Quintessenz, ein Compendium der vornehmsten eschatologischen Lehren, herausgegeben sind. Aber diese Literatur ist eine vielfach aus losen, unzusammenhängenden Stücken locker zusammengesetzte. Löst man diesen Verband, sondert

---

[1]) Nöldeke G G A S. 489 „das Hauptwerk der ganzen Literatur“ sc. der Mandäer.

[2]) Wie viele häretische Schriften der ersten christlichen Jahrhunderte führten nicht den Namen „Evangelium“, „Acta“ (πράξεις) und Ἀποκάλυψις, auf Grund der so lautenden Titel im recipirten neutestamentlichen Kanon!

die selbständigen Stücke aus, so vermehrt sich auch die Zahl
der einzelnen Schriften bedeutend. Gehören nun ferner zwar
manche Theile des „grossen Buches" z. B. in eine Zeit, die von
der der ältesten Stücke um mehrere Jahrhunderte entfernt ist,
so gehören doch, wie bereits Nöldeke l. c. S. XXII erklärt hat,
in den uns bekannten alten Schriften (Sidrä rabba, Sidrä
d'Jahjä d. i. „Buch des Johannes", Qolasta etc.) keine Bestandtheile später als 900 nach Chr., die meisten in die Zeit
zwischen 650—900[1]. aber ihrer Grundlage, ja zum Theile ihrem
Wortlaute nach mögen sogar manche Stücke noch in die
Sasanidenzeit hinaufreichen; so Nöldeke l. c. XXII Mitte.
— Daran nun freilich, dass zu Fatak's Zeiten diese Bücher
schon in der uns erhaltenen Gestalt fertig zusammengestellt und
redigirt vorgelegen hätten, denkt niemand, der das unkritische
Interpolations- (nicht einmal Ueberarbeitungs-) Verfahren der
orientalischen Schriftsteller überhaupt kennt und die Spuren
verschiedener Zeitperioden im „grossen Buche" allein beachtet[2].
Aber der Annahme, dass damals bereits Zusammenstellungen
unter den Titeln der jetzigen Bücher oder ähnlichen vorgelegen
haben, kann nichts entgegenstehen, so klein an Umfang diese
damaligen im Vergleich mit unseren jetzigen Voluminibus, in
denen Jahrhunderte ihre Beiträge abgesetzt haben, gewesen sein
mögen. Das Bedürfniss solcher war bei der damaligen Blüthe
der Sekte gewiss grösser als später, wo man die alten litur-
gischen Stücke gar nicht mehr verstand. — Die abgeschlossene
numerische Tetras begegnet uns bei den Mandäern freilich nicht;
man zählt gewöhnlich 5, ja wenn man den zweiten Theil des
Sidrä als selbständiges Werk fasst, 6 mandäische Hauptschriften.
Doch blicken wir einmal, von aller möglichen sachlichen Identität der Schriften abgesehen, auf die beiderseitigen Titel

---

[1] höher als 650 darf man wenigstens für die allgemeine Zeitbestim-
mung nicht hinauf gehen, da hin und wieder von Muhammed und dem
Islam die Rede ist. „Im 16. Jahrhundert, in dem unsere ältesten Handschriften geschrieben sind, waren die Schriften schon viele Jahrhunderte
alt" sagt Nöldeke XXI/XXII und beweist dies aus den Angaben der Abschreiber über die Genealogie der Codices.

[2] Nöldeke l. c. S. XXI: „Die Zusammenstellung dieser Schriften zu
den heutigen Büchern mag aber viel später geschehen sein."

allein, so erinnert das Buch Κεφάλαια an die Reihe, Sammlung, Anthologie liturgischer Lieder und Formeln mit Gebrauchs-
anweisung, wie sie das Qolasta darstellt. Der Θησαυρός des
Scythianus weist uns jedenfalls mit Unabweisbarkeit auf den
mandäischen Grundcodex Ginzâ d. i. thesaurus, ein Name,
den dann Mâni für seine eigene Hauptschrift beibehielt [1]).

Von diesen vier „Büchern" heisst es nun, Scythianus
habe sie sich gemacht, βίβλους τέσσαρας ἑαυτῷ πλάσσεται.
Das hat nun zwar Fatak entschieden nicht gethan, wenn er,
wie wir hören, die Sabier bereits als organisirte Religionsgenossenschaft vorfand, der er sich anschloss. Aber nichts hindert,
anzunehmen, dass er vermöge seiner religiösen Bildung, seines
Eifers und seines Standes einen reformatorischen Einfluss unter
den Sabiern zu gewinnen wusste, als dessen Reflex die abendländische Nachricht zu betrachten ist, er habe die mandäischen
Bücher verfasst, die er höchstens redigirt oder, als Lehrer seiner
neuen Glaubensgenossen. inhaltlich modificirt haben kann. Eins
aber entnehmen wir der Erzählung mit Gewissheit, was die Angabe des Fihrist über die Erziehung des Mâni ergänzen und
näher bestimmen kann. Die Unterweisung, die Mâni von seinem
Vater in der Religion empfing, knüpfte sich an die sabischen
Religionsbücher an, und Mâni's Versuch, eine Weltreligion zu
schaffen, ging von der Umarbeitung der sabischen Bücher aus.
Wir dürfen also die Angabe des Fihrist ربّى على ملّته
„er empfing Unterweisung in seiner Religion" näher auffassen
in dem Sinne: er empfing Unterricht im Verständniss jener
heiligen Codices.

Wie kommt es aber endlich, dass die Christen den Fatak
in das Zeitalter der Apostel versetzten? Ich glaube, die
Worte in dem Actabericht, welche auf jene auffallende chronologische Bestimmung folgen, geben uns richtig betrachtet den

---

[1]) Die Sabier (Mughtasilah) haben gewiss Schriften, die wie „Schatz",
„Buch der Geheimnisse", „Evangelium" etc. betitelt waren, schon vor Mâni
gehabt. Dahingegen die Angabe der „Acta" über die 4 Bücher des Scythianus wird wohl lediglich auf die 4 gleichnamigen Schriften des Mâni selbst
gehen, die ihm, um ihm den Ruhm eigener Production abzusprechen, ab-
gesprochen und seinem Vorgänger beigelegt worden sind.

Schlüssel, auch dieses Räthsel zu lösen. Es heisst da (p. 186
ed. Routh) quidem ex Scythia, Scythianus nomine, Apostolorum tempore fuit sectae huius auctor et princeps, sicut et fuerunt et multi alii apostatae, qui primatus sibi vindicare
cupientes falsa pro veris conscripserunt, simpliciores quosque
ad suam libidinem pervertentes. — — Die spätere Zeit des zur
Neige gehenden dritten und des vierten Jahrhunderts, die auf
den lebensgefährlichen Kampf der Kirche mit der Gnosis als auf
einen überwundenen Standpunkt zurückblicken konnte, betrach-
tete die Wurzeln aller der seitdem so üppig und frech entfal-
teten Häresien als bereits im apostolischen Zeitalter vorhanden.
Ja man liess, um die chronologische Fixirung wenig bekümmert,
die Ketzerhäupter noch zur Zeit der Apostel selbst · leben und
womöglich von den Aposteln selbst noch in Disputationen u. s. w.
überwunden werden. So wurde der in der Apostelgeschichte
zwar ἡ δύναμις τοῦ Θεοῦ ἡ μεγάλη (VIII, 10) genannte, aber trotz
aller „Magie" ziemlich ungefährlich erscheinende Samaritaner
Simon der Repräsentant der späteren ausgebildeten jüdisch-sa-
maritanischen Gnosis und als solcher, nicht als der Magier der
Apostelgeschichte, im Clemensroman von Petrus besiegt. Hatten
also alle Ketzereien in der Apostelzeit ihren Repräsentanten,
so durfte der so gefährlichen manichäischen ein solcher nicht
fehlen. Dieses Bestreben erzeugte, wie wir sahen, schon die
Hineintragung der Helena in die Geschichte des „Scythianus".
Es producirte ferner dessen Niederlage in Jerusalem, wo ihm
aber beim besten Willen[1]), weil dies in der kanonischen Apostelgeschichte durchaus nicht verzeichnet war, keine christlichen,
nur jüdische Aelteste zu Ueberwindern seines Dualismus gegeben
werden konnten. Es erzeugte ferner die nicht zu verkennende
Verbrüderung des Scythianus mit dem Gnostiker Basilides von
Alexandria am Schlusse der Acta, ed. Routh p. 196/96, c. LV,
zu welcher der angebliche Aufenthalt des Scythian in Alexan-

---

[1]) Epiphanius sagt 66,3: (Σχυθ.) ἠθέλησε — στέλλεσθαι τὴν πορείαν
ἐπὶ τὰ Ἱεροσόλυμα περὶ τοὺς χρόνους τῶν ἀποστόλων und dann: ἀντι-
βάλλειν ἤρξατο πρὸς τοὺς ἐκεῖσε πρεσβυτέρους, τοὺς κατὰ τὴν νομο-
θεσίαν θεοῦ τὴν τῷ Μωυσεῖ δοθεῖσαν καὶ προφητικῇ ἑκάστου προ-
φήτου διδασκαλίᾳ βιοῦντας — das können nur Juden sein, keine Juden-
christen wie Jacobus der Gerechte.

drien Anlass gab; auch von Basilides heisst es: Basilides quidam antiquior, non longe post nostrorum Apostolorum tempora — dualitatem istam voluit affirmare, quae etiam apud Scythianum erat. Demselben Bestreben der Griechen, die Häretiker unter einander durch ein Schülerverhältniss zu verknüpfen, verdankt auch die offenbar in letzter Linie auf eine griechische Quelle zurückgehende Notiz des Mas'ûdî ihren Ursprung (II, 167 Z. 4), Mânî sei تلميذ قردون, ein Schüler des Ḳàrdùn gewesen. Die Lesart schwankt zwar, es wird auch Fàrdùn und Màrdùn gelesen. Aber ich glaube nicht, dass man mit Flüg. (S. 141) den Namen dieses angeblichen „Lehrers" Mànî's für einen persischen halten und aus ihm Folgerungen über Mànî's Bildungsgang ziehen darf. Ich finde in Ḳàrdùn einfach den Gnostiker Κέρδων (die Transscription ist unauffällig), oder vielmehr, da das m an erster Stelle das Richtige sein wird, einfach den مرقيون Markjûn = Marcion. Da es wenigstens zu Mànî's Zeit noch Marcioniten gab — die erst vom alles verschlingenden Manichäismus absorbirt wurden, so darf man an der Chronologie um so weniger Anstoss nehmen. Ueberhaupt aber wusste die damalige Zeit noch nicht so genau wie wir heutzutage die chronologische Succession der Häretiker zu bestimmen und wusste noch nicht so genau wie wir, dass Marcion am Ende Kaiser Hadrian's, Anfang der Regierung des Antoninus Pius, also 138, aufgetreten sei. Dann weiter bedenke man Folgendes. Die orientalischen Christen hörten von den Manichäern, dass Mânî seine Häresie nicht mit Stumpf und Stiel selbst im eigenen Kopfe ausgebrütet, sondern mehrfache Anleitung, Unterweisung, Vorbereitung gehabt habe. Insbesondere hörten sie auch von einem Vorgänger, der selbst erst nach manchen Reisen und Wechseln seinen manichäischen Standpunkt gewonnen habe; den die Manichäer hoch ehrten, wenn auch weniger als Mànî selbst, und von dem die verfolgungseifrigen Inquisitoren und Häresiologen vergassen oder als minder wichtig überhörten, dass er Mânî's Vater gewesen sei. Je mehr nun Fatak bei den Manichäern selbst zurücktrat, desto mehr verblasste sein Bild auch bei den Griechen. Die Tradition von der Bildungs- und Jugendgeschichte Mânî's verdarb unter unabsichtlichen und

absichtlichen Missverständnissen immer mehr. und so wurde
jener Vorläufer ganz unbestimmt zum „Manne aus Osten". der
wie Ahasver umherzieht. Seine Zeit wurde erst recht nicht
festgehalten, und endlich schien es ganz passend. den Bösewicht,
der doch immer weiter unter die Gnostiker des zweiten Jahrhunderts zeitlich hinaufverflüchtigt war. nach Jerusalem in die
Apostelzeit zu versetzen. um dort nach Simon's Art von Vertretern der geoffenbarten Religion sein Urtheil zu empfangen. —

Nach Abschluss der Betrachtung der Gestalt des Scythianus.
aus dessen Legende die Hauptmomente bisher zur Sprache gebracht sein dürften. treten wir nun in die Untersuchung über
die zweite vormanichäische Räthselgestalt ein. den „Terebinthus", von dem es heisst, er habe sich Budda genannt[1]).

Schon Baur hat (l. c. S. 462 oben) die Ueberzeugung ausgesprochen. dass die beiden vorgeblichen Lehrer Mäni's nur Eine
Person seien. Chwolsohn hält dies I. S. 132/133 wenigstens
für sehr wahrscheinlich, wenn er auch meint, dass die chronologischen Verhältnisse sehr wohl für beide. Scythianus und Terebinthus-Budda, als „historische Personen", Platz liessen. In der
That ist es eine unläugbare Thatsache. dass die Geschichte des
„Terebinthus" nur ein matter Widerschein von der des Scythianus ist. Er geht von Judäa nach Persien. Hier entspricht der
Disputation in Judäa vor den זְקֵנִים, den πρεσβύτεροι, eine solche
vor den Mithrapriestern τοῖς τοῦ Μίθρου νεωκόροις τε καὶ ἱερεῦσι,
und der Verbindung mit dem γύναιον in Aegypten eine solche
mit der γραῦς τις χήρα[2]). Ferner beidemal der Versuch, mit
magischen Zwangsmitteln Zustimmung sich zu erzaubern; die

---

[1]) Epiphanius S. 17 Z. 9: Τερβίνθου τινός — μετονομασθέντος Βουδδᾶ
κατὰ τὴν τῶν Ἀσσυρίων γλῶτταν; S. 20 Z. 22. 23: ἀντὶ Τερβίνθου, ὡς ἄνω μοι
προδεδήλωται, Βουδδᾶν αὐτῷ ἐπιθέμενος ὄνομα.

[2]) Man sieht nicht recht, wie Terebinth an diese kommt. In den
Acta S. 189 heisst es, nach seiner Disputationsniederlage ad viduam
quandam secessit cum suis quatuor libris, nullo ibidem discipulo
acquisito praeter anum solam, quae eius particeps facta est. Aber
bei Epiphanius noch vor dem Streite: ὡς δὲ καὶ αὐτὸς διαλεγόμενος ἐν τῇ
Περσῶν χώρᾳ καταχθεὶς πρὸς γραῦν τινα χήραν, gerathen zu einer ver-
wittweten Alten. Die plumpe, unmotivirte Uebertragung ist klar.

Katastrophe mit denselben Ausdrücken geschildert (Scyth.: ἐπὶ δώματος ἀνελθὼν — καταπεσὼν ἐκ τοῦ δώματος τέλει τοῦ βίου ἐχρήσατο; Terebinthus: ἐπὶ τὸ δωμάτιον ἀνελθὼν ὑπὸ ἀγγέλου καταχθεὶς κατέπεσε καὶ οὕτως τέθνηκε) [1]). Die Modificationen erklären sich alle aus den veränderten Umständen. Eine γραῦς ist gewählt wegen der aniles fabulae in den Büchern, daher kann Terebinthus nur bei einer anus ankommen. Der Begriff χήρα erklärt sich daraus, dass Terebinth nach der Beerdigung des Scythianus σκέπτεται μὴ πρὸς τὸ γύναιον ἀνακάμψαι τὸ ἤδη ἀπὸ πορνείας ἤτοι αἰχμαλωσίας τῷ Σκυθιανῷ συνημμένον, ἀλλὰ ἀποδιδράσκει κ. τ. λ. Zugleich musste, da man den Màni als geborenen Sklaven dachte, die Succession bei Terebinthus aber abgebrochen wurde, letztere in entsprechender Weise wieder angeknüpft werden, und das geschah am besten durch eine alte alleinstehende Frau, die den Terebinthus beerbt und den Màni kauft und wieder als Erben hinterlässt [2]). Wozu aber die Wiederholung in der Terebinthusgestalt? Einfach deshalb, um den Schauplatz wieder an den Ort zurückzusetzen, wo die ersten wirklichen Manichäer heimisch waren. Die Ueberlieferung von den Reisen des Fatak benutzend hatte die Sage, einen Wunsch christlichen Rechtgläubigkeitseifers erfüllend, den Ketzervorgänger (= Vater!) nach Judäa versetzt und dort seine häretische Grundansicht in einer Disputation vor Autoritäten, wie bald darauf ihren Verfechter persönlich, zu Grunde gehen lassen. Da musste doch der Schauplatz der Vorgeschichte wieder nach Osten ins persische Reich, die eigentliche Manichäerheimath, zurückversetzt werden. Dazu bediente man sich der Person des „Einzigen Schülers" [3]) des Scythianus, der bei seinem Ende zugegen war und ihm auch die letzte Ehre der Beerdigung

---

[1]) Man denkt an die vorletzte Versuchung Christi Matth. IV, 5 (ἵστησιν αὐτὸν ἐπὶ τὸ πτερύγιον τοῦ ἱεροῦ) und an die Herabstürzung Jacobus' des Gerechten.

[2]) Eine dunkle Erinnerung an die Trennung des Fatak von seiner Frau, als er sich den Ṣabiern anschloss, könnte aber mit im Spiele sein. Wie hier die χήρα γραῦς, so sieht im Fihrist die Mutter Màni's dessen wunderbare Erhöhung in die Luft.

[3]) Epiphanius 20, 12: μαθητὴν δὲ ἔχων ἕνα μόνον μεθ' ἑαυτοῦ, τὸν προειρημένον Τέρβινθον, ᾧ καὶ τὰ ἴδια ἐπίστευσεν κ. τ. λ.

erwies. Dieser reist von der Stätte der Niederlage mit allem Hab und Gut des Scythianus nach dem Perserlande, aber, um nicht als der bekannte Schüler des bekannten, verrufenen Meisters ertappt zu werden [1]), ändert er seinen Namen und nennt sich statt Terebinthus Budda (ἀλλάξας ἑαυτοῦ τὸ ὄνομα, ἵνα μὴ κατάφωρος γένηται, ἀντὶ Τερβίνθου, ὡς ἄνω μοι προδεδήλωται, Βουδδᾶν ἑαυτῷ ἐπιθέμενος ὄνομα. Ist nun diese Figur von der antimanichäischen Sage völlig erfunden in dem oben bezeichneten Interesse? Aber der Name sollte doch wenigstens eine historische Basis haben und in der einfachen glaubwürdigen Berichterstattung des Fihrist sich finden! Aber nichts! Von „Terebinthus", weder als nomen propr. noch als appellativum, irgend eine Spur! Man müsste denn an den Terebinthenbaum durch die von Flügel dem angeblichen Namen der Mutter Mâni's gegebene mythologische Deutung auf den „Lotus" der buddhistischen Sage erinnert werden, wenn nur dort der Buddhismus hingehörte, auch die Lesung Mais ganz sicher wäre. Aber ohne diesen quellenmässigen Anhalt sich auch jetzt noch von Baur S. 463 ff. in das Meer mythologischer Sagenfülle tragen zu lassen, um Terebinthus, τερε-βινθος, als „ein dem Gotte Tir (= Herakles, oder, „da Tir bei den Orientalen der Planet Merkur heisst, aber auch Buddha mit dem Planeten Merkur identificirt wird"), = Buddha, geweihtes Heiligthum", „einen von ihm bewohnten Menschen", zu erklären, dürfte der sich nicht bewogen fühlen, der gesehen hat, dass die Scythianus-Sage doch immerhin ohne Künstelei auf ihr einfaches orientalisches Geschichts-Original zurückführbar ist, und der also nichts schlechthin für erfunden möchte gelten lassen, am allerwenigsten eine so ausgeprägte mythologische Person wie den „Merkur-Buddha". Und welche verschiedenartigen Elemente sind nicht in dieser Terebinthus-Gestalt Baur's zusammengeflossen! Das alt-griechische Wort Tir [2]) (in Tiryns, Ort des Tir) wandert zu den Persern [3]) und bezeichnet bei diesen den Planeten Merkur;

---

[1]) als ob Scythianus bereits einen welterfüllenden Ruhm gehabt hätte; er, der privatisirende Philosoph, wird bereits wie Mâni gedacht.

[2]) wohl „Herr", mit armen. têr identisch, mit τύρ-αννος verwandt.

[3]) Hier gebietet schon die Sprachwissenschaft Halt. Das neupersische

dann kommt von Indien der als Planet Merkur vorgestellte
Buddha und nimmt als Merkur den persischen Namen an. Diese
Gestalt kommt in die Köpfe der Griechen, erzeugt da einen
Menschen als „Wohnort des Merkur-Buddha" Τερε-βινθος und
schickt diesen wieder nach Osten: so ist der manichäische Terebinth fertig! Wahrlich einem solchen qui pro quo gegenüber
muss man nach dem alten Epiphan auf die Manichäer anwenden, was er von ihren älteren Verwandten, den Elkesaiten-Samp-
säern sagt, LIII, 1: οὔτε χριστιανοὶ ὑπάρχοντες οὔτε Ἰουδαῖοι οὔτε
Ἕλληνες sondern — Baur'sche „Symboliker und Mythologen".
— Den Ausgangspunkt der Baur'schen Argumentation bildet
offenbar das Bestreben, die Namensänderung des „Terebinthus"
in „Budda" aus der Gleicherweisung der durch die Namen
repräsentirten Begriffe zu erklären. Doch beginnt er auch in
seltsamer Weise. Er lässt dem Erfinder des Namens das hebräische אֵלָה, Terebinthe, den in den ältesten Berichten der Genesis
wie 35, 4 offenbar heilig gehaltenen Baum, vorschweben und
von da auf אֵל Gott, speciell den göttlichen Buddha kommen,
da „nicht unwahrscheinlicher Weise" auch diesem die Terebinthe, als beliebtes Symbol des Göttlichen, geweiht gewesen
sei. Aber dann bekämen wir doch den Terebinthos mit einem
Schlage, wozu dann noch die Zergliederung in Τερε — und —
βινθος und die religionsgeschichtliche Erörterung über „Tir"?
Und wie kann man von dem als möglich dastehenden Cultus
des Baumes bei den alten Hebräern auf denselben bei den von
diesen himmelweit verschiedenen Buddhisten schliessen? Doch
ist die Baur'sche Erklärung des „Terebinthus-Budda" immer
noch besser als die von Beausobre (I, 54/55) nach Hyde,
Bochart u. a. gegebene. Beausobre nimmt gläubig hin, dass
„Terebinthus" diesen Namen als nomen proprium geführt habe;
die Identität von Budda mit Terebinthus hilft ihm aber flugs die
Kenntniss des „Chaldäischen" erweisen. Dort heisst die Terebinthe בּוּטְמָא, ein Wort, das der Targumist Onkelos für hebr.
אֵלָה da setzt, wo die LXX τερέβινθος bieten; und es verstehe

---

نیر ist bekanntlich im Altbaktrischen (Zend) Tistrya, hat also mit dem
Tir der Griechen nichts zu thun.

sich ganz von selbst, dass Terebinthus, der Baumbenannte, sich,
als er nach Babylonien kam, nach der Sprache des Landes
Butma oder Butam benannt habe, woraus sodann das grä-
cisirte Buddas entstanden sei. Eine arge Gräcisirung:
Beausobre verweist, voraussehend „que quelque mauvais
grammairien s'avise de contester ce que j'avance, sous prétexte
que Boutema, ou Butema, et Buddas paraissent des noms fort
différents" auf die Gewohnheit der Griechen, das finale m fremder Wörter abzuwerfen, da sie selbst keine auf m ausgehenden
Wörter hätten [1]. Aber dann lässt er die Status-Absolutus-Form
Boutam für die gemeinte Veränderung zu Grunde liegen, da
doch im Aramäischen nur die Form des status emphaticus auf
— â sich im Verkehr mit fremden Sprachen pflegt und —
vermag sehen zu lassen, und hier, wo die griechische Form auf
— ας ausgeht, erst recht kein Grund war, das aramäische à
abzuwerfen. Einen status emphaticus butmâ aber in buddâ
(statt wenigstens buttâ) übergehen zu lassen ist doch das
denkbar Aergste an Verstümmelung; eine rückwärtsgehende Assi-
milation des m an das ungesellige harte ט ist platterdings unmöglich. Die Form בּוּטְמָא hat also aus dem Spiele zu bleiben;
ebenso aber die Sache, der Baum Terebinthe, und auch Baur's
Sterngottheit, so erhaben und schön und wahr seine Worte
S. 464 sind: „Der plötzliche Tod des Terebinthus-Buddha gleicht
dem plötzlichen Verscheiden einer nur auf kurze Zeit in der
Sinnenwelt erschienenen Gottheit" — ich glaube eher: einem
Irrlichte. — —

Die Mandäer pflegen mit besonderer Vorliebe eine Doppelconsonanz durch n mit dem einfachen Consonanten zu er-
setzen. Nöldeke §. 68 S. 74 ff. Merx, grammatica Syriaca
p. 60 oben. Dies geht soweit, dass man in Fällen, wo das

---

[1] aber im 2. Jahrhundert nach Chr. hatte man längst sich gewöhnt,
Fremdwörter wie Ἀδάμ, Ἐλωείμ, so beizubehalten, oder sie mit -ος zu
gräcisiren, ihr m schützend. Derselben Abwerfung des m durch die
Griechen bedient sich Beausobre, um S. 72 folgenden Weg von der
Grundform מְנַחֵם Menahem zu Manes zu bahnen:

Menahem, Menaem, Manaem, Manem, m fort: — Mane — s!
Also wie ἀλώπηξ — λωπηξ — Fuchs!

Mandäische eine ursprüngliche vollere Form mit radicalem n
vor anderen Dialecten bewahrt hat, viel eher an eine Wirkung
jener mandäischen Sprachgewohnheit als an Erhaltung des Ursprünglichen zu denken hat; man weiss jedenfalls beide Fälle
meist nicht mit Sicherheit zu scheiden (Nöldeke Grammatik
p. 53 oben). So müssen also Fälle beurtheilt werden wie אנפיא
Gesicht syrisch ܐܢܦ̈ܐ, wo n eingesetzt, nicht aus انف bewahrt ist;
מינדאם etwas syrisch مندم, auch biblisch-chaldäisch מִנְדְּעַם. Dahin gehört auch der schon behandelte Buch-Name נינוא Schatz,
syrisch ܟ̈ܢ, wo das Mandäische durch sein eingeschobenes n
wieder mit der persischen Urform gang zusammentrifft. Dahin
gehört das Wort, von dem die Mandäer diesen ihren Namen
haben, מאנדא = hebräisch מָדַע نعرف γνῶσις, davon מאנדאייא
die Mandäer = γνωστικοί. Die Tenues (t, k, p), die im Mandäischen ja überhaupt mit den Mediae d, g, b vielfach wechseln,
werden nach n meist durch die Mediae vertreten, doch ist dies
nicht durchgehend; also meist n d, doch ist n t nicht unmöglich.

Nun heisst im Aramäischen die Form تفعيل vom Stamme רבא,

die im Arabischen bekanntlich den Infinitiv der II. Form (Pi'el)
vertritt, „Jüngling", weiter „Sohn" und „Schüler", alumnus,
griechisch παῖς. Die Form heisst syrisch ܬܪܒܝܬܐ tarbîthâ im
stat. emph. und ܬܪܒܝ im stat. absol.; in letzterer Form z. B.
in dem von Castell-Michaelis S. 844 citirten Beispiele ܐܢܬ
ܗܘܐ ܩܠܡܘܣ ܐܝܟ ܗܘܐ ܐܝܟ ܗܘܐ ܘܪܒܝ, wie es sich für einen
Schüler des Georgius (Michaelis: alumnus, discipulus) geziemte. Merkwürdiger Weise heisst noch im Neuarabischen
تربية, sprich térbîjê, ganz concret: „Zögling, Pflegling, Mündel", s. Wahrmund's Neuarabisch-Deutsches Wörterbuch s. v.
p. 312 b. Für tarbîthâ konnte auch, mit der metrisch gleich-
wiegenden Setzung von itt für ît (Position für langen Vokal),
tarbitta gesprochen werden, und dies im Mandäischen, mit der
erklärten Ersetzung der Verdoppelung, tarbinthâ תארבינתא [1]).

---

[1]) Ausdrücklich mit Stellen aus mandäischen Schriften diese Form zu
belegen vermag ich freilich dermalen nicht, aber ich glaube sie getrost

Dies gibt uns den Schlüssel zur Enträthselung eines griechischen Missverständnisses seltsamster Art. Die Griechen hörten von den Babyloniern den Mânî immer מאני תארביתא d. h. Mânî der „Sohn" und zugleich „Zögling, Schüler" nennen, was ihnen von den der Landessprache Kundigen mit Μάντης (mit Itacismus und griechischer Endung — ς) ὁ παῖς übersetzt wurde. Die Griechen wurden natürlich belehrt. dass dieser „Lehrer" des „Schülers" ein einzelner historischer, berühmter und vielgelehrter Mann und weiter, dass dieser Mann der leibliche Vater und zugleich Lehrer Mânî's war. Diese Kunde kann auch nie völlig vergessen sein, wenn die Namen auch entstellt wurden. Denn noch die Abschwörungsformel weiss von dem Πατέκιος ὁ πατὴρ τοῦ Μάνεντος wie wir sahen. Aber die herrschende Gestaltung der Sage hielt den Namen Fatak wenigstens für den Vater Mânî's nicht fest, wenn sie auch seine Person, in ihrer Bedeutung für Mânî und die ganze gewaltige Häresie, nicht vergass und diese Person unter dem üblichen Verschwimmen der concreten, geschichtlichen, biographischen Lebensumstände zum „Scythianus" machte. Der Name des Doppelgängers Τερέβινθος ist nun nichts als das von den Griechen griechischer gestaltete aramäische Tarbîthâ[2]). Die Griechen hörten dieses Wort tarbîthâ nicht blos von den Südbabyloniern, sondern auch von den weiter nordwärts wohnenden Aramäern, die gleichfalls, wie das Biblisch-Aramäische im Daniel und Esra zeigt, die Spracherscheinung des nd für

---

auch diesem Dialekte beimessen zu dürfen. Die Bildung mit vorgesetzten ת ist auch im Mandäischen sehr häufig. Nöldeke §. 112: ebendort citirt und belegt Nöldeke die nahezu identische Form תארבותא Erziehung, belegt mit einer Stelle aus dem „Buche der Zodiakalzeichen", und setzt ausdrücklich die syrische Form ܬܲܪܒܝܼܬ von ܪܒܐ daneben. Sollte man dennoch Bedenken tragen, dem Mandäischen das Wort tarbinthâ Schüler, Sohn zuzuschreiben, so ist das n in Τερβινθος allein auf Rechnung der Griechen zu setzen. Auch das e statt a in Τερέβινθος, wie Epiphanius statt Τερέβινθος ausdrücklich schreibt (s. ed. Dind.) ist nur diesem Gräcisirungsprocesse zuzuschreiben: zwar hat auch das Syr. sein ܬܲܪܒܝܼܬܐ und ܬܲܪܒܝܼܬܐ, aber das halbgutturale ר verlangt ein a.

[2]) syrisch ܠ und ϑ entsprechen sich ganz genau.

d d, nt für tt hatten; cf. וְאֶנְדַּע Daniel II, 9 für hebräisch
וְאֵדַע; מִנְדַּע für מַדַּע Dan. II, 21. Es wäre seltsam gewesen,
wenn den Griechen das Wort, das fast so ganz griechisch klang,
nicht sofort als zu völliger Incorporation geeignet erschienen
wäre, seltsam, wenn nicht aus Tarbîthà alsbald Τέρβινθος, Τερέβινθος, der ihnen bekannte Baum, dann aus dieses Pflanzen-
individuums Name am Ende auch der eines Menschenindivi-
duums geworden wäre [1]). Indessen soweit kam es zunächst
nicht, so lange die Ueberlieferung: מאני תארביחא nicht eine
syntaktische Entstellung erlitt. Zunächst bemächtigte sich
die Sage nur der einzelnen Namen, deutete sie aus und zog
die einzelnen Seiten in ihr Getriebe hinein. תארביחא blieb zunächst, was es war, nomen appellativum, griechisch παῖς, aber
die erweiternde Deutung in der Tradition heftete sich nun an
dieses griechische Wort παῖς, wie noch gar deutlich aus dem
jetzt ausgesponnen vorliegenden Sagengewebe hindurchscheint.
Die Bedeutung „Sohn", die mit der von „Schüler" natürlich
zusammen überliefert, nicht weggelassen war, trat den meisten
christlichen Bestreitern hinter der von „Schüler" zurück, da bei
der religionsgeschichtlichen Bedeutung des Fatak dieser vornehmlich der Lehrer war. So entstand dem Scythianus der
μαθητής (εἷς μόνος μετ' αὐτοῦ) ὁ (προειρημένος) Τερέβινθος, der
discipulus quidam nomine Terebinthus in den Acta (S. 187 vor
E.), welchem Scythianus die vier Bücher „diktirt" (qui scripsit
ei quatuor libros), und unter der Wirkung der Schüleridee dem
Τερέβινθος die vidua quaedam ad quam secessit cum suis quatuor libris, nullo ibidem discipulo acquisito praeter anum solam,
quae eius particeps facta est. Die sich ausbildende Vorstellung

---

[1]) die Mythologie erhebt ja Pflanzennamen wie Δάφνη und Σύριγξ
u. s. w. gern zu liebenswürdigen Göttergestalten. — Man beachte übrigens,
dass bei Epiphanius immer Τέρβινθος, nicht Τερέβινθος geschrieben, also
die semitische Form noch reiner bewahrt, steht. So auch bei Cyrill cat. 6.
Den Briefboten „Turbo" der Acta, griechisch Τύρβων. ein Wort, das gar
kein griechisches Etymon hat, halte ich, auf die Lesart des cod. Casinensis
Terbo (für Terebinthus) cap. LII (Routh p. 187 Z. 4 vor Ende) gestützt,
gleichfalls für ܛܠܝܐ „Sklave, Bursch, Junge", also für keinen verbürgten Eigennamen, sondern für entstellte Herübernahme des Wortes des
syrischen Originals der Acta. das als n. pr. gefasst wurde.

von dem göttlichen „Buddas" machte dann in einem weiteren Schritte den παῖς zum δοῦλος, welche Bedeutung ja παῖς bekanntlich auch hat; daher (in den Acta nur stets discipulus) bei Epiphanius S. 17 Z. 8 (von Terebinth) — — ἐκ Τερεβίνθου τινός, δούλου καὶ αὐτοῦ ὑπάρξαντος, — ὃς καὶ αὐτὸς δοῦλος ὑπῆρχε Σκυθιανοῦ τινος. Besonders aber setzte sich die Idee vom Sklavenstande, die erwünschte, bei „Manes" fest, da dies ein gewöhnlicher (phrygischer) [1]) Sklavenname in der griechischen Welt war, doch auch abgesehen davon gewiss auch in Erfüllung des Postulats, dass „Buddas" nur Sklaven sich gegenüber haben könne; daher Epiphanius S. 17 Z. 4 ff. ἦν οὗτος ὁ Κούβρικος χήρας τινὸς δοῦλος, ἥτις ἄπαις [eine bedeutsame Spur des fortwirkenden παῖς; „Terebinthus" war todt!] τελευτήσασα κατέλειψεν αὐτῷ χρημάτων ἀσυνείκαστον πλῆθος; und S. 21 Z. 8: προσελάβετο πριαμένη τὸν Κούβρικον, τὸν καὶ Μάνην, ἑαυτῇ πρὸς ὑπηρεσίαν. — Im Laufe der Zeit konnte es nur zu leicht passiren, dass man, wenn man den ursprünglichen Sinn der beiden Worte Mànî tarbithà alterirt hatte, erst recht ihr syntaktisches, appositionelles Verhältniss zu einander vergass; wie hätte auch, wenn man mit dem Ganzen so willkürlich verfuhr, die Kleinigkeit von Relativpronomen דִי vor dem Eigennamen sich behaupten können? Kurz, die drei fremden Worte wurden alle drei, das „tarbithà" = Τερέβινθος, dessen Bedeutung man längst vergessen, mit als Eigennamen betrachtet, und man hatte die aufsteigende Succession: Mànî, Terebinthus, (Fatak =) „Scythianus", ganz wie sie die Sage gibt. Nun wurde weiter aus der indischen Buddhasage noch mehr hereingenommen; die Geburt von einer Jungfrau, die Jugend unter Engelsobhut im Gebirge verbracht u. s. w., wie die eifrigen Sucher nach Buddhismus im Manichäismus längst erkannt haben [2]).

- - - - - - -

[1]) Pherecrates ap. Athen. VI p. 265: οὐ γὰρ ἦν τότ' οὔτε Μάνης οὔτε Σάκης οὐδενὶ δοῦλος, ἀλλ' αὐτοὺς ἔδει μοχθεῖν ἅπαντα. Ueber die phrygische Herkunft des Namens s. Gosche, De Ariana linguae gentisque Armeniacae indole (Berol. 1847) S. 25. 26. Dort wird angegeben, dass nach Plutarch μάνικα im Phrygischen res splendidae et admirabiles bedeute; dass ein alter phrygischer König Manis heisst: Mania der Name einer phrygischen Sklavin.

[2]) Man beachte auch, was in den Acten S. 188 Z. 5 vor Ende steht:

Dass die Manichäer und die Orientalen überhaupt ihre Berichte über Màni, mit den Worten „Màni, der Sohn des ..." stereotyp einzuleiten pflegten, in ächt orientalischer Weise mit der Genealogie beginnend, ersieht man noch daraus, dass unser gerade im Màni-Abschnitt sehr quellengetreuer an-Nadim anhebt: مـانـى بـن فـتـق بـابـك, Màni, der Sohn des Fatak Babak". — —

Das ist es, dieses Entstellungswerk griechischer Unkenntniss, Missverständnisse und tendenziöser Phantasie. Aber ich meine, das Bild wäre noch nicht so sehr von Unkraut überwachsen, dass die Zuthaten nicht entfernt und das Ursprüngliche restituirt werden könnte. Wir haben freilich den Vortheil, das rechte Bild schon a priori zu kennen, und eigentlich nur die Aufgabe dieses wiederzufinden. —

Von diesem Standorte aus können wir die Verschiedenheiten der occidentalisch-orientalischen Tradition kleinerer Art in ihren Eigenthümlichkeiten erkennen und nach ihrem Werthe beurtheilen. Wenn Theodoret (haeret. fab. I, 26 zu Anfang opp. ed. Schultze t. IV S. 318) von Manes Μάνης selbst sagt, Σκυθιανὸς δουλεύων προςηγορεύετο, nachdem er unmittelbar vorher gesagt hat: τῆς δὲ δουλείας ἐπὶ πλεῖστον εἵλκυσε τὸν ζυγόν, so ist dies eine Verwechselung, erklärt sich aber aus der Nebenbedeutung des Σκύθης und Σκυθιανός als „roher Mensch", von wo der Schritt zu „Sklave" nicht weit war. — Die Angabe des Philastrius de haeres. cap. LXI Anf.: Manichaei de Perside a Mane homine sive Turbone ita dicto surrexerunt beruht zwar auch auf einer Zusammenwerfung zweier in der Sage getrennter Personen, zeigt aber, dass der Tarbîthâ = Turbo noch nicht ganz vergessen war. — Der Beginn des Artikels Μάνης bei Suidas hat gleichfalls mehreres Interessante. Er beginnt οὗτος ὁ καὶ Μάνης καὶ Σκυθιανὸς λεγόμενος, wie bei Theodoret, und macht dann die Bemerkung Βραχμὰν ἦν τὸ γένος. die wir als Hereinziehung der Vorstellung vom indischen Buddha begreifen

---

pervulgavit — Terebinthus — se — vocari non iam Terebinthum sed alium Buddam nomine sibique hoc nomen impositum esse. er habe also diesen Namen nicht sich selbst gegeben, sondern von Anderen, wie der Çâkya-Sohn der Inder, honoris causa erhalten.

und die sich ebenso bei Cedrenus (t. I p. 259 ed. Bonn.):
Βραχμάνης ἦν τὸ γένος, findet, die auch l. c. alsbald ihr Licht
empfängt durch den Zusatz διδάσκαλον δὲ ἔσχε Βουδδᾶν τὸν πρώτν
καλούμενον Τερέβινθον. — Noch heben wir die Bemerkung des
Photius (contra Manichaeos l. l. IV bei Wolf, Anecdota graeca)
l. I cap. 12 Anfang (S. 37/38 ed. W.) heraus: Σκυθιανός τις τὴν
πατρίδα Αἰγύπτιος, τὸ δὲ ἐξ ἀνθρώπων γένος Σαρακηνὸς τὴν
Ἀλεξανδρέων ᾤκει πόλιν, wo die Annäherung an Simon Magus
am stärksten geworden ist.

Wir wissen nun, was wir zu sagen haben gegenüber der
Bemerkung von Colditz S. 55 l. c. Ende: „Es muss befremden,
von Scythianus, der als Religionsstifter Aufsehen erregt haben
muss, auch nicht die geringste historische Spur zu finden"; — viel eher geben wir Chwolsohn Recht, wenn er I, 134
vor Ende sagt, dass Scythianus „eine wohl vielfach bezeugte
historische Person sei".

II. Sprache und Composition
der Acta Archelai.

Die Namen der beiden Mithraspriester, „Propheten" von den Actis (c. 52 ed. Routh S. 188) genannt, welche dem Tere-binthus-Buddha widerstanden, lauten Parcus und Labdacus. Das Bestreben, die orientalischen Namen mit bekannten grie-chisch-römischen ähnlich zu machen, ist namentlich bei Lab-dacus, wie ja auch der Vater des Laius hiess, wieder recht deutlich. Der Name Parcus ist gewiss der parthische Männer-name Pakôr, arabisirt Afkûr, griechisch Παχώρης oder Πάχορος, lateinisch Pacorus[1]). Dagegen beruht die Form Labdacus offen-bar auf der falschen Lesung eines syrischen Originals. Der Verfasser der Acta schrieb لحبر Labrak, und dies wurde mit Verwechselung von و und ز zu لحبر. Labrak aber ist das verkürzte Elbarak, aramäisch-arabischer Eigenname in der Be-deutung: „Gott hat gesegnet"[2]). Die Verkürzung ist wie in dem palmyrenischen n. propr. לשמש Lismaś statt אלשמש Vogüé, Syrie centrale p. 14, nr. 8 und in ليشرح Kazwini II, 33 statt

---

[1]) Parchor (Clem. strom. VI, 16) und Barkoph, Barkabbas sind Ent-stellungen von Pakor. Mit altpersischem park Glanz (Jacobi l. l. p. 511. Anm. 2) hat der Name also, da parthisch, nichts zu thun. — An arabisch בכרו بَكَر ist wegen des P nicht zu denken.

[2]) Zur Bildung des Namens ist die unter arabischen Namen, Maliku und Mukimu, stehende Form eines n. pr. בולברך bei de Vogüé, Syrie centrale, Inscriptions sémitiques, S. 40, nr. 35 zu vergleichen. die so nach griechischem Βωλβάραχος herzustellen ist.

رَشٰا. Der Name Βάραχος bei Wetzstein, Abhandlungen der Berlin. Akad. 1863 S. 348, ist wohl nichts als das verkürzte Ελβαραχος; cf. Ελμάλαχος. Dass die Araber der syrischen Wüste den Gottesnamen אל ziemlich häufig angewendet und èl gesprochen haben, ist durch Nöldeke in der Abhandlung „über den Gottesnamen El" in den Berliner Monatsberichten September 1880 S. 760—776 überzeugend nachgewiesen worden. — Parthische Namen neben arabischen dürfen uns übrigens in Mesene ebensowenig wie in Palmyra auffallen.

Derartige Entstellungen von Eigennamen aber sind doch wahrlich die lehrreichsten Hinweise auf die Art der Ursprache des Textes, der sie enthält. Man findet überhaupt bei dem Versuche, die Acta in das Syrische zurück zu übersetzen, dass die Diction des lateinisch-griechischen Textes dazu ausserordentlich vorbereitet ist, etwa wie die des Buches Judith oder der Evangelien für das Hebräische. So erinnert die Stelle von der Erscheinung des Urmenschen vor den Dämonen magnus ille qui gloriosus apparuit sofort an einen syrischen Gebrauch des pronomen demonstrativum hau dē; es wäre syrisch etwa

$$ \text{ܐܰܝܟ ܕܶܐܬ̈ܚܰܘܺܝ ܗܰܘ ܪܰܒܳܐ} $$

Einen noch weit auffallenderen Syriasmus hat uns aber eine andere Stelle bewahrt, die wieder zwei Räthsel von der Art des „Terebinthus" enthält, nämlich das „Castell Arabion" und den „Fluss Stranga". An einer Deutung dieser Hieroglyphen haben bis jetzt alle Bearbeiter des Manichäismus rundweg verzweifelt. —

Es heisst c. IV der Acta, dass der Ruhm von des Marcellus' Mildthätigkeit und Frömmigkeit auch über den Grenzfluss zwischen dem römischen und parthischen Gebiete, Namens Stranga, in das Gebiet der Perser zu Mani gedrungen sei[1]). Der Bote des Marcellus trifft den Mani in einem Castell Arabion, in castello quodam Arabionis p. 48. Nach seiner Flucht aus dem persischen Gefängnisse war nämlich Mani hierher geflohen et mansit in castello Arabionis p. 194. Nach seiner Niederlage in der Disputation mit Archelaus will die erregte Volks-

---

[1]) fama .... etiam Stranga fluvio superato Persarum in regionem eum pertulit admirandum p. 41 ed. R.

menge den Mani an die Barbaren ausliefern, welche jenseits
des Flusses Stranga in der Nähe waren und nach dem Ent-
flohenen suchten, ... tradere potestati barbarorum qui
erant vicini ultra Strangam fluvium .... Alsdann überschreitet Mani wieder den Fluss Stranga und zieht sich in
das Castell Arabion zurück, ... vias, quibus venerat, repetens
transito fluvio ad Arabionis castellum rediit p. 195.
Von der Möglichkeit, die geographischen Namen in der Topo-
graphie des Landes Südbabylonien nachzuweisen, kann keine
Rede sein. Es wäre auch vergebliche Mühe. Denn es hat mit
den in der lateinischen Uebersetzung vorliegenden Gebilden eine
ganz andere Bewandtniss.

Bei „Arabion" denkt Jeder sofort an die Araber. Der la-
teinische Uebersetzer der griechischen Acten hatte ein Ἀραβίων
im Originale vor sich, dem wohl φρούριον vorausging, also p. 48
ἐν φρουρίῳ Ἀραβίων. Hier fasste der lateinische Uebersetzer das
Ἀραβίων als den geographischen Namen des befestigten Ortes,
„Castell Arabion". Indessen verstand er hier wie öfter seine
griechische Vorlage falsch, es bedeutet einfach: „der Araber",
Castell der Araber. Die Form Ἀράβιοι statt der gewönlichen
Ἄραβες liest man schon bei Herodot I, 198, indessen ist ihre
Wahl statt der gangbaren immerhin auffallend und näherer
Erklärung bedürftig. Auch ist die Ortsangabe „ein Castell der
Araber" eine sehr vage; Castelle zu erbauen ist sonst nicht
Sitte der Araber. So weist die griechische Vorlage wieder über
sich hinaus und zwar auf ein — aramäisches, syrisches Original.
Dieses hatte ܟܪܟܐ ܕܛܝܝܐ, das bedeutet aber nicht appellativ
„in das Castell der Araber", sondern es ist Eigenname, „in
Charax der Araber", das nom. pr. der wohlbekannten südbabylonischen Handelsstadt, die gewöhnlich, wegen ihrer Erbauung durch den Araberhäuptling Spasines, Σπασίνου Χάραξ,
jedoch auch oft schlechthin, und so hier, Χάραξ heisst. Wegen
ihrer Lage in der Landschaft Mesene heisst sie bei Tabarî (übersetzt von Nöldeke S. 13) Karach-Maisân. In einer palmyrenischen Inschrift vom Jahre 155 nach Chr. bei de Vogüé, Syrie
centrale S. 10, nr. 5 heisst die Stadt כרך אספסנא und kommt
da auch als Handelsplatz zur Geltung, denn es ist dort von der
Karawane die Rede, welche von Spasinu Charax ausgezogen ist

שירתא די סלקת מן כרך אספסנא. Nach dieser Stadt hiess der
ganze kleine Staat neben Mesene auch Characene. Hier ist aber
von Alters her die Heimath der babylonischen Hemerobaptisten
oder Sabier, jener Mughtasilah, gewesen, wie noch heute die der
letzten Ausläufer dieser einst weitverbreiteten Richtung, der Mandäer; hier verbrachte Mani seine Jugend, hier ist mithin seine
eigentliche geistige Ausgangsstätte. Dorthin konnte also die
Ueberlieferung den Aufenthalt des Mani wohl setzen. — Die aramäische Form ܐܪܒ݁ܝܐ, wie die Araber im Syrischen heissen, 'Ar-
bâjê, schwebte gewiss dem griechischen Uebersetzer des syrischen
Wortes vor, so dass er, der mit der Bedeutung „Araber" am
Ende auch schon seinerseits in geographischer Unkenntniss
nichts Rechtes anfangen konnte, das j in seinem ι in 'Αραβίων
wiedergab. —

Die Stadt Charax führt den Namen „Araberstadt" mit gutem
Grunde. Nach Plinius hist. nat. VI, 31 beginnt bei Charax im
Hintergrunde des persischen Meerbusens das glückliche Ara-
bien[1]). Die Stadt, auf einem künstlichen Hügel am Zusammen-
flusse des Tigris und des Euläus, des jetzigen Kârûn, nicht
weit von der Stelle des heutigen Baṣra gelegen, war schon von
Alexander dem Grossen angelegt worden und führte den Namen
Alexandria. Aber die überschwemmenden Fluthen des Tigris
und des Meeres zerstörten die macedonische Ansiedelung, und
Antiochus, der fünfte König des Namens, errichtete sie von
Neuem unter dem Namen Antiochia. Nach einer neuen Zerstörung durch die Wasserfluthen verdankte die Stadt ihre Herstellung um 150 v. Chr. dem Anführer der in der Nachbarschaft der Stätte siedelnden Araber, Namens Spasines
oder ursprünglich Hyspasines[2]), der sie zur Hauptstadt des
kleinen selbständigen Reiches erhob. Nach ihm wird sie ge-

[1]) .... a quo Arabia Eudaemon cognominata excurrit.
[2]) Dieser Name, griechisch in vollster Form 'Υσπαοσίνης, ist gewiss
persischer Abkunft. Der erste Theil ist sicher viçpa, ganz, all, der zweite
wohl von vaç wünschen, uçaṅh Wille, Gewalt, s. Justi, Handbuch der
Zendsprache p. 69 und 271, also „aller Wünsche theilhaftig", bahu-
vrihi-Composition. Das i in Viçpaoç(i)na ist Hilfsvokal. Jedenfalls nicht mit
de Vogüé l. c. p. 11 aus dem Aramäischen von אסף und חוסנא אוסנא
„Stärke" abzuleiten.

wöhnlich genannt[1]). Was den Namen Χάραξ betrifft, so liegt
ihm ein einheimisches, aramäisches Wort zu Grunde, das im
Chaldäischen der Juden כְּרַכָּא, bei den Syrern ܟ݁ܰܪܟ݂ܳܐ, also er-
leichtert (mit rukkâch des zweiten Kaf) gesprochen wird und
bedeutet: Burg[2]), Festung. Dieses haben die Griechen, wie
ja bei der Lautähnlichkeit sehr nahe lag, mit ihrem Worte
χάραξ identificirt, nach welchem (urspr. Pallisadenpfahl, dann
befestigtes Lager) viele Städte in Asien wie Europa (z. B. eine
an der grossen Syrte, eine in Corsika, eine in Thessalien) benannt worden sind; s. Passow's WB. s. v. Denselben Namen
führte auch von der Zeit der Herrschaft des Aramäischen an
Moab's alte Hauptstadt קיר מואב, nämlich כרך מואבא Kerach
Moābā, und auch diesen Ort bringen die Griechen mit ihrem
χάραξ in Verbindung, denn er heisst bei ihnen Χαραχμώβα,
Χαραχμωβα, Μωθουγαραξ bei Stephan. Byzantin., noch heute
bekanntlich Kerak[3]), bei den abendländischen Berichterstattern

---

[1]) bei Ptolemaeus VI, 312 Χάραξ Πασίνου.

[2]) eigentlich abgeschlossener, rund umhegter Ort, cf. arabisch كَرَّرَ
zusammentreiben, vereinigen, chaldäisch כָּרַךְ colligare, munire, syrisch
dasselbe, vergl. auch עִיר Stadt, eigentlich Rundung, cf. עַיִן Auge und den
Stadtnamen עַי. Für ein griechisches Lehnwort, eben das entlehnte χάραξ
Wall, befestigtes Lager, hat man das syrisch-chaldäische כְּרַכָּא demnach
nicht zu halten, obwohl es z. B. bei Buxtorf-Fischer p. 553 zu geschehen
scheint. — Dass das in Ortsnamen Babyloniens häufige Karchâ, Karkhâ,
semitisch ist und nicht das entlehnte griechische, vielmehr mit dem ähnlichen griechischen Worte später lediglich identificirt, ist meine Ueberzeugung.
Bei G. Hoffmann, Auszüge aus syrischen Akten persischer Märtyrer 1880
S. 45 wird von 5 ܟ݁ܰܪܟ݂ܳܐ geredet, die Seleukos, der Nachfolger Alexander's
des Grossen, in Babylonien gebaut hat; siehe dazu ebenda Anm. 393. Die
arabischen Geographen geben das aramäische Wort in den damit gebildeten
Ortnamen mit كَرْخ wieder, das aspirirte zweite k (kh) durch ihr خ aus-
drückend. Man sehe das Verzeichniss bei Jakût IV, 252—257, welches
der Verfasser mit den Worten einleitet: „nach meinem Dafürhalten ist das
Wort nicht ächt arabisch sondern nabatäisch [d. i. einheimisch aramäisch],
von allerhand Orten gebraucht, die alle in 'Irâk liegen". Siehe auch Dozy,
Supplém. aux dictionnaires arabes II, 454a, und dazu Fleischer in den
Berichten der Kön. Sächs. Gesellschaft der Wissenschaften 1886 I S. 68.

[3]) s. Ritter, Asien VIII, 2, 2, s. S. 662 ff. und den Ind. geogr. von

über die Kreuzzüge Crac[1]). Die Erscheinung übrigens, dass die
Hersteller von Χάραξ am Tigris ansässig gewordene Araber
sind, — Pasines rex finitimorum Arabum bei Plin. l. l. —
welche sich fortan des Aramäischen und später auch des Griechischen bedienen[2]), ist eine lehrreiche Parallele zum Auftreten
der arabischen Nabatäer von Petra und ein Beleg für den Assi-
milationsprocess, welchen die Araber der syrischen Wüste in
dieser Zeit (2. vorchristl. Jahrh.) und schon früher mit den bei-
derseits im Osten und Westen angrenzenden, palästinensischen
und babylonischen, Bevölkerungen eingegangen sind. — Zu Beginn der christlichen Zeitrechnung regierte nach Josephus (anti-
quitt. XX, 2, 1 am Ende)[3]) in Spasinu - Charax ein Fürst Namens Abennerig. Dieser Name, bedeutend „Diener, Knecht des
Nirgal"[4]), zeigt uns, dass die Götternamen der altbabylonischen
Religion um diese Zeit noch durchaus in Gebrauch waren, dass
also diese Religion, die Basis der später hier bestehenden Man-

---

Schultens zur Vita Saladini s. v., cf. auch Jâkût IV p. ٢٢. Z. 9 ff.
s. v. كَرَك.

[1]) Ausführliches über Bedeutung und Geschichte von Spasinu - Charax
findet man in Reinaud's Abhandlung l. c. p. 158 ff.

[2]) Ueber eine Münze vom Gründer der Stadt Spasines aus dem Jahre
124 vor Chr. sehe man Waddington, Mélanges de numismatique, 2. sér.
p. 77 ff., de Vogüé, Syrie centrale p. 10.

[3]) s. Reinaud l. c. p. 195.

[4]) Aben .... der erste Theil ist gewiss das עֲבֵד 'Abēd oder Ābéd
(עֲבַד) im עבד-נבו des Buches Daniel. Nirgal bei den Mandäern als Nirig,
Name des Planeten Mars erhalten, arabisch مريخ. — Das Aben in Ἀβεν-
νήριγος ΑΒΕΝΝΗΡΙΓΟΣ ist wohl, wie aus der Majuskelschrift erhellt, erst
durch Verlesung eines Δ zu dem nächstfolgenden N im Griechischen, also
aus ΑΒΕΔΝΗΡΙΓΟΣ entstanden, das erste Glied ist also das wohlbekannte
aramäische Wort für Diener, Verehrer. Ich verdanke diese Erklärung
einer gelegentlichen Mittheilung von Wellhausen. In meiner Abhandlung „Ueber Gnosis und altbabylonische Religion" 1882 (in den
Abhandlungen des 5. internationalen Orientalisten - Congresses zu Berlin
XII, S. 288—305) habe ich (l. c. S. 294 vor Ende) das Aben mit altbaby-
lonischem Avil oder Amil „Mann" (in Evil merodach u. s. w.) gleichgesetzt,
was ich jetzt gegen das hier Gesagte zurücknehme.

däerlehre und der Lehre des Mani, damals noch in manchen
Stücken fortlebte, wie dies ja mit dem altarabischen Heidenthum, das auch noch in islamischer Zeit in Eigennamen fort-
existirt, mit dem altgermanischen, in unseren Wochentagnamen
z. B., und so mehr mit älteren Religionsformen in jüngerer Zeit
der Fall ist. Sehr interessant sind in dieser Hinsicht zwei Namen bei Tabarî. Hier lesen wir (übers. von Nöldeke S. 41)
den Namen Bêl بيل für einen alten babylonischen Bauer,
der an der Stelle des späteren Gundêsâpûr ansässig war. Als
Mannesname finde ich dieses Bêl ܒܝܠ auch in dem Briefe
des Jakob von Edessa über die zu Christo pilgernden „Magier-
könige" („Weisen aus dem Morgenlande") (cod. Mus. Britann.
additam. 12143 fol. 326 ff. und cod. Paris. 232 fol. 145, 2) bei
Nestle, Brevis linguae Syriac. — chrestomathia 1881 p. ܗܝ
Z. 28 und Z. 35, wo unter den auch sonst interessanten Namen der Begleiter der „Magier" (z. B. Z. 25 ܐܪܝܐ, Z. 31 ܐܡܪ
d. i. Arsakes, اشكى bei den Arabern; Z. 30 ܗܣܢܛܪܘܩ lies
ܗܣܢܛܪܘܩ der parthische Name Sanatrukes) der Name sich
findet ܕܡܝܐ (Z. 28; Z. 35 als ܡܪܘܙ verdruckt
oder verschrieben) d. i. Marduk, Merodach, der Sohn des
Bêl, also ganz ächte altbabylonische Götternamen! Zu
vergl. auch meine Bemerkung über die Stelle des Tabarî in
meiner Abhandlung „Ueber Gnosis und altbabylonische Religion"
1882 (Abhandlungen des 5. intern. Orient.-Congresses zu Berlin,
Th. 2, Erste Hälfte S. 288—305) S. 295 oben. Der Gottesname
Bêl ist hier also als Männername ebenso in den Gebrauch gekommen, wie ebenda (bei Jakob von Edessa) Marduk und
(Z. 30) Hôrmazd (ܗܘܪܡܙܕ), erstere beide aus der babylonischen Götternomenclatur, letzterer aus der altpersischen (Ahuramazda) und ja bekanntlich als Königsname unter den Sasaniden
und sonst in Ableitungen (Hurmuzân) sehr beliebt. — Sodann
aber noch interessanter das Folgende. Der Erbauer des Cha-
warnak-Schlosses bei Ḥirah l. c. p. 80 ff. heisst Sinimmâr.
Das ist aber offenbar Sîn immar(u), Sîn im-ma-ru, Sin wird
gesehen; s. diese Passivform z. B. Höllenfeuer der Istar (ed.
Schrader 1874) Av. Z. 9. Also ganz genau altassyrisch! —
Bei Abennerig weilte der bekannte zum Judenthum übergetretene

König Izates von Adiabene einmal als Prinz, als er aus der
Heimath flüchtig dahin gekommen (Joseph. l. l.). Die auf Spasines folgenden Könige von Charax führen theils persische, theils
parthische Namen (Tiraeus, Artabanus); ihre von Lucian bezeugte Langlebigkeit passt zu ihrer Abkunft von arabischen
Scheichs sehr wohl. — Die Selbständigkeit des kleinen arabischen Staates war erst kurz vor Mani's Lebzeiten unterge-
gangen. Ardašir, der Begründer des Sasanidenreiches, besiegte
und tödtete den letzten autonomen Herrscher und „erbaute"
nach Tabarî (p. 13 der Uebers. von Nöld.) die Stadt Karach-
Maišân, d. i. natürlich in dem Sinne, in welchem es von Antiochus und Spasines ebenso heisst und man im Hebräischen
בנה (für „befestigen") gebraucht. Der Name des unterlegenen
Fürsten wird verschieden angegeben; nach Tabarî (l. l. p. 13)
hiess er — jedoch ist die Lesung unsicher — Bandu, nach
Mas'ûdî bei Reinaud, Characène (l. c. p. 200) Bâbâ [1]) Sohn
des Bardinâ, „der letzte im Sawâd von Irâk residirende König",
doch ist auch hier die Namensform nicht deutlich. Sicher aber
ist wohl, dass es ein einheimischer, babylonisch-aramäischer
Name, ein nabatäischer im Sinne des arabischen Sprachgebrauches [2]) ist, — und lehrreich ist die Thatsache, dass ein selb-
ständiger Staat mit aramäischer Sprache und von Haus aus
babylonischer Religion bis dicht an die Zeit Mani's heran hier
in seiner eigentlichen Jugendheimath bestanden hat, für die
Abkunft manichäischer Gedanken aus der babylonisch-chaldäi-
schen Landesreligion. Seitdem Charax mit Gebiet persisch ist,
wiederholen sich die Einfälle arabischer Nomaden in dieses
Gebiet, in welchem sich vor vier Jahrhunderten Araber dauernd
festgesetzt hatten. Der persische Historiker Mîrchônd berichtet
von einem solchen Einbruch von Arabern unter Šapûr II. und
einem Rachezug des persischen Königs [3]) im Jahre 326 n. Chr.
Dass die Araber auch als Bundesgenossen der Perser, als Hilfs-

---

[1]) d. i. wieder das arabisirte persische Pâpâ.
[2]) s. die Abhandlung von Nöldeke über „die Namen der aramäischen
Nation und Sprache" in der D. M. Z. XXV (1871) S. 113—131, besonders
S. 122 ff. S. auch Tabari S. 22. 23.
[3]) Reinaud l. l. p. 203.

truppen, auf persischem Gebiete in Mesopotamien und den
Nachbarländern standen, ersehen wir aus der Angabe des
Ammianus Marcellinus XXIV, 3, dass als Anführer persischer
Truppen dem Kaiser Julian am Euphrat in Babylonien ein
Malechus Podosaces phylarchus Saracenorum Assanitarum ent-
gegentrat. Es war also der Anführer von Hilfstruppen aus dem
Reiche der Ghassaniden, des arabischen Königsstaates, welcher
die arabischen Weststämme unter seiner Herrschaft vereinigend
über das Gebiet östlich vom Jordan und vom Todten Meere, ja
bis nach Petra und Aila hin seine Macht entfaltete und in der
Mitte des 5. christl. Jahrhunderts auf dem Gipfel seiner Stärke
stand. Wie hier die östlichen Araberstämme [1]) von den Persern,
so wurden die westlichen an der Grenze von Aegypten und
Syrien von den römischen Kaisern in Sold genommen. Jener
Malechus, von dem Ammian weiter sagt, er sei ein famosi no-
minis latro omni saevitia per nostros limites diu grassatus gewesen, trägt den aus den palmyrenischen und nabatäischen Stein-
inschriften bekannten arabischen Namen Maliku מלכו, den auch
der Knecht des Hohenpriesters Μάλχος ev. Joh. 18, 10 sowie der
Mönch Malchus, dessen Leben Hieronymus legendenartig beschrieb (opp. ed. Martianay. IV) führt. — Aus unserem Charax
am unteren Tigris stammten Dionysius der Perieget und Isi-
dorus der Autor de bello Persico.

Mit dieser Bestimmung des „castellum Arabionis“ als des
südbabylonischen Charax fällt nun aber Licht auf andere Räthsel.
Vor allem wissen wir jetzt, welches der vom Autor der Acta
gemeinte Schauplatz der Redekämpfe von Christen und Manichäern ist. Das Cascar, der Bischofssitz des angeblichen Archelaus, ist offenbar nichts anderes als unser wiedererkanntes Ke-
rakkâ-Χάραξ. Es ist mithin n i c h t das Gebiet der weiter nördlich gelegenen späteren Stadt Wâsit, Namens Kaskar كَسْكَر,
über dessen geographische Lage und geschichtliche Bedeutung
als christliche Metropole Flügel (Mani S. 19 ff.) so ausführlich
handelt. Dass ein christlicher Schreiber einen hervorragenden

---

[1]) die im Allgemeinen unter der Autorität der Königsfamilie von Ḥira
standen, über welche Tabari übers. von Nöldeke p. 24 u. 25 u. S. 46 ff.
zu vergleichen.

Bischof in dieses Kaskar am leichtesten versetzt, ist klar. —
Zu bedenken ist, dass nach Assemani Bibl. Orient. l. l. bei
Flügel S. 23 der bekannte Bischofssitz Cascar auch Carcar,
Καρχαρα, von der syrischen Grundform ܟܪܟܐ, lautet. Das
ܟܪܟܐ des syrischen Originals der Acta konnte aber sehr leicht
von einem des Syrischen weniger kundigen Uebersetzer ܟܣܟܐ
gelesen werden, wenn man bedenkt, wie ähnlich ein grösser
gezeichnetes ܪ (Rêsch) am Ende des Wortes dem Finalalaf des
stat. emphat. aussehen kann. Nach Ass. bei Flügel l. l. kommt
übrigens selbst ܟܪܟܐ Carcha für Caskar vor. Freilich wird
die Person des „Archelaus" als Bischofs des südbabylonischen
Charax nicht historischer als wie der nur aus den Actis und
ihren Benutzern bekannte Bischof von „Cascar" dasteht. In
Charax sind Gestalten wie der streitbare „Archelaus" und der
fromme wohlthätige „Marcellus" sehr passend, ebenso wie manichäische Propaganda. Dass der lateinische Uebersetzer nun noch
weiter ging und aus dem ihm wenig bekannten Cascar das
berühmte Carrae, das alte Harran, machte, die jedem Römer
bekannte Stätte von Crassus' Untergang, ist sehr begreiflich. —
Nun aber der Fluss Stranga!? Man vergegenwärtige sich,
um diese seltsame Namensform aufzuhellen, zunächst die griechische Schreibung. Sie ist Στραγγα mit Doppelgamma, doch
kann statt γγ auch das lautverwandte γχ, latein. nch, gebraucht
gewesen sein[1]). Dies führt auf eine Doppelkonsonanz im syrischen Originale, auf ein auslautendes ܟܐ d. i. -akkà Fluss
Str., fluvius Str., ποταμὸς Στρ., führt auf ein . . . . ܪܟܐ. Das
τ zwischen s und r in der griechisch - lateinischen Form muss
ein euphonischer Einschub eben von der Art sein, nach welcher
aus עֶזְרָא ein Ἐσδρας, aus Israel in der Assumptio Mosis 10,8
ein Istrahel wird u. s. w. Wir gewinnen so weiter ein sr σρ
für das Original, das mithin auf ein -rakkà ausgehen muss.
Dass wir nunmehr wieder auf Charax kommen, ergibt endlich
eine Vergegenwärtigung der syntaktischen Verbindung des
herzustellenden Eigennamens mit dem nom. appell. für „Fluss".

---

[1]) Man vergl. ܟܪܟܐ neben ܟܪܟܐ Assemani bei Flügel l. l. p. 22.

Es muss geheissen haben , ‏ܢܗܪܐ‏, nahrà mit der Relativpartikel d'; diese mit dem n. propr. wie immer in Ein Wort zu-
sammengeschrieben erklärt endlich auch das räthselhafte s in
„Stranga“. Es hiess einfach ‏ܢܗܪܐ ܕܟܪܟ‏, der Strom von Charax,
d. i. einfach der Tigris resp. der Euläus [1]). Ein nachlässig
gelesenes , in Estrangeläschrift ergab die eine, das einwärts
gekrümmte ‏ܩ‏ die zweite der beiden Rundungen, welche das
‏ܣ‏ ausmachen, und so entstand ein ‏ܣܪܢܐ‏ aus ‏ܢܪܢܐ‏, um
dann des Weiteren die Gräcisirung zu erfahren und zu einem
Räthsel zu werden. Von diesem falsch gelesenen ‏ܢܗܪܐ ܣܪܢܐ‏
ist das „Stranga fluvius“ die genaue, freilich von geringer Kenntniss des syrischen Sprachgebrauches, der ein Genetivverhältniss
erfordert, zeugende Interlinearversion. — Der syrische Urtext
der Acta lässt also einfach den Mani — in Wirklichkeit gewiss
nur manichäische Sendboten und sonstige manichäische Einflüsse
— über den Tigris-Euläus aus dem persischen Gebiete herüber-
kommen. Der Tigris aber bildet ja die äusserste Grenze zwischen
der römischen und der persischen Machtsphäre, von denen
erstere in Südbabylonien wenigstens nie über diese Linie hinausgegangen ist. — Uebrigens hat man zu bedenken, dass die
Disputation des Arch. mit Mani im Gebiete von Χάραξ, nicht
der Stadt selbst, vor sich geht, so dass Mani, um in diese zu
gelangen, zunächst den Fluss von Charax, den Tigris oder Euläus,
zu überschreiten hat. —

Nach diesen Proben, welche uns behufs Erklärung des
Originals direct in syrische Sprache und Schrift hineinführen,
erwarten wir, dass die Abfassung des ganzen Buches der Acta
Archelai in syrischer Sprache, conform dem Zeugnisse des Hieronymus [2]), sich erweisen werde.

---------- --

[1]) Zu dem Ausdrucke „Fluss von Karehâ, von Charax“ vergleiche
man z. B. den arabischen bei Ja'kûbi (Histor. ed. Th. Houtsma) I, 180
Z. 3 ‏نَهْرُ تُسْتَر‏ der Fluss von Tushtar (Sosíra, jetzt Shushtar in Persien).

[2]) catal. scriptt. ecclesiast. 72: Archelaus episcopus Mesopotamiae librum
disputationis suae, quam habuit adversum Manichaeum, exeuntem de Perside, Syro sermone composuit qui translatus in Graecum habetur a multis.

Ueber die Acta Archelai hat Jacobi in seiner sorgfältigen
Arbeit über das ursprüngliche basilidianische System (in der
Zeitschr. für Kirchengesch. I, S. 481—544), gehandelt, wo ihm
S. 493 ff. die Stelle vom Basilides am Schlusse der Acta c. 55
Veranlassung gibt, näher auf das ganze merkwürdige Schriftstück einzugehen [1]). Wir danken es Jacobi, dass er zur Förderung des Verständnisses der Acta mehrere feine Emandationen
des Zacagnischen lateinischen Textes der Acta geliefert hat.
So dass parabolam mit Bunsen zu lesen ist statt parvulam:
alienum sermonem statt alium (nonne continet al. serm.); besonders glücklich die Interpunction und Lesung denique cum
nihil haberet quod assereret, proprium aliis de initiis proposuit
adversariis, als er nichts (Eigenes sc.) vorzubringen hatte, tischte
er die Anderen gehörige Ansicht von den entgegengesetzten
Principien auf, — duo initia im zweiten basilidischen Fragmente erwähnt. Auch die Beobachtung vom Gebrauche des
supervenire in der Diction des lateinischen Uebersetzers für
„verweilen" ἐπιδημεῖν (. . . . tenebras ad terram suam super-
venisse, dass die Finsterniss auf seiner Erde verweile) ist
eine treffliche. — Dahingegen müssen wir die von Jacobi
im Anschlusse an Beausobre und Zittwitz aufgestellte Behauptung, die syrische Abfassung der Acta sei unrichtig, entschieden bestreiten, können auch seiner positiven Ansicht von
einer griechischen Conception derselben in Aegypten nicht bei-
treten. Jacobi meint, die ansehnlichen Fragmente des griechischen Textes, aus welchem offenbar die lateinische Uebersetzung gemacht ist, zeigten keine Spur einer syrischen Grundlage — dass der Spuren nicht wenige und bedeutungslose sind,
haben wir schon bisher erkennen lassen. Aber allerdings handhabt der griechische Interpret sein Griechisch dem syrischen

----

[1]) Die letzterschienene Berührung der Frage nach der Originalsprache
der Acta von theologischer Seite ist der Aufsatz von Ad. Harnack „Die
Acta Archelai und das Diatessaron Tatians" in: Texte und Untersuchungen
zur Geschichte der altchristlichen Literatur von Osc. v. Gebhardt und
Ad. Harnack Bd. 1 Heft 3 (1883) S. 137 ff. Das syrische Original der
Acta ist hier bereits im Anschluss an die kurzen Andeutungen in meinem
Artikel: Mani in Herzog's RE. IX. 2. Aufl. S. 226 angenommen, deren
detaillirte Begründung hier gegeben wird.

Originale gegenüber mit weit grösserer Selbständigkeit, Sicherheit, Gelenkigkeit als der unbeholfene Lateiner sein Latein. Letzterer ist eigentlich nur ein Glossator und kein Uebersetzer, ganz so wie der alte lateinische Uebersetzer des Irenaeus. Aber man könnte in der That, was die Glätte des Griechischen betrifft, bei der übrigens die von Alters her griechisch beeinflusste syrische Syntax zu bedenken bleibt, schon für die Ursprünglichkeit dieses Griechisch plaidiren, wenn nur nicht die verrätherischen Eigennamen die glatte griechische Hülle durchbrächen. Es ist so ähnlich, wie etwa z. B. im apokryphischen Buche Baruch III, 23 das οἱ υἱοὶ Ἄγαρ . . . . οἱ ἔμποροι τῆς Μερρὰν καὶ Θαιμάν offenbar auf einer unrichtigen Lesung von מְרָן oder מְדָין als מְדָן[1]) beruht und mit Gewalt auf ein semitisches, hier hebräisches Original hinweist. Die „etwa vorhanden gewesene syrische Recension" denkt sich Jacobi als eine Uebersetzung aus dem Griechischen (p. 494 vor Ende), also so etwa, wie wir eine syrische Recension der clementinischen Homilien neben dem griechischen Originale haben. — Zur positiven Aufstellung überzugehen, ist es nun blos ein scheinbarer Grund gegen das syrische Original, was Jacobi aus den Worten des Archelaus über Mani's Muttersprache folgert. Er redet diesen c. 36 (p. 134 ed. Routh) mit den Worten an: Persa Barbare, non Graecorum linguae, non Aegyptiorum, non Romanorum, non ullius alterius linguae scientiam habere potuisti; sed Chaldaeorum solum, quae ne in numerum quidem aliquem ducitur; nullum alium loquentem audire potes — ein so sprachunkundiger Mensch kann offenbar nicht der Paraklet sein, denn der Heilige Geist kennt alle Sprachen. Diese Worte hätten, meint Jacobi, wenn der Verfasser der Acta ein von syrisch oder chaldäisch redenden Gemeinden umgebener Mann gewesen, verletzend wirken müssen. Hierauf ist Folgendes zu entgegnen. Erstens trifft die verächtliche Bezeichnung der „Sprache der Chaldäer" als einer gar nicht als Sprache in Betracht kommen-

---

[1]) so ist diese merkwürdige, auf die Nabatäer („Söhne Hagar's") gehende Stelle mit Ewald, Gesch. Israels IV, 458 Ende und Anm. 4 und Propheten des A. B. Bd. 3 S. 177 zu emendiren und zu erklären; s. auch Kneucker, Das Buch Baruch S. 293 ff.

den nicht die aramäische Sprache überhaupt, und zweitens, die Herabsetzung von Mani's Muttersprache, soweit sie vom Verfasser wirklich beabsichtigt ist, hat nichts für syrische Leser Verletzendes. Der Name „Chaldäer" hat im vierten Jahrhundert und schon lange vorher, schon in der letzten vorchristlichen Zeit, bei den Griechen und Römern den beständigen Beigeschmack von Wahrsager, Gaukler, Charlatan. Diese Nebenbedeutung hat er erst recht im odessenischen Syrisch, z. B. bei Ephraem Syrus, der recht oft ܟ݂ܰܠܕܳܝܽܘܬ݂ܳܐ „chaldäisches Wesen" geradezu für Zauberei gebraucht. zunächst Sterndeuterei, Astrologie, ܟ݂ܰܠܕܳܝܳܐ ist der Sterndeuter, Gaukler; z. B. bei Assemani, Bibl. Or. III, 1, p. 29 Anm. 3. Diesen Sprachgebrauch handhabt auch der Verfasser der Acta. „Sprache der Chaldäer" aber bedeutet hier die abgeschliffene südbabylonische Volkssprache, die Sprache des chaldäischen Flachlandes, das von den arabischen Sprachgelehrten gewöhnlich als „nabatäisch" bezeichnete und, wie bei den Juden das symptomatisch verwandte Galiläische, als bäurisch verachtete Idiom. Die Sprache der Acta aber war das „Syrische", d. i. das gebildete christliche Schriftaramäisch von Nordmesopotamien, von Edessa und Nisibis. Vor gebildeten syrischen Lesern — und die Acta Archelai sind zum Lesen bestimmt, wie sie auch keinen wirklichen Vorgang als Protocoll nach dem Gehör, sondern mit einer erdichteten Disputationsscene darstellen — hat aber eine solche Anbequemung an das allgemeine abschätzige Urtheil über das „Chaldäische" nichts Verletzendes, am Wenigsten im Munde eines Kirchenfürsten. Der Verfasser der Acta gehört nämlich, der Art seiner Polemik nach, z. B. wegen der dialektischen Demonstrationen bei der Widerlegung analog denen Efräm's, des Syrers, der genealogischen Verknüpfung der Ketzer durch eine Entlehnung des einen vom andern, wie c. 38 zu Anfang Marcion, Valentin, Basilides, wie die Scythianus-Terebinthus-Geschichte und die Erwähnung des Basilides am Schlusse, — der edessenisch-nisibenischen Richtung an, deren classischer Vertreter eben Efräm ist. Mit den Vertretern der nordmesopotamisch-syrischen Kirche, besonders dem Efräm theilt aber der Verfasser die Hochschätzung griechischer Wissenschaft und

Sprache, die ja bei diesen Syrern als Uebersetzern der griechischen Literatur so gelehrige eifrige Jünger fanden. Einen
Bischof aber konnte der Autor der Acta erst recht den griechischen Stolz hervorkehren lassen; und von diesem aus wird
zunächst Mani schon als Angehöriger des Perserreiches mit
Persa barbare angeredet. Denn die Perser waren ja von je her
den Griechen die Βάρβαροι schlechthin. Mani will den von
Christo versprochenen Heiligen Geist, der alle Sprachen kennt
und verleiht, darstellen, und doch bediente er sich mündlich
wie schriftlich nur einer unedlen Sprache, der Sprache einer
ungebildeten Bevölkerung, des „Chaldäischen". Der Schreiber
meint hier gewiss auch den mündlichen Gebrauch, welchen
die manichäischen Sendboten von der babylonischen Landessprache bei ihren Bekehrungsversuchen in Mesopotamien machten, vor allem aber wohl Mani's Schriften [1]). Deren grössere
waren ja fast alle, nämlich von den sieben, deren der Fihrist gedenkt, sechs [2]), in syrischer Sprache verfasst. Dieses „Syrisch"
ist aber nicht das griechisch angehauchte edessenische „Syrisch"
im engeren Sinne, sondern die Sprache von Sûristân [3]), d. i.
des babylonischen Flachlandes (Sawâd), speciell der Gegend von
Seleucia und Ktesiphon, die bei den Edessenern gewöhnlich
Bêth-Aramâjê heisst, d. i. Aramäerland, fast gleich „Heidenland",
jedenfalls mit einem verächtlichen Beigeschmack. Babylonisch
und Persisch sind im 4. Jahrhundert nach Christo noch nicht,
wie auch späterhin nicht, zu Schriften christlichen Inhalts verwendet gewesen. Die Verachtung der babylonischen Landessprache können also die christlichen Leser der Acta einem
griechisch gebildeten Bischofe so wenig verübeln, wie etwa

---

[1]) s. die Stelle der Acta c. 53, p. 191 visum est ei mittere discipulos suos cum his, quae conscripserat in libellis ad superiora
illius provinciae loca.

[2]) p. ٣٣٩ lin. 8 وﻟﻤﺎﻧﻰ ﺳﺒﻌﺔ ﻛﺘﺐ ﺍﺣﺪﻫﺎ ﻓﺎﺭﺳﻰ ﻭﺳﺘﺔ ﺳﻮﺭﻯ
ﺳﻮﺭﻳﺎ ﺑﻠﻐﺔ 7 Bücher, 6 syrisch, 1 persisch. Dazu kommen nun die zahlreichen kürzeren Sendschreiben, deren aramäische Adressaten, kenntlich an
dem die Namen schliessenden â, wie Amûljâ u. s. w., auf aramäische Sprache
der Briefe selbst hinzeigen.

[3]) s. Tabarî von Nöldeke S. 15, Anm. 3.

einem lateinisch redenden Bischofe des Mittelalters die Gering-
schätzung der occidentalischen Landessprachen; sie ist der Situation durchaus angemessen. Gebildete Sprachen sind für
Archelaus neben dem Griechischen, welches voransteht, nur das
Römische und das Aegyptische. Letzteres steht hier eben auch
nur als ein Anhängsel des Griechischen gleichsam. Denn in
Aegypten, dieser wichtigsten Provinz des römischen Reiches im
Oriente, ist seit den Ptolemäerzeiten keine öffentliche Urkunde
anders wie mit griechischer Uebersetzung erschienen [1]. weil
Aegypten seitdem überhaupt in Wahrheit eine Provinz des
griechischen Sprachgebietes war. Das alexandrinische Griechisch
wird nicht mit Unrecht als ein besonderer Dialekt der griechischen Sprache aufgeführt. Der Sprache von Edessa, einer gleichfalls griechisch gebildeten, mitzugedenken hatte der Verfasser,
zu dessen Zeiten noch keine reiche Literatur im edessenischen
Syrisch vorlag, keine Veranlassung. Man sieht also, die Erwähnung der ägyptischen Sprache neben der griechischen und
römischen ist ganz anders aufzufassen, als Jacobi l. l. thut.
Er findet, dass der ägyptischen Sprache vom Schreiber „nächst
der griechischen und römischen die Hauptehre erwiesen wird“
— wie und in welchem Maasse das Aegyptische zu dieser Ehre
kommt, haben wir also entwickelt. In einer Zeit, wo das
Griechische im ganzen römischen Reiche, im Morgenlande wie
Abendlande, als die gebietende Weltsprache herrschte, würde
sich niemand erkühnt haben, demselben irgend eine andere
Sprache ebenbürtig an die Seite zu setzen. Das Aegyptische
kommt hier für den christlichen Schreiber von Edessa in Betracht und als griechischer Dialekt, gesprochen in einem bekannten, auch in der Bibel gepriesenen Culturlande, jetzt einer
Hauptprovinz der christlichen Kirche. Man vergleiche mit der
Erwähnung Aegyptens die Indiens bei Ephräm als nur aus
gelehrter Kunde geschöpft. Dann fällt aber die Hauptstütze
für Jacobi's interessante These, die Stätte des Schreibers
sei Aegypten gewesen. Auf Aegypten schliesst er weiter
aus der Stelle cap. 54 (ed. Routh p. 193) — abierunt ad loca
in quibus Christianorum libri conscribebantur, et simu-

[1] man denke schon an die Tafeln von Rosette und von Kanopus.

lantes se nuntios esse Christianos rogabant praestari sibi libros
ad comparandum. Hier denkt Jacobi ganz direct bei den
„Orten, wo die christlichen Bücher abgeschrieben wurden", an
Alexandria, „wo das Abschreiben ein Gewerbe war". Aber war
es denn dies blos in Alexandria und nicht auch z. B. in Antiochia und Edessa? Von einer besonderen Geheimhaltung
der christlichen Schriften, die Jacobi betont, finde ich c. 53
und 54 nichts gesagt. Man gab überhaupt in dieser Zeit der
sich entwickelnden Arcandisciplin [1]) die heiligen Schriften Un-
reifen oder gar Verdächtigen nicht in die Hände. Auf keinen
Fall darf man so weit gehen und aus dieser Angabe auf die
diocletianische Verfolgung mit Jacobi als Gegenwart schliessen.
Eine genauere Kenntniss Aegyptens, und dann Aegypten als Wohnstätte des Schreibers folgt auch keineswegs aus dem mit Interesse gezeichneten ägyptischen Aufenthalte des „Scythianus", der
„oberen Thebais" (c. 52) u. s. w. Diese Kenntniss ist nicht dem
Schreiber der Acta selbst zuzuschreiben, sondern von ihm einfach der weiterhin verbreiteten, schon zu seiner Zeit verworrenen Scythianus-Terebinthus-Sage entlehnt, in der sich die Niederlassungen der die Wüste durchziehenden Saracenen-Nabatäer im
unteren und oberen Aegypten widerspiegeln. Die Scythianus-
Terebinthus-Sage mit ihren Einzelheiten bildet ja auch nur ein
lose angefügtes Anhängsel an die eigentliche Disputation [2]).

[1]) über welche wir auf die Arbeit von Bonwetsch in der Zeitschrift
für historische Theologie 1873 cf. 203—299 verweisen.

[2]) Vielleicht begreift es sich von einer anderen Seite aber noch besser,
warum das Aegyptische hier so hoch steht. Wir sprechen es weiter unten
aus, dass „Aegypten" symbolisch-travestirte Bezeichnung für Ba-
bylonien-Chaldäa und seine Priesterweisheit sein werde. Dann wird
es ganz klar, warum die Sprache der „Aegypter", das ist also die
Sprache der priesterlich-gelehrten „Chaldäer" (Altbabylonisch und Ak-
kadisch) eine so hohe Ehre angethan erhält und sofort nach der griechischen zu stehen kommt. — In Einem Sinne also behält Jacobi Recht
mit seiner Schlussfolgerung, dass „die Stätte des Schreibers „Aegypten"
gewesen sei", nämlich das travestirte „Aegypten", Babylonien resp. Mesopotamien! Und dafür kann weiter mit Jacobi auch das Interesse des
Schreibers für die „ägyptische" Wohnstätte des „Scythianus" mit der
„oberen Thebais" angeführt werden, denn jenes ist Mesopotamien, dieses
Medien (oder Parthien)!

Ist also die ägyptische Abfassung unerwiesen, so sprechen dagegen für die in Nordmesopotamien, im Gebiete der edessenischen Kirche, viele Punkte. Von einer absolut genauen Erweisung des Wo und Wann kann natürlich bei einem so seltsamen, aus verschiedenartigen Stücken bestehenden Literaturproduct, wie die Acta sind, keine Rede sein. — Schon der mysteriöse Ueberfall einer grossen Christenmenge vor ihrer Stadt bei einer Bittprocession[1]), sowenig man hier einen bestimmten historischen Vorfall nach Jahr und Tag ermitteln kann, passt zu der Situation des Landes von Edessa, Harran, Nisibis in der Zeit der Spannung zwischen Römern einerseits und Parthern resp. Persern andererseits, als dieses Grenzgebiet fast ununterbrochen von Verwüstungs- und Eroberungszügen heimgesucht wurde. Man denke nur an die wiederholten Belagerungen von Nisibis durch den Perserkönig Sapor II. in der Zeit Efräms; s. u. a. bei Bickell, Ephraemi carmina Nisibena p. 11 ff. — Diese Gegend, Nordmesopotamien, verstehe ich unter den superiora illius provinciae loca p. 191, nämlich von Babylonia, von wo aus die Bezeichnung gegeben; cf. p. 188 vom „Terebinthus": Babyloniam petiit quae nunc provincia habetur a Persis. Anlass der Abfassung war das Näherrücken der manichäischen Gefahr, das Bekanntwerden manichäischer Schriften und schon erfolgten vereinzelte Uebertritte zum Manichäismus in Osrhoene. Im Anschluss an die damals wirklich stattfindenden Erörterungen für oder wider die neue Lehre wählte der Verfasser die Disputation als Einkleidungsform seiner Widerlegung. Er erinnerte sich dabei des Factums, das ihm bei der verhältnissmässigen Nähe leicht bekannt geworden sein kann, dass Mani selbst von Jugend auf in Spasinu-Charax gelebt und von da aus seine ersten Bekehrungsversuche in der Umgegend, in Süd-

---

[1]) Die Anrufung des „Einen unsichtbaren Gottes" c. 11 um Regen für die Saaten bei einer Procession weist auf einen heidnischen Untergrund, auf die Christianisirung eines populären heidnischen Festes. Wallfahrten, gemeinschaftliche Mahlzeiten an Festtagen, Verehrung von Wasser-Gottheiten sind bei den Harraniern bezugt, die aus ihrem altsyrischen Heidenthum beim Uebertritt der Masse zum Christenthum viele Gebräuche beibehalten haben müssen, bei ihrem bekannten Syncretismus, s. Chwolsohn Şabier II, 33, 28 ff., 40 ff.

babylonien, gemacht habe, und wählte mithin den Mani selbst als Widerpart in seiner Disputationsscenerie und Charax als den Ort, indem er für seinen siegreichen Gegner den significanten Namen Archelaus erfand. Dass es sich für ihn vor Allem um die Abwehr der Wirkung manichäischer Schriften handelte, schliesse ich aus den das Ganze einleitenden Worten Thesaurus verus sive disputatio habita in Carchar. Seine Schrift sollte als der wahre Schatz dem falschen des Mani entgegentreten, der eine seiner Hauptschriften, wohl im Anschluss an die Art der Benennung bei den „Täufern“, Schatz nannte; siehe auch unter den Büchertiteln bei Bîrûnî l. l. S. 208 Z. 14 den كنز الاحباء, Schatz der Lebendigmachung. Ein manichäischer Sendbrief — der an Marcellus, — dann eine kurze katechismusartige Darstellung der manichäischen Lehre — der Bericht des „Turbo“ — und der Brief eines, vom Manichäismus in seiner Gemeinde bedrohten Presbyters an einen höheren Geistlichen in einer der Bischofsstädte, sowie des letzteren Antwort, die beiden letzteren Briefe aber stark erweitert, bilden die urkundliche Grundlage, welche der Compilator der Acta verarbeitete. — Eine wirkliche Disputation des Mani mit einem Bischofe Archelaus hat nicht stattgefunden, desto mehr Disputationen von mesopotamischen Christen, Laien (man denke an Marcell und die „Iudices“ der Acta) wie Geistlichen, mit manichäischen Sendboten. Die Handelnden sind Mani's Schüler, von dessen Aposteln zwei sehr gut Thomas und Addas (اداى) geheissen haben können. Allgemeine Zustände sind hier ebenso in einzelnen Personen concentrirt, wie in der anhangsweise mitgetheilten manichäischen Vorgeschichte. Wie „Scythianus“ als der Aelteste der Drei vor Juden in Judäa, wie dann „Terebinthus“ in Persien vor persischen Priestern[1]) erlag, so sollte Mani vor einem christlichen Bischofe erliegen — das war die Tendenz.

---

[1]) vielmehr war es der historische Mani, der babylonische Philosoph, der dem Hasse der persischen Priester zum Opfer fiel.

Wir wenden uns nunmehr der Aufgabe zu, die Sprache des „Acta disputationis Archelai" betitelten eigenthümlichen Schriftstückes im Einzelnen und nach der Reihenfolge der Capitel genauer zu untersuchen, und zugleich die literarische Composition des Buches näher zu bestimmen. Die bis jetzt herausgehobenen Einzelheiten der Sprache erwecken die bestimmte Erwartung, dass das syrische Colorit sich durchweg verrathen müsse, und diese Erwartung dürfte nicht getäuscht werden. —

Schon die Anfangsworte zeigen syrisches Original. „Thesaurus verus", Uebersetzung eines griechischen θησαυρὸς ἀληθής, hat zum Original ein ܐܝܟ ܕܫܪܪܐ, oder in der Sprache der Mandäerschriften גינוא די שראדא, „Schatz der Wahrheit" oder „wahrer Schatz" und ist eine Benennung des in den „Acta" vorliegenden Buches, die polemisch gegen eine der manichäischen Hauptschriften, „Schatz der Lebendigmachung" (S. 139 med.), gerichtet ist. Mit „Schatz" bezeichnen, wie anscheinend bereits die Mughtasilah, auch die Mandäer ihr „grosses Buch", das Sidrà rabbà, und שראדא „Wahrheit" kommt im Eingange dieses letzteren oft unter den Eigenschaften des „Lichtgottes" vor.

Die Namen der „vier Richter" des Disputationskampfes, „Manippus" (bei Epiphanius Μάρσιππος), Aegialeus, Claudius und Cleobulus sind offenbar entstellt überliefert. Man kann zu dem griechisch-römischen Aussehen der beiden letzteren kein Zutrauen haben, da die beiden ersten so fremdartig sich darstellen. Αἰγιαλεύς ist gar kein üblicher griechischer Männername, sondern nur eine Person der griechischen Mythologie. In der ersten Silbe von Μάρσιππος aber — welche Form der Wahrheit gewiss näher kommt als die ganz unbegreifliche andere — scheint das bekannte syrische ܡܳܪܝ „monsieur" zu stecken. Durch Missverständniss eines syrischen Originaleigennamens, der aus diesem ܡܳܪܝ als vorangehendem Ehrentitel und einem zweiten Gliede bestand, ist vermuthlich auch der Name des im Prologe der Acta so gefeierten Marcellus entstanden, da ein römischer Männername im syrisch redenden Nordmesopotamien doch sehr befremden muss.

Wir fahren in der Aufzählung der Syriasmen fort. Das „quidam vir" in Zeile 4 führt auf ein syrisches ܓܒܪܐ ܚܕ. —

S. 36 (ed. Routh) Z. 5 des Textes fällt das „prudentia quoque" auf; aber so gebraucht der Syrer sein ܐ, ܟ‎.
— „his quae de Christo dicebantur semper cum timore auscul-
tans" ist ܙ; ܟ‎ — ‎; p. 37
Z. 6 quodam in tempore ‎. — Z. 10 eo quod — —
posceretur ist ‎, ‎ u. s. w. — p. 38 nach Anfang des cap. II
trägt der Name eines der Gefangenen „Cortynius" wieder ganz
fremdartiges ungriechisches Gepräge. Original?[1]) — 40,5 habere
aliquid tolerantiae potuerunt: tolerantia hier im Sinne von
„Widerstandskraft", objectiv, nicht subjectiv „Geduld" führt
auf ein syrisches ‎, was ja weiterhin direct „Nahrung"
bedeutet. — cap. III Anf.: plurimum in lacrymas profusus est
ist syrisch ein ‎; per semetipsum ministeria ex-
hibens ‎. — pag. 40 Ende: cum plurima namque
suorum manu progressus verräth die Wortstellung von ‎:
‎ u. s. w. — p. 41 oben: ut dignum erat ‎, ‎
‎. — Mitte: „quibus omnibus ministrabat (διηκόνει) ‎;
‎ ‎. — Viduae in Domino (statt Dominum) credentes
‎ ‎; imbecilli neben viduae und orphani:
‎, ‎, ‎. — super omnia vero haec ‎
‎, ‎, zu alle diesem hinzu; fidei curam egregie ac
singulariter retinebat ist syrisch ‎ ‎ ‎
‎ ‎; aedificans cor suum super immobilem petram
‎ ‎ u. s. w.

In cap. IV häufen sich die Spuren von Anfang an. Das

[1]) ‎ könnte, ähnlich wie oben bei Κουβρικος-Šuraik entwickelt, eine Verlesung aus ‎ (kôf mit wāw, statt semkat), und
dieses eine Verderbung von ‎ sein, arabisch bei Tabari I, III
p. ٨٢٧ Z. 9 (ed. Nöldeke 1881, cf. dessen Uebersetzung 1879 S. 34 und
S. 500) سَاطِرُون, Sāṭirūn, ein parthischer Männername, der bei den Griechen
Sanatrukes lautet, was zunächst zu ‎ geworden ist; cf. „Parcus"
= parthisch Pakûr.

Lateinische lässt sich ziemlich bequem ins Syrische zurückübersetzen. Diversis in locis ܬܚܡ̈ܝܐ ܒܐܬܪ̈ܘܬܐ. Dann hier das
drastische Stranga fluvius, wovon bereits ausführlich die Rede
war. Persarum in regionem ܐܬܪܐ ܕܦܪ̈ܣܝܐ. Dann tritt hier zum
ersten Male das missverstandene ܬܪܒܝܬܐ tarbithā „Zögling, Schüler" u. s. w. auf die Scene in Gestalt des entstellten Eigennamens
Turbo, griechisch Τύρβων. Dies ist zunächst aus Τέρβων verderbt,
dessen Endung -ων reine Gräcisirung ist wie in Μάρων oder Μαρίων
(aus ܡܪܝ resp. ܡܪܝܐ), Μαλχίων (ܡܠܟܐ resp. ܡܠܟܝ mit Suffix)
und and.; vergl. Nöldeke in Z. D. M. G. Bd. XXIX, 1876, S. 444.
Zugleich ist aber die Wortverbindung, in welcher der „Turbo"
eingeführt wird, für den Uebergang des nom. appellativum zum
nom. proprium überaus bezeichnend. Es heisst (p. 42 Mitte)
— — „unum ex discipulis, Turbonem nomine, qui per Addam
fuerat instructus". Der cod. Bobbiensis bietet aber noch vor
Turbonem ein Adda, und wenn dieses Wort mithinzugenommen
wird, ist der ganze Satz zu interpungiren: unum ex discipulis
Adda, Turbonem nomine, qui per Addam fuerat instructus.
Das „Adda" ist der beibehaltene griechische Genetiv 'Αδδᾶ zu
'Αδδᾶς. Hier bot nun offenbar der syrische Urtext ܚܕ ܡܢ
ܬܠ̈ܡܝܕܘܗܝ ܕܐܕܝ ܕܡܬܩܪܐ ܬܪܒܝ ¹) „einen von den Schülern des
Addas, der tarbî genannt wurde", dies heisst aber nur „der
mit tarbî in der einheimischen Sprache der Manichäer
bezeichnet wurde", als dem einheimischen Ausdrucke für den
Begriff „Schüler, Jünger" ²) eines Meisters in Religion und Phi-
losophie. Dieses einfache nom. appellativum hat nun schon der
Verfasser des syrischen Originals zum nom. proprium missverstanden, dessen Träger, der „Turbo", dann der gehasste Ketzer
wird, der als Ueberbringer des Briefes des „Mani" an den
„Marcellus" bei den christlichen Gasthäusern vorüber Spiess-

---

¹) im stat. absolutus.

²) Sehr deutlich blickt die rein appellative Bedeutung von „Turbo"
= Schüler eines Lehrers, Novize noch durch in den Worten cap. IV vor
Schluss: peregrinus Turbo mortis pertulisset exitia für ܬܪܒܝ ܢܘܟܪܝܐ
„der ausländische Lehrschüler", ganz appellativ, der junge Sendbote, dessen
Name zwar hier nicht genannt, aber unten cap. IV als Sisinius unus ex
comitibus eius verrathen wird.

ruthen laufen muss! Die letzten Worte: „qui per Addam fuerat instructus" sind also rein überflüssige Wiederholung, der Ausdruck desselben Begriffes zum dritten Male! Schon hier zeigt sich, wie der syrische Verfasser der eigentlichen Acta, obwohl syrisch sprechend und schreibend, seine ihm vorliegende Urquelle über die älteste Ausbreitung des Manichäismus in Südbabylonien, deren Sprache auch nur „syrisch" gewesen sein kann, missverstanden hat, wohl schon in Folge von Verlesungen der Schrift des Quellentextes; dass also seine gelehrte Kenntniss der aramäischen Schrift und Sprache Babyloniens eine recht geringe sein musste. Recht drastisch zeigt sich dies bei der Art, wie der syrische Verfasser der Acta den „Diodorus" aus einem verlesenen aramäischen Grundworte herausbringt; worüber unten. — Uebrigens gewinnen wir durch die Bemerkung der in Rede stehenden Stelle, „Turbo" sei ein Schüler des Addas gewesen, einen weiteren Einblick in die wirkliche Ausbreitungsart des Manichäismus, wie sie dem Verfasser der Acta bekannt war. Derselbe fällt hier insofern aus der Rolle seiner eigenen Geschichtserzählung, als er zwar den Stifter Mani in Person zu Marcellus ˙kommen lässt (cap. XII ff.), sich aber bei diesem brieflich anmelden lässt durch einen Schüler seines Schülers Addas (den „Turbo"), was doch ganz ungereimt ist. Der „Addas", durch welchen „Turbo" instructus fuerat, ist offenbar die manichäische Lehrschrift, welche den Namen des (vielleicht nur angeblichen) Schülers des alten Mani, Ἀδδᾶς, syrisch ܐܕܝ Addai, als ihres Verfassers führte, und die jener „Turbo" gelesen hatte. Aus ihr werden also auch die interessanten Details über die manichäische Lehre entnommen sein, die in dem Berichte des Turbo cap. VII bis XI enthalten sind. Der disputirende und unterliegende „Manes" der Acta ist mithin natürlich nur irgend ein nach Mani's Tode nach Südbabylonien in die Nähe von Charax gegangener, dem Namen nach unbekannter Sendbote der manichäischen Lehre, von dem der etwas stupide Verfasser der Acta gelesen hatte und den er dann zu dem gewaltigen Häresiarchen selbst aufbauschte, um diesen mit seiner Niederlage bei seinen frommen Lesern weniger furchtbar zu machen.

Die einleitenden Worte des cap. V verrathen ihr aramäisches

Original durch den Schluss: — literas — quarum exemplum
(griechisch παράδειγμα) hoc est. Dieser Ausdruck erinnert Jeden
sofort an 'Ezrä IV, 11 דְּנָה פַּרְשֶׁגֶן אִגַּרְתָּא דִּי שְׁלַח u. s. w., syrisch ܘܗܢܐ ܦܣܩܐ ܕܐܓܪܬܐ. — Das Griechisch des nun ein-
gefügten manichäischen Briefes, der cap. V der Acta bildet,
könnte uns stutzig machen. Es ist ein vollkommen glattes
Griechisch, wenigstens mit den ächt charakteristischen syntaktischen Wendungen der hellenistischen Gräcität, an die Sprache des
griechischen Neuen Testamentes und der griechischen Kirchenväter erinnernd. So ist ja auch der Anfang ganz in den Ausdrücken der Eingänge der paulinischen Briefe gehalten. Man
vergleiche die Adresse des Zweiten Timotheusbriefes: Τιμοθέῳ
ἀγαπητῷ τέκνῳ mit hier: Μαρκέλλῳ τέκνῳ ἀγαπητῷ; und pauli-
nische Ausdrücke durchsetzen das Ganze z. B. p. 45 Z. 4 vor
Ende: ὧν τὸ τέλος κατάρας ἐγγύς aus Hebr. VI, 8; dazu die Citate
aus dem N. T. Matth. VII, 18; ev. Ioh. I, 15; 1. Cor. VII, 35.
Indessen aus diesem Sachverhalt schliessen zu wollen, dieser
Brief wenigstens sei ursprünglich griechisch geschrieben, hiesse
doch sich in die Irre locken lassen. Man darf nicht vergessen,
wie vollkommen das edessenische Theologensyrisch, die Sprache
der syrischen Kirchenväter, gerade in der Syntax und selbst in
der Rection der Verba das Colorit des Griechischen beibehalten
resp. angenommen hat. Sind ja doch aus diesem so zahllose
Uebersetzungen angefertigt worden, dass die erhaltene syrische
Literatur fast nur Uebersetzungsliteratur ist. Der in cap. V
vorliegende Brief ist mit grossem Geschick der Sprache der
Peschiṭthà angepasst, wie er auch sachlich in der Verwendung
der neutestamentlichen Citate für manichäische Lehren nicht
geringe Gewandheit verräth. Der Brief ist gewiss der ächte
Sendbrief eines manichäischen Apostels, der sich mit Verschwei-
gung seines wirklichen Namens lediglich mit dem seines Meisters
Μανιχαῖος nennt, an ein hervorragendes, wegen seiner Wohlthä-
tigkeit (ἀγάπη) gefeiertes christliches Gemeindeglied (in Charax?),
dessen Name Μάρκελλος mir freilich verdächtig erscheint [1]. —

---

[1] in dem Μαρ- steckt wohl, wie in Μαρσιππος, ein syrisches ܡܪܝ,
aber der zweite Theil oder der eigentliche Name ist vom griechischen Uebersetzer hinzuerfunden.

Untrennbar vom Briefe des „Mani" an den „Marcellus" ist des
Letzteren kurze Antwort an den Μανιχαῖος ¹). In dieser
kommt aber bereits der personificirte Τύρβων (τὸν δὲ
Τύρβωνα προςεδεξάμην) vor, also ein directer Hinweis auf das
syrische Original dieser Antwort, in der die Worte eben nur
bedeuten sollen: den Knaben, Jungen, Schüler habe ich
gastfreundlich aufgenommen ܠܩܘܒܠܐ ܩܒܠܬ ܐܢܐ ܠܛܠܝܐ,
— und damit auch indirect ein Argument für die Originalsprache des ersten Briefes. — Beide Briefe sind natürlich vom
eigentlichen Verfasser der „Acta" vorgefunden und eingefügt.
Damit ist also auch an einem concreten Beispiele dargethan,
was ja theoretisch die sachkundigen Orientalen, z. B. der Verfasser des Fihrist, berichten, dass die Sprache der ältesten
Manichäerliteratur, der Lehrschriften und Sendschreiben des
Mânî und seiner nächsten Nachfolger, das Syrische war.
Schon hiernach lässt sich a priori erwarten, dass mit den hin-
einverwebten Urkunden auch der Text des eigentlichen Acta-
Machwerkes gleichsprachig gewesen sein werde. Und so ist es.
Die weiter in cap. VI folgende Erzählung verräth ihre Originalsprache unwiderstehlich durch das köstliche, von grober Unwissenheit im Syrischen Seitens des griechischen und des lateinischen Uebersetzers zeugende „castellum quoddam Arabionis".
Hat in „Turbo" und „Terebinthus" die griechische Unwissenheit ein unschuldiges syrisches nomen appellativum zu einem
barbarischen nomen proprium entstellt, so hat umgekehrt im
„castellum Arabionis" die geographische Gelehrsamkeit des griechischen Uebersetzers ein bekanntes nomen proprium, einen
Stadtnamen, zu einem räthselhaften nomen appellativum ver-
unstaltet und unkenntlich gemacht. Die lateinischen Worte
führen, wörtlich genau rückübersetzt, auf die griechische Vorlage ἐν φρουρίῳ τινὶ Ἀραβίων, zu welchen letzteren Worten dann
endlich das Original war ܚܣܢܐ ܐܪܒܝܐ, wie oben weiter ausgeführt ist. Dieses τινὶ des griechischen Uebersetzers ist der
erste Schritt zum Missverständnisse der syrischen Grundworte.
Es gipfelt dann in dem unvergleichlichen „Arabionis", wobei

¹) Die Ueberschrift kommt mir wegen der Apposition ἀνὴρ ἐπίσημος zu
Μάρκελλος als vom griechischen Uebersetzer hier interpolirt vor.

der lateinische Ignorant Ἀραβίων als einen Männernamen der
3. Declin. im Sing. Nomin. fasste. —

Jetzt beginnt nun mit cap. VII, reichend bis cap. XI incl.,
eine neue hineingewebte Urkunde und zwar grösseren Umfanges.
Es ist eine ziemlich abgerundete Skizze der altmanichäischen
Lehre, viele interessante Lehreinzelheiten enthaltend, die zum
Theil von denen des Fihrist etwas abweichen. So die Bemerkung von 2 Göttern (δύο θεοὺς ἀγεννήτους) des Mani zu Eingang;
die von dem Verhältnisse der Μήτηρ τῆς ζωῆς (p. 50 Routh)
einerseits zum „guten Vater", der sie emaniren lässt, andererseits zum Πρῶτος Ἄνθρωπος, den sie ihrerseits aus sich hervor-
gehen macht. Natürlich ist es kein protokollirter mündlicher
Bericht, sondern eine schriftliche, auf Verlangen verfasste Darstellung, und zwar, wie bereits Zittwitz l. c. richtig gesehen,
die Schrift einer vom Auditor des Manichäismus zum Christenthum bekehrten Persönlichkeit[1]), deren Namen wir nicht kennen.
Der Verfasser der Acta lässt natürlich, seinem erbaulichen Zwecke
conform, den Mann diesen Vortrag mündlich vor den Glau-
benssäulen „Marcellus" und „Archelaus" halten, um ihn dann
nach diesem ausführlichen Sündenbekenntnisse und dieser Her-
zenserleichterung als Convertiten in den Schoss der Kirche aufzunehmen. Geschöpft hat der Autor dieses Tractates (Acta
capp. VII bis XI incl.), wie oben gesagt, wohl aus der Schrift
des Addas — dessen „Schüler" dieser Turbo heisst —, τὰ Ἄδδου
συγγράμματα, gegen welche nach Photius (bibl. codd. nr. 85)
Titus von Bostra seine Streitschrift richtete. Nach der Stelle
cap. XI p. 67 Z. 4 vor Ende: μετὰ δὲ πάντα ταῦτα ἐπὶ τέλει λέγει
(sc. Addas), καθὼς αὐτὸς ἔγραψεν[2]), ὁ Πρεσβύτης u. s. w. könnte
man schliessen, zugleich mit Benutzung einer Schrift des Mâni
selbst, die dem Verf. dieser Skizze vorlag. — Das Griechische
der Uebersetzung verläuft wieder in einem recht gewandten,
glatten Stil, und der Satzbau, die Syntax, könnte schwerlich
verrathen, dass wir es mit einer Version aus dem Syrischen zu
thun haben[3]). Auf diesen Charakter führen nun aber gerade

---

[1]) nur dass diese natürlich nicht wirklich Turbo mit Namen hiess (!), wie
Z. l. l. meint, was freilich bei Unkenntniss des Syr. jedem zu verzeihen ist.

[2]) cf. das αὐτὸς ἔφα!

[3]) So glatt übrigens die griechische Uebersetzung ist, eben so grob

hier sehr zahlreiche und unabweisbare Merkmale im Einzelausdrucke, und die Rückübersetzung des Ganzen ins Aramäische
lässt sich hier besonders bequem durchführen. So gleich die Anfangsworte von cap. VII: εἰ τὴν τοῦ Μάνη πίστιν θέλετε μαθεῖν
παρ᾽ ἐμοῦ ἀκούσατε συντόμως: ܟܣܘ ܢܝ ܐܠܘ

ܐܙܝܢܐ.

cap. VIII p. 57 heisst es: der θερισμὸς ἄρχων (der Archon
der Abmähung d. i. der Vertilgung) schüttet, von der Lichtjungfrau gereizt, die Pest auf die Erde aus und tödtet die Menschen;
„denn dieser Leib wird κόσμος genannt nach dem grossen κόσμος“.
Letzterer Ausdruck enthält hier mehr als den Begriff „Makro-
kosmos“ gegenüber dem „Mikrokosmos“ d. i. dem Menschen. Der
μέγας κόσμος ist nach dem Zusammenhange (γάρ nb.!) eben der
grosse Archon der Zerstörung, und dies weist direct auf das
aramäische ܟܠܐ. Dieses bedeutet gewöhnlich „Welt“, κόσμος,
und wird so auch hier vom griechischen Uebersetzer gefasst. In
Wirklichkeit aber bedeutet es hier nur „Aeon“, Αἰών im religionsgeschichtlichen Sinne, d. i. eine der obersten himmlischen Hypo-
stasen, Engel. Also syrisch: ܚܝ ܡܢ ܐ ܗܢܐ ܦܓܪܐ ܟܠܐ
ܗܢܐ ܟܠܐ ܪܒܐ (resp. ܪܒܘ). Zu diesem Gebrauche des rabbā
ist an das gleichlautende Epitheton bei den Namen der Aeonen der
Mandäer, z. B. Mânâ rabbâ, Ajjâr zîvâ rabbâ u. s. w. zu erinnern.

cap. IX p. 58 init.: Καθαρίζεται μικρόν τι ἀπ᾽ αὐτῆς ܟܠܐ
ܚܝܠܗ ܟܡܐ. — p. 58 Z. 4 vor Ende des Textes: τοῖς ἄρχουσι
τοῖς ἀπ᾽ ἀρχῆς οὖσιν εἰς σκότος. Diese Construction von εἶναι mit
εἰς statt ἐν ist doch zu auffallend. Sie erklärt sich nur aus
einem syrischen ܟܡܐ ܐܢ (od. ܡܢܕ) ,([)1](

---

und plump ist die lateinische Interlinearversion dieses in Rede stehenden
Stückes.

[1]) Dieses dem griechischen Wortschatze entlehnte, aber im Syrischen
eingebürgerte Wort (s. z. B. evang. Joann. XIV, 30 in Pěšitthâ wie Phi-
loxeniana) ist merkwürdiger Weise ein directes Zeichen des Thatbestan-
des, dass auch der Araber an-Nadim, der Verfasser des Fihrist, seine
Ausführungen über die manichäische Lehre syrischen Quellen entlehnt
haben muss. Denn er gebraucht dasselbe Wort اركون plur. ارا كنة,
so z. B. p. ٣٣٣ Z. 4 im arabischen Texte des Fihrist ed. Flügel 1871.

„den Archonten, welche der (personificirten) Finsterniss im
Anfang der Dinge angehörten, nämlich als wirkende Organe.
Dem Uebersetzer schwebte die locale Auffassung vor: die Arch..
welche zur Anfangszeit im Bereiche der Finsterniss weilten".
daher sein εἰς. Der lateinische Uebersetzer der griechischen
Worte hat: qui ex materia orti in tenebris sunt, als ob ἀρχή
mit materia (Urstoff für Urzeit) gegeben werden könnte! —
p. 59 ult. l. text.: εἴτις λούεται εἰς τὸ ὕδωρ, statt ὕδατι, oder wenigstens ἐν τῷ ὕδατι — nach syrischem ܐ݂ܢ ܐ݂ܢܫ ܢܣܚܐ ܒܡܝܐ,
also ܒ mit εἰς gegeben. Der lateinische Uebersetzer verwischt
diesen Syriasmus mit seinem lavarit se in aqua. — p. 60 Z. 2:
κολασθήσεται εἰς τὰς γενεάς. nach ܢܬܢܣܣ ܠܟܠܗܘܢ, und so
mehr syrische Spuren in diesem Abschnitte im Gebrauche der
Präpositionen: die Eigenthümlichkeiten der sogen. hellenistischen
Gräcität können ja hier in Mesopotamien zur Erklärung nicht
herangezogen werden. — p. 61 Z. 6: ἕτεροι κόσμοι τινὲς (andere
Welten gibt es) τῶν φωστήρων δυνάντων ἀπὸ τούτου τοῦ κόσμου ἐξ
ὧν ἀνατέλλουσι ist eine unklare Construction im Griechischen.
Es stand im Syrischen ein Dalath relationis ܒܢܗܝ̈ܪܐ ܕܡܢܗܘܢ
ut ex illis (sc. alterius mundi regionibus) exoriantur, deutsch:
indem die Lichtkörper von dieser (diesseitigen) Welt weg unter-
gehen, um aus (über) jener aufzugehen. Der Uebersetzer fasste
also die Conjunction als Relativwort.

cap. X p. 62 Z. 1 fällt die abrupte Ueberschrift auf: Περὶ
δὲ τοῦ παραδείσου — ἔστι δὲ τὰ φυτά, d. i. Nun über das Paradies. Es sind dessen Gewächse u. s. w. Gewöhnlich ist eine
solche Ueberschrift in syrischer Rede: ܡܛܠ ܕܝܢ ܦܪܕܝܣܐ ܐܘܗ
*ܢܨܒ̈ܬܐ ܐܝܬ, mit Kolon dahinter. — ibid. Z. 4 vor E.: ὁ
μέντοι κόσμος οὐδ᾽ αὐτός ἐστι τοῦ Θεοῦ ܐܦ ܗܢܐ ܠܘ ܕܝܠܗ ܗܘ ܕܐܠܗܐ.
— 64 ult. τὸ — ὄνομα Σαβαώθ, αὐτὸ εἶναι τὴν φύσιν τοῦ
ἀνθρώπου: ܕܐܝܬܘܗܝ ܟܝ̈ܢܐ, wie dieser Gebrauch von ܟܝܢܐ
bei den syrischen Dogmatikern so beliebt ist.

cap. XI init. τὸν Θεὸν μὴ ἔχειν μέρος μετ᾽ αὐτοῦ τοῦ κόσμου
ܕܐܠܗܐ ܠܝܬ ܠܗ ܐܘܢ̈ܐ ܕܟܠܗ ܗܢܐ. — p. 67 Z. 4 ὅσοι ἐπ᾽
_____
Ein directes Schöpfen aus griechischen Quellen ist in diesem Falle ausgeschlossen.

ἐκεῖνον ἐλπίζουσιν ܘ݂ ܒ݂ ܟ݂ ܡ݂ ܝ݂ ܢ݂ ܠ݂. — p. 67 Z. 6 μετ' αὐτοῦ ἔχουσι δεθῆναι — harte Construction, ist aber Uebersetzung von ܘܢܣܐܝܬ ܐܠܦ ܐܣܡܝ ܘܚܦܣ܂ sie sind gezwungen, genöthigt (pass.) mit ihm (dem falschen Gotte des Moses und der Propheten) sich zusammenbinden zu lassen; also passiv (das ‒ ist hier, nach bekannter Orthographie, lediglich Bezeichnung des ḥatef-Vokals, Form ḳᵉtil), nicht activ, besitzend, habend, ἔχων, Form ḳaṭṭil. — p. 67 Z. 5 vor E.: μετὰ δὲ πάντα ταῦτα ἐπὶ τέλει λέγει ܘܟܠ ܐܢܕܝ ܟܠܗ ܟܡܫ ܗܘܐ ܐܢܕ. — Z. 4 vor E.: ὁ Πρεσβύτης ὅταν προφανῇ αὐτοῦ τὴν εἰκόνα ܡܟܕܐ ܐܒܗܝ ܠܘ ܘܦܐܣ ܒܚܡܣܘ; penult. καὶ οὕτως ἀπολύεται τὸ μέγα πῦρ ܘܣܘܕܐ ܠܝ ܟܠܒܐ ܒܘܐܦ ܠ. — p. 68 Z. 3 vor Ende: ὅταν ὁ ἀνδριὰς (!) ἔλθῃ. Dazu lautet die lateinische Uebersetzung: cum statuta venerit dies (!), natürlich so entstanden, dass zunächst nur cum statua (Uebers. von ἀνδριάς) venerit dastand, was dann ein diese Worte nicht verstehender Leser, an die Lehre vom jüngsten Tage denkend, in „statuta" änderte, wozu dann dies „der Tag" als Glosse hinzugefügt wurde. Aber wie kommt die „Bildsäule" in den griechischen Text? Nur zu erklären aus dem Gebrauche des syrischen ܕܡܘܬܐ im Originaltexte, das „Aehnlichkeit" und dann concret „Bild" bedeutet. Gemeint war das „Bild" d. i. die äussere, sichtbar gewordene Erscheinung jenes jenseitigen „Alten" [1]), welcher Begriff griechisch mit εἰκών wiederzugeben war, aber unpassend ἀνδριάς gegeben wurde. —

Ein besonders lehrreiches Indicium des syrischen Originals und dessen Verwischung bis zur Sinnlosigkeit liegt nun aber weiter vor p. 69 Z. 2 in dem so unbegreiflichen Ausdrucke τὸ τεῖχος τοῦ μεγάλου πυρός, die Mauer (!) des grossen Feuers, auf die dann alsbald eine ebensolche „des Windes", τὸ τεῖχος τοῦ ἀνέμου, „der Luft", καὶ τοῦ ἀέρος, und „des Wassers", καὶ τοῦ ὕδατος, folgen. Gemeint sind nach dem Zusammenhange der Stelle Aeonen, griechisch προβολαί, Emanationen, welche zu-

---

[1]) über die Bedeutung dieser Figur des „Alten" cf. Herzog's Real-Encyclopädie (2. Aufl.) Bd. IX S. 210 oben und S. 238 vor Ende in meinen Artikeln „Mandäer" und „Manichäer".

sammen mit der „Mutter des Lebens", dem „Lebensgeist" und
anderen Potenzen in dem „kleinen Lichtkörper" d. i. dem Monde
sich niederlassen, um den Hergang des Weltendes mitanzu-
sehen. — „Mauer" ist syrisch ܐܶܫܬܐ; aber eine „Mauer" kann
sich doch nicht πρὸς τὸν μικρὸν φωστῆρα niederlassen, auf ihm
wohnen, das kann nur von einer Person gesagt werden! Gemeint sind die Schutzgeister, Herren und dergl. des Wassers,
Feuers u. s. w.; aber wie können solche in durchaus unpoeti-
scher, dogmatisch-lehrhafter Rede mit dem poetisch-bildlichen
Ausdruck „Mauern" benannt werden! Man könnte entgegnen,
dies sei für „Bezwinger", „Herren", die diese Elemente im
Zaume halten. So deutet den griechischen Ausdruck Flügel
im „Mani" 1862 S. 236 Anmerk. 138 und bezieht ihn auf die
Thätigkeit dieser Potenzen bis an den Weltbrand, wo alle Elemente losgelassen werden. Dies wäre in der That die einzig
passable Erklärung, aber man muss doch an der so harten,
unharmonischen, die Ebenmässigkeit des Stils beeinträchtigen-
den Bezeichnung mehr Anstoss nehmen. Man schöpft den Verdacht, dass das betreffende syrische Wort vom Uebersetzer
falsch gelesen, resp. die Schreibung ܐܶܫܬܐ in einem der Consonanten eine verderbte sein müsse. Hier leitet nun auf das
Richtige der sachlich parallele Passus vom Weltende im Fihristbericht, p. ܡܓ. Z. 31 und 32 (Flügel, Mani S. 58 Z. 6; cf.
Anm. 143 und 234). Da ist davon die Rede, dass beim Weltende, wenn soweit alles Licht aus der Umstrickung der Materie
ausgelöst ist, die verschiedenen Engelklassen in die Höhe steigen,
nachdem sie ihre Functionen während des Weltverlaufes soweit
erfüllt haben, um nun dem Weltende zusehen zu können. Dort
redet der Araber wörtlich von „einem Sicherheben der Engel
und der Heerschaaren und der Wächter, Hüter", ارتفــــع
الملائكة والجنود والحفظة. Der Letzteren, der „Hüter" (plur.
von حفظ) wird überhaupt von an Nadim in seinen Auszügen
öfter gedacht. So Mani (1862) S. 64 Z. 2 vor E. in der ersten
Anrufung beim officiellen Gebete des Manichäers مبرك ملائكته
الحفظة „gepriesen seien seine Engel, die Hüter". Die erstere
Stelle gibt sachlich wie sprachlich den Schlüssel zur Herstellung

des einstigen syrischen Wortes an unserer Stelle der Acta. Im
syrischen Texte ist statt ܢܛܘܪ einfach zu lesen ܢܛܘܪ d. i. ܢܛܘܪܐ
oder ܢܛܘܪܐ der Wächter, also dasselbe Wort, von welchem das
arabische حفظ gleichfalls die directe Uebersetzung sein wird![1])
Bekanntlich sieht im Estrangelä ein Wau dem Hē der neueren
syrischen Schrift überaus ähnlich[2]), und der Interpret des syrischen Urtextes hat hier umgekehrt eine altsyrische Buchstaben-
gestalt statt der späteren gesehen, wie er sonst jüngersyrische
Formen des Alphabetes statt der in Wirklichkeit ihm vorliegenden altaramäischen (s. besonders später bei „Diodorus" statt
ḳurjājä) annimmt; wozu noch gekommen sein wird, dass ihm
das Wort ܢܛܘܪ „Mauer" geläufiger war als das gewähltere
ܢܛܘܪܐ „Wächter". Es stand also einfach im Syrischen da:
ܢܛܘܪܐ ܢܛܘܪܐ ܢܛܘܪܐ u. s. w., der Wächter des grossen Feuers,
des Windes, der Luft und des Wassers. —

Ferner führt auf einen wörtlich und steif übersetzten syrischen Satz an derselben Stelle S. 69 Z. 4 der Passus des Prädicats:
(die aufgezählten Potenzen) πρὸς τὸν μικρὸν φωστῆρα οἰκοῦσιν. οἰ-
κεῖν „wohnen" nimmt sich schon curios aus, man erwartete ein
„lassen sich nieder" u. dergl., dazu das πρός, bei, an, neben,
was doch nicht passt. Es ist syrisch ܢܡܙܓ ܥܠ ܣܝܡܝܢ ܢܩܘܡܘܢ
„sie setzen sich, nehmen Stellung, lassen sich nieder
auf den kleineren[3]) Lichtkörper (sc. den Mond), nachdem sie
nämlich dorthin in die Höhe emporgestiegen sind, um sich die
Katastrophe von diesem sicheren Platze aus anzusehen. ارتفاع
„das Sicherheben" des Fihrist bringt hierzu sachlich ein erklären-
des und zugleich ergänzendes Moment hinzu. Die Präposition
ܥܠ, also auf bedeutend, vom Niedersetzen nach Beendigung
des Aufsteigens, und sachlich allein entsprechend, ist vom griechischen Uebersetzer mit dem farblosen πρός ungenau wiedergegeben worden. — Z. 5 ἄχρις ἂν τὸ πῦρ καταναλώσῃ τὸν κόσμον
ὅλον — ܟܠܗ ܕܥܠܡܐ ܢܘܟܠ.

---

[1]) ܢܛܘܪܐ bei Cast.-Mich. curatores ministerii, aber unbelegt.

[2]) Das Hē des Estrangelä stellt sich dagegen dar als ein doppeltes
Wau der gewöhnlichen Schrift.

[3]) Man beachte auch die ächt semitische Verwendung der Positive
μικρά und vorher μέγας (bei πλοῖον 69, 1) statt der Comparative.

cap. XIII p. 72 lin. 5 vor E.: qui nunc se velut dedititium doctrinae Archelai subiugavit, ist syrisch: ‏ܗܘ ܒܢܝ ܐܢܫ ܩܡ‏ ‏(ܐܣܩܘܦܐ؟ ܗܕܐܟܘܟܝܬܐ ܚܩܡ ܟܚܡܝ‏. — ibid. ult. lin. certus sum quod emendato Marcello etiam vos salvi esse poteritis — dieser auffallende barbarische Ausdruck, wohl einem griechischen κατορθωθέντος Μαρκέλλου entsprechend, ist nur begreiflich als wörtliche Uebersetzung des gebräuchlichen syrischen ‏ܐܦܥܠ‏ ('af'el) zurechtweisen, leiten, besonders beliebt vom ersten Unterrichte der Neubekehrten und Unmündigen; daher ‏ܡܬܬܠܡܕܢܐ‏ die Katechumenen; ‏ܡܬܠܡܕܢܘܬܐ؟ ܟܬܒܐ‏ ein Katechismus, Assem. B. O. II, 398.

cap. XII p. 70 Ende stehen in der Beschreibung der Kleidung des „Manes" bezeichnende syrische Ausdrücke; calceamenti genus ‏ܣܐܢܐܣܩܘܦܐ؟‏ resp. ‏ܟܡܬܐ‏: tanquam aërina specie ‏ܐܝܟ‏ ‏ܐܐܪܐ؟ ܘܐܣܩܡܐ‏ (species für σχῆμα); senis Persae S. 71 Z. 5 s. unten bei cap. 51.

cap. XVIII p. 86 Z. 2: quod si ingenitum est malum, et quomodo interdum homo fortior illo invenitur? griechisch καὶ πῶς ἐνίοτε ἰσχυρότερος εὑρίσκεται. Das et weist auf ein semitisches Original, das Wau des Nachsatzes [2]); also syrisch ‏ܘܐܝܟܢ‏ ‏ܨܚܢܝ ܢܡܬܘܨ ܕܢܬܘܨ ܠܩܬܟ ܢܬܢܐ‏. — p. 87 Z. 8 nam etsi diversa substantia sit, sed dominatione etc. una persona subsistit. So im Syrischen das ‏ܕܝܢ‏ im Anfange des Nachsatzes: ‏ܐܟ‏ ‏ܟܝ ܐ؟ ܬܩܡܬܠܩܬ ܐܘܗܝܘ ܐܢܐ ܩܡܠܐܬ‏. ‏ܕܝܢ‏ etc.

Es sei hier auch eine Bemerkung über die sachliche Beschaffenheit der Dialektik in der Beweisführung des „Archelaus" nicht unterdrückt. Die Demonstration S. 85 und folgende über die Willensfreiheit des Menschen zur Widerlegung der Behauptung von der natura ingenita des Bösen ist beispielsweise ganz von der gewohnten Art der edessenisch-syrischen Kirchenväter, z. B. ganz von dem Schlage der Ausführungen des Efräm in dem später von uns zu übersetzenden Tractate gegen Màni.

---

[1]) ‏ܐܣܩܘܦܐ؟‏ ist wahrscheinlich von Haus aus einfach Verlesung des nomen appellativum ‏ܐܣܩܘܦܣ؟‏.

[2]) Für das Syrische s. Nöldeke, Kurzgef. Syr. Gramm. §. 339.

Aus der ganzen Behauptung werden alle möglichen Schlussfolgerungen gezogen, bis eine Absurdität sich ergibt, die ihn in die Enge treibt.

cap. XIX p. 88 Ende „ab artifice omnium Deo ܡܢ ܐܠܗܐ ܐܘܡܢܐ ܕܟܠ, der beliebte Ausdruck des Efräm in dem eben bezeichneten Abschnitte. — p. 89 oben quomodo non, dum alteri invidet . . . ܐܝܟܢܐ ܠܐ ܟܕ ܡܛܢܢ ܐܢ̈ܬܘܢ ܠܐܚܪܢܐ.

cap. XX p. 90 ant. med. homo nec erit nec dicetur ܒܪܢܫܐ ܠܐ ܢܗܘܐ ܘܠܐ ܢܬܐܡܪ. — p. 92 med. et efficitur Deus eius magnitudinis cuius est locus in quo continetur, sicut homo si sit in domo, griechisch wohl καὶ ποιεῖται (διαπράττεται) ὁ Θεὸς ταύτης τῆς μεγαλότητος ἧς ὁ τόπος ἐν ᾧ περιέχεται, καθὼς ὁ ἄνθρωπος εἰ εἴη ἐν τῷ οἴκῳ, d. i. es wird Gott zu einem Gotte von nur derjenigen Grösse, von welcher der Ort (Raum) ist, in welchem er enthalten ist; syrisch: ܘܡܬܥܒܕ ܐܠܗܐ ܕܗܝ ܪܒܘܬܐ ܕܐܬܪܐ ܗܘ ܕܡܟܠܗ ܕܒܗ ܡܬܐܚܕ ܐܝܟ ܒܪܢܫܐ ܐܢ ܢܗܘܐ ܒܒܝܬܐ. Auf ein syr. Relativwort (ܕ) weist sehr bestimmt der Genetiv eius magnitudinis, ebenso ist das „in“ des Ausdruckes in quo continetur (statt des blossen Ablativs, griech. Dativs) der Widerschein eines syr. ܒ.

Die Erwähnung von Lysimachus und Alexander als Weltherrschern p. 92 post med. führt auch auf Asien.

cap. XXII p. 93 med. ab isto qui se Paraclitum esse profitetur, quem ego magis Parasitum quam Paraclitum dixerim. Von jetzt an dreht sich die Disputation hauptsächlich um den Begriff des Paracleten. Der lateinische Text schreibt durchweg Paraclitus, nicht Paracletus, z. B. auch S. 127 Z. 7; S. 134 ant. fin. und mehr. Wie kommt dies? Was sollte den lateinischen Uebersetzer veranlassen, den Itacismus der Aussprache so auffallend in der Orthographie geltend zu machen, wenn er ein griechisches Παράκλητος mit η vor sich hatte? Es ist ganz undenkbar, dass er dann nicht in der Transscription einfach das e beibehalten und Paracletus geschrieben haben sollte, wie sonst alle Lateiner diesen aus evang. Io. cap. XIV geschöpften dogmatischen Ausdruck wiedergeben! Die Aussprache und Schreibung mit i wird aber vom Verfasser der Acta so ausschliesslich gehandhabt, dass dadurch eben obiges Wortspiel mit παράσιτος

parasitus „Schmarotzer" möglich wurde [1]). Dies ist aber doch
gewiss wieder ein zwingender Hinweis auf ein syrisches Original.
speciell auf die Schreibung nach der syrischen Bibel zu ev.
Io. cap. XIV (s. Pesch. wie Philoxen. zu dieser Stelle), also
ܦ̈ܪܩܠܝܛܐ oder ܦܪܩܠܐܝܛܐ. Dass der Syrer dann soviel
Griechisch versteht, um das Wortspiel mit parasitus παράσιτος
zu Stande zu bringen, darf natürlich nicht verwundern bei der
weiten Verbreitung der griechischen Sprache und Literatur in
Syrien und Nordmesopotamien [2]). Man wird auch wohl weiter
anzunehmen haben, dass der nach allen Spuren nicht gerade
geistig hochstehende Producter des Disputationsstückes diesen
Witz nicht seinem eigenen Geiste, sondern vielmehr der üblichen verbreiteten Redeweise der orthodoxen Cleriker entnahm.
Der Grieche wird dann — dies müssen wir folgerichtig annehm-
men — auch ganz genau mit παρακλιτος (mit Jota) seine syrische
Vorlage wiedergegeben haben, welche Schreibung dann das auffallende lateinische paraclitus erklärt. — p. 94 oben: ante omnes
istas corporeas creaturas ܩܕܡ ܟܠ ܗܠܝܢ ܒܪ̈ܝܬܐ ܦܓܪ̈ܢܝܬܐ. —
Indeficiens lux (griechisch ἀπέραντον φῶς) ܢܘܗܪܐ ܗܘ ܕܠܐ ܡܣܬܝܟ.

cap. XXVII. Hier wird mehrmals das Wort substantia im
Sinne von „Hab und Gut, Vermögen, Geld" gebraucht. Es erklärt sich dies aus der mit diesem Wort geschehenden Wiedergabe des griechischen οὐσία, was Wesen, Inhalt und dann Vermögen bedeutet; in diesem Sinne wird aber auch das entlehnte
ܐܘܣܝܐ Plural. ܐܘܣ̈ܝܣ im Syrischen angewendet; s. Payne-
Smith, Thes. Syriac. s. v.

cap. XXVIII p. 110 oberste Zeile: nulla in literis lege con-
scripta; wäre griechisch οὐδενὸς ἐν γράμμασι νόμου γεγραμμένου.
Dieses ἐν, in, zeigt wieder den instrumentalen Gebrauch eines
zu Grunde liegenden syrischen ـܒ: ܡܕܡ ܕܠܐ ܒܟܬܒܐ ܢܡܘܣܐ
ܐܬܟܬܒ ܗܘܐ.

[1]) Diese Worte auf S. 93 ant. med. als einen Zusatz etwa erst des
lateinischen Uebersetzers oder eines Lesers vom ursprünglichen Textbe-
stande zu trennen, sehe ich keinen Grund, ja keine Möglichkeit.

[2]) wenn es auch ein ܦܪܩܠܝܛܐ als eingebürgertes Lehnwort im syrischen Lexikon nicht gibt. Uebrigens sei wieder an die graphische Aehnlichkeit von ـܩ und ـܣ erinnert.

cap. XXXII p. 121 Z. 6 steht das griechische Wort homou-
sion im lat. Texte beibehalten. Keine Instanz gegen das syrische
Original! Man weiss ja, wie derartige ganz geläufige, zu Wahr-
zeichen streitender grosser Kirchenparteien gewordene dogmatische Ausdrücke in der kirchlichen syrischen Literatur nude
crude in ihrer griechischen Urform beibehalten sind, besonders
auch in den Bezeichnungen der betreffenden Parteigänger mit
der angefügten Endung -ājānā. Syrische Uebersetzungen dieser
Kunstausdrücke haben jedenfalls nicht die weite Anwendung wie
die Originale gehabt. — cap. XXXII p. 120 befremdet allerdings
die etymologische Ausführung über die Bedeutung von διάβολος
(„quod transitum fecerit de coelestibus", diese Worte übrigens
von ächt syrischer Syntax und Rection) von διαβάλλειν im Sinne
von „hinüberwandern" und zugleich von „verleumden" (ob-
trectare). Indessen hier wird wohl thatsächlich in dem Satze
von „ex hoc enim appellatus est" bis „existeret" eine später in
den Text gerathene Glosse eines orthodoxen Lesers vorliegen.

p. 135 med. (cap. XXXVI) lauten die Namen der aus 2. Ti-
moth. III, 8 bekannten ägyptischen Zauberer Jamnes (mit m)
et Mambres. Die Pesch. hat ‎ܘܡܒܪܝܣ ܝܢܝܣ für griechisch
Ἰαννῆς καὶ Ἰαμβρῆς; letzterer Name wird auch im babylonischen
Talmud (menach. c. 9 gem.) mit m (ממרה als Particip) gegeben [1]).
Sollte das m in Jamnes (wenn es nicht einfach aus dem folgenden Mambres eingeführt ist) vielleicht aus der doppelten Lesung
der Consonanten ‎ܢ als ‎ܡ (neben der richtigen) zu erklären
sein? Die graphische Möglichkeit liegt vor.

p. 136 ult. und p. 138 cap. XXXVIII post init. heisst der
Name des bekannten Gnostikers statt Valentinus (Οὐαλεντῖνος bei
Iren. und Epiphan.) Valentinianus. Wieder die Spur eines sy-

---

[1]) Im Targum des Pseudojonathan zu exod. VII, 11 und numer. XXII,
22 lauten die Namensformen יַנִּיס und יַמְבְּרִים. Die unentstellten Formen
der jüdischen Tradition, aus der jene Depravationen sind, lauten יוֹחָנָא
und מַמְרֵה. Aus ersterem wurde יַנַּאי oder יַנֵּי, יַנָּא (dieses ist Ἰαννῆς).
S. die jüdische Tradition über diese beiden Personen → deren Namen gewiss, wie alle Namen der Art, von den Juden in letzter Linie aus Babylonien entnommen sind — bei Buxtorf, Lex. chald. talm. p. 945—947;
cf. auch Wetstein zu 2. Tim. 3, 8.

rischen Originals. Die letztere, erweiterte Form war überhaupt die im Syrischen übliche. Man vokalisirte das ܕܘܪܝܢܘܣ in grösserer Angleichung der Vokale an syrische Nominalbildung (in den Nisbe-Bildungen) ܕܘܪܝܢܘܣ, mit Doppellesung der Gruppe ܝܢ als ܝܢܝ. Ganz ebenso sprechen die Syrer den Namen des bekannten römischen Kaisers Jovinianus statt Jovianus, s. Nöldeke in D. M. Z. XXVIII, 292; ders. Tabari übers. (1879) S. 60 Anm. 4.

p. 141 cap. XXXIX ist mit den Worten Z. 8 vom Ende: studiosum quemque non lateat die ursprüngliche Schrift zu Ende (s. später). Es beginnt nun die Erzählung vom Bekehrungsversuche des „Manes" bei dem „Presbyter Diodorus", und werden vom Verf. hier wieder zwei authentische Schriftstücke, die ihm vorgelegen hatten, eingeflochten. Es sind dies zwei Briefe, zuerst der des „Presbyters Diodorus" an seinen „Bischof Archelaus", dann die ausführliche belehrende Antwort des „Archelaus" an den „Diodorus". Für die Mittheilung und Bewahrung dieser altchristlichen Schriftstücke wollen wir dem Urheber der jetzigen „Acta" dankbar sein. Bei näherer Prüfung der Sprache des nun beginnenden zweiten Theiles der Acta drängt sich uns nun aber ein merkwürdiges Ergebniss auf. Die syrische Originalsprache klebt hier auch dem lateinisch-griechischen Ueberwurfe so zähe an, dass sie, oder vielmehr sie nicht, sondern ihre missverständliche Verkennung und Entstellung durch die grobe Unwissenheit des ersten Interpreten der syrischen Originale, bis in die Namenproduction hinein wirkt. „Diodorus" ist nämlich offenbar ebensowenig der wirkliche Eigenname des biederen Landpfarrers, der den Brief S. 142—146 an seinen Bischof schrieb, wie „Turbo" der des manichäischen Sendboten. Beides sind falsch gelesene und verstandene syrische nomina appellativa. Wäre es nicht auch höchst sonderbar, wenn im aramäisch redenden Mesopotamien die einheimischen Cleriker statt aramäischer, oder persischer, oder sonst den einheimischen Mundarten angehöriger Namen rein griechische führten wie mitten in der griechischen Welt?

Zunächst wird Jeder gewiss schon dadurch von vorn herein das Zutrauen zu der historischen Glaubwürdigkeit der Angaben des folgenden Abschnittes über den Ort der Handlung und die Namen der handelnden Personen verlieren müssen, der liest, der Ort der „zweiten Disputation" des „Manes" heisse „vicus Diodori"[1]), und der Presbyter des Ortes, welcher es mit „Manes" in der Disputation nicht aufzunehmen vermag, habe auch Diodorus gehiessen. Dazu kommt nun, dass bei Epiphanius (haeres. LXVI)[2]), dessen historische Angaben doch sonst ganz mit denen der „Acta" übereinstimmen oder vielmehr den letzteren entlehnt sind, der fragliche Presbyter (cap. 11) ganz anders heisst, nämlich Τρύφων[3]), wenn auch bei ihm das Pfarrdorf ziemlich ebenso wie in den „Acta" Διοδωρίς (genitiv -ίδος) genannt wird. Wie hängt dies Alles zusammen? Man bedenke: „Dorf", κώμη, vicus, ist syrisch ܩܪܝܬܐ, wozu als plur. fract. oder Collectiv ܩܘܪܝܐ, „Dörfer" gehört; „rusticus", „paganus" ist aber ܩܘܪܝܝܐ kurjàjà, vom Collectiv gebildet. Das Wort ist bei Castell unbelegt, doch zu lesen z. B. Ephraemi etc. opera ed. Overbeck 1867 S. 188 Z. 18 ܢܒܐ ܕܡܚܒܠ ܩܘܪܝܐ „wer die Landleute schädigt". Χωρεπίσκοπος, „presbyter rusticus", „Landpfarrer", heisst demnach syrisch ܩܫܝܫܐ ܩܘܪܝܝܐ. — In dem syrischen Texte, der dem griechischen Uebersetzer vorlag, muss etwa gestanden haben: ܡܛܐ ܕܝܢ ܡܢܝ ܟܕ ܥܪܩ ܗܘܐ ܠܚܕ ܡܢ (ܐܚܙܝܐ ܓܝܪ ܟܕܝ ... — ܕܩܘܪܝܐ ܕܕܚܙܝܢ ܠܡܕܝܢܬܐ ... ܩܫܝܫܐ ܐܦ ܗܘ ܩܘܪܝܝܐ d. i. „Mani gelangte, nachdem er geflohen war, in eines der Dörfer bei der Stadt; es heisst aber (auf Syrisch!) der Presbyter von einem solchen Orte gleichfalls (sc. wie das Dorf!) kurjàjà" (d. i. Landgeistlicher, im Gegensatz zum Bischofe). Die Worte „qui appellabatur" hinter

---

[1]) Manes autem fugiens advenit ad quendam vicum longe ab urbe positum, qui appellabatur Diodori.

[2]) und ebenso nach diesem bei Photius lib. I adv. Manich. repullulantes; s. Routh l. c. S. 32.

[3]) ἐντεῦθεν ὁ Μάνης — ἀναχωρήσας ἔρχεται εἰς κώμην τινὰ τῆς (sc. χώρας) Καρχάρων εἰς Διοδωρίδα καλουμένην ἐν ᾗ Τρύφων τις κατ' ἐκεῖνο καιροῦ ἐτύγχανε — πρεσβύτερος.

[4]) Im Folgenden wird der Aufenthaltsort des „Diodorus" auch mit „castellum" bezeichnet, was also syrisch ܚܣܢܐ.

positum (lin. penult. des lat. Textes) scheinen missverständliche
Wiedergabe eines syrischen Relativsatzes, der mit , als einer
Relativpartikel eingeleitet wird, die mit einem später folgenden Demonstrativausdrucke, diesen vorbereitend, zusammengehört, und die wir in unseren Sprachen lieber durch einen erklärenden coordinirten Satz, die relativische Abhängigkeit verlassend,
wiedergeben. Der Uebersetzer aber fasste , als Relativpronomen, es auf das unmittelbar vorhergehende vicus beziehend,
und erwartete dann das nomen proprium des Ortes, welches
aber nicht vorgefunden wird. Das „Diodori" des lateinischen
Textes [1]) ist nun entweder einfach eigenmächtiger Zusatz des
ersten griechischen Uebersetzers, einfach „das des Diodorus" bedeutend, oder ist eine in die vorige Zeile gerathene Dittographie
des folgenden, selbst falsch gelesenen „Diodorus"; letztere Erklärung wohl vorzuziehen. — Das „et ipse" des Folgenden ist
nun verrätherisch für den Zweck der Benennungsangabe, in
welcher es steht. Der Zweck war einfach ein etymologisch-be-
lehrender für die syrischen Leser. Man wollte einfach wissen
machen, dass der übliche Ausdruck der syrischen Kirchensprache für einen „Landgeistlichen" mit dem Worte für „Dorf,
Dörfer" eng verwandt sei. Der griechische Uebersetzer erwartete
aber an dieser Stelle wiederum nach den Eingangsworten ܩܪܝܐ,
die er als „dessen Name", „mit Namen", verstand, das n. propr.
des Clerikers. Hier hat er nun, als Grieche einen griechischen
Eigennamen suchend, das ܩܘܪܝܐ als ܕܝܘܕܪܐ „Dijôdärä" d. i. Διόδωρος gelesen. Er hat durch diese seine Unwissenheit wieder
einmal die kirchengeschichtliche Disciplin für 1500 Jahre mit
einem kostbaren Detailstück bereichert. In der altsyrischen
(Estrangelâ-) Schrift kann allerdings der in Rede stehende
Schriftzug sehr leicht so, wie geschehen, verlesen werden. In
ܩܘܪܝܐ kann das beginnende Ḳof sehr leicht nach seiner altsyrischen Gestalt [2]) als Dalath mit Jod — von den diakritischen

---

[1]) griechisch Διοδώρου, aus welchem bei Epiphanius das empfundene
Bedürfniss eines richtigen Eigennamens gar ein subst. Διοδωρίς gen. ίδος hat
entstehen lassen!

[2]) Man nehme nur der Veranschaulichung halber z. B. die aramäische
Schrifttafel bei Euting's Qolasta (Stuttg. 1867.) vor die Augen.

Punkten ist natürlich abzusehen —, das (unpunktirte) Rêsch aber natürlich als Dalath, endlich das doppelte Jôd als Rêsch erscheinen [1]).

Der biedere Landpfarrer „Diodorus" ist also einfach als existenzunberechtigt aus der Kirchengeschichte zu streichen. Der Verfasser der Acta wusste eben nur, dass der missionirende Manichäer, nachdem er in der Stadt beim Bischofe keinen Erfolg gehabt, zu irgend einem Landgeistlichen ($\chi\omega\rho\epsilon\pi i\sigma\varkappa o\pi o\varsigma$) des umliegenden bischöflichen Sprengels gegangen sei.

Man beachte auch noch Folgendes. Der arabisch schreibende Bischof Severus von Asmonina in Aegypten — Ende des 10. christlichen Jahrhunderts, um 980 — schrieb eine von Reinaudot auszugsweise übersetzte Geschichte der alexandrinischen Patriarchen [2]). An der Stelle, wo er (p. 40—48) excerptartige Mittheilungen aus den Archelausacten macht [3]), nennt er aber den betreffenden Presbyter gar nicht mit Namen, während er den Bischof als Archelaus bezeichnet, sondern sagt nur l. c. p. 42 Z. 9: abiens igitur, a quodam sacerdote hospitio exceptus, mensem circiter in eius domo consumpsit.

In dem Antwortbriefe des „Archelaus" an den „Diodorus" S. 146 ff. kommt die Anrede „Diodore" nur einmal vor und zwar kurz vor Schluss (S. 162 Z. 3 vor E.), wo man naturgemäss zum Abschied die Nennung eines Eigennamens erwartet, in der Verbindung dilectissime Diodore (syrisch ܚܒܝܒܐ ܐܘ), während dieselbe Anrede Dilectissime zu Eingang des Briefes ohne den Eigennamen gebraucht wird. An der ersteren Stelle ist der Name eben offenbar vom griechischen Uebersetzer zuge-

---

[1]) Wir sahen schon oben, wie ein ܩܘ statt des ܣ, das ist statt des Schin in der mandäischen Form, gelesen wurde in Kubricus für Šuraik. Ebenso gewiss in Σαχλᾶς statt Ḳublā (Κουβλᾶς) resp. Saḳublā, ܩܘܒܠܐ „der Gegner" (ܩܘ als ܣ und ܠ als ܩ) = ܣܘܩܒܠܐ, dem gnostisch-manichäischen Namen des Teufels, der z. B. in der Abschwörungsformel begegnet. Das ᾶς führt auf einen aramäischen stat. emph. auf â.

[2]) Historia Patriarcharum Alexandr. Jacobitarum a D. Marco . . . . . collecta ex autt. Arabicis. Paris. 1713 (ed. Euseb. Renaudot).

[3]) Ueber das literarische Verhältniss dieses Stückes des Severus zu unseren Acten s. unten.

setzt, und von eben diesem lediglich rühren auch die Ueberschriften beider Briefe her. p. 142: Archelao episcopo Diodorus
S. D. und p. 146: Archelaus Diodoro presbytero filio honorabili S.

Steht es nun aber so mit dem „Diodorus", dann erscheint
gewiss der Zweifel berechtigt, ob der Name des Bischofs, des
Helden des ganzen Stückes, historisch zuverlässiger sei als der
des Presbyters. Es ist ja von den Kirchenhistorikern längst anerkannt, dass die historische Existenz eines Bischofs Archelaus
von Cascar oder Carrae oder etwas der Art zur Zeit des Mâni
aus anderen Quellen als eben den „Acta" gar nicht zu erweisen
ist[1]). Ich mache auf die Thatsache aufmerksam, dass in den
die Disputationsstücke und die Briefe umgebenden erzählenden
Ausführungen an allen Stellen, wo er vorkommt, der Name
Archelaus immer mit dem Titel episcopus verbunden ist, oder
aber dieser Eigenname ohne Aenderung des Sinnes ganz gut mit
dem einfachen Appellativ episcopus, „der Bischof" vertauscht
werden kann. So z. B. cap. I p. 37 Z. 7: quodam in tempore
cum [Archelao] episcopo; cap. V init. praesente [Archelao] civitatis episcopo; cap. VI p. 45 vor Ende: nec ab [Archelai]
episcopi confabulatione cessabat. Ich vermuthe daher, dass unser
„Archelaus" von Haus aus nur die ungenaue Lesung des in alt-
aramäischer Schrift geschriebenen episkôpôs ܐܦܣܩܘܦܐ in
einer fundamentalen syrischen Quelle sei, die, einen kurzen
Bericht über die ersten Bekehrungsversuche der Manichäer in Südbabylonien, in der Nähe der Stadt Charax
Spasinu und deren Landschaft enthaltend, schon dem
ersten edessenisch-syrischen Verfasser der Acta vorgelegen haben
muss, und aus der er die historischen Angaben in seinem
Buche schöpfte. Bei letzterem Geschäfte aber muss er durch
den Schriftzug, in welchem die Urquelle sich darstellte, behin-

[1]) S. instar omnium Flügel in der Einleit. zum Mani (1862) S. 26. —
Recht komisch muss es nun aber erscheinen, wenn die Persönlichkeiten
„Archelaus" und „Diodorus" somit aus der Geschichte sich verflüchten,
dass der anonyme Autor des Libellus synodicus cap. 27 ed. Fabric. (bei
Routh l. c. p. 33) geradezu von einer heiligen Provinzialsynode in
Mesopotamien zu berichten weiss, veranstaltet vom Bischofe Archelaus
und vom Priester Diodorus, auf der der „höllische" (ἐρεβώδης) Mani ver-
dammt wurde!

dert und zu falschen Lesungen und daraus entstehenden lange vorhaltenden Missverständnissen geführt worden sein. Die Manichäer hatten ja einen eigenen Schriftcharakter für ihre Religionsschriften im Gebrauche, der nach dem Verfasser des Fihrist vom Mânî [1] „ebenso aus dem persischen und dem syrischen Schriftcharakter (compilirend) abgeleitet ist, wie er dies mit seiner Religion gethan hat" [2]. Und wenn selbst dem Edessener nicht eine Vorlage von direct manichäischer Hand vorgelegen haben sollte, so weiss man ja, wie im 3. Jahrhundert in Mesopotamien, Babylonien, Chaldäa, Persien, ein gährender Process der Schriftproduction sich entfaltete, als aus der altaramäisch-palmyrenischen Schrift die Uzwaresch-Schrift u. s. w. sich bildete. In diese Werdezeit wird auch die Ausbildung der specifisch man-däischen Schrift hinaufreichen, und es sei für Archelaos-epi-skôpôs speciell daran erinnert, dass mandäisches r die grösste Aehnlichkeit hat mit altsyrischem ſ (ܣ), so dass also der Anfang Ar- statt ܐܣ sich sehr wohl erklärt; altsyrisches Semkat ist ein doppeltes Ḳ, mandäisches Ḳôſ sieht in seiner aufgerichteten Gestalt dem Lamad nicht unähnlich, genug, die graphische Wahrscheinlichkeit ist nicht gering [3].

Irre ich nun nicht, so haben wir auch noch eine weitere Spur des ursprünglichen ḳurjâjâ in einem der Eigennamen, die

----

[1] edd. Roed. et Müll. p. lv; cf. Flügel's Mani S. 166 ff. Die Nachbildungen sind natürlich graphisch entstellt und unzuverlässig.

[2] انتخذ المناني مستخرَج من الفارسى والسوريانى استخرجه
مناى كما ان المذهب مركب من المجوسية والنصرانية.

[3] Spiegel citirt in der „Eran. Alterthumskunde" Bd. 2 S. 84 als einen der ältesten Autoren, welche den Mithra mit der (von ihm ursprünglich zu unterscheidenden) Sonne gleichsetzen, einen „Archelaus, Bischof von Cäsarea (sic!) um 277 n. Chr." Man ist sofort versucht, diesen Autor von Cäsarea zur Erklärung unseres isolirt dastehenden Bischofs heranzuziehen. Leider beruht aber die Existenz der ganzen Persönlichkeit lediglich auf einer bedauernswerthen Ungenauigkeit Spiegel's im Citiren der betreffenden Stelle seiner Quelle zu dem betreffenden Abschnitte, nämlich von Windischmann's Mithra S. 59 oben. Denn da steht „Archelaus Bischof von Cascar in Mesopotamien um 277 n. Chr.", also eben unsere räthselhafte Person!! Spiegel hat Cascar in Cäsarea verlesen!!

als Adressaten in jenen griechischen Brieffragmenten vorkommen, die, angeblich von Briefen des Mâni herrührend, in Bd. VII der Bibliotheca Graeca von Fabricius (ed. 2 von Harless 1801) S. 315 und 316 abgedruckt sind. Es ist der Name Κούδαρος Σαρακηνός, der Saracene Kudaros [1]). Der Anfang der richtigen Lesung ist also aus dem Syrischen richtig beibehalten, die folgenden Consonanten sind aber verlesen wie in Διόδωρος; das -δαρος steht für ܪ, denn Rêsch mit doppeltem Jôd ist als Dalath und Rêsch gelesen. —

Dass der Presbyter nun bei Epiphanius l. c. Τρύφων (Var. selbst Τρύπτων! Ob „der Zerbrechliche“, indem man an θρύπτω dachte? Der edlen Symbolik der Kvv. wäre so etwas schon zuzutrauen!) heisst, dürfte sich bei einem Blicke auf die in Rede stehende Stelle der Acta, p. 141 Routh, auch begreiflich machen lassen. Es heisst in der Ueberleitung vom Berichte über die erste Disputation zu dem Diodorusabschnitte: „Turbo vero minister Archelao traditur a Marcello, quem cum diaconum Archelaus ordinaret, in Marcelli contubernio perseveravit“ und dann Manes autem fugiens advenit — — Diodori. Diese beiden Sätze sind für Epiphanius in Einen zusammengeflossen. Sein Τρύφων ist eben nichts anderes als der „Turbo“ unserer Acta-Stelle, nicht etwa der griechische Männername Τρύφων, den z. B. bekanntlich Ptolemäus IV. von Aegypten als Beinamen führte. Die Bemerkung, dass der „Turbo“, nachdem er sich zum Christenthume bekehrt und über die manichäische Lehre berichtet hatte, dem Archelaus zur Unterweisung und Verwendung in dessen Haus übergeben sei, befremdet als eine Wiederholung des dasselbo schon enthaltenden Satzes in cap. XII post init.: — igitur Marcellus Turbonem — in Archelai episcopi domum residere praecepit. Hier wird nun aus dem ܬܠܡܝܕܐ „Schüler“, „Pflegling“ schon alsbald ein niederer angehender Cleriker, ein diaconus, und sein Name überträgt sich auf denjenigen Diaconus, der im Folgenden als Schutzbefohlener des Archelaus eine Rolle spielt. Zu der Bedeutung des syrischen ܬܠܡܝܕܐ als „Pflegling, Mündel“ ist belehrend die Stelle in den

---

[1]) Τοῦ αὐτοῦ (sc. Μάνου) ἐκ τῆς πρὸς Κούδαρον Σαρακηνὸν ἐπιστολῆς. — Ueber diese angeblichen Briefe s. weiter unten.

Homilien des Afraates p. 52 penult.: ܡܪܕܟܝ ܒܬܪܥܐ ܕܡܠܟܐ — — ܝܬܒ ܗܘܐ ܒܟܠܥܕܢ. ܡܛܠ ܬܪܒܝܬܗ ܐܣܬܝܪ. ܕܐܬܕܒܪܬ ܘܫܦܪܬ ܠܡܠܟܐ ܐܚܫܘܪܫ. ܝܬܝܪ ܡܢ ܟܠܗܝܢ ܒܬܘܠܬܐ ܚܒܪܬܗ d. i. „Mordechai sass zu jeder Zeit an der Pforte (dem Hofe) des Königs, um seines Mündels Esther willen, die herbei (an den Hof) gebracht worden war und dem Könige Achaschwerosch mehr gefiel als alle Jungfrauen, ihre Genossinnen". Der Gebrauch des Wortes bei diesem in Persien lebenden ältesten syrischen Kirchenvater, dessen Zeit, Anfang des 4. Jahrhunderts[1]), mit der Entstehungszeit des Grundstockes der Acta ziemlich sich deckt, ist besonders beachtenswerth. Ist es doch eben derselbe, der l. c. p. 51 (3. Homilie „über das Fasten") §. 6 Z. 3 ff. von den Manichäern die sehr sachgemässe Bemerkung macht, „sie übten chaldäisches Wesen, die Lehre Babels"[2]), und der Verfasser der Acta lässt, damit übereinstimmend, den „Manes" cap. XII (p. 71 oben) mit einem „babylonischen Buche" unter dem linken Arme zur Disputation kommen[3]), wenn ihm „Manes" sonst auch nur ein „Perser" und „Priester des Mithra" (p. 134 ant. m. Persa barbare . . ., penult. barbare sacerdos Mithrae) ist. —

So bewegt sich das Wort ܬܪܒܝܬܐ wie ein Proteus, bald diese, bald jene Gestalt und Bedeutung annehmend, irrlichtartig durch das ganze singuläre Schriftwerk. —

Die zwei Clerikerbriefe lassen sich sehr bequem ins Syrische zurückübersetzen. So der Anfang des „Diodorus"-Briefes: „Scire te volo, religiosissime Pater, quoniam advenit quidam in diebus istis nomine Manes ad loca nostra, qui novi testamenti doctrinam se adimplere promittit — ܠܡܕܥܟ ܨܒܐ ܐܢܐ ܐܘ ܐܒܐ ܚܣܝܐ[4]) ܕܐܬܐ ܐܢܫ ܚܕ ܒܝܘܡܬܐ ܗܠܝܢ ܒܫܡܗ ܕܡܢܝ[5]) ܠܐܬܪܘܬܢ

[1]) Er kennt die arianische Häresie noch nicht!

[2]) ܥܒܕܝܢ ܟܠܕܝܘܬܐ ܝܘܠܦܢܐ ܕܒܒܠ.

[3]) Babilonium vero librum portabat sub sinistra ala . . . Gemeint ist wohl der „Addas", das Buch Ἄδδου συγγράμματα.

[4]) Gewöhnliches Epith. der Bischöfe im Syrischen: ܚܣܝܐ „die Hochwürdigen" ist selbst geradezu „Bischöfe".

[5]) So, „im Namen des Mâni", wird im Original gestanden haben, nicht

ܪܵܫܢܵܐ. — p. 146 oben vor Ende des Berichtes: **ad haec igitur
nobis, o religiosissime Archelae. paucis rescribe: audivi enim non
mediocriter tibi esse in talibus studium**[1]) d. i. ܟ݂ܠ ܗܵܟܵܝܐ ܕܠܘܬܢ

ܢ̈: ܐܘ ܠܗܘܢ ܐܦܣܩܘܦܐ. ܚܦܝܛܐܝܬ ܕܝܩ. ܦܣܩܠܢ.
ܚܢܢ ܕܝܢ ܐܠܵܐ ܚܙܝܢܢ ܠܐ (oder ܙܥܘܪܐܝܬ) ܐܢܬ ܕܟܘ ܣܓܝ ܚܦܝܛ ܪܥܝܢܟ
ܠܗܘܢ. — Der Schluss mit seinem **incolumis mihi esto** zeigt
natürlich sofort das beliebte ܚܠܝܡܐ ܠܝ ܗܘܝ.

Der zweite Brief, das Antwortschreiben des „Archelaus"
an den „Diodorus", ist ein ziemlich ausführliches Lehrstück.
p. 146 bis 163. Der Anfang desselben lautet wörtlich ganz
ebenso wie der Anfang der ersten Homilie des Afraates
(ܬܚܘܝܬܐ ܕܗܝܡܢܘܬܐ, Tractat über den Glauben); nämlich hier:

ܐܓܪܬܟ ܩܒܠܬ ܦܫܝܩܐ ܗܕܐ ܗܘܡ ܗܘܝܬ ܚܕܘܬܐ ܣܓܝܐܬܐ ܒܗ̇ ܕܐܚܫܒܬܟ
ܠܡܚܫܒܬܐ ܗܠܝܢ ܪܡܝܬ ܚܘܫܒܟ ܐܪܡܝܬ, „ich habe deinen Brief, mein Lieber,
erhalten, und nachdem ich ihn gelesen habe, freue ich mich
sehr (wörtlich: hast du mir eine grosse Freude darüber bereitet),
dass du deinen Sinn auf diese Betrachtungen geworfen hast";
und dort in den Acten: **acceptis literis tuis valde gavisus sum
dilectissime.**

Syriasmen im Einzelnen:

S. 148 Z. 4 **numquid dehonorare oportet paedagogum**
ܕܠܡܐ ܙܕܩ [ܐܢ܂] ܗ̇ܘ ܠܡܨܥܪ ܠܦܕܓܘܓܐ ܠܛܠܝܐ. — Z. 7 **aut rursum
parvulus, qui lacte nutritus est** — ܐܘ ܬܘܒ ܠܛܠܝܐ ܐܝܢܐ ܕܒܚܠܒܐ
ܐܬܪܒܝ. — Z. 13 sind die etwas befremdlichen Worte und **beneficii sui debitor fatetur** nicht mit dem Herausgeber Routh in
die Worte: **et beneficii se debitorem fatetur** als die vermuthlich
richtigen zu ändern, sondern zu belassen. Der lateinische Uebersetzer schrieb so in Wiedergabe des griechischen καὶ τοῦ εὐεργε-

ܕܫܡܗ ܗܘܐ ܡܐܢܝ. „dessen Name Mäni war". Der Grieche hat ungenau
übersetzt.

[1]) Man sieht auch aus diesen Worten sehr deutlich, dass der Ange-
redete dem Briefschreiber lediglich durch allgemeine und besonders schriftstellerische Wirksamkeit gegen die manichäische Lehre bekannt war.

τήματος αὐτοῦ αἴτιος (oder ἔνοχος) ὁμολογεῖ d. i. „und der ihm
erwiesenen Wohlthat schuldig (theilhaftig) gesteht er sie ein“.
Der etwas harte Ausdruck, gebildet nach Analogie von „des
Todes schuldig“ d. i. eigentlich Schuldner des Todes, ist die directe Wiedergabe des Gebrauches des syrischen ܚܬܒ. Wie es
Matth. 26, 66 in Wiedergabe von ἔνοχος θανάτου ἐστίν in der
Pesch. heisst ܗܘ ܚܬܒ ܕܡܘܬܐ, mit stat. constr.-Verbindung, so
schrieb hier der Originalsyrer mit nachdrücklicher Voranstellung
des Begriffs „Wohlthat“ mittelst des relativen ܕ, gleichbedeutend
mit dem stat. constr., ܗܝ ܕܛܒܬܗ. Das
letztere ist nachträglich erklärender Zusatz: „er ist seiner Wohlthat schuldig, sie einzugestehen, so dass er sie bekennt“. Der
Uebersetzer machte aber, die Construction missverstehend, oder
um sie sich leicht zu machen, in Vernachlässigung der Conjunction, ein Verbum finitum daraus, statt zu sagen: et beneficii sui (gen. object.) debitor est ut fateatur, griechisch καὶ
τοῦ εὐεργετήματος αἴτιός ἐστι τοῦ ὁμολογεῖν.

p. 152 ant. med. video centurionem — fidem habere plus
(griechisch πλεῖον) quam omnem Israëlitam; dieser adverbielle
Gebrauch von plus, πλεῖον ist das genau wiedergegebene syrische

ܗܝܡܢ ܣܓܝ ܐܢܐ ܒܐܠܗܐ ܐܝܟ ܟܠ ܐܢܫ ܐܝܠ ܐܣܪܝܠ:

Mit cap. 47 p. 167 ff. beginnt wieder der Dialog. In Hinsicht der äusseren Einrichtung sei gleichfalls auf ein Analogon
aus der syrischen Literatur hingewiesen. Es sei daran erinnert,
dass das abwechselnde „Archelaus dixit“ und „Manes dixit“ jeden Kundigen an die Zwischenworte gleicher Art in dem von
Cureton im Spicilegium Syriacum (1853) herausgegebenen
Dialog des Bardêsân „über das Schicksal“ erinnert, an das:
ܐܡܪ ܐܘܝܕܐ, „'Uwaidâ[1]) sagte“, „Bardêsân
sagte“.

---

[1]) Der Name ist gewiss gleich dem arabischen عُبَيْدَة, das ب mit
der bekannten Erweiterung (z. B. 'Odishû').

Im Einzelnen heben wir hervor:

p. 173 Z. 4 intuere ergo quomodo Dominus meus Iesus ad necessaria discipulos aedificat¹) d. i. [Syriac text]. Das Pron. der 1. Person in [Syriac] drückt sich als Syriasmus getreu in dem „meus" aus. wie mehrmals in diesem Abschnitte, z. B. p. 175 Z. 11 Domino meo Iesu Christo. Im reinen Griechisch würde blos ὁ Κύριος stehen. Der Ausdruck „siehe her wie . . ." ist weiter ganz der des Efräm im Eingange seiner später in Abschnitt IV erläuterten Abhandlung gegen Mani.

p. 175 Z. 9 in cap. XVIII quae enim erat cura alia regis. belli dumtaxat tempore, nisi provincialium salus, nisi dispositio rei militaris — [Syriac text] [Syriac text] [Syriac text]. Auf syrisches Original führt hier besonders die ungriechische Wortstellung in: belli dumtaxat tempore, darin nämlich einmal der vorangestellte Genetiv und dann das nachgestellte dumtaxat, welches ganz das syrische [Syriac] in Wortstellung und Gebrauch wiedergibt.

p. 175 cap. XLIX post init. quod si non est passus, crucis nomen aufertur — [Syriac text]. ibid. cruce autem non suscepta nec Iesus ex mortuis recurrexit [Syriac text]. — ibid. penult. text. quod si non iudicium erit frustra erit observatio mandatorum Dei [Syriac text] [Syriac text].

p. 176 Z. 9 itu etiam nostra omnis spes²) in Beatae Mariae partu suspensa est [Syriac text] [Syriac text] (³[Syriac]).

---

¹) Sehr correcte Latinität! Ebenso dann weiter: — verba committis. statt des Conjunctivs.

²) nb. Wortstellung!

³) Doppelsinn: „Geburtsact" und „Kind", was im Syrischen beabsichtigt.

p. 184 cap. LI. Mit den Worten in der Mitte der Seite, die dem Archelaus nach der zweiten Besiegung des „Manes" als Ansprache an das versammelte Volk in den Mund gelegt werden, beginnt wieder offenbar ein neuer Lehrbrief. Seine Einleitung reicht bis p. 185 Z. 1 und hebt mit den Worten an: qualiter se quidem habeat nostra doctrina audistis [1]) u. s. w. Diese Worte lassen sich wieder Schritt für Schritt als aus dem Syrischen übersetzt erkennen. Die Schrift wird mit dem einleitenden Satze begonnen haben: ܐܝܟܢܐ ܗܟܝܠ ܕܝܢ ܡܢ ܝܠܦܬ݀. ܐܠܗܢ ܗܘܐ ܝܕܥܝܢ݀ܘܢ. ܐܝܟܢܐ ܘܡܘܕܝܢܟܘܢ ܬܫܥܝܬܐ ܠܦܬܓܡܢ. Mit den letzten Worten wird auf ein früher verfasstes, als bekannt vorausgesetztes compendium doctrinae angespielt, wohl auf die längere Rede des „Archelaus" cap. 48 und 49.

p. 184 vor Ende heisst es — — sicut Sisinius unus ex comitibus (wohl für ܚܒܪ̈ܘܗܝ) eius indicavit mihi quem etiam — vocare paratus sum. Jener bekehrte einstige Manichäer „Turbo" (nom. appell.), der im Eingange unseres Buches eine solche Rolle spielt, hiess demnach gewiss mit seinem wirklichen Namen Sisinius, ein Name, der ja in dem Fihristabschnitte als Name von Manichäern oft vorkommt. Nach diesem gab es ein „Sendschreiben an Sis"; Mâni's Nachfolger im Vorsteheramte seiner Gemeinde hiess gleichfalls Sis, der auch der griechischen Abschwörungsformel als Σισίνιος διάδοχος bekannt ist. Nach den obigen Worten ist man wohl zu dem Schlusse berechtigt, dass die zu Eingange der Acta in den Capiteln 7—11 incl. enthaltene Darstellung der manichäischen Lehre ebenso wie die nunmehr cap. 51 ff. folgenden Aufschlüsse über die „Vorgänger" des Mani direct aus der Schrift eines übergetretenen jüngeren (ܚܒܪ̈ܘܗܝ = „Turbo") Manichäers Namens Sisinius geschöpft sind, und zwar jener Lehrabschnitt wörtlich, die confusen Ausführungen über Mâni's „Vorgänger" aber nur unter Benutzung dieser Quelle und bei sonst freier Ausführung Seitens des Sendschreibers, der

---

[1]) Dieses „hören" in bekanntem Sprachgebrauche der Homilien der syr. Kvv. ist natürlich keine Instanz für den Charakter des Folgenden als einer protocollirten wirklich gehaltenen Rede. Sendschreiben der Bischöfe u. s. w. wurden ja in den altchristlichen Gemeinden vorgelesen.

gerade hier seine grandiose, plumpe, an Unwissenheit grenzende
Oberflächlichkeit in Hinsicht der syrischen Sprache und Schrift
zeigt. — Weiter heisst es dann auf derselben Seite Z. 3 vor
Ende: credidit enim doctrinae nostrae supradictus, sicut et
apud me alius Turbo nomine. Hier schimmert zunächst
einmal ziemlich deutlich die ursprüngliche appellative Bedeutung des tarbî = turbo durch, indem von einem „comes" des
„Manes" die Rede ist, d. i. einem seiner Jünger, die in der aramäischen Heimathsprache der manichäischen Religion tarbèjàthà
(im plural.) heissen, die ܣܡܘܥܘܢ sammâ'ûn des Fihrist, die
auditores des Augustin. — Sodann aber scheinen diese Worte
ein späterer Zusatz, wohl erst zur griechischen Primärüber-
setzung, zu sein. Ein aufmerksamer Leser empfand einen Widerspruch mit der Angabe des ersten Theiles der Acta, die lautet,
der bekehrte Manichäer habe „Turbo" gehiessen, und machte
so aus Einer Person, die Sisinius hiess, zwei, einen Sisinius
und einen „Turbo".

p. 185 vor Ende sei auf die ächt syrisch-patristischen Ausdrücke aufmerksam gemacht: „optimus architectus Ecclesiae"
ist ܐܪܕܟܠܐ ܛܒܐ ܕܥܕܬܐ, fundamentum Ecclesiae posuit et legem
tradidit ܣܡ ܫܬܐܣܬܐ ܕܥܕܬܐ ܘܐܫܠܡ ܢܡܘܣܐ, besonders aber
beachte man die kirchlichen Würdenamen, welche ganz die sta-
bilen Kunstausdrücke sind: „Ministri", d. i. διάκονοι, ܡܫܡܫܢܐ,
„Presbyteri" ܩܫܝܫܐ, „Episcopi" ܐܦܣܩܘܦܐ [1]).

Ganz in dem Tone eines syrischen Kirchenvaters hören sich
auch die Worte p. 186 Z. 1. 2 an: quae omnia — recte dispo-
sita — usque in hodiernum — custodiunt: — ܘܟܠܗܝܢ ܗܠܝܢ

ܕܛܟܣܐܝܬ ܡܬܕܒܪܢ — ܥܕܡܐ ܠܝܘܡܢܐ — ܢܛܪܝܢ.

Aber geradezu auffallend sind die Syriasmen des Stils und
— groben Missverständnisse zu Grunde liegender syrischer Worte

---

[1]) Die Stelle ist, worauf bereits Routh in der Note k zu S. 185 aufmerksam gemacht hat, wichtig und interessant in kirchenrechtlicher
Hinsicht. Mit den ministri d. i. διάκονοι werden also hier zu Ende des 3.
oder Anfang des 4. Jahrhunderts noch in alterthümlicher Weise alle Stufen
der kirchlichen Würde vom Presbyter abwärts zusammengefasst.

in dem wunderlichen Enthüllungsstücke über den „Scythianus"
und den „Terebinthus" und die Jugend des „Manes", welches
den Schluss der Acta bildet. Mit den Worten des cap. LI in
p. 185 Mitte: Viri fratres, superiores quidem causas Domini mei
Iesu audistis — hebt dieses Stück an und erstreckt sich bis an das
Ende von cap. LIV: — „haec cum ego cognovissem, necessarium
fuit me etiam vobis indicare quia requiritur iste a rege Persarum usque in hodiernum diem". Näher besehen erscheint uns
dieser Abschnitt wieder als ein Brief, ein Sendschreiben
eines besorgten Oberhirten, der zur Bewahrung seiner Diöcesanen
vor manichäischer Propaganda mit ihnen eine mehrere Briefe
umfassende belehrende Correspondenz unterhielt. Es setzt sich
eben wohl mit diesen Worten derselbe Brief fort, dessen Einleitung von p. 184 Mitte: qualiter se quidem etc. bis p. 185 Z. 1:
conscientiam vestram reichte. Nach deren Vorführung hatte der
Verfasser der Acta seine Vorlage mit einer erzählenden Bemerkung von der lernbegierigen Ausdauer und Anhänglichkeit der
Gemeindeglieder unterbrochen, um jetzt nach dem: cum omni
fiducia dicere exorsus est wieder zum Referiren, zum Redenlassen
seiner Vorlage, zurückzukehren. Ueberhaupt hat der spätere
Zusammensteller der Acta zu einem literarischen Ganzen auch
noch hier zum Schlusse, wie sonst, die ihm einzeln vorliegenden
Episteln mit erzählenden Zwischenstücken aus seiner eigenen
Feder verbunden. So gibt ihm der Schluss obigen Briefes, der
jetzt das Ende des cap. 54 bildet, Anlass, das schreckliche Ende
des Stifters der Häresie Mani zu erzählen. Der Verfasser
des aufgenommenen Briefes meinte mit dem Ketzer, nach welchem der Perserkönig bis auf seine Gegenwart fahnde, sicher nur
irgend einen hervorragenden manichäischen Sendboten. Sämmt-
liche Quellen berichten ja, dass nach der Hinrichtung des Mani
im Perserreiche eine schreckliche Verfolgung von dessen Anhängern durch den persischen König anhob, wobei die Bekenner
der Mani-Religion natürlich über die persischen Grenzen in die
Nachbarreiche flüchteten, zugleich um dort Mission zu treiben.
Der Compilator der Acta aber versteht jene Worte vom Mani
dem Stifter selbst [1]), und fügt daher die Darstellung des schreck-

---

[1]) Der Brief zeigt in seiner jetzigen Gestalt übrigens manche Spuren

lichen Ausganges des Verruchten hinzu. wie er vor dem Stadtthore auf Befehl des Königs geschunden und so enthäutet aufgehängt, die abgezogene Haut aber ausgestopft und aufgeblasen wurde, während der Leichnam später den Vögeln zum Frasse vorgeworfen ward. Die Naht verräth sich wieder mit den Worten cap. LV p. 195 vor Ende: quibus postea agnotis, Archelaus adiecit ea priori disceptationi, ut omnibus innotesceret, sicut ego, qui inscripsi. in prioribus exposui. Es folgt dann zu guterletzt noch der Lehrbrief, der einen gewissen Häretiker Basilides[1]) betrifft. und der gleichfalls als eine mündliche Belehrung des Archelaus, an seine Gemeinde gehalten, eingeführt wird. Dieses Stück ist unvollkommen erhalten, es bricht am Ende mitten in einem Citate schroff ab.

Hier wimmelt es nun geradezu von den stärksten Hinweisen auf syrische Originale.

Das schwerfällige, auffallende Latein der Anfangsworte des längeren Sendschreibens S. 185 med.: V. fr. superiores quidem causas etc. führt zunächst auf folgende griechische Vorlage: ἄνδρες ἀδελφοί, τὰς μὲν ἀνωτέρας αἰτίας[2]) τοῦ Κυρίου μου[3]) Ἰησοῦ Χριστοῦ ἠκούσατε, λέγω δὲ τὰς ἐκ τοῦ νόμου καὶ τῶν προφητῶν κρινομένας· τὰς δὲ κατωτέρας τοῦ σωτῆρος ἡμῶν οὐκ ἀγνοεῖτε. Er meint mit den höher hinauf, weiter oben gelegenen (ἀνώτεραι) Beweisen die älteren Beweise für Christi Gottheit u. s. w. aus dem Alten Testamente, mit den niedriger gelegenen die jüngeren, aus einer der Gegenwart näher gelegenen Zeit, nämlich aus der neutestamentlichen Ueberlieferung und der bisherigen Geschichte der christlichen Kirche. Das syrische Original

von späteren Interpolationen von der Hand ausgleichender Leser. Dahin gehört z. B. gegen Ende der Passus S. 194 Z. 15 quale et hic vidistis et audistis. Es sollen ja zwei von Archelaus gewonnene Schlachten sein. Das Einzelne dieser Art ist leicht zu erkennen, und sei als unserem Zwecke ferner liegend Anderen zum Aufspüren überlassen. Man beachte z. B. den harmonistischen Zusatz S. 186 Z. 6 adversum quem mihi disputatio iam secunda commota est.

[1]) Dass dies wahrscheinlich nicht der bekannte alexandrinische Gnostiker ist sagen wir unten.

[2]) Dies soll wohl durch das lateinische causas wiedergegeben werden, Beweise, eigentlich gerichtliche Argumente.

[3]) Dieses Pronomen ist ungriech., aber ächt syrisch: ܡܳܪܝ und ܡܳܪܝ.

wird gewesen sein: [ܣܘܪܝܝܐ ܟܬܒܐ]

[ܣܘܪܝܝܐ ܟܬܒܐ]

[ܣܘܪܝܝܐ ܟܬܒܐ]

[ܣܘܪܝܝܐ ܟܬܒܐ] ([1])

Ich vermuthe, dass das ܠ (resp. dafür das relative ܕ) nach [ܣܘܪܝܝܐ] und [ܣܘܪܝܝܐ], welches directe Ergänzungen zu diesen Begriffen einführt, „früher als Christus" und „später als Christus", im Griechischen durch den Genetiv nach den Comparativen wiedergegeben wurde. und diesen Genetiv hat der lateinische Uebersetzer missverstanden und, statt den Ablativ zu setzen, einfach beibehalten. — Die alsbald folgenden Worte: appellati sumus ex Salvatoris desiderio Christiani sind das syrische [ܣܘܪܝܝܐ] [ܣܘܪܝܝܐ], wobei also das beliebte [ܣܘܪܝܝܐ], neutestamentlich ἀγάπη, die christliche Liebe, vom Lateiner missverständlich mit desiderium gegeben wird. — Von der jetzt folgenden Stelle über die kirchliche Hierarchie war bereits die Rede. — p. 186 Z. 9 non est primus auctor huiuscemodi doctrinae; syrisch das Letztere [ܣܘܪܝܝܐ] [ܣܘܪܝܝܐ], ganz ebenso Efräm zu Eingang des Tractates in Abschnitt IV. — ibid. Z. 4 vor E. (cap. 51 Schluss): hic ergo Scythianus dualitatem istam introducit contrariam sibi, quod ipse a Pythagora suscepit. Syrisch ist dies: [ܣܘܪܝܝܐ ܟܬܒܐ]

[ܣܘܪܝܝܐ ܟܬܒܐ]

[ܣܘܪܝܝܐ]. Die hervorgehobenen Worte lauten ganz wie die des Efräm in dem später vorzuführenden Abschnitte, tragen also ihre Herkunft aus der Feder eines syrisch geschulten Clerikers an der Stirn. —

Der Eingang von cap. LII klingt ganz wie ein Satz aus einem syrischen Kirchenvater, der eine Strafrede gegen Ketzer hält: nullus tamen ita impudenter praevaluit sicut iste Scythianus; inimicitias enim inter duos ingenitos introduxit, et omnia haec quae consequuntur huiuscemodi assertionem. Syrisch:

---

[1] „wisst ihr reichlich", so viel als [ܣܘܪܝܝܐ] ܠ'.

ܕ ܙ̈ܝ ܐ̈ܦ ܐܘܚܕ̈ܐ ܐܘܚ̈ܕܐ ܐܘܚܬ̈ܐ ܐ̇ܘܚܨܝܬ̈ܐ ܢ̈ܪܝܬ̈ܘܬܐ (ܐܠܣܬܦ̇) ܐܘܚܬ̈ܐ ܗܘܐ ܐܢܐ ܙܝ ܕ
ܚܢܝܢܘܚܨܚ̈ܐ ܢ̈ܝ ܚ̈ܝ ܚܕܐ ܚܝ̈ܐ ܢܘܚ̈ܬܐ ، ܠܐ ܢܬܢ̈ܝ ܐܢ̈ܥ ܐܚܠܐ .
ܡܚܠܬܚ̈ܝ ܢܬܚ̈ ܬܩܬܝ ܕܬܩܕܚ ܢܒ ܢܨܡܝ̈ܟܐ ܐܝܪܘ ܗܘܐ ܐ̈ܬܐ ܐܢ̈ܢܘܝ̈ܝ.

Hier ist nun der Ort, um über die Entstehung und Bedeutung des auffallenden Namens „Scythianus" noch eine ab-
schliessende, das im ersten Abschnitte Gebrachte ergänzende
Auseinandersetzung zu geben. Es hiess S. 186 Mitte „quidam
ex Scythia, Scythianus nomine". Es ist durch diese Stelle, wie
wir bereits längst gesehen, handgreiflich gemacht, dass Scythianus
eben von Haus aus nur appellativ „ein Scythe, ein Mann aus
Scythien" bedeutet. Ferner liegt klar zu Tage, dass wir in
dieser Stelle lediglich nur einen Pleonasmus, eine Dittographie
haben, die freilich schon in sehr alter Zeit zur missverständ-
lichen Annahme eines Eigennamens „Scythianus" führte.
Der ursprüngliche Verfasser sagte eben nur: „ein Mann aus
Scythien", dessen Namen er nicht mehr kennt, jedenfalls
nicht nennt, „war der eigentliche Urheber der Lehre von
der Zweiheit der Weltprincipien, nicht Mani", und bezeichnete diesen Begriff zuerst nur mit dem Ausdruck „quidam
ex Scythia", syrisch ܡܣܩ̈ܕ ܢܒ ܙܪ̈ܝ, erst mit drei Worten,
wofür er dann im Folgenden ganz einfach das adjectivum rela-
tivum, „scythisch", „ein Scythe" wählt. Dieses heisst aber im
Syrischen nach ganz gewöhnlicher Bildungsanalogie, mit der Ableitungsendung -änäja, die statt des einfachen -äja wegen des
Auslautes des Grundwortes auf -ia gewählt ist. zu ܡܣܩ̈ܕ
ܡܣܩܝ̈ܕ Skútjänäja. Diese syrische Form erklärt nun alles.
Sie ist vom griechischen Uebersetzer, der leider in ihr be-
schränkter Weise schon ein nom. propr. sah, einfach im griech.
Texte beibehalten worden. Statt dass er eine der üblichen
griechischen Formen Σκύθης τις oder Σκυθικός τις (= ἐκ Σκυθίας
τις), allenfalls Σκυθηνός τις [2]) gewählt hätte, schreibt er die auffallend lange, sonst gar nicht in der Gräcität belegbare Form

---

[1]) Dieser Ausdruck ist z. B. in der Pesch. 1. Corinth. 16, 13 gebraucht.
„Er trat mit Macht auf, mit Unverschämtheit" ist gemeint. was griechisch
wohl mit ἴσχυσεν, lateinisch darnach mit praevaluit gegeben wurde.

[2]) S. Passow's Handwörterbuch s. v.

Σκυθιανός (statt Σκυθιανός), wie er ähnlich in seinem φρούριον 'Αραβίων die syrische Endung von ܟܢܘܬܐ wiederklingen liess. Der Lateiner behielt natürlich seine griechische Vorlage auch in dieser Namensform sklavisch bei, was bei ihm nicht zu verwundern. Zu bedauern ist aber, dass schon der vermöge seiner Geburt der semitischen Zunge nicht unkundige Epiphanius (haeres. 66) keine Ahnung von diesem Missverständniss des griechischen Uebersetzers hatte. Derselbe hat nämlich entweder schon lediglich die Acta in der weitverbreiteten griechischen Uebersetzung benutzt[1]) oder das syrische Original ebenso wie der Verf. der griechischen Uebersetzung missverstanden. Durch des Epiphanius Schuld aber vor Allem hat sich die Truggestalt des „Saracenen Scythianus" so viele Jahrhunderte lang in der Kirchengeschichte breit gemacht. — Uebrigens sind natürlich an der ersten Stelle S. 186 Mitte die Worte „Scythianus nomine" hinter „quidam ex Scythia" wieder ursprünglich eine in den Text gesetzte Glosse eines Lesers.

Das Wort ܣܩܘܬܝܐ Scythia, „Scythien", lesen wir übrigens, so dass wir Begriff wie Ausdruck aus einem ächten alten Syrer belegen können, z. B. in Efräm's Erklärung von genes. I, 10 (in Bernstein's Chrestomathie S. 184 Z. 11) neben Sarmatia und Turcia. — Was das Sachliche betrifft, so wissen wir bereits, dass der „Scythe" niemand anderes ist als des Mani aus Hamadàn im Partherlande gebürtiger Vater Fatak.

Die Eine Form „Scythianus" mit ihrer grammatischen Endung macht eigentlich schon allein allen Streit darüber, ob das Original unserer Acta in syrischer Sprache geschrieben war oder nicht, für den Orientalisten wenigstens, überflüssig.

Indessen es scheint fast an derselben Stelle der Acta noch ein weiterer Hinweis von gleich stringenter, ja noch stringenterer Art vorzuliegen und zwar in einem Ausdrucke, der sich uns bei weiterer Nachforschung alsbald zu Anfang von cap. LII darbietet. Hier wird nämlich (S. 187 Z. 6 u. 7 v. o.) von dem „Scythianus" die Aussage gemacht: (quique Scythianus) „ipse ex genere

---

[1]) Hieronymus sagt de vir. illustr. 72 .... qui translatus in Graecum habetur a multis. Hier. war ein Zeitgenosse des Ep.

Saracenorum [1]) fuit, et captivam quandam accepit uxorem
de superiore Thebaide. quae eum suasit habitare in Aegypto
magis quam in desertis. Täuschen wir uns nämlich nicht, so gelingt es uns hier, ein syrisches Originalwort zu Tage zu fördern,
welches nicht einfach, sondern mehrfach missbraucht, sowohl
falsch gelesen als falsch gedeutet worden ist. Es zeugt hier mit
der syrischen Sprache auch die Entwickelung der syrischen
Schrift, in die wir gleichsam einen Schritt hineingeführt werden, für die Heimath unseres Schriftstückes. —

Es muss auffallen, dass durch die ganze Erzählung der
Capitel 52—54 hindurch „Scythianus", das Adjectivum, ohne
beistehendes Substantivum figurirt; weder ein nomen proprium [2]) noch ein appellativum begleitet dieses nomen genti-
litium. Dies kann nicht das Ursprüngliche sein. Welches war
nun dieses Substantiv? Wir müssen bedenken, dass alsbald in
demselben Capitel die Geschichte vom „discipulus Terebinthus"
folgt, der den „Scythianus" in seiner Wirksamkeit ablöst. Wir
haben oben ausführlich gesehen, dass „Terebinthus" das syrische
Wort für „Zögling, Schüler" tarbithâ ‏ܬܪܒܝܬܐ‎ ist, also kein
Eigenname, sondern nur missverständlich vom griechischen
Uebersetzer zu einem solchen gemacht [3]). Dies lässt uns vermuthen, dass dem aramäischen Worte für „Schüler" ein eben-
solches nomen appellativum für „Lehrer" vorausgegangen und
mit „Scythianus" in der Urquelle verbunden gewesen sein müsse.
Welches Wort aber aus der Zahl der Synonymen hier gestanden
habe, dürfte aus folgender Erwägung sich ergeben. In unserer
Erzählung figurirt weiterhin mehrfach diese räthselhafte „Alte",

---

[1]) Wie kann ein „Scythe" zugleich geborener Araber sein!!

[2]) Der wahre Name von Mani's Lehrer und Vater, Fatak, ist dem
Schreiber des Briefes unbekannt, er fand ihn gewiss nicht in seiner alten
Quelle.

[3]) Es stand wohl im syrischen Texte: ‏ܗܘܐ̇ ܩܕܡ ܗܟܢ ܡ̇ ܠܟܣܡܝܢ‎
‏ܡܩܒܠ ܬܪܒܝܬܐ‎. Dies sollte aber blos heissen, dass in dem Heimath-
idiome des Mani „Schüler" durch das Wort turb. sich ausgedrückt findet,
womit wohl im aramäischen Uridiom des Manichäismus die auditores überhaupt bezeichnet wurden.

anus[1]), welche einmal (S. 189 Z. 10) auch vidua, eine Witwe,
heisst[2]). Für diese Persönlichkeit ist es nun zwar nicht schwer,
in dem (im Ganzen und Grossen) historischen Berichte über
Mani's Jugend, welchen der Fihrist enthält, das Original zu
entdecken. Es ist Mani's Mutter, die Gattin seines Vaters und
Lehrers, des aus „Scythien" stammenden Fatak, aber von der
Bedeutung, die sie für „Terebinthus" als Schützerin und Anhän-
gerin hat, lesen wir im Fihristberichte, wo Mani's Mutter ganz
zurücktritt[3]), nichts; es ist eben in den Acten das vom Vater
Geltende auf die Mutter übertragen. „Alt an Jahren", „Greis",
senex, senior, ist aber syrisch ܣܵܒ݂ܵܐ, sâbhâ. Dieses selbe
Wort bedeutet aber auch als Würdename und Ehren-
name den „Lehrer", „Meister", Altvorderen einer Disciplin, ganz wie im Arabischen das wohlbekannte شَيْب, und
ist das Gegenstück zu tarbîthâ, dem „Schüler". Dieses
Wort wird jenes desiderirte ursprünglich bei ܬܲܪܒܝܼܬ݂ܵܐ
gewesene Substantiv sein. Es war in der Urquelle von
einem ܣܵܒ݂ܵܐ ܣܩܘܼܬ݂ܵܝܵܐ, dem „Meister aus Scythenland",
d. i. Fatak, im Gegensatz zu dem ܬܲܪܒܝܼܬ݂ܵܐ, dem Schüler, d. i.
Mani selbst, die Rede. Das Wort ist nun aber weiter in geradezu toller Weise entstellt worden.

Barhebräus nennt in seiner syrischen Chronik (in Bernstein's Chrestomathie S. 32 Z. 13; S. 35 Z. 11) den Avicenna
einen ܣܵܒ݂ܵܐ ܪܝܼܫܵܝܵܐ, d. i. doctor princeps, hervorragender, an-
führender Lehrer, Lehrmeister, Altmeister, Schulhaupt, Schul-

---

[1]) p. 189 med. praeter anum solam quae eius particeps facta est (letzteres griechisch μέτοχος ἐγένετο αὐτοῦ, wohl die Wiedergabe eines syrischen
ܫܘܬܦܘܬܐ, sie hatte eine engere Verbindung mit ihm): 190 oben anus
illa miserta — sepeliit und dann weiter cap. 53 Anf. gavisa est valde de
morte eius: endlich p. 190 Mitte — anus illa dicta obiit.

[2]) — ad viduam quandam secessit (sc. Terebinthus) — nullo ibidem
discipulo acquisito praeter anum solam (ausser eben dieser verwitweten
Frau) quae eius particeps facta est.

[3]) Nur von ihren Träumen nach der Geburt des Sohnes Mâni, von
dessen Himmelfahrten, die sich auch hier in den Acta wiederspiegeln, wird
p. 328 Z. 7 ff. erzählt, sonst nichts.

stifter. In diesem Sinne, als Bezeichnung der Würde, nicht des Lebensalters, war das Wort in der syrischen Urvorlage gemeint, aus der der Verfasser unseres Briefes geschöpft haben muss. Der letztere hat es aber missverstanden und in dem gewöhnlichen Sinne als „Greis", senex statt senior, aufgefasst[1]), ja, weiterhin in seiner verworrenen Vermengung der Einzelheiten der Tradition sogar eine Greisin, ein altes Weib, anus, vetula, syrisch ܩܫܝܫܬܐ daraus gemacht und ܩܫܝܫ als stat. absol. femin. statt als stat. emphat. masc. gefasst.

Ein weiteres Beispiel dieser unrichtigen Erklärung des syrischen ܩܫܝܫ, als „senex" statt magister, doctor, und gewissermassen die Probe auf unser Exempel ist der Ausdruck in cap. XII S. 71 Z. 5 vultus vero ut senis Persae artificis et bellorum ducis videbatur, für syrisches: ܐܬܚܙܝ' ܕܝܢ ܐܝܟ' ܕܗܘܝܐ ܚܙܘܗ ܕܚܟܝܡܐ ܐܘܡܢܐ ܦܪܣܝܐ (oder ܕܐܙܠܐ') ܕܗܘܐ ܢܨܝܚܐ ܩܪܒܬܢܐ ܗܘܐ, —

d. i. sein Aeusseres war das eines kunstfertigen persischen Weisen (Gelehrten, Lehrmeisters) und zugleich das eines Feldherrn. Dass senex nicht in dem Sinne von „Alter, Greis" gemeint ist, lehrt schon der zweite Satz; ein Mann, der wie ein General aussehen soll, kann Einem nicht einen greisenhaften Eindruck machen. Ausserdem ist Mani historisch gar nicht in das Greisenalter gelangt, sondern erst 60 Jahre alt gekreuzigt worden[2]), und zum Ueberflusse gibt Severus von Asmonina (bei Reinaudot, Hist. patr. Alex. p. 41) in seinem doch immerhin zweifellos unter irgend welcher Bekanntschaft mit unserer Redaction der „Acta" verfassten Disputationsexcerpte ausdrücklich an, „Mani" sei zur Zeit der Disputation mit Archelaus erst 35 Jahre alt gewesen. Ja auch wenn die Ueberlieferung, die der Schreiber dieser historischen Einleitung der „Acta" wiedergibt, in Wirklichkeit nicht auf den Stifter selbst, sondern einen

---

[1]) Für diesen Bedeutungsübergang cf. z. B. den Ausdruck ܐܣܟܡܐ ܕܩܫܝ̈ܫܐ ܢܟܦܐ' d. i. die gesetzte Haltung alter Männer (oder auch von Würdenträgern) Bernst. chrestom. syr. p. 214 Z. 13 aus Acta martyr. ed. Ass. t. II p. 190.

[2]) S. meinen Artikel „Mani und die Manichäer" in Herzog's Real-Encyclopädie 2. Aufl. Bd. IX S. 233 oben.

Sendboten des gestorbenen Stifters geht, so ist zu bedenken, dass ein Greis sich schlecht zum Missionär eignet.

Die ächte Bedeutung in der Modification „Herr", „Gebieter", schimmert vielleicht in der Erzählung von der „Herrin" des „Sklaven" [1]) Corbicius - Manes durch, die der Autor unseres Stückes in seiner sogenannten „Enthüllung", in Wahrheit einer verworren - phantastischen, homilieartigen Variation über einzeln herausgegriffene Details der ächten manichäischen Urtradition, schliesslich auch noch auftischt. Die markanten Ausdrücke sind an der betreffenden Stelle (cap. 53 post init.) ad ministerium (ﻣﺸﻤﺸﺘﺎ, Dienstleistung) comparavit sibi puerum d. i. ﺗﺮﺑﻴﺘﺎ „Zögling" in der Bedeutung „Sklave". παῖς, literis erudivit (wie ein Lehrer!) und weiter sepulta domina. So ist also der ursprüngliche scythische Lehrmeister des Schülers — sàbhà und tarbithà in ihrer Originalbedeutung — alsbald zu dem Herren eines Sklaven und wieder zu einer alten Frau, die sich einen Knaben als Diener kauft, geworden [2])!

In der Ausführung über die grosse Gelehrsamkeit des „Scythianus" haben wir lediglich einen gut bewahrten Zug der Tradition über Fatak's geistige Bedeutung zu sehen. Dass Mani's Vater Fatak ein geistig hochbegabter, ebenso unterrichteter wie wissbegieriger Mann, selbst schon der Begründer einer neuen Religionsrichtung war, sagt der Fihrist direct, und diese Angabe ist durchaus glaubwürdig [3]). Woher hat aber dagegen der Verfasser von Acta 51—54 seine Kenntniss von den grossen Reichthümern des Scythianus und seiner Erben an Geld und Gut? Der Fihrist und sonstige alte orientalische Quellen wissen von Mani's ererbtem Reichthum gar nichts. Wir haben oben (Abschn. I S. 57 ff.; ibid. Anm. 3) versucht, diesen Zug als Ausbeutung der Nachricht zu erklären, „Scythianus" sei ein ge-

---

[1]) für: der sàbhà des tarbithà!

[2]) Bei dieser Erfindung scheint der dem Schreiber bekannte Umstand zu Grunde zu liegen, dass die manichäischen Electen sich Knaben hielten, die ihnen die von den Auditoren gebrachten Früchte zur Loslösung des darin gefangenen Lichtes essen helfen mussten.

[3]) Seltsam ist beim ersten Blicke nur die Beilegung speciell ägyptischer Weisheit und eines längeren Verweilens in Aegypten (und Judäa); doch wie dies zu verstehen sein dürfte, werden wir alsbald sehen.

borener Saracene, Araber (quique Sc. ipse ex genere Saracenorum fuit cap. 52 post init.) gewesen, uns auf die Anschauung stützend, welche die Griechen und Römer mit dem Begriffe der Araber verbinden. Dies trifft sicher das Richtige. Die Schätze des Ketzerpatriarchen sind nur eine phantastische Paraphrase, eine erdichtete homiletische Variation des Schreibers über den thematischen Begriff „Saracene", und diese verdankt ihre Entstehung wieder allein dem erbaulichen Zwecke des Epistolographen, seinem Adressaten zu zeigen, wie der verführerische, angestaunte Allwisser Mani nicht nur all' sein Wissen (aus dem gottlosen „Aegypten"), sondern auch all' seine Habe von reichen Vorgängern habe, selbst aber nur ein erbärmlicher Bettler und Habenichts, ein Dieb, der Andere bestiehlt und das Ihrige sein eigen nennt, und sogar — von Haus aus ein verächtlicher Sklave, mit Einem Worte, ein — „Lump" sei. Indessen könnte man den Beweis erfordern, dass wie für die Occidentalen, so auch für die Orientalen, denn das sind doch die syrisch-mesopotamisch-babylonischen Autoren der Acta, „Araber" und „Reiche" identische Begriffe seien. Auf der anderen Seite aber muss man hier immer wieder fragen, wie es mit der Glaubwürdigkeit dieses Uraraberthums selbst von Haus aus steht, ob „Scythianus", also der geborene Scythe, in Einem Athem ein Mann „aus dem Geschlechte der Saracenen" genannt werden kann. Der oben geführte Hinweis auf das Hineinwirken ächt arabischer Charakterzüge in die urmanichäische Lehrbildung —, am stärksten im ursprünglichen Namen des Mâni: Šuraik hervortretend, könnte vielleicht nicht genügen, um den Fatak-Scythianus selbst geradezu einen geborenen Saracenen (ex genere Saracenorum) zu nennen [1]). So wichtig dieser arabische Factor namentlich für die genetischen, verwandtschaftlichen Beziehungen des Manithums zu anderen Religionen ist, und so unbestreitbar sein Vorhandensein bleibt, so dürfte doch für jene auffällig-

---

[1]) genus, γένος (syrisch ‎ܡܐܢܐ‎) könnte hier auf keinen Fall etwa in dem Sinne von Lebensrichtung, Art zu leben und zu glauben, arabisch مَذْهَب, stehen, weil alle folgenden Angaben in cap. 52 eigentlich ethnologisch zu fassen sind, von der Nation, nicht übertragen von der Sitte.

widerspruchsvolle Bemerkung eine directere und einfachere Erklärung sich bieten. Der syrische Verfasser unseres Briefes, syrischer Buchgelehrsamkeit mit Sprache und Schrift nur wenig
kundig, wie er war, fand in seiner ihm vorliegenden Urquelle,
dem alten Berichte eines südbabylonischen Zeitgenossen über
die ersten Anfänge der Manireligion und ihres Stifters, allerdings noch das Substantiv ṣâbhâ neben dem sķûtjânâjâ. Es war
darin von dem ܣܟܘܼܬ݂ܝܵܢܵܝܵܐ ܨܵܒ݂ܵܐ die Rede. Der benutzende
Nordmesopotamier, unser Briefschreiber, verstand diese Worte
aber nicht. Er trennte sie, machte aus dem ܣܟܘܼܬ݂ܝܵܢܵܝܵܐ sein
nomen proprium „Scythianus“, das die Kirchenhistoriker so lange
äffen sollte, und verstand ܨܵܒ݂ܵܐ von — Saba d. i. Südarabien,
dem schätzeberühmten, dessen Könige an der bekannten Stelle
psalm. 72, 10 dem Könige Israels reiche Geschenke bringen [1]).
So schrieb er dann frischweg die interessante Neuigkeit an seine
Gemeindeglieder: ܗܵܘܵܐ ܗܵܝܕ݁ܝܢ ܗܘܵ ܣܟܘܼܬ݂ܝܵܢܘܿܣ ܨܵܒ݂ܵܝܵܐ
ܨܵܒ݂ܵܝܵܐܐ (respective ܨܵܒ݂ܵܝܵܐ). Was die Bedeutung von ܨܵܒ݂ܵܝܵܐ anbelangt, so sei auf Assem. B. O. t. II p. 268 col. 1 lin. 12 a fin.
verwiesen, wo die erklärende Bemerkung steht ܨܵܒ݂ܵܝܵܐ ܗܝ ܣܵܪ̈ܩܵܝܵܐ
Saracene das ist Araber. Auf diese Weise entsteht also wohl
die arabische Geburt des Scythianus — aus naiver Unwissenheit, seine Reichthümer aber entstehen sicher aus dem Begriffe „Araber“, dessen Nebenbegriff „Reicher“ eben durch jene
Psalmstelle auch für die orientalische Kirche erwiesen wird.

Es scheint nun aber, als wenn unserem biederen besorgten
Briefschreiber-Seelsorger in seiner Hast und Angst noch alsbald
ein weiterer Schnitzer passirt wäre, als wenn das böse dunkle
Wort ܨܵܒ݂ܵܐ noch eine weitere unheimliche Gestalt geboren hätte.
Wie in aller Welt kann die Gattin des Fatak-Scythianus, die
er „aus der oberen Thebais“ sich geholt hatte, eine Gefangene
genannt werden (..... captivam quandam accepit uxorem de
superiore Thebaide ...)? Der Verschlechterungseifer der ortho-

---

[1]) Pesch. ܢܸܣܒ݂ܘܼܢ ܩܘܼܪ̈ܒܵܢܹܐ ܡܲܠ̈ܟܹܐ ܕܡܸܫܒܵܐ ܘܣܒ݂ܵܐ ܟܠ,
hebräisch מַלְכֵי שְׁבָא וּסְבָא אֶשְׁכָּר יַקְרִיבוּ.

doxen Kirchenväter ist ja freilich sehr erfindungsreich. Epiphanius macht aus dem Weibe des Scythianus dann weiterhin
eine Hure, die jener aus einem öffentlichen Hause zu sich
nimmt [1]). Aber die Bezeichnung als „Gefangene" ist doch so
seltsam, dass sie nicht aus blosser Phantasie, sondern aus irgend
einer durch die Ueberlieferung gegebenen Notiz entsprungen sein
muss [2]). Man kommt gewiss leicht darauf, dass der Schreiber
des cap. 52 der Acta in seiner Quelle jenes schon einmal missverstandene, unvokalisirt geschriebene Wort ܣܒܐ mit dem wohlbekannten syrischen Verbum ܫܒܐ ṣ̌bhā gefangen nehmen.
(part. pe'il ܫܒܐ captus. femin. absol. ܫܒܝܐ, emphat. ܫܒܝܬܐ
captiva) zusammengebracht und so zum zweiten Male verkannt
habe. Er muss nämlich weiterhin in seiner Quelle die Worte
gehabt haben: ܘܐܢܬܬܗ ܕܗܘ ܣܒܐ ܣܩܘܬܝܐ „und das Weib des
scythischen Meisters" sc. „war aus dem Oberlande" (ܐܝܬܝܗ ܗܘܬ
ܡܢ ܪܝܫܐ) und wurde dann auf jenes Missverständniss gebracht,
indem er deutete: „und das Weib, welches Scyth. gefangen
genommen hatte", wobei er wohl an die Raubzüge der „Saracenen" gedacht haben mag. Indessen diese Verlesung — denn
eigentlich ist es schon eine solche, nicht eine einfache Miss-
deutung — ist, trotzdem dass psalm. 72,10 ܫܒܐ und ܣܒܐ zusammen stehen, weil hier ganz offenbar das Wort ܣܒܐ senior
dem Schreiber vorlag, nur vollkommen begreiflich, wenn er ge-
wohnt war, in der ihm vorliegenden Zeichnung des beginnenden
S-Lautes ein Schin, nicht Semkat, zu sehen. Diese Gestalt,
wie ein Semkat in gewöhnlicher Schrift, hat aber das Schin
bekanntlich in der mandäischen Schrift. Daraus darf
dann gewiss nicht zu kühn gefolgert werden, dass der Urheber
dieser Verlesung ein an mandäischartige Schrift gewöhnter, also
ein Südbabylonier war. Dies ist also ein willkommener,

---

[1]) Epiphanius redet von einem γύναιον, welches durch πορνεία be-
rüchtigt geworden.

[2]) Die räuberischen Araber machen freilich auch auf ihren Streifzügen
Weiber zu „Gefangenen", und es passt gut zur Färbung des Ganzen, wenn
das Ketzerweib ebenso wie der Ketzerschüler ursprünglich Sklaven waren,
aber zur Erklärung genügt das alles nicht.

probebildender weiterer Beweis für unsere Annahme, wo die
Scene der „Disputation" des „Archelaus" mit dem „Manes"
zu suchen ist. Es war also, nach dem wirklichen Thatbestand ausgedrückt, die Heimath des Verfassers der einen und
Bearbeiters (Redactors) der anderen Einzelstücke Südbabylonien, vielleicht bestimmt die Stadt Charax Spasinu und
Umgegend. Er hat ein Estrangelàzeichen (Semkat) als ein
heimisches (als Schin) gelesen [1]). Wir sehen also, dass dieser
locale (provinzielle) Unterschied der aramäischen Schriftarten
schon in dieser alten Zeit, Ende des dritten resp. Anfang des
vierten Jahrhunderts nach Chr., bestand, aus welcher Zeit uns
sonst noch lange keine mandäischen Handschriften erhalten
vorliegen [2]).

Weitere Syriasmen:

S. 189 Z. 8 vor Ende: ascendit solarium quoddam excelsum
ܗܡܢ ܣܟܠܬܐ ܕܡܣܐ; sachlich denke man bei dem solarium an
die Etagen- und Pyramidenbauten der Chaldäer. — S. 190 Z. 1
sub terras detrudi, wohl für griechisches κάτω εἰς γῆν, hinab auf
die Erde gestürzt werden, nach syrischem ܩܒܥܬܗܝ ܩܒܥ
ܒܐܪܥܐ'. — ibid. Z. 9 (cap. 53 init.) erat enim multum pretii
syrisch ܕܛܝܡܐ, ܛܝܡܐ (z. B. Matth. 27, 7 Pesch.), aus welchem stat.
constr. sich hier die Genetivconstruction allein erklärt. — ibid.
lin. paenult. steht: effectus igitur puer ille annorum prope sexaginta. Diese Worte bedeuten: es erreichte also dieser ein Alter
von 60 Jahren, und „puer" ist die plumpe Uebersetzung des syrischen ܒܪ bei Altersbestimmungen, hier also ܗܘܐ ܗܟܝܠ ܒܪ ܫܢܝܐ
ܫܬܝܢ, woraus der Uebersetzer einen „Knaben von 60 Jahren"
gemacht hat. — S. 192 cap. 53 extr. nunquam cessarunt alie-

---

[1]) Auf undeutliche Schrift der Originale resp. Verlesungen führen auch
die entstellten Eigennamen in den Titeln der manichäischen Sendschreiben,
Fihrist I S. 336/37, sowie z. B. die Entstellung des Namens der „Mutter"
des Mani im Eingang des Fihristberichtes.

[2]) Die ältesten uns erhaltenen Handschriften der mandäischen Literatur sind nicht älter als das 16. Jahrhundert nach Chr., die Composition
der meisten Stücke des „Grossen Buches", seien ihre Grundlagen auch
alt, erst nach dem Aufkommen des Islams anzusetzen. s. Nöldeke. Mand.
Grammatik (1875) S. XXI u. XXII.

nam hanc — inserere doctrinam لܟܢܐ — ܣܘܡܚܢܐ ܡܢܗ ܕ
ܣܝܡ ܢܘܗ ܠܝ. ganz so wie zu Eingang des später (Abschnitt IV) übersetzten Efrämtractates. — S. 195 post med. Die hier gebrauchten Ausdrücke in dem Berichte über die Schindung sind ganz die des Efräm. Die syrische Grundlage ist hier ganz unbestreitbar; iussit eum ante portam civitatis excoriatum suspendi et pellem eius medicamentis infectam inflari. carnes vero volueribus dari iussit d. i. syrisch ܡܛܡ. ܢܬܠ ܥܡܪܐ
ܠܥܘܦܐ ܐܝܟܢܐ ܦܩܕ. ܘܡܬܚܗ ܘܥܠܠܝܗ ܗܘ ܢܣܝܢܐ ܘܣܡܡܢܐ
ܘܡܚܗܐ ܢܦܫܗ ܠܟܠܗܝ.

Auch das angebliche Basilides-Fragment muss aus einem syrischen Originale übersetzt sein. p. 197 l. 8 tertius decimus liber tractatuum etc. ist syrisch ܡܐܡܪܐ. Abhandlungen, wie die des Afraates überschrieben sind, Homilien. Die Schlussworte Anfangs des Basilidescitates p. 197 pen. u. folg. und zugleich des ganzen Buches der Acta in seiner jetzigen Gestalt, erinnern im Einzelausdrucke und in der ganzen Construction direct an die Worte Efräm's l. c.: „desine ab inani — requiramus autem magis quae de bonis et malis etiam [1]) barbari inquisierunt": ܡܛܡ ܠܟ ܡܢ ܣܪܝܩܐ. ܢܒܥܐ ܕܝܢ ܝܬܝܪܐܝܬ ܐܝܠܝܢ
ܕܥܠ ܛܒܐ ܘܒܝܫܐ ܐܦ ܒܪܝܐ ܒܥܘ ܗܢܘܢ.

Ich glaube nun aber weiter deutlich zu erkennen, dass der Verfasser jener von uns eliminirten alten Estrangeläquelle, aus der der unwissende südbabylonische Verüber der Fabelei Acta cap. 52 seine Angaben heraushob, ein nordmesopotamischer Christ war, der ursprünglich dem Judenthum angehörte. Wie kommt es, dass es vom „Scythianus" heissen kann, er habe seine Weisheit aus Aegypten geholt? Seine Frau stamme „aus der oberen Thebais" und habe ihren Mann veranlasst, aus der Wüste nach Aegypten überzusiedeln? Endlich, „Scythianus" habe einen Abstecher nach Judäa gemacht, um da mit den jüdischen Schriftgelehrten theologische Disputationen zu halten?! In Wirklichkeit kann Fatak nie in Person in Aegypten und

---

[1]) starker Syriasmus, ganz das syrische ܐܘ in Gebrauch und Stellung!

Judäa längere Zeit gelebt haben. Denn der Fihrist weiss nur
von einer Uebersiedelung desselben von Hamadän nach Babylonien. Was soll den Fatak auch von Babylonien nach Aegypten
geführt haben? Ein „Handelsmann", ἔμπορος bei Epiphanius,
ist er von Haus aus nicht. Der Hauptertrag seines angeblichen
ägyptischen Aufenthaltes besteht nach der ältesten Version, der
der Acta, in der Erlernung der ägyptischen Weisheit[1]). Dies
leitet auf die rechte Fährte. Von wirklichen, ächt ägyptischen
Elementen ist in der Manilehre keine Spur. Aegyptische
Weisheit ist vielmehr ganz gewiss Verkleidungsname
für altbabylonisch-chaldäische. Es ist eine Bezeichnung
für die alte Priesterweisheit, die Religion des Zwischenstrom-
landes, die sich uns als die wirkliche Grundlage des altmanichäischen Lehrsystems bei näherem Eindringen herausstellen
wird. Dieser Gebrauch des Pseudonyms „Aegypten" und Verwandtes für „Altbabylonien" geht durch das ganze Acta-Buch
hindurch. So bedeutet vielleicht auch an der schon behandelten
Stelle des c. 36 (p. 134 ed. Routh) die „Sprache der Aegypter",
die neben der der Griechen und der Römer eine hochgebildete,
dem barbarischen Perser unbekannte, heisst, nichts anderes als
die heilige Sprache der altbabylonischen Religionsurkunden, die
selbst dem erzürnten christlichen Ketzerbestreiter Achtung gebietet; — die wir heute als Akkadisch-Sumerisch näher kennen[2]).
Aber warum ist der directe Ausdruck: „chaldäische" oder „babylonische" Weisheit vermieden werden? Das erklärt sich
sehr leicht aus dem üblen Klange dieses Namens zu der damaligen Zeit, ja schon seit den letzten vorchristlichen Jahrhunderten, in der griechisch-römischen Welt. Denn „chaldäisch"
und „babylonisch" bedeutete da geradezu: „Zauberer, Gaukler,
astrologischer Betrüger"[3]), siehe oben. Wenn man nun dafür

[1]) Es heisst zunächst von Scythianus (S. 187 Z. 7 vom Ende) valde
dives ingenio, dann erst et opibus, ersteres mit der anerkennenden
Bemerkung: ut quod verum est dicamus.

[2]) Hiernach wäre die oben gemachte Beziehung auf den griechischen
Dialekt der ägyptischen Kirche zu rectificiren.

[3]) Nur einmal, im ersten Theile gegen Anfang (cap. XII p. 71 Z. 2)
wird direct von einem liber Babilonius gesprochen, den der ankommende
„Manes" sub sinistra ala portabat. Hier war aber gerade der Eindruck
des verächtlichen Gauklers bei der ganzen Beschreibung beabsichtigt.

ägyptische Weisheit sagte, so erklärt sich diese versteckte
und zugleich sprichwörtliche Redeweise aus dem Ansehen
der ägyptischen Weisheit im Alten Testamente. Es sei für
diesen Gebrauch statt aller anderen Belege nur auf Jesaia XIX,
11. 12 verwiesen, sowie auf 1. reg. V, 10, wo Salomo's Weisheit
noch „grösser als alle Weisheit Aegyptens", מכל חכמת־מצרים
heisst. Eine derartige Bildersprache führt aber auf ein Einge-
lebtsein in die alttestamentliche Redeweise, wie sie nur ein ursprünglich dem Judenthum entstammender Christ besitzen konnte. Was dieser juden-christliche Verfasser der in
cap. 52 benutzten alten Quelle über die Anfänge des Manichäismus nun noch bildlich gemeint und gesagt hatte, das fasst der
Urheber des jetzt vorliegenden Stückes bei seiner Benutzung im
eigentlichen, geographischen Sinne und weiss daher von einer
grossen „Reise" des „Scythianus" nach dem Nillande (. . . illa
provincia suscepisset . . .) zu erzählen. — Ist also das „Aegypten"
des cap. 52 nichts anderes als Babylonien, so ist die „obere
Thebais", aus der seine Frau stammt, das nördliche medisch-
parthische Bergland mit Hamadàn, woher nach dem Fihrist Fatak
stammt und nach Babylonien auswandert. Von dieser Wanderung der Eltern des Mani nach dem Süden zeigt sich hier in
den „Wanderungen" des Scythianus ein Wiederschein bewahrt.

In gleicher Weise ist dann in der Notiz cap. 53 S. 191 von
den Ländern, in die die manichäischen Sendboten (von Charax
Spasinu aus) gehen, von den superiora illius provinciae loca,
das „Aegypti partes" (dort Thomas) von Babylonien, und das
„Scythiae partes" von Medien zu verstehen. Nach dieser Erkenntniss betreffs des Ausdruckes „Aegypten" fällt für uns aber wie
von selbst das andere Räthsel fort, das der in Rede stehende
Passus nun alsbald weiter bietet. Dies ist nämlich der angebliche Aufenthalt des „Scythianus" zur Zeit der Apostel (!) in
Judäa (S. 188 oben), wo er mit allen, die in Religionssachen
für Autoritäten galten, disputirt habe, aber ohne für seine eigene
Lehre Propaganda zu machen. Das „discurrere in Judaeam"
S. 188 Z. 4, zu welchem sich Scythianus entschliesst, ist lediglich
lich uneigentlich von einem Abstecher nach Judenland zu verstehen, nämlich vor allem von gelehrter Beschäftigung mit
jüdischen Religionsschriften, dann wohl auch von münd-

lichen Auseinandersetzungen mit gelehrten Juden Babyloniens![1])
Auch dieser Ausdruck spricht sehr für einen juden-christlichen
Gewährsmann, wie der erstere. Dass bereits Mani's Vater sich
gründlich mit den jüdischen Dogmen beschäftigt habe, ist durchaus
glaubwürdig. Dass aber auch Mani selbst mit dem Judenthume sich viel zu thun machte, dass er nicht mit dem Alten
Testamente, sondern dem Judenthume im eigentlichen Sinne, der
religiösen Ueberlieferung, Sage und Theologie der babylonischen
Juden des dritten Jahrhunderts, sehr viele directe Berührungen
gehabt habe, zeigt am bestimmtesten die Analyse seiner Anthropogonie nach dem Fihrist. Die dortigen Theologumenen über
die Ausbreitung der Protoplasten über Adam, Kain u. s. w., sind
denen der jüdischen Midraschlehre sehr eng verwandt. Von dem
in der Wirklichkeit grundlegend gewesenen Proselytenthume des
Fatak und des Mani bei den babylonischen Mughtasilah, über
das wir durch den Fihrist genaue Nachrichten haben, sagen die
Acta an dieser Stelle direct nichts. Indess dies kann uns bei
dem geringen Wissen des Verfassers und in Anbetracht der Abgeschlossenheit der Wohnsitze jener Secte in den Sumpfland-
schaften nicht verwundern. Indessen die Sache ist doch auch
hier angedeutet durch den Passus, Scythianus habe sich durch
seinen „Terebinthus" die vier Bücher mysteria, capitula, evangelium und thesaurus schreiben lassen[2]), mit denen gewiss die
so, jedenfalls ähnlich — nach den mandäischen Büchertiteln zu

---

[1]) Es sei hier zu erwähnen nicht vergessen, dass eine solche verkleidete
Länderbezeichnung bereits als Gewohnheit der Verfasser assyrischer Inschriften zu belegen ist. Die Assyrer der späteren Zeit, König Sargon
und die nachfolgenden, bezeichnen mit den Namen ihnen naheliegender und
bekannter Gegenden in spielender Art Gebiete des Auslandes, so mit den
Namen der babylonischen Landschaften Magan und Miluha versteckt die
Länder Aegypten (Musur) und Aethiopien (Kusi), mit Akkad das entfern-
tere Armenien (Urartu). s. Schrader, Keilinschriften und Geschichtsfor-
schung (Giessen 1878) S. 282 ff. Ed. Meyer, Geschichte des Alterthums
Bd. I (1884) S. 458 u. 459.

[2]) Von welchen Schriften S. 191 noch bestimmter gesagt wird, dass
Corbicius-Manes sein unnatürlich (super omnem hominem) umfassendes
Wissen von allen Seiten zusammenstudirt habe, diligentius tamen. vornehmlich aber, haec didicit quae in illis quatuor libellis contineban-
tur. Sehr wichtig für die Genesis der Manireligion.

schliessen — betitelten Schriften jener Richtung gemeint sind.
die sich Fatak verschaffte und zum Studium durch seinen Sohn
und Schüler copiren liess'). Kleinere Tractate können es nur
gewesen sein, und dazu stimmt die Bemerkung cap. LIII Anf.
. . . quatuor illos libellos quos Scythianus scripserat, non mul-
torum versuum singulos . . . recht gut. — Auch entdeckt man
an unserer Stelle einen Nachklang der Ueberlieferung im Fibrist,
dass Mani's Vater seinen Sohn bald nach dessen Geburt. unter
Aufhebung des ehelichen Verkehrs mit seiner Frau, an den Ort
geholt habe. wo er selbst in Abgeschlossenheit der religiösen
Meditation (bei den Mughtasilah) nachging: S. 188 Z. 3 quia
aliquantum temporis secum isti ambo (Scythianus und Terebinthus) decreverant soli habitare etc., dazu der Araber: (Fatak)

انفذ فتحمله الى الموضع الذى كان فيه فربى معه وعلى ملتنة.

Die Mittheilungen über den Scythianus an unserer Stelle
sind auch wegen einer gewissen zeitlichen Nähe des Schreibers zu dem Berichteten von Werth. Dies wird man aus den
Worten folgern müssen, mit denen der Schreiber seine Charakterisirung des Scythianus als eines geistig hochbegabten Mannes
(S. 187 Z. 7 vor Ende) beschliesst. Sie lauten: — — sicut hi
qui sciebant eum per traditionem nobis quoque testificati sunt').
Der Verfasser lebte also noch mit Leuten zusammen, die vom
„Scythianus", d. i. von Mani's Vater, von ihren Vätern hatten
erzählen hören. Dies führt uns drei Generationen nach Fatak,
also etwa an das Ende des dritten Jahrhunderts. Somit widerspricht diese Stelle in schroffster Weise der verrückten Aussage
cap. LI S. 186 med., Scythianus habe apostolorum tempore
gelebt. Zu dieser unüberlegten Confusion. zum Widerspruch mit
sich selbst gelangte er dort aber durch die Tendenz, den ent-
deckten eigentlichen Urvater der manichäischen Ketzerei mit

') Die Worte S. 187/88 et erant ei isti quatuor libri, et unus discipulus
nomine Terebinthus sind eine reine Wiederholung des direct vorher Ge-
sagten, können leicht ausgeschieden werden und werden die eingedrungene
Randbemerkung eines Lesers sein.

') ܘܗܘ ... , sehr gut ins Syrische zurückzuübersetzen.

den Urketzern der Apostelzeit möglichst nahe zusammenzu-
tragen. —

Was den Ort des Schreibers (dieses letzten Abschnittes
wenigstens) betrifft, so verräth er sich durch die Stelle S. 188
med. ... Babyloniam petiit[1]) quae nunc provincia habetur a
Persis quaeque abest nunc a locis nostris itinere dierum et
noctium ferme sex. So schreibt Jemand, der zwar ausserhalb
des persischen Gebietes, doch nicht weit (nur 6 Tagereisen) von
der persischen Grenzprovinz Babylonien entfernt lebt und zwar
zu einer Zeit, wo die Eroberung Babyloniens durch die Perser,
d. i. die ersten Sasaniden, noch nicht lange geschehen war. Alles
dies führt auf das römische Nordmesopotamien, Edessa und Nachbarschaft, auf die Zeit um 300—325 nach Chr. —

Wir heben noch einige werthvolle Einzelheiten in diesem
letzten Theile hervor. Werthvoll, d. h. historisch, erscheint mir
die Angabe von den beiden persischen Priestern (S. 188. 189),
die mit dem „Terebinthus", d. i. Mani, siegreich disputirt haben
sollen[2]). Die persischen Priester brachten den Mani thatsächlich
zu Falle, nachdem sie seine Lehre beim Grosskönige als verkehrt
und als staatsgefährlich aufgezeigt hatten. Auch entspricht es
dem religionsgeschichtlichen Charakter der Zeit, dass Mithra
hier als die persische Gottheit schlechthin erscheint. Diese schon
in der Achämenidenzeit nächst Ahuramazda meistverehrte Gottheit stand in dem restaurirten sasanidischen Parsismus oben an.
Dazu hatte sich ihr Cultus im dritten Jahrhundert nach Chr.
längst weit über den Eufrat hinaus nach Westen verbreitet. Es
waren, freilich unter Aufnahme nichtparsischer, nämlich besonders babylonisch - chaldäischer Elemente, jene viel gefeierten
Mithrasmysterien entstanden[3]), in denen Mithras ebenso wie
Ahuramazda geradezu mit der Sonne identificirt wird, und auf

---

[1]) Nämlich „Terebinthus", d. i. Mani. Nach seines Vaters Tode wird
er aus dem Südlande, Chaldäa resp. Mesene, nach dem weiter nördlich gelegenen Theile des Zweistromlandes, dem eigentlichen Babylonien, gewan-
dert sein.

[2]) Ueber die wahrscheinliche sprachliche Richtigstellung der Namen in
Pacorus und Labracus s. oben S. 87.

[3]) S. Windischmann, Mithra (1857) S. 58 ff. Spiegel. Eranische
Altertbumskunde Bd. 2 S. 84 ff. Justi, Geschichte Persiens (1878) S. 93.

die wir auch hier durch die Acta direct geführt werden. Der
Ausdruck (Labdacus) Mithrae filius S. 189 Z. 1 bezeichnet einen
Eingeweihten, Adepten der Mithrasmysterien, und zwar einen
niederen Grad[1]). Dagegen der Ausdruck ebenda (Parcus) pro-
pheta (sc. Mithrae) bezeichnet den Mystagogen, Leiter derselben
Mysterien, oder allgemein einen höheren Grad derselben Weihen.
Ja, an einer früheren Stelle der Acta (S. 134 Ende) wird die
bekannte Mithrashöhle ganz deutlich vorgeführt in den Worten
barbare[2]) sacerdos Mithrae — solem tantum coles, Mithram,
locorum mysticorum illuminatorem, den Erleuchter der
mystischen Orte, und weiter wird auf den rituellen Vollzug der
Ceremonie direct Bezug genommen mit den Worten: — tanquam
elegans mimus perages mysteria, syrisch ܐܝܟ ܡܝܡܣܐ.
— Mani's Lehren, soweit sie nicht auf der bestimmenden altbabylonischen, sondern — was freilich nur in wenigen Fällen —
auf parsistischer Grundlage beruhen, weisen nicht auf den alten
orthodoxen Mazdajasnaglauben hin, sondern auf eben diesen chal-
däischmodificirten Parsismus des Mithraslehrkreises. Auf dessen
ältere, orientalische Gestalt[3]) können wir gerade aus manichäischen Lehren zurückschliessen. Und so ist für die stattgehabten
Auseinandersetzungen des Mani mit den Vertretern dieser Richtung factisch diese Actastelle ein interessanter äusserer Beleg[4]). —
Erklären lässt es sich jetzt auch, wenn „Terebinthus" von sich
behauptet, so — vocari non iam Terebinthum sed alium Buddam nomine — ex quadam autem virgine natum esse u. s. w.
Dies geht darauf zurück, dass laut Anfang des Buches Šāpūra-
kān, wie er bei Biruni S. 207 Z. 14 ff. ed. Sachau erhalten
ist, Mani von sich erklärte, er sei in gleicher Weise der gott-
gesandte Prophet für das Land Babylonien, wie vor ihm

---

[1]) Der höchste Grad der Mithrasweihen hiess „Vater", der Oberpriester
„Vater der Väter"; hier Gegensatz: Sohn des Mithra.

[2]) Wie statt Barba sicher zu lesen, also gerade so wie bereits Z. 8
derselben Seite Persa barbare.

[3]) Im Gegensatz zu dem ganz unorientalisch veränderten Wesen,
welches im Abendlande in nachchristlicher Zeit „Mithrascultus" hiess.

[4]) Dem Mithraskreise entlehnt ist z. B. die Gestalt der „leitenden Weisen" الحكيم النهدى (d. i. Mithras als ψυχοπομπός) in der manichäischen
Eschatologie.

Buddha für das Land Indien, Zoroaster für Persien und
Jesus für den Westen. Er lehrt also, Buddha sei einer seiner
Vorgänger, beziehungsweise er sei auch ein Buddha, da es ja
eine grosse Zahl von Buddhas nach indischer Lehre gibt. Die
Lehren von der fortlaufenden Prophetie, welche Mani mit den
„Elkesaiten" (und Mandäern) vor ihm und mit Muhammed nach
ihm gemeinsam hat, geht auf ächt altbabylonischen Ursprung
zurück, wie später zu zeigen.

Wenn es S. 189 vor Ende heisst, dass nur die 7 electi die
mystischen Namen kannten, die „Terebinthus" aussprach — gemeint wohl die geheim gehaltenen Eigennamen von mächtigen
Engeln, Aeonen [1]) und dergl., so führt diese Stelle in die erste
Anfangszeit der beginnenden manichäischen Gemeinde.

Auch in dem cap. 53 vom „Sklaven" „Corbicius-Manes"
erzählten wirren Zeuge stecken einige historische Details. Die
„Alte" stirbt, und Manes wird selbständig, cum duodecim annorum esset effectus. Nach dem Fihrist ist es auch das zwölfte
Lebensjahr, in welchem er seine erste selbständige Offenbarung
erhält. Manes tritt die Erbschaft an und migravit ad medium
civitatis locum in quo manebat rex Persarum [2]), er wanderte
nach dem Mittelpunkte, dem Centrum des Landes, wo der Perserkönig residirte, nach dessen Residenz. Dies ist historisch.
Nach dem Fihrist trat Mani am Krönungstage des Königs Sà-
pūr, des Sohnes des Ardašir (Flügel, Mani S. 84 Ende) zuerst
öffentlich auf, das heisst natürlich: in dessen Residenz zuerst bei
diesem feierlichen Anlasse. — Ebenso ist die Zahl 60 in dem
Passus S. 190 Ende: — effectus igitur puer ille annorum prope
sexaginta, d. i.: „es erreichte dieser also ein Alter von ungefähr
60 Jahren" [3]) — den zuverlässig überlieferten genaueren Daten

---

[1]) Wie solche z. B. auch von den Essenern geheim gehalten wurden.

[2]) Syrisch ܐܬܢܝܕܡ ܝܗ ܪܩ ܐܟܠܡ ܐܘܗ ܪܡܥ ܗܒܕ — „civitatis" wohl für griechisch τῆς γῆς, manebat, ἔμενε ist
die Wiedergabe des syrischen ܪܡܥ, welches sowohl „bleiben" als auch,
wie hier, „dauernd wohnen, residiren" bedeutet; die Uebersetzung verwischt diesen Sinn.

[3]) „puer" ist plumper Syriasmus, s. oben.

über Mani's Lebensdauer entsprechend. Nach Birûni S. 118
Z. 13 ff. und S. 208 Z. 7 ff. ist Mâni im Jahre 215/16 nach Chr.
— in Reduction der dortigen Zeitangabe — geboren, und sein
Tod fällt nach Hieronymus (s. Eusebius ed. Schöne II, 185)
in das Jahr 276/77.

Auf Missverständniss eines Zuges ächt manichäischer Ueberlieferung, den uns wieder der Fihrist bewahrt, scheint die seltsame Geschichte von dem Hinaufsteigen des „Terebinthus" auf
das solarium und seinen Zauberkünsten daselbst zurückzuführen
zu sein, von welchen cap. 53 p. init. gesagt wird, dass die
„anus", mit der er zusammenlebt, „sie nicht gern gesehen
habe" (... quod non libenter aspiceret artes illius ...). Nach
der Jugendgeschichte des Mani im Fihrist hatte die Mutter des
Mani bald nach dessen Geburt öfter die Vision, wie Jemand
ihren Sohn in die Lüfte entführte und tagelang mit ihm aus-
blieb (دَنْ آخِذا يُخْذه فيصعد به الى انجوْ ثم يرده وربِمـ
... اقـم انيـوم). Man vergleiche auch Uhlhorn, Clementinen
S. 296.

Die drei „Schüler" des „Manes", Thomas, Addas und Hermas, von deren Gewinnung S. 191 Z. 4. 5 die Rede ist[1]) und
weiter gesagt wird, dass er zwei nach Aegypten und Scythien
ausgesandt habe, sind ohne Zweifel die Titularverfasser alter
manichäischer Schriften aus den ältesten manichäischen Gemeinden. Diese werden nach ihnen als den Verfassern „Buch"
oder „Evangelium" und dergl. „des Thomas, Addas und Hermas" benannt, aber diese „Autoren" werden dann hier in der
Sage geradezu zu persönlichen, mündlich wirkenden Sendboten,
wirkend in den Gegenden, in welchen die betreffenden Schriften
verbreitet waren, in Babylonien[2]), Parthien und Chaldäa (Hermas)[3]). Diese Schriften führen schon durch ihren Titel in die
Zeit des Eindringens des Manichäismus in christliche Gebiete,
da die angenommenen Verfassernamen solche von heiligen Per-

---

[1]) acquisivit etiam discipulos tres. quorum nomina sunt etc.

[2]) wofür pseudonym gesagt ist „Aegypten", s. oben.

[3]) cap. XI etwas anderes vertheilt: Persien (Parthien), Syrien, Babylonien („Aegypten").

sonen der christlichen Anfangszeit sind. Addas (أدّي) ist ja der
Apostel Edessas und Syriens, Thomas ist angeblich der Apostel
Indiens. Apokryphe griechische „Acta Thomae", welche bei
näherer Betrachtung manichäische Lehren aufweisen, sind uns
noch erhalten (ed. Thilo 1826), und ein nach Addas be-
nanntes Buch muss ziemlich verbreitet und angesehen gewesen
sein. Aus einer solchen Schrift ist ja nach unserer obigen Ermittelung (wahrscheinlich) der Abschnitt Acta capp. VII—XI
geschöpft; von diesem τὰ Ἀδδοῦ συγγράμματα betitelten Buche
heisst es noch bei Photius, Bibl. codd. 85, dass gegen diese
manichäische Schrift der Bischof Heraclian eine Widerlegung
schrieb. — In das römische Reich, nach Nordmesopotamien
und Syrien, ist das Manithum zu Lebzeiten des Stifters Mani
selber gar nicht gekommen. Die Verbreitung der manichäischen
Lehre dorthin ist lediglich ein Werk der Schüler (Nachfolger)
des Mani, sei es durch schriftliche Propaganda, durch Missions-
schriften, auf die wir hier geführt werden, sei es durch mündliche Mission, wie sie sich in der den Rahmen der Acta bildenden Handlung wiederspiegelt. Die Ungenauigkeit[1]) in den Angaben des letzten Theiles der Acta über „die Vorgänger" des
Mani erklärt sich eben daraus, dass gar nicht mehr Mani selbst,
sondern erst nach dessen Tode seine Schüler durch Verbreitung
der Lehre mit der christlichen Kirche in Berührung kamen.
Das vorwiegende Interesse der Christen wandte sich daher von
Anfang an der Lehre des Mani, nur beiläufig den persönlichen
Verhältnissen des Stifters zu, der ja damals schon längst in dem
fremden Perserreiche gestorben war. Die „Acta" sind aber die
älteste und lange einzige, allgemein benutzte Quelle aller In-
formationen der orientalischen Kirche über die Anfänge des
Manichäismus gewesen, und für das Abendland waren sie durch
ihre weitverbreitete lateinische Uebersetzung geradezu die Quelle
schlechthin. —

[1]) Ein auffallendes Zeichen dieser ist auch, abgesehen von den aufge-
zeigten Widersprüchen u. s. w., die Unvollständigkeit der Angaben. Der
Name Fatak z. B. ist höchst auffallender Weise ganz verloren gegangen, nur
der vage „Scythianus" ist geblieben, während doch noch die Abschwörungsformel das Πατέκιος bewahrt hat!

Viel Räthselus hat den Kirchenhistorikern von jeher die den Schluss von cap. 53 bildende Erzählung von Mani's verunglücktem Heilungsversuche an dem persischen Prinzen gemacht. Es kann keinem Zweifel unterliegen, dass die hier fertig vorliegende Gestalt der Sage nach dem Muster eines entsprechenden Zuges aus der Simon Magus-Sage entstanden. Ist ja von da her überhaupt die Ueberlieferung vom Mani bei den Christen bekanntlich stark beeinflusst worden. Auch von Simon wird Clem. homil. XX, 14 erzählt, wie er durch magische Künste einen Knaben tödtet. und wieder dann vor der Strafe des Kaisers die Flucht ergreift. Auf der anderen Seite werden von christlichen Bischöfen und anderen heiligen Personen in den Märtyreracten und dergl. wunderbare Heilungen, die sie vollführen, erzählt. So wird ein parthischer Prinz von dem christlichen Bischofe Abraham angeblich geheilt Assem. Bibl. Or. III. 2 p. XXXIX. Auch sei an die edessenische Abgarlegende erinnert. in welcher Christus als „weiser Arzt" erscheint, z. B. bei Cureton, Ancient Syriac documents p. 111 der Uebersetzung in dem Briefe Abgar's an den Kaiser Tiberius. Indessen — lediglich hineingetragen kann diese Einzelheit in das Leben Mani's nicht sein, ihre Existenz ist vielmehr irgendwie aus der wirklichen Geschichte zu erklären. Das „Tödten" ist einfach bildlich als das Tödten der Seele, Vernichtung des Seelenheils, durch Verführung zu der ketzerischen manichäischen Lehre zu verstehen. Nach dem Fihrist (Flügel, Mani S. 85) gewann Mani den persischen Prinzen Pêrôz, arabisirt Firûz, den Sohn des Königs Ardaschîr I. und Bruder des regierenden Grosskönigs Šâpûr I., für seine Lehre. Derselbe wurde ein unbedingter Anhänger des Religionsstifters und verschaffte diesem eine Audienz bei seinem Bruder, dem regierenden Könige[1]), der dabei von Mani's Persönlichkeit ganz gefesselt wurde. Es liegt sehr nahe anzunehmen, dass diesem persischen Prinzen der spätere Umschwung zu Ungunsten des Mani auch im eigentlichen Sinne,

---

[1]) Zu dem اوصله الى اخيه cf. das praesentiam suam Manes exhibet apud regem 192,3; zu der Schilderung der überaus gnädigen Aufnahme des Mani beim Könige cf. das Rex suscepit eum cum obsequio ac libenter habuit.

für Leib und Leben, verhängnissvoll geworden ist, wenn dies
auch nirgends ausdrücklich bezeugt steht. Aber zur Erklärung
des Kernes der Sage reicht das Erstere vollkommen hin [1]). Dies
umsomehr, als der bildliche Ausdruck „tödten" für „bekehren"
in den Acta selbst steht. cap. 47 post init. (ed. Routh S. 168
oben) ... cum velles animas hominum bene institutas ac dili-
genti cautela servatas interficere [2]). —

In cap. 54 wird die Benutzung christlicher Schriften durch
Mani erst in die spätere Zeit seines Auftretens als Religionsstifter gesetzt. Erst als seine Apostel bei den Christen auf
starken Widerstand stossen, entschliesst er sich, auf die christliche Lehre Rücksicht zu nehmen und auswahlweise und mit
Veränderungen Sätze der christlichen Bücher sich anzueignen,
um seinen Verkündigungen ein christliches Aussehen zu geben.
Bei dieser Gelegenheit lernt er auch Christi Verheissung vom
Parakleten kennen und findet sie passend, um sie auf sich zu
beziehen. Diese Auffassung von der Stellung und Bedeutung
des christlichen Elementes in der Lehre des Mani ist beachtenswerth schon als ein Urtheil aus so alter Zeit. Sie ist es aber
für die kritisch-religionsgeschichtliche Untersuchung der Einzelbestandtheile des manichäischen Lehrcomplexes noch mehr; denn
dieses Urtheil entspricht vollkommen dem Ergebnisse der Untersuchung, nach welcher das Christliche nur etwas Obenaufgetra-
genes ist. Eins bleibt freilich historisch feststehend. „Paraclet"

[1]) S. auch in meinem Artikel „Mani" bei Herzog, Real-Encyclopädie
(2. Aufl.) Bd. IX S. 232 Ende. Arabisch ḥakim (حكيم) „Weiser" bedeutet
in specie einen Heilkundigen, einen Arzt. Aus diesem Gebrauche erklärt
sich weiter Mani's angebliche Thätigkeit als Arzt, die ebenso unhistorisch
ist wie seine Virtuosität als „Maler". Auch sei an den Ausdruck in der
manichäischen Gebetsformel (Flügel, Mani S. 96 Mitte, Fihrist S. 333)
erinnert, wo Mani angerufen wird als „der grosse Baum, der ganz Heilung ist", wie wörtlich zu übersetzen.

[2]) Ich unterlasse es hier nicht, beiläufig schon auf das in Abschn. III
gelegentlich des Buches des Mâni betitelt Sâpûrakân d. i. „Kronprinzenunter-
richt" Vermuthete hinzuweisen. Der durch Mâni's Verführung „Getödtete"
wäre dann direct und selbst der Kronprinz, spätere König, Sâhpûr I., nicht
ein anderer Prinz, wenn der Sâhpûrakân noch in die letzte Zeit des Ardaschir (على عقب أردشير) fällt.

hat sich Mani selbst ohne Zweifel schon sehr früh genannt, das bezeugen die Citate der Orientalen wie des Birûni aus Mani's eigenen Schriften. Aber er that es wohl nicht von Anfang an und erst mit Rücksicht auf die Macht der christlichen Religion, die ihm, wollte er sie überwinden, möglichste Anbequemung abnöthigte.

Endlich noch ein Wort über den „Basilides" des letzten Anhängsels der Acta. Dies kann (gegen Jacobi bei Brieger, (Zeitschrift für Kirchengeschichte I) nicht der bekannte Häresiarch im ägyptischen Alexandria gewesen sein. Dieses negative Resultat ergibt sich aus den an dieser Stelle erhaltenen fragmentarischen Angaben meines Erachtens mit Gewissheit; was für ein Basilides es aber positiv war, lässt sich zunächst nicht bestimmen. Der bekannte Basilides war nun und nimmermehr ein praedicator apud Persas. Dazu wird Basilides als noch älter wie „Scythianus" bezeichnet (fuit praedicator apud Persas etiam Basilides quidam antiquior), sc. nachdem von Scythianus dicht zuvor die Rede gewesen, und doch steht er cap. 38 Anfang (S. 138 R.) zusammen mit Marcion und Valentinus (et ego quidem beatifico Marcionem et Valentinianum ac Basilidem). Auch ist er dort ein ganz bekannter Häretiker, hier wird er als eine den Hörern (Lesern) bis dahin ganz unbekannte Person des entrückten Alterthums, die der gelehrte Redner erst wieder dem Dunkel entzieht, auf die Scene geführt. — Der schroffe Dualismus in dem Citate aus dem „13. Buche" des Basilides ist im Grunde ächt altbabylonisch [1]). Er erinnert speciell an die Ideen der „Peraten" und „Naassener", wie sie im 5. Buche der Φιλοσοφούμενα entwickelt sind. Die „Peraten" [2]) wohnten allerdings „apud Persas". Ich vermuthe also, dass dieser Basi-

---

[1]) Die richtige Ansicht über Gut und Böse ist dem Verfasser (S. 197 extr. requiramus quae de bonis et malis etiam barbari inquisierunt —) offenbar der altchaldäische Dualismus.

[2]) Ich gebe hier kurz die Deutung dieses Namens. Es ist nämlich derselbe nimmermehr das griechische Περάται, transmigratores, sondern kommt von der Stadt Perat Maisân, syr. ‎ﻦﯾﺎﺴﻣ ﻃﺍﺮﻓ‎, arabisch Furât Maisân, am vereinigten Doppelstrome gelegen, = ‎ﻲﺗﺍﺮﻓ‎, Peratâjê, was dann gräcisirt wurde, wie Προϋνικος aus syr. P͜erûn͜kâ = ‎ﺎﻘﻧﻭﺮﭘ‎ פרונקא אקומרפ „Vermittler".

lides des Schlusses der Acta der Titelträger einer alten Schrift aus dem Kreise der ältesten ophitisch-peratischen Gnosis [1]) sein müsse; aus einer solchen Schrift liegen hier abgerissene Citate vor. Ob der Name freilich nicht aus einem orientalischen entstellt ist, einem persischen oder aramäischen — das Griechische verräth syrisches Original — bleibt ungewiss.

Werfen wir nun jetzt nach Erörterung der Einzelheiten nochmals einen Rückblick auf die gesammte Composition des „Acta Archelai" genannten Buches, so constatiren wir zunächst ein allmähliches Anwachsen des Buches. Es fügte sich ein Stück nach dem anderen an einen Grundstock an, und die Nähte des anfügenden späteren Schriftstellers resp. des Redactors verrathen sich stellenweise noch sehr deutlich. Beginnen wir mit dem zuletzt behandelten Stücke vom Basilides. Derselbe wird als spätere schriftliche Zuthat an das vorhergehende mit folgenden Worten ganz plump markirt S. 195 vor Ende: quibus postea agnitis Archelaus adiecit ea priori disceptationi — sicut ego qui inscripsi in prioribus exposui. Dies ist also die Verbindungsformel, die das Anflicken verräth. Die beliebte schriftstellerische Einkleidungsweise aber, nach welcher immer wieder eine neue „Redo" des „Archelaus" an das Frühere sich anschliesst, ist hier cap. 55 (S. 195 Z. 7. 8 . . . cum Archelai quem libenter audiebant relatione teneretur . . .), wie auch cap. 51 Anfang, nach Abschluss der eigentlichen „Disputations"-Reden, Eine und dieselbe. Die versammelte gläubige Gemeinde nämlich kann gar nicht genug aus dem Munde des Bischofs zu hören bekommen, und dieser muss daher Einen unbekannten

----

[1]) Die letzten Worte des Citates könnten geradezu in einer manichäischen Kosmogonie Platz finden, so stark ist der Autor der altbabylonischen Lehre gefolgt. Es heisst: postquam autem ad alterutrûm agnitionem uterque (sc. der anfangslose ewige Gute und der ebensolche Böse) pervenit, et tenebrae contemplatae sunt lucem — womit man vergleiche im Fihrist, S. 87 bei Flügel: „er strebte in die Höhe und schaute die Strahlen des Lichts رام العلوّ فرأى لمحات النور — insectabantur ea commisceri.

Aufschluss zum anderen noch zugeben [1]). So wuchsen die „Acta"
also immerfort, und es ist wohl denkbar, dass hinter dem
jetzigen Schlusse mit cap. 55 S. 198 R. ursprünglich in manchen
Exemplaren noch diese oder jene Mittheilung gestanden hat.
In Wirklichkeit hat hier also, von der Scenerie abzusehen, ein
späterer Redactor neue Schriftstücke, nämlich Briefe resp. Homilien von Clerikern, die gegen den Manichäismus schrieben,
aufgenommen, eingeflochten.

Die ursprüngliche Abhandlung ist aber schon viel früher
zu Ende, nämlich mit cap. XXXIX Mitte. Dies bezeugen ganz
unwidersprechlich die dort stehenden Worte, die nur als Epilog
einer Schrift Sinn haben: quoniam vero placuit Marcello dis-
putationem hanc excipi atque describi contradicere non potui,
confisus de [2]) benignitate legentium, quod veniam dabunt [3]), si
quid imperitum aut rusticum sonabit oratio [4]); hoc enim tantum
est quod studemus, ut rei gestae [5]) cognitio studiosum quemque
non lateat.

Also auf Veranlassung eines hervorragenden Glie-
des der christlichen Gemeinde, Namens Marcellus (?)
hat der Verfasser, offenbar ein niederer Cleriker, diesen Unterricht über die manichäische Lehre in Ge-
sprächsform verfasst.

Wie die „Disputation" [6]) aufzufassen ist, kann an keiner
Stelle des Buches deutlicher ersehen werden als an dieser.

---

[1]) So schon cap. LI S. 185 oben: certatim adhortabantur eum dicere
quaecunque vellet; paratos se esse ad audiendum et usque ad vesperam
permanere pollicebantur.

[2]) Syriasmus, für ‏ܠ‎ bei ‏ܠܬ‎.

[3]) Syrisch ‏ܢܬܠ، ܫܒܩܢ، ܫܒܘܩܬ‎.

[4]) ‏ܢܕܐܨܬܐ‎.

[5]) d. i. der gelungenen Abwehr der manichäischen Mission in der Bi-
schofsstadt Charax.

[6]) Dass uns in dem Buche nicht das Protokoll eines wirklich gehaltenen
Redekampfes vorliege, etwa wie in Augustin's Acta cum Felice Manichaeo,
sondern dass die Disputation nur die Einkleidungsform der Lehrrede ist,
wird allgemein anerkannt, noch zuletzt von Zittwitz (s. l. c. S. 498 ff.)
aus Licht gestellt. Der Verfasser hat stellenweise (z. B. cap. 35 S. 132)

Das auf diese Stelle Folgende ist also eine spätere Fortsetzung, wahrscheinlich auch von einer anderen Hand als der des Verf. der ersten „Disputation". Die Bemerkung: tunc ergo, cum effugisset Manes, nusquam comparuit — gibt dem Factum Ausdruck, dass seit dem fehlgeschlagenen Versuche in der bischöflichen Residenz die beginnende manichäische Propaganda die Stadt zunächst mied und sich jetzt auf dem Lande (vicum longe ab urbe positum) versuchte. Die Anfrage eines niederen Clerikers bei seinem Bischofe [1]) und dessen Antwort, diese Correspondenz also, producirte die beiden Briefe, welche jetzt eingewebt sind und deren Werth als alter Zeugen des Kampfes der christlichen Kirche gegen den ersten Andrang des Manithums nicht gering ist [2]).

In cap. XLV beginnt nach der erzählenden Ueberleitung von dem Lehrbriefe des „Archelaus", in welcher dessen Inhalt kurz in die Worte: duorum testamentorum atque utriusque legis inter sese cognationem der Sache ganz entsprechend zusammengefasst wird, ein neues kürzeres Lehrstück fragmenthaften Aussehens. Es ist nicht in Form des Dialogs, sondern nur vortragend, hebt an mit den Worten: dixisti duo esse testamenta, dic ergo duo

---

vergessen, dass er einen Dialog schreibe, indem er von der dritten zur zweiten Person übergeht, auch indem Archelaus fast allein redet, Mani fast ganz schweigt. Ich mache noch besonders auf die „Iudices" aufmerksam, die wahre Strohmänner sind. Sie erscheinen eher wie belehrungsbedürftige Laien oder wie Glieder der Christengemeinde, die sich für die manichäische Lehre interessiren und von einem orthodoxen Geistlichen belehrt werden. S. 93 cap. XXII fragen sie den Archelaus, der ihnen darauf Antwort ertheilt, wie an bereits zur Einsicht reifende Katechumenen: quoniam quidem multo melius a vobis intelligitur sermo evangelicus quam ab isto qui se Paraclitum esse profitetur. So könnte er zu „Richtern" nicht sprechen. Ebenso cf. die Rede der „iudices" cap. XXXIII — eine selbständige kürzere Gegenausführung, kein richterliches Urtheil. In cap. 46 ist iudices ganz gleich populus.

[1]) ... videns proficere eius nequitiam — deliberat Archelao mittere ...

[2]) Beiläufig gesagt kann eine solche Argumentation mit widersprechenden Bibelstellen, wie die im Briefe des „Diodorus" an den Archel. S. 144 R. nur von einem späteren manichäischen Apostel, nicht von Mani selbst gebraucht sein. Die Citate selbst gehen, wie Harnack (Texte und Untersuchungen I, 3 S. 135 ff.) gezeigt hat, wahrscheinlich auf Tatian's Diatessaron zurück.

esse vetera aut duo nova, und reicht bis kurz vor Ende des
cap. zu den Worten: quae nos competenter exponere et aptare
convenit. Dann kommt wieder ein erzählendes Bindeglied: „es
ist Abend geworden, wir wollen also morgen fortfahren", und
dann die Erzählung von der plötzlichen Ankunft des „Archelaus",
welche an sich auffallende Geschichte durch die Furchtsamkeit
des Diodorus (S. 166 oben) motivirt wird.   Dann folgt ein
neues grösseres Lehrstück in Dialogform, beginnend mit
S. 166 Mitte: tametsi prudentiam, gloriam quoque etc. Die Ein-
gangsrede des Archelaus spielt auf den früheren Versuch des
„Manes" bei Marcellus und des Letzteren Standhaftbleiben an,
bringt also das Folgende in den Rahmen des früher Berichteten;
rührt also wohl vom Endredactor her [1]). —

    Aus den beiden Stellen:
a) cap. 46 Ende (S. 167 med.) in der Rede des Archelaus
    vor der Disputation im vicus Diodori: vos tantummodo,
    sicut superius dixi [2]), indeclinabiles iudices (!) esse
    quaeso ut vera dicenti honorem verum palmamque tra-
    datis; — sowie
b) cap. 47 vor Ende (S. 170 vor Ende) numquid iam etiam
    moechiae ei crimen impingis, o prudentissime Mar-
    celle, der Rede des „Manes" an Archelaus über die
    jungfräuliche Geburt, bei der also auch Marcellus
    zugegen ist, obwohl nicht gesagt worden war, dass er
    zugleich mit Archelaus zu Diodorus gekommen sei —
scheint sich zu ergeben, dass wir in dem Berichte über die
zweite „Disputation" des Archelaus mit „Manes" (cap. 46 ff.)
lediglich einen Parallelbericht, oder eine neue Version gegen-

---

[1]) Der Eingang und besonders die Worte hoc vos deprecor ut . . . .
testimonium reservetis führt auf das Sendschreiben eines Pastors an eine
Gemeinde.

[2]) Diese Stelle ist ein Verräther, der die Einkleidung zerstört. Bei
Diodorus hatte Archelaus vor dieser Stelle noch gar keine solche Auf-
forderung an die Hörer gestellt, es verräth sich also hier die Thatsache,
dass wir lediglich eine schriftliche, nicht eine mündliche Aeusserung
vor uns haben; gelesen war so schon, nicht gehört. Uebrigens werden
diese Worte auch erst vom letzten Sammler aus harmonistischem Interesse
eingesetzt worden sein.

über der ersten Disputation vor uns haben. Der Unterschied besteht anscheinend nur darin, dass der direct vom manichäischen
Sendboten in Versuchung geführte und mit Hilfe des Bischofs
bewahrte hervorragende Christ in ersterer Version ein Laie,
Marcellus (. . . Marcelli viri illustris gratia . . . S. 166 vor E.), in
letzterer ein Presbyter („Diodorus") ist. Bei der Verknüpfung
kommt dann „Marcellus" mit herüber zu „Diodorus". Ueberhaupt ist die Anleimung der beiden Theile nicht ohne Geschick
gemacht. Der Häretiker kommt, flüchtig vor „Archelaus", zu
„Diodorus", bedrängt diesen und veranlasst ihn zu einer Bitte
um Hilfe beim „Archelaus". Dieser schickt ihm zuerst einen
schriftlichen Helfer und erscheint dann endlich selbst, um auch
mündlich zu helfen durch eine zweite Disputation [1]). Diese erzählende Scenerie ist Werk des Verarbeiters der Ganzen, des
Redactors.

Die Widerlegungsrede capp. 48, 49 und 50 ist wieder ein
Schriftstück für sich. — Ein weiteres neues beginnt cap. 51.
Sehr matt ist der Uebergang zu Anfang von cap. 51 von der
Widerlegung des Manichäers zu der Erzählung von den „Vorläufern". Was macht „Manes" während dieser Erzählung? Hört
er zu oder steht er abseits im Winkel? Nach S. 184 Z. 4 vor
Ende: dicere recusavit — praesente Mane wäre er wegge-
gangen, aber nach cap. 58 Anfang macht sich „Manes" erst
dann flüchtlings aus dem Staube, als Archelaus die delicate
Vorläuferschaft und persönliche Vergangenheit des „Manes" ent-
hüllt hat! Die Vorläufergeschichte hebt sich also sehr deutlich
als vorgefundenes selbständiges Stück von anderer Hand heraus, und die erzählenden Worte ihrer Umgebung, vor ihr und
hinter ihr, dienen deutlich nur dem Zwecke, jene einfügen zu
können. — S. 184 Mitte bis 185 oben Z. 1 von „qualiter se quidem habeat nostra doctrina" bis „non faciam latere conscientiam
vestram" liegt die Einleitung zu einem kürzeren Sendschreiben vor, das zum Vorlesen in einer Gemeinde bestimmt war.
Die Worte „ut cum silentio auditatis" führen auf die Bestimmung zu mündlichem Vortrage. Dann folgt das längere Send-

---

[1]) S. 186 oben Z. 5 . . . adversum quem mihi disputatio iam secunda
commota est — harmonistischer Zusatz des Bearbeiters.

schreiben cap. LI bis LIV von „Viri fratres, superiores quidem causas" bis „requiritur iste a rege Persarum usque in hodiernum diem [1])".

* * *

So haben wir also bei Analysirung des Buches, betitelt „Acta disputationis Archelai cum Manete" dreierlei Bestandtheile unterscheiden gelernt, deren Zusammensetzung das wunderliche jetzige Ganze ergibt:

1) Originaldocumente, Urkunden, bestehend in Briefen (des „Manes" an Marcellus [2]) und des Marcellus an „Manes", des „Diodorus" an „Archelaus" und des „Archelaus" an „Diodorus") und in lehrhaften Abhandlungen, Sendschreiben (Bericht des „Turbo" vor Ankunft des „Manes", Bericht über Scythianus und Terebinthus am Schlusse u. s. w.

2) Lehrreden in Form des Dialogs (Disputation); zwei Complexe von solchen.

3) Die erzählenden Zwischenstücke.

Der Werth des Buches liegt hauptsächlich in den Bestandtheilen ersterer Art. Diese sind erweislich Uebersetzungen syrischer Originale und ihr Text ist nicht überarbeitet, auch ohne Einschaltungen späterer Leser. — Der erzählende Rahmen, die dritte Gattung, ist entschieden die jüngste Schicht des Ganzen, vielleicht von mehreren Verfassern, vielleicht aber auch Werk Eines Redactors, des ersten Zusammenstellers des jetzigen Buches, aber gewiss später mehrfach überarbeitet und von harmonistischen Einsätzen durchdrungen. In diesen Partieen verräth sich das syrische Original, wie oben bewiesen, ganz greifbar durch die groben Missverständnisse des griechisch-lateinischen Uebersetzers. In den historischen Angaben über die hier auftretenden Manichäer spiegelt sich eine schon stark abgeblasste

---

[1] Möglich, dass bei der grossen Verfolgung der Manichäer nach Mani's Hinrichtung persische Verfolger bis auf römisches Gebiet vordrangen, und dass eine solche Situation hier vorschwebte.

[2] Dass die manichäischen Gedanken, welche in der ersten Disputation bestritten werden, thematisch einer Schrift entlehnt seien, von der das erste Sendschreiben des „Manes" an Marcellus ein Fragment ist, hat zuerst Zittwitz l. c. vermuthet und ist sehr wahrscheinlich.

Tradition, doch ist deren zu ermittelnder Kern historisch und
religionshistorisch werthvoll. — Aelter als die erzählenden sind
die Bestandtheile zweiter Gattung, die eigentlichen (beiden)
Disputationen. Der Verfasser der erzählenden Einfassungen fand
die Disputationen, die wohl von verschiedenen Verfassern herrühren, schon vor und reihte sie mit den Originaldocumenten
durch den Kitt der Erzählung zu Einem Buche zusammen. Die
Sprache der dritten Gattung muss ebenfalls aramäisch gewesen
sein. Doch darf nicht verschwiegen werden, dass die Syriasmen
hier weniger auffallend sind, mag dies auch lediglich darin seinen
Grund haben, dass die Uebersetzung ins Griechische bei ihrem
häufigen Gebrauche in den christlichen Kreisen [1] allmählich
stylistisch mehr und mehr gefeilt worden ist. Bei der Herstellung
des Ganzen schwebte dem Compositor dieselbe Anschauung von
„Manes" und im Gegensatze zu diesem von „Archelaus" vor,
wie dem Verfasser des Clemensromans (resp. schon dessen Vor-
arbeitern und Vorgängern im Geschmack) von „Simon, dem
Magier" und von „Petrus". Beide Bücher, die Acta und die
Clementinen, haben auch sonst viel Aehnliches.

Aber es darf nicht vergessen werden, dass der Bestandtheile
des Acta-Buches viele sind, und dass wir ganz deutlich ein allmähliches Anwachsen, erst dieses, dann jenes Stückes, um einen
Kern bereits zusammengefügter Theile wahrgenommen haben,
ein Gruppiren und Crystallisiren; dass die älteste Sammlung in
cap. 39 bereits zu Ende war, und dass also derjenige, aus dessen
Redactionsthätigkeit die jetzt vorliegende Schlussgestalt her-
vorging, keineswegs der erste gewesen ist, der die Stücke gesammelt hat, wie er — nach dem abgebrochenen Schlusse des
Basilidesfragments zu schliessen — nicht einmal der letzte gewesen zu sein braucht. Das Interesse der Ketzerbestreiter wusste
immer noch etwas hinzuzufügen.

Aus diesem feststehenden Umstande, dass bei dem häufigen
Gebrauche des Buches während der Zeit des besonderen Interesses wider den Manichäismus dessen Umfang in gewisser Hinsicht fliessend gewesen ist, scheint mir auch am besten die ab-

[1] Translatus in graecum habetur a multis sagt Hieronymus von
unserem Buche, das nach ihm „Syro sermone conscriptus est".

weichende Gestalt des Textes zu erklären, welche das bei dieser
Frage immer herangezogene „Citat" aus den „Acta" bei Cyrill,
catech. VI §. 27—29, gegenüber unserem Texte bietet. Dieses
Actastück bei Cyrill (abgedruckt bei Routh l. c. S. 198—205)
hat vielleicht nie einen Bestandtheil des später festgewordenen
Körpers unseres Buches gebildet, sondern hing nur, ursprünglich
freie Ausführung eines aufmerksamen Lesers, lose mit ihm zusammen. Auf der anderen Seite aber ist zu bedenken, dass
Cyrill ja die Acta lediglich frei benutzt, nicht sklavisch citirt.
So gut also die einleitenden Worte φεύγει ἐκ τῆς φυλακῆς — ἀλλ'
ἀπαντᾷ αὐτῷ ὅπλον δικαιοσύνης Ἀρχέλαος ἐπίσκοπος ff. freie Rede
des Cyrill in seiner Homilie sind, so gut kann auch von den
Worten der folgenden dogmatischen Ausführung vieles oder
alles frei von Cyrill selbst gestaltet, nicht citirt sein. — Jedenfalls darf man sich nicht ausdrücken: das Cyrillstück „fehle" in
unseren Acta. — Dieser Charakter der freien auszugsweisen Benutzung ist aber ganz greifbar der „Recension" der Acta auf-
geprägt, welche uns der arabisch schreibende Bischof Severus
von Aśmonina in Aegypten (lebte Ende des 10. Jahrhunderts
nach Chr.) aufbewahrt hat. Wir benutzen sie nach der lateinischen Uebersetzung, welche Renaudot seiner Historia patriarcharum Alexandrinorum (Paris 1711) S. 40 ff. einverleibt hat.
Die Kürze des dortigen Referates hat vielen imponirt und das
Vorurtheil der alterthümlichen Ursprünglichkeit dieser „Recension" wachgerufen. Severus gibt zuerst auch einen Brief des
Mani an den Marcellus. Dieser ist gegen den griechischen Text
in den Actis sehr kurz und stimmt in den Ausdrücken mit
demselben nirgends überein. Nur der Eine Gedanke, dass Gott
nicht von einem Weibe könne geboren sein, kommt in beiden
Gestalten gleicherweise vor, aber er ist hier im Arabischen nur
ganz kurz ausgesprochen, im Griechischen ziemlich ausgeführt.
Severus gibt also hier, wo er immerhin Bekanntschaft mit dem
Actatexte verräth, nur einen kurzen Auszug, und auch diesen
in dem Grade lediglich dem Sinne nach, dass dieser Brief schon
fast wie selbständig fingirt erscheint. Ebenso ist die Ausführung,
dass Mani nicht der Paraclet sein könne, bei Severus (S. 41)
im Wortlaute ganz und gar unabhängig von der entsprechenden
Stelle in den Acten, cap. 26 S. 103—109 Routh, also nicht

einmal ein Auszug daraus, wenn natürlich die sachlichen Wider-
legungsgründe hüben wie drüben dieselben sind. Hier hat Severus die ihm eigene, sonst nirgends zu lesende Notiz, dass „Manes"
erst 35 Jahre alt ist zur Zeit der Disputation. Auch sonst hat
er einzelne, den Acta gegenüber selbständige Angaben. Bei ihm
kommt Mani erst nach 7 Tagen zu Marcellus und zwar in Begleitung von 13 Knaben und Mädchen [1]), wovon in den Acta
nichts steht. Den Landgeistlichen, zu dem „Manes" nach der
Zurückweisung bei Marcellus kommt, kennt er gar nicht mit
einem Eigennamen wie etwa „Diodorus", sondern sagt nur a quodam sacerdote hospitio exceptus. Es bleibt bei ihm mensem
circiter, ehe er einen Bekehrungsversuch macht, und flieht schon
auf die Ankündigung des Priesters, er wolle in Betreff seiner
wunderbaren Lehre zu Archelaus schicken. Diesen Namen,
Archelaus, kennt er sehr gut und weiss auch kurz von ihm zu
erzählen, wie er Christianos a Persis (also bestimmter als in
den Acta) in captivitatem abductos befreit und gepflegt etc.
habe. Beachtenswerth ist mir hierbei, dass Archelaus p. 40
episcopus urbis cuiusdam in Syria heisst, quam disputatio
Cascaram esse docet, also zuerst ganz unbestimmt „Bischof einer
Stadt".

Hieraus folgere ich, dass dem Severus zwar der erste
Theil unserer Acta, die erste Disputation mit sammt der historischen Einleitung, bereits vorlag (bis cap. 39), welche er ganz
kurz und frei und nur inhaltlich benutzte, aber noch nicht der
zweite Theil, der mit dem Briefwechsel des „Diodorus" mit
Archelaus beginnt und die zweite Disputation enthält. Denn zu
einer solchen ist es ja für Severus gar nicht gekommen!
Da er auch den Namen Diodorus noch nicht kennt, so wird er
auch die zwei Briefe noch nicht gekannt haben, und die Entstehung des „Diodorus" aus Vorlesung eines syrischen Wortes
erhält eine Bestätigung. —

Wissen wir den Namen des Verfassers der jetzt vorliegenden Acta? Heisst er Ἡγεμόνιος? Nach Photius Bibl. codd. 85
(rec. Imm. Bekker Berol. 1824) hat Heraclian, Bischof von
Chalcedon, eine 20 Bücher umfassende Schrift gegen die Mani-

---

[1]) Wie solche die Electi der Manichäer sich zu ihrer Bedienung hielten.

chäer [1]) geschrieben, in welcher er die manichäischen Haupt-schriften ("Evangelium", "Schatz" u. s. w.) widerlegt. Heraclian zählt bei dieser Gelegenheit auch diejenigen rechtgläubigen Autoren auf, welche vor ihm gegen die manichäische Gottlosig-keit geschrieben haben (καταλέγει καὶ ὅσοι πρὸ αὐτοῦ κατὰ τῆς τοῦ Μανιχαίου συνέγραψαν ἀθεότητος), und zwar zuerst „den Hegemonios τὸν τὰς Ἀρχελάου πρὸς αὐτὸν sc. Μανιχαῖον ἀντιλογίας ἀναγράψαντα, alsdann den Titus, den Georgius von Laodicia, den Serapion von Tmuis u. s. w. Die Worte sind zu übersetzen: „den Hegemonius, welcher die Gegenreden des Arche-laus gegen den Mani niedergeschrieben hat". Interessant ist hier vor Allem, dass Photius nicht mehr den Archelaus selbst für den Verfasser der ἀντιλογίαι hält, wie doch noch z. B. der sonst so gesund kritische Hieronymus (de viris illustr. l. c.) thut, son-dern der literarische Repräsentant des Werkes heisst Hegemonius. Nun heisst es aber in beachtenswerther Weise von diesem nicht συγγράψαντα, obwohl kurz vorher für den Begriff „Verfasser" συνέγραψαν gebraucht war, sondern ἀναγράψαντα, und Photius will damit also etwas Anderes aussagen, als dass Hegemonius die Antilogien des Archelaus gegen den Mani verfasst, als Autor producirt, geschaffen habe. Er meint gewiss „aufzeichnen", „niederschreiben", wie ein Protokoll, oder wie etwas, was bis dahin nur mündlich vorgetragen wurde, zu Papier gebracht wird. Er weiss also eine relativ selbständige Thätigkeit, jedoch niedriger als die eigentliche Autorschaft. Diese Angabe bei Photius ist jedenfalls interessant und wichtig für die literarische Ent-stehungsart der Acta. Da Hegemonius nur hier genannt wird, sonst unbekannt ist, so kann es nur eine ganz unbedeutende Schriftstellerpersönlichkeit gewesen sein. Seine Thätigkeit den Acta gegenüber wird höchstens in der Sammlung und Redaction eines grösseren Theiles des jetzigen Buches, vielleicht auch in einer Superrevision des Ganzen bestanden haben. Wohl nur irgend ein Zufall, eine Randbemerkung oder Unterschrift zu einer Handschrift des Buches, hat die Kunde von dieser Thätig-

---

[1]) Für einen gewissen Ἀχίλλιος, der mit Besorgniss die Fortschritte der manichäischen Häresie gewahrte; der Anlass also wie bei Diodorus und Archelaus (ἤτησε τὴν κατ' αὐτῆς ἀναγραφῆναι στήλην).

keit zu Heraclian's und Photius'[1] Gesicht kommen lassen[2].
Dass Hegemonius etwa Name des ersten griechischen Uebersetzers des Buches gewesen sei, kann ich aus der Angabe nicht
entnehmen. Als Männername[3]) kommt Hegemonius Ἡγεμόνιος
bei den wirklichen Syrern meines Wissens nicht vor.

Der wirkliche Urheber der Uebersetzung des aramäischen
Originals in das Griechische muss aber ein ächter Grieche gewesen sein, der der syrischen Sprache und Schrift nur wenig
kundig war. Seiner syrischen Gelehrsamkeit vornehmlich ver-
danken wir den „Scythianus", „Terebinthus", die „Alte" (anus),
den „Diodorus", den „Archelaos", den „Turbo", das „Castell Arabion", den „Fluss Stranga" und wie diese Proben alle heissen. —

Die Namen der wirklichen „Verfasser" des Buches „Acta
disp. Arch. cum Man." sind also, wie dies bei älteren orientalischen Schriften so viel der Fall ist, nicht zu ermitteln.

Dass aber das Aramäische die Sprache ist, in welcher die
einzelnen Bestandtheile des jetzt nur in grober Latinität vorliegenden Werkes ursprünglich verfasst sind, glauben wir, Hieronymus' Zeugniss bewahrheitend, bewiesen zu haben.

---

[1] Ich denke hier an die Namen der Abschreiber in Unterschriften
syrischer und arabischer Handschriften; ähnlich wird es hier gewesen sein.

[2] Die natürlich nur die griechische Uebersetzung vor sich hatten, nicht
das aramäische Original.

[3] Wohl aber als entlehntes griechisches nom. appellativum ܗܓܡܘܢܐ
der Heerführer. Z. B. BH. chron. p. 215 in ܕܥܪ̈ܒܝܐ ܗܓܡܘܢܐ, ein Heerführer der Araber; dann heisst z. B. so der „Landpfleger" Pilatus in der
Pěšiṭthâ zu Matth. 27.

III. Die manichäische Originalliteratur.

Ehe wir an die religionswissenschaftliche Untersuchung der manichäischen Lehren im Einzelnen herantreten, haben wir eine literarische Erörterung über die Quellenschriften vorauszustellen, aus denen wir unsere dermalige Kenntniss dieser merkwürdigen Religion schöpfen. —

Die Schriften, in welchen der Stifter Mani und die ältesten Manichäer die Lehren ihrer Religion niedergelegt haben, waren zahlreich und anscheinend auch relativ umfänglich. Sie sind aber leider insgesammt nicht auf uns gekommen, sondern durch den Verfolgungseifer der Gegner alle ohne Ausnahme vernichtet werden. Wir schöpfen unsere Kenntniss des manichäischen Religionssystems also bis jetzt leider nicht aus authentischen Originalschriften, sondern im besten Falle höchstens aus Fragmenten, welche hier und da bewahrt sind, und im Uebrigen aus gelegentlichen auszugsartigen, mehr oder weniger skizzenhaften Darstellungen in grösseren orientalischen Sammelwerken. Nur was die Orientalen, vor allen Araber, Syrer und Perser uns bewahrt haben, soll uns hier in litterargeschichtlicher Hinsicht beschäftigen, nicht auch die Mittheilungen der Occidentalen. Ueber Augustin ist auch bereits von Baur und von Flügel erschöpfend gehandelt. Das ursprüngliche, ächte manichäische System ist auch nur den orientalischen Berichten zu entnehmen. Denn das Manithum hat in seinen Heimathsgebieten, im Oriente, sich immer relativ ursprünglicher, wenn wir sagen dürfen, orientalischer erhalten hat, während diese Religion nach ihrer Verbreitung ins Abendland, nach Nordafrika und Italien, mehr und mehr in Gedanken und Ausdrücken sich dem Christenthume accommodirt hat, wie natürlich. Sie ist hier volksthümlicher, aber durch Syncretismus unoriginell geworden. Augustin's Darstellung, wie sie aus seinen zahlreichen Streitschriften zusammenzulesen ist, gewährt schon mehr nur ein Bild einer christlichen Secte [1]). Hingegen der Manichäismus des Fihrist macht den davon grundverschiedenen Eindruck einer selbständigen, ächt orientalischen Religion. Dürftig an Zahl und Umfang und christlich modificirt erscheinen alle Mittheilungen Augustin's gegenüber den orientalischen. Insbesondere über manichäische Schriften weiss er, der ja auch nur Manichäer zweiten Grades, Proselyt des Thores war, herzlich wenig. Um so sorgfältiger ist, was die Orientalen enthalten, zu sammeln und zu betrachten.

1.

Es sind uns unter Mânî's (Μάνης) Namen einige griechische Fragmente von Briefen überkommen. Sie stehen in Band III der Bibliotheca Graeca von Fabricius (2. Aufl. S. 315 ff.) abgedruckt. Es sind angeblich Stücke aus Briefen des Mânî an folgende Personen: Σχυθιανός, Ὄδας, Κούδαρος (verderbt Κόνδαρος), Ζεβηνᾶς, Πατέκιος. Ueber diese können wir kurz hinweggehen. Dürftig kurz, an Gedanken inhaltsleer, wie sie alle sind, sind sie, wenn nicht direct gefälscht, fabricirt, so doch im besten Falle irgendwelchen altmanichäischen Schriften entnommen, jedenfalls schwerlich von Mânî selbst herrührend. Namentlich aber sind sie wegen des Fetzenhaften ihrer Gestalt, zumal bei der griechischen Uebersetzung [2]), für die religionsgeschichtliche Kenntniss sehr wenig ergebend. Zu den Fälschungen gehören von vornherein die beiden Adressen, die „an Σχυθιανός" und die „an den Saracenen Κούδαρος" (= Ḳurjâjâ = Διόδωρος, s. oben). Denn diese beiden Namen führen ja natürlich auf die Nomenclatur der Acta Archelai. Die Brieffragmente sind also wohl nach diesen gemacht; wie könnte auch Mânî an seinen Vater Fatak unter der Adresse „Scythianus" schreiben! Ganz anders

---

[1]) Am anschaulichsten verarbeitet von F. C. Baur, das manichäische Religionssystem. Tübingen 1831.

[2]) Eine solche ist es, wie bei den Documenten in den Acta Archelai.

sicht ein „Sendschreiben an Πατέχιος" aus, dessen Titel der
Fihrist eben so angibt, als „Sendschreiben an Fatak", wie auch
die griechischen Abschwörungsformel. Ὄδας wird dasselbe wie
Ἀδδας sein, ein Name, der in der ältesten Geschichte des Manichäismus auch als Träger einer vielgelesenen Schrift (über die
wir oben bei „Turbo" handelten) mehrfach vorkommt, als solcher
auch in der Abschwörungsformel eingeführt, ein syrischer Männername. Ebenso ist ein ächt syrischer Name, besonders in Palmyra mehr zu lesen, Σεβηνας oder Ζεβηνας d. i. זבינא וְבִינָא; בת זבינא ['])
ist bekanntlich der einheimische Name der Zenobia. Aber die
an diese Personen adressirten Bruchtheile von Briefen enthalten
an Gedanken zwar nichts Unmanichäisches, aber auch nichts,
was sie dem Mani selbst zuführen könnte. Die Sprache verräth freilich orientalisches Original; das Griechische ist sehr gut
ins Syrische zurückzuübersetzen und enthält auch einige deutliche Syriasmen. Es muss also dahin gestellt bleiben, ob diese
Rudera wirklich aus jener als Τὸ ἐπιστολῶν βιβλίον oder Ὁμάς
in der Abschwörungsformel angeführten Sammlung manichäischer
Sendschreiben herstammen, die die spätere Zeit kannte.

Der Inhalt aller hier vorliegenden griechischen Brieffrag-
mente ist wesentlich Ein und Derselbe. Es ist eine manichäische
Polemik gegen die kirchlich-christliche Lehre von Christus dem
Gottmenschen, zusammenzufassen in den Satz: Christus, der
Sohn des Lichtes, hat mit dem Fleische keine Gemein-
schaft.

Die Ueberschrift des ersten Fragmentes an Ζεβηνας, lautet:
Μάνου Πέρσου, d. i. „von Manes dem Perser". So würde sich
Mânî nie selbst bezeichnet haben, als Perser. Er war, nannte sich
selbst und heisst bei den älteren und genaueren Orientalen stets
der Babylonier, als Perser aber betrachten und benennen
ihn lediglich die christlichen Angehörigen des Römischen Reiches,
weil seine Lehre aus dem feindlichen Perserreiche in den Westen
zu ihnen kam. Die Ueberschrift fährt fort: ἐκ τῆς πρὸς Σεβηνᾶν
αὐτοῦ ἐπιστολῆς. Dann heisst es in Uebersetzung: „Einheitlich
ist des Lichtes Natur, die einfache und wahrhaftige, und
einheitlich ist dessen Thätigkeit (ἐνέργεια). Denn das Licht

') nicht בַּת זֶבִי.

scheint in der Finsterniss, und die Finsterniss nahm es nicht an ¹). Denn es befasste sich nicht (ἥψατο) mit dem Wesen (οὐσίας) des Fleisches, sondern wurde von der Aehnlichkeit (ὁμοίωματι) und äusseren Gestalt (σχήματι) des Fleisches beschattet, damit es nicht überwältigt würde durch das Wesen des Fleisches und litte und zu Grunde gerichtet würde hinein in [das Wesen der] Finsterniss ²), die seine Lichtkraft zu Grunde richtet. Wie hat er also leiden können, ohne dass weder das Böse besiegt würde noch seine Thatkraft verdunkelt worden wäre?" Das sind fast lauter dogmatische Ausdrücke, Schlagwörter, wie sie in der Polemik eines syrischen Kirchenvaters gegen den Manichäismus angewandt zu werden pflegen, wie sie aber auf der anderen Seite auch die Manichäer selbst in Abwehr brauchen konnten.

Das Original war also höchst wahrscheinlich schon deswegen syrisch, aber es sind auch schon directe greifbare Syriasmen darin enthalten. Μία τοῦ φωτός ἐστιν ἁπλῆ καὶ ἀληθὴς ἡ φύσις ist wörtlich im Syrischen: ܐܝܬܝܗ̇ ܡܢ ܟܝܢ ܢܘܗܪܐ ܕܗܘ ܕܚܕ ܟܝܢܗ, wobei höchst bezeichnend für das syrische Original das μία voransteht, die Wortstellung des im status absolutus voranstehenden Prädicats 'iḥidâj widerspiegelnd; ebenso das τοῦ φωτός ἐστιν — ἡ φύσις für die syrische Anwendung des nomen rectum mit ܕ, vorangestellt vor dem mit dem pron. suff. nachfolgenden nomen regens ܟܝܢܗ, seine Natur, vom Griechen blos mit ἡ φύσις wiedergegeben, um keine Construction in barbarischem Griechisch — nach Art des Vulgärdeutschen: „dem Lichte seine Natur" niederzuschreiben. — ἡ ἐνέργεια ist zu Anfang und weiter syrisch ܚܝܠܐ [oder ܡܥܒܕܢܘܬܐ], oft im Neuen Testament für griechisch ἐνέργεια (Ephes. 1, 19. 3, 7. Coloss. 2, 12. 1, 29. Phil. 3, 21), und so auch bei Efräm von der „Kraft" des Lichtes.

---

¹) evang. Ioann. I, 5, wo κατέλαβεν steht, hier in dem Fragment nur ἔλαβεν.

²) εἰς σκοτίας sc. οὐσίαν, was aus dem Vorhergehenden ergänzt werden kann. Aber es ist ein starker Syriasmus für ܟܚܫܘܟܐ mit dem ܕ der Wortkette.

οὐ γὰρ οὐσίας ἥψατο σαρκός etc. ܠܐ ܓܝܪ ܒܟܝܢܐ ܐܚܕ ܕܒܣܪܐ
ܐܠܐ ܒܕܡܘܬܗ ܕܒܣܪܐ ܘܒܐܣܟܡܗ ܐܬܚܙܝ ܕܠܐ ܢܬܕܢܐ ܒܟܝܢܗ
ܕܒܣܪܐ ܘܠܐ ܢܚܒ ܘܢܬܚܒܠ ܒܫܘܚܠܦܐ ܡܫܟܚܢܘܬܗ ܕܝܠܗ ܠܫܘܠܛܢܗ
ܢܘܗܪܐ. ܐܠܗܐ ܗܘܝܘ ܢܚܬ ܗܘܐ ܡܢ ܠܐ — ܐܬܚܫܚ ܡܫܟܚܘܬܗ.
Bequemer lässt sich kein griechischer Passus Wort für Wort in das Syrische übersetzen und dadurch als aus dem Syrischen übersetzt nachweisen.

Das manichäische Schriftstück, welchem das in Rede stehende Brieffragment angehört, hat also die Polemik gegen das johanneische ὁ λόγος σὰρξ ἐγένετο zum Thema.

Ein Gleiches lässt sich mit leichter Mühe für den Kenner des Syrischen gegenüber den anderen bei **Fabricius** l. c. erhaltenen Brieffragmenten nachweisen, dass sie nämlich syrische Originale haben. Ob sie aber aus **alter** manichäischer Zeit kommen, ist unbestimmbar, von Mani selbst jedenfalls kaum. —

Es lassen sich z. B. die folgenden Fragmente leicht auf syrisches Original erkennen. Das nächste, angeblich aus demselben Briefe an Zebenas, beginnt mit den Worten ἁπλῆ φύσις οὐκ ἀποθνήσκει καὶ σκιὰ σαρκὸς οὐ σταυροῦται, syrisch: ܦܫܝܛܬܐ ܟܝܢܐ ܗܢܐ ܠܐ
ܡܝܘܬܐ ܗܘ ܘܛܠܠܝܬܐ ܕܒܣܪܐ ܠܐ ܡܙܕܩܦܐ.

Das nächstfolgende Fragment soll nach der Ueberschrift ἐκ τῆς πρὸς Σκυθιανὸν ἐπιστολῆς sein, doch wird fortgefahren: ἑτέροις δὲ Βαλεντίνου τοῦ διδασκάλου Μάνεντος ἐπιγέγραπται. Von den Schriften der älteren Gnostiker sind ja auch nur Fragmente (z. B. Brief des Ptolemäus an die Flora) vorhanden. Das Fragment lautet: ὁ δὲ τοῦ ἀϊδίου φωτὸς υἱὸς τὴν ἰδίαν οὐσίαν ἐν τῷ ὅρει ἐφανέρωσεν οὐ δύο ἔχων φύσεις ἀλλὰ μίαν ἐν τῷ ὁρατῷ καὶ ἀοράτῳ, syrisch: ܒܪܗ ܕܢܘܗܪܐ ܗܘ ܕܠܥܠܡ ܠܟܝܢܗ ܕܝܠܗ[1]
ܒܦܓܪܗ ܓܠܝܗ ܗܘܐ ܟܕ ܠܐ ܬܪܝܢ ܐܝܬ ܗܘܐ ܟܝ̈ܢܐ ܐܠܐ ܚܕ ܐܦ
ܒܡܬܚܙܝܢܘܬܐ ܘܐܦ ܒܠܐ ܡܬܚܙܝܢܘܬܐ.

Das Fragment „aus dem Briefe an den **Saracenen Kudaros**“ (sic!) wird eingeleitet mit Ἰουδαίων βουλομένων — λιθάσαι

---

[1]) Ein ἴδιος in diesen griechischen Fragmenten ist immer der bestimmte Hinweis auf ein dil, dileh, dilhôn im Syrischen.

τὸν Χριστόν etc. Hier heisst es weiter ὁρατὴ μὲν οὐκ ἦν [sc. ἡ οὐσία] ἐψηλαφᾶτο δὲ οὐδαμῶς διὰ τὸ μηδεμίαν ἔχειν κοινωνίαν τὴν ὕλην πρὸς τὸ ἄϋλον, εἰ καὶ σαρκὸς ὡρᾶτο μορφή, syrisch: ܠܐ ܗܘܐ ܡܬܚܙܝܢܝܬܐ ܗܘܬ ܐܠܐ ܡܬܓܫܫܢܝܬܐ ܒܟܠ ܦܪܘܣ ܡܛܠ ܕܠܐ ܐܝܬ ܗܘܐ ܠܗ ('ܗܘ ܫܘܬܦܘܬܐ ܕܗܘܠܐ ܠܘܬ ܠܐ ܗܘܠܢܝܐ), ܗܢ ܐܦܢ ܒܕܡܘܬ ܒܣܪܐ ܡܬܚܙܐ ܗܘܐ', wobei in den Schlussworten auch wieder die Wortstellung ächt syrisch ist.

In dem letzten Fragmente („ἐκ τῆς πρὸς Ὀδαν [sic!] ἐπιστολῆς") übersetzen wir den Anfang: τῶν Γαλιλαίων δύο φύσεις ὀνομαζόντων²) ἔχειν τὸν Χριστόν ܟܕ ܛܠܝܠܝܐ ܬܪܝܢ ܟ̈ܝܢܝܢ ܡܫܡܗܝܢ ܐܝܬܘܗܝ ܠܡܫܝܚܐ, wenn die Galiläer den Messias einen zweinaturigen nennen. Dabei hat der Uebersetzer das ܐܝܬܘܗܝ missverstanden — es gehört ja mit dem vorhergehenden ܡܫܡܗܝܢ als Hilfsverb zu Einem Verbalbegriff zusammen! — und hat ein ἔχειν daraus zu Tage gefördert, sich aber durch das wörtlich wiedergegebene ὀνομαζόντων verrathen, u. s. w. u. s. w.

Kurz, wir haben in den angeblichen griechischen Brieffragmenten jedenfalls Uebersetzungen syrischer Originale manichäischen Inhaltes. Ob freilich von Originalbriefen, wenn nicht des Mani, so doch wenigstens aus der altmanichäischen Kirche, ist absolut unbestimmbar. —

2.

Dagegen erfahren wir aus dem Fihrist zuverlässig die Titel von Mânî's wirklichen Schriften, auch Einiges über ihren Inhalt, und können aus diesem und aus anderen Arabern selbst noch einige kürzere oder längere Originalcitate aus den in extenso verlorenen Schriften zusammenlesen. Von gleichem

---

¹) Diese termini technici ὕλη, ὑλικός und ἄϋλος sind bei den syrischen Dogmatikern in der Polemik gegen die Gnostiker sehr beliebt.

²) Auffallendes Wort hier, statt λεγόντων, aber aus syrischem ܡܫܡܗ und der syrischen Syntax erklärt sich Alles.

Originalwerthe wie diese Citate sind auch die im Fihrist genau
und getreu überlieferten urmanichäischen Gebetsformeln.

Die manichäische Literatur ist einst sehr voluminös gewesen. Die Araber des 10. Jahrhunderts haben noch umfäng-
liche Codices derselben vor sich gehabt und studirt. Von grossem
Einflusse waren die Schriften des Mânî und der Manichäer z. B.
auf den berühmten „Rhazes", mit vollständigem Namen Muḥam-
mad ibn Zakarijjä ibn Jaḫjä alRàzi, d. i. der aus Rai, Rhagae
in Medien Gebürtige [1]). Der von uns noch öfter zu benutzende
alBirûnî verfasste auch ein „Alfihrist", d. i. Index, betiteltes
Sendschreiben [2]), eine Epistola critica, in welcher er einem
Freunde auf dessen Wunsch Aufschluss über den Ursprung der
griechischen Medicin und über die Werke des Rhazes gibt. Hier
macht er betreffs des Buches des Rhazes „über das göttliche
Wissen" [3]) die Mittheilung, dass der Verfasser in ihm auf die
Schriften des Mani nachdrücklich hinweist, besonders auf das
„Buch der Geheimnisse". Von lebhafter Begier erfasst, diese
„Geheimnisse" kennen zu lernen, bemüht er sich, des Werkes
habhaft zu werden, aber seine Bemühungen bleiben vierzig Jahre
lang erfolglos. Da endlich nach langer Zeit trifft er in Ḥawârizm,
dem Asyl verbotener Schriften und Secten, in einer Bibliothek
auf einen Sammelband von manichäischen Schriften, und in
dieser Sammlung entdeckt er dann auch sein ersehntes „Buch
der Geheimnisse" [4]): „und da kam bei seinem Anblicke eine

---

[1]) S. alBirûnî ed. Sachau (Leipzig 1878) S. XXXVIII, in der Einleitung zu alBirûnî's „Fihrist".

[2]) Handschriftlich in cod. Lugdun. Golius 133 S. 33 ff., theilweise abgedruckt bei Sachau l. c. S. XXXVIII ff.

[3]) كتــب العلم الالٰهى, aus welchem Buche wir jetzt durch Dozy
in seinen Excerpten aus (Pseudo-) Ibn Maslama unschätzbare authentische
Documente über die harranische Religion, den Wortlaut der solennen Gebete
der Harranier an ihre Planetengottheiten, besitzen; s. Dozy — de Goeje,
Nouveaux documents pour l'étude de la religion des Harraniens, in: Actes
du sixième congrès international des orientalistes à Leide, deux. partie
sect. 1 (Leide 1885) p. 281 ff., besonders p. 312 ff. 354 ff.

[4]) كتابه فى العلم الالٰهى وهو يبـٰدى فيه بالدلالة علي كتب
منّى وخاصّة كتابه الموسوم بسفر الاسرار — مصحف قد اشتمل

Freude über mich, wie sie über den Durstlechzenden beim Anblick des Getränkes zu kommen pflegt, aber nachher auch der
Widerwille der Ueberfülle nach dem Genusse eines ekelerregen-
den Wassers". Nachdem er dann auszugsweise die in diesem
Buche enthaltenen Abgeschmacktheiten [1]) kennen gelernt, spricht
er den Satz aus, dass Rhazes, wenn er aus diesem Buche soviel
geschöpft habe, ein Betrogener, nicht aber ein Betrüger genannt
werden dürfe.

AlBirûnî gibt an dieser Stelle eine Liste manichäischer
Schriften als Bestandtheile der ihm vorliegenden Sammlung,
welche letztere also wohl der Schriftcanon der manichäischen
Kirche, sozusagen: die manichäische Bibel, war. Diese Liste
lautet folgendermassen:

1) Pragmateia (arabisch فرقماطليا Farak̤mâṭijâ); 2) Buch
der Riesen (سفر الـجـبابرة); 3) Schatz der Lebendigmachung (كنز الاحيآء); 4) Licht der Gewissheit und der
Grundlegung (ضمّ البقين والتاسيس); 5) das Evangelium
(الانجيل); 6) das Sâbûrakân الشـبـورقان, dann 7) eine Anzahl Sendschreiben von Mânî (عدّة رسائل لمانى) und endlich 8) das begehrte „Buch der Geheimnisse".

Nach dem Fihrist des anNadîm (ed. Flüg. p. ٣٣٦ Z. 8 ff.)
zählte man sieben Hauptschriften des Mânî. Von ihnen war
eine in persischer Sprache geschrieben, die sechs anderen in
syrischer. Alsdann folgt die Angabe der Titel und der Ueberschriften der einzelnen Capitel jeden Buches, welche Angabe
uns jedoch bei zweien der Bücher in unseren Handschriften leider nicht erhalten ist. Uebrigens verzeichnet der Verfasser des
Fihrist nur die Namen von sechs Büchern des Mânî, obwohl er
ihre Zahl auf sieben angibt. Hiernach aber gibt er ein langes
Verzeichniss der Titel von Sendschreiben und zwar sowohl

_____

من كتب الـمـانويّة على فرقماطليا وسفر الجبابرة — وفى
جملتها تُلْبُتى سفر الاسرار.

.ما فى تلك السفر من الهَذَيان [1])

12*

des Mânî selbst als der Häupter seiner Kirche (der „Imame"
sagt der Verfasser in Anwendung muslimischer Terminologie)
nach ihm. Diese Stelle des Fihrist war, für unsere Kenntniss
dieser Materie, die zeitlich erste ausführliche Nachricht über
die Literatur des orientalischen Manichäismus, welche aus der
orientalischen Literatur selbst geschöpft worden ist. Sie bleibt
auch jetzt noch die grundlegende, obwohl wir seit Flügel's
erster Erläuterung dieser literarischen Notizen (1862) über mehrere Bücher aus anderen seitdem edirten, besonders arabischen
Autoren ausführlichere, Flügel's Aufstellungen zum Theil mo-
dificirende Belehrungen erhalten haben. Die Titel der Sendschreiben freilich bleiben bis jetzt fast alle Mittheilungen, die
zwar hörbare Vermuthungen anregen, aber sonst nur Räthsel
stellen.

Die Hauptschriften des Mânî, welche der Fihrist aufzählt,
sind, mit Beibehaltung der Reihenfolge: 1) Buch der Geheimnisse; 2) Buch der Riesen; 3) Buch der Vorschriften für die
Zuhörer, mit dem (anhangsweisen) Abschnitte: Vorschriften für
die Auserwählten; 4) Sâbûrakân; 5) Buch der Lebendigmachung;
6) Πραγματεία; 7) fehlt (war aber gewiss wohl „das Evangelium".

a. Das Buch Shâpûrakân.

Ziehen wir jetzt die Mittheilungen hinzu, welche die arabischen Autoren, abgesehen vom Verfasser des Fihrist, geben,
so scheint mir die am meisten von den Orientalen citirte, also
wohl die bekannteste[1]), Schrift des Mânî das Buch (nr. 4) Schâ-
bûrakân zu sein, das wohl zugleich — sein erstes und jenes in
persischer Sprache verfasste war. Birûnî und Ja'kûbî geben aus
ihm hochwichtige Citate. Nach dem Fihrist zerfällt dieses Buch
in drei Abschnitte, welche den Zustand nach dem Tode behandeln: 1) das „Capitel von der Auflösung[2]) der Zuhörer";

[1]) كتاب مانى المعروف بالشابورقن — „das unter dem Namen des
Sâhpûr. berühmte Werk des Mânî" Birûnî S. 13 u. 118.

[2]) Dies bedeutet den Tod nach der ausdrücklichen Erklärung Fihrist
S. 334 Z. 17, wo es heisst فلما انحلّ ومعناه حضرته الوفاة, „als er sich
auflöste — und das bedeutet, als ihm der Tod nahte".

2) „Capitel von der Auflösung der Auserwählten"[1]); 3) „Capitel von der Auflösung der Sünder". —

Aber was bedeutet zunächst der Name dieses Buches, bei den Arabern الشابرقـان aś-śâburakân geschrieben? Flügel im „Mani" (1862) S. 365—367 weiss noch nicht das Richtige. Indessen er konnte in damaliger Ermangelung aller weiteren Notizen aus sonstiger arabischer Literatur über dieses Werk des Mani auch nur eine (unhaltbare) Vermuthung vorbringen, während wir jetzt viel mehr wissen. Bei arabischen Historikern[2]) wird الـشـابـرقـان mit dem Zusatze الاوّل „der erste" als der Stammvater der الـجـرامـقـة ağ(G)arâmikah genannten Nation bezeichnet. Letztere selbst werden oft erwähnt und von ihnen insbesondere ausgesagt, ihr König habe im alten Môṣul d. i. Ninive residirt (Chwolsohn, Ssabier I, 697—98), weshalb sie Mas'ûdî im تنبيه (s. den Auszug de Sacy's in Notices et Extraits VIII S. 158) mit الاثوريون d. i. den Assyrern zusammenstellt. Der Name dieses Volkes geht zunächst von der einen Stadt جَرْمَى (oft bei den Geographen, z. B. Idrîsî I, 490. 492) aus, dieses ist aber die persisch-arabische Form einer aramäischen Original-Namensform (ב׳ נרמאי) בֵּי נַרְמַי, syrisch ܒܹܝܬ ܓܲܪܡܲܝ (für ܒܹܝܬ ܓܲܪܡܲܝ) Bê-garmai. Dies bezeichnet eine von Aramäern bewohnte Landschaft im Bereiche des alten Assyriens, zwischen

---

[1]) الـمُجْتَبِين al-muğtabina „die Auserwählten, electi" ist zu lesen, wie der Gegensatz zu Zuhörern und Sündern fordert. So auch im Texte des Fihrist S. 336 Z. 16. 17 nach einer Emendation Fleischer's aufgenommen; s. die Anm. 4 in Bd. II S. 173. Das al-muğannabina „der Verführten" (im „Mani" 1862) ist trotz Anm. 322 S. 367 unrichtig.

[2]) S. z. B. die Stelle bei Chwolsohn, Ueberreste der altbabylonischen Literatur S. 44 Anm. 81 (Flügel l. c. S. 365 Anm. 322) فلجرامقة مـن وُلْد الشابرقان الاول وليس هـو نظير ادم ولا عديله ولا مُقاربه ايضا „die Ġ. sind die Abkömmlinge des Ur-Śabrakân, der aber ist dem Adam nicht gleich noch auch ähnlich oder verwandt", also ein Unterstammvater, nicht der Ahnherr der Menschheit.

dem Tigris im Westen und dem Kleinen Zàb im Norden, s. Nöldeke, Tabari übers. S. 35 Z. 1 und Anm. 1; S. 59 Z. 3. Die Griechen nennen die Bewohner Γαρμαῖοι Ptolem. V, 1, die Syrer ܓܪܡܩܝܐ (Mai, Nov. Coll. X, 303ᵇ); die Araber sprechen den Namen des Gebietes Bà[1])-Garmà[2]) aus. Sie nennen aber die Bewohner nach der verkürzten und mit dem mittelpersischen k versehenen Form garmak: garàmikah, was bei ihnen, mit Verwischung und Erweiterung des geographisch begrenzteren Urbegriffes, die Bewohner des oberen Tigrislandes überhaupt in der alten Zeit bedeutet. Jenes الشبرقان, Name des ἥρως ἐπώνυμος, hängt offenbar mit demselben garmak zusammen; es ist dieses selbst, nur mit der Endung -àn erweitert, und aus jenem hervorgegangen durch Transposition[3]) von rm zu mr, br (b und m verwandte Laute) und durch Vertauschung des palatalen g (aus g) mit dem Sibilanten s (durch die Mittelstufe eines neupersischen ژ), also الشبرقان sabrakàn zu vokalisiren, nicht Schàbarkàn mit Flügel l. c. S. 366. —

Nach diesem „ersten Sabrakàn", dem namengebenden Ahnherrn der Garamäer oder Assyrer, glaubte nun Flügel l. c. S. 367 vermuthungsweise das Werk des Mani in der Weise benannt zu finden, wie es ein liber Adami, Seth, Cham u. s. w. in der pseudepigraphischen Literatur gibt. Diese an sich nicht unansprechende Conjectur wird also jetzt durch eine ausdrückliche Angabe des alBìrùni beseitigt. Nach diesem S. 207 Z. 14 ist assàbùrakàn „das Werk, welches er verfasst hat für den Sàbùr, den Sohn des Ardasìr"[4]). Damit ist alle Unsicherheit über die Herkunft des Namens mit Einem Schlage

---

[1]) bè (ݣ) für (ܨ) als bà nach bekannten Analogien wie بدرايا Bàderàjà Fihrist S. 328 Z. 1.

[2]) جَرْمَا, woneben auch جَرْمى sich findet, s. M. J. Müller im Journ. as. 1839 Avril S. 297.

[3]) cf. Bactra zu Balch durch die Mittelform Bahl.

[4]) فى اول كتبه الموسوم بالشابورقان وهو الذى الّفه لشبور بن ارشير

gehoben. Damit ist auch zugleich über den Zweck des Werkes eine bestimmte Vorstellung erweckt. Der Name ist eine neupersische Adjectivform, abgeleitet von dem Namen des persischen Grosskönigs Śâhpûr, und bedeutet „an Śâhpûr gerichtet", liber Saporicus. Die persische Urform des Königsnamens[1]) ist bekanntlich شَاهپُور, woraus die Araber meist (nach sonstiger Analogie in Wiedergabe des ausserarabischen schîn durch sîn) سَابُور machen (s. z. B. der Fihrist, Ja'ḳûbî etc. etc.), jedoch auch mit Beibehaltung des ś: شَابُور, wie bei Bîrûnî. Es bedeutet eigentlich, als nom. appellativum, „Königssohn" (پور) für پُهر puhr = scr. putra Sohn). Dieses Nomen ist nun durch die Ableitungsendung كَان (gân) weiter gebildet zu einem Adjectiv, das Beziehung zu dem Grundwort ausdrückt (كلمه نِسْبَت است) das lex. Bh., s. Vullers, gramm. ling. Pers. ed. 2 1870 S. 237 §. 48). Man bildet so von dem einfachen شاه „König": شَاهَگَان (sprich śâhagân) oder شَاهِيگَان d. i. eines Königs würdig, dann substantivisch etwas Köstliches, ein Schatz; خُدَايگَان Gott ähnlich, بَازَارگَان bâzâragân Kaufmann von بَازَار Markt, دَهگَان paganus, rusticus. So bedeutet also شَاهپُورگَان „dem Śâhpûr gehörig" oder appellativ: „kronprinzlich". Bei der Herübernahme ins Arabische ist nun das persische گ in شَاهپُورگَان śâhpûragân ebenso zu ق ḳâf geworden, wie in dem bekannten دِهقَان (plur. دَهَاقين) „Bezirksvorsteher", „Landamman", „Dörfler", der Bezeichnung des niederen Landadels im Sasanidenreiche (s. Nöldeke, Tabari übers. S. 440) aus jenem دِهگَان. Zugleich nimmt شَابُورقَان wie jenes شَاهگَان als Buchtitel die Be-

---

[1]) Bei den Griechen bekanntlich Σαπώρης, Römern Sapor, Sapores; s. über den Namen Nöldeke zum Kârnàmak (Festschrift für Benfey 1878) S. 60 ff. und Tabarî übers. S. 7 Z. 3.

deutung eines Substantivs an: „Schapurkleinod", „Kronprinzen-
schatz" [1]).

Damit ist zugleich die Bestimmung des Buches aufs Un-
zweideutigste angegeben. Mani wollte dem Könige Sâhpûr, nach
welchem er sein Buch benannte, wir würden sagen, dem er
dasselbe dedicirte, ein instruirendes Compendium seiner Religionslehre geben, wenigstens der wichtigsten, am meisten zur
Bekehrung einladenden Theile. Eine solche Abfassung von
Schriftwerken für orientalische Herrscher durch Gelehrte hat so
manche Analogien. Wissen wir z. B. doch, dass drei Jahrhunderte nach Mani Paulus der Perser einen Abriss der aristoteli-
schen Dialektik in syrischer Sprache für den Grosskönig Chosrau
Anôsarwân verfasst hat, s. Renan im Journ. asiat. 1852 S. 311 ff.
Spiegel, Grammatik der Huzwareschsprache 1856 S. 11. Man
könnte, wenn die Parallele nicht zeitlich etwas fern läge, auch
an das compendium doctrinae erinnern, welches Melanchthon für
den Landgrafen Philipp von Hessen zu dessen Orientirung über
die Lehre der Reformatoren geschrieben hat. Sâhpûr der Sohn
des Ardasir ist der zweite Grosskönig des neuerrichteten Perserreiches der Sasaniden, der Sapores I. der Occidentalen. Die
manichäische Ueberlieferung bringt ihren Religionsstifter mit
diesem Grosskönige, Sapores dem Ersten, schon früh in Berührung. Nach dem Fihrist (328,18) benutzte ja Mani gerade den
Tag des Regierungsantrittes dieses Königs, als Sâhpûr I. sich
öffentlich die Krone aufsetzte, den ersten Nisan (20. März) das
Jahr 242 nach Chr.[2]), zum ersten öffentlichen Auftreten und zur
ersten Predigt an die versammelten Volksmassen in der Residenz.
Er hatte später, als seine Religion schon viele Anhänger im
Reiche der Sasaniden zählte und zu einem achtunggebietenden
Factor des politisch-religiösen Lebens geworden war, bei demselben
Herrscher eine folgenschwere Audienz, in der er den König ganz

---

[1]) Erst nachträglich sehe ich, dass diese meine Erklärung der Namensform Sâhpûragân auch von Nöldeke, Tabari übers. S. 457 Anm. 2 vorgetragen ist; ebenda sind auch Beispiele für noch anderweitiges Vorkommen
desselben Wortes (als Ortsname u. s. w.), sowie derselben persischen Adjectivform beigebracht. Nöldeke erklärt gewiss richtig das gân als erweitertes -ak mit dem patronymischen -ân.

[2]) S. Nöldeke, Tabari übers. 412 ff.

für sich einnahm und sogar zu der ausdrücklichen Erklärung
veranlasste, auch er wolle die neue Lehre annehmen. Factisch
wird es dabei bleiben müssen, dass wie Ja'kûbî ausdrücklich
sagt, der Grosskönig eine zeitlang wirklich der Religion Mani's
anhing. Später wandte sich freilich die Gnade des Herrschers
von ihm ab, aber die Veranlassung zu einer solchen Schrift für
den Grosskönig, wie das Sâbûraķân war, wird sehr einleuch-
tend. —

Erwähnt werde übrigens noch eine nahe liegende Combination. Sâhpûr[1]) heisst „regis filius", und wir sahen oben, dass
die Erzählung der Acta Archelai von dem persischen „regis filius",
den Mani durch missglückte Heilversuche in seiner Krankheit zu
Tode brachte, offenbar figürlich, nämlich vom Verderben durch
Irrlehre, zu verstehen ist. Die geschichtliche Person, an welche
man zu denken hat, ist wahrscheinlich, wie gezeigt, Fîrûz (Pêrôz),
der Bruder von Sâhpûr I. und Sohn von Ardaśir I. Er war es,
der die Lehre des Mani annahm und diesem auch die Audienz
bei seinem Bruder, dem regierenden Könige, verschaffte (Fihrist
338, 27. 28). Indessen bei der ursprünglich appellativen Bedeutung des Namens Sâhpûr als „Königssohn", „Prinz", und
speciell „Kronprinz", die den Orientalen wohl bekannt
war[2]), ist zu vermuthen, dass speciell an eine Verführung
durch jenes Buch des Mani zu denken ist[3]). Sein Inhalt, vor-

---

[1]) Aeltere Form شاﭼﭙﯘﺮ; puhr wird zunächst aus puthra, wie مﮩﺮ aus
Mithra und zahllose Analogien.

[2]) S. die sagenhafte Erzählung von der Jugend des Sâhpûr bei Tabari
I, III S. 824 (in Nöldeke's Uebersetzung S. 28 ff.), wo die Namengebung
mit den Worten motivirt wird — واسما صفة يكون جامعا اسما

فسماه شاهبور وترجمتها بالعربية ابن الملك d. i. „er nannte ihn
mit einem Namen von allgemeiner Bedeutung, der zugleich Eigenschafts-
wort und Eigenname wäre — und dessen arabische Bedeutung „Königssohn" ist".

[3]) Das Buch scheint nach Birûnî 118, 14 gerade im Hinblick auf die
bevorstehende Thronbesteigung des Nachfolgers des Ardaschir, Schapurs
also, für diesen verfasst zu sein: es heisst da: „beglaubigt unmittelbar vor

dem Ausgang des Auftretens des Ardaschir, خروج عَقِب على مُعَوَّل

nehmlich über den Zustand nach dem Tode Aufschluss gebend, musste ja besonders geeignet sein, das Interesse von religiös Gerichteten zu erregen. Wenn also die Griechen von diesem so wichtigen manichäischen Buche anscheinend **nichts wissen**, da sie es jedenfalls mit seinem orientalischen Titel oder dessen Uebersetzung von ihnen nirgends citirt wird, so ist dies doch nur mit **Einschränkung** der Fall.

Der **ächt persische Titel** dieses Werkes des Mani scheint mir übrigens an sich schon ferner die Wahrscheinlichkeit nahe zu legen, dass dieses Werk jenes einzige in persischer Sprache geschriebene unter den sieben Hauptwerken des Mani ist. Direct ausgesprochen ist aber dieser Thatbestand wohl in den Worten des Birûnî S. 118 Z. 13 (s. dieses Citat weiter unten) وهو [sc. das Sâbûraḳân] من بين كُتُب الفُرس, „dieses Buch befindet sich unter der Zahl der **Bücher der Perser**". Es ist wenigstens unnatürlich, diese Bemerkung des das Buch selbst noch vor sich habenden arabischen Gelehrten nur dahin zu verstehen, dass Mani's Werk **unter die von Persern** (er war wenigstens persischer Unterthan, wenn auch, als Babylonier, keineswegs Nationalperser) herrührende Literatur gehöre, ohne dass damit über die darin zur Anwendung gebrachte Sprache (ob arabisch, persisch, syrisch, griechisch, armenisch) etwas ausgesagt sei. Dass Mani für den persischen Kronprinzen in der persischen Nationalsprache schrieb und nicht, wie in den anderen Schriften, in der damaligen Gelehrtensprache dieses Theiles des vorderen Orientes, besonders Mesopotamiens, dem Syrischen, ist auch zu natürlich. Die Frage, welches die **persische Schrift des Mani** sei, ist also mit dem Sâbûraḳân zu beantworten, nicht mit dem Ertenk d. i. dem Evangelium (so Flügel und ich selbst im Artikel Mani bei Herzog, Realencyklopädie 2. Aufl. Bd. IX S. 250 nr. 6 am Ende). Da dieses letztere nach den 22 Buchstaben des syrischen Alphabetes in 22 Capitel abgetheilt gewesen sein soll, so ist es zweifellos in syrischer Sprache verfasst gewesen.

أردشير, also in der letzten Zeit des Ardaschir im Hinblick auf dessen Ende verfasst.

Stellen wir nun zusammen, was uns an Fragmenten aus und fragmentarischen Notizen über das Buch Šābûrakân erhalten ist.

Gegen Anfang desselben [1]) hat nach Bîrûnî (209, 14) der Passus gestanden, der von allen erhaltenen Citaten aus dem Werke das wichtigste und zugleich ausführlichste ist, und der von Bîrûnî anscheinend in wörtlicher Uebersetzung mitgetheilt wird. Er lautet so: الحكمة والأعمال هى التى لم يزل رسل الله تأتى بها فى زمن دون زمن فكان مجيئهم فى بعض القرون على يَدَي الرسول الذى هو البُد الى بلاد الهند وفى بعضها على يَدَى زرادشت الى ارض فارس وفى بعضها على يَدَى عيسى الى ارض المغرب ثم نزل هذا الوحى وجاءت هذه النبوة فى هذا القرن الاخير على يَدَى انا مانى رسول اله الحق الى ارض بابل

d. i. „die Weisheit und die guten Werke [2]) sind in ununterbrochener Fortsetzung von den Boten (Propheten) Gottes von einer Zeit zur anderen (in die Welt) gebracht worden. So erfolgte das Kommen der wahren Religion [3]) in der einen Zeitepoche durch den Propheten, der der Buddha heisst, in die Gebiete Indiens; zu einer anderen durch den Zarâdušt (Zoroaster, Zarathustra) in das Land Persien; zu einer anderen durch Jesus in das Land des Westens. Darnach stieg diese (meine) gegenwärtige Offenbarung herab und erfolgte diese (meine) gegenwärtige Prophetie im gegenwärtigen jüngsten Zeitalter durch

---

[1]) فى اوّل كتابه — شابورقان.

[2]) Dieser Ausdruck bezeichnet durch die beiden Worte den Begriff des rechten religionstheoretischen Wissens verbunden mit dem rechten praktischen Handeln in religiöser Hinsicht, mit Einem Worte die rechte Religion nach ihren beiden Erscheinungsformen in Glauben und Leben. Bei den الصابئون steht أعمال auch von der Gebets- und Opferpraxis der Harranier in den von Dozy und de Goeje herausgegebenen Excerpten l. c. S. 300 zu Anfang.

[3]) So der Deutlichkeit wegen, wörtlich: ihr (der Weisheit und Werke) Kommen.

mich, Màni, den Gesandten des wahren Gottes, in das Land
Babel (Babylonien)."

Damit spricht der Religionsstifter in eigenen, authentischen
Worten aufs Deutlichste aus, was er mit seinem Auftreten
will; einerseits, welche Rolle er übernimmt, und andererseits,
für wen er wirken will. Er will nicht, wie sonst allgemein geglaubt wurde, lediglich die Religion der Perser, die Stiftung
des Zoroaster, verbessern. Vielmehr stellt er sich selbst dem
Zoroaster als ebenbürtig, als einen gleichberechtigten, jüngeren
und vollkommneren Religionsstifter an die Seite. Ferner wendet
er sich mit seinem Auftreten nicht an die Perser, sondern
an die Babylonier. Damit ist der Gegensatz zum Nationalpersischen so scharf wie nur möglich ausgesprochen, und ist
der Hass der nationalpersischen, zoroastrischen Priester (Magier)
gegen Mani so vollkommen wie nur möglich erklärlich gemacht.
In Aneignung des ächten, altbabylonischen Theologumenons von
der fortlaufenden, continuirlichen Prophetie[1]) stellt er kühn diese
Reihe der rechtmässigen Propheten des wahren Gottes auf, einer
vollkommener als der andere: Buddha, Zoroaster, Jesus, Màni!

Bei Śahrastàni (S. 192 Mitte) wird derselbe Gedanke etwas
ausführlicher ausgesprochen, zwar nicht extra als Citat aus dem
Śàhpùraḳàn bezeichnet, sondern einfach als summarische Lehre
der Manichäer[2]). Indessen ist dies zwar die spätere ausgebildete
und erweiterte Gestalt aber doch nur eine Version jener Grund-
stelle über das grundlegende Dogma in Ausdrücken muslimisch
gefärbt. Wir setzen hier im Interesse des Vergleiches mit der
authentischen Fassung des Mani selbst in einer seiner ältesten
Schriften her. „Der Erste, den Gott mit dem Wissen und der
Weisheit sandte, ist Adam, der Vater des Menschengeschlechts[3]),

---

[1]) Ueber diese Fundamentallehre der Religion des Mani, ihren Ursprung und ihre Verbreitung bei den „Gnostikern" ist im zweiten
Theile, zu Anfang des Capitels vom Ursprung der manichäischen Theologumena, zu handeln.

[2]) Mit der Einführung اِنَّ والانبيٓء فى الشرائع واعتقاده etc. „und
seine Glaubensmeinung über die Gesetzschriften und die Propheten ist die,
dass . . . .

[3]) Zusatz des Muhammadaners!

dann Sêth, dann Noah, dann Abraham nach diesem [1]). Dann
sandte er die Buddhas [2]) in das Land Indien und den Zaradušt
in das Land Persien und den Messias, der das Wort Gottes und
sein Geist ist [3]), in das Land der Griechen (الروم eigentlich
Römerland, byzantinisches Reich) und den Westen, und den
Paulus nach dem Messias zu denselben [4]) (sc. den Griechen). Darnach wird das Siegel der Propheten in das
Land der Araber kommen [5])."

Aus dem Anfangsabschnitte des Šâhpûr., der also von der
Prophetie handelt, aus dem „Capitel vom Kommen des Gottgesandten" (فى بـاب مجىء الرسول), theilt uns Bîrûnî weiter an
zwei Stellen (208, 7 ff. und 118, 13 ff.) mit Mânî's eigenen Worten
zwei unschätzbare Notizen mit, nämlich über den Ort und die
Zeit der Geburt Mânî's.

Die Zuverlässigkeit der einzuführenden chronologischen Angaben wird mit folgenden Worten vorher versichert S. 118 Z. 12 ff.:
„Wir wollen aus dem Werke des Mânî schöpfen, welches unter
dem Titel des Šâbûrakân bekannt ist. Es gehört unter die Bücher
der Perser und ist in zuverlässiger Weise anzusetzen unmittelbar vor den Ausgang (d. i. das Regierungsende) des Ardašîr.
Mani aber ist ein Mann, der die Verpönung der Lüge zur religiösen Satzung hat, und der nach einer Fälschung der Zeitrechnung gar kein Bedürfniss hat" [6]). Hier sagt er also (ibid.

---

[1]) Folgt „Heil über diese" عليهم السلم, also wieder muslimisch.

[2]) Hier der Plural الْبُدَدَة bei Mânî der Singular. Wieder eine spätere
Modification.

[3]) Letzterer (Geist) nicht als eine vom Messias verschiedene neue
Prophetengestalt; Sohn und Heiliger Geist sind hier dasselbe.

[4]) Sehr merkwürdig! Paulus selbständig!

[5]) Natürlich so nicht von Mânî gelehrt, sondern dreiste Erfindung des
Arabers.

[6]) نَأخُذ — من كتـاب مانى المعروف بالـشنبورقـان اذ هو من
بَيّن كُتُب الفِرس مُعَوّل على عَقب خروج اردشيَر ومـانى مَمَّن يَدِينُ
بتحريم الكَذُب وليس به حاجةً الى افتعـال التاريخِ.

Z. 15 ff.) „in dem Abschnitt vom Kommen des Propheten", „dass
er in Babylonien geboren sei ¹) [S. 208 Z. 7 ergänzend und genauer: „in Babylonien in einer Ortschaft Namens Mardînu im
Districte Nahar-Kuthâ ²) al-'a'lâ, d. i. Districte des oberen Theiles
des Kanals von Kûthâ] im Jahre 527 der Aera der Astronomen
Babels, das heisst der Zeitrechnung Alexander's ³) [i. e. aera Se-
leucidarum] und als vier Jahre vergangen waren von der Regierung des Königs Adarbân" ⁴); und weiter „und er behauptet
in diesem selben Abschnitte, dass die erste Offenbarung an ihn
gelangte, als er im dreizehnten Lebensjahre stand, und dies bedeutet im Jahre 539 der Aera der Astronomen Babels zu der
Zeit, wo zwei Jahre von den Regierungsjahren des Grosskönigs
Ardašir vergangen waren" ⁵).

Nach solchen Mittheilungen über seine persönlichen Verhältnisse, überhaupt über seine Legitimation und Einführung als
Prophet scheint sich dann Mânî in dieser seiner ältesten Schrift,
nach den Titeln der Buchabschnitte im Fihrist zu schliessen,
hauptsächlich über die Eschatologie, Tod und Zustand nach dem
Tode, und was damit zusammenhängt, wie über das Wesen der
Seele, verbreitet zu haben. Hierzu stimmt auch die Stelle,
welche Ja'kûbî ed. Houtsma 1883 I S. 181 Z. 6 ff. mittheilt.
Sie lautet⁶): „Mânî verfasste ein Buch, welches er das Šâpûrakàn
nennt, in welchem er die reine Seele und die mit den

قال ــ ــ انّه وُلِدَ ببابلَ فى سنة خمسمائة وسبع وعشرين ¹⁾

تَاريخ مُنَجّمى بابلَ etc.

²) S. über diese Landeintheilung in „Kreise" und „Aemter" zur Sasanidenzeit Nöldeke Tabari S. 16, wo neben Nahar Darkit und Nah. Gaubar
auch ein [Nahar] Kûthâ.

³) Dies ist 215/16 nach Christus.

⁴) Wozu Bîrûnî bemerkt: „und ich glaube, dass dies der letzte Ardawân (also Artaban V) ist".

⁵) d. i. 227/28 nach Christus.

الشـ٬ ــ يصف فيه النفس الخـالصة والمختلطة بالشياطين ⁶⁾
والعلل ويجعل الفلك مسطوحا ويقول ان العلم على جبل
مائل يدور عليه الفلك العلوى.

Teufeln vermischte Seele beschreibt, sowie die Krankheiten (der Seele). Er stellt hier das Firmament als
eine ebene Fläche[1] dar und sagt, dass die Welt[2] auf
einem abwärtsgeneigten Berge ruhe, über welchen hin
die obere Himmelsfläche kreise"[3].

Dass bei den Auseinandersetzungen des Buches auch auf
die Grundlehre vom Lichte und der Finsterniss eingegangen
wurde, hat man der Stelle des Śahrastânî 192, 2 ff. zu entnehmen: „Er sagt im Anfange des Śâbûrakân[4]), dass im Bereiche der ganzen Erde des Königs der Lichtwelt kein
Ding von ihm frei (d. i. ausserhalb des stofflichen Zusammenhanges mit ihm) ist, dass er aussen und innen sei, und
dass er ohne Begrenzung (Ende) sei, ausser auf der
Seite, wo seine Erde bis an die Erde seines Feindes
heranreiche[5]."

b. Das „Buch der Geheimnisse".

Ist nun das Śâpûrakân wahrscheinlich das älteste unter
Mânî's Religionswerken, so war das berühmteste und umfäng-
lichste und das eigentliche dogmatisch-polemische corpus doctrinae
der manichäischen Religion das „Buch der Geheimnisse",
arabisch سفر الاسرار. Der syrische Originaltitel wird gelautet

---

[1]) مَسْطُوحًا, geebnet, als eine Fläche, an der also die gefangenen
„Archonten" bequem angeheftet werden konnten (Efräm, „Turbo" in den
Acta Archelai).

[2]) العلم ist wohl = العَلَم, diese sichtbare Welt.

[3]) Die altpersische Vorstellung von der Hara berezaiti (dem Berge
Alburz).

[4]) und auch im „Abschnitt 1" باب الالف des „Buches der Riesen"
(الجبيرة zu lesen الجبلة).

[5]) ان ملك عـلـم النور فى كلّ ارضه لا يتخلو منه شى وانه
ظـاهـر بـاطـن وانـه لا نـهـايـة له الّا من حيث تناهى ارضه الى
ارض عدوه.

haben اذوا, حَبَكُ. Im Fihrist (336, 9 ff.) sind uns die Ueber-
schriften der einzelnen Capitel aufbewahrt. Es sind diese:
1) von den Daisaniten; 2) von dem Zeugnisse des Vištâsp vor
'Elhabib; 3) Selbstzeugniss des ....[1]) für Ja'ḳûb; 4) von dem
Sohne der Witwe — und das ist bei Mânî der gekreuzigte
Messias, den die Juden gekreuzigt haben[2]); 5) Selbstzeugniss
des 'Isâ in Sachen des (vor, an, gegen) Jehudâ; 6) Anfang des
Zeugnisses des Eljamin nach seinem Siege; 7) von den sieben
Geistern; 8) die Lehre von den vier Geistern, von der Vergänglichkeit; 9) vom Lachen; 10) Zeugniss des Adam über 'Isâ; 11) vom
Abfall vom rechten Glauben; 12) Lehre der Bardaisaniten über
die Seele und den Leib; 13) Widerlegung der Bardaisaniten in
Betreff der Seele des Lebens; 14) von den drei Gräben; 15) von
der Bewahrung der Welt; 16) von den drei Tagen; 17) von
den Propheten; 18) von der Auferstehung. Hinter dieser letzten
Capitelüberschrift hat dann der Fihrist die Bemerkung: „und
das ist es, was das Buch der Geheimnisse umfasst". Wissen
wir also 18 Ueberschriften von Capiteln dieser Hauptschrift des
Mani, durch deren detaillirte Aufzählung der Verfasser von der
Wichtigkeit des Werkes Zeugniss ablegt, so ist dies aber auch
Alles, was uns von dem Buche erhalten ist. Kein sonstiges
grösseres Citat wird irgendwo überliefert. Ja'kûbi (181, 11. 12)
hat des Weiteren nur die kurze Bemerkung, welche uns über
cap. 17 „von den Propheten" etwas Bestimmteres denken
lässt: „das Buch der Geheimnisse, in welchem er die
Wunder der Propheten lästert"[3]); es war also wohl eine
Expectoration gegen die alttestamentlichen Propheten, Moses,
Elias u. s. w., die er ja ausdrücklich nicht für Abgesandte des
wahren Gottes, sondern für solche des Satans hielt, deren „Wunder" er also für Teufelswerk erklärt haben wird. Bei näherer
Betrachtung jener nackten Titel können wir aber wenigstens
einige Vermuthungen schöpfen; das Meiste bleibt freilich unklar,

---

[1]) Lücke im arabischen Texte des Fihrist.

[2]) Die Worte nach ابن أرملة sind erklärender Zusatz des Verfassers
des Fihrist, nicht mehr zu dem Capiteltitel gehörig.

[3]) سفر الاسرار الذى يطعن فيه على آيت الانبياء.

räthselhaft. Hier nur einige Bemerkungen. — Von vorn herein
muss man, was hier von den Capitelüberschriften und noch mehr
nachher von den Titeln der manichäischen Sendschreiben gilt,
immer dessen eingedenk sein, dass diese uns vorliegenden arabischen Sätze Uebersetzungen, in den Eigennamen Transscriptionen
aramäischer (syrischer) Originalsätze sind. — nr. 1 cf. 12.
13. Mit der gleichfalls dualistischen Lehre des Bardaiṣân und
seiner Schule beschäftigte sich Mani, ebenso wie mit der in
ihrer Urgestalt gleichfalls dualistischen des Marcion, sehr viel
in seinen Schriften, da er diesen Systemen sehr nahe steht. —
Zu nr. 2 hat man sich den Titel in aramäische Originalform
zurückzuversetzen. Die von Flügel im „Mani" Anmerk. 309
S. 357—58 vorgetragene Vermuthung, das Capitel werde eine
Rede, eine Zustimmungserklärung des Königs Hystaspes an Zoroaster (= „der Geliebte"!) enthalten haben, wird kaum ernstlich in Betracht kommen können, da die Bezeichnung „der Geliebte" für den altpersischen Religionsstifter doch im Avesta und
der sonstigen Parsenliteratur keine Belege hat; „der Heilige,
Reine", für çpitama Zarathustra, wäre etwas anderes. Das el-
in الحبيب muss vielmehr, ebenso wie nr. 6 in dem اليمين
Eljamin, wenn man an die aramäische Originalschrift denkt,
nicht als der arabische Artikel, sondern als der semitische Gottesname El aufgefasst werden. Es liegen uns nämlich gewiss in
diesen Namen[1] Beispiele jener Bildung von aramäisch - neu-
hebräischen Eigennamen (besonders Engelnamen) bei den Juden
und Judenverwandten der späteren nachexilischen Zeit, besonders
auch den Aramäern in Babylonien, mit dem Gottesnamen El
als erstem Gliede vor, von der später (im V. Abschnitt des
2. Theiles) eingehender zu handeln ist. Man hat also zu lesen
Elḥabîb als Ein Wort, d. i. אֱלְחָבִיב, etymologisch „Gott
ist geliebt" (s. Buxtorf, lex talm. p. 695). Der Araber sah
natürlich in allen diesen Beispielen in dem ال seinen arabischen
Artikel. Man vergleiche übrigens den Eigennamen eines persischen
Märtyrers Act. Mart. ed. St. E. Assem. I, 216 Z. 7 v. u., auch
bei Rödiger, Chrest. syriaca p. 89 Z. 9 ܡܚܒܝܢ, d. i. חֲבִיבְיָה,

---

[1] Ebenso wie in dem des offenbarenden Engels التأوام انتوم אֱלְתאואם.

wenn nicht i jenes dunkle, das â des stat. emph. vertretende i
ist, s. oben S. 37 ff.; G. Hoffmann, Pers. Märtyrer 1880 S. 129.
281 Anm. 2228 und die Nachträge meines Buches. Das Wort
شهادة, welches in den Ueberschriften des Buches der Geheimnisse mehr gebraucht wird, ist gewiss die Uebersetzung des syrischen ܣܗܕܘܬܐ, welches bekanntlich in den syrischen Märtyreracten das „Martyrium" bezeichnet; hier wohl allgemeiner „feier-
liches Glaubenszeugniss". — In der Namensform يسنتسف, die
als die correcte Lesart des arabischen Fihristtextes bei Uebereinstimmung aller Handschriften (s. Flügel, Mani Anm. 309
Anf.) anzuerkennen ist, bleibt doch das beginnende j sehr auf-
fällig, da dieser persische Name doch sonst im Neupersischen
bekanntlich stets گشتاسپ (auch mandäisch גושטאספ), arabisirt
كستاسف lautet, ein initiales j aber für keine Stufe der Entwickelung der altbaktrischen Urform Vistâçpa denkbar ist. Ich
vermuthe, dass das Wort im aramäischen Originale einfach, wie
für Mani's Zeit zu erwarten, in der Pahlawi-Form ושתאסף
وشتاسپ (s. Justi im Bundeh.-Gloss. p. 262) Vistasp mit anlau-
tendem v gelautet, in der Schrift aber das v sich in der Gestalt des südbabylonisch-mandäischen Alphabets dargestellt habe,
in der es bekanntlich mit dem gemeinsyrischen jôd so gut wie
identisch ist, so dass der Transscribent auch ein jôd sah und
arabisch ein ى setzte. Dieser Vistâsp-Vistasf wird aber wie
Elhabîb und Eljamîn irgend eine Persönlichkeit Babyloniens
in Mani's Zeit, die an der religiösen Bewegung sei es für,
sei es gegen Mani theilnahm, gewesen sein. — nr. 3 Ja'kûb —
jüdische Namen in Mani's Schriften können zu Mani's Zeit in
Babylonien bei der grossen Bedeutung, die die Juden dort nach
Zahl und Religion hatten, nicht auffallen, cf. auch nr. 5 يهود
= יהודה, und begegnen sogar in der Lebensgeschichte Mani's in
dessen unmittelbarer Umgebung; die zwei Männer, welche ihn
(Fihrist 328, 19) bei seinem ersten öffentlichen Auftreten in
Ktesiphon begleiten, heissen Simeon שמעון und Zakwâ [ver-
kürzt aus זַכַּי, Adjectiv von זכו]. — Aus dem Titel nr. 4 ersehen wir die interessante Einzelheit, dass Jesus Christus dem
Mani als der Sohn einer Witwe (aramäisch ܐܪܡܠܬܐ) galt,

vermuthlich weil Maria im Neuen Testament fast immer allein erscheint, und Joseph seit der Geburtsgeschichte ganz zurück- tritt. — nr. 5 kann ganz wohl an Jesum Christum und den Verräther Judas Ischarioth gedacht werden, vielleicht an Worte des Evangeliums anzuknüpfen wie jene (Luc. 22, 48): „verräthst du des Menschen Sohn mit einem Kusse?" Jedenfalls führt (gegen Flügel Anm. 312) die Form يهودا mit dem charakteri- stischen schliessenden ١ auf aramäisches ܝܗܘܕܐ, was doch wohl nur der Eigenname יְהוּדָה, nicht „die Juden" ist, die unmittel- bar vorher (nr. 4) in einem Zusatz des anNadîm, wie gewöhn- lich, اليهود heissen. „Juden" wäre aramäisch ܝܗܘܕܝܐ oder ܝܗܘܕ̈ܐ, was in arabischer Uebersetzung wenigstens mit dem Artikel als اليهود wieder erscheinen müsste. Die Vermuthung Flügel's, es werde hier Jesu eine Rede gegen den ihm von seinen Jüngern zugeschriebenen göttlichen Ursprung in den Mund gelegt sein, vermag ich also nicht für begründet anzusehen. — nr. 6 von Eljamîn אֶלְיָמִין oder אֱלִיָמִין gilt das zu الحبيب nr. 2 Bemerkte; das nomen proprium bedeutet „Gott ist zur Rechten", glück- bringend, schützend. „Ueberwindung" bedeutet offenbar in dua- listisch-asketischem Sinne Ueberwindung des Fleisches und, all- gemeiner, der Herrschaft der Finsterniss und des Irrthums, kurz Bekehrung zur wahren Erkenntniss, zur Lehre des Mani. Aus dem Ausdrucke ابتدأ „das Anfangen" folgert übrigens Flügel Anm. 313 zu bestimmt, dass dieser Abschnitt des Buches der Geheimnisse nur den Anfang des Berichtes des bekehrten El- jamîn enthalten haben müsse. Ich fasse die Worte „Anfang des Zeugnisses" u. s. w. vielmehr als die Anfangsworte der mit- getheilten Rede selbst, oder besser als den Schlusssatz der einleitenden Vorbemerkung, wie unser „jetzt kommt, hebt an". Die Syrer fangen so gern an; man vergleiche z. B. die einleitenden Worte von der Apologie des Meliton bei Cure- ton, Spicileg. Syriac. p. ܚܨ Z. 3 ܘܫܪܝ ܠܡܐܡܪ ܗܟܢܐ „und er hub folgendermassen an"; worauf die ganze Rede folgt, nicht nur das Anfangsstück; vorhergegangen war: „Rede des Philosophen Meliton, als er vor dem Kaiser Antoninus stand; da redete er dem Kaiser zu, er möge Gott erkennen, zeigte

13*

ihm den Weg der Wahrheit und begann also zu reden [1]).
Man bedenke, Mani schrieb syrisch [2]). — Zu nr. 7 „von den
sieben Geistern" kann man jetzt gewiss Bestimmteres sich
denken als es Flügel Anm. 314 damals möglich war. Die altbabylonische Mythologie kennt sehr wohl sieben böse Geister,
welche bereits in der Kosmogonie als Gegner der Götter thätig
sind und auch sonst eine grosse Rolle spielen; zu vergleichen
Franc. Lenormant, Geheimwissenschaften Asiens, Jena 1878,
S. 25 ff. Schrader, Höllenfahrt der Istar (Giessen 1874) S. 110 ff.
Es war dieses altbabylonische Dogma von der bösen Geister-
sieben ein Stück, welches Mani, dessen theoretisches System ja
mit allen seinen leitenden Gedanken in der altbabylonischen
Priesterreligion wurzelt, sehr wohl gebrauchen konnte. Er wird
hier eingehend sich mit diesen mythologischen Gestalten ausein-
andergesetzt haben. — Was es dagegen mit den in nr. 8 spe-
cialisirten vier Geistern auf sich hat, vermag ich wenigstens
aus den bisherigen Ergebnissen der babylonischen Religionsent-
hüllungen nicht zu sagen, zumal der Ausdruck الزوال „die Vergänglichkeit" sehr verwunderlich [3]) — Geister sind doch über-

---

[1]) ܬܚܐܘܝܗ ܘܝܣܬܟܠܗܘܢ ܘܫܪܝ ܡܠܠ ܗܟܢ. ܘܐܬܕܟܪܘ ܕܡܐܢܝ ܣܘܪܝܐܝܬ.
ܟܬܒ. ܘܐܝܕ ܗܘܐ ܓܝܪ ܚܟܝܡ ܪܒܐ ܠܐܢܫܐ. ܘܡܢ ܗܪܟܐ ܐܝܬ ܕܪܥܝܐ.
ܚܫܝܢ ܠܟܕܝܢܘܬ ܕܗܢܐ.

[2]) Derselbe Anfang z. B. für eine syrische Spruchsammlung (in cod.
Mus. Britann. Add. 7200 fol. 114) bezeugt bei Hoffmann, Pers. Märtyrer
S. 182: حزن أحيقر لنادن „es beginnt Aḥiḳar zu Nadan" u. s. w.

[3]) Eine von Flügel's Handschriften hat الزوال, in einer anderen (cod.
Vind.) fehlt das Wort. Der Text ist wohl in diesem Worte verderbt. — Da
الزوال im Arabischen bekanntlich die Zeit gleich nach Mittag, wann die
Sonne ihren Höhepunkt verlassen hat, bedeutet, die das Awesta Rapithwina
(Mittag bis Abenddämmerung) nennt, so könnte man bei den „vier Geistern"
an die Gottheiten der Tageszeiten im Parsismus denken. Aber dem
Texte الزوال ist nicht zu trauen. — Es sei noch daran erinnert, dass Mani
vier Hauptgebetszeiten angeordnet hat, deren erste nach Fihrist 333,
26 mit الصلوة عند الزوال bezeichnet wird, also gerade unser Wort. Das
zu dieser Zeit gesprochene Gebet heisst صلوة البشير, d. i. das Gebet des

haupt nicht vergänglich — auch die Syntax abnorm ist, indem man القول فى ارواح الزوال الاربع erwarten muss; welches syrische Wort liegt wohl dem الزوال zu Grunde? — nr. 10. Das Zeugniss des Adam über Jesum, den Gesandten des Lichtgottes, der den Adam nach der Lehre Mani's über das Treiben und Trachten der finsteren Mächte belehrte, kann man sich als eine Beschreibung der Erscheinung und der Belehrungen des Aeon, dem Adam in den Mund gelegt, denken. — nr. 11. In Betreff der Renegaten hatte Mani ähnlich wie das Buch Elkesai sehr nachsichtige, die Verzeihung und Wiederannahme erleichternde Grundsätze. — nr. 14. „die drei Gräben" ist wieder räthselhaft; Mani lässt einen der weltgestaltenden Engel Gräben herstellen, in welche die ausgeschiedenen, aus der Vermischung mit den Lichtstoffen losgemachten finsteren Stoffe geworfen werden. — nr. 15. Die „Bewachung" der Welt, d. i. die Ueberwachung des den Weltverlauf erfüllenden Befreiungsprocesses zur Ausscheidung des gefangenen Lichtes, ist nach M. einer Anzahl Engel anvertraut, welche „die Wächter", syrisch wohl ܢܛܘܪ̈ܐ, arabisch الحَفَظَة heissen. Ihr „Aufsteigen" aus der Körperwelt in die jenseitige bezeichnet, wie früher erwähnt, den erfolgten Abschluss ihrer Thätigkeit, worauf das Weltende eintritt. Es scheint, dass jedes der Elemente, Feuer, Wasser, Luft u. s. w. seinen besonderen „Hüter" hatte. — nr. 16. „Die drei Tage", d. i. die drei bedeutungsvollen Tage, können Tage von irgend einer höheren kosmischen Bedeutung (Flügel Anm. 319), oder auch nur Festtage der manichäischen Gemeinde gewesen sein; man kann auch an die durch Fasten ausgezeichneten Tage, Sonntag, Montag und Donnerstag, denken.

Das „Buch der Geheimnisse" wird mit dem griechischen Titel Μυστήρια oft bei den griechischen Häresiologen, z. B. bei Epiphanius, erwähnt. Letzterer citirt (p. 630 ed. Petav.) als

---

Heilsverkündigers. Man könnte deshalb bestimmter vermuthen, dass die obigen „vier Geister" die repräsentirenden Schutzgenien dieser vier Gebetszeiten resp. der Betenden seien, von ihnen der erste eben „der Heilsverkündiger". Dann müsste man hinter الزوال eine Lücke annehmen, die noch die drei anderen Namen enthalten hätte.

---

den πρόλογος des Buches (denn jedenfalls geht ἡ αὐτοῦ βίβλος auf Μυστήρια) die Worte: ἦν θεὸς καὶ ὕλη, φῶς καὶ σκότος, ἀγαθὸν καὶ κακόν, τοῖς πᾶσιν ἄκρως ἐναντία, ὡς κατὰ μηδὲν ἐπικοινωνεῖν θάτερον θατέρῳ. Offenbar eine parodistische Anspielung auf genes. I, 1, und den Dualismus in allen seinen Gestalten, physisch wie metaphysisch und ethisch, in schroffster Weise zum Ausdruck bringend. Titus von Bostra hatte gerade dieses Buch vor sich, und seine in vier Bücher abgetheilte Bestreitung der manichäischen Lehre scheint sich Schritt für Schritt an dieses Werk angeschlossen zu haben. Hervorgehoben sei auch die Charakterisirung in der griechischen Abschwörungsformel: „das die Geheimnisse genannte Buch, in welchem sie das Gesetz und die Propheten umzustürzen suchen", also die Spitze gegen die Propheten gerichtet wie oben in der Angabe des Ja'kûbî, wozu der Inhalt (besonders nr. 7) stimmt.

Μυστήρια hiess nach den Acta Archelai auch eines der Bücher des „Scythianus". „Geheimnisse" (syrisch ܐ̈ܖܙ̈ܐ, arabisch اسرار, griechisch μυστήρια) ist übrigens ein Lieblingsausdruck der Gnosis, den auch die Harranier mit ihren fünf Doppelgeheimnissen (Fihrist S. 326—327. Chwolsohn, Ssabier II, 344 ff.), sowie das Buch Πίστις Σοφία oft anwenden. —

c. Das „Buch der Riesen".

Das Buch der Riesen[1]), سفر الجبابرة, syrisch wohl ܟܬܒܐ ܕܓܢ̈ܒܪܐ. Die genauere Inhaltsangabe ist leider im Fihrist ausgefallen, hinter dem ..... ويحتوى على ist eine Lücke in allen Handschriften[2]). Was zunächst den Namen anbelangt, so ist das الجبلة des Šahrastânî S. 192 Z. 2 ohne Zweifel eine leicht erklärliche orthographische Entstellung von الجبابرة; dasselbe gilt von den Varianten dieser Stelle (Haarbrücker, Šahrast. übersetzt II, 422) الحيلة, الحبلة, auch von Mas'ûdi's

---

[1]) Fihrist, Ja'kûbî (181, 12), Bîrûnî (208, 14).

[2]) Das in cod. V. dort hinter dem على stehende مواعظ „Ermahnungen" ist ohne Zweifel ein werthloser Einfall des Schreibers.

الخليظة (im تنبيه, Auszüge de Sacy's in Not. et Extr. VIII
S. 172). Die Griechen (Phot. Bibl. cod. 85) kennen das Buch
als ἡ γιγάντειος βίβλος oder ἡ τῶν γιγάντων πραγματεία. Titus
v. Bostra spricht (bei Gallandi Biblioth. vet. patr. V S. 294)
von γιγαντομαχίαι bei Mani. — Ganz auf die Muthmassung nach
dem Titel sind wir für Bestimmung des Inhaltes aber doch nicht
angewiesen vermöge einer werthvollen Notiz des AlGhadanfar
von Tibrîz in seinem Anhange zum Sendschreiben des alBirûnî.

Diese Schrift, betitelt المشاحنة لرسالة الفهرست (d. i. Anhang
von Abfällen zum Sendschreiben) steht in dem Leidener cod.
Golius 133 Bl. 49—65; cf. Dozy, Catalog. codd. orient. Bibl.
Lugdano-Bat. vol. III; alBirûnî ed. Sachau p. XIV. Hier ist
p. 59 ff. vom Thurmbau zu Babel und von den vorsintfluth-
lichen Riesen und deren Kämpfen die Rede. Dann heisst
es weiter:

„Das Buch der Riesen von Mânî dem Babylonier[1]) ist
voll von den Geschichten dieser Riesen, zu welchen Sàm und
Narimàn gehören, welche beiden Namen er wohl aus dem Buche
Awestâ des Zardust aus Âḍarbaiǵân[2]) geschöpft hat. Ebenso
reden die Inder vom Kommen des Vasudêva, der geschickt
wurde, um die Welt in Ordnung zu bringen und die Riesen zu
vernichten in der Zeit des Bhàrata. Vyàsa, der Sohn des ﺑﺮاﺑﺸﺮ,
hat ein Buch verfasst, welches hundertundzwanzigtausend Verse
nach ihren Metren enthält, die alle von den Geschichten dieser
Riesen handeln, nämlich von ihren Kriegen und ihren sonstigen
Zuständen."

وكتاب سفر الجبابرة لمانى البابلى مملوء من قصص هؤلاء
الجبابرة الذين منهم سام ونريمان وكأنّه قد اخذ هذين الاسمين

---

[1]) Sehr zu beachten: Babylonier, dem Sachverhalte genau entsprechend, nicht Perser!

[2]) Diese Herleitung des altpersischen Religionsstifters aus Klein-Medien,
der Provinz Aḍarbaiǵân (Ατροπατηνη) am Südwestufer des kaspischen Meeres,
statt aus Airyana-vaêǵa (im Awestâ), ist immerhin ungewöhnlich, erklärt
sich aber aus der Sage bei Šahrastânî (Haarbrücker I, 281) die Seele
(Fravashi) des Z. sei in einen Baum auf einem Berge in Aḍarbaiǵân ver-
pflanzt wurden.

من كــتــاب افحستدك لزردشت آلاذربيجـنـىّ وكذا قولِ الهند فى
مجىء بـلـديو المُرسَل لإصلاح الـعـــالم وافنَء الجبابرة فى وقت
بيرث وقد عمل بيس بن يرابش كتـابـا مـشـتــمـلا على مئة
وعشرين الف من الابيت بـاوزانهم كلّهـا فى اقاصيص تلك الجبابرة
من حروبهم واحوالهم. Diese Stelle ist höchst bedeutsam nicht
nur als klare Orientirung über den Inhalt des in Rede stehenden Buches des Mani, sondern überhaupt als Fingerzeig über
die Herkunft seiner Theologumena und deren Stellung zu verwandten Elementen älterer Religionen. Die „Riesen" sind sagen-
haft gewordene berühmte Persönlichkeiten der Vorzeit, die die
Ueberlieferung späterer Zeit in übernatürlichen Dimensionen an-
schaute. Er handelte in dem „Buch der Riesen" also über jene
gewaltthätigen Riesengestalten der Sagen des Alterthums, deren
Treiben und endliche Vernichtung, wie sie ihm selbst bei der
Zeichnung der Riesengestalten seines eigenen Systemes, der kosmogonischen Potenzen, des Urmenschen u. s. w., des Weltträgers
(Omophoros-Laturarius) u. s. w. als Muster vorschweben mochten.
Er erwähnte darin die himmelstürmenden Giganten des babylonischen Thurmbaues und die aus Engelchen hervorgegangenen
weltverheerenden Riesen[1]) und schöpfte diese beiden Geschichten
wohl aus der späteren jüdischen Tradition, brachte aber die einheimische heidnische Ueberlieferung Babyloniens (cf. Berosus)
über diese interessanten Partieen der Alterthumssage mit hinzu,
welche er noch wohl kannte, etwa so wie die jüdische Tradition
im Buche Henoch capp. VI ff. noch allerlei Ausserbiblisches, wie
die Fülle der Engelnamen zeigt, zu erzählen weiss. Dann aber
griff er in das iranische Alterthum zurück und redete vom
Recken Narîmàn (altbaktrisch Nairyômainyus), dem Sohn des
Recken Gershasp, und von Narîmàn's Sohne, dem sagenberühmten
Sàm (siehe über diese Personen der altpersischen Sage aus der
Periode der „Altvorderen", der Péshdàdier, nach Firdausi und
dem Gershasp-nàmeh[2]) Spiegel, Eranische Alterthumskunde Bd. I

---

[1]) Gemeint sind natürlich die נְפִילִים genes. VI.

[2]) Die Aeusserung des alGhadanfar, Màni werde diese Namen dem
Awestä entlehnt haben, ist nicht zu pressen. Der Araber meinte mit seinem

S. 557 ff. 565 ff.). Die Nennung des Vasudèva lässt erwarten,
dass Mani auch aus der indischen Sage Auswahl für seine Mittheilungen in dieser Schrift traf. Das Epitheton أَجْبَارًا „Riese"
führte (s. Gesenius, De Bar Alio et Bar Bahlulo etc. partic. II
1839 p. 17) nach Bar Bahlûl, dem syrischen Lexikographen.
u. A. auch der sagenberühmte alte Heros der unbezwinglichen
Araberveste Ḥaṭra in der vordermesopotamischen Steppe, Sanatrukes, geschrieben ܣܢܛܪܘܩ für ܣܢܛܪܘܩ, nach welchem diese
Stadt „das Ḥaṭra des Sanatrukes" heisst: — — ܚܛܪܐ ܕܝ
ܗܘܐ ܓܢܒܪܐ ܣܢܛܪܘܩ ܗܢ ܗܕܐ, d. i. „das Ḥaṭra des Sanatrukes;
dieser Sanatrukes war nämlich ein Riese; cf. die Tradition von
diesem Recken, dessen Namen die Araber zu Sâṭirûn entstellen,
bei Tabarî, Nöldeke's Uebers. S. 33—40; Nachträge S. 500.
Auch dieses war eine Figur, die in einem solchen orientalischen
„Heldenbuche" wie dem Mani's Platz finden konnte. Siehe über
ihn weiter F. Tuch, Comment. geograph. part. I. De Nino urbe
animadversiones tres. Lipsiae 1845. 8. S. 15. D. Chwolsohn,
Die Ssabier 1856 Bd. 2 S. 693 und besonders G. Hoffmann,
Akten persischer Märtyrer 1880 S. 185. Ueberaus zu bedauern
ist demnach der Verlust dieser Schrift Mani's für die Sagenge-
schichte überhaupt, namentlich aber für die Kenntniss des
damaligen (3. Jahrhundert nach Chr. Mitte) sagengeschicht-
lichen Wissens in Babylonien. Sàm und Neriman z. B.
werden in den uns erhaltenen Awesta-Stücke nicht erwähnt,
die Bekanntschaft vermittelt zuerst der mehr als 800 Jahre
nach Mani lebende Firdausî, freilich aus alten Quellen, deren
Originale aber selbst allerfrühestens höchstens in Mani's Zeit
hinaufgehen.

d.

Das Buch der Vorschriften für die Zuhörer (فرائض
السمّاعين) mit dem Anhange: Vorschriften für die Auserwählten (فرائض المجتبين)[1]). So der Fihrist. Damit ist wohl

---

Ausdrucke wohl nur im Allgemeinen die ältere persische Nationalliteratur
nichtmuslimischen Inhaltes; nicht speciell die heilige Schrift der Perser.
[1]) Ueber almuǵtabina ist bereits beim Šâpuragân die Rede gewesen.

dentisch das كتاب الهُدَى والتَدْبِير „Buch der Rechtführung und
der Leitung" in Ja'ḳûbî's Schriftenverzeichniss 181, 9. Ebenso
bezeichnet dasselbe Werk der Titel ضِنْحُ البَيقِين (') والتَأْسِيس
„Licht der Gewissheit und der Grundlegung" in dem „Sendschreiben" des alBîrûni·(alBîrûni ed. Sachau p. XXXIX Z. 7
von unten). Mit „Licht der Gewissheit" wird die Regel der
Auserwählten, mit „Licht der Grundlegung" die Regel der
Zuhörer gemeint sein. Die Worte des Fihrist geben wohl nun
die sachliche Bezeichnung des Inhaltes, der eigentliche Titel
wird in der orientalisch-blumenreichen Bezeichnung bei Bîrûni
„Licht" u. s. w. in Uebersetzung erliegen. Der Ausdruck „Grundlegung" berechtigt uns aber weiter, die in Rede stehende Schrift
zu identificiren mit der berühmtesten aller Religionschriften der
abendländischen Manichäer, der aus Augustin so wohl bekannten Epistola fundamenti des Mani. Zugleich ist die
Schrift dieselbe wie ἡ τῶν κεφαλαίων βίβλος oder kurzweg τὰ
Κεφάλαια des Epiphanius und überhaupt der griechischen Berichterstatter. Aus der Ausdrucksweise des Fihrist entnehmen
wir, dass diese Schrift sich vornehmlich an die Menge der manichäischen Kirche, an die „Hörer", und nur anhangsweise an die
„Erwählten" richtete. Es war ein paragraphirter, zum allgemeinen Gebrauche bestimmter Katechismus nicht nur der Lebens-
regeln, sondern alles dessen, was die „Zuhörer" von der manichäischen Lehre zu wissen hatten. Lediglich eine lateinische
Uebersetzung war also jene Schrift, die der langjährige manichäische Zuhörer Augustin so genau kennt, in theilweise grösseren Auszügen bekannt macht und in einer besonderen Schrift
niederlegt; s. Augustin contra epistolam Manichaei quam vo-
cant fundamenti liber unus in opp. ed. Bened. vol. VI S. 45
bis 57. Der Manichäer Felix sagt bei Augustin von dieser
Schrift (de actis c. Fel. Manich. II, 1): continet initium, medium
et finem, d. i. die ganze Lehre von den primordialen Götterge-

---

') In diesem Worte schimmert deutlich die Anwendung des syrischen
ܬܘܼܣܐܝܵܐ „Grundlage" im aramäischen Originaltitel durch, also wohl
ܣܗܕܘܼܬܐ ܕܫܪܪܐ.

schichten bis zum Ende des Menschen. Diese grundlegende
Schrift wird wohl in Nachahmung des Apostels Paulus[1]) in Briefform niedergeschrieben gewesen sein, weil sie dazu von Mani
bestimmt war, späterhin den entfernteren Gemeinden als regula
fidei zugeschickt zu werden. Sie wurde in jeder manichäischen
Gemeindeversammlung vorgelesen; nach beendigter Vorlesung bezeugte die ganze Versammlung durch Neigen des Hauptes und
Amensagen dem gehörten Worte ihre Verehrung. Der Anfang
der ep. fund. war (nach Aug. l. c. c. 7) eine Beschreibung des
Urzustandes von Licht und Finsterniss vor der Vermischung,
und ging dann zu einer phantastisch überschwänglichen Schilderung des Lichtpleromas, des Sanctus Pater et Genitor mit
seinen Beata et Lucida Secula über: ähnlich wie der Eingang
zu dem mandäischen „Grossen Buche", dem Sidrâ rabbâ, schil-
dert[2]). Nach Augustin l. c. cap. 12 bediente sich Mani in
dieser epistola der Form einer Anrede, nämlich an einen Patticius
(d. i. Patecius, Πατέκιος der Abschwörungsformel, Urform Pàtak,
wie mehrere namhafte orientalische Manichäer hiessen, u. a.
auch Mani's Vater): de eo igitur, frater dilectissime Pattici u. s. w.
Man erkennt in diesen Worten wieder ganz greifbar das syrische
Original: ܟܠ ܗܟܝܠ ܡܨܛܐ ܐܘ ܐܚܝ ܚܒܝܒܐ ܦܛܝܩ u. s. w.

c.

Nach dem Sâhpûragàn folgt nun im Fihrist des anNadìm
das „Buch der Lebendigmachung", arabisch سفر الاحيآء
sifr al-ihjà, was auf ein syrisches ܟܬܒܐ ܕܡܚܝܢܘܬܐ führt.
Bîrûnî nennt l. c. p. XXXIX Z. 7 von unten, sowie S. 208 Z. 13
dieses Buch كنز الاحيآء kanz al-ihjà „Schatz der Lebendigmachung" — also syrisch ܣܝܡܬܐ ܕܡܚܝܢ; und ganz denselben Titel
Ja'ḳûbî p. 181 Z. 4, sowie Mas'ûdî im tanbîh, s. den Auszug
bei Flügel Mani S. 357; كنز ist persisches گنج. Es ist dasselbe

---

[1]) Den ja Mani im Sâpûragân bei Sahrastâni ausdrücklich unter seinen
Vorläufern, gleich nach „dem Messias", nennt; s. oben S. 189.

[2]) S. meinen Artikel „Mandäer" bei Herzog Realencyklopädie 2. Aufl.
IX S. 208 vor Ende.

Werk, welches bei den Griechen (Epiphan. haer. 66,3; Photius bibl. codd. 85, Abschwörungsformel bei Cotelier, Patres apostol. 1724 I S. 543 Anm. col. 2) Θησαυρός resp. Θησαυροί. vollständig Θησαυρὸς ζωῆς[1]), bei Augustin Thesaurus heisst. Was den Inhalt betrifft, so erfahren wir durch Mas'ûdi l. c., dass „ein Capitel darin speciell den Marcioniten gewidmet war"

وَأَفْرَدَ لِلْمَرْقِيُونِيَةِ بَبَ فِى كَتَبِهِ الْمُتَرْجَمْ بِلَكِنْز — Ferner gibt

Ja'kûbi S. 181 Z. 4 ff. folgende Nachricht: كتــبه وضع وممّ

انذى يسمّيد كـنـز الاحيـاء يصف مـ فى النفس من انخلاص النورىّ والفساد الظلمى وينسب الافعـال الرديّة الى الظلمة — —

„zu den Schriften, welche er (Mani) verfasste, gehört sein Buch, welches er „Schatz der Lebendigmachung" nannte, in welchem er beschreibt, welche Bestandtheile in der Seele von der Reinheit des Lichtes und welche von der Verdorbenheit der Finsterniss herrühren, und wo er die schlechten Werke auf die Finsterniss zurückführt". Da Augustin de nat. boni cap. 44 vom Thesaurus ein „liber septimus" („liber" wohl nur in dem Sinne wie hier im Arabischen بب bâb, Capitel, Abschnitt, und bei Augustin selbst in den 33 „Büchern" gegen Faustus) citirt, so wird der Umfang nicht zu gering gewesen sein. Der Μικρὸς Θησαυρός, dessen Epiphanius haeres. 66,13 gedenkt, war wohl ein Auszug aus dem grossen „Schatze".

f.

An mehreren Stellen nennen die Araber ein الاسفار سـفـر sifr al-asfâr „Buch der Bücher" des Mani; so z. Bîrûnî S. 208 Z. 14. Indessen da Mas'ûdi (l. c. S. 357) bemerkt, er habe „in diesem Buch der Bücher den Daisaniten ein Capitel gewidmet"[2]), von denen ja (s. oben) im الاسرار سفر sifr al-asràr, Buch der Geheimnisse, seiner Hauptschrift, soviel die Rede war,

---

[1]) Abschwörungsf. l. c. — — καὶ τὸν θησαυρὸν τοῦ θανάτου, ὃν λέγουσι θησαυρὸν ζωῆς.

[2]) وللبيصانية ببا فى كتاب سفر الاسفار —.

so wird wohl das asfâr lediglich aus asrâr verschrieben und werden beide Werke identisch sein.

g.

An letzter Stelle nennt der Fihrist des anNadîm einen Büchertitel, hinter welchem leider wieder die angekündigte Inhaltsangabe in den Handschriften verloren gegangen ist: — كتاب فرقماطيا ويحتوى — — , „das Buch Fraḳmatijâ (d. i. Πραγματεία); es enthält ......" Das Wort zeigt wieder das syrische Original ܦܪܓܡܛܝܐ. Das griechische Lehnwort bedeutet „Geschäft, Geschäftsverkehr", dann „Arbeit, Schriftwerk". In diesem Sinne gebraucht das Wort im Syrischen z. B. Bar 'Ebrâjâ (Barhebraeus) in der Vorrede zu seinem Chronicon (s. Bernstein's syrische Chrestomathie S. 136 Z. 4 von oben). Was es sonst mit dem Werke für eine Bewandtniss hatte ist uns gänzlich unbekannt. Nur darauf sei aufmerksam gemacht, dass das griechische Wort auch in der Benennung des „Buches der Riesen" ἡ τῶν Γιγάντων πραγματεία begegnet.

h.

Bedauerlicher Weise ist in anNadîm's Fihrist die gewiss ursprünglich wohl vorhandene Nachricht über die siebente der Hauptschriften des Mani verloren gegangen. Dagegen kennen die sonstigen arabischen Quellen noch eine mit manchen Einzelnotizen öfter citirte Schrift, die nicht die unwichtigste und nicht die kürzeste des Mani gewesen sein kann, nämlich sein Evangelium, arabisch إنجيل ingîl, syrisch also wohl ܐܘܢܓܠܝܘܢ, was die Perser (Hyde, vet. Pers. rel. l. edit. p. 281 Z. 3 vor Ende) entlehnt انگليون Engeliôn aussprechen. Sie wird vermöge ihrer künstlerischen Ausstattung im Anschluss an die Eigenart ihrer Gliederung im Oriente sagenberühmt und sprichwörtlich, denn sie ist gewiss identisch mit dem Buche, von welchem neupersische Berichterstatter vieles Wunderbare sagen, dem Ertenk-î-Mâni. AlBirûni nennt das Inğil des Mâni S. 208 Z. 14 als erste von den Schriften des Mani, vor dem

Sâpûragàn[1]), und gibt S. 207 Z. 18 folgende wichtige Bemerkung: „er erwähnt in seinem Evangelium, welches er nach den zweiundzwanzig Buchstaben des Alphabetes, Buchstabe für Buchstabe, angeordnet hat, dass er der Paraclet sei, welchen der Messias angekündigt hatte"[2]) u. s. w. Hiermit nehmen wir sofort die Stelle des Ja'kûbi 181, 9 zusammen, wo es in der Aufzählung der Bücher, die Mani verfasst hat, nach dem „Buch der Führung und Leitung" دَ الْهُدَى والتَـدبير weiter heisst: — „und zwölf Evangelien, von denen er ein jedes Evangelium nach einem der Alphabet-Buchstaben benennt, und wo er das Gebet behandelt und das was zur Befreiung des Geistes angewandt werden muss: — واثنى عشر انجيلا يسمّى كلّ انجيل منه بحرف من الحروف ويذكر الصلوة وما ينبغى ان يُستعمَل لاخلاص الروح. Endlich vervollständigt das Bild die Stelle des Epiphanius adv. haeres. lib. II p. 629 Petav., wo er von Mani Μάνης sagt: βίβλους γὰρ οὗτος διαφόρους ἐξέθετο μίαν μὲν (dies geht ohne Zweifel auf das „Evangelium") ἰσάριθμον εἰκοσιδύο στοιχείων τῶν κατὰ τὴν τῶν Σύρων στοιχείωσιν δι᾽ ἀλφαβήτων συγκειμένην· χρῶνται γὰρ οἱ πλεῖστοι τῶν Περσῶν μετὰ Περσικὰ στοιχεῖα καὶ τῷ Σύρῳ γράμματι u. s. w.[2]) „Mani verfasste verschiedene Bücher, eines in gleicher Zählung mit den 22 Buchstaben des Alphabetes nach der alphabetischen Anordnung der Syrer, deren sich die meisten Perser bedienen" u. s. w. — Zur principiellen Unterscheidung dieser „Evangelium" betitelten Schrift des Mani, dieses häretischen „Evangeliums", von dem kanonischen Evangelium der christlichen Kirche bemerkt al Birûni S. 23 وعند كلّ واحد

[1) وألّف كتبًا كثيرةً كإنجيله والشابورقان u. s. w.

[2) وذكر فى انجيله الذى وضعه على حروف الابجد الاثنين والعشرين حَرفًا انه الفارقليط الذى بشر به المسيح.

[3) Ueber diese für die Schriftgeschichte der ersten nachchristlichen Jahrhunderte, besonders die Schrift der Perser wichtige Stelle cf. auch Spiegel, Grammatik der Huzwaresch-Sprache S. 34 ff.

من أصحاب مَرقِيونَ وأصحاب ابن دَيصانَ أنجيلٌ يُخالِف بَعضه

بعضَ هذه الأناجيل ولاًصحاب مانى انجيلٌ على حِدَةٍ يشتمل

على خلاف ما عليه النصارى من اوّله الى آخره واولئك يدينون

بما فيه ويَزعمون انّه هو الصحيح وانّ مُقتضاه هو ما كان عليه

المسيحُ وجاءَ به وانّ غيره باطِلٌ وأصحابُه كاذبون على المسيح

وله نُسخةٌ تُسَمّى انجيلَ السَبعين ويُنسَبُ الى بلامِس الذ

d. i. „jeder der Anhänger des Marcion und des Bardaisân hat
ein Evangelium im Gebrauche, Partieen dieser (der vorher behandelten orthodoxen Evangelien), welches in einigen Partieen mit
einigen Partieen der ächten Evangelien in Widerspruch steht. Die
Anhänger des Mani aber haben ein „Evangelium" ganz besonderer
Art [1]), welches das Gegentheil von dem, was die Christen glauben,
von Anfang bis zu Ende enthält; jene aber bekennen dasjenige,
was darin steht und behaupten, das sei das ächte Evangelium,
und sein Inhalt sei das, was der Messias geglaubt und gelehrt
habe, Alles ausser diesem Evangelium sei werthlos, und dass seine
Anhänger (d. i. die orthodoxen Christen) über den Messias Lügen
reden. Dieses Evangelium [2]) ist auch noch in einer anderen Gestalt [3]) vorhanden, welche das „Evangelium der Siebenzig" [4])
genannt und auf Balàmis [5]) zurückgeführt wird" u. s. w. Der

---

[1]) على حِدَةٍ.

[2]) لَه geht wohl auf أنجيل, nicht (so Rothstein, De chronographo
Arabe anonymo 1877 p. 50 Anm. 4, lin. ult.) auf مَنى.

[3]) So übersetze ich erklärend das وله نسخة — نسخة — des arabischen Textes, eigentlich „Abschrift, Copie", hier allgemeiner von der
„Redaction, Bearbeitung".

[4]) Sc. der siebenzig Jünger Jesu Christi, die den weiteren Schüler-
kreis ausser den Aposteln bildeten.

[5]) Nach Rothstein l. c. p. 50 hat der cod. Sprenger 30 die Schreibung كتاب اقلاميس für offenbar dieselbe wie die bei Bìrûni gemeinte
Schrift, und ist dies Iklâmis gewiss Clemens (von Rom), Κλήμης,
ܩܠܡܝܣ, der ja, berühmt als einer der „apostolischen Väter", ganz

Schluss lautet in Uebersetzung: „der, welcher hineinsieht, wird indessen deutlich erkennen, dass das Evangelium der Siebenzig Fälschung (افتعل) ist, auch verwerfen es die Christen sowohl wie die Nichtchristen. Die Evangelienliteratur enthält also auch Bestandtheile, die nicht zu den ächten Prophetenbüchern gehören". — Ueber dieses apokryphische „Evangelium der Siebenzig" bei den Arabern cf. auch die Stelle des anonymen Verfassers des (besonders für die Sasanidenzeit wichtigen) Geschichtscompendiums in dem Berliner Codex Sprenger. nr. 30 bei J. G. Rothstein, De chronographo Arabe anonymo qui codice Sprenger. XXX continetur commentatio, Bonnae 1877 S. 50, wo gleichfalls der Verfasser اقلاميس (offenbar gleich dem بلاميس in Sachau's Birûni) genannt wird. Die Griechen nennen das Buch τὸ Εὐαγγέλιον (Cyrill. Hierosol. catech. VI, 22 u. a.), τὸ Ἅγιον Εὐαγγέλιον, die Abschwörungsformel τὸ Ζῶν Εὐαγγέλιον mit der Bemerkung: τὸ νεκροποιὸν αὐτῶν εὐαγγέλιον ὅπερ ζῶν καλοῦσιν. Mani hat also einem seiner Bücher auch den Titel „Evangelium" gegeben, um sein Aeusseres mit einem christlichen Anstriche zu versehen. Aber dieses manichäische „Evangelium" gehört nicht einmal in dem Sinne, wie die häretischen Evangelien der Gnostiker, der Marcioniten und der Bardaisaniten, mit den kanonischen neutestamentlichen Schriften, als deren Verkürzung und sonstige häretische Modification, zusammen, sondern hat vom Neuen Testamente eben nur den Namen erborgt, der Inhalt ist ganz unchristlich. Mit der Absicht, die Christen zu täuschen, stimmt auch sehr wohl die (s. oben) (nach Birûni also in dieser Schrift enthaltene) Stelle mit der ausdrücklichen Erklärung Mani's, dass er der von Christo vorherverkündigte Paraclet sei. Von dem wirklichen Inhalt genügt Ja'ḳûbi's Hinweis einen Vorgeschmack zu geben (s. oben), dass Mani in seinem Evangelium die Mittel und Wege auseinandersetze, durch welche der Geist, d. i. der von der Finsterniss beim kosmogonischen Kampfe gefangene Lichtstoff befreit werde, also die Lehre von dem Erlösungsmechanismus, wie er durch physische (elementare) Pro-

---

wohl zum Verfasser eines apostolischen Evangeliums werden konnte. Dann ist wohl auch bei Birûni قلاميس zu lesen statt بلاميس.

cesse in der Natur und durch ethische Observanz in der Menschheit zu Stande komme. Die Anleitung zum Gebete (nach ibid.)
passt zu diesem Thema sehr gut; ist ja das Gebet für den
Manichäer der hauptsächlichste und fast einzige Bestandtheil des
Gottesdienstes, also das Hauptmittel, das Licht zu fördern. Dass
er hier die ausführlichen Gebetsformeln der alten manichäischen Kirche bereits eingefügt habe, die (s. unten) später in
einem besonderen βίβλος εὐχῶν zusammengestellt waren, ist wohl
nicht anzunehmen, da sie gewiss erst nach seinem Tode definitiv
redigirt wurden.

Dieses Buch hatte Mani nun nach den 22 Alphabetbuchstaben des syrischen Alphabetes in 22 Capitel getheilt, und dabei also abgetheilt: Capitel des Âlaf, Capitel des Bêth, Capitel
des Gâmal (ܓ݁ܰ, ܩܳܐܡܰܕ݂, ܒ݂ܶ, ܣ̄, ܓܰ etc.). Nach der Ja'kûbî-
Stelle müssen wir annehmen, dass jeder dieser alphabetisch vorge-
zeichneten 22 Abschnitte den Namen „Evangelium" führte, wie
die arabischen Grammatiker in ihren grammatischen Werken jeden Paragraphen mit فصل „Abschnitt", Barhebraeus mit ܙܰܠܺܝܩܳܐ
ṣemhâ „Strahl" vorzeichnen. Aber die Zahl 12 bei ihm ist
gewiss gegenüber den anderen Zeugnissen und der Natur der
Sache selbst, da das Alphabet 22 Buchstaben hat, falsch und
in 22 zu ändern. Eine Zusammengruppirung zu 12 Abschnitten
ist mit nichts zu stützen. Da er die syrische Sprache auch hier
schrieb, die ja seine babylonischen Landsleute als mutatis mu-
tandis Muttersprache am besten verstanden, besser als Persisch
und Griechisch, so lag die Anwendung der Alphabetbuchstaben
als Zahlzeichen, wie sie ja später wenigstens so beliebt, damals
im 3. Jahrhundert vielleicht noch nicht so üblich war, sehr
nahe[1]). An die Wahl eines mit dem betreffenden Buchstaben

---

[1]) Man bedenke auch, wie gross der Einfluss der aramäischen — pal-
myrenischen — Schrift auf die ältere Nationalschrift der Perser in der
Sasanidenzeit, das Pahlawi (d. i. die Partherschrift) und später die jetzt üb-
liche Zend-Schrift war; die letzteren sind ja bekanntlich direct semitischen
Ursprungs. Ich denke mir die Schrift, die Mani schrieb, als eine noch
sehr wenig modificirte altaramäische, etwa wie die ja immer (Nöldeke,
Mandäische Grammatik p. XXXIV) ziemlich constant gebliebene Schrift der
Mandäer.

auch wirklich phonetisch beginnenden (syrischen) Wortes als
Capitelanfang[1]) hat man aber nicht zu denken. Es lag nahe,
dass die die Ordnung bezeichnenden Alphabetbuchstaben auch
in der graphischen Zeichnung möglichst hervorgehoben wurden[2]).
Und dies wird es gewesen sein, wenn wir die spätere ächt persische Sitte der Verzierung der Initialen schon für diese frühe
Zeit annehmen — und dem steht nichts Gewichtiges entgegen,
um so mehr da die Perser damals ihre nationale Selbständigkeit
auch in der Politik hatten — was aus Mani's „Evangelium" das
sagenberühmte Buch Ertenk-i-Mânî machte, welches geradezu
sprichwörtlich und zum Appellativnomen für ein künstlerisch
verziertes orientalisches Buch geworden ist und den Mani zum
Maler und Künstler gemacht hat. Die Araber nennen ihn
النَقَّاش an-nakkâs, „der Zeichenkünstler", aber nur persische
Schriftsteller bringen diese Sage und nennen ihn wohl (wie
Firdausî und Mirchwând) bestimmter نقاش چين d. i. chinesischen
Maler, indem China für Turkistân steht. Während seines Ver-
bannungsaufenthaltes in Turkistân (mâ warâ an-nahr), sagen die
Perser, habe er, in einer Höhle, in die er sich zurückzog, und
in der er ein ganzes Jahr blieb, jenes Kunstwerk angefertigt,
seinen Jüngern aber gab er vor, er habe es vom Himmel erhalten, und sei solange im Himmel gewesen. Der persische
Name Ertenk ارتنک, ursprünglicher ارژنک (ارجنک), ist schwer
zu erklären; ich weiss noch keine bessere Etymologie als die
schon längst von P. Bötticher (P. de Lagarde) in seinen
Rudimenta myth. Semit. p. 47 vorgetragene aus altbaktrischem
airyôçañha d. i. „erhabenes, hehres, heiliges Wort", also dem
Begriffe nach mit „Evangelium" nahe übereinkommend, weshalb

---

[1]) Wie in den alphabetischen Psalmen und den Klageliedern der
Hebräer etwa.

[2]) Die Schriftzüge, welche im Fihrist des an Nadim S. 17 als eigenthüm-
lich manichäische Schrift (Geheimschrift ihrer Religionsbücher) erwähnt und
in Proben vorgeführt werden, entziehen sich bei der Verwahrlosung der Gestalten in der Handschriftenüberlieferung ganz einer paläographischen Untersuchung, aber die Anverwandtschaft mit der aramäischen Schrift ist auch
aus diesen greulichen Hahnenfüssen noch herauszuwittern.

schon Thom. Hyde (Veter. Pers. religio II. edit. p. 182) und
nach ihm Flügel, Mani (1862) S. 383 ff. beide Schriften identificirt haben. Bei den Persern heisst das Buch auch destûr-i-
Mânî d. i. Vermächtniss des Mânî, sowie kânûn-i-Mânî, Grund-
gesetz des Mânî. Das Ertenk-i-Mânî wird aber in der Sage
aus einem Buche zu einem Gemälde, ja einer malerischen Verzierung überhaupt; und es kommt im persischen Sprachgebrauche
weiterhin geradezu ein „Mani" zu der appellativen Bedeutung,
ebenso wie wir sagen: ein Rubens, ein Tizian, und wie die
lateinischen Dichter den Flussnamen Maeander als „viel verschlungene Linie" appellativ gebrauchen.

Dass Mânî selbst sich in der Zeit seines Exils auch in
Turkistân aufgehalten habe[1]), so wie es für Indien gewiss ist,
muss als sehr wohl möglich anerkannt werden, wenn auch der
Verdacht der Rückdatirung eines späteren geschichtlichen Verhältnisses nicht ganz zurückgewiesen werden kann. In das
transoxanische Gebiet, wohin die Macht der persischen Grosskönige nicht mehr reichte, flüchteten ja die Anhänger des Mani
in Massen während der Verfolgung nach Mani's Hinrichtung; sie
hatten dort Jahrhunderte lang ein sicheres Asyl, und Samarkand
war noch ein Hauptsitz der Manichäer, als deren Religion aus
Mesopotamien und Iran schon fast ganz verdrängt war. Auch
ein längerer Aufenthalt in Zurückgezogenheit, benutzt zur Abfassung von Schriften, kann stehen bleiben, aber der Aufenthalt
in der Höhle ist ein Zug aus der späteren Zoroastersage
der Perser, wie sie z. B. Mani's griechischer Zeitgenosse, der
Neuplatoniker Porphyrius, de antro nymph. cap. VI (ed.
Van Goens Traj. ad Rh. 1765 p. 7) nach Eubulos wiedergibt:
Zoroaster habe dem Mithras in den Bergen Persiens eine mit
Quellen und Blumen geschmückte Grotte geweiht, nach deren
Muster überhaupt die Mithrasheiligthümer eingerichtet worden
seien u. s. w. So spielt also auch die Mithraspraxis, wie ja bei
deren grosser Blüthe gerade im 3. Jahrhundert nach Chr. so
nahe liegt, mit in die Manilegende hinein — haben ja die An-
schauungen und das Ceremoniell des späteren universellen Mith-

---

[1]) Fihrist 328, 31 واهل خراسان — وكان مانى دعا الهند — Churâsân ist bestimmtere Bezeichnung für Turkistân.

rasdienstes in Wirklichkeit Mani's Denken und Schaffen sehr beeinflusst, wie wir sehen werden.

An der Malerei hatte der persische Nationalgenius immer Gefallen, auch noch seit der Annahme des Islams, sehr im Gegensatze zu den herben, der Kunst abgeneigten Nationalarabern. Bei persischen Autoren wird Mani, der Künstler, dann weiter auch zum Musikkünstler, und Ibn Sihnah (cod. Berol. Peterm. II, 642 fol. 20b) macht ihn zum Erfinder der Laute (واستخرج) مني الملية المسمّاة بلعود „er erfand das Laute genannte musikalische Instrument". Nach einem manichäischen Sendschreiben (nr. 72 bei Flügel, Mani) und nach Augustin (de moribus Manich. II, 16) liebten die Manichäer die Musik sehr. Es sei nicht vergessen, dass schon bei den alten Babyloniern (der Keilschriftzeit) die Malerei, wie die Skulptur, sehr ausgebildet war; in den Actis Archelai (ed. Routh p. 71) kommt „Mani" mit einem babylonischen Buche unter dem Arme, und überhaupt in buntscheckigster äusserer Erscheinung, Kleidung u. s. w. zur Disputation. Soviel zur Erklärung des Gemäldes Ertenk und des Malers Mani.

Zum Beschlusse dieser Analyse der Originalschriften Mani's machen wir auf die Thatsache aufmerksam, dass vier von den erörterten Titeln, nämlich Mysteria, Capitula (Κεφάλαια), Thesaurus und Evangelium in den Acta Archelai und deren Benutzungen auch als Titel von vier Schriften des „Scythianus" vorkommen. Bei dem Bestreben des Verfassers dieser „Disputation", dem Manes möglichst alle Originalität zu entziehen, besteht die Möglichkeit, dass dies lediglich die bekannten Titel der Schriften Mani's sind, die der Verfasser aber als solche seiner beiden „Vorgänger" ausgibt, weil er ja den Mani von diesen wie Lehre so auch Bücher und Schätze überliefert erhalten lässt. Indessen können die Scythianus-Bücher auch wirklich existirt haben und sind dann, wie ja die heutigen Mandäer noch solche Titel wie „Schatz", „Geheimnisse" für ihre Schriften haben, gleichnamige heilige Schriften der Genossenschaft der „Täufer" (alMughtasilah) gewesen, in denen Mani's Vater Fatak, der selbst ein Täufer war, seinen Sohn unterrichtete („ihm übergab", mit den Actis Archelai zu reden) und die Mani dann er-

weiterte resp. umgestaltete. — Sind dies die grösseren Schriften
Mani's, so wissen wir aus unseren orientalischen Quellen weiter,
dass er, wie die christlichen Apostel, auch sehr viele kleinere
Schriften als Sendschreiben hinterliess. Ja'ḳûbî sagt 181,7
vor Ende zum Beschlusse der Aufzählung der Schriften Mani's:
وله كُتُب كثيرة ورسائل, „er hat überhaupt viele (kleinere) Schriften
und Sendschreiben hinterlassen". Diese urmanichäischen Sendschreiben etc. waren später in einer eigenen Sammlung vereinigt, welche die Abschwörungsformel τὸ ἐπιστολῶν βιβλίον oder
ὁμά; nennt. Der Fihrist des anNadîm hat uns eine kostbare,
ausführliche Liste von Titeln alter manichäischer Sendschreiben
bewahrt; es sind solche nicht nur von Mani selbst, sondern auch
von seinen ältesten Anhängern, Nachfolgern, Aposteln, und so
verderbt mehrfach die Namen, so dunkel die angedeuteten Sachen
sind, so unschätzbar sind diese rudera, die Forschung zur Neu-
gier anregend, aber auch fördernd.

Wir erkennen vor Allem, wie weit und wohin die älteste
manichäische Mission sich richtete, und bewundern das grosse
ausgedehnte Gebiet, welches diese Andeutungen umspannen.

i. Die manichäischen Sendschreiben.

Im Einzelnen sind es 76 Sendschreiben, die dem Verfasser
des Fihrist noch vorgelegen haben. Bei Betrachtung des Details
hat man wieder wohl zu bedenken, dass die Originalsprache
nicht arabisch, sondern syrisch (seltener persisch) gewesen ist.
Diese „Sendschreiben" (griechisch ἐπιστολαί, ἡ ἐπιστολῶν ὁμά;)
heissen bei den Arabern رسالات risâlât (so der Fihrist), oder
مَـقـالات maḳâlât „Abhandlungen" (alBîrûnî 208, 14); der Ori-
ginalname war also jedenfalls 'eg̱râthà „Briefe" oder
mêmrê „Abhandlungen, Tractate".

Wir suchen das Einzelne etwas näher zu erläutern.

nr. 1. Sendschreiben von den beiden Principien, رسالة
الأُصَّلَـيْـن, gemeint natürlich die beiden Weltstoffe, Licht und
Finsterniss, welche auch in der Darstellung der Kosmogonie bei
Šahrastânî 188 Z. 6 von unten 'aṣlâni genannt werden.

2. رسلة الكبرآء, Sendschreiben von den „Grossen". Im Syrischen wird es ܐܓܪܬܐ ܕܪܘܪܒܢܐ geheissen haben, und damit wird wohl, wie Flügel Mani Anm. 327 meint, eine Klasse hervorragender Mitglieder der manichäischen Gemeinde bezeichnet sein, eine besonders vollkommene Klasse der Elekten, die den Vorstand bildeten und bei den Neumanichäern des 11. und 12. Jahrhunderts in Südfrankreich (Schmid, Mysticismus des Mittelalters S. 428) Majores heissen.

3. رسلة هند العظيمة, الهند das grössere [in Bez. auf ein „kleineres"] Sendschreiben an Indien, nämlich die Anhänger Mani's in Indien. Aus dem Vorhandensein dieses Sendschreibens ist als aus einem unzweideutigen Factum mit Bestimmtheit zu schliessen, dass Indien ebenso wie nachher Babylonien, Mesene, Armenien bereits zu den ältesten Missionsgebieten Mani's, die schon zu seinen Lebzeiten bestanden, gehört, dass also Mani höchst wahrscheinlich selbst an den Ufern des Indus und Ganges gewesen ist, und damit die Beschreibung seines Lebens im Fihrist 328, 31 Recht hat — wenn nicht die offenbare Benutzung und Nachahmung des Buddhismus in gewissen Lehren und Einrichtungen innerlich dafür zeugte. Uebrigens gehört vom persischen Standpunkte aus zu dem Begriffe „Indien" auch diesseits des Indus das Gebiet des sogenannten indoscythischen Reiches, welches zu Mani's Zeit noch unter der Herrschaft der Kaniṣka-Dynastie stand; s. Bd. II Abschn. X über „Manichäismus und Buddhismus".

4. Sendschreiben von der Aufmunterung[1]) zur Frömmigkeit.

5. Sendschreiben von der Ausübung der Gerechtigkeit قضاء العَدْل. Flügel's Deutung. „von der gerechten Gerichtsverfassung" (Mani Anm. 330) ist zu speciell gefasst.

6. Sendschreiben an Kaskar. Diese wichtige südbabylonische Landschaft, hervorragender christlicher Bischofssprengel,

---

[1]) So ist هيىء البرّ mit Flügel im Fihrist Bd. II S. 173 (Anm. 5 zu S. 336 des Textes) zu übersetzen, nicht „Rüstzeug" der Gerechtigkeit (Mani Anm. 329).

scheint Mani's ältestes Missionsfeld gewesen zu sein. Ueber Kaskar s. die ausführlichen Daten bei Flügel Mani S. 19 ff.

7. **Das grössere Sendschreiben an Fàtak (Pàtak).** Dieser Name, bei den Manichäern (cf. die griechische Abschwörungsformel mit ihrem Πατέκιος) hochgefeiert als der des Vaters des Stifters, wie Joseph als der Pflegevater Jesu, bezeichnet wohl auch hier Mani's Vater. Derselbe begleitete ja den jungen 24jährigen Mani bei seinem ersten Auftreten und kann also noch lange während dessen weiterer Wirksamkeit gelebt haben, aber gewiss örtlich von ihm dem Herumziehenden getrennt, so dass ein Sendschreiben an ihn wohl denkbar ist. Unter den griechischen Brieffragmenten bei Fabric. Bibl. gr. vol. VII befindet sich ja auch ein solches πρὸς Σκυθιανόν, d. i. an Pàtak.

8. Sendschreiben an Armenien, رْ ارمـينيـة. Ich muss hierbei gestehen, dass der Name mir etwas verdächtig ist. Da das Original syrisch ist, so erwartete man, da sonst das beschliessende âlaf der syrischen Originale wie bei امـولـيـا und sonst in den folgenden Titeln getreu wiedergegeben wird, die Schreibung ارمينيا, mit schliessendem alif, nach der syrischen Orthographie ܐܪܡܢܝܐ ' Ἀρμενία; auch liegt Armenien von den Urstätten des Manichäismus, dem eigentlichen Babylonien, etwas weit ab.

9. Sendschreiben an den ungläubigen Amûljà. Das Epitheton als كافر kâfir, Ungläubiger, Gegner des Mani, wird auch nr. 49 (Fihrist 337 Z. 3) dem ابـرحـيـا beigelegt. Mani hatte also, wie Muhammed, unter seinen Gegnern einzelne besonders gefährliche, an die er specielle Bestreitungsschriften richtete. Es gibt einen römischen Männernamen Amulius, wie bekanntlich (Livius I, 3 ff.) in der römischen Vätersage der böse Bruder des Numitor heisst, aber dies ist kein gebräuchlicher römischer Männername, kann also hier nicht erwartet werden; — Aemilius aber (bei den Griechen Αἰμίλιος) oder Aemilianus — so heisst zufällig der Consul des Jahres 276 nach Chr., Flügel Mani Anmerk. 334 — müsste syrisch anders geschrieben sein, etwa ܐܡܝܠܝܘܣ, jedenfalls mit der beibehaltenen Endung

-us'), und wird durch das و in اسدہنا امونیا ausgeschlossen.
An sich wäre ein Grieche, da ja die Bevölkerung von Seleucia
und den grösseren Städten Mesopotamiens griechischer Gründung
während der Partherherrschaft und in die Sasanidenzeit hinein
zum grossen Theile griechisch blieb, als gelehrter Gegner Mani's
wohl denkbar. Der Name wird in Anbetracht des auslautenden
ā aramäisch[2]) sein, aber die Etymologie muss bis auf Weiteres
dahin gestellt bleiben (Flügel).

10. Sendschreiben an Ktesiphon, „auf einem Blatte“.
Ktesiphon, die Metropole, hatte eine der ältesten, jedenfalls die
wichtigste Gemeinde. Es ist eine Analogie zum Briefe „an die
Römer“.

11. Sendschreiben über die zehn Worte, wohl die zehn
Lebensvorschriften, Gebote, der Manichäer, die alle Verbote
waren (Flügel, Mani S. 95/96).

12. Sendschreiben des Lehrers über die gesellschaftlichen
Beziehungen. Die مُعَلِّمون Magistri, syrisch ܡܠܦܢܐ, sind die
oberste Klasse der manichäischen Hierarchie. Wenn im Originale
ܡܠܦܢܐ dagestanden hat, wie ich des Artikels in المعلم wegen
vermuthe, so wird damit Mani selbst gemeint gewesen sein.

13. Sendschreiben an Waḥman über das Siegel des
Mundes. Mit „Siegel des Mundes“ — ختم الفم — Vermeidung
unreiner, der Finsterniss angehöriger Speisen und Reden — ist
das erste Stück der manichäischen Dreiregel, der drei „signacula“
gemeint. Wir lernen hier also den arabischen Ausdruck für das
augustinische „signaculum oris“ kennen; der originale syrische
wird dementsprechend ܕܦܘܡܐ ܛܒܥܐ gelautet haben. Es ist
also die belehrende Epistel des Mani über dieses Lehrstück
an einen gewissen Perser Wahman[3]). Dieser Name ist die ältere,

---

[1]) Wie sie gewiss in dem verderbten سعيوس nr. 27 vorliegt.

[2]) Oder sollte ی auf hebräische Abkunft weisen, auf ein mit יה
dem Gottesnamen schliessendes W. wie אֲמַצְיָה?

[3]) So, als „Sendschreiben an Wah.“ glaube ich nach Analogie des
رِ تِسِفون, Sendschreiben an Ktesiphon, fassen zu müssen. Flügel:

mittelpersische, Pahlawi-Form [eigentlich وهومن s. Justi s. v.]
für das wohlbekannte neupersische بَهْمَن Behmen, mit bewahr-
tem initialem و; altbaktrisch Vôhûmanô, „von guter Gesinnung",
bekannt als Name des obersten der Amesha-çpeñta, der θεὸς
εὐνοίας des Plutarch de Is. et Osir. cap. 47. Das hier wohler-
haltene anlautende w rechtfertigt unsere obige Lesung وشتناسپ
resp. وستاسف statt des Flügelschen يستاسف. Man beachte
auch das durch die Fihrist-Handschriften bezeugte härtere ح
[syrisch also ܚܡܣ] als Wiedergabe des persischen h von وهومن.
In der Pahlawî-Schrift bezeichnet das für den betreffenden Laut
stehende Zeichen den Vokal à (א) und zugleich den Laut kh,
und persisches h klang auch den Semiten mehr wie ihr ח ח,
wie noch jetzt persisch her (omnis) von Arabern und Türken
fast wie ḥer gesprochen wird. Uebrigens kann das arabische ح
vielleicht auch nur durch die falsche Lesung eines Estrangelâ-
Hê (ܗ) als das ähnliche Chêth ـ entstanden sein und dann hat
syrisch einfach ܚܡܣ dagestanden.

14. Sendschreiben des Chabarhât (oder: an Chabarhât) über den Trost. Mit „Trost", hier تعزيت ist wohl das
lateinisch „consolamentum" genannte Sakrament der Manichäer
bezeichnet. Wir sahen schon bei nr. 2, den „Grossen", wie
„Majores", ein term. techn. der Neumanichäer, schon bei den
orientalischen Urmanichäern im Gebrauche gewesen ist. Der
syrische Originalausdruck wird ܒܘܝܐܐ (1. Thessal. 2, 3 Pesch.)
gewesen sein. Es ist wohl auch hier mit „Tröstung", im
Sinne von Befreiung von der Herrschaft der Finsterniss, die
Handlung gemeint, durch welche bei den mittelalterlichen
Manichäern unter Handauflegung Sündenvergebung verliehen
und die Erhebung des Zuhörers zu der Würde des Auserwählten
vollzogen wurde, ein Actus, der die Stelle der christlichen Taufe
vertrat. cf. Schmid l. c., S. 444 ff. Der Name, welchen Flü-

Sendschreiben des W., dann müsste dies ein bekannter älterer Manichäer
gewesen sein.

gel im Mani wie im Fihrist (1871) als خبروت in den Text setzt, da keine andere Lesart durch die Handschriften des Fihrist an die Hand gegeben wird [1]), ist so ausgesprochen keiner Etymologie fähig und gewiss von vornherein im Arabischen verderbt. Mit dem arabischen خبر (IV benachrichtigen) oder auch mit حصن "Genosse" hat das Wort gewiss nichts zu thun. Ich vermuthe, dass es aus عبد نـاهيت d. i. syrisch ܚܨܢܠܐ ܐ ܐ (cf. עֲבֵדְנְבוֹ im Daniel, 'Αβεννεριγος = עֲבֵדְנְרִין oben S. 92 Anm. 4) "Anbeter der (Göttin) Nähit [2]) corrumpirt ist, indem man bei حمر aus graphischen Gründen [3]) leicht an عبد denkt, dann aber in وت ein Göttername stecken muss.

16. **Sendschreiben an die Jüngerin aus Ktesiphon Namens** امـيسم (الطليسفونيّة أم رٜ). In Betreff der Aussprache dieses Namens أنـسـهـمـد, der eine Jüngerin in Ktesiphon wie die Jungfrau Menoch (Mênak مـيـنـق) bezeichnet haben muss, enthalte ich mich aller Vermuthungen.

17. **Sendschreiben des Jahjâ über den Wohlgeruch.** Der bekannte biblische Eigenname erscheint in diesen Brieftiteln meistens in der auch im Mandäischen gebräuchlicheren [4]) Form Jahjâ, einmal (bei Flügel nr. 55) auch in der jüdischen als يـوحن יוחנא (für יוחנן). In Betreff des "Wohlgeruchs" (العطر, syrisch ܐ رٜحلٜا أ oder حـلـمـ (dies speciell Weihrauch) hat schon Flügel, Mani Anm. 342 darauf hingewiesen, dass aus diesem Brieftitel in Uebereinstimmung mit der Angabe des

---

[1]) Varianten: جرهان. ; ohne Punkte حمرهاٮ; حمروٮت

[2]) Neupersisch نـاهيد mit d, aber im Pahlawi (s. Justi, Gloss. zum Bundehesh S. 72 b) noch أنـهيت, altbaktrisch Anâhita.

[3]) Syrisches ܟ ('Ajin) sieht aus wie im Arab. ein kleingezeichnetes initiales Hâ, dessen kufische Gestalt von jenem kaum verschieden ist; der Schriftzug des schliessenden ر (Râ) kann je nach der Lage zu ܠ, ܠ (نـ) werden.

[4]) S. meinen Artikel Mandäer bei Herzog R.-E. 2. Aufl. S. 212.

Augustin de moribus Manich. II, 16. 17 [1]) vom odor bonus zu
entnehmen ist, dass Mani's Lehre im Wohlgeruche ebenso wie
in angenehmen Farben ein Zutagetreten des gefangenen Lichtstoffes sieht und daher beide Arten sinnlicher Genüsse empfiehlt,
wie der Wohlgeruch gerade so im Buddhismus und überhaupt
im Oriente beliebt und viel angewandt ist. Den Electi wurden
ja Massen von Melonen und dergleichen lichtstoffhaltigen Früchten
zum Essen d. i. Losläutern ihres Lichtgehaltes gebracht, in welchem Geschäfte sie sich von dienenden Knaben helfen liessen.

19. Sendschreiben an Ktesiphon, gerichtet an die (Klasse
der) Zuhörer, also eine Katechumenenepistel.

20. Sendschreiben an Fàfî. Dieser Name ist das trans-
scribirte syrische ܦܐܦܝ. Er ist gewiss der in der griechischen
Abschwörungsformel unter den Schülern des Mani vorkommende
Παπις, und dieses zweifellos der in der Sasanidenzeit häufig be-
gegnende persische Eigenname Pàpà (sonst auch mit dem ver-
stärkenden k: Pàpak, Zuname z. B. von Mani's Vater, Pàtak
Pàpak) in der Nebenform (Aussprache?) [2]) Pàpî, ein orientalischer
Männername, der sonst bei den Griechen als Παπας und Παπιος
vorkommt. Den Namen führten auch viele babylonisch-jüdische
Schriftgelehrte eben dieser Zeit, des 3. nachchristlichen Jahrhun-
derts und später. So nennt J. Fürst in seiner inhaltlich so
reichen und zuverlässigen „Cultur- und Literaturgeschichte der
Juden in Asien", 1. Th. Leipzig 1849, S. 189 als nr. 72 einen
Pàpà ben Achà und 73 einen Pàpà b. Chanan, 74 Pàpà ben
Samuel, und 75 direct einen Pàpî, der auch S. 86 nr. 29 vorkommt. Der Wechsel von à und î ist hier wie in Mànà und
Mànî [3]), ersteres in dem Sendschreiben nr. 71 vorkommend, und
in Âbà (nr. 30. 34) und Âbî nr. 40 (wie statt Flügel's Ubajjî
zu sprechen ist).

[1]) An bona tria simul ubi fuerint, id est color bonus et odor et sapor,
ibi esse maiorem boni partem putatis?

[2]) Ob dieser Wechsel im Munde der Semiten (Aramäer, Aussprache
des â des stat. emphat.) producirt ist oder aber im Munde der Perser (so
nach dem ܘ in den Sasanideninschriften Hoffmann, Märtyrer S. 281
nr. 2228) ist noch ein Geheimniss der Sprachforschung.

[3]) So dass in Bezug auf die Etymologie des Namens des Religionsstifters Eins wenigstens feststeht, er ist mit Mànà identisch.

21. Das kleinere Sendschreiben über die Recht-
leitung (الهدى, syrisch ܟܠ ܢܣܪܨ܏). Dies setzt ein
grösseres Sendschreiben voraus, und für letzteres könnte man
des Ausdruckes الهدى wegen das bei Ja'ḳūbi 181, 9 unter den
grösseren Schriften Mani's aufgezählte كتاب الهدى والتدبير
halten, umsomehr, als dasselbe, wenn mit der Epistola fundamenti identisch, in Briefform, mit Anrede an einen Pàtak Hé-
τεκος, verfasst war, wie wir vorher (nr. IV) dargestellt haben.

22. رسلة سيس ذات الوجهين „das Sendschreiben an
(resp. des) Sis von den beiden Personen". So glaube ich
den Titel übersetzen zu müssen. Flügel übersetzt (Mani
Anm. 345 S. 374) „das doppelsinnige Sendschreiben des Sis"
und versteht „doppelsinnig" als „ein doppeltes Ziel verfolgend".
Meine Uebersetzung legt als aramäisches Original zu Grunde
ܐ݊ ܟܢܡ ܢܨܙܗܨܨ. Das arabische ذات الوجهين kann
„doppelsinnig" bedeuten, nicht nur in dem nächstliegenden
Sinne von „zweideutig", sondern auch in dem von Flügel angenommenen Sinne: „einen zweifachen Zweck, Ziel, verfolgend".
Aber dieser letztere Begriff ist doch allzu unbestimmt, vag, von
dem Flügel selbst gesteht, dass das Nähere „sich nicht errathen
lasse". Der Rückschluss auf das aramäische Original und speciell
das Originalwort für das وجه der arabischen Uebersetzung führt
uns aber wohl zu einem bestimmteren, besseren Sinne. وجه
„Gesicht", facies, ist die Uebersetzung des syrischen ܢܨܙ,
welches, bekanntlich das entlehnte und syrisch umgeformte
griechische πρόσωπον, in allen Bedeutungen des hebräischen
פָּנִים und arabischen وجه vorkommt, „Gesicht", „Oberfläche",
„Person", und besonders auch als Kunstausdruck der Dogmatik
der syrisch-christlichen Kirche, nämlich für ὑπόστασις von den
Personen der Trinität, und für πρόσωπον, οὐσία von den beiden Naturen in Christo; cf. Suicer. Thes. eccles. II 868 s. v.
In dem letzteren Sinne wird es Mani im Original gebraucht haben,
so dass es nur eine Bestreitung der christlichen Kirchenlehre von

den zwei Naturen in Christo, der göttlichen und der menschlichen, gewesen sein wird. Liegen auch die eigentlichen christologischen Streitigkeiten der syrischen Kirche erst zwei Jahrhunderte nach Mani, so ist doch die Zweinaturenlehre, wenn auch noch nicht scholastisch determinirt, natürlich so alt wie die christliche Kirche selbst[1]). Die syrischen Worte ܢ܉ܙܘܚ ?ܠܒܪ̈ konnten vom Araber sehr gut, als Apposition zu „Brief an S." gefasst, mit ذات الوجهين wiedergegeben werden, während sie wirklich: „(Brief) welcher von den beiden Personen (handelt)"[2]) bedeuten. — Sis ist, wie schon Flügel l. c. Anm. 253 S. 316 dargelegt, abgekürzt aus Sisinius, dem Σισίνιος oder Σιαίνιος der Griechen, z. B. in der Abschwörungsformel. Dieser in unseren Brieftiteln mehrfach wiederkehrende Name bezeichnet in diesen Titeln einen der hervorragendsten Anhänger des Mani, wohl denjenigen, welchen er selbst nach dem Fihrist 334, 4 vor seinem Tode zu seinem Amtsnachfolger (الامـم بعـده) bestellt hat, als welchen ihn auch die so viele getreue Details bewahrende Abschwörungsformel (Σισίνιος ὁ διάδοχος τῆς τούτου μανίας) kennt. Doch führten den Namen auch andere Manichäer, in den Acta Archelai ein manichäischer Renegat. Ueber die Etymologie weiss ich nichts; vielleicht ist er somitisch, schwerlich iranisch[3]).

23. Das grössere Sendschreiben an Babel. In Babel

---

[1]) In den Mandäerbüchern bezeichnet פָּאֵרצֻופַיָא eine Art von himmlischen Aeonen, synonym mit עֻותֽרִיָא „Mächte", „Engel", jedenfalls unter Anregung durch den christlich-theologischen Sprachgebrauch. Siehe meinen Artikel Mandäer l. c. S. 209 Z. 9.

[2]) Quae duarum personarum sc. est, ? im stat.-constr. zu ܠ ܉ ; deutlicher wäre ܠ ܉ ܕܒܟܠ, was aber im Hinblick auf den arabischen Wortlaut (ohne ذ) nicht dagestanden haben wird.

[3]) Sollte in dem letzten Theile von Sisin der Name des babylonischen Mondgottes Sin stecken? cf. der Ortsname Salamsin سلمسين im Fihrist bei Chwolsohn, Ssabier II, 18 Z. 4; aber dann der erste Theil Si? Die Namen bei Tabari (übersetzt von Nöldeke S. 109 Z. 5) Sispâdh und Sisanabruh enthalten in Sis vielleicht Srôsh d. i. Çraosha (Nöld. z. St.). Man könnte für unser Sis auch an den Sôshiôs (Çaoshyañç, Retter), den pers. Messias denken.

(بابل Babil) hatte nach einer als unverbrüchlich heilig betrachteten, jedenfalls also auf des Stifters persönliche Weisung zurück-
gehenden manichäischen Satzung das Oberhaupt der manichäischen Kirche, der manichäische Papst, seinen Sitz; man vergleiche besonders die Fihriststelle 334, 15 ff.[1]). Dieses Babil
bezeichnet für diese späte nachchristliche Zeit natürlich nicht
mehr die alte Weltstadt, deren Baumaterial seit der Diadochen-
zeit längst fortgeschleppt und zum Aufbau von Seleucia und
den anderen neuen Griechenstädten Mesopotamiens verwandt
war, sondern ein Neu-Babylon, welches, wie Neu-Ninos (zu
Kaiser Heraclius' Zeit viel genannt), Neu-Ilion, Neu-Karthago
u. s. w. auf der Stätte der alten berühmten Riesenstadt, die
wohl gänzlich niemals verlassen war, im Laufe der Zeiten
entstanden war und noch im Mittelalter von Ibn-Ḥauḳal (bei
Spiegel, Eranische Alterthumskunde I, 303 Mitte) als ein berühmter — vielleicht gerade als Manichäermetropole — aber
kleiner Ort erwähnt wird, zu einer Zeit, wo die Bedeutung des
alten Babel an die Stadt Bagdâd übergegangen war. Bei den
Juden Babyloniens eben in der Sasanidenzeit gilt der Name
בבל für das einst der alten Weltmetropole schwesterlich benachbarte, vielleicht sogar in ihr Weichbild gehörige[2]) Borsippa,
talmudisch בורסיף (Sukka 34b; Šabbât 36a), das auch damals
nur eine relativ unbedeutende Stadt geworden war, cf. Fürst
l. c. S. 185.

24. Sendschreiben an[3]) Sis und Fâtak über die Gestalten (فى الصُّور). Diese Epistel an zwei seiner hervorragend-

[1]) انـه لا يجوز ان يكون الرياسة الا فى وسط الملك ببابل
nur in der Mitte des Reiches, in Babil, dürfte der Sitz der Gemeinde-
leitung sein.

[2]) Schon in altbabylonischen Keilschrifttexten als „zweites Babil“
bezeichnet: cf. Fr. Delitzsch, Wo lag das Paradies? Leipzig 1881,
S. 216 ff.

[3]) Da dies hier zweifellos ist, weil ein gemeinsames Sendschreiben
des Sis und Fâtak, an sich schon unwahrscheinlich, jedenfalls mit der Angabe der Ortsadresse — an Ktesiphon etc. — versehen wäre, so ist wohl
auch in nr. 22 „an Sis“ zu nehmen.

sten Anhänger, seinen Vater und seinen späteren Nachfolger, schrieb Mani „über die Gestalten", nämlich, wie bereits Flügel A. 346 gesagt hat und wie zweifellos sein dürfte, über die verschiedenen Gestalten der Abgeschiedenen nach dem Tode, welche sie erhalten, je nachdem sie Auserwählte, Hörer oder Ungläubige waren, und über welche der eschatologische Abschnitt Fihrist S. 335 Z. 9 ff. (قَوْل المانويّة فى المعاد, Lehre der Manichäer vom zukünftigen Leben), übersetzt im „Mani" S. 100 ff. handelt. Die „Gestalten" werden den abgeschiedenen Seelen durch bestimmte Kleidungsstücke (Kopfbinde, Ueberwurf, Krone, Wassergefäss u. s. w.) gegeben, welche ihnen die Genien des Lichts und der Finsterniss bringen. Auch diese Engel und Teufel erscheinen in bestimmten „Gestalten", z. B. der Seelenführer der Auserwählten erscheint deren Seelen „in der Gestalt des leitenden Weisen"[1] (بصورة الحكيم الهادى; derselbe Ausdruck صورة ist hier in unserem Briefe gebraucht.

25. Sendschreiben über das Paradies رُ. الجَنَّة. Der Ausdruck, derselbe, welchen der Islam dafür anwendet, bezeichnet das Lichtpleroma, den Sitz des Lichtgottes, der bei Mani stehend: „König der Lichtparadiese" ملك جنان النور (also derselbe Ausdruck wie hier) heisst. Bei ihm war die Seele im Anfang vor ihrem Eintritt in die Welt Fihrist 335, 16[2]).

26. Sendschreiben an (des) Sîs über die Zeit. Ich denke hier an etwas Bestimmteres als Flügel A. 347, der an die Eintheilung der Zeit bei den Manichäern in Perioden (darunter z. B. die des Weltbrandes) denkt, also hier eine Zeitordnung, oder einen Festkalender vermuthet, so nahe ja bei der mehrfachen Abhängigkeit der Lehre Mani's von den Jungchaldäern und ihren astronomisch-mathematischen Theoremen etwas Derartiges liegt. Man denkt gewiss eher an eine Auseinandersetzung

---

[1] D. i. des Μίθρας ψυχαγωγός, wie wir später in der speciellen Erklärung dieses eschatologischen Abschnittes aus der Vergleichung der Mithrasmysterien zeigen werden.

[2] الى ما كان عليه اوّلا فى جنان النور

mit der persischen Lehre von der Unendlichen Zeit, dem
Zrvàna Akarana, einem Theologumenon, das in der späteren persischen Theologie von der sasanidischen Restaurationszeit an ja
bekanntlich eine grosse Rolle spielt und selbst sektenstiftend gewirkt hat; cf. Die Zervaniten (الزروانيّة) bei Śahrastànî S. 183 ff.
und des Armeniers Eznik Darstellung der Grundanschauung
dieser Partei vom Entstehen des Ormazd und des Ahriman aus
der Unendlichen Zeit, des Ahriman aus ihrem „Zweifel", in
seiner Refut. haeres. lib. II, abgedruckt mit Uebersetzung bei
Petermann, Grammatica ling. Armeniacae, Berol. 1837 S. 44 ff.
— Mit dieser Idee seinen schroffen Dualismus gegenüber seinem
bedeutendsten Schüler, Sìs, auseinanderzusetzen hatte Mani volle
Veranlassung.

27. Sendschreiben des سعيوس über den Zehnten
فى العشر. Den Eigennamen schreibt Flügel im Fihrist wie im
Mani mit ع, Sa'jûs also, bemerkt aber, dass die arabischen
Handschriften auch سفيوس mit Fà, also Safiûs zu lesen gestatten.
Der Name ist natürlich unzuverlässig überliefert, es bleibt für die
Bestimmung seiner Etymologie und wahren Gestalt nur die Vermuthung zur Hand. Fast sieht der Name so aus wie die neupersische Form des Çaoshyanç, des Messias der Endzeit, die ja bekanntlich سوشيوس lautet; aber als einfacher persischer Männername ist derselbe sonst nicht zu belegen. Das schliessende ûs, ôs
könnte veranlassen, einen griechischen (lateinischen) Namen zu
glauben; umsomehr, da in der syrischen Schreibung ja die nomm.
proprr. griechisch-römischen Ursprungs auf ܣܘܩ überaus häufig
zu lesen sind. ܣܘܝܠܩ könnte in Anbetracht der Aehnlichkeit
von 'Ajin und Làmad aus ܣܘܝܠܩ, dieses wegen der von semkat
und ķôf aus ܣܘܝܪܩ Κλαύδιος verderbt sein, wie ja im Prologe der Acta Archelai einer der „Iudices" (Claudius und Cleobulus) heisst. Näher läge noch, in ܣܘܝܠܩ den Namen Seleukos
ܣܘܩܘܝܠܩ oder ܣܘܩܘܠܩ wiederzuerkennen. Der Name des
Seleukos, des Nachfolgers Alexander's und Gründers der Metropole سلوقيّة oder سليقيّة (z. B. Ass. Bibl. Or. I, 9), syrisch

ܣܠܘܩܝܐ (Assem. l. c. III, 2, 777; Hoffmann, Märtyrer S. 37
Anm. 317), griechisch Σελεύκεια Seleucia — kommt z. B. in den
inhaltreichen alten von Hoffmann übersetzten Märtyreracten
mehrfach vor, zu vergleichen besonders die getreue Tradition
S. 45, auch S. 50. Der griechische Männername wäre in dem
mehrere Städte des Namens Seleucia enthaltenden[1]) Babylonien
auch zu Mani's Zeit noch denkbar. — Das Zehntengeben gehört nach Śahrastânî zu den religiösen Hauptpflichten der Manichäer, kraft Gebotes des Mani selbst, wenn auch anNadîm unter
seinen zehn Geboten der Manichäer dasselbe nicht, wenigstens
nicht explicite, erwähnt, da er nur das Verbotene namhaft macht.
In diesen Brieftiteln werden wir auf dasselbe Gebiet der religiösen
Abgaben noch öfter hingeführt.

Die Sendschreiben nr. 28 von Sîs „über die Pfänder"
فى الرهون und 29 „über die Verwaltung" فٔ التدبير führen wohl
auf rein juristische, nicht religiöse Fragen im Leben der Gemeinden; die „Verwaltung" kann speciell auf die Administra-
tion der für die Auserwählten einkommenden Abgaben gehen.
da in nr. 55 derselbe Ausdruck in Verbindung mit den Almosen
(فى تدبير الصدقة) gebraucht wird.

30. Sendschreiben an Abâ den Talmîd. Das nom.
propr. Abâ, natürlich von Haus aus der aramäische stat. emph.
أَبَا (chaldäisch אַבָּא), ist sowohl bei den christlichen Syrern und
Mesopotamiern (cf. z. B. Hoffmann l. c. 115 Mâr Abhâ, der
Lehrer des 'Îśai) wie bei den babylonischen Juden (Fürst Culturgeschichte der Juden S. 70. 74. 189 etc.) überaus häufig. Mit
der hier und im Folgenden gemeinten Persönlichkeit möchte ich
auch den Manichäer Γαβριαβιος d. i. ein נברִיאָבָּא „Mann des
Vaters" in der Abschwörungsformel (gegen Schluss) zusammen-
bringen. تلميذ talmîd möchte ich hier nicht mit Flügel für
das gewöhnliche jüdisch-aramäische Wort für „Schüler" halten,
sondern zu bedenken geben, dass die Mandäer in Südbabylonien

---

[1]) Zu erinnern vor Allem an Karchâ deBêth Sělôch, die Hauptstadt
der Provinz Bêth Garmai (Garamaea) am Tigris. Hoffmann Märtyrer
S. 45 ff.

ihre Priester mit dem Namen תארמידא Tàrmîdâ, das ist natürlich das entlehnte, etwas anders ausgesprochene jüdische תַּלְמִידָא.
benennen s. meinen Artikel „Mandäer" l. c. S. 213. 14 Siouffi,
Études sur la religion des Soubbas, Paris 1880, S. 68—70. Auch
bei den Juden bezeichnet ja (vid. Buxtorf Lex. chald. talm.
p. 1146) ein תַּלְמִיד חָכָם „Weisenschüler" (als Ausdruck der Be-
scheidenheit) einen der schon חָכָם ist, wie φιλόσοφος neben σοφός;
von daher, d. i. von den Juden Babyloniens, werden die Mandäer
in letzter Instanz ihren Gebrauch des Wortes haben. Es wäre sehr
ansprechend zu denken, dass Mani mit einem Priester der
Mughtasilah, in deren Satzungen er ja von seinem Vater auferzogen worden ist, um sich später von ihnen zu trennen. die Auseinandersetzung in diesem Briefe geführt habe. Dazu würde nr. 32
sehr wohl stimmen: Sendschreiben an Abà über die Liebe
(فى الحب), insofern mit der „Liebe" gewiss das erste der geistigen
Glieder des Lichtgottes nach manichäischen Lehren gemeint ist:
eine Lehre, die auch den mandäischen Gedanken homogen ist[1]).

31. Sendschreiben des ابراى Ibrâi an Edessa[2]). Der
Eigenname wird mit dem des Manichäers Baraias in der Abschwörungsformel identisch sein (so Flügel Anm. 352). Der
Hinzusetzung eines orientalischen Etymons enthalte ich mich
jedoch; aramäisch würde es ابراىا ' אברא‎א aussehen[3]).

33. Sendschreiben an Maisàn (d. i. die Landschaft Mesene)
über den Tag. Mesene ist gewiss das Urwirkungsfeld des Mani.
Der „Tag" kann irgendwie einen Zusammenhang mit dem Fest-

---

[1]) Siehe meinen Artikel Mandäer l. c. S. 209 oben: die zweite Emana-
tion des mandäischen Lichtgottes ist „der sanfte Wind". Auch die jung-
chaldäische Theologie hat die Fontana Trias von Glaube, Wahrheit und
Liebe (Stanley, Hist. philosoph. p. 1126) also wie Mânî (Fihrist S. 329)
الحب الوفاء und الايمان.

[2]) رقا, aus syrischem اورهי Urhâi verkürzt, ist die wichtige nord-
mesopotamische Stadt Edessa, einer der ältesten Sitze des Christenthums
und später theologische Hochschule. Der Artikel fällt etwas auf.

[3]) Oder sollte es der jüdische Name (im Talmud oft von Rabbinen geführt) Abbajji (Fürst, Culturgeschichte S. 304) sein?

kalender der Manichäer haben, kann aber auch nur „die Zeit des Lichtes" im Gegensatz zur Nacht, der Zeit der Finsterniss, und was sich an diesen Begriff alle anschliesst, bedeuten, namentlich wenn der Araber im syrischen Originale einfach ܟܠ ܢܘܗܪܐ „über das Licht" vorfand.

35. Sendschreiben des ܒܚܪܐܢ (Zĕkharjâ) über die Schreckgestalt (في الـهَوْل). Dieser in den Handschriften so, wie hier geboten, an unserer Stelle und den folgenden, wo er wiederkehrt (z. B. nr. 38) geschriebene Name ist gewiss identisch mit dem Namen (nr. 47. 67) ابراحيم, indem der Araber das syr. ܐ (Alaf) bei ersterem übersah. Dieser letztere ist aber gewiss der jüdisch-christliche Name ازكرـا vermöge einer Falschlesung des initialen Zain als des so ähnlichen Alaf[1]) und des Kâf als des so ähnlichen Bêth, des Jôd aber als des wie ein Doppel-Jod aussehenden Chêth. — Da die manichäische Eschatologie dem Abgeschiedenen اهوال ahwâl d. i. Schreckgestalten (Teufel) erscheinen lässt (Fihrist 335, 24), so wird hier bei demselben Ausdrucke dieselbe Sache gemeint sein.

36. Sendschreiben des Abâ über die Denkschrift vom Wohlgeruch ܟܠ ܝܣܘܪܢܐ ܒܟܠܗ في ذكر الطّيب setzt ein voraus und ist also wohl eine Schrift (eine Art von Kritik) über eine vorliegende Denkschrift über den Wohlgeruch, wie die unter nr. 17 erörterte. الـطّـيـب bezeichnet jedenfalls dasselbe wie العطر.

37. Sendschreiben des Abedješû' über die entfernteren Verwandtschaftsgrade. Letzteres, العصبات, ist ein juristischer term. techn., hier vielleicht in Hinsicht des Eherechtes; in ܚܨ ܬܣܘܠ oder ܟܚܨܬܣܘܠ aber begegnet uns einmal neben den vielen sonstigen jüdischen, persischen, parthischen, griechischen u. s. w. Eigennamen ein wohlbekannter christlicher von

---

[1]) Wie genau so bei زَكوا Zakwâ, Zakû, im Vergleich mit 'Αχουαντζαι; s. zu nr. 43.

aramäischer Abkunft bedeutend δοῦλος Ἰησοῦ Χριστοῦ. In dem Wirkungskreise des Mani und der Sphäre des ältesten Manichäismus kreuzen sich alle Sprachen und Religionen Vorderasiens.

38. Sendschreiben des Baḥrâjâ (Zêkharjâ) über die وصلات, die Verbindungen, d. i. die gesellschaftlichen Berührungen mit Nichtmanichäern, in Hinsicht auf welche später die Parteien der Manichäer sich trennten; s. Flügel, Mani S. 98 von der Partei der Miḳlâsiten, den Anhängern des Miḳlâs, unter den Manichäern gegenüber den Mihriten, den Anhängern des Mihr. welche letztere wohl in jener Hinsicht einer freieren Observanz huldigten; cf. auch vorher das Sendschreiben „des Lehrers" über die وصلات.

39. Nach سكينة stehen zwei Namen zweifelhafter Lesung. Der erstere ist gewiss شَثِل Shâthil zu lesen, statt des unverständlichen شَايِل bei Flügel. Es ist dies wie شَاثِل in der manichäischen Anthropogonie (Fihrist 332, 4) die babylonisch-aramäische, mandäische [1]), islamische Erweiterungsform des biblischen שֵׁת mit Ansetzung des Gottesnamens El. Den zweiten schreibt Flügel سكني. Letzteres ist so kaum richtig: vielleicht ist gemeint سبتني (aus هصداـ), ein jüdischer Eigenname. Sabbatai שבתאי (d. i. שַׁבְּתָיָה) Fürst l. c. p. 79 Anmerk. 266 nr. 46.

40. Sendschreiben des Abî über die religiösen Abgaben (زكوات, auch der Islam hat bekanntlich sein زكة). أبى ist die schon berührte andere Aussprache für das mehrfach dagewesene Abâ. Flügel's Ubajî أُبَّى resp. أُبَّى würde eine arabische Diminutivbildung sein, ist also in einem aramäischen Satze nicht am Platze. Zu vergleichen auch die jüdischen Namen mit „Abbaji" bei Fürst l. c. p. 304.

41. Sendschreiben des حداب über die Taube. Der Name ist schwer zu bestimmen, der Schreibung nach könnte

---

[1]) Hier שיתיל Sitil geschrieben.

einfach der Name יְהוּדָא ܝܗܘܕܐ darin stecken (s. oben beim „Buch der Geheimnisse" cap. 5). Die „Taube" ist aber wohl (nicht die des Buddha, sondern) die der Istar-Semiramis, die auch bei den Mandäern spurweise vorkommt, s. meinen Artikel Mandäer l. c. S. 215 vor Ende.

42. Sendschreiben an Afḳurijā über die Zeit. Ueber letzteres Thema war schon nr. 26 die Rede; der Name aber, syrisch ܐܦܩܘܪܝ, ist offenbar die aramaisirte Form des parthisch-persischen Männernamens Pakòr Παχώρης (bei den Arabern auch Afḳûr) und zwar mit Anhängung des à des stat. emphat. an die bereits verstärkte Form ܦܩܘܪܝ Pakòrì (Assem. B. O. I, 419) mit jenem eigenthümlichen schliessenden jôd [Hoffmann l. c. Anm. 2228] schon in der iranischen Originalform, welches hier durch die aramäische Endung klar gestellt und geschützt wird [1]).

43. Sendschreiben des Zakû über die Zeit. زكو ist offenbar identisch mit dem زكوا Zakwà (Fihrist 328, 19), einem der beiden Anhänger des Mani, die ihn bei seinem ersten öffentlichen Auftreten am Krönungstage des Šàpûr I. begleiteten. Der Name steckt gewiss in dem bisher unerklärten Nebennamen, welchen Epiphanius haeres. 66 zu Anfang den Manichäern gibt, nämlich Ἀκουανῖται, mit dem Zusatze (Μανιχαῖοι οἱ καὶ Ἀκουανῖται λεγόμενοι) διά τινα οὐέτρανον ἀπὸ τῆς Μέσης τῶν ποταμῶν ἐλθόντα Ἀκούαν οὕτω λεγόμενον, ἐν τῇ Ἐλευθεροπόλει ἐνέγκαντα ταύτην τὴν τοῦ δηλητηρίου τούτου πραγματείαν. Dieser Akuas Ἀκούας, welcher also aus Mesopotamien stammend nach der Tradition die manichäische Lehre vor Alters in Epiphanius' Vaterstadt Eleutheropolis in Palästina zuerst verkündigte, heisst offenbar vielmehr Ζακούας d. i. זַכָּי ܙܟܘ, indem initiales syrisches Zain wieder der Aehnlichkeit zu Folge als Àlaf gelesen wurde. Dieser manichäische Apostel heisst also geradeso wie jener alte Manichäer,

---

[1]) Hoffmann l. c. S. 295 (Anm. zu S. 93) meint, Afkûrjà-Pakòrjà sei ein Ort, was durch S. 93 — unsicherer Text — nicht belegt, durch unseren Brieftitel sehr unwahrscheinlich gemacht wird; der unbedeutende Ort wird nicht besandt worden sein.

der Zeitgenosse des Mani[1]). Der Name Zakwâ, Zakû ist eine babylonisch-jüdische Ableitung von ܙܟܐ, זכא, zunächst aus זַכָּי (Adjektiv-Weiterbildung mit ạj vom nom. abstr. זְכָי) verkürzt. Das ו (wâ, û) wird durch das Ἀκούας des Epiphanius unbedingt geschützt. Im Fihrist 328, 19 steht Zakwâ übrigens zusammen mit dem ächt jüdischen Namen شمعون שמעון Simeon. — Der bekannte Männername זכי זכאי bei den Juden (Fürst l. c. p. 93) أكــٰ bei persischen Christen Hoffmann l. c. 19, Ζακχαῖος im Neuen Testament ist damit der Abstammung nach eng verwandt, aber doch eine andere grammatische Bildung.

44. Sendschreiben des (an) Suhrâb über den Zehnten. Hier in nr. 46 haben wir einmal einen bekannten ächt persischen Eigennamen (cf. Nöldeke Tabari übersetzt S. 346).

45. رُ الـٰرج وانعراب sind sehr schwere Worte. Die arabischen Handschriften bieten keine beachtenswerthen Varianten[2]). Flügel nimmt die Worte so wie sie dastehen, übersetzt sie aus dem arabischen Lexikon und vermuthet also ein Sendschreiben „über die Zelle des Eremiten" und „über die Frucht 'Arâb, aus der die Kügelchen für die Rosenkränze bereitet werden", welche Uebersetzung er aber Anm. 364 als nur annähernd wahrscheinlich ausgibt. كُرج ist allerdings bei den Arabern die Eremitenclause, das der syrischen Kirchensprache entlehnte ܩܘܪܒܐ kurḥa [Assem. B. O. I, 34a lin. 1; Barhebr. ܩܘܪܒܐ ed. Martin 165, 1], عَرَاب ist nach dem Ḳâmûs die Frucht des خزم-Baumes. aus der die Rosenkranzkügelchen gemacht werden. Man hätte dann an solche Institute in der syrisch-christlichen Kirche oder, da hier für solche Gebräuche die Zeit des 3. oder 4. Jahrhunderts nach Chr. noch etwas früh ist, an die ähnlichen im

---

[1]) Er ist aber gewiss mit ihm nicht dieselbe Person. — Die Benennung als Akuaniten war wohl nur in einem beschränkten Territorium, von Eleutheropolis in Palästina aus, für die Manichäer im Gebrauche.

[2]) Für das zweite hat L. والغراب, V. وانعران; für das erste liegen keine Varianten vor.

Buddhismus zu denken, als gegen die hier polemisirt wäre. Aber dann müsste der Ausdruck doch bestimmter lauten, es wäre der Plural الاكراح und vor عـراب eine Bezeichnung der sphaerulae zu erwarten. Ich glaube im Hinblick auf ein syrisches Original, dass, wie leicht möglich, الكرح كرح aus كرح ,كوخ aber aus dem Plural الاكواخ verderbt ist, dass dieses aber der Ort حـقـۃ Kôchê („Erdhütten") griechisch Χώχη bei Seleukia am Tigris sei, cf. Jâkût I, 532 ult. lin., Ass. B. O. III, 2, 23 lin. penultima, und weitere Belegstellen bei Flügel Mani S. 123 ff., Hoffmann, Märtyrer S. 177 Anm. 1382. Für العراب vermuthe ich den Plural الأَعْراب, die Nomadenaraber. Dann hätten wir also ein „Sendschreiben an Kôchê und an die Araber" und können, was die Beziehungen Mani's zu letzteren betrifft, auf die Auseinandersetzung oben S. 64 ff., besonders 66—67. 89—95 verweisen.

46. Sendschreiben des Suhrâb über die Perser, فى الـفُـرس wie zweifellos zu lesen ist[1]). Der Nationalperser Suhrâb und eine Betrachtung über die Perser stimmen wohl zusammen. „Die Perser" wie vorher nr. 45 „die Araber".

47. Sendschreiben an ابـراحيـم, worin ich bereits اَحْـرَمُا vermuthet habe. Der Name kehrt im Folgenden mehrmals wieder, z. B. nr. 49.

48. Sendschreiben an ابى يسـم den Geometer. Es unterliegt wohl kaum einem Bedenken, dass in diesem so von den Handschriften bezeugten Namen eine Verderbniss[2]) aus dem Namen ابـرسام Abarsâm vorliegt[3]). Ganz ebenso ist im ابى vor dem Namen von Mani's Grossvater im Eingang des Fihristab-

---

[1]) Nur V. hat الـعـشـ (العشى), was hier offenbar irrthümlich wiederholt ist.

[2]) ى statt ر ist sehr leicht denkbar.

[3]) Was soll auch hier die speciell arabische Namensform mit abû unter lauter Nichtarabern!

schnittes über Mani (327, 30) das بى lediglich eine Dittographie
des بر in dem direct folgenden برزام, das ا von ابى gehört vor
برزام und ist ابرزام wieder der Name Abarsàm, der allerdings
gewöhnlich mit س geschrieben wird. z. B. in Tabari's Geschichte
des ersten Sasanidenkönigs Ardašir, arabischer Text ed. Nöld.
S. 816 Z. 12[1]) ابرسـام (Uebersetzung S. 9 oberste Zeile), auch
bei den Armeniern als Apersam (Nöldeke l. c. S. 9 Anm. 1)
vorkommend. — Ein „Geometer", „Mathematiker", muhandis, ist
im Bereiche der Chaldäer wohl zu erwarten. Ich vergleiche noch
den Geometer Adda אַדָּא מְשׁוּחָאָה bei Fürst l. c. S. 121.

49. Sendschreiben an Abrähjä (Zĕkharjä) den Ungläubigen الـكــفـر, wohl zum Unterschiede von dem gleichnamigen früheren Adressaten, der ein Gläubiger war.

50. Sendschreiben über die Taufe, ر. المعمودية. In
diesem Worte liegt das syrische Original so zu sagen oben auf,
das betreffende Wort lautet im Syrischen geradeso ܡܥܡܘܕܝܬܐ,
der solenne Ausdruck der syrischen Kirchensprache für das christliche Sakrament (βάπτισμα); ܒܝܬ ܡܥܡܘܕܝܬܐ ist baptisterium,
Taufbecken und Taufkapelle. Mit der christlichen Taufe, diesem Fundamentalritus, musste sich Mani nothwendig auseinan-
dersetzen, umsomehr, da auch die paganistisch-jüdischen Syncre-
tisten Babyloniens, die weitverbreiteten „Sabier", d. i. Täufer,
wie z. B. die Mughtasilah und noch jetzt die Mandäer, diese
Ceremonie in grosser Ausdehnung anwandten. Ob Mani überhaupt die Taufe als heiligen Ritus beibehalten habe, ist nicht
bestimmt zu erfahren. Es liegt ein gewisses Dunkel über dieser
Frage. Von vornherein ist ihre Beibehaltung wegen seines Ge-
gensatzes zu den Christen sowohl wie zu den Mughtasilah —
von denen er sich ja nach anfänglicher Zugehörigkeit getrennt
hat, Fihrist 328, 12 — unwahrscheinlich. Allgemein, für alle
Manichäer, war die Taufe jedenfalls nicht, und man vermuthet
(auch Flügel Mani S. 297) nicht mit Unrecht, dass nur die

---

[1]) Wo auch die gleichartigen Varianten mit ابن سام (ابن سام) in den
Handschriften stehen.

Electi eine Art Taufe hatten, aber als Geheimritus wohl, ich
vermuthe im Anschluss an die heiligen Lustrationen des babylonischen Chaldäerthums und des Mithrasdienstes. Die Geheimhaltung dieser vermutheten Handlung (ebenso vielleicht einer Art
des Abendmahles) gab dann Anlass zu den bewussten scheuss-
lichen Vorstellungen bei den Gegnern der Manichäer im Mittelalter. Fest steht, dass bei den Katharern jedenfalls das „Consolamentum", die Handauflegung, für die näher Zusehenden an
die Stelle der Taufe getreten war. Siehe auch meinen Artikel
Mani bei Herzog 2. Aufl. S. 246.

51. Sendschreiben des Jahjä über die Dirheme,
d. i. Drachmen. Man kann an die Anschauungen der Manichäer
von Werth und Gebrauch des geprägten Geldes denken.

52. Sendschreiben des افنيد über die vier Zehnt-
abgaben, die vier Arten des Zehnten (الاعشار الاربعة). Wir
erfahren also hier, dass diese Abgabe auf vierfache Weise geschehen konnte, ohne dass wir aber das Einzelne von sonst her
erfahren. Der Name افنيد [1]) setzt voraus syrisches احند,
welches aus احلد oder احلد, auch احلد, احلد verlesen
sein kann und also 'Απολλωνίδης, Apollinaris, 'Απολλώνιος, jedenfalls eine Ableitung von 'Απόλλων enthalten wird [2]), wie sie auf
altseleucidischem Gebiete recht natürlich ist.

Nach diesem Titel macht der Verfasser des Fihrist die über-
leitende Zwischenbemerkung: وبعد ذلك „und nach diesem",
sc. folgen noch die weiteren Schreiben. Ich vermuthe mit Flügel Anm. 368, dass die jetzt folgenden Literaturangaben einer
anderen Quelle entstammen. Vermuthlich sind von der jetzt
folgenden Reihe die meisten nicht von Mani selbst, sondern von
seinen Nachfolgern, während es bei der ersten Reihe umgekehrt war.

---

[1]) Alle codd. افند zweimal.

[2]) Siehe den griechischen Götternamen als احلد (neben Zeus und
Kronos) bei Hoffmann l. c. S. 72 Z. 3. Die Provinz Apolloniatis am Tigris
ibid. S. 254 Z. 3. احلد = 'Απόλλων sehr häufig in: Julianos der Ab-
trünnige, Syrische Erzählungen herausgeg. von G. Hoffmann 1880 S. 41,6.
50,20. 78,21 u. s. w.

53. Das Sendschreiben des افعند (also wahrscheinlich Apollonius) über das erste Glück في السعد الاول. Unter letzterem versteht Flügel A. 369 „die erste Station der Wahrhaftigen nach ihrem Eingange in das Lichtreich". Ich vermuthe, dass damit vielmehr gemeint ist, was sonst bei Arabern und Syrern „das grosse Glück" heisst, in astrologischem Sinne nämlich, der Planet Jupiter, der muštari der Araber, genannt السعد الاكبر (Chwolsohn, Ssabier II, 226), während die Venus „das kleine Glück" ist, syrisch ܙ̈ܘܟܒܬܐ arabisch السعد الاصغر; cf. jetzt Hoffmann Märtyrer S. 136.

54. Sendschreiben des يسو (Jannaeus) betreffs der Denkschrift von den Polstern (d. i. hier Kronsteuern) حلا ܟܬܘܒܢܐ ܘܣܟܡ̈ܟܐ رز في ذكر الوسند. In يسو steckt wohl der Ιννϲϊος (lies: Ἰανναῖος) der Abschwörungsformel, und dies ist das babylonisch-jüdische[1] יני d. i. das soweit abgekürzte יוחנא (s. Buxtorf. lex. talm. s. v.); also ينسى zu punktiren. — ذكر steht wie schon oben erklärt für syrisch ܟܘܣܪܢܐ „Denkschrift", Promemoria. — Was aber „die Polster" sein mögen — Flügel Anm. 375 wusste sich unter den Polstern, Kopfkissen, Lehnstuhl oder was sonst als dem Gegenstand eines Sendschreibens nichts zu denken — können wir wohl jetzt mit grösserer Gewissheit bestimmen vermöge der dankenswerthen Belehrung von Hoffmann, Märtyrer S. 94 und S. 295 Anm. zu S. 94, über eine interessante Bedeutung des syrischen ܣܟܡܐ, das ja das Original unseres الوسند sein muss (cf. auch Payne Smith s. v.). Es bedeutet eine Summe von 700 Goldstücken, überhaupt eine grosse in ihrer Höhe schwankende Geldsumme, und hat das syrische Wort (BII. chron. hist. 442) diese Bedeutung „Ruhekissen = Geldsumme"[2] vom mittelpersischen bališn (Gloss. zum Ardā-

---

[1] Auch als Ἰανναῖος im Namen des Fürsten Alexander Jannaeus bekannt. Wir haben also in den Namen dieser manichäischen Schreiben drei babylonische Formen des hebräischen Eigennamens יוחנן: Jahjâ, Joḥannâ (gleich in nr. 55) und Jannai.

[2] Auch ein „sanftes Ruhekissen"!!

vîrâf-nàmeh edd. Haug-West p. 76) entlehnt. Hoffmann fügt
hinzu, dass dieselbe bildliche Anwendung auch das griechische
προςκεφάλαιον erfahre, z. B. bei Athen. Deipnosoph. 12,514 F. Vornehmlich scheint صُمُمَا von königlichen Einkünften (Kronsteuern) zu stehen, Hoffmann Märtyrer S. 94, cf. τὸ προςκεφάλαιον τοῦ βασιλέως an der Athenäusstelle vom Perserkönig
gebraucht. — Gemeint war wohl eine Anweisung an die Manichäer betreffend ein königliches Steueredict (zu vergleichen „gebet
dem Kaiser, was des Kaisers ist"), und kann auch an nr. 51
„Sendschreiben über das Geld" erinnert werden.

55. Sendschreiben des Jôḥannâ (يوحنا das hebräisch-
jüdische יוֹחָנָא) über die Verwaltung des Almosens, الصدقة
synonym von dem obigen زَكَاة, was zu vergleichen ist.

56. Sendschreiben an die Zuhörer über das Fasten
und das Halten der Gelübde, في الصوم والنذر, syrisch ܠܟ
ܘܢܕܪܐ ܣܘܡܐ. Die Manichäer hatten ja wie es scheint eine sehr
detaillirte — auf astronomische Verhältnisse basirte — und
penible Fasten- und Gelübdepraxis, siehe meinen Artikel Manichäer bei Herzog 2. Aufl. S. 241. Das Fasten und das Halten
der Gelübde waren Verpflichtungen, die alle Manichäer, nicht
nur die „Vollkommenen" zu erfüllen hatten; daher hier: Sendschreiben „an die Zuhörer".

57. Sendschreiben an die Zuhörer über das grösste
Feuer في النار الكُبْرَى. Flügel Anm. 373 bezieht dieses Feuer
wohl mit Recht auf den grossen Weltbrand, der am Ende
alles Diesseitigen von den Manichäern, wie den Chaldäern, geglaubt wird und der nach dem Fihrist 330,30 die Dauer von
1468 Jahren hat. Indessen, glaube ich, ist dieses Dogma, und
also auch dieses Sendschreiben, nicht ohne (polemische) Neben-
beziehung[1]) zu dem bekannten Glauben der Parsen an mehrere
grosse heilige Feuer in heiligen Feuertempeln, wie an das
Farrabag-Feuer (neupersisch àdar-ḥùrrà), das Feuer Burzin-Mihr

---

[1]) Man beachte auch die Elativform im Arabischen, الكُبْرَى, nicht
الكَبِيرَة.

u. s. w., in Betreff deren, was gerade die Sachlage in der Sasanidenzeit betrifft, jetzt auf die lichtvolle Auseinandersetzung von
Hoffmann l. c. S. 281—293 zu verweisen ist. —

58. Sendschreiben an Ahwàz (die Provinz Chûzistàn
östlich vom unteren Tigris, das alte Susiana resp. deren Hauptstadt)[1] über die Denkschrift vom Eigenthum, also wieder
ein juristisches Thema. Die Electi durften ja kein eigentliches
Eigenthum, als Werk der Finsterniss, erwerben, sondern nur
die Auditores. Ueber الْمُلْك im muhammedanischen Rechte
s. Flügel Anm. 374.

59. Sendschreiben an die Zuhörer über die Traum-
auslegung (so تعبير wohl mit Flügel zu lesen) des Jazdànbacht (persischer Name, etymologisch Gottessegen).

60 und 61. Erstes und zweites Sendschreiben an die
Perserin Mēnak. Der Name dieser Jüngerin ist als Menoch
auch dem Augustin (ep. ad virginem Menoch) bekannt; cf.
den Brief des Gnostikers Ptolemaeus an die Flora, und die
Epistel des Hieronymus an die Eustochium. Dieselbe wird
nr. 63 mit Ardašir als Adressatin verbunden, Sendschreiben
an A. und die Menak.

64. Sendschreiben an Salam — jedenfalls mit dem Σαλμαῖος in dem Schlusspassus der Abschwörungsformel zusammen-
gehörig, also ein jüdisches שְׁלָמָאי d. i. שְׁלָמָה — und عنصرا —
was ich lieber (cod. V.) عيصرا = ‏جم‎ lesen möchte, worin
wohl wieder ـ für ـ steht und der jüdische Name אֱלִיעֶזֶר, jedenfalls eine Bildung mit אֵל oder אֱלִי steckt.

65. Sendschreiben an حط — sollte Chatai d. i. China
gemeint sein? صين wird oft in die Mani-Tradition hineingezogen.

66. Sendschreiben des حدروت = Abĕdnàhìt über
das Eigenthum (s. zu 58).

---

[1] Abûlfarağ (s. später) macht den Mani geradezu zu einem Presbyter
قسيس in Ahwàz. Jedenfalls ist hier eine der ältesten Provinzen des
Manichäismus.

67. Sendschreiben des ابراحلا = Zekharjä über die Gesunden und die Kranken, wohl im bildlichen Sinne gemeint, wie in Christi Ausspruch vom Arzte.

68. Sendschreiben des Ardad (sieht persisch aus, Airyôdàta) über die Lastthiere الـدواب, wohl für syrisches صحنـا. Das Rind ist im Parsismus vielfach ein heiliges Thier.

69. Sendschreiben des اخـا (d. i. Achà, in jüdischen Männernamen[1]) häufig, s. die Liste bei Fürst l. c. p. 305, Achà ben Chaninà etc., also nicht mit Flügel اجـا) über die Sandalen (الخفف), oder die Hufen (cf. 68).

70. Sendschreiben über die beiden leuchtenden Lasten في الحملان النيرة, wie Flügel gewiss richtig schreibt, d. i. wohl die Lasten der Sonne und des Mondes als der Fährschiffe der zum Lichtpleroma auffahrenden Seelen (Flügel Anmerkung 382). Das Femininum des Adjectivs beim dualischen Substantiv ist im späteren Arabischen nicht auffallend. Zur Sache siehe besonders die Stelle des Syrers Efräm später in Abschn. IV.

71. Sendschreiben des Mànà über das Kreuzigen. Der interessante Name Mànà, bei den Mandäern einen Aeon des Lichtreiches bezeichnend, ist auch bei den Juden Babyloniens zu belegen, Fürst l. c. S. 79 nr. 32. Das „Kreuzigen", arabisch التصليب, im Syrischen wohl كلا ܬܫܡܨܕ̈ܪ̈ܐ περὶ τοῦ σταυροῦ-θαι, gewiss mit Anspielung auf Christi Kreuzigung und das christliche Gebot vom Kreuzigen des Fleisches, vielleicht auch schon auf die Kreuzigung des Mani, wenn der Schreiber Mànà als ein späterer Jünger zu denken ist.

72. رٔ مهر السماع fasst Flügel Anm. 383 als „Sendschreiben über die Vortrefflichkeit (besser: die Begabung, wunderbare Wirksamkeit) der religiösen Musik, also مَهر رٔ السَّمَاع, r. mahr-es-simâʻ. Die Hochschätzung der Musik, ebenso

---

[1] Ebenso Hûnâ d. i. אֲחוּנָא, die syrische Diminutivform, fraterculus. Zu ה für ח im babylonischen Aramäisch cf. Nöldeke, Mandäische Grammatik § 57 ff. besonders S. 60.

wie des Wohlgeruchs, bei den Manichäern, deren Stifter die
persische Tradition sogar zum Erfinder der Laute macht, wird
von Augustin de mor. Manich. II, 16 (dulcedo musica, quam
de divinis regnis venisse contenditis) ausdrücklich bezeugt. Aber
bei Uebersetzung dieses Brieftitels liegt doch, da ja auch die
Anwendung des Verbi مَيَّرَ (statt etwa فَضّل oder لَسُّ جُونَةَ)
etwas Befremdendes hat, viel näher die Deutung رُّ مِهْرِ الْسَمَّعِ
Sendschreiben an den Zuhörer Mihr! Dieser bekannte
persische Name ist ja bei den Manichäern, bei denen einer
ihrer späteren Päpste so hiess, sehr zu Hause.

73. Sendschreiben an Firûz (Pahlawi Pêrôz) und Râ-
sîn, beides persische Namen.

74. Sendschreiben des 'Abdî'êl über das „Buch
der Geheimnisse". Hier haben wir also zweifellos an einen
Commentar, eine epistola critica etc. über ein Schriftstück zu
denken, was die obige Auffassung des ذِكْر durch Analogie rechtfertigt. Es ist eine Schrift über des Stifters heiligstes Werk,
sein Liber mysteriorum. Der Name, welchen Flügel im Mani
عَبِديَل 'Abdiäl schreibt und spricht, ist eben das aus dem
Syrischen transscribirte ܚܨܡܠ oder ܚܨܐܠ, עֲבְדִיאֵל 'Abdî'êl,
bekannter jüdischer Eigenname (1. chron. 5, 15 im Hebräischen),
der im Syrischen z. B. mit mehreren Stellen aus dem syrischen
Julianos-Romane (ed. Hoffm. 1880) als Name eines Abtes ܙܡܝܡܐ
zu belegen ist: 59, 9. 60, 10. 241, 5. Die Aenderung (nach Einer
Handschrift) in عَبدبل „Knecht des Bâl oder Bêl" in der Ausgabe des Fihrist, cf. dazu die Anm. Bd. II S. 174 ist also unnöthig, ja unberechtigt, und eine Verweisung an den Bâl der
Harrânier (Chwolsohn II, 165 ff.) hier nicht angebracht. — In
nr. 76, dem letzten der Titel, kehrt der Name wieder: Sendschreiben des 'Abdî'êl über die Kleidung في الكسوة, wohl
die heilige Kleidung, die der Abgeschiedene von den Genien angelegt erhält.

75. Sendschreiben an Simeon und Ramê, zwei jüdische Namen: der erstere auch von dem einen der beiden Be-

gleiter Mani's geführt, die bei seinem ersten öffentlichen Auftreten in Ktesiphon mit ihm waren. Den zweiten Namen, der auch ein jüdischer sein wird, lese ich statt رمىن vielmehr رمى mit schliessendem Jâ, jüdisch רמי s. die Stellen bei Fürst l. c. S. 313 b zu Ende (Rame ben Pâpâ, Rame ben Samuel u. s. w.).

Werfen wir noch einen Rückblick auf diese lange Liste altmanichäischer Episteln, so erhellt aus ihren werthvollen Andeutungen, wie alle Nationalitäten und Religionen Babyloniens durch die Sprachformen der betreffenden Namen vertreten sind; sodann aber, welchen Umfang die älteste manichäische Propaganda hatte, auch wohl, welche Richtung sie von ihrem Centrum aus in verschiedene Schichten genommen; endlich welche Lehren und Satzungen der neuen Religion die am meisten behandelten, für die wichtigsten erachteten Partieen waren. Die Namen sind babylonisch-aramäisch, sehr viele hebräisch-jüdisch, viele persisch, einige gewiss auch griechisch. Auffallend ist namentlich die viele Beschäftigung mit Juden und jüdischen Dogmen, welche diese altmanichäische Thätigkeit aufweist, welche fast das Eingehen auf das speciell Christliche überwiegt, und nur von dem persischen Elemente an Umfang erreicht wird. Auch von altbabylonischen und buddhistischen Specialdogmen begegnen hier Spuren. Was die Richtung und den Umfang der Verbreitung der Manireligion anlangt, so ist ersichtlich, wie Mesene und Chuzistän als älteste Bezirke hervorragen, wie aber der Mittelpunkt die Residenz Ktesiphon ist, in der selbst einzelne hervorragende Jünger angeredet werden. Von da scheint die manichäische Mission sich über Babylonien bis nach Nordmesopotamien verbreitet zu haben, Edessa und Armenien sind hier die äussersten Punkte. In anderer Richtung ist die Namhaftmachung von Indien für diese älteste Zeit bemerkenswerth. — Was die behandelten Lehren betrifft, so treten die theoretische Grundlehre von den beiden Urprincipien, Licht und Finsterniss, und dann die Eschatologie, das Ergehen der abgeschiedenen Seelen und überhaupt der Abschluss des Diesseits, hervor, ausserdem aber wesentlich praktische Fragen, Lebensweise des Einzelnen und Gemeindeordnung betreffend. Diese manichäische Briefsammlung enthält das Pendant zu der christlichen Sammlung von Sendschreiben der Apostel und Apostelschüler („apostolischen Väter“). —

Somit enthält also die manichäische Literatur in ihrer Art sowohl „Evangelien“ (Lebensbeschreibungen des Stifters) wie „Episteln“, und weiterhin kirchengeschichtliche Werke über die spätere Verbreitung der Religion, aus denen allen anNadîm im Fihrist geschöpft hat und uns Proben vorlegt.

Die griechische Welt kannte eine Ἐπιστολῶν ὁμᾶς der Manichäer; wie viel von dem oben Angedeuteten darin stand, lässt sich natürlich nicht angeben, aber es ist beachtenswerth, dass mehrere der am Schlusse der griechischen Abschwörungsformel genannten, nur von da her sonst bekannten älteren Manichäer (wie Ἰανναῖος, Σαλμαῖος u. s. w.) hier als Briefschreiber mit ihren Originalnamen hervortreten.

Zu diesen älteren manichäischen Schriften wären dann noch jene Stücke zu rechnen, welche jetzt nur in griechischer bezw. lateinischer Gestalt, in die Acta Archelai eingeflochten, vorhanden sind und über deren syrisches Original in Abschn. II eingehend gehandelt worden ist. Dies wären also zunächst die beiden kürzeren Briefe des Μανιχαῖος an den Marcellus und des Marcellus' Rückantwort an den M., dann aber die wichtige Schrift. aus der wie wir sahen der „Bericht“ des „Turbo“ geflossen sein wird („qui per Addam fuerat instructus“) und welche nach Addas Ἀδδᾶς syrisch ܐܕܝ Addai benannt war. Diesen Namen lasen wir oben unter den altmanichäischen Briefschreibern — wenn ihn nicht einer der noch unbestimmten Namen enthält! — zwar nicht, aber es sei hier zum Belege dessen, dass Addai eine hervorragende Gestalt der manichäischen Urzeit war, also wohl auch eine wirkliche historische Persönlichkeit, nicht nur Titelträger einer Schrift, an die wichtige Stelle der Märtyreracten von Karkhâ (ܟܪܟܐ) dê Bêth Selôkh (Hauptstadt der Provinz Garamaea) erinnert, wo es (Hoffmann Persische Märtyrer S. 76 oben Zeile 8 ff.) heisst: „Zur Zeit des Šâbhôr spie

Mânî, das Gefäss[1]) jeglichen Bösen, seine satanische
Galle aus und liess zwei Unkräuter aufgehen, welche
Addai und 'Abrkna[2]) hiessen, die Söhne des Bösen.“
Beide sind wohl auch hier schon als Verfasser von gefährlichen
Schriften gemeint.

Erschöpfend alle irgendwo vorkommenden altmanichäischen
Schriftsteller und Schriftstücke aufzuzählen ist nicht unsere Absicht. Es sei aber doch noch daran erinnert, dass in dem unschätzbaren Fihristabschnitte über Mani und die Manichäer, in
welchem offenbar stellenweise wörtlich längere Citate aus vorliegenden urmanichäischen Schriften citirt werden, auch Spuren
einer, sozusagen, manichäischen Apostelgeschichte resp.
ältesten Kirchengeschichte sich finden. Aus einer solchen muss
der Abschnitt S. 334 Z. 4 ff., eingeleitet mit قالت المنوية „die
Manichäer sagen“, geflossen sein, wo die Nachfolger des Mani
in der höchsten Leitung der manichäischen Kirche abgehandelt
werden. Hierauf weist schon der Anfang:

„Als Mani in das Lichtparadies sich erhob, bestellte er vor seiner Erhebung den Sîs zum Imâm nach
sich, und dieser hielt die göttliche Religion und ihre
Reinheit hoch bis dass er starb“.

So kann nur ein gläubiger Manichäer schreiben. — Vielleicht aus derselben Schrift, jedenfalls aus einer sehr alten

---

[1]) Auf نكائل „Gefäss“ wird in diesem an historischen Daten inhaltreichen Abschnitte mehr angespielt.

[2]) In diesem Namen, der im syrischen Texte des von Hoffmann benutzten Manuscripts des Brit. Mus. ܟܚܨܪܬܢܐ geschrieben steht, vermuthet
Hoffmann ein ܟܚܨܪܘܚܐ 'Abddakhjâ, denkt auch an das (verderbte!)
„Cubricus“ der Acta — oben anders von uns erklärt! — und vergleicht
auch jenes ابراحيا des Fihrist. Ich meinerseits vermuthe als die richtige
Gestalt des Namens ܟܚܨܡ نُكائل [s. die von Hoffmann l. c. Anm. 400
citirte Form ܟܚܨܒܝܐ bei Moesinger] Abĕd-Nanâ, Diener der Göttin
Nanà oder Nanai d. i. der Nâhîd-Anahita, also dann = dem in خبرهات
gefundenen ܟܚܨܪܢܩ݂ܠܐ Abĕd-Nâhît.

manichäischen Quelle, müssen die astronomisch-kalendarisch genauen Angaben über das Leben Mani's geflossen sein, welche
der Fihrist enthält, so die Notiz zu Anfang vom Datum des
ersten öffentlichen Auftretens desselben 328, 18. 19: „Er trat
am Tage des Regierungsantritts des Sâbûr auf, und
das war ein Sonntag, der 1. Nisân, als die Sonne im
Widder stand" (= 20. März 242) u. s. w. S. über diese Stücke
auch bei Nöldeke, Tabari übers. S. 412 ff.

– –

Wollten wir aus arabischen Historikern, die ja gelegentlich
von hochstehenden Persönlichkeiten in der Umgebung der Chalifen und muslimischen Machthaber nicht vergessen zu erwähnen,
dass sie ihrem Glauben nach Manichäer waren, Alles zusammen-
suchen, was auf die Schriftstellerei dieser späteren Manichäer sich bezieht, so würde sich wohl noch manche schätzens-
werthe Notiz ergeben. So lernen wir aus alBîrûnî S. 331
Z. 20 ff. den in muhammadanischer Zeit lebenden (nicht mit
Namen genannten) manichäischen Verfasser eines كتـاب البـآء
d. i. von einem „Buch von der Heirath"[1]) kennen. Von diesem
Autor, der zugleich ein eifriger Missionär für die manichäische
Religion gewesen sei, theilt Bîrûnî[2]) also mit, dass er in seinem
Buche den Bekennern der drei im Koran geduldeten Religionen
unter anderen Dingen auch daraus einen Vorwurf mache, dass
sie nur Eine bestimmte Gebetsrichtung mit Ausschluss anderer duldeten; und weiter deute er an, dass der zu Gott Betende das Festhalten zu einer bestimmten Ķiblah überhaupt ent-
behren kann — obwohl sonst, wie Bîrûnî vorher ausdrücklich
gesagt hat, die Manichäer insgemein den Nordpol als Ķiblah

---

[1]) Wohl mit verwerfenden Betrachtungen über die fleischliche Vermischung und dgl.

[2]) ونَكنّى وجدتُ صاحب كتاب البآء وهو من جُمْلتِكم (sc. المنانيّة)
والدُّعَاة البهم يَعيبُ اهل الأَدِين الثلثة بالتوجّه الى سَمْت دون آخر
فى جملة ما يكثـر عليهم وكـانّـهُ يُشيرُ الى استغنآء المصلّى للـه عن
توجّه الى قبلة.

haben. Dies war also eine Art Freigeist im späteren, universell
gestalteten Manichäismus.

k. Die altmanichäischen Gebetsformeln.

Unsere Mittheilungen über die Reste der altmanichäischen
Literatur haben noch eine Art von Fragmenten nicht zu übersehen, nämlich die erhaltenen Stücke des altmanichäischen
Gebetbuches. Im Fihrist des anNadîm sind uns S. 333
Z. 14 ff. gelegentlich der Aufschlüsse über das Gebet bei den
Manichäern mehrere längere Gebetsformeln in extenso erhalten, die als Originaltexte aus der manichäischen Anfangszeit
einen unschätzbaren Werth behaupten. Sind sie ja theils von
Mani selbst theils wenigstens aus dem „apostolischen Zeitalter"
der manichäischen Kirche. Letztere besass wohl schon früher
ein ܟ݁ܬ݁ܒ݁ܐ ܕܨ݁ܠܘ݁ܬ݁ܐ, „Buch der Gebete", eine Art Tefillah, wie
bei den Juden, von welchem das Βίβλος εὐχῶν der Griechen
eine Uebersetzung sein wird.

Diese alten Gebetsformeln haben für die Manireligion etwa
dieselbe Bedeutung als Urdocumente wie die Yaśt's genannten
Hymnen[1]) (auf Mithra, ('raosha u. s. w.) im Ritual der Parsen
für die altpersische Religion. Leider sind es nur wenige Stücke.
Wir geben sie hier zunächst in Uebersetzung[2]) mit einigen Erläuterungen.

Der betreffende Abschnitt des Fihrist (333, 12 bis 334, 2)
führt die Aufschrift:

Das Gebot der vier oder sieben Gebete, فرض صلوات
اربع او سبع. Vorher waren nämlich die zehn Gebote aufgezählt, welche alle Manichäer, auch die Zuhörer, zu erfüllen
haben; es waren neun Verbote (Unterlassung der Götzenanbe-
tung, der Lüge, des Geizes u. s. w.), denen als zehnte Verpflich-
tung das regelmässige tägliche Gebet sich anschliesst. Ueber

---

[1]) S. deren Uebersetzung in Bd. III von Spiegel's Uebersetzung des
Avesta. Leipzig 1863.

[2]) Eine solche steht bei Flügel, Mani S. 96, sowie auch in Spiegel's
Eranischer Alterthumkunde Bd. III (1878) S. 714 ff.

die Art des manichäischen Gebetes war man, ehe die Mittheilungen des Fihrist vorlagen, völlig im Unklaren. Denn selbst
Augustin, der doch sonst in seinen Bestreitungsschriften gegen
die Manichäer auch aus manichäischen Schriften gelegentlich
Manches im Wortlaute der Originale mittheilt, wie den hymnischen Anfang der Epistola fundamenti, überliefert über manichäische Art zu beten nichts, obwohl er doch selbst neun Jahre
lang manichäische Gebete als „Zuhörer" mitgesprochen hat.
Man könnte zur Erklärung dieser Thatsache auf die Vermuthung
kommen, dass manichäische Gebetsformeln, wie die jetzt vorzu-
legenden, wegen ihrer Andeutungen dogmatischer Geheimnisse
nur für die „Auserwählten" bestimmt waren. — Nun wussten
wir bereits durch Sahrastânî, dass es vier solenne Gebete bei
den Manichäern gibt, die sich auf die Tageszeit wie die Nacht-
zeit vertheilen [1]). Diese Angabe bestätigt der Verfasser des Fihrist
von vornherein, aber mit der überraschenden erweiternden Bemerkung „das Gebot der vier oder sieben Gebete". Wie steht
es mit dieser Differenz? Die nähere Mittheilung gibt dann den
Wortlaut von sechs Formeln, welche der Betende bei eben so
vielen Niederwerfungen auszusprechen hat, und knüpft daran die
Bemerkung, dass es so weitere Formeln gebe bis zur zwölften
Niederwerfung, dass aber der Betende nach Vollendung der
zehn Gebete (d. i. der einzelnen Gebetssprüche von der Art
der mitgetheilten) mit einem anderen (wieder in solche Unter-
abtheilungen zerfallenden, grösseren) Gebete beginnt mit Lobpreisungen, die zu erwähnen nicht nöthig sei [2]). Also für die
zehn ersten Niederwerfungen wird Eine Liturgie. für die zwei
letzten eine (kürzere) zweite verwandt. Hierauf folgt die genauere Angabe der Gebetszeiten, aber hier ist nur von vier
Zeiten (Mittags u. s. w.) die Rede. Daraus folgt also, dass jedenfalls nur vier eigentliche Gebetsliturgieen, in eine Anzahl von Gebetsformeln zerfallend, für vier Haupt-Gebets-

---

[1]) الصلوات الاربع فى اليوم والليلة , „die vier Gebete am Tage und
in der Nacht".

[2]) فاذا فرغ من الصلوات العشر ابتدأ فى صلوة اخرى ولهم فيها
تسبيح لا حاجة بنا الى ذكره.

zeiten existirten. Die drei anderen von den sieben Gebeten des
Fihrist erklärt man wohl am einfachsten als Zwischengebete
besonders Beteifriger zwischen den vier Hauptzeiten, 1) zwischen 1 und 2; 2) zwischen 2 und 3; 3) zwischen 3 und 4,
welche wohl ein abgekürztes Ritual befolgten. Sie innezuhalten
war in das Belieben gestellt, daher wohl die Anwendung des
„oder" in den behandelten Worten des Fihrist. —

Das erste der täglichen Gebete also wurde gehalten, „wenn
die Sonne Mittags ihren Höhepunkt verlässt" (arabisch
عند الزوال, Fihrist 333, 26). Hieraus folgert Spiegel, Eranische
Alterthumskunde III 715, mit Recht, dass die Manichäer die
Zählung der Tageszeiten, abweichend von den Mazdajasnas, mit
dem Mittage begannen, indem sie das Gebet zur Zeit des
Sonnenaufganges wegliessen. Die Liturgie zerfällt in zwölf Ein-
zelanrufungen, heisst aber als Ganzes nach 333, 28 صلوة البشير
d. i. Gebet des Heilsverkündigers [1]. Dieser „Heilsverkündiger", syrisch wohl مَحصَرَنُا (im Neuen Testament der Evan-
gelist), ist wohl kein Aeon, etwa der Urmensch, oder Engel,
etwa der den Adam belehrende „Jesus", sondern Mani selbst.
Das Wort ist die Erklärung von dessen Titel „Paraclet", und
zwar heisst das Gebet so, weil die erste Anrufung sich eben an
Mani selbst richtet.

Vor dem Beginne des Gebetes soll der Manichäer nach
333, 14 „aufrecht stehen und sich mit fliessendem Wasser oder
mit etwas Anderem (zum Ersatze, etwa Sand) waschen, dann
nach dem Grossen Lichte [als Ḳiblah, Gebetsrichtung bestimmen-
dem Punkte] aufrecht stehend sich hinwenden, hierauf sich nie-
derwerfen und in niedergeworfener Stellung (die nun folgenden
Formeln) sprechen". Zu dieser authentischen Vorschrift ist die
ähnliche zu vergleichen, welche in einem so naheverwandten
Gottesdienste, dem der Harranier, gilt. Im Verlaufe der Mittheilung der an die Planetengottheiten zu richtenden Gebete
(Dozy und de Goeje in Actes du Congrès des Orientalistes à
Leide vol. II S. 318 Z. 3 und 4 oben) wird die Mahnung einge-

---

[1] الصلوة الاولى وهى صلوة البشير.

schoben: „wisse aber, dass Reue und Demüthigung und das
Reiben der Stirn an der Erde in niedergeworfener Stellung die
Erhörung förderlich beschleunigt" واعلم ان الانـبـة والتخشوع

وتـمـريــغ الـجبين فى الارض ممّـ يُعين على سُرعة الاجـبـة. Die
Worte unserer Gebetsanweisung sehen offenbar authentisch-mani-
chäisch aus; sie sind wohl aus den einleitenden Worten des
Gebetbuches entlehnt. — Das „Grosse Licht", eigentlich „der
Grösste Leuchtende", arabisch النيّر الاعظم, ist die Sonne, nach
der er sich bei Tage zu wenden hat; bei Nacht ist es der Mond.
Sind aber beide Himmelskörper unsichtbar, dann wandte sich
nach alBîrûnî 331, 19 der betende Manichäer dem Nordpole
(قطـب الـشمـل) zu als „der Mitte der Wölbung des Himmels
und dem höchsten Punkte an demselben"[1]). Der Inhalt der
nun folgenden Gebete ergibt an sich schon, ebenso der Zusammenhang des ganzen Systems, dass hier nicht von einer Anbetung von Sonne und Mond an sich die Rede ist, sondern der
Manichäer will nur in ihnen als den sichtbaren Hauptrepräsen-
tanten und Sitzen der erlösenden Lichtweltkräfte diesen letzteren
seine Verehrung bezeugen, ebenso dem Norden als dem Sitze
des Lichtkönigs. So zubereitet hebt er nun mit folgenden Ge-
betsprüchen an:

I.

1. Gesegnet sei unser Führer, der Paraklet, der
   Gesandte des Lichtes,
2. Und gesegnet seien seine (sc. des Lichtes) Engel,
   die Hütenden,
3. Und gepriesen seine Heerschaaren, die Leuchtenden.

Diesen Spruch thut er, während er gebeugt ist. „Hierauf
aber soll er sich von der Erde erheben, und nicht mehr in seiner
Beugung verharren, sondern sich aufrecht hinstellen."

---

[1]) واظنّ انّ المنـدنيّة يتوجهون الى هذا القطب لانّه عندهم
وَسَطْ قُبّة السمآء وارفع موضع فيها.

Auch diese Zwischenbemerkung in ihrer rituell-feierlichen und breit-förmlichen Haltung wird ein Originalsatz sein.

Die Formeln haben in ihrem Bau offenbar den parallelismus membrorum („Sinnesrhythmus") der hebräischen und altbabylonischen Poesie; wir übersetzen daher auch in der entsprechenden Abtheilung der Worte. Wir haben hier also auch bezüglich des äusseren Versbaues an die altbabylonischen Vorbilder Anlehnung; über letztere cf. die Specimina bei Schrader, Höllenf. der Istar S. 71 ff. J. Meinhold, Buch Daniel (1884) S. 63. Das Original ist natürlich wieder aramäisch. — Mani heisst „Unser Führer", syrisch مَرْضَنْ, und dann sofort „der Paraklet". Diese alte Formel zeigt also, zusammen mit der oben interpretirten Stelle des alten Buches Mani's, des Shâhpûragân, dass dieser Titel des Mani als sein höchster Ehrentitel angesehen wurde, und zugleich, dass er innerhalb des Systemes selbst uralt ist, wohl so alt als die Predigt des Mani (seit 20. März 242 nach Chr.) überhaupt. — „Gesandter" des Lichtes heisst Mani als der letzte und höchste in der langen Reihe der „Boten Gottes", des Buddha, Zoroaster, Jesus, Paulus u. s. w. Die Bezeichnung der Engel[1]) der Weltordnung als der „Hütenden" war schon oben bei Erklärung von Τεῖχος (ܚܣܘܪ d. i. ܚܣܘܪ) in dem Turbo-Berichte der Acta Archelai erklärt. Verehrung wird also in der Eingangsformel des Gebetes dargebracht erstens dem Religionsstifter, als dem Urheber aller Heilserkenntniss überhaupt, zweitens den „Hütern", d. i. den Engeln, welche im Verborgenen, dem menschlichen Auge unsichtbar, die Weltordnung aufrecht erhalten, drittens den leuchtenden Heerschaaren, d. i. den Kräften des Lichtreiches, welche dem Auge

---

[1]) Seine Engel — dieses Suffix hat etwas durch die Kürze des Ausdruckes Befremdendes. Man wäre versucht, es auf „Führer", „Paraklet", zu beziehen, aber diesem, d. i. dem Mani, können doch auch wenn er vergöttert und angebetet wird, wie hier, nicht gut „Engel" und „Heerschaaren" beigelegt werden; und die Epitheta „Führer" und „Paraklet" auf den „Urmenschen" oder eine ihn vertretende Hypostase der Gottheit zu beziehen haben wir keine Berechtigung. Das Suffix geht also auf النُور, nicht auf رسول.

des Menschen sichtbar, in Sonne, Mond u. s. w. thronend, das Lichtreich vertreten. —

Bei der zweiten Niederwerfung spricht er:

II.

1. Gepriesen seiest du, o Leuchtender, Mani, unser Führer,
2. Du Wurzel der Erleuchtung und Zweig der Ehrbarkeit,
3. Du gewaltiger Baum, der da ganz und gar Heilung ist.

Das grundlegende aller lobenden Epitheta ist immer „leuchtend", d. i. dem Wesen nach dem Lichtreiche zugehörig, نَيِّر, syrisch نَهِّيرا. „Unser Führer" هدينا tritt hier an Stelle des „Paraclet" in der ersten Anrufung. Der zweite Vers bezeichnet, die Bilderrede von einem Baume zu Grunde legend, den Mani als die Wurzel des guten Baumes durch die von ihm gebrachte Erleuchtung [الضياء „Glanz", „Licht" für syrisch ܡܢܗܪܢܘܬܐ, was die „Erleuchtung" speciell in der übertragenen Bedeutung von „Belehrung, Unterricht" ist] und als die Entfaltung des Gewächses in Zweige (غصن) durch seine Ehrbarkeit des lichtgetreuen Wandels[1]) [im Syrischen ܢܟܦܘܬܐ]. — Das Bild vom „Baume", der durch seine Früchte „ganz Heilung ist", ist in der hymnischen Poesie des nichtchristlichen Mesopotamien überhaupt beliebt, und es zeigt sich hier auch bis ins Einzelne die Anlehnung der Lehre Mani's an die älteren Religionsformen seines Heimathlandes. Zunächst vergleiche ich eine Probe aus den Hymnen der Mandäer, dieser Genossenschaft, mit deren Vorfahren, den Mughtasilah, Mani ja nach dem ausdrücklichen Zeugnisse des Fihrist so enge Beziehungen hatte. Der folgende Hymnus ist die Uebersetzung eines Stückes aus dem Ko-

---

[1]) Zu beachten im Arabischen der gewiss beabsichtigte Reimanklang zwischen ضياء und حياء; dasselbe in den unten herbeizuziehenden arabischen Uebersetzungen der harranischen Götterhymnen.

lastà genannten heiligen Buche der Mandäer[1]), oder vielmehr der erste Versuch einer Uebersetzung, macht also in besonderem Masse Anspruch auf Nachsicht; indessen sind die im Drucke hervorgehobenen, direct hierher gehörigen Stellen gewiss zuverlässig, die zweifelhaften sind durch Fragezeichen bemerklich gemacht.

„Erhebung der Augen (in die Höhe)[2]), Enthüllung der Gesichter nach dem Orte, der ganz Pforten des Glanzes ist und des Lichtes und der Herrlichkeit, des Ruhmes und der Schönheit, der Pracht und Herrlichkeit, und dem Kreise, der ganz Strahlen ist — bete ich an, bin ich lobpreisend und lobpreise ich das Leben, das grosse, wunderbare, und das zweite Leben und das dritte Leben und den Iûfîn Iûfafîn, und (20) den Sàm, den .wohlbewahrten (befestigten) Geist und den Weinstock[3]), der ganz Leben ist, und den grossen Baum, der ganz Heilung ist, ihn bete ich an in Lobpreisung. Ich lobpreise den ehrwürdigen (יאקרא) und wohlbewahrten Ort und die verborgenen und beschirmten (נטיריא)[4]) Geister und den Herrn der Herrschaft aus dem verborgenen Orte und aus dem Orte der Verborgenen, die nothwendige Eucharistie (?)[5]), Wahrheit und Glaube (האימאנותא)[6]) bete ich an in Lobpreisung, und ich lob-

---

[1]) Qolastu oder Gesänge und Lehren von der Taufe und dem Ausgange der Seele. Mandäischer Text — autographirt und herausgegeben von Dr. Julius Euting. Stuttgart 1867.

[2]) Kolastà ed. Euting p. 5a nr. IX; Anfang des Textes in hebräischer Umschrift:

מישקאל איניא ארומיא
ניליא פארצופיא לאתרא
דיכולא תיריא די זיוא
ונהורא ועקארא האדרא
ושופרא ושאיא ועקארא
ולדאורא דיכולא פאסימכיא
סאנידנא שאהאבאנא ומשאבאנא
להייא רורביא etc.

[3]) Diesen speciell meint wohl auch die manichäische Formel.

[4]) Cf. die نَاطُورَا „Hüter" des Mani.

[5]) פיהתא; so heisst sonst das Sacrament bei den Mandäorn.

[6]) الايمان „Glaube" ist auch manichäischer Ausdruck. Der „Glaube"

preise den Sam Semir, den grossen (Ab-)Glanz des Ersten Lebens,
den Sohn des grossen anführenden Lebens, der da eilte (האש?)
und sich absonderte (?פראש דילא), aufsuchend (?באייא, von
בָעָא?) die Wasserwellen und sich niederlassend in der festen
Wohnung der Seelen, der von sich selbst (?) kam zu dem nachfolgenden Tage, als er herausgekommen war aus den Körpern,
über ihn sich freuend und sich herumbewegend (? כָרכוֹב ist talm.
Umkreis; syrisch ܡܒ pflügen), und die da in die Höhe steigen
hierher (?האוילא) in den äusseren Luftraum (איאר) und die feste
Sphäre — bete ich an in Lobpreisungen und lobpreise ich —
die reinen (?סאגייא) Strahlen und die mächtigen starken Lichter
(30) bete ich an — den Ferjavis, den grossen Jordan des ersten
Lebens, der ganz Heilung ist[1]) — den Iûsamin, den reinen,
der da wohnt bei den Behältern (??עוצריא) des Wassers und an
den grossen Quellen des Lichtes — bete ich an" u. s. w. So
oder ähnlich beteten wohl schon die Mughtasilah und einst Mani
selbst mit. Was hier von den niederen wohlthätigen Emanationen des Lichtgottes (des „Ersten Lebens") prädicirt wird,
haben die Manichäer auf ihren Lichtboten, den Mani selbst,
übertragen. Doch berühren sich mit den Ausdrücken auch die
folgenden directen Anrufungen der Lichtgötter selbst bei den
Manichäern. —

Noch wichtiger aber und interessanter, als diese Uebereinstimmungen mit mandäischen Ausdrücken, ist die gleiche
Thatsache in Beziehung auf altbabylonische Götterhymnen.
Dies gilt schon für die folgenden Anrufungen mit. Die Prädicate
des Lichtkönigs und des Urmenschen, die also zum Theil auf
Mani selbst als deren jüngste und wichtigste Erscheinungsform
übertragen werden, haben die grösste Aehnlichkeit mit altbabylonischen Sätzen. Es sind namentlich Prädicate des Marduk
(Merodach), des göttlichen Mittlers im altbabylonischen Götter-
systeme, des Sonnengottes Samas und des Mondgottes Sin (assyrisch Nannaru „der Leuchtende" resp. „Erleuchter"), wie sie die

an die vier Grossherrlichkeiten ist das erste der „Gebote" Mani's. Fihrist
333, 6.

[1]) Wieder dieser solenne, beliebte Ausdruck!

Keilschrifthymnen aufweisen. Insbesondere ist hervorzuheben, dass es in Bitthymnen an Marduk und seinen Vater Ea ausserordentlich häufig heisst, sie möchten durch ihr tiefes Wissen und ihre „Vorschriften" „Heilung" bewirken, — ganz wie hier bei den Manichäern (und dort bei den Mandäern) von Mani preisend gesagt wird, dass er „ganz Heilung" sei. — Wir folgen den Uebersetzungen von Franç. Lenormant (Die Geheimwissenschaften Asiens, Jena 1878) und von Friedr. Delitzsch (Chaldäische Genesis von George Smith, übersetzt von Herm. Delitzsch, mit Erläuterungen von Friedr. Delitzsch, Leipzig 1876).

Ein von Friedr. Delitzsch l. c. S. 281 ff. übersetzter, wohl erhaltener Hymnus an den Mondgott Sin beginnt mit den Worten:

1. O Herr, Führer[1]) der Götter, welcher im Himmel und auf Erden allein erhaben,
2. Vater Erleuchter (Nannar)[2]), Herr der himmlischen Heerschaaren, Führer der Götter,
3. Vater Nannar, Herr, grosser Gott, Führer der Götter.....

und so die Anrede „Vater Nannar" zu Anfang der folgenden Verse acht Mal wiederholt.

7. Vater N., Herr der Krone, Schöpfer, Führer der Götter,
11. Zweig(?)[3]), der von selbst gewachsen ....
12. Barmherziger, Erzeuger von Allem, der bei den lebenden Wesen eine hellglänzende Wohnung aufrichtet ....

An den Sonnengott Samas (l. c. S. 284):

1. O Herr, Erleuchter der Finsterniss, der du öffnest das finstere Antlitz ....
3. Nach deinem Licht schauen aus die grossen Götter ....
5. Die Sprache des Lobpreises(?) wie Ein Wort regierest du ....
8. Du bist der Lichtträger des fernen Himmelsraums ....

---

[1]) Wie oben von Mani „unser Führer".
[2]) Wohl assimilirt für narnär, Pilpelbildung von נור = נרר.
[3]) Von Delitzsch mit ? versehen; wenn richtig, also wie oben غُصَن.

Es sei hier auch die Thatsache erwähnt, dass der Held des altbabylonischen Epos, Izdubar, ursprünglich nicht als Götterwesen, sondern als ein heroischer Mensch[1]) gedacht, später vergöttert wurde; nach G. Smith l. c. S. 145 existirt eine Tafel mit Gebeten an ihn wie an einen Gott, also wie hier mit Mani.

In einem Zauberspruche (W. A. I. IV, 3, Col. 2 Z. 3—26, übersetzt von Lenormant l. c. S. 43) gegen Kopfübel, der dem Gotte Ea in den Mund gelegt ist, wird nach Anweisung der Verhaltungsmassregeln mit den Worten geschlossen:

Dass des Ea Vorschrift ihn heile!

Dass Damkina ihn heile!

Dass Silik-mulu-khi, des Oceans Erstgeborner, dem Bilde die heilsame Kraft verleihe!

So sieht auch der Manichäer den Zustand der Welt als eine schwere Erkrankung durch ein eingefressenes Uebel, die Stoffe der Finsterniss, an, und betrachtet also die religiöse Aufklärung als Heilung, wie die altbabylonischen Zaubersprüche.

In einem Hymnus auf den akkadischen Göttermittler Silik-mulu-khi, der später von den Babyloniern mit dem Marduk von Babylon identificirt wird, heisst es (Lenormant l. c. S. 198 ff.):

Erstgeborner des Ea, der du zurückleitest (in ihre Ordnung) Himmel und Erde,

— — —

Lenker des Himmels und der Erde,
Schöpfer, der du die Todten zum Leben erweckst,
Himmel und Erde ist dein!

— — —

Die Erzengel der himmlischen und irdischen Heerschaaren[2]), so viele ihrer sind (sc. sind dein)....

— — —

Du bist die belebende Kraft,
Du bist der Erretter,
Der Barmherzige unter den Göttern, der die Todten zum Leben erweckt.

— — —

---

[1]) Verkörperung der chaldäischen Besieger der erobernden Elamiten.

[2]) Oben الملائكة die „Engel" und جنود die „Heerschaaren".

Der Kranke möge von seinem Siechthum befreit sein!
Heile die Pest, das Fieber, das Geschwür u. s. w.

Bei der dritten Niederwerfung spricht er:

III.

1. Ich falle nieder und preise
2. Mit reinem Herzen und wahrhaftiger Zunge
3. Den grossen Gott, den Vater der Lichter und ihren Urgrund[1]) (عنصرهم).
4. Gepriesen und gebenedeiet bist du und deine ganze Grossherrlichkeit,
5. Und deine Aeonen, die Gebenedeiten, welche du berufen hast.
6. Dich lobpreiset, wer da preiset deine Heer-schaaren,
7. Deine Reinen, Dein Wort, Deine Grossherrlich-keit, Dein Wohlgefallen,
8. Derweilen du bist der wahre Gott,
9. Der da ganz ist Wahrheit, Leben, Reinheit.

Wir fügen hier gleich die weiteren Formeln hinzu.
Bei der vierten Niederwerfung spricht er:

IV.

1. Ich lobpreise und bete an[2]) alle die Götter ins gesammt,
2. Und die Engel, die leuchtenden, insgesammt,
3. Und die Lichter insgesammt, und die Heer-schaaren insgesammt,
4. Die da waren von dem grossen Gotte.

Dann bei der fünften Niederwerfung spricht er:

V.

1. Ich bete an und lobpreise
2. Die Heerschaaren, die grossen,

---

[1]) Flügel's Ausdruck „Element" finde ich unpassend; für den Plural
عناصر (oft in der manichäischen Kosmogonie) ist „Elemente" die richtige
Version, im Singular nicht.

[2]) Cf. die stehenden Eingangsworte der Awesta-Hymnen nivaêdhayâmî
hañkârayêmi „ich lobpreise und verkündige".

3. Und die Götter, die leuchtenden,
4. Welche durch ihre Weisheit
5. Vorrückten und die Finsterniss austrieben,
6. sie bewältigten.

Bei der sechsten Niederwerfung sagt er:

VI.

1. Ich bete an und lobpreise
2. Den Vater der Grossherrlichkeit,
3. Den grossen und den erleuchtenden,
4. Der da kam von den beiden Wissenschaften.

Leider verzichtet von hier an der Verfasser des Fihrist auf die wörtliche Mittheilung der weiteren Gebetsformeln mit den abschliessenden Worten „und so fort bis zur zwölften Niederwerfung" [1]).

Das Gebet III richtet sich nun also, nachdem die einleitenden Anrufungen dem Boten des wahren Gottes gegolten haben, an den wahren Gott selbst. Er heisst der „grosse Gott", wie in der Kosmogonie 329, 4 العظيم الاول وهو الاله „der erste Grosse, und das ist Gott". Zeile 3 „Vater der Lichter", wie in der Kosmogonie der wichtigste der dem bedrängten Urmenschen helfenden Lichtgötter „Freund der Lichter" حبيب الانوار 329, 28 heisst. „Urgrund", in der arabischen Uebersetzung عنصر, heisst der Lichtgott, wie Βυθός in der griechischen Terminologie der Gnostiker, dem es entspricht. Der manichäische Gott ist, wie der gnostische, der altbabylonische Ea, der „in der Tiefe des Weltmeeres", assyrisch ina libbi tihamti, s. z. B. Smith-Delitzsch l. c. S. 101 col. II Z. 24 (Legende von den 7 bösen Geistern) thront, wie wir später in Th. 2 dieses Werkes näher sehen werden.

Z. 4. „Deine ganze Grossherrlichkeit", das manichäische Pleroma, ist die Vereinigung der fünf geistigen und der fünf sinnlichen Glieder des Lichtgottes, welche hin und wieder polytheistisch als „Lichtgötter", auch als „Engel" bezeichnet sind.

5. „Deine Aeonen", das sind vor allem der Lichtäther und die Lichterde, die als Αἰῶνες arabisch 'alamûna wie geistige

---

[1]) وعلى هذا الى السجدة الثانية عشرة.

Wesen gedacht werden, nicht als Weltkörper. Doch zerfällt jeder dieser beiden Aeonen wieder in fünf „Welten“, âlamûna 329, 6ff., die Lichterde sowohl wie der Lichtäther; letzterer in die „Welten“ der Einsicht, des Wissens, des Geheimnisses, des Verstandes und der Sanftmuth 329, 17. 18. „Berufen“ — wohl zum gemeinsamen Kampfe gegen die andringende Finsterniss im vorweltlichen Götterkampfe, auf welchen überhaupt die Ausdrücke auch der folgenden Liturgieen zu beziehen sind.

Die Begriffe in 7 sind alle als Aeonen zu fassen, auch das „Wohlgefallen“; das oberste der geistigen Glieder ist الحلم, die „Sanftmuth“. 9. Wahrheit, Leben, Reinheit sind die höchsten göttlichen Eigenschaften bei allen Gnostikern. Die Mandäer nennen die obersten Aeonen geradezu „das Erste, Zweite, Dritte Leben“, wie die Valentinianer eine Ζωή haben. Die gemeinsame Basis ist die jung-chaldäische Theologie. Es sei nicht übersehen, dass schon im altbabylonischen Hymnus auf Sîn Smith-Delitzsch S. 283 Revers Z. 3 zu lesen ist: „Dein Befehl lässt im Schwange gehen Wahrheit und Recht, beschwöret die Menschen mit Wahrheit“.

IV.

Die Berufung wendet sich jetzt (IV und V) den Einzelgestalten des himmlischen Pleromas zu, um dann schliesslich in die Anbetung des wichtigsten unter ihnen, des „Urmenschen“, einzumünden. IV, 1. „alle die heiligen Götter insgesammt“, womit synonym, aber wohl niedere Rangstufen bezeichnend, dann in den folgenden Zeilen wechselt: „die Engel, die Lichter, die Heerschaaren“. Dieser authentische, unzweideutige, altmanichäische Ausdruck „Götter“ schlichtet allen Streit über die Anwendung dieses Ausdrucks des Polytheismus in der Religion des Mani, wie ihn die spitzfindig-rechthaberischen Manichäer in Afrika zur Zeit Augustins erhoben, und bekundet mit Ausschluss allen Zweifels den wesentlichen Grundcharakter der ursprünglichen Mani-Religion, das ist den der babylonisch-semitischen Naturreligion, mit einem sehr ausgebildeten, nur philosophische Namen an Stelle der volksmässigen setzenden Polytheismus. Von „anderen Göttern“ [1]), neben dem Lichtkönig und

---

[1]) واتـبـعـه ملك جنان النور بآلهة أُخَر „es folgte ihm (dem Ur-

dem „Urmenschen" redet ja auch ausdrücklich die manichäische Kosmogonie und die Eschatologie. 4. „Die da waren von dem grossen Gott" nämlich beim grossen Vorweltkampfe, wo sie dem Urmenschen in seiner Bedrängniss durch die Satansmächte zu Hilfe eilten und ihm den Sieg verschafften.

V.

Auf den Primordialkampf geht speciell diese fünfte Anrufung. Statt تطعنوا möchte ich wie 329, 30[1]) طعنوا „sie rückten vor" lesen. Ich verstehe die Perfecta von einem Geschehniss der Vergangenheit, nämlich dem Austreiben der eingedrungenen Finsterniss vor Anfang der Welt, nicht von dem fortgehenden Befördern des Austreibungsprocesses der Finsterniss in dieser geschaffenen Welt, was natürlich implicite mit darin liegt. Dafür spricht das „und sie bewältigten", وقمعوه, was entschieden einen abgeschlossenen Vorgang bezeichnet, und dann weiter in

VI.

der Verherrlichung des „Urmenschen", des „Vaters der Grossherrlichkeit", der Schlusssatz 4: „der da kam von den beiden Wissenschaften", d. i. der aus dem doppelten Geisteswesen des Lichtstoffes, den fünf mehr körperlichen und den fünf mehr geistigen Elementen desselben mit ihren Kräften, die Bildung und Zusammensetzung seiner Lichtpersönlichkeit empfing (329, 19. 20) und dann ausrückte, was nur von einem Abgesandten des Lichtkönigs gesagt werden kann. Jedenfalls geht diese letzte Anrufung nicht mehr an den Lichtkönig selbst, der ja bereits angerufen ist, sondern an den Urmenschen, diese wichtigste Gestalt des ganzen Systems, deren Hervorhebung in der Reihe der Anrufungen und zwar gegen Anfang zu man bestimmt erwarten muss. —

menschen) der König der Lichtparadiese mit anderen Göttern" 329, 27. Der „Urmensch" schickt einen „leuchtenden Gott" dem abgeschiedenen Wahrhaftigen entgegen 336, 10: ibid. 24 „jene Götter" erscheinen u. s. w.

[1]) طعنا الى الحد sie rückten (vor) an die Grenze (der beiden Reiche), wo der Kampf wüthete.

Es steckt in diesen urmanichäischen Gebetsformeln ein gut
Theil der ursprünglichen Dogmatik der Manireligion in authen-
tischer Bezeugung. —

Im Interesse der allgemeinen Illustration dieser babylonischen Anrufungen durch etwas Aehnliches wie im Interesse
der weiteren Belegung der Einzelausdrücke schliesse ich hier ein
ausführliches Gebet der Harranier an, dieser den babylonischen
Manichäern so nahe verwandten nordmesopotamischen Religiosen.
Es ist ihr „grosses Gebet" [1]), der feierliche, ausführliche Bitt-
hymnus an den Planeten Jupiter, arabisch المشتري, also die
Planetengottheit, mit welcher im späteren chaldäischen Systeme
Marduk, der Sohn des obersten Gottes Ea, zusammenfällt. eben
diejenige Gestalt, welche dem Mani ohne Zweifel als Original
seines „Urmenschen" gedient hat. Die Gebete sind gleichfalls.
wie die manichäischen, im Originale aramäisch (syrisch), wie
dieses ja überhaupt bei der verlorenen religiösen Literatur der
Harranier aramäisch war. Jetzt liegen sie uns nur in arabischer
Uebersetzung vor. und zwar in der bei den Arabern so beliebten Form der gereimten Prosa; erhalten in den wichtigen, auf
die harranische Religion bezüglichen Stücken, die R. Dozy in
den Schriften des (Pseudo-) Ibn Maslama von Madrid gefunden
und nach Dozy's Tode de Goeje mit Uebersetzung herausgegeben hat. Cf. Actes du sixième congrès international des
Orientalistes tenu en 1883 à Leide. Deux. partie. section 1. sémi-
tique. Leide 1885, S. 281—366: Nouveaux documents pour
l'étude de la religion des Harraniens, mémoire posthume
de M. Dozy, achevé par M. J. De Goeje.

In der einleitenden allgemeinen Anweisung, zu den Stern-
gottheiten zu beten, heisst es (p. 300): „wenn du zu einem Sterne
deine Zuflucht nehmen und ihn um ein Anliegen angehen willst,
so mache dich zunächst mit der Furcht vor Gott dem Erhabenen [2])

---

[1]) الكلام الاكبر عندهم.

[2]) Monotheistisch steht in diesen harranischen Religionsdocumenten
Ein Gott, „Gott" schlechthin. über den Sondergöttern, aber es ist nicht zu
zweifeln, dass hier, ebenso wie in dem Jungchaldäismus (z. B. den soge-

vertraut, reinige dein Herz[1]) von schlechten Absichten und
deine Kleider vom Schmutze, läutere und kläre dein Gemüth und lege die heiligen Kleider des Sternes an, räuchere
mit seinem Räucherwerke u. s. w.

Dann beginnt also das „Grosse Gebet" des Mustarî
S. 313 ff. so:

„Die grosse Gebetsrede bei ihnen, welche alle seine [des
Planetengottes, dessen „Engel" merkwürdigerweise mit dem Namen Rafâêl oder Rûfâêl[2]) benannt wird] Thaten, Werke und
Kräfte zusammenstellt, besteht darin, dass man spricht, indem man sich nach ihm hinwendet[3]):

1. „Heil über dich, o Stern, du glückbringender, von edler
Natur, von herrlicher Macht und erhabener Gesinnung, der ge-
benedeite Herr[4]) — der kundige, zuverlässig in der Freund-
schaft, scharfsinnig im Gericht, theilhaftig der Wahrheit und
der Gewissheit, des klarheitbringenden Glückes, der Sicherheit
und der Rechtsübung[5]) — — der weise, schöne, leuchtende,
reine[6]) — der erhaben denkende — der reine[7]) und unbe-

nannten Oracula Zoroastri) dieser Monotheismus auf Einflüsse der späteren
griechischen Philosophie, besonders des Neuplatonismus, auf den semitischen
Polytheismus zurückzuführen ist, derselbe also nur ein esoterisch-theore-
tischer der Priester ist, wie das für die Harranier schon de Goeje und
Nöldeke (Einleitung zum Abschnitte) erkannt haben.

[1]) Arabisch طَهِّرْ قَلْبَكَ, also ganz wie oben III, 2 „mit reinem
Herzen" بقلب طاهر.

[2]) l. c. S. 312, 7 ff. يا روفائيل الْمَلَك الموَكَّل بالمشتري السعيد
الكامل, „o Rufâêl, der Engel, der über den M. gesetzt ist, der glückliche, vollkommene" u. s. w., so wie auch Mâni „Engel" mit bestimmten
örtlichen Wirkungskreisen hat.

[3]) وتستقبل النيِّر أي. تقول مستقبلا له ganz wie im Fihrist 333, 14
الاعظم etc.

[4]) السيّد المبارك, wie bei Mani.

[5]) صحب الحقّ واليقين) والسعد المبين) والامنة والدين) —
mit den Reimendungen.

[6]) الطاهر النقي.   [7]) النبّار.

fleckte — theilhaftig der schönen Einsicht, fern von Schmutz und von hässlicher Rede — der Schirmherr der Verehrung und des Gehorsams gegen den Herrn der Creaturen[1]), und der Rechtsstiftung unter den Menschen durch gebührendes Walten, Reinheit und Gottesfurcht, der Schirmherr des schönen Lobpreises und der Schonung, des Schutzes, des Friedens, des Sieges, des Edelmuthes, des Gedeihens, des Ueberwältigens, der Herrschaft und der Macht, der Könige, der Edlen und der Grossen — der Freigebigkeit, der Förderung der Menschen zum Guten, der Liebe zur Civilisation und der bequemen Wohnungen[2]), der Menschenliebe, der Treue gegen den Vertrag und der Förderung der Zuverlässigkeit — — —

II. „Heil über dich, o Stern, den Helfer in der Barmherzigkeit und im Wohlthun, der betraut ist mit den Angelegenheiten der Creaturen[3]), der die Geister der Reinen beschützt[4]), der von den Schrecknissen[5]) Erleichterung verleiht und zu Hilfe kommt in den Schlundabgründen der Meere den Versinkenden, die um Hilfe flehen" — „dass du uns und unseren Kindern und Verwandten von deinem Lichte spenden mögest und deinem Geiste, von deiner Glückseligkeit und deiner erhabenen Geistesart, die mit

---

[1]) لِرَبّ العالمين.

[2]) Wie der „Oannes" des Berosus, das altbabylonische Urbild der späteren gnostischen „Gottgesandten".

[3]) المتوكّل بأمور العالمين.

[4]) المُبَذّرق لارواح الطّهوِيين.

[5]) المُفرّج من الاهوال — auch Mani kennt اهوال der Abgeschiedenen. Es werden auch hier solche nach dem Tode gemeint sein, ebenso wie mit den folgenden „Meeresabgründen" المغيث فى لجم البحر) solche diesen ähnliche Schreckumgebungen, wie sie لغرقى المستغيثين) der Manichäer zweiten Grades, der سمع, nach dem Tode zu sehen glaubt Fihrist 335, 21. 22: „er gleicht ununterbrochen einem Menschen in der diesseitigen Welt, der im Schlafe Schreckgestalten sieht und in Schmutz und Koth versinkt" etc.

himmlischen Kräften verbunden ist[1]), dass du uns beschützen mögest und geleiten[2]), beschenken und für uns ver-
mittelnd eintreten bei unserem Schöpfer, dessen Name gebenedeiet sei, dass er uns befreie von der Herrschaft der
(sinnlichen) Natur und der Gewalt der Begierden, und
uns zu solchen mache, die durch die Einsicht neu geboren
werden und durch dieselbe an seine göttlichen Lichter
sich anschliessen[3]); beschenke uns mit reinen Seelen und
lauteren Einsichten, — bis dass unsere Geister wohlgestimmt
werden, und unsere Einsichten geneigt, hin zu dem Urquell
aller Quellen im Reiche des Ewigen der Ewigkeit[4])
[cf. oben III, 3 „Vater der Lichter und ihr Urgrund]; er
wende ab unsere Sinne vom Zufälligen, dem Vergänglichen.
und leite uns recht zum Aufsuchen des Unvergänglichen. bis
dass wir zu etwas Auserwähltem werden unter den Auserwählten, und uns befreien von der Genossenschaft der Entgegengesetzten und von dem Kampfe der Widerstreitenden[5]).
„Ich rufe dich an mit allen deinen Namen, auf Arabisch: o
Muštari, auf Persisch: o Birǵis, auf Römisch (d. i. Byzantinisch):
o Hurmuz[6]), auf Griechisch: o Zeus, genehmige mein Rufen.
höre meine Bitten und erfülle alle meine Bedürfnisse durch die
Vollmacht (im Namen)[7]) des Rûfâêl, des Engels, der mit deinen

[1]) وروحانيّتكَ الكريمة المتّصلة بـٰلقوى العلويّة.

[2]) وتكحـسنـا وتهديـنـا .خـٰدينـا cf. „unser Führer" bei Mani.

[3]) الى انوارهِ اللاهُوتيّة منعلّقين.

[4]) الى معدنِ المعادنِ فى ملكوت ازلىّ الازل.

[5]) من مُقارنة الاندادِ ومخـٰالفة الاضدادِ klingt ganz wie dualistisch,
geht auf den Streit zwischen Licht und Finsterniss, Gutem und Bösem,
Geist und Materie.

[6]) Der Name هُـرمُـز, abgekürzt aus أُرمُـزد, bei den späteren Persern
Name des Planeten Jupiter, ist hier auffallender Weise als dessen Name
bei den Oströmern (روم) genannt; vielleicht weil ein Ὁρομάζης auch bei
den Griechen vorkommt?

[7]) Arabisch بـحّـق روفـٰئيـل.

Geschäften betraut ist [1]) — im Namen des Herrn des „Hohen Baues" [2]); des Ersten der Ersten und des Ewigen der Ewigen." —

Der Schluss lautet: Täusche uns nicht durch verfänglich ähnliche Zeichen und durch wechselnde Gestalten [بِصُور مُخْتَلِفَة]‏ durch Vertauschung des Namens oder durch Veränderung des Zeichens — wasche ·ab von uns den Schmutz der Natur und lege uns in unsere Natur hinein das Beste des Diesseits und des Jenseits. Amen [3]).

---

[1]) Folgen einige magische Namen.

[2]) Ist auch ein Ausdruck der manichäischen Eschatologie, das jenseitige Paradies bedeutend Fihrist 336, 1, wo البنيان العظيم steht.

[3]) ‏(وتتجمع لنا بها [الطبيعة] خير الدنيا والآخرة) آمين‏.

IV. Die wichtigsten orientalischen Quellen zur Kenntniss der Religion des Mânî.

1. Efräm der Syrer[1]).

Dass der Manichäismus nicht im eigentlichen Sinne unter die christlichen Sekten zu rechnen, sondern als eine selbstständige Religionsbildung zu betrachten ist, hat schon F. C. Baur in seiner verdienstvollen Bearbeitung des „manichäischen Religionssystems" (Tüb. 1831. cf. p. V; 1 u. s. w.) klar erkannt.

Gleichwohl wird der Manichäismus stets seine Stelle in der christlichen Kirchen- und Dogmengeschichte behaupten, weil keine Lehre in dem Masse, wie die manichäische, dem Christenthum durch Eroberung weiter Gebiete und durch lange Zeit fortdauernde Nachwirkungen gefährlich geworden ist. Daher denn auch die Menge von scharfsinnigen Bestreitern aus der Mitte der Christen. Aber nur von wenigen sind uns die Bestreitungsschriften in ziemlicher Vollständigkeit erhalten wie von Titus von Bostra, Alexander von Lycopolis, besonders von Augustin (Bd. I und besonders VIII der Benediktinerausgabe), der Häresiologen (Epiphanius, Theodoret, Cyrill von Jerusalem) nicht zu gedenken. — Dazu kommt nun eine Reihe orientalischer Berichterstatter, die jedoch, wie der Perser Mirchônd bei Hyde, Veterum Persarum religionis historia ed. II 1760 p. 284 und bei de Sacy, Mémoires sur diverses antiquités de la Perse Paris 1797 p. 288 ff., ebenso Hamza von Ispahan (ed. Gottwaldt), Abulfidä in der Hist. anteisl. ed. Fleischer und Mas'ûdi (Les prairies d'or ed. Barbier de Meynard t. II p. 164. 167) fast

---

[1]) Betreffs der Citate: Die Zahlen von 437 ff. bis 560 beziehen sich auf die von Seite 437—560 reichenden Hymnen Efräm's wider die Häresien im 2. Bande der römischen Ausgabe, die von 59—73 auf den an dieser Stelle übersetzten Abschnitt aus der Overbeck'schen Sammlung.

nur die äusseren Lebensumstände Mâni's und seiner Anhänger
bieten. Nur der alexandrinische Patriarch Eutychius in seiner
arabisch geschriebenen Contextio gemmarum edit. Pococke,
Abulfaraǵ in der Hist. dynastiarum, Birûnî, Ja'ḳûbi und in erster
Linie Shahrastànî und anNadîm (im Fihrist) sind auch hinsichtlich der Lehre ausführlicher.

Ein orientalischer Zeuge über Mâni ist aber bis jetzt noch
nicht recht zu Worte gekommen, nämlich Efräm der Syrer. Im
zweiten Bande der römischen Ausgabe seiner Werke p. 437—560
liest man 56 polemische Hymnen wider die Irrlehren (ܢܕ݁ܪ݂ܝ݂ܳܐ

ܘܕ݁ܩ݁ܝ݂ܣ ܡ݁ܫ݂ܡ݂ܝ݂ܢܳܐ ܠܟ݁ܳܐ ܢܳܩ݁ܫ݂ܝ݂ܳܐ ܚ݁ܣ݂ܘ݂ܪ݁ܝ݂) in syrischem Texte
mit einer glatten, aber nicht immer zuverlässigen lateinischen
Uebersetzung von dem Jesuiten Petrus Benedictus. Der syrische
Kirchenvater kämpft hier hauptsächlich gegen drei Häretiker, die,
wenn auch alle drei dem Efräm nicht gleichzeitig, auch unter
sich nicht Zeitgenossen, in Efräm's Zeit und Vaterland in zahlreichen Schülern fortlebten und der Kirche Verderben drohten,

ܢܳܩ݁ܘ݂ܢ ܡܳܪ݂ܩ݂ܝ݂ܳܢ ܩ݁ܕ݂ܡܳܝ, Mâni, Marcion und Bardaiṣàn, die
so zusammengestellt oft wie ein widerwilliges Dreigespann die
treffenden Schläge von Efräm's Gelehrsamkeit und Scharfsinn
empfangen. Die Bedeutung dieser Hymnensammlung für die
Kenntniss der Lehre Marcion's ist bereits von Hahn in den
Schriften über das Evangelium und über die Antithesen Marcion's, die noch grössere, ja grundlegende für die Lehre des
Bardaiṣàn von demselben (Bardesanes gnosticus Syrorum primus
hymnologus 1819) und nach ihm von Merx (1863) und Hilgenfeld (1864) ins Licht gestellt worden. Auch was Mâni betrifft ist der Syrer schon gehört worden von V. v. Wegnern in
der Arbeit: „Manichaeorum indulgentiae" Lips. 1827 p. 69—76
und p. 164—193, doch beschränkt sich der dort gemachte Gebrauch abgesehen von einigen Verweisungen fast auf die Erläuterung des zweiten Hymnus und die Entwicklung der manichäischen Indulgenzenlehre auf Grund dieses Stückes. Die früheren Bearbeiter des Manichäismus, z. B. Beausobre, und so
noch Flügel, citiren den Efräm nur nach Assemani's Excerpten.

Eine genauere Zusammenstellung und Bearbeitung dessen,
was Efräm über Mâni sagt, ist aber gewiss gerechtfertigt. Efräm

ist ein sehr eifriger Ketzerbestreiter: sagt er doch selbst von sich in seinem sogenannten Testamente (ܕܝܐܬܝܩܝ ܕܡܪܝ ܐܦܪܝܡ) bei Overbeck, S. Efraemi Syri etc. opera selecta Oxon. 1865, p. 138 l. 16—20: ܠܐܢܫ ܒܚܝܝ ܨܚܝܬ ܠܐ ܝܘܡܢ. ܘܠܐ ܐܬܚܪܝܬ ܥܡ ܐܢܫ ܡܢ ܕܗܘܝܬ. ܥܡ ܟܦܘܪܐ ܕܝܢ ܟܠܫܥ. ܗܘܝܬ ܚܪܝܢܐ ܒܟܢܘܫܝܐ. ܝܕܥܝܢ ܐܢܬܘܢ ܓܝܪ ܕܟܠܒܐ ܕܚܙܐ ܠܕܐܒܐ ܕܥܐܠ ܠܓܙܪܐ. ܘܠܐ ܢܦܩ ܢܒܚ ܒܗ. ܫܚܩ ܡܪܐ ܥܢܐ ܠܗ. „nie habe ich einen Menschen bei meinen Lebzeiten geschmäht, nie gezankt mit einem Menschen, seit ich ward; aber mit den Ungläubigen habe ich zu jeder Stunde gehadert in den Versammlungen (conciones sacrae); denn ihr wisst, wenn der Hund den Wolf in die Herde einschleichen sieht und nicht herauskommt und ihn anbellt, so zermalmt ihn der Herr der Schafe.“ So hat er denn auch gegen alle Feinde der Kirche seiner Zeit im Felde gestanden: man vergleiche nur die Liste der von ihm Bestrittenen bei Overbeck l. c. p. 147 l. 8—11 ܐܪܝܢܘ ܘܐܢܘܡܝܢܘ[1]) ܩܬܪܝܢܘ ܘܐܘܦܝܛܐ ܡܪܩܝܘܢܝܐ: ܡܢܝܟܝܐ ܘܕܝܨܢܝܐ: ܩܘܩܝܐ ܐܦ ܦܘܠܝܢܝܐ: ܘܠܢܛܝܢܝܐ ܘܣܒܬܝܢܝܘ[2]): ܡܨܠܝܢܐ ܘܒܪܒܪܝܢܐ „Arianer und Eunomianer, Katharisten und Ophiten, Marcioniten und Manichäer, Daisaniten und Kukiten[3]), Paulinianer und Valentinianer, Sabathiker[4]) und Barborianer[5]). Seine Polemik ist scharf in ihren Ausdrücken, aber klar und treffend, wie alle seine Auseinandersetzungen, deren eine über die Lehre vom heiligen Geiste den Hieronymus noch in griechischer Uebersetzung so sehr ansprach (cf. Hieron. Catal. scriptt. eccless. bei Assem. I 56a „Legi eius (Efraemi sc.) de Spiritu Sancto graecum volumen, quod

[1]) So hergestelt statt des ܘܐܢܘܡܝܘ des Textes nach Assem. I, 145a.

[2]) Statt des unverständlichen ܘܣܛܠܝܢܘ nach Assem. hergestellt: Efr. Opp. II, 485 steht ܘܣܒܛܝܢܘܣ.

[3]) Ueber sie cf. Assem. B. O. I, 121a und b.

[4]) Assem. l. c. p. 120b, 121a. Efr. Opp. II, 485 B.

[5]) Ob = Barbeloniten, der bekannten ophitischen Sekte? — Ueber die ganze Stelle ist eine ähnliche Aufzählung Opp. II, 485 zu vergleichen.

quidam de Syriaca lingua verterat, et acumen sublimis ingenii etiam in translatione cognovi".

Bei Bestreitung der Ketzer verfährt er nun zwar nicht so wie Epiphanius, dass er eine vollständige Darstellung der Irrlehre voranstellte und dann seine Angriffe gegen einzelne Theile eröffnete, sondern die Bekanntschaft mit den Doctrinen selbst, die zu seiner Zeit das ganze kirchliche Leben bewegten, voraussetzend führt er die Leser sogleich mit seiner Bestreitung in mediam rem ein und nöthigt uns, wenn wir ihn als Quelle für die Kenntniss der Lehre selbst benutzen wollen, die einzelnen disiecta membra derselben aus seiner Ausführung herauszusuchen.

Indess geben schon die Hymnen in der römischen Ausgabe eine nicht geringe Ausbeute wichtiger Angaben. Einzelne Dogmen, z. B. über das Verhältniss von Leib und Seele, finden auch aus Stellen der von Bickell 1866 herausgegebenen carmina Nisibena Beleuchtung. Aber alle diese Reden Efräm's sind gegen mehrere Ketzer zugleich, meist gegen Marcion, Bardaiṣân und Mâni zusammen, gerichtet. Dagegen liegt uns jetzt ein längeres zusammenhängendes Stück über Mâni allein in der Overbeck'schen Sammlung p. 59—73 im syrischen Texte vor, das zusammengenommen mit den sonst an den angegebenen Stellen zerstreuten Notizen uns ein ziemlich vollständiges Bild der Lehre Mâni's aus Efräm gewinnen lässt[1]).

Dies zu entwerfen sei nun jetzt unsere Aufgabe. Sie zu unternehmen dürfte angemessen sein: denn man kann sagen: was Augustin als Bestreiter des Manichäismus im Occidente ist, das ist Efräm im Oriente. Ja Efräm hat noch a priori zwei wichtige Vorzüge vor jenem. Zunächst die grössere Nähe in der Zeit. Zu seinen Lebzeiten waren seit dem Aufkommen des schon damals im vorderen Oriente sehr weit verbreiteten Mani-

---

[1]) Dass Efräm selbst, trotzdem die Ueberschrift „die Ophiten, Mâni, Marcion und Bardaiṣân" — cf. unten die Anm. 1 zum syrischen Texte — als die zu bekämpfenden nennt, in unserem Tractate nur Mâni im Auge hatte, zeigen seine Worte, mit denen er nach der Abschweifung über Bardaiṣân zurücklenkt: ܠܐ ܠܢ ܕܝܢ ܐܬܝܢ ܐܠܐ ܕܢܦܪܘܬ ܣܝܢܐ ܕ ܒܪܕܝܨܢ ܡܛܠ ܕܣܦܩ ܠܢ ܨܘܝܘܬܗ „doch sind wir nicht gekommen, den Koth des Bardaiṣân zu durchwühlen, denn es genügt uns der Unflath des Mâni".

chäismus erst etwa 100 Jahre verflossen, cf. Opp. II 497 D

ܡܨܠܐ ܡܢ ܕܐܪܝ ܕܐܢܬ ܗܘ ܡܠܢܐ. ܡܢ ܡܠܢܐ ܐܨܠܐ ܐܠܐ܀ ܕܐܬܢܝ ܐܢܘ. ܢܪܟܘܟܡܝܗܘܢ ܐܢܬܝܢ. ܘܡܢܢܐ ܕܨܚܨܐ ܘܣܥܪ "Da Màni den Weg, auf dem er gewandelt ist, erst vor kurzer Zeit gelehrt hat, so sind von gestern die Lehren des Unkrauts, die emporgesprosst und üppig geworden sind". Andererseits ist anzunehmen, dass die Gestalt der Häresie, die wir aus Efräm kennen lernen, die ursprüngliche sei, die noch nicht auf ihrem Wege durch andere Culturgebiete von diesen aufgenommen hat; denn Mesopotamien ist, wenn nicht selbst die Wiege des Manichäismus, doch dieser zunächst benachbart.

Der Abschnitt über Màni ist bei Overbeck nur in unpunktirtem syrischen Texte gegeben. Die vom Herausgeber selbst p. X der Vorrede versprochene lateinische Uebersetzung ist bis jetzt nicht erschienen. Es wird daher mit Rücksicht auf die Wichtigkeit des Inhalts angemessen sein, den Abschnitt hier vocalisirt mit deutscher Uebersetzung zu wiederholen; und zwar habe ich es für passend erachtet, auch den letzten, eigentlich nicht mehr zur Bestreitung gehörigen Abschnitt, der der häretischen Ansicht von Sonne und Mond die auf mosaischem Berichte beruhende entgegenstellt, mitzugeben, schon damit der Gegensatz zwischen den überspannten Compilationen Màni's und der schlichten traditionstreuen Auffassung des syrischen Kirchenvaters recht hervortrete.

Wenn ich nun aus dem entwickelten Grunde den syrischen Tractat hier innerhalb unserer Untersuchung über den Manichäismus wiedergebe, so will ich doch damit zugleich ein Weiteres zeigen, nämlich, wie viel noch auch theologischen Gewinns aus Efräm zu schöpfen ist, und dass J. Alsleben, das Leben des heil. Efräm (Berlin 1853, S. 60 Ende) mit Recht sagt: „Hat nun die orientalische Philologie die Aufgabe, die Werke so hinzustellen und so weit zugänglich zu machen, dass der Inhalt klar vorliegt, so bleibt es doch Sache der Theologie, den Schatz, der darinnen ist, zu heben. Beider Aufgabe ist nicht gering, aber sie zu erfüllen ist lohnend!" [1])

---

[1]) Zingerle hat in der Thalhofer'schen Sammlung diesen Abschnitt nicht übersetzt.

Der Abschnitt über Mânî bei Overbeck

p. 59—73.

Zweiter Tractat, bezüglich auf die Ophiten, auf Mânî, Marcion und Bardaisân.

Betrachtet Euch diese Lehre genau und seht, wie sie in sich selbst zerfällt, durch ihr eigenes Wesen widerlegt, durch ihren eigenen Bestand blosgestellt wird und an und für sich schon in ihrer Verwerflichkeit erscheint. Wie jene Worte der Arbeiter wider sie vor dem Herrn des Weinbergs das Urtheil 5 herbeigeführt haben, so haben auch die Worte dieser Lehre über die Ketzer das Urtheil ihrer Schuld in den Augen von Hörern von Verstand entschieden. Er [Mânî] hat nämlich einen eitlen Beginn mit einem verwirrten Ausgang zusammengestellt; Dinge, die mit einander streiten, (hat er zusammengebracht), 10 auf dass über sie kund werde, dass auch nicht Eine Behauptung darunter wahr ist. Er hat nämlich zu Eingang [seines Systems] behauptet, dass die Finsterniss nach dem Lichte Verlangen hatte; das ist aber etwas der sichtbaren Finsterniss Widernatürliches; es ist nämlich die uns sichtbare Finsterniss, wie sie 15 lehren, wesensverwandt mit der uns unsichtbaren. Jene aber [die sichtbare F.] flieht vor dem Lichte als vor ihrem Gegensatze und geht nicht auf dasselbe los wie zu ihrer Ergötzung. Das ist Ein Widerspruch, der zu ihrer Niederlage führt, gefolgert aus der allgemeinen Naturbeschaffenheit; vernimm nun 20 einen anderen Widerspruch gegen sie aus ihrem heiligen Buche. Wenn nämlich die Finsterniss nach dem Lichte verlangte, weil

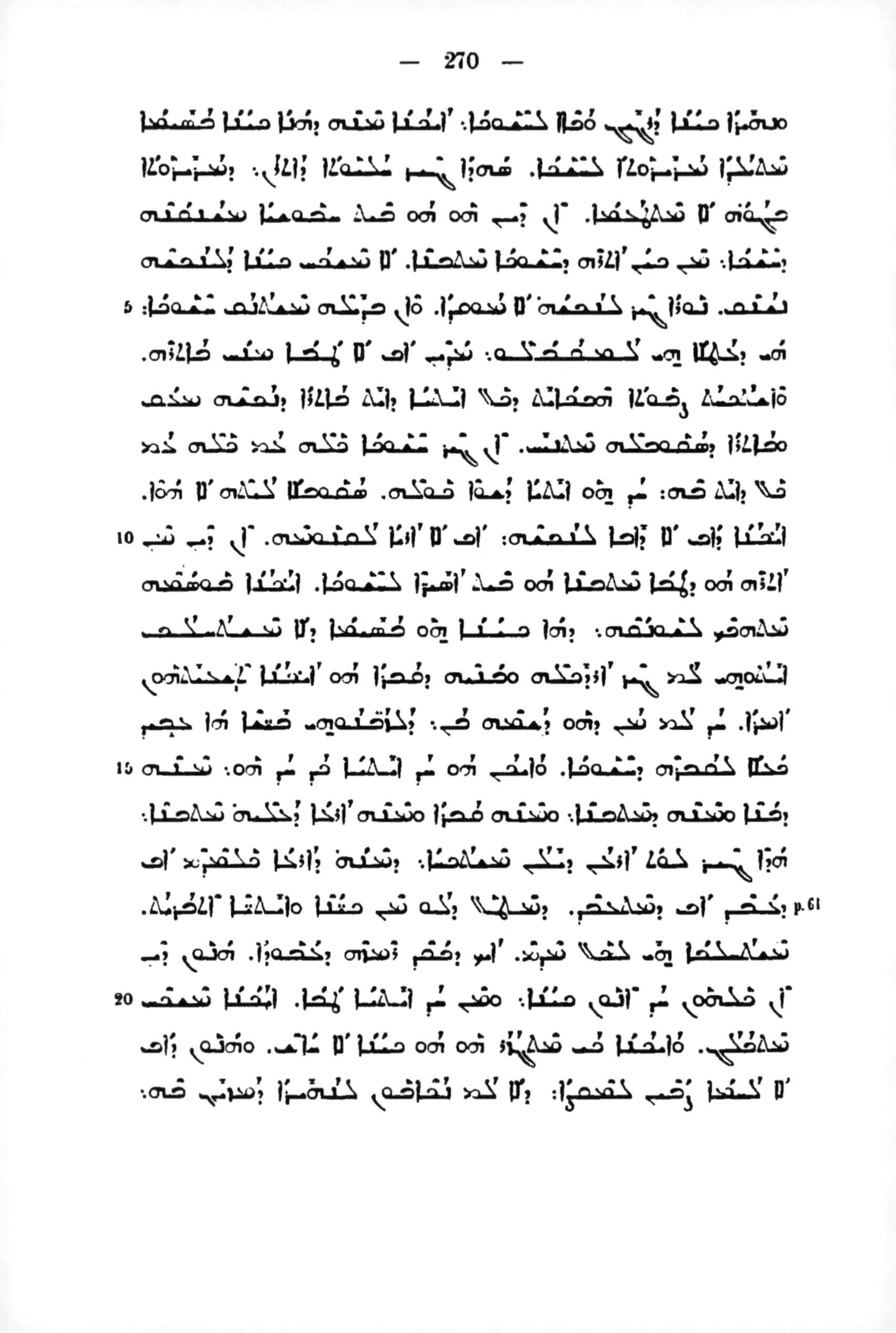

es ihr Behaglichkeit bereitet, wie können sie dann sagen, es sei
ein feindliches und quälendes Element für den anderen Theil?
Und das Licht, eine Substanz, die für die Finsterniss begehrens-
werth und schön ist, — wie kann aus dieser annehmlichen
Substanz der Finsterniss ein Herbes entstehen? Denn was bei 5
uns Süssigkeit ist, das legt Zeugniss dafür ab, dass Bitterkeit
darin sich dem Geschmacke nicht darstellt; wenn also das Gefängniss, das die Finsterniss quält, aus der Substanz des Bereiches der Finsterniss erbaut wird, so ist es unmöglich, dass
eine Wesensart sich selbst Qual bereite. Denn das Feuer brennt 10
sich selbst nicht. Wenn also die Finsterniss durch ihre eigene
Art Qual empfindet, was schwer anzunehmen ist, dann ist daraus zu schliessen, dass in ihrem Bezirke auch gar nichts Gutes
lagert, und dann findet man die Sache in einer Weise beschaffen, die allem Existirenden widerspricht, dass die Finsterniss 15
in ihrem eigenen Bereiche Qual erleidet und in dem ihr feindlichen Bereiche Behagen empfindet. Denn wenn die ganze Finsterniss mit allem was darum und daran hängt ein einheitliches,
in allen Theilen gleiches Wesen besitzt, so kann sie nicht sich
selbst zur Gegnerin werden, wie das ja auch der Wolf und der 20
Löwe sich selbst nicht werden; wird aber aus dem Bereiche
des Guten heraus das Gefängniss für die Finsterniss errichtet,
wie kommt es dann, dass ihre Ergötzung in Qual umschlägt?
Denn fürwahr, unveränderlich wonnigen Wesens ist der Baumeister und Verfertiger des Grabes, wie es ja eben ihre Er- 25
zählung meldet; denn er ist Ein und derselbe mit dem, dessen
Namen wir tragen, der für seine schlimmen Zeiten zum Werkmeister des Grabes der Finsterniss gesetzt ist. In gleicher
Weise ist es ein und dieselbe Substanz, aus der Baumeister
und Gebäude, Grab und Erdboden, auf dem das Gebäude steht, 30
stammen; denn auf unserer Erde findet es sich so, dass aus
der Erde alles stammt, sowohl der Werkmeister als das Werk;
denn eben weil die Erde nicht aus mehreren Substanzen und
Wesenheiten erschaffen ist, ist sie der Umwandlung in alles
fähig, je nach dem Winke des Schöpfers. Sind aber alle diese 35
Dinge Einer Natur und haben einen wesensguten Ursprung, wie
kann dann dieses leidensunfähige Wesen getheilt, und wie in
aller Welt kann es zerschnitten werden? Und sie, die nicht

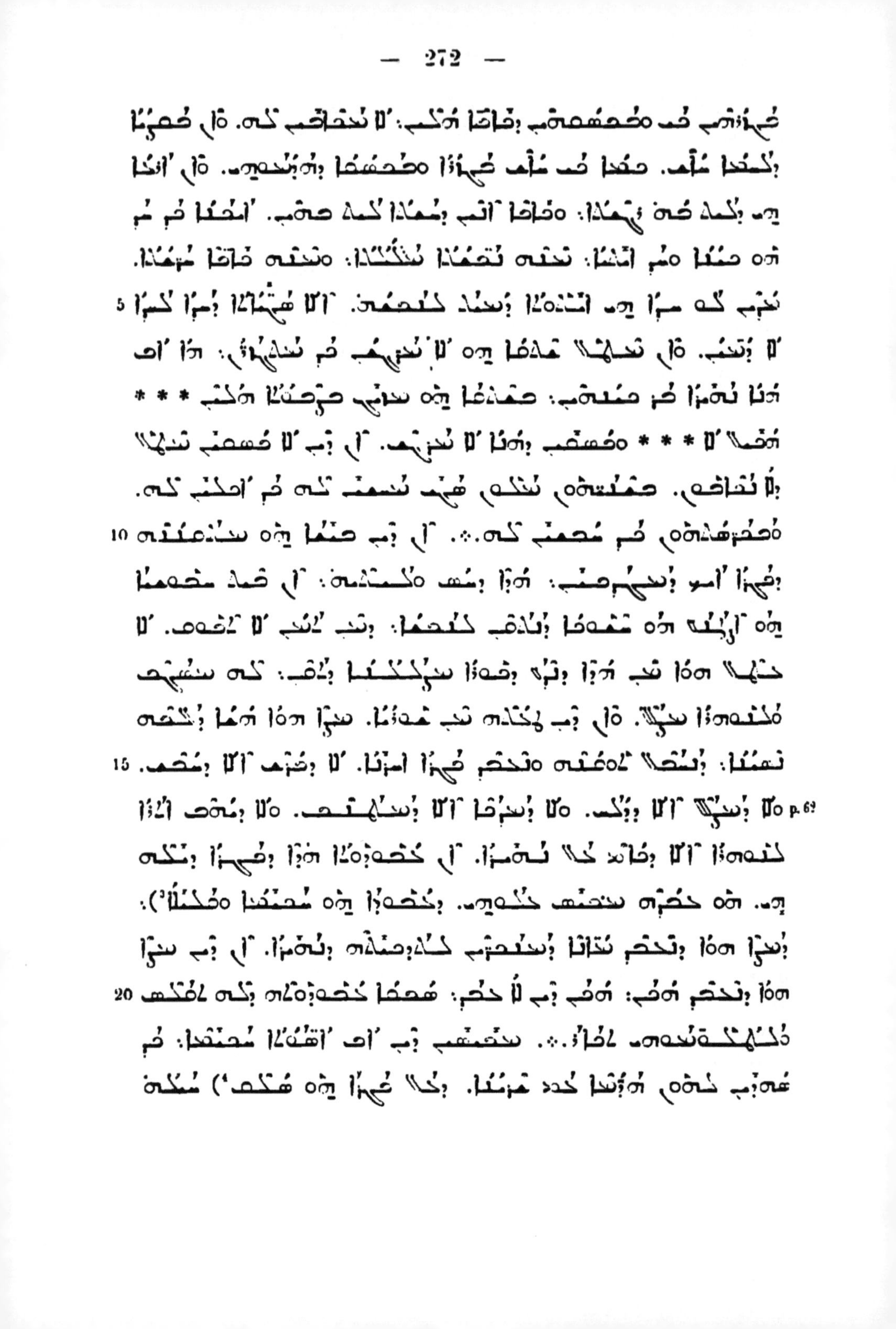

 p.69

einmal Brot brechen wollen, um dem mit dem Brote vermischten Lichte nicht wehe zu thun, fügen sie denn durch das Zerschneiden und Zerspalten dieser Steine da dem Lichte keinen Schmerz zu? Und wenn es durch das Brechen von Brot leidet, wie viel mehr durch das Zerschneiden und Zerstücken seiner Glieder? Ist aber die Erde empfindungslos, und haben Steine das Gefühl des Leidens nicht in sich, was hat man dann darüber zu denken, dass es Eine Natur und Ein Wesen sein soll, aus dem die vernunftbegabten Seelen und zugleich die stummen Steine stammen? Es folgt daraus, dass wir nicht Eine der Seele ähnliche Substanz anzunehmen haben, sondern viele, die sich unter einander nicht gleichen. Wenn die Dinge also um ihres Schweigens beim Zerschneiden wegen keine Empfindung haben, so ist auch jenes Licht mit ihnen wesensgleich (d. i. empfindungslos); denn es beobachtet Schweigen, während es mit den Dingen vermischt ist, — — daher nicht — — und sie zerschneiden, da es keine Empfindung hat. Wenn sie aber, um nicht wehe zu thun, nicht schneiden, so mögen sie wissen, dass sie mit ihren Zähnen noch grösseres Leiden hervorrufen, wenn sie das Licht essen, und mit ihren Bäuchen, wenn sie es darin einsperren. — Wenn aber, wie sie lästern, der Gründer des Körpers böse ist, und das sei ferne, und die Finsterniss den Plan hatte, der Seele ein Gefängniss zu schaffen, damit sie aus demselben nicht herauskommen könnte, so wäre es für ihn nicht schwer, zu erkennen, dass es der läuternde Ofen, den er selbst bereitet hat, ist, den er lästert, während er das Licht läutern will; irrt er aber von vorn herein, so wäre es möglich, dass ihn ein Versuch, seinen Bau zu zerstören und einen andern Körper zu schaffen belehrte, einen Körper, der nicht trennt sondern gefangenhält, nicht läutert sondern trübt, nicht reinigt sondern besudelt, nicht dem Lichte freien Weg lässt, sondern es zäh festhält. Wenn diese Körperschöpfung in seiner Macht stände, so würde dieses sein Werk ihn überzeugen, dass der Schöpfer (Gott) weise und gütig ist, wenn er (der Böse) im Stande war, Gefässe zu schaffen, die die Reinigung des Lichtes hinderten; wenn er also im Stande war diese Schöpfung zu vollbringen — er war es aber nicht — so genügt Gottes Schöpferthätigkeit, dass man ihn preise und seine Widersacher schelte.

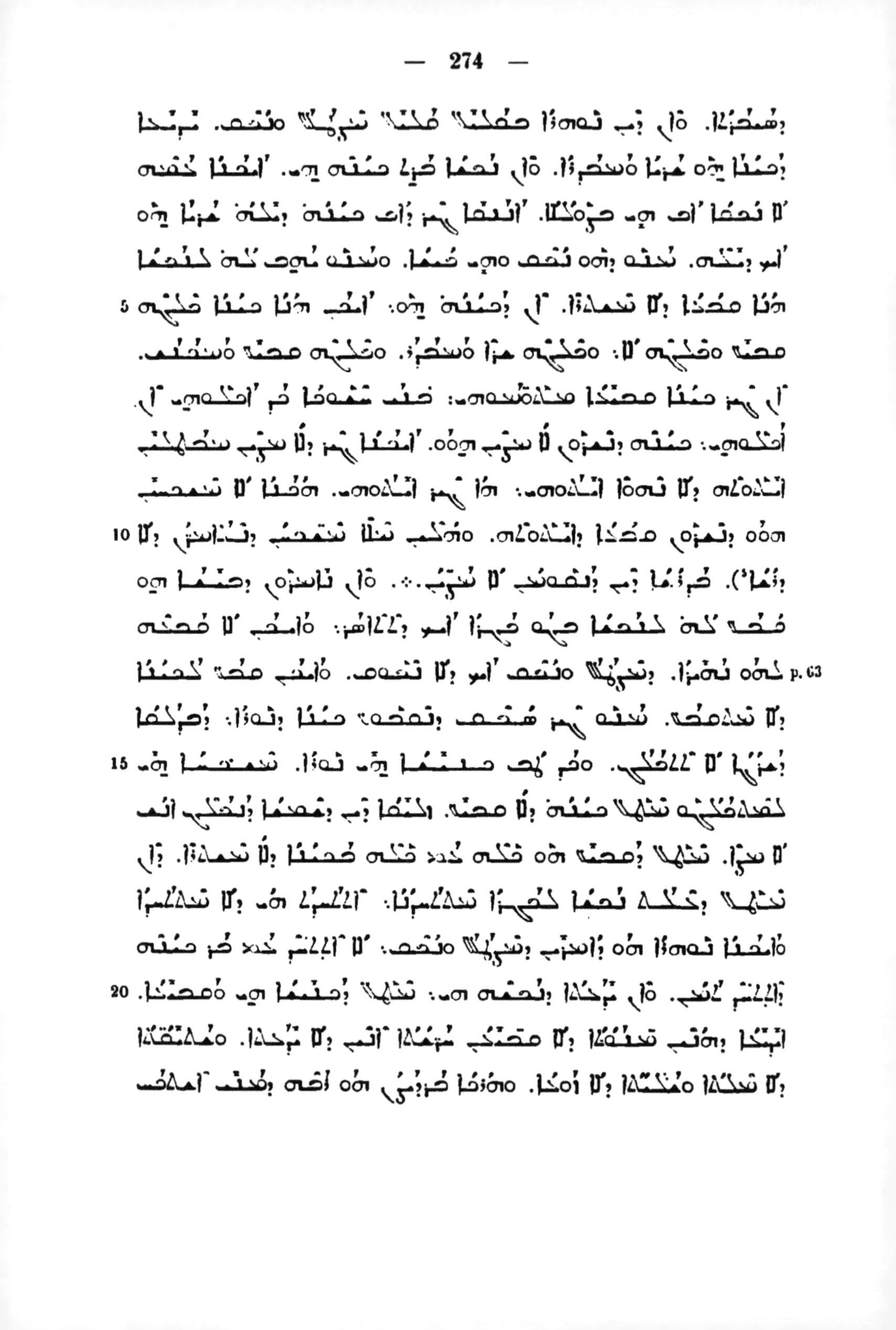

p.63

— Nun lehren weise Aerzte, und die Glieder sammt der ganzen Körpercomplexion zeugen dafür, dass die Kraft der Ausdauer in steigendem Masse über den Körper sich verbreitet; wenn aber das Licht allmählich geläutert wird und entweicht, so versteht es sich, dass der (kraftvolle) Gehalt sich auflöst und zerstreut. 5 Und wenn die Seele mit dem Lichte gleicher Natur ist, warum entweicht dann nicht auch sie mit ihm in der Läuterung? Denn auch ihre Substanz müsste sich auflösen wie die des Lichts. Was ist Schuld daran, dass die Lichtmaterie fortgeht und die Seele bleibt? Und was hat der Seele dieses feste Haften ver- 10 liehen, in Folge dessen sie sich nicht auflöst? Ist es ihr von Natur eigen, wie ist es dann zu erklären, dass diese Natur zur Hälfte eine festhaftende ist und zur Hälfte nicht? Zur Hälfte der Auflösung und Zerstreuung unterworfen und zur Hälfte fest und in sich gesammelt? Wenn nämlich die Sub- 15 stanz eine von je her festbleibende wäre, so wären die Kinder der Finsterniss durch ihr angebliches Verschlingen nicht im Stande gewesen, die Substanz des Lichtes aufzulösen. Denn wie sie nicht im Stande sind, die Existenz des Lichtes aufzu- heben, so dass es nicht mehr ist — denn es existirt ja — so 20 vermochten sie auch nicht die feste Fügung seines Wesens auf- zulösen. Diese Worte können ohne bildliche Erklärung ge- sprochen werden, ja bei bildlicher Deutung können sie gar nicht bestehen. — Sagen sie aber, der Böse mache die Seele im Leibe fest, als ob sie gefesselt würde; so erwidere ich: 25 warum hat er dann nicht jenes Licht festgebannt, das geläutert wird und entweicht, damit es nicht entweiche? Und wie konnte er eine Wesensart festbannen, die gar nicht fest gebannt wer- den kann? Denn wer ist gewaltig genug, die Natur des Feuers zu befestigen, damit sie sich nicht im Strahle der Leuchte ver- 30 theile? So sehr das Feuer in sich gesammelt ist, kann es sich doch zertheilen vermöge seiner nicht festgebannten Wesensart. Den Sonnenstrahl aber kann kein Mensch zertheilen, weil er vermöge einer unauflöslichen Naturbeschaffenheit ganz und gar festgefügt ist. — Wenn nun deswegen, weil die Seele in den 35 sinnlich greifbaren Körper eingegangen ist, sie, die nicht greif- bare, greifbar geworden ist, wie kommt es dann, dass das Licht, von dem sie sagen, dass es geläutert werde und ent-

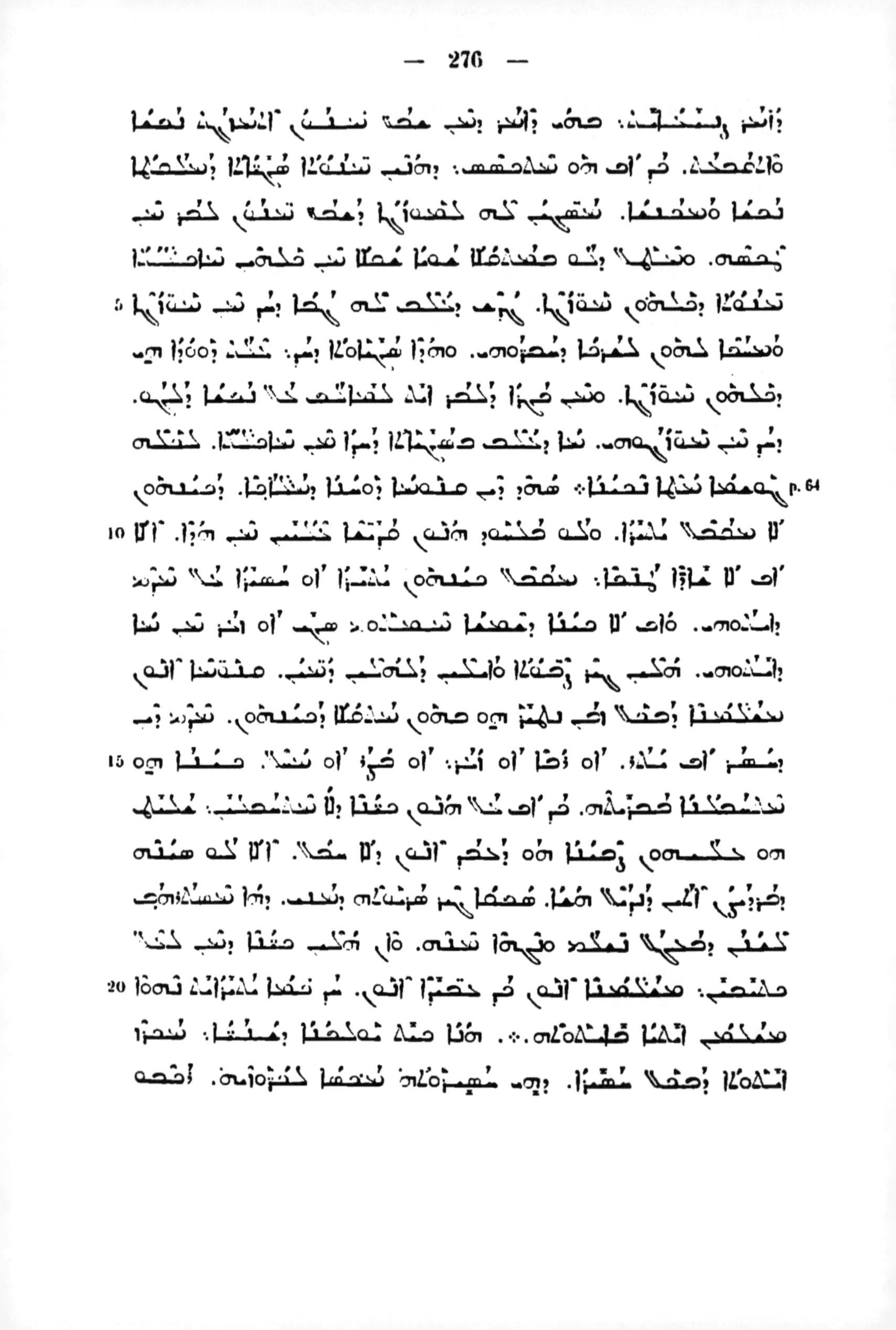

 p. 64

weiche, nicht zugleich mit seinem Wesensverwandten (der Seele
im Körper) greifbar geworden ist, der dies doch dort wurde?
Und wenn die Erkenntniss der Seele eigen ist, weil sie in sich
gesammelt und fest localisirt ist, so versteht es sich, dass diejenigen Theile, die nicht befestigt sind, taub sind ohne Erken- 5
nen, stumm ohne Rede und ruhend ohne Bewegung. In dieser
Hinsicht hat sich Bardaisan, Mani's Lehrmeister, als ein klüg-
lich redender Mann finden lassen, wenn er sagt, dass die Seele
aus sieben Bestandtheilen zusammengemischt und zusammen-
geschweisst sei; doch auch er ist zu tadeln, denn die vielen 10
Bestandtheile, die die Seele in sich sammelt und vereinigt,
machen die Mischung der sieben Theile in einer ihre Ordnung
zerstörenden Weise vielartig, und da sie nicht in gleichem
Maasse von allen essbaren Dingen die Bestandtheile aller Mischungen hernimmt, so trifft sich's, dass eine der Mischungen 15
das Uebergewicht gewinnt und die übrigen Theile überdeckt;
und dieses Uebergewicht der einen Mischung ist die Veranlassung zur Verwirrung aller Mischungen. Und an dem äusserlich sichtbaren Körper kann man in Betreff der im Innern verborgenen Seele lernen; denn von Einem seiner Mischungstheile 20
kommt, wenn er durch die Menge Einer Speise ein Uebergewicht erlangt hat, dem ganzen Leibe Nachtheil. — Zeuge ist
nun die spirituelle Natur der Engel, deren Wesen keinen Zuwachs annimmt; und nicht nur diese Heiligen sind darüber erhaben, sondern nicht einmal die Natur der unlauteren Teufel 25
lässt ein Mehr oder Minder im Verhältniss zum Bestehenden
zu; auch ist der Gehalt der Sonne nie grösser oder kleiner geworden als er ist; denn diese und ähnliche Wesen sind vollendete Existenzen, in denen zu jeder Zeit das Mass ihres Seins
bewahrt bleibt. Aber ein Ding, das ab- und zunimmt, grösser 30
oder kleiner, kürzer oder schwächer wird, ist ein Wesen, das
bei seiner Erschaffung dem Untergange geweiht ist; doch hat
auch über die unvergänglichen Wesen der Wille, der sie ohne
Vergänglichkeit des Seins schuf, Gewalt. — Indess sind wir
eben nicht gekommen, den Koth des Bardaisan zu durchwüh- 35
len; am Unflathe des Mânî haben wir genug; denn unsere
Zunge eilt, alsbald unversehrt von ihm loszukommen. Wenn
also die oben beschriebenen Naturen vollendete sind, obwohl

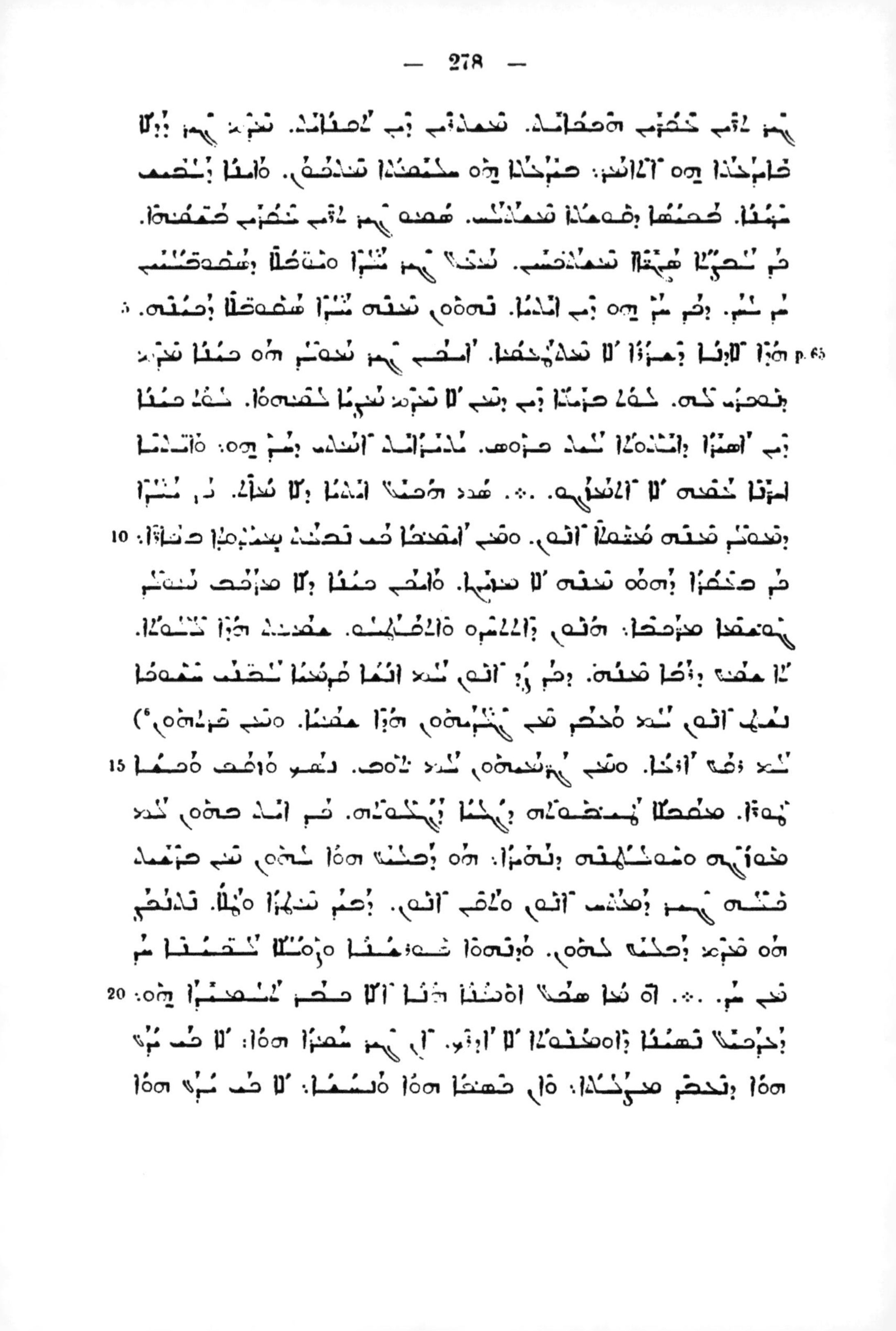

p. 65

geschaffen, wie viel mehr muss da der Ewige in seinem Wesen
vollendet sein! — Jene Lehre der Wahnwitzigen verkündet also
ein in allen Stücken mangelhaftes Sein; und diese Mangel-
haftigkeit des proclamirten Wesens ist ein Widerlegungsgrund
gegen die Proclamirenden. Sie haben nämlich zwei Grund- 5
wesen in widersprechender Weise zusammengesetzt; diese fallen
aber entschieden in Auflösung auseinander; denn etwas was
ohne Vernunft behauptet wird, das wird durch eine gesunde
Vernunft abgewiesen, und derjenige, welcher das Gewand des
Haders trägt, wird durch die Ueberzeugungskraft der Wahrheit 10
blossgestellt. Sie setzen nämlich dem Namen nach zwei Grundwesen, während sich bei genauerer Forschung viele finden; denn
er (Màni) führt Geburten und Geschlechter ein, die einander
entgegengesetzt sind. Zwar ist es nur Ein Wesen, aber es ent-
springen aus ihm solche, die von ihm selbst grundverschieden 15
sind. Das ist für das Ohr der Wahrheit ungeniessbar; denn
wie kann diese Natur etwas hervorbringen, was für sie fremdartig ist? Aber zu einem Geschöpfe, das aus Nichts entstehen
kann, und zu einem Wesen gehemmter Existenz gibt es keinen Zugang, vorzüglich aber, wenn es Eins ist und andere 20
Existenzen mit ihm nicht vermischt sind. Màni setzt also ein
unsterbliches Grundwesen, während die Nachkommen, die es
aus sich erzeugt, sterblich sind. Aber wo in aller Welt ist
Sterblichkeit in den Früchten zu Tage getreten, während sie
mit der Wurzel, aus der sie hervorgingen, nicht vermischt ist? 25
Und wie kann eine nicht zusammengesetzte Natur zusammengesetzte Körper hervorbringen, die betastet und getödtet werden
können? — Du hast diese Thorheit gehört, komm und höre
eine, die noch grösser ist. Nachdem nämlich der Urmensch
die Kinder der Finsterniss gefangen hatte, zog er ihnen die 30
Haut ab und machte aus ihren Häuten diesen Himmel, aus
ihrem Miste wölbte er die Erde, und aus ihren Knochen goss
er die Berge, richtete sie auf und thürmte sie empor. Will-
kommen sei des Mannes Güte*), die seinen Betrug sehen lässt!
Da nun in ihnen eine Mischung und Vermengung von Licht 35

---

*) d. h. ironisch: wie freuen wir uns, dass der Mann (der Ketzer
Màni) so liebenswürdig, so gütig ist, seine Betrügerei offen sehen zu lassen!

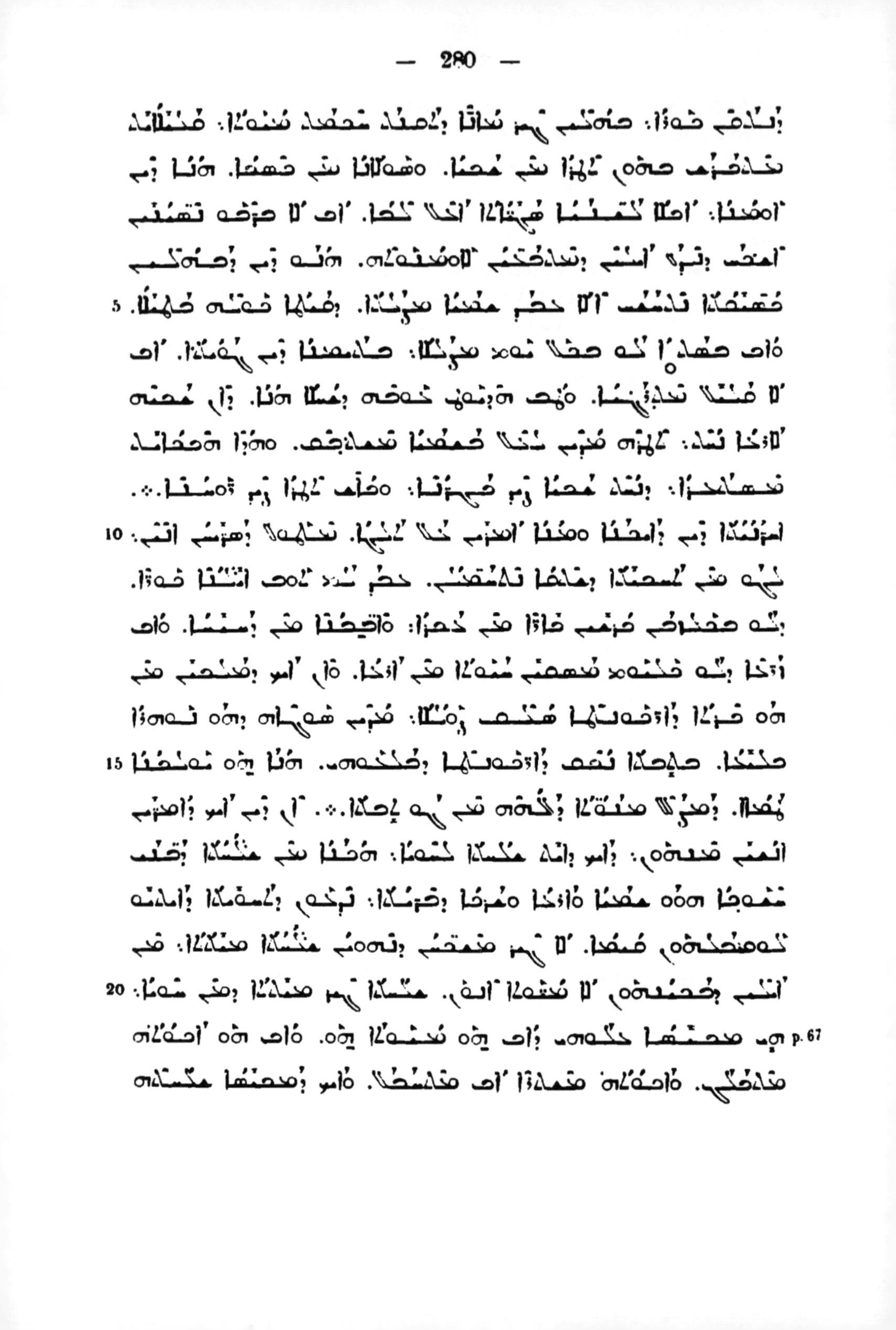

p. 67

ist, das von ihnen uranfänglich verschlungen wurde, so geschah
alles Ausspannen und Befestigen derselben durch den Urmenschen zu dem Zwecke, dass in Form von Regen und Thau das
von ihnen Verschlungene ausgeschüttelt würde, damit eine ab-
klärende Scheidung der Naturen von einander stattfände. — O 5
wie thöricht handelte der Künstler! Doch vielleicht war es nur
ein Lehrling, der noch keine Geübtheit in der Kunst erlangt
hat. Denn wenn es sich um Wein gehandelt hätte, hätte er
sich da nicht des Kelterns unkundig gezeigt? Und wenn es Silber und Erz war, war er da nicht unfähig einen Schmelzofen 10
herzurichten? Denn mittelst solcher Vorrichtungen, die die
Weisheit des Sterblichen erfunden hat, kann ganz bequem das
Unlautere vom Lauteren und die Schlacken vom Silber getrennt werden. Dieser Künstler aber hat nicht einmal auf
die Menge der Jahre Acht gehabt und hat nicht einmal durch 15
zahllose Experimente das gelernt, was zu seinem Handwerke
nöthig ist. Er ist es, dessen Verhaltungsweise in kurzen Zü-
gen von der angegebenen Art ist: zu bemerken ist nur noch,
dass er aus dem Himmel eine Kelter gemacht hat, die den
ganzen Sommer über ausser Thätigkeit ist und auch im Winter 20
nicht jeden Tag keltert; im tiefen Süden aber wird sie nicht
einmal im geringsten Masse nass. Dann ist auch das Innere
der Kelter von wunderlicher Art: denn wenn ihr lauteres Element zur Erde herabströmt, bleibt folgeweise ihr Unrath oben
im Himmel zurück, und das geschieht so in ganz widersinni- 25
ger Weise, denn das lautere Element kommt zu den körperlichen Wesen herunter, und das unreine bleibt bei den geistigen zurück! — Andere Behauptungen, nämlich wie und was
sie über den Schnee sagen, mögen, weil sie verrückt sind, unter
der Decke des Schweigens verhüllt bleiben. Er hat fernerhin 30
die Bäume zu Schmelzöfen gemacht, die nicht zu jeder Zeit
Früchte aus der Erde ausscheiden und das Obst vom Staube;
und auch die Saaten, die nicht alle Tage Leben aus der Erde
emporsprossen lassen. Und wenn, wie sie lehren, aus dem
Miste der Archonten Läuterung hervorsteigt, so kommt also die 35
grössere Masse des verschlungenen Lichtes im Unrathe der Archonten, die dasselbe verschlangen, wieder hervor! Das ist die
schmutzige Lehre, die die Theile ihres Gottes aus dem Unrathe

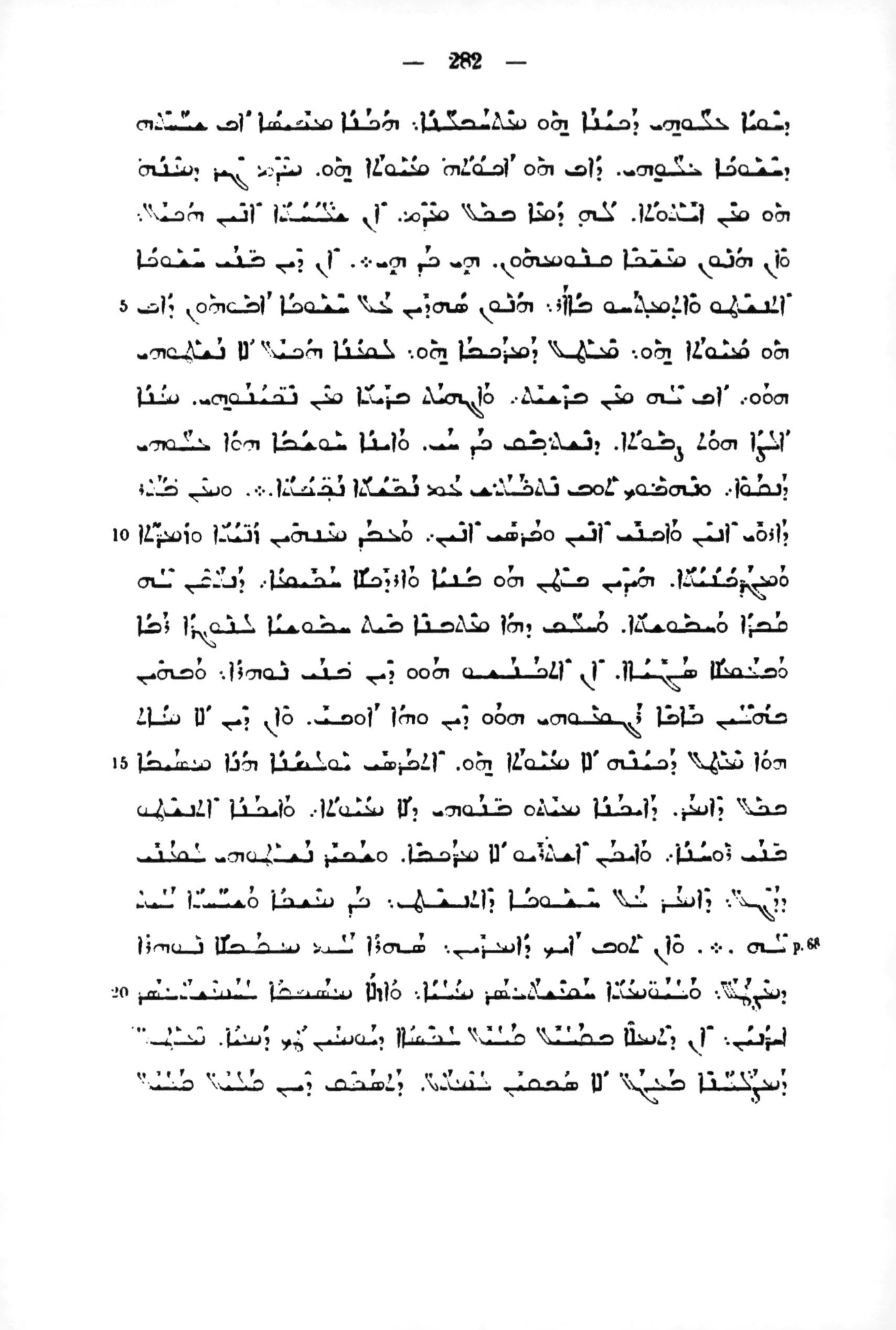

 p.68

herausläutert! — Sagen aber einige von ihnen, dass wie die
Schlange eine abstreifbare Haut hat, so aus den abgezogenen
Häuten der Kinder der Finsterniss Himmel und Erde und die
übrigen Creaturen geworden seien, so mögen sie wissen, dass
ihre Beweisführung gegen sie selbst sich kehrt. Denn sterb- 5
liche Häute können nicht von Wesen unsterblicher Natur kommen. Beweist ja die todte Haut der Schlange, dass diese ebenfalls sterblich ist und ebenfalls, wie die abgestreifte Haut,
theilbar und der Auflösung und dem Untergange preisgegeben.
Wie also die Haut der Schlange zeigt, dass auch diese selbst 10
verweslicher Natur ist, so legt auch die abgezogene Haut der
Finsterniss über diese das Zeugniss ab, dass auch sie, wie jene,
sterblich ist. Denn etwas, was zum vollen Sein einer Sache
gehört, ist ihr in allen Stücken gleich; ob es also abgezogene
Häute sind oder Felle ihrem Wesen nach, ist dasselbe. — Wenn 15
aber die Söhne der Finsterniss in der Luft geschunden und aus-
gespannt worden sind, so legen sie betreffs der Finsterniss, von
der sie herstammen, das Zeugniss ab, dass auch diese sterblich
ist, weil sie zusammengesetzten Wesens ist. Warum haben sie
also nicht auch die Finsterniss selbst von Uranfang an abge- 20
häutet, damit dann die Schöpfung von ihren Beschädigungen
verschont geblieben wäre? Was nöthigte, sie am Leben zu
lassen? Und welche Erwägung waltete in Betreff ihrer ob, dass
sie jetzt noch besteht und immer wieder mit den reinen Seelen
Kampf beginnt? Nachdem sie nun die Seelen berauscht, ver- 25
führt und zu Schanden gebracht und aus ihnen Buhl-, Spiel-
und Lästerdirnen gemacht hatte, da kam der weise Schöpfer
und Werkmeister zur Besinnung und bereitete für die Finsterniss Grab und Gefängniss. Wie nun, wenn statt der Herstellung eines Gefängnisses mit Aufwand langer Zeit und grosser 30
Mühe die Kinder des Lichts sich versammelt und mit diesen
Steinen da die Finterniss gesteinigt hätten, dass sie verendet
wäre? Erwidern sie aber darauf, sie hätte nicht sterben können, da ihre Natur unsterblich sei, so ist damit diese schmutzige
Lehre in allem, was Mani gelehrt hat, blosgestellt; denn wie 35
konnten die Söhne des Unsterblichen sterben, wie die Söhne
des Geistigen geschunden, wie die nicht Zusammengesetzten auf-
gelöst werden? Ganz mit Recht hat man den Betrüger Mani

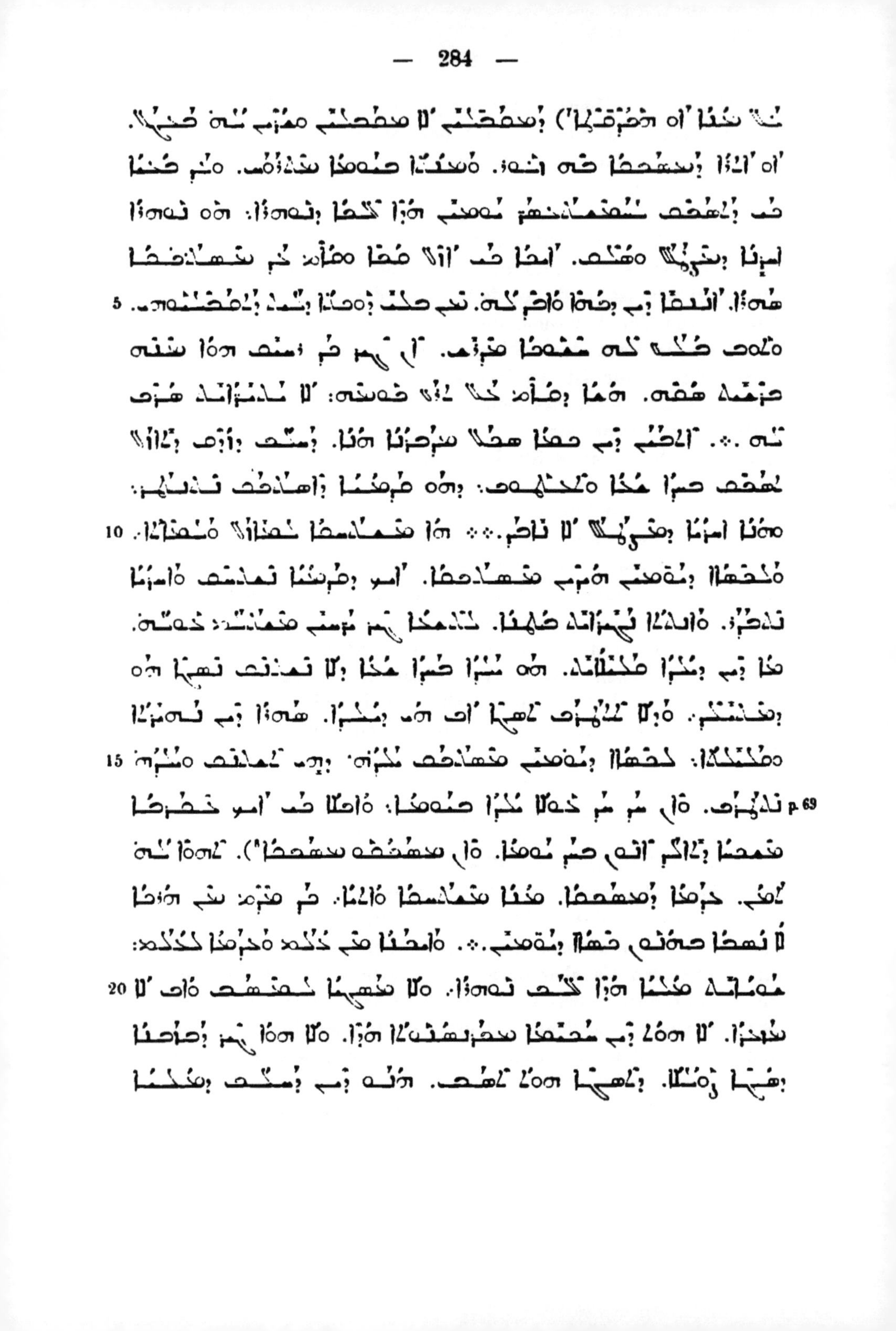

geschunden, der von der Finsterniss lehrte, sie sei geschunden
worden, da sie doch weder Haut noch Fell hat. — Wenn sie
dann ferner behaupten, dass der Mond das geläuterte Licht
aufnehme und 15 Tage lang sich fülle und dann die 15 anderen hindurch in Einem fort auslade, so sieht die Angabe, 5
dass er allmählich voll wird, bis zur Monatshälfte, vielleicht
wie eine wahrscheinliche aus, weil die Läuternden nämlich
nicht in der Hast (ihren Stoff) liefern können. Wenn er aber
nur allmählich auslädt — warum das? Entweder thun die
zur Empfangnahme bestellten Handlanger ihr Geschäft nicht 10
und verlassen das Schiff (des Mondes) alsbald, oder der Platz,
an welchem ausgeladen wird, ist zu klein und kann nur zum
Theil an einem Tage frei gemacht werden. Aber wie lange
hat denn das Lichtschiff immer noch volle 15 Tage zum Aus-
laden nöthig? Der andere Lichtstoff aber, der durch Läuterung 15
frei wird und in die Höhe steigt, wo kommt der hin, wo sammelt er sich an und verweilt, bis der Mond leer ist? Er muss
nothwendig in die Irre gerathen und verloren gehen, aus Mangel an einer Station, denn es ist keine da, die ihn aufnehmen
könnte; ja, die Finsterniss verschlingt ihn wieder von Neuem; 20
denn wenn sie anfangs trotz der Entfernung das Licht in sich
hineingezogen hat, sollte sie es da jetzt nicht viel eher ein-
schlürfen, wo es unmittelbar über ihrem Rachen sich befindet?
— Es ist klar zu Tage getreten, wie thöricht dieser Schiffs-
lenker gehandelt hat; statt dass es sich nämlich geschickt hätte, 25
das Schiff käme, lüde in einer Stunde aus und kehrte wieder
um, damit das Erste, was ausgeladen ist, bewahrt bliebe, und
das Letzte, was durch Läuterung frei wird, nicht verloren ginge:
wird das Schiff gequält, hin- und herzufahren, und wird dann
nach einer Fünfzehnzahl von Tagen leer, indessen die erstere 30
Quantität in Gefahr kommt und die letztere sich zerstreut.
Wenn ein Weib, das lange Zeit schwanger sein muss — denn
erst nach neun Monaten ist seine Leibesfrucht fertig ausgebildet — leicht gebiert, so nimmt das neugeborene Kind in einer
Stunde ohne Noth an Kraft zu, und ohne Beschwerde kräftigt 35
sich auch die Mutter. Aber des leuchtenden, behenden Mondes Geburt wird erst nach 15 Tagen ausgesondert, indem er
selbst dabei gequält und sein Erzeugniss beunruhigt wird. Und

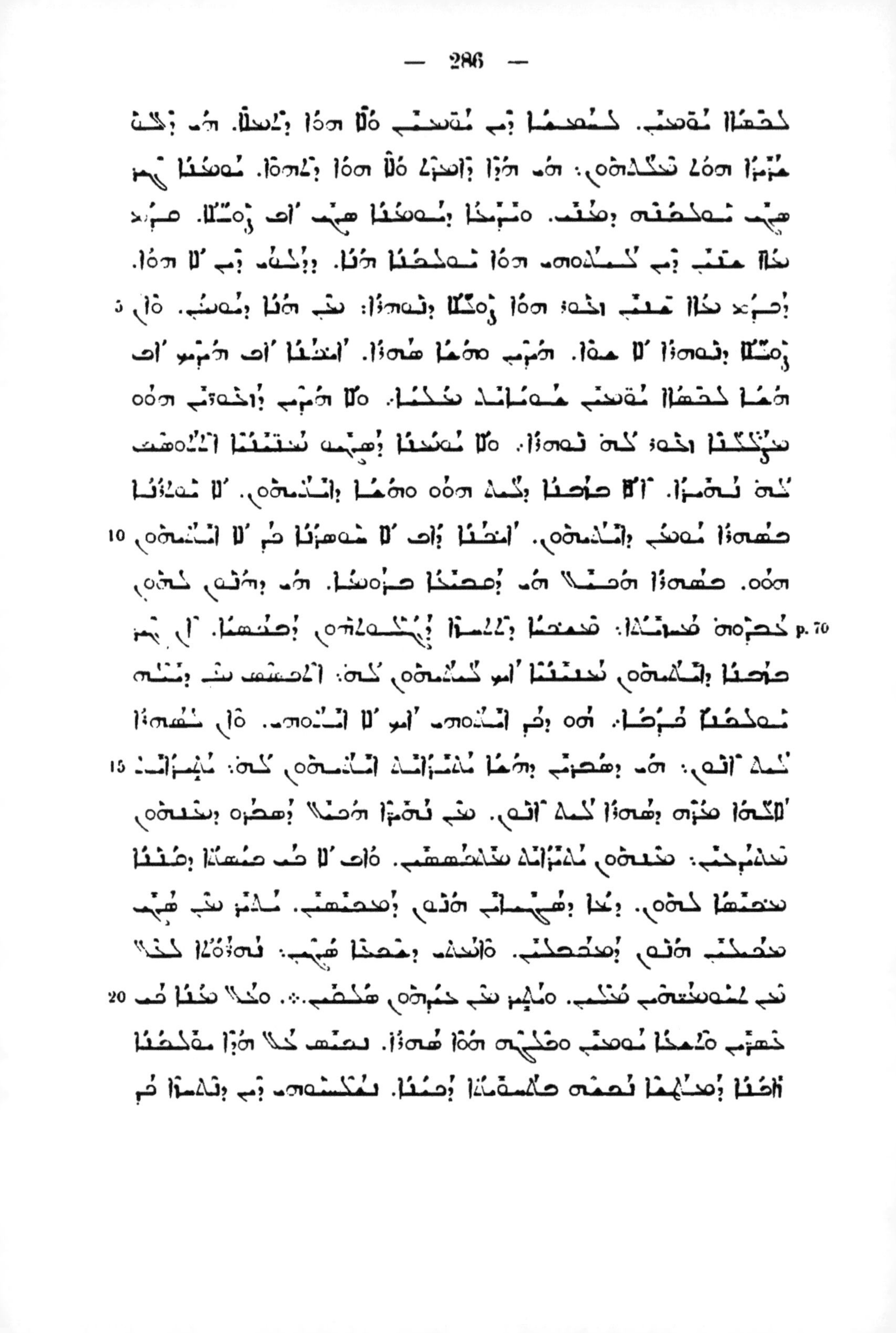

p. 70

wenn er jeden Tag ein Kind gebären soll, so kann man sagen:
warum vermag er es nicht, wie der Scorpion, alle an Einem
Tage zu gebären, noch auch, wenn er ausleert, bis zu beendeter
Ausleerung dort zu bleiben? Warum lässt er sich martern und
zieht hin und her, da er doch in den 15 Tagen nichts von hier 5
mit fortnimmt? Und wie kommt's, dass dieses Mondschiff von
Ewigkeit zu Ewigkeit in gleichmässiger Weise sich füllt, ohne
einmal mehr oder weniger zu nehmen? Das war keine weise
Einrichtung, denn es ist ja nicht angeordnet worden, dass zu
der Zeit, wo die läuternde Aussonderung zunimmt, auch das 10
Schiff mehr aufnehme, und statt dass die Füllung in 15 Tagen
erfolgt, gehörte es sich, dass sie in 5 bewirkt würde. Denn
wenn ihre Rede wahr wäre, so geziemte es sich, dass das, was
ich gesagt habe, geschähe. Denn heute ist die Lehre Mâni's
weit ausgebreitet, und es versteht sich von selbst, dass auch 15
die Läuterung heute eine starke ist. Vor hundert Jahren aber
existirte diese Lehre noch nicht — möchte sie doch überhaupt
nicht aufgekommen sein! — und vor hundert Jahren war die
Lichtabsonderung geringer als heute. Wenn sich also die Ab-
sonderung des Lichtes nicht gleich bleibt, wie kommt es dann, 20
dass damals der Mond ebenso wie heute in gleicher Weise in
15 Tagen sich füllte und nicht damals, wo die Zahl der Licht-
aussonderer eine geringe war, das Licht des Mondschiffes ein
geringes war, und dass nicht heute, wo die Manichäer zahlreich geworden sind, das Mondschiff an Licht gewonnen hat? 25
Im Gegentheil, in der Zeit von da an, wo sie noch nicht existirten, bis jetzt, wo sie da sind, ist dem Monde kein Zuwachs
geworden, wie auch keine Einbusse, als sie nicht waren. So
kann man also im Monde, der in der Höhe befestigt ist, und
den sie sich zum Spiegel gemacht haben, ihren verborgenen 30
Trug sehen; denn wenn er zur Zeit, wo es Manichäer gibt,
ebenso beschaffen ist wie wo es keine gab, so ist die lügnerische
Lehre durch sich selbst widerlegt, die auch, während sie existirt,
doch so gut wie nicht existirt. Wenn sie nun dem Monde nicht
angehören, ihm, dem sie jetzt ganz besonders anzugehören mei- 35
nen, so gehören sie um viel mehr noch Gott, dem Herrn des
Mondes, nicht an. Sie werden also von den Lichtkörpern, durch
die sie verstanden zu werden hofften, vielmehr widerlegt. Und

. s

p. 71

richtet sich denn auch nicht an sie die Ermahnung der Vorschrift, dass, wenn die Ermahnenden zahlreich sind, die, welche
sich ermahnen lassen, viel mehr als zahlreich gemessen sein
müssen, und, wenn die Bergwasser gross sind, die Flüsse über
ihre Ufer gehen und ungewöhnlich hoch steigen? — Und wes- 5
wegen besteht der Monat aus 29½ Tagen? Widerlegen wir
diese lügnerische Lehre, die sich hinter der Darlegung des That-
bestandes verbirgt, und entpuppen wir sie, damit sie von aller
Wahrheit entblösst erscheine. Sie mögen uns also in Betreff
jenes halben Tages Rede stehen, weswegen er mangelhaft und 10
unvollkommen ist! Ist also nicht in einem der Monate übermässig viel Licht da, damit dadurch der Mangel dieses Monats
ausgefüllt würde? Indess wenn er mangelhaft ist, ist er nicht
vollständig, und wenn überstark, nicht vollkommen, und wenn
er wegen Spärlichkeit des Lichtes mangelhaft war, so konnte 15
es auch vorkommen, dass auch andere Tage unvollständig wurden. Und so müssten, wenn das Licht zugenommen hat, mehr
Tage sich finden. Doch nicht die Spärlichkeit des Lichtes rief
den Ausfall im Monat hervor, und nicht die Reichlichkeit des
Lichtes füllte diese leere Hälfte aus, sondern dieser ausgefallene 20
halbe Tag erbringt wider die Betrüger, dass sie aller Wahrheit
baar sind, zumal da die Wahrheit mit Hast sie niederwirft, indem sie vom Mond zur Sonne übergeht, um durch ein Paar
von Lichtkörpern sie, die Anbeter der Lichtkörper, zu widerlegen. Ihr Verstand ist durchaus verdunkelt, denn wie der 25
erleuchtet wird, der den Herrn im Lichtkörper anbetet, so wird
es finster in dem, der seinen Gottesdienst mit dem Dienste der
Lichtkörper vertauscht. — Wir wollen also berichten, wie sie
berichten, aber nicht behaupten, wie sie behaupten. Sie sagen
nämlich, die Sonne nehme jenes Licht vom Monde in Empfang. 30
Schön sind diese Empfänger, die von einander empfangen, aber
ist denn nicht Raum in der Sonne, dass sie alle jene Theile an
Einem Tage vom Monde erhalten könnte? Indess dies in Empfang zu nehmen war vielleicht möglich, aber der Mond kann
nicht geben; und doch drängt es den, der beladen ist, eilig die 35
Last, die er aufgenommen hat, von sich zu werfen. Wie ist's
nun zu erklären, dass die Sonne, nachdem sie 15 Partieen aus-
geschiedenes Licht in Empfang genommen hat, nicht in etwas

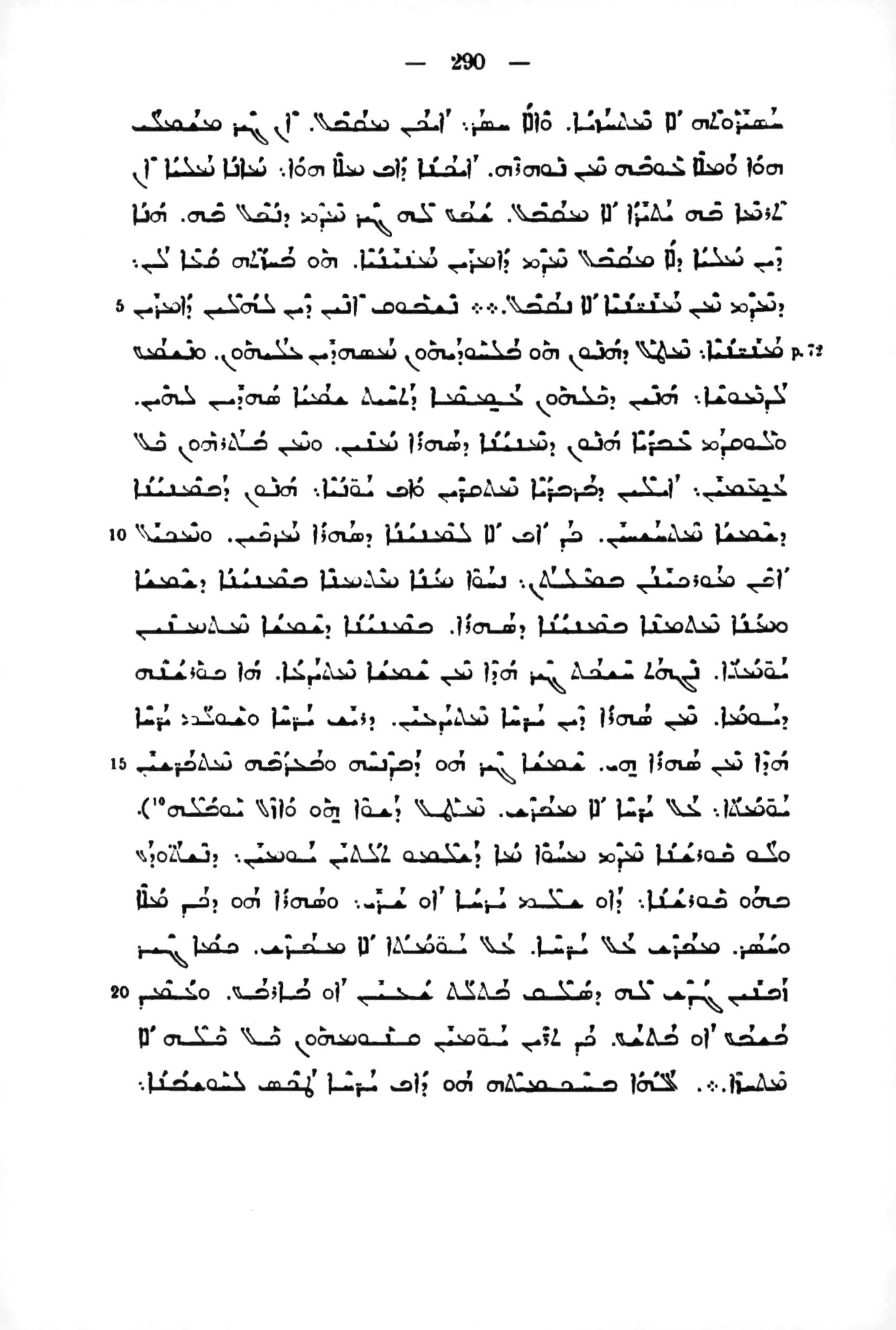

an Licht vergrössert erscheint? Denn am Monde wird schon
von der Einen Ladung her, die er tagtäglich hinzunimmt, eine
Zunahme wahrgenommen, wie ja auch, wenn er abnimmt, dies
sogleich gemerkt wird. Ist also etwa die Sonne ein schadhaftes
Gefäss? Und wenn, warum sieht man ihre Schadhaftigkeit nicht? 5
Ist sie aber nicht schadhaft, wie kann sie dann aufnehmen?
Denn setzen wir den Fall, sie sei angefüllt, und ihr Inneres
voll Licht, wie es ja der Fall ist! Giesst man nun in ein volles
Gefäss noch etwas hinzu, so nimmt es dieses Quantum nicht
an, denn das, was hineinfällt, fliesst über. Der volle Licht- 10
körper aber, der nichts aufnimmt, von dem die Manichäer
sprechen, der ruft uns bei seinem Anblicke zu, dass wir von
den Manichäern nichts aufnehmen sollen.

Verlassen wir nun das Geschwätz der Manichäer, weil sie
allein dafür zeugen, und hören wir, was Moses sagt, und für 15
was alle Völker unter der Sonne zeugen; und zwar zuvörderst
die Hebräer, die die Zählung des Mondes zählen, und ihnen
nach alle Völker, die, welche Barbaren heissen, und auch die
Griechen, die die Zählung der Sonne handhaben, während sie
auch die Zählung des Mondes nicht vernachlässigen. Und wenn 20
wir folglich auch unsere Rede lang hinziehen, so wollen wir
doch zeigen, was nach der Zählung der Sonne, und was nach
der Zählung des Mondes gezählt wird. Nach der Zählung der
Sonne werden die Tage gezählt; und das „es ist Tag geworden, es ist dunkel geworden" wird an der Sonne erkannt. Das 25
ist die Unterscheidung des Tages. Durch den Mond aber werden die Monate erkannt; denn Monatsanfang und Monatsende
kommt vom Monde. Denn auf die Sonne, durch deren Auf-
gang und Untergang die Tage unterschieden werden, ist eine
Unterscheidung nach Monaten nicht anwendbar; denn gleich- 30
mässig und fortgehend ist ihr Verlauf; und sie zeigt keinen
Unterschied, nachdem dreissig Tage zu Ende sind; damit wir
in Kenntniss gesetzt werden durch diesen Unterschied, ob der
Monat zu Ende ist oder begonnen hat; und auf den Mond, der,
indem er voll wird und abnimmt, den Unterschied betreffs der 35
Monate macht, ist ein Unterschied nach Tagen nicht anwendbar; denn wie oft begegnet es ihm, dass er zur dritten oder
vierten Stunde aufsteigt und zur siebenten oder neunten unter-

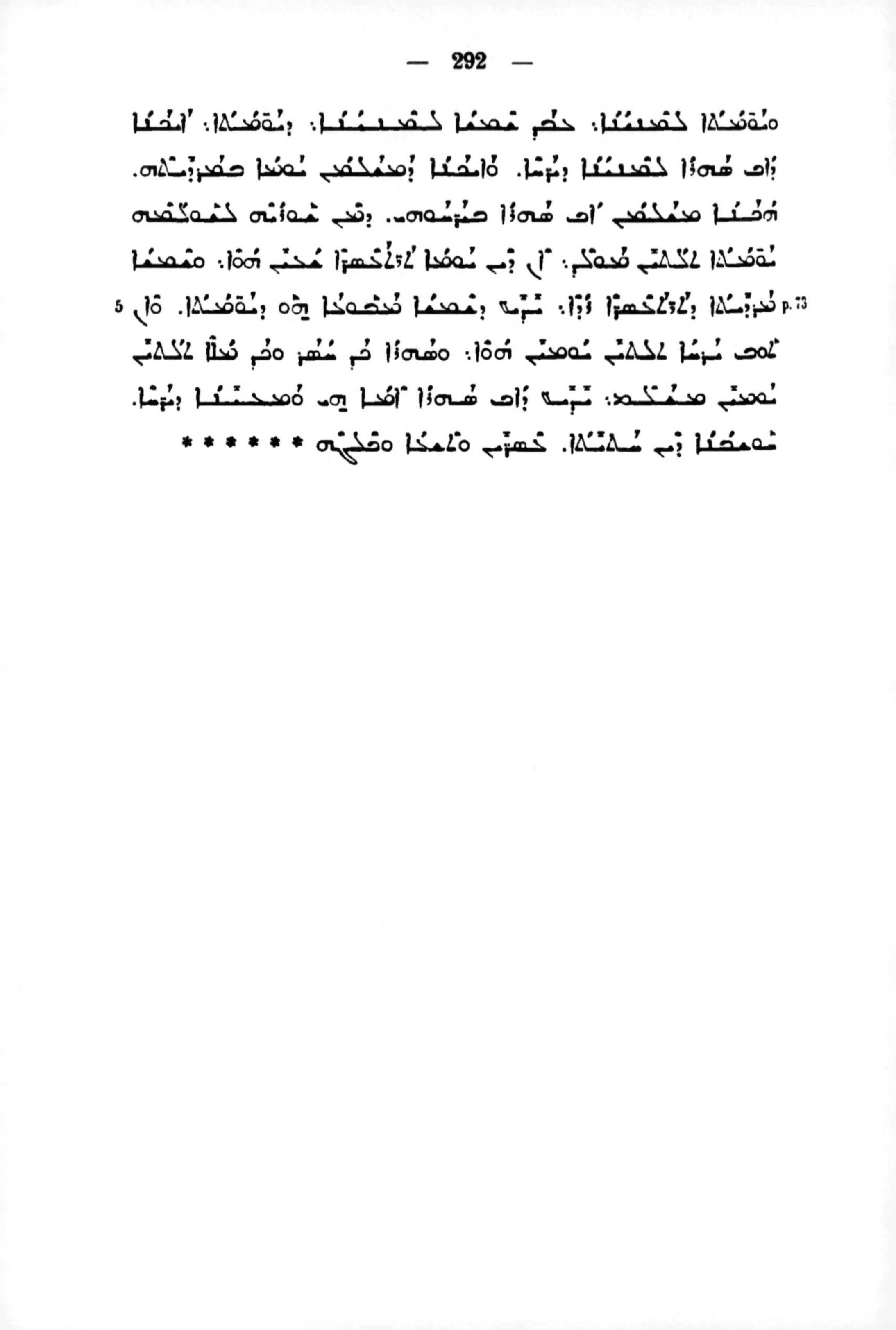

p. 73 5

geht; wobei er volle zwei Tage lang nach seiner ganzen Grösse unsichtbar ist. — Gott, der in seiner Weisheit sowohl die Monate angeordnet hat zum Zwecke der Berechnung und die Tage zum Zwecke der Zählung, der hat die Sonne für die Zählung der Tage gemacht, wie auch den Mond für die Zählung der 5 Monate. Und wie der Tag vollkommen ist in seinem Verlaufe, so ist auch der Mond vollkommen in seinen Monaten, denn von seinem Beginn bis zu seinem Ende bringt er 30 Tage hervor. Wenn aber der Tag aus 12 Stunden besteht, und die Sonne einen zwölfstündigen Lauf läuft, so ist offenkundig, dass 10 die Sonne die Quelle der Tage ist, und wenn hinwiederum der Monat aus 30 Tagen besteht, und der Mond, indem er abnimmt und indem er sich füllt, 30 Tage voll macht, so ist offenkundig, dass auch der Mond seinerseits die Mutter und Quelle der Monate ist. Bei genauer Berechnung sind es aber 29$^1/_2$ Tage..... 15

Anmerkungen.

[1]) Zu S. 268 Z. 1. Overbeck im Index p. XXXV übersetzt „ad Hypatium, Manetem, Marcionem et Bardesanem tractatus secundus". Aber ein Ketzer Hypatius, was dieser hier neben Màni, Marcion und Bardaisàn doch sein müsste, ist sonst nicht bekannt; und Efräm's Freund Hypatius, den er bei Overbeck p. 21 l. 4 im Eingange seines ersten Tractats gegen die Irrlehren begrüsst (ܐܣܝܬܐ ܠܢܚܬܘܦܢ̈ܫܐ ܐܣܘ ܚܦܢ̈ܝ ܡܟܝܠ) kann hier nur verstanden werden, wenn die Präposition ܠܘܬ vor dem ersten Substantiv als „gerichtet an", ad, vor den folgenden als „gerichtet gegen", contra, gefasst werden könnte, was aber wegen der Härte dieser Verbindung nicht angeht. Es sind jedenfalls die Ophiten gemeint, dieselben, die 'Ebed-Jeśu' im Catal. scriptt. Syrr. nr. 51 bei Assem. I, 58 col. 1 lin. 10a fin. als ܗܘܦܝܛܣܐ unter den von Efräm bekämpften Sekten aufführt. Die Endung der griech. zweiten Declination ܘܣ bei Assemani ist, obwohl die Griechen z. B. Epiphan. haer. XXXVII bekanntlich Ὑφῖται accus. Ὑφίτας schreiben, mit Beispielen wie ܐܪܟܘܣ = ἀρχάς, ܕܝܬܩܘܣ = διαθήκας u. a. (cf. Hoffmann gramm. syr. p. 256 a) zu belegen. Die Form unseres Textes ܗܘܦܝܛܐ, wenn nicht geradezu in ܘܣ zu ändern, geht entweder auf die Femininform Ὑφίτις acc. pl. — εις zurück oder wir haben zu sagen, es sei hier statt der Endung der ersten Declination, die das griech. Wort hat, im Syr. eine der dritten — εις —, wie bei Assemani eine der zweiten, eingetreten. Die Verwechselung der Declinationen durchdringt bekanntlich die ganze Gestaltung griech. Wörter im Syrischen. Da der Tractat uns unvollendet vorliegt, so darf die Nichterwähnung der Ophiten in dem erhaltenen Stücke so wenig gegen unsere Auffassung vorgebracht werden, wie die Nichterwähnung Marcions im Texte etwa dafür, dass Marcion nicht in der Ueberschrift genannt werden dürfte. — Die „Ophiten" ܗܘܦܝܛܐ heissen sonst bei Efräm auch in rein syrischer Bezeichnung: ܒܢ̈ܝ ܚܘܝܐ so z. B. vorher in dem Citate S. 264 Z. 10 v. u. — Zu diesem syrischen Ausdruck sei bemerkt, dass wir jetzt durch Dozy wissen, dass die Harranier ein, بيت الحيّة oder خزانة الحيّة, „Schlangenhaus, Schlangenschatzhaus" genanntes mysteriöses, den Laien unbetretbares Heiligthum hatten. Die „Ophiten"-Lehre ist ja grundheidnisch.

. Noch eine Auffassung wäre möglich. Es ist bekannt und oben gesagt, dass Efräm gerade die drei Häresiarchen Màni, Marcion und Bardaisan in dieser Ordnung zu verbinden pflegt. Daher könnten die letzten drei Namen von einem späteren Abschreiber beigefügt sein, der sich nach Lesung eines Theiles des Abschnittes überzeugt hatte, dass Efräm gegon Mani polemisire, und also annahm, er werde, wie sonst, auch wider Marcion und Bardaisan sprechen; die eigentliche Ueberschrift lautete dann „zweiter Tractat an Hypatius“, an den der erste p. 21 ff. allerdings gerichtet ist. — Bemerkt sei noch, dass die übliche Zusammenstellung von Marcion, Bardesanes und Mani resp. deren Häresien aus den Schriften der christlichen Häresiologen auch zu den Arabern übergegangen ist und z. B. von Bîrûni (Chronologie orientalischer Völker herausgeg. von Sachau 1878 S. ܪܡܟ Z. 9 ff.) angewendet wird.

Dass übrigens Efräm gegen die Ophiten gekämpft habe, ist in seinem „Testamente“, Overbeck 147, 9, ausdrücklich gesagt (ܟܬܖ̈ܝܢܐ ܘܒܖ̈ܝ ܚܘܘܬܐ, die Katharisten und die Schlangenbrüder).

⁷) Zu S. 268 Z. 4: Zu ܐܡܖ̈ܝ, 3. pl. perf. fem., einer nicht seltenen scriptio defectiva, cf. Bernstein, chrest. syr. p 3 Anm.

³) Zu S. 272 Z. 18: ܦܫܝܩܬܐ, wie lat. facilis, gefällig u. s. w.

⁴) Zu S. 272 Z. 22: Zum Gebrauche von ܣܠܩ an dieser Stelle cf. ἀναβαίνειν in Clem. homil. II, 15 ἐπὶ τὴν καρδίαν ἀνέβη.

⁵) Zu S. 274 Z. 11: ܕܪܫܐ, hier im Sinne des rabbin. דרוש, opp. פְּשַׁט der einfache Wortsinn.

⁶) Zu S. 278 Z. 14. Ueber ܪܡܬܐ, was bei Cast. als fimus interior corporis unbelegt steht, cf. Barhebraeus' Tractat De vocibus aequivocis in der Ausg. seiner Oeuvres grammaticales von Martin vol. II s. v. ܪܡܬܐ ܐܟܠܐ ܗܘ d. i. ܪܡ bedeutet den Mist im Magen des Viehes.

⁷) S. 284 Z. 1 ܡܩܒܠܢܐ ist ὑποδέχται, bei den Kvv. speciell „Einnehmer, Kassirer“; s. Payne-Smith s. v.

⁸) Zu S. 284 Z. 17: Vor ܠܗܘܐ ist aus der vorhergehenden Zeile zu ergänzen ܩܕܡܬܐ ܕܘ ܠܐ ܗܘ.

⁹) Zu S. 288 Z. 1: ܟܠܒܝ ܘܚܡܐ ist Ein zusammensetzungsartiger Begriff, daher ܗܘ statt ܗܝ.

¹⁰) Zu S. 290 Z. 16: ܥܝܕܐ hier entw. ein Beleg für die Bedeutung „consuetudo, traditio“ bei Cast., oder es steht in der Urbedeutung des Wortes „Fluss, Verlauf“, was ich vorziehe wegen der Glosse des Bar Ali ed. Hoffm. nr. 4413: اِنْدِفَاعُ ٱلْغَذَى وَوَصُولُهُ وَنُفُوذُهُ تَنْفِيذًا d. i., von der verdauten Nahrung resp. dem Urin gesagt, dessen procursus atque adventus et ad ostium productio.

Darstellung der Lehre des Mânî bei Efräm.

Bevor wir das, was der Syrer über Mani's Lehre angibt, zusammenstellen, wollen wir die wenigen Notizen, die wir aus Efräm über Mani's Leben gewinnen, vorzuführen nicht unterlassen.

Die Stelle 497 D, nach der von Efräm's Standpunkt aus die Lehre Mani's erst 100 Jahre besteht, ist schon oben angegeben und übersetzt.

Dann verdient die Stelle 487 F bis 488 A in extenso hergesetzt zu werden, da sie die zeitliche Folge der drei Erzketzer lehrt: ܢܫܬܐܠܘܢ ܥܠ ܙܒܢܝܗܘܢ܂ ܐܝܢܐ ܩܕܝܡ ܡܢ ܚܒܪܗ܂ ܕܢܓܢܘܒ ܡܐܢܝ ܒܘܟܪܘܬܐ܂ ܩܕܝܡ ܗܘ ܠܗ ܒܪܕܝܨܢ܂ ܛܠܐ ܗܘ ܙܒܢܗ ܡܢ ܩܕܡ̈ܝܐ܂ ܡܪܩܝܘܢ ܟܘܒܐ ܩܕܡܝܐ܂ ܒܘܟܪܐ ܕܣܢ̈ܝܐ ܕܚܛܝܬܐ܂ ܙ̈ܝܙܢܐ ܕܩܕܡ ܐܘܥܐ܂ ܢܪܥܥ ܟܐܢܐ ܠܢܘܥܝܬܗ d. i. „sie sollen über ihre Zeit befragt werden, wer älter ist als sein Genosse. Will etwa Mani die Erstgeburt rauben? Vordermann ist ihm Bardaisan. Und soll Bardaisan für den ältesten erklärt werden?. Jung ist seine Zeit gegen die Früheren. Marcion ist der erste Dorn, der Erstgeborne des Dorngestrüppes der Sünde, das Unkraut, das zuerst emporsprosste; möge der Gerechte seinen Keim zerschlagen."

Ueber Mani's gewaltsamen Tod belehren uns im Allgemeinen die zwei Stellen 550 E und 439 F; erstere lautet: [ܡܐܢܝ] ܕܟܦܪ ܒܐܣܝܗ: ܐܬܪܥܥ ܕܠܐ ܚܘܣܐ܂ ܠܫܘܚܩܗ ܢܣܒ ܘܐܘܪܬܗ ܠܬܠܡܝܕ̈ܘܗܝ „Mani, der seinen Arzt (d. i. Christum) verleugnete, wurde ohne Erbarmen zerbrochen; die Zermalmung (seines Leibes) trug er davon und vererbte sie (d. i. seine Reste) seinen Anhängern"; 439 F: ܕܐܣܝܐ ܡܢ ܡܐܢܝ܂ ܩܛܠ ܢܦܫܐ

ܛܪܕܘܗܝ. „da sich Mani allzuwild gebärdete, so fegten ihn die Bewohner des Ostens hinweg". — Dass er geschunden wurde, sagt direct die Stelle des oben übersetzten Abschnitts: „mit Recht hat man den Betrüger Mani geschunden, der von der Finsterniss sagte, sie sei geschunden worden", ܒܟܐܢܘ ܢܬܓܠܕܘܗܝ ܠܡܐܢܝ ܕܓܠܐ. ܕܐܡܪ ܥܠ ܚܫܘܟܐ ܕܐܬܓܠܕܬ.

Betreffs seiner Lehre wird Mani mit „den Nachkommen der Hagar, die von allem rauben" verglichen 530 F ܐܚܪܢܐ ܕܐܬܐ. ܕܩܕܡܘܗܝ ܘܠܘܘܗܝ. ܓܢܒ ܡܢ ܚܒܪܘܗܝ. ܐܝܕܗ ܒܟܠ ܘܐܝܕܐ ܕܟܠ ܒܗ. ܒܟܠ ܚܛܐ ܠܡܚܛܝܘ ܠܟܠ. ܠܒܢܝ ܗܓܪ ܕܡܐ ܕܒܙܝܢ ܠܟܠ ܐܢܫ, „ein anderer der kam, dem sie vorhergegangen sind, den sie geleitet haben, stahl von seinen Genossen; seine Hand ist an Jedermann, und Jedermanns Hand an ihm [1]). An Jedem sündigt er, um Jeden zur Sünde zu verleiten; den Nachkommen der Hagar gleicht er, die von allem rauben [2])". Hiermit zu vergleichen 488 F ܐܡܪܚ ܡܐܢܝ ܠܡܓܪܫ. ܠܟܠܗܝܢ ܒܝܫܬܐ ܡܢ ܥܩܪܗ „Mani erfrechte sich, alles Böse von Grund aus sich anzuziehen".

In welcher Eigenschaft und mit welchen Prätensionen Mani auftrat, sagt uns 487 D ܡܫܝܚܐ ܕܕܓܠܘܬܐ. ܐܬܩܪܝ. ܢܦܚ ܪܘܚ ܛܘܥܝܝܐ ܒܢܒܝܘܗܝ. ܘܩܨܐ ܦܓܪܗ ܠܬܠܡܝܕܘܗܝ. ܘܦܠܓ ܐܪܥܐ ܠܟܪܘܙܘܗܝ und weiter ܫܠܝܚܐ ܢܦܫܗ ܩܪܐ ܗܘܐ. ܦܪܩܠܝܛܐ ܕܡܢ ܐܬܡܠܝ ܐܬܚܙܝ „Trugmessias wurde er genannt; er blies den Geist des Betrugs seinen Propheten ein, und brach seinen Leib seinen Schülern, und theilte die Erde unter seine Verkündiger — Apostel nannte er sich selbst, den Paracleten, der vorgestern aufkam".

Am reichsten sind Efräm's Angaben betreffs der manichäischen Kosmologie und Kosmogonie. Zwei Grundwesen wohnen bei einander 471 E „es ist eine grosse Verirrung,

---

[1]) Genes. 16. 12 von Ismaël gesagt.

[2]) Dieses Bild ist um so interessanter, als wie oben ausgeführt Mani im eigentlichen Sinne mit Arabern in sehr engen Beziehungen gestanden haben muss.

wenn es so sein soll, dass ewige Wesen bei einander wohnen";
und zwar ist dies ein Wohnen im Raume, an Orten, wo
sie von Ewigkeit her lagern, 471 E ܘܗܘ ܚܬܝ ܐܬܠܩܐ,
ܐܬܚܬܡܬ ܟܘܡ ܒܗ ܡܚ ܡܫ ܟܠܐܪܗ, es muss daher der Ort, an dem sie
wohnen, weil beide umfassend, grösser sein als sie selbst[1])
471 E, — zwei Gewalten sind es, die Mani lehrt, und da es
zwei sind, ist jede einzelne unmächtig 530 A.

Die Finsterniss ist bei Mani, wie bei allen Gnostikern, nach
Name und Wesen die ὕλη der Griechen; denn von der ὕλη
sagt er, sie sei in Gefangenschaft gerathen. 468 D. E ܟܡ ܚܠܐ
ܟܘܐܢܬ ܘܡܝ. ܘܕܙܠܐ ܣܡܫܚܬܐ. und ܡܩܢܬܐ ܡܢܗ ܡܢ ܡܚܢܐ ܗܠܢܐ.
ܐܡܙܐ ܘܗܕ ܠܘܚܗ. ܡ ܠܐ ܘ ܝܡܚ ܚܠܚܚܗ. ܚܠܚܐ d. i. „von den Griechen
haben sie einen verabscheuenswerthen Namen erworben, den der
schmachvollen Hyle — Mani aus Babel[2]) hat, indem er nicht
bei Sinnen war, von ihr geschrieben, dass sie in Gefangenschaft
gerathen sei".

Wir erinnern dann an folgende Stellen des oben übersetzten
Abschnittes: „Die Finsterniss verlangte nach dem Lichte, weil
sie in ihm Behagen und Beruhigung zu finden glaubte, indem
es für sie begehrenswürdig und schön war; sie ging auf dasselbe los wie zu ihrer Ergötzung." — „Aber das Licht erwies
sich als ein feindseliges, quälendes Element"; „die Finsterniss
gerieth in Gefangenschaft"; — „das Gefängniss ist aus der Substanz des Guten erbaut"; — „der das Grab der Finsterniss verfertigte ist der Lichtkönig".

Es findet nun eine Vermischung der Grundwesen statt:
471 F ܘܬܚܚܟܐܕ ܐܗ; 472 A ܚܡܚܚܚܚ ܐܬܠܩܐ ܘܗܘ ܚܬܝ.

---

[1]) Anklang an die persische Lehre vom Unendlichen Raum thwâsha
und der Unendlichen Zeit zrvânem akaranem.

[2]) Solche Stellen sind wohl zu beachten für die Erkenntniss der Thatsache, dass in des Mani Lehre altbabylonische resp. chaldäische Elemente
die Grundlage bilden. Nach Birûni S. 208 Z. 7 ff. ist Mani, nach seiner
eigenen Angabe im Buche Shâhpûrakân, in Babylonien in der Stadt Mardinu in der Nähe von Kutha geboren وكانت ولادة مانى ببابل في قرية
تُدْعَى مردينو من نَهْر كُوثَى الأَعْلَى.

Beide geriethen in Bewegung; der Antrieb aber ging von der
Finsterniss aus 472 A, dazu ebenda die Bemerkung: „wenn die
Finsterniss eine ruhige Natur ist, wer hat sie denn in Aufruhr
versetzt, und wenn sie aufrührerisch ist, wer hat sie festge-
macht?" Dabei wird die gute Substanz getheilt, ein Einschnitt
in sie gemacht s. ob.: „wie kann dieses leidensunfähige Wesen
getheilt, wie kann es zerschnitten werden?"

Dadurch kommt es, dass alle Creaturen von Lichtsubstanz durchdrungen sind, also auch das Brot; aber
Steine und Erde sind empfindungslos; dazu oben die Bemerkung: „wenn die Erde ohne Empfindung ist, und die Steine
ohne Leidensfähigkeit, wie kann es dann Eine Natur und Ein
Wesen sein, von dem die vernünftigen Seelen und die stummen
Steine stammen?"

Die beiden Grundwesen sind aber nicht ungetheilter, ein-
heitlicher Natur; es sind bloss dem Namen nach zwei Grundwesen, bei näherer Erforschung sind es viele (s. ob.). Das
Lichtwesen zerfällt in unterschiedliche Götter und Gewalten,
530 B: „deutliche Namen von Göttern, unterschiedene, haben
Mani und seine Genossen verkündet, zu ihrer Schande; unzählige
kleine Gewalten waren es, auf dass sie handeln sollten als ent-
leerte, kraftlose", ܡܥܢܬܐ ܡܢܝ ܚܬܡܢܐ. ܣܐܢܬ ܡܣܨܐ ܩܢܘܘ
ܐܚܙܘܙ ܘܣܘ ܘܢܨܘܐܘ. ܩܬܗ ܣܘܠܣܢܬ ܐܚܘܢܬ ܘܘܘ. ܘܬܚܙܘ,
ܘ ܩܨ ܚܡܨܩܐ ܡܠܢ܁ Die Finsterniss hat viele Dämonen (ob.), die,
während die Finsterniss selbst unsterblich ist und geistiger Natur
(ܘܪܩܢܐ), sterblich sind, festgenommen und getödtet worden sind.
Die Dämonen verzehrten von der Lichtsubstanz; und dieses Licht
geht in ihnen eine Mischung ein (ob.). Aber der Urmensch,
ausgestattet mit den fünf Kräften[1] der Gottheit, fängt die Dämonen, zieht ihnen die Haut ab und formt aus ihren Häuten
den Himmel, aus ihrem Miste die Erde, aus den Knochen die
Berge (ob.)[2]. Die Ausspannung in der Luft geschah zu dem

---

[1] S. 443 B „in ewige Wesen haben sie den Ewigen zerrissen und
haben den Einen Namen in mehrere Namen getheilt, unter fünf Kräfte
haben sie sein Wesen vertheilt".

[2] Die hier von Efräm berichteten Einzelheiten über die manichäische

Zwecke, dass das Verschlungene als Regen und Thau wieder
ausgeschüttelt und so eine Scheidung der Elemente herbeigeführt
würde. — Donner und Blitz sind Aeusserungen der Wollust des
gefesselten Erzarchonten, der die Lichtjungfrau sieht 548 A B
ܨܚܩܐ ܡܨܡܐ ܠܘܐܨ. ܥܬ݁ܝܠܢܐ ܠܨܡܨܐ. ܘܐܡܪ ܘܐܨܢܝ ܟܠܐ ܗܘ.
ܠܐܩܨܐ ܘܐܩܨܐ u. s. w. „Durch die Donnerschläge und Blitze
erzürnen sie den Heiligen, indem es nach ihrem Gerede die geile
Stimme des Archonten ist, der die Jungfrau sieht; und durch
das Donnerkrachen, bei dem ihr Herz krachen sollte, dass es
ihnen Ruhe geben müsste, erregen sie grossen Zorn; denn wo
doch beim Donner, dem reinen, selbst ein unreiner Mensch sich
fürchtet, der Unreinheit zu nahen, wie ist es da möglich gewesen, dass zu dessen Zeit Jemand abgeschmackte Reden führte!"

An die Lehre von der Schöpfung der Körper durch die
Dämonen ist die Lehre des Mani vom Falle der Engel und
der Erzeugung der Riesen anzuknüpfen, die Efräm 455 D
dem Mani als eine von den Chaldäern entlehnte[1]) beilegt; dazu
die Bemerkung: was hat denn die keuschen Söhne der Höhe
verwirrt gemacht? Hat sich etwa das Schicksal bis zu ihnen
erstreckt[2])? Und wie ist bis dahin der Blick des Sternes (der

- -

Weltschöpfung durch den „Urmenschen" sind in solcher Genauigkeit selbst
im Fihrist, der in der Kosmogonie doch so ausführlich ist, nicht zu finden,.
dienen also der Hauptquelle zur Ergänzung.

[1]) Die Lehre von der Erzeugung der Riesen (Heroen, אַנְשֵׁי הַשֵּׁם
genes. VI) wird hier also ausdrücklich auf die Chaldäer (vielmehr: die
heidnischen Aramäer Babyloniens) zurückgeführt, nicht etwa die Juden;
eine für die Religionsgeschichte sehr interessante Bemerkung; s. Bd. II
Abschnitt V. Ueber das „Buch der Riesen" von Mani s. oben in Abschnitt III S. 198 ff.

[2]) Anspielung auf die chaldäische Astrologie; ܚܠܩܐ das Schicksal
bei Efräm. Eine Schrift des Mani über die Riesen الجبابرة wird
sowohl im Varzeichnisse seiner Schriften im Fihristbericht als auch bei
Biruni und sonst öfters erwähnt. Es handelt sich ohne Zweifel um eine
der jüdischen Tradition über genes. VI conforme Sage vom Sündigen der
Engel durch fleischliche Vermischung mit den Menschentöchtern, eine Sage,
welche den manichäischen Ausführungen über die Anfänge der Welt allerdings sehr congenial sein musste.

Venus) gelangt? cf. auch 477 E „sie haben wider die Engel ge-
lästert, dass sie in ihrem Körper gesündigt hätten".

Weltverlauf. Das von der Finsterniss geraubte Licht ist
so völlig mit allen Creaturen vermischt, dass selbst die Seele
des Hundes eine Lichtsubstanz ist 487 E. Das gefesselte Licht
wird nun allmählich losgeläutert und entweicht s. oben. Das
Gute nimmt zum Guten hin seinen Läuterungsweg und steigt
aus der Tiefe in die Höhe Overb. 56, 27 bis 57, 2: ܠܟܐܣܐ
ܕܟܐܡܘ ܫܘܡ ܢܘ ܙܐܡܘ܂ ܟܠ ܗܘܐ ܠܟܢܘܙ ܟܚܠܐ. Die Welt
Welt ist ein läuternder Ofen s. oben. Der Lichtstoff, den die
am Himmel festgemachten Dämonen enthalten, wird wie durch
Keltern im Regen befreit, so dass der Himmel als Kelter ܠܢܡ,
ܡܥܙܟܠܐ dient. Auch Bäume und Saaten dienen der Ausläu-
terung (oben). Zur Aufnahme des freigewordenen Lichtstoffes
dient der Mond. Er nimmt 15 Tage lang, während er zunimmt,
das Licht auf und lädt 15 Tage lang wieder aus. Vom Monde
empfängt das Licht die Sonne (oben).

Zur Psychologie. Die Seele des Menschen ist gleicher
Natur mit dem Lichte. Durch das Eingehen in den Körper ist
sie, die ungreifbare, greifbar geworden. In den Leib gefesselt
hat die Seele der Teufel. Der Schöpfer des Körpers ist böse;
cf. 481 C ܡܛܠ ܡܢܐ ܦܓܪܐ ܕܡܢ ܣܛܢܐ ܗܘ ܒܩܒܘܬܐ ܐܬܢܛܪ „warum ist der
Körper, der vom Teufel ist, in der Arche bewahrt worden?"
Die Finsterniss plante, in dem Körper der Seele ein Gefängniss
zu schaffen, aus dem sie nicht heraus könnte s. ob. Der Körper
ist eine verworfene Hefe 476 E.

Ethik. Alles Dunkle ist abscheulicher Natur, auch die
Nacht; ebenso der Körper 474 D E ܐܪܙ ܡܣܬܒܪ ܐܝܟ ܣܝܐ ܗܘ
ܡܚܒܠܝܢ etc. Von gleicher Art sind das Fleisch, das Dunkel
und der Teufel ibid. Ebenso sind der Wein und die Lust vom
Bösen und machen, wenn sie sich dem Körper mittheilen, dessen
böse Art fast unbesiegbar ibid. Brot zu brechen vermeiden sie,
ertheilen aber dem, der sie damit versieht, nachdem sie ihn
angebettelt haben, Vergebung seiner Sünden 440 A: „siehe es
heften sich die Hunde des Mani an Jedermann, sie wedeln Je-

den, den sie finden, an um das tägliche Brot; kranke Hunde
sind sie, die nichts brechen können; Sünden und Schulden aber
vergeben sie: darauf sind sie rasend erpicht ...."

Ueber das Verhältniss der Manichäer zur heiligen
Schrift sagt Efräm nur im Allgemeinen, dass sie die Schrift-
worte verdreht, die Texte selbst verstümmelt und aus dem ihnen
Beliebigen sich einen Codex zusammengesetzt hätten 441 F: „sie
zerschnitten und verdrehten die Schriften und verdrehten die
Worte, deren Sinn doch nur Einer ist[1])" cf. besonders 442 C
„es betrachteten die Kinder des Irrthums die beiden Testamente.
als ob sie gemischt und zusammengesetzt worden und so zu
einem Grundgesetze geworden wären. Sie schnitten heraus und
nahmen etwas, hefteten zusammen und machten Schriften; sie
schnitten heraus die Berichte die ihnen zusagten, lösten sie auf
und füllten sie mit ihren Entstellungen". — 550 E heisst es speciell vom Alten Testamente: „gegen Moses und die Propheten
wüthete er mit Schmähungen". — Hiermit ist zu vergleichen
die genauere Angabe des Titus von Bostra l. IV c. 1 p. 129 des
syrischen Textes von Lagarde[2]); — „das Alte Testamant ist
es, das er nach seinem ganzen Umfange von den Archonten
der Hyle herrühren liess, von der es benannt wurde; denn er
liess es nach seinem ganzen Contexte, nach Sachen wie Worten,
unversehrt und ganz; — das Neue Testament aber verdarb er
in jeder Hinsicht und zerstückelte es wie einen Leichnam und
zerschnitt es: vieles in ihm tilgte er und nur weniges wählte er
für sich", syrisch: ܒܠܝܕܐ ܚܠܦܝܐ ܗܘ ܘܡܢܟ ܢܛܟܠܐܐ ܗܘܡܟܐ.
ܢܒ ܐܘܬܚܝܬܗܠܐ ܘܗܘ ܬܠܐ. ܘܬܚܒ ܢܚܕܕܘܢܡܐ. ܘܗܒ ܚܢ ܚܩܒܩܐ
ܦܟܗ ܡܚܨ ܒܠܚܒ. ܘܩܨܐܠܐ ܘܒܠܚܒ. ܘܬܠܐ ܣܟܢܩܐ ܘܣܡܟܩܚܐ.
— ܠܒܩܝܐܐ ܕܝܢ ܗܪܠܐ ܚܦܠܬܩܝܡ ܡܚܟܠܗ ܘܐܡܪ ܒܠܚܝܪܐ ܗܘܪܢ ܕ
ܗܘܪܕ ܚܨܩܦ. ܘܡܗܝܠܐܐ ܩܕܘܗ ܚܢܗܠܐ. ܘܐܢܚܘܪܢܐܠܐ ܟܠ ܚܠܚܩܚܐ.

[1]) Cf. Bìrūni p. ٣٣٨ Z. 10 ولاصحاب مانى انجيل على حِدَه. die An-
ولاصحاب مانى انجيل على حِدَه يشتمل على خلاف ما عليه النصارى من اوّله الى اخره
hänger des Mani haben ein Evangelium eigener Art, welches etwas von
dem christlichen ganz Verschiedenes von Anfang bis zu Ende umfasst."

[2]) Buch IV ist im griechischen Texte nicht erhalten.

2. Afraates über die Manichäer.

Wegen ihres relativ hohen Alters, nur drei Menschenalter nach Mânî's Tode niedergeschrieben, werde hier eine Stelle aus dem alten syrischen Kirchenvater Afarhat, gewöhnlich als Afraates latinisirt, mitgetheilt, und zwar aus dessen dritter Homilie. Dieser interessante, hochwichtige Autor, vor der Herausgabe [1]) seiner inhaltreichen Homilien andauernd verborgen geblieben, vag hin als „Sapiens Persa" bezeichnet und mit der armenischen Uebersetzung eines Theils seiner Homilien sogar unter die Werke des Jakob von Nisibis († 338) eingereiht, führte den persischen Namen ܐܦܪܗܛ oder ܐܦܪܗܛ (فرهاد افرهت). Von seinen Lebensumständen wissen wir sehr wenig; er blühte während des zweiten Viertels des vierten Jahrhunderts, etwas jünger als Jakob von Nisibis, aber älter als Efräm der Syrer. Jedenfalls war er ein Bischof. Für sein Alter bezeichnend ist, dass er die (den Efräm z. B. bereits sehr stark beschäftigende) arianische Häresie noch gar nicht kennt. Man kann (mit Wright l. c. preface p. 9) annehmen, dass er am Concil von Seleucia im Jahre 344 theilgenommen und dessen Encyclica verfasst hat; jedenfalls ist er der älteste syrische Kirchenvater [2]). Nach dem Orte und der Art seiner Wirksamkeit musste ihm die Religion des Mani mit ihrer christlichen Propaganda sehr wohl bekannt sein, und da diese letztere eben in die erste Anfangszeit der manichäischen Kirche fällt, so verdienen die Schriften des Afarhat nach Aeusserungen über die gefährlichen Manichäer sorgfältig durchforscht zu werden.

In seiner dritten Homilie (ܬܠܝܬܝܬܐ), welche sich über das Fasten und seine Verdienstlichkeit verbreitet (ܬܠܝܬܝܬܐ ܕܨܘܡܐ) sagt er § 6 p. 51 Z. 3 ff. über die Manichäer Folgendes [3]):

ܐܘ ܓܝܪ ܐܦ ܡܢܟܘܬܐ ܒܚܛܐ ܐܝܠܢܐ ܕܚܝܐ܀ [4]) ܘܨܡܘ ܐܢܫܝܢ ܘܦܪܚܕܢܢ

---

[1]) The homilies of Aphraates, the persian sage, edited from syriac manuscripts — by W. Wright London 1869. 4. vol. I. The syriac text.

[2]) Cf. auch Sasse, Prolegomena in Afraatis — sermones. Lips. 1874.

[3]) Ich setze die Vokalzeichen hinzu.

[4]) Mânâ „Gefäss". Die beliebte Anspielung der Syrer auf den Namen Mânî, auch von Epiphan. mit seinen σκεῦος wiedergegeben.

ܚܛܗ̈ܝܗܘܢ. ܘܡܦܪܥܢܐ ܠܝܬ ܠܗܘܢ. ܡܢܘ ܓܝܪ ܢܬܠ ܐܓܪܐ
ܠܡܪܩܝܘܢ. ܕܠܐ ܡܘܕܐ ܕܛܒܐ ܠܒܪܘܝܢ. ܘܡܢܘ ܢܦܪܘܥܝܘܗܝ
ܠܘܠܢܛܝܢܘܣ ܥܠ ܨܘܡܗ. ܕܐܡܪ ܕܣܓ̈ܝܐܝܢ ܐܢܘܢ ܒܪ̈ܘܝܢ. ܘܐܡܪ
ܕܐܠܗܐ ܡܫܡܠܝܐ ܠܐ ܐܬܡܠܠ ܒܦܘܡܐ. ܘܪܥܝܢܐ ܠܐ ܒܨܝܗ.
ܘܐܦ ܡܢܘ ܢܬܠ ܦܘܪܥܢܐ ܠܒ̈ܢܝ ܚܫܘܟܐ. ܝܘܠܦܢܗ ܕܡܢܝ
ܪܫܝܥܐ. ܕܥܡܪܝܢ ܒܚܫܘܟܐ ܐܝܟ ܚܘ̈ܘܬܐ. ܘܡܦܠܚܝܢ ܟܠܕܝܘܬܐ
ܝܘܠܦܢܐ ܕܒܒܠ. ܗܐ ܟܠܗܘܢ ܨܝܡܝܢ ܘܠܐ ܡܬܩܒܠ ܨܘܡܗܘܢ*

„Denn auch die falschen Lehren, die Gefässe des Teufels. fasten und bekennen ihre Sünden, aber einen Lohnverleiher haben sie nicht. Denn wer wollte dem Marcion Lohn geben, der unseren Schöpfer nicht als einen guten anerkennt, und wer wollte den Valentinus für sein Fasten belohnen, der lehrt, dass es unserer Schöpfer viele sind und gesagt hat, der vollkommene Gott habe nicht durch einen (d. i. eines Propheten) Mund geredet, und der Verstand habe ihn nicht erforscht. Und fürwahr, wer wollte Belohnung geben den Söhnen der Finsterniss, der Lehre des verruchten Mani, die im Finsteren wohnen, nach Art der Schlangen, und das Chaldäerthum ausüben, die Lehre von Babel. Siehe, sie alle fasten, aber ihr Fasten wird nicht (von Gott) angenommen.

Das Bewusstsein darum, dass die Lehre der Manichäer die aus der Verborgenheit herausgeholte alte Chaldäerlehre sei, dass sie babylonischen Ursprungs sei, war also diesem alten Kirchenvater noch nicht verloren gegangen. Je näher in der Zeit, desto schärfer die Unterscheidung von Verwandtem. Bei den Späteren fällt ja (z. B. bei Barhebraeus) Manichäismus und Parsismus ganz zusammen.

3. Birûnî.

Dieser gelehrte und bis zum Skepticismus kritisch gerichtete arabische Schriftsteller des 10. Jahrhunderts nach Chr. handelt in seinem Werke, welches den Titel führt: الآثار الباقية عن القرون الخالية d. i. Uebriggebliebene Denkmäler verflossener Generationen“ detaillirt von allerlei religiösen Einrichtungen (Festen u. s. w.) der Völker des Orientes, soweit solche

Riten zu seiner Zeit (um 1000 nach Chr. Geburt) noch prac-
tisch ausgeübt wurden. Hier kommt er denn in der Mitte seines Werkes auch auf Mani und seine Religion zu sprechen
(S. 207 ff. der Textausgabe, S. 189 ff. der engl. Uebersetzung.)
Das wichtige inhaltreiche Werk liegt uns vor in der meister-
haften Ausgabe von Ed. Sachau: Chronologie orientalischer Völker von Albêrûnî. Herausgegeben von Dr. C. Eduard Sachau.
Leipzig, Brockhaus, 1878. Eine englische Uebersetzung (mit
Anmerkungen) erschien 1879 unter dem Titel: The Chronology
of ancient nations. An english translation of the arabic text etc.
by Dr. C. Edward Sachau. London, for the Oriental Translation Fund by William H. Allen and Co. 1879.

Nach dem Orte seiner Geburt hat alBirûnî eine ausgesprochene und tiefempfundene Vorliebe für alles Nationalpersi-
sche, und eine ebenso gründliche Abneigung gegen die eigentlichen Araber, die Zerstörer der einstigen Herrlichkeit des Sasanidenreiches. Ebendaher ist auch seine Vorliebe für alles
Ausserarabische und Widerarabische zu erklären, und ebendaher
rührt auch sein Interesse für religiöse Erscheinungen wie die
Harranier und besonders die Manichäer. Ist es ja doch eine
(durch den Fihrist z. B. bezeugte) Thatsache, dass unter den
Trägern der höchsten Bildung und Würde in der ganzen Chalifenzeit und selbst am Hofe der Chalifen viele der Lehre des
Mani anhingen. Ferner ist ja diese Lehre von Haus aus, wenn
auch nach ihren Elementen nicht nationalpersisch, so doch poli-
tisch zunächst auf eine Glaubensreform oder die religiöse Umgestaltung vor allen gerade des glorreichen Sasanidenreiches
berechnet gewesen. Dieses sollte die Heimath einer neuen Weltreligion werden und sein Geschick, wenn die Manireligion Staatsreligion geworden wäre, wäre im Entscheidungskampfe mit den
Muslims vermuthlich anders ausgefallen [1]. So erklärt sich also
die rege Aufmerksamkeit, welche alBirûnî den Einrichtungen
der Manichäer an den verschiedensten Stellen seines Werkes
schenkt, zusammenhängend auf S. 207 ff.

Es sei hier nicht unterlassen, wenigstens eine kurze Mittheilung über das Leben des alBirûnî und über das in Rede

---

[1] So auch Spiegel, Eranische Alterthumskunde Bd. 3 S. 264 oben.

stehende Werk zu geben (cf. Sachau in den Einleitungen zu
der Textausgabe und der Uebersetzung): — Abû Raihân Muhammad ibn 'Ahmad alBirûnî (meist unter dem voranstehenden
Vaternamen Abû Raihân bei den Orientalen citirt) ist in Khwârizm (dem heutigen Khîwa) im Jahre der Higra 362 (973 nach
Chr.) geboren und zwar in einer der Vorstädte dieser grossen
Stadt oder in der nächstumgebenden Landschaft (persisch بيرون
birûn, in älterer Aussprache bêrûn, ausserhalb, bîrûn reften
hinausgehen), daher albirûni (albêrûni) d. i. extraneus genannt.
Sein Tod fällt in das J. d. H. 440 d. i. 1048 nach Chr., er
wurde also 75 Jahre alt. In seiner Heimathsstadt Khwârizm,
in welcher er den grösseren Theil seines Lebens zubrachte, und
deren Specialgeschichte er in einem öfter von ihm citirten Werke
(ta'rîh Hwârizm) geschrieben hat, genoss er den Schutz des regierenden Herrschergeschlechtes der Ma'mûni's; ausserdem hielt
er sich einige Jahre in der Provinz Gurgân (Hyrcanien) am Süd-
ufer des kaspischen Meeres auf, unter dem Schutze und wohl
auch am Hofe des Fürsten Kâbûs ibn Wasmgîr Sams alma'âlî,
dem er auch sein uns hier angehendes Werk (um das Jahr 1000)
dedicirt hat. Nach der Ermordung seines Gönners Ma'mûn von
Khwârizm und der Eroberung seines Heimatblandes durch den
mächtigen Mahmûd von Ghazna (1016 nach Chr., J. d. H. 407),
deren Zeuge er war, wanderte alBirûnî wie andere dortige Gelehrte nach Afghanistan aus und nahm seinen Wohnsitz in
Ghazna. Von hier aus hat er es sich dann seit 408 d. H. eifrig
angelegen sein lassen, das benachbarte Indien nach Sprache,
Literatur und Geschichte allseitig zu studiren und seine astro-
nomischen, geographischen und chronologischen Studien auf dieses reiche Land auszudehnen; ein berühmtes Werk von ihm
„Beschreibung von Indien", gegen Ende seines Lebens verfasst,
war die Frucht. In Ghazna ist er wahrscheinlich auch gestorben.

Das uns angehende chronologisch-historische Werk ist eine
Gelehrtenleistung ersten Ranges, aus authentischen, zuverlässigen
Einzelnachrichten bestehend. Es galt im Orient als die reifste
Frucht und die höchste Entwicklung orientalischer Gelehrsam-
keit überhaupt und bleibt auch für uns eine wichtige Quelle
hohen Ranges für die Einzelforschung nicht nur über die zoro-

astrische und die muhammedanische Religion mit allen ihren
Secten, sondern auch über die jüdische und die orientalisch-
christliche, die letztere was die monophysitisch-syrische und was
die nestorianische Kirche betrifft. Alle nur auftreibbaren Nachrichten über die Details werden mitgetheilt und mit kritischem
Scharfsinn gegen einander abgewogen; er erstrebt mathematische
Genauigkeit. Er schöpft vielfach aus unschätzbar reichen alten
Quellen, die uns wohl für immer verloren sind, und dies gilt
namentlich betreffs der persischen Religion und Geschichte; er
zeigt dies im Kleinen auch in seinem Abschnitte über die Manichäer. Der manichäische Glaube war ja, wie auch noch der
alte zoroastrische, in alBîrûnî's Heimath, in Khurâsân, wie in
Persien, noch durch viele Bekenner vertreten, der zoroastrische
besonders auf dem Lande, und er hatte also beste Gelegenheit
zu seiner mündlichen Information. Aus solcher wird er auch
(Sachau l. c. S. XII) seine so sehr detaillirten Kenntnisse über
Jüdisches geschöpft haben, besonders über den jüdischen Festkalender; das Gleiche gilt von seiner Vertrautheit mit den Eigenthümlichkeiten der Nestorianer. Bei seiner Richtung auf exacte
Geschichtstreue ist sein sarkastischer Ton allem als Betrug und
Fälschung Erkannten gegenüber sehr begreiflich. —

Wir geben daher also jetzt eine vollständige Vorführung
von alBîrûnî's Mittheilungen über Mani und seine Religion in
einer wörtlichen Uebersetzung mit einigen erklärenden Anmerkungen. Jedoch schicken wir dem Abschnitte über Mânî den
diesem im Originaltexte voraufgehenden über „Bûdhasaf" und
die Sâbier in gleicher Behandlung voraus, wegen der grossen
Wichtigkeit der gerade hier enthaltenen vielen werthvollen, ori-
ginellen, zum Theil genialen Bemerkungen für unsere spätere religionsgeschichtliche Forschung im zweiten Theile dieses Werkes.

AlBêrûnî's Chronologie orientalischer Völker, herausgegeben von
Ed. Sachau. Leipzig 1878. S. 204—209.

(S. 204 Z. 13 ff.) Abhandlung über die Aeren der falschen Propheten und ihrer Anhänger, die sich von
ihnen täuschen liessen — Fluch des Herrn der Creaturen
über sie!

20*

(Z. 14.) Wir reden also von der Zeitrechnung der falschen Propheten. Es sind nämlich innerhalb der Zeit zwischen den erwähnten Propheten und Königen eine Anzahl von falschen Propheten aufgetreten, zu deren Aufzählung, sowie zur Darlegung von deren Geschichte der Raum des Buches zu knapp ist. Unter ihnen sind solche, die zu Grunde gegangen sind, ohne Anhänger zu hinterlassen, und ohne dass etwas anderes als die blosse geschichtliche Erinnerung von ihnen übrig geblieben wäre. Andere von ihnen aber hatten Anhänger erworben, ihre Satzungen[1]) sind bei diesen geblieben, und sie wenden die Chronologie (Aera) ihrer Stifter an. Es ist nöthig, dass wir die Chronologien der berühmten unter ihnen erwähnen; und darin liegt auch wiederum ein Nutzen für die Kenntniss ihrer Geschichte. —

Der erste der berühmten von ihnen ist Bûdhasaf[2]). Dieser trat auf, als ein Jahr von der Regierung des Ṭahmûrath[3]) vergangen war, im Lande Indien. Er führte die persische Schrift ein und predigte die Religion der Ṣabier. Eine grosse Menge folgte ihm. Die Könige aus der Dynastie der Pêshdâdier und einige der Kayânier, nämlich die, welche in Balkh[4]) residirten, verehrten die beiden grossen Leuchtenden (d. i. die Sonne und den Mond)[5]), die Sterne (d. i. die 7 Planeten) und die Elemente[6]), und hielten sie heilig bis zur Zeit des Auftretens des Zarâdusht, der auftrat, als dreissig Jahre von der Regierung des Bishtâsf (d. i. Vistâçpa, Ὑστάσπης) vergangen waren.

Die Ueberbleibsel dieser Ṣabier[7]) wohnen in Harrân und werden nach ihrem Wohnorte benannt, nämlich als die Har-

---

[1]) نـوامـيـسـه von نامـوس, das dem Syrischen entlehnte griechische ܢܡܘܣܐ νόμος.

[2]) Das sanskritische Bôddhisattva.

[3]) Mythischer altpersischer König, altbaktrisch Takhmôurupa.

[4]) = Baktra.

[5]) يـعظـمـون النَّيِّرَيْن.

[6]) كـلـيَّـات العنـاصـر, also Feuer, Wasser, Luft u. s. w.

[7]) Hier die Form الصـابئـة, vorher Z. 19 الصابئون.

rànier [al-Ḥarràniyah oder alḤarnàniyah, wie sie auch als Religionsgenossenschaft bezeichnet werden]. Man sagt auch, dass
dieser Name abzuleiten sei von Hàràn, dem Sohne des Terach
und Bruder des Abraham — Heil über ihn! — und dass dieser
unter ihren Häuptern der am tiefsten in die Geheimnisse der
Religion eingeweihte und der am eifrigsten an ihr festhaltende
war [1]). Der Christ Ibn Sankîlà [d. i. Syncellus, Σύγκελλος] erzählt von ihm [S. 205, 1] in seinem Buche, in welchem er die
Widerlegung ihrer (sc. der Harrànier) Religion zum Ziele hat,
und welches er mit Lügen und unnützen Geschichten angefüllt
hat, sie sagten, Abraham — Heil über ihn! — sei lediglich
deshalb aus ihrer Gemeinschaft ausgezogen, weil auf seiner Vorhaut der Aussatz zur Erscheinung gekommen war, und wer diesen habe, der sei unrein, und sie verkehrten nicht mit ihm.
Da schnitt er also seine Vorhaut aus diesem Grunde ab, das
heisst, er vollzog an sich die Beschneidung. Dann trat er in
einen der Götzentempel ein und hörte von dem Götzen eine
Stimme, welche also zu ihm sprach: „O Abraham, du bist mit
Einer Sünde von uns hinausgegangen und bist mit Zwei Sünden
wieder zu uns gekommen; gehe hinaus und komme zu uns
nicht wieder!" Da ergriff ihn der Zorn, dass er die Götzenbilder in Stücke schlug [2]), und dann verliess er ihre Gemeinschaft. Darauf gereute ihn hinterdrein, was er gethan hatte,
und er wollte seinen Sohn dem Planeten Jupiter [3]) opfern nach
ihrer Gewohnheit, ihre Kinder zu opfern, wie der Verfasser des
Buches sagt, und als der Planet Jupiter die Aufrichtigkeit seiner
Reue inne wurde, da löste er ihn mit einem Bocke aus.

In dieser Weise erzählt von ihnen 'Abd-alMasiḥ ibn Isḥàḳ
al-Kindì, der Christ, in seiner Entgegnung auf das Buch des
'Abd-'Allàh ibn Ismà'ïl des Ḥàschimiten, dass sie durch die Aus-

---

[1]) انّه كان — اَوْغَلَهم فى الدين واشـدّهم تمسُّكا به.

[2]) Derselbe Zug wie in der jüdischen Legende, wo Abraham Terach's
Götzenbilder entzwei schlägt.

[3]) لكوكب المشترى. In Sachau's englischer Uebersetzung p. 187
steht beide Male: planet Saturn, offenbar durch ein Versehen, der Saturn
ist ja bekanntlich كَيْوان.

übung des Menschenopfers bekannt seien, jedoch dürfen sie dies heutzutage nicht mehr öffentlich thun.

Was uns betrifft, so wissen wir von ihnen nur, dass sie Leute sind, welche Einen Gott bekennen und Gott von allem Schlechten frei schildern, wobei sie also ihre Aussagen von ihm in der Form der Verneinung, nicht der positiven Beschreibung geben [1]). Zum Beispiel sagen sie: er ist unbegrenzt, unsichtbar, thut kein Unrecht, keine Gewaltthätigkeit. Sie benennen ihn mit rühmenden Beiwörtern [2]), doch in übertragener Redeweise, indem eine directe Beschreibung bei ihnen nicht stattfindet. Die Regierung der Welt [3]) leiten sie auf den Sternhimmel und seine Himmelskörper zurück und behaupten, die letzteren seien mit Leben, Sprache, Gehör und Gesicht begabt. Daher verehren sie auch die Lichter [4]).

Zu ihren heiligen Denkmälern gehört die Kuppel über dem Miḥrāb [Sitz des Vorbeters] bei der Maḳṣūrah [dem Allerheiligsten] in der Grossen Moschee von Damaskus. Dies war ihr Betort in der Zeit, wo die Griechen und die Römer ihrem (d. i. dem harränischen) Glauben anhingen. Dann ging dieses Heiligthum in die Hände der Juden über, die es zu ihrer Synagoge machten. Hierauf gewannen die Christen die Verfügung über dasselbe und machten es zu einer Kirche, bis der Islam und dessen Anhänger kamen und es als Moschee erkoren.

Sie hatten Tempel und Götzenbilder, nach den Namen der Sonne benannt, von bekannten Gestalten, wie diesen ähnliche Abū Ma'shar von Balkh in seinem Buche über die Anbetungs-

---

[1]) يَصِفُونَه بِالسَّلْب لا الإيجَاب — „via negationis, nicht via positionis" übersetzt Sachau l. c. p. 187.

[2]) بِالأَسْمَاء الحُسْنَى, mit nomina pulcherrima (Sachau).

[3]) Arabisch التدبير.

[4]) الأنوار die Lichter d. i. alle Lichter des Himmels und der Erde, wie bei Māni. Sachau's „the fires" „die Feuer" ist irreführend; denn man könnte an Feueranbetung, wie bei den Persern, denken, die hier ausgeschlossen ist. Nach den harränischen Gebeten (ed. Dozy l. c. S. 312) ist ein vor dem Betenden erscheinendes Licht (ظهور شمعة موقدة) Zeichen der Erhörung.

orte[1]) erwähnt. So der Tempel von Ba'albekk, der dem Idol der Sonne gehörte, und die Stadt Ḥarrân, welche mit dem Monde zusammengehört und die nach dessen Gestalt erbaut ist wie ein Ṭailasân[2]). In ihrer Nähe ist ein Ort Namens Salamsîn[3]), dessen alter Name Ṣanam Sîn (صنم سيين) ist, das heisst „Bild des Mondes", und ein anderer Ort, Namens Tar' 'Ûz[4]), d. i. Pforte der Venus. Man weiss auch zu berichten, dass die Ka'bah und deren Götzenbilder ursprünglich ihnen gehörten, und dass deren Anbeter von ihrer Gemeinschaft waren; dass die Allât den Namen Zuḥal führte und al'Uzzâ den Namen Zuharah.

Sie haben viele Propheten. Die meisten von diesen sind griechische Philosophen, wie Hermes der Aegypter, Agathodaemon, Wâlîs(?), Pythagoras, Bâbâ, Sawâr, der Grossvater Platos von Mutterseite und dergleichen. Einige von ihnen halten für sich das Essen der Fische für unerlaubt, aus Furcht, der Fisch könne ein Zitterfisch[5]) sein, ebenso die jungen Hühner[6]), weil diese immer fieberverursachend wirkten; den Knoblauch, weil er Kopfweh bewirke und das Blut oder den männlichen Saamen, von welchem doch der Bestand der Welt abhängt, entzünde, und die Bohnen, weil sie den Verstand träge machten und verderbten, denn sie seien zu Anfang lediglich im Menschenschädel gewachsen.

[206, 1.] Sie haben drei Gebete, und zwar in schriftlicher Aufzeichnung, das erste beim Aufgange der Sonne, mit

---

[1]) فى بيوت العبادة.

[2]) Name eines Kleidungsstückes, Ordenskleides der persischen Ṣûfis, über welches zu vergleichen Freytag III, 64a s. v. طَيْلَسَان; Lane s. v. und Dozy, Noms des vêtements p. 278. — Gemeint ist hier die Gestalt eines durch eine Diagonale in zwei Hälften getheilten Oblongums; s. Sachau's Note zu p. 132 l. 3 des Textes (S. 404 der englischen Uebersetzung).

[3]) قَرِيَة تُسَمّى سلمسيين.

[4]) Aramäisch תרע עוז חרע; ܟܣܪ ܬܪ; ܬܪܥ bezeichnet zuweilen synekdochisch den ganzen Tempel.

[5]) Arabisch رَعّلة, der Zitteraal, Silurus Electricus (Sachau).

[6]) الفَرْخ.

acht Niederbeugungen'); das zweite kurz bevor die Sonne die Mittagshöhe in der Mitte des Himmels verlässt²), mit fünf Niederbeugungen, das dritte bei Untergang der Sonne, mit fünf Niederbeugungen. Bei jeder Niederbeugung während ihres Gebetes sind drei Niederwerfungen. Auch haben sie freiwillige (in's Belieben gestellte) Gebete³), nämlich eins zur zweiten Stunde des Tages, ein anderes zur neunten Stunde des Tages, ein drittes zur dritten Stunde der Nacht. Sie beten nach vorangegangener Reinigung und Waschung⁴). Auch waschen sie sich nach einer Saamenbefleckung; die Beschneidung üben sie aber an sich nicht aus, da ihnen dies nicht geheissen sei, wie sie sagen.

Die Mehrzahl ihrer Satzungen betreffs Ehesachen, sowie in der peinlichen Gerichtsbarkeit⁵) sind den Satzungen der Muslime ähnlich, die betreffs der Verunreinigung durch Berührung von Leichnamen und dergleichen haben Aehnlichkeit mit der Thorah (dem jüdischen Gesetze)⁶).

Den Sterngöttern, deren Bildern und Tempeln bringen sie bestimmt festgesetzte Opfergaben dar⁷), und haben auch Schlachtopfer, welche ihre Priester und Gaukler verwalten, leiten daraus die Kenntniss der Zukunft des Opfernden her und die Antwort auf die von ihm gestellte Frage.

---

¹) ثَمانى رَكَعات ; رُ im Folgenden (Z. 3) von ساجِد unterschieden.

²) والثانية قبل زوال الشمس عن وسط السمد.

³) يَتَنَقَّلُون بصلاة , als opera supererogatoria. Diese Notiz und ff. bestärkt unsere obige Voraussetzung betreffs freiwilliger Gebete bei den vielfach den Harraniern verwandten Manichäern, deren sieben Gebete gegenüber von vieren wohl so zu erklären sind, als vier officielle und drei freiwillige zwischen den officiellen.

⁴) Eigentlich auf Grund von Reinheit und Waschung, على طُهْر ووُضُوء.

⁵) فى المَناكِح والتُحْدُود.

⁶) شبيهة بالتوربة.

⁷) S. die Recepte der Zubereitung der Weihrauchopfer u. s. w. für die verschiedenen Planeten bei Dozy-de Goeje l. c.

Hermes wird Idris genannt, der in der Thorah als Henoch [arab. اخنوخ] erwähnt wird. Einige von ihnen behaupten, dass Bûdhasaf mit Hermes identisch sei. Auch ist gesagt worden, dass diese Harranier nicht die wahren Ṣâbier seien, sondern diejenigen, welche in der Literatur Heiden[1]) und Götzendiener heissen, die Ṣâbier aber seien diejenigen, welche in Babel (Babylonien) von der Gesammtheit der jüdischen Stämme zurückgeblieben waren, als deren Angehörige in der Zeit des Cyrus und des Artaxerxes nach Jerusalem [arabisch الى بيت المقدس, nach dem Hause des Heiligthums, der Stätte des Tempels] sich aufgemacht hatten, die dann (in Babylonien) sich den Einrichtungen der Magier zuneigten, sich von der Religion des Nebukadnezar angezogen fühlten[2]) und eine Glaubensrichtung darstellten, die aus dem Magierthum und dem Judenthum gemischt ist, wie die Samaritaner in Syrien (d. i. Palästina)[3]).

Die Mehrzahl von ihnen wohnt bei Wâsiṭ und im Sawâd (Flachland) von 'Irâḳ, in den Districten von Ǵa'far, alǴâmida und dem der beiden vereinigten Ströme [نهري الصلة], gemeint

---

[1]) المسمون في الكتب بالحنفآء والوثنية. Der Name der Ḥanifen, der monotheistischen Genossenschaft bei den Arabern vor und zu Muhammeds Zeit ist nichts desto weniger höchst wahrscheinlich nichts anderes also jenes, das aramäische Wort حنتא, das aber natürlich nicht mehr als Scheltwort empfunden wurde.

[2]) فصبوا الى دين بخـتـنـصر, daher (von صبا ṣabâ) der Name „Ṣâbier".

[3]) Diese merkwürdige Stelle enthält — abgesehen von der aus der Phantasie geschöpften und zugleich wortspielerischen Ableitung des Namens der „Ṣâbier" — eine fast richtige Erklärung von der Entstehung jener jüdisch-babylonischen Mischreligion — aramäisch-heidnisch und altbabylonisch-heidnisch mit starkem jüdischem Aussengepräge —, welche sowohl dem Mani wie noch dem Muhammed („abrahamitische" Ṣâbier!) viele Stücke ihrer Hagada überlieferte. Sie wird uns im 5. Abschnitte des 2. Bandes dieses Werkes näher beschäftigen. Die von Bîrûnî zuletzt gegebene Analogie mit den Samaritanern ist geradezu ein unschätzbarer Fingerzeig auch für die heutige Religionsforschung. Woher der skeptische Araber diese zutreffende Combination geschöpft haben mag?

der vereinigte Eufrat-Tigris]. Sie führen sich zurück auf den
'Enósh, den Sohn des Shêth [1]). Von den Harraniern weichen sie
ab, tadeln deren Glaubenslehren und stimmen nur in wenigen
Stücken mit ihnen überein; so z. B. wenden sie sich beim Ge-
bote nach dem Nordpole [2]) zu, die Harranier aber nach dem
Südpole.

Einige von den Schriftbesitzern [Bekennern der geoffenbarten Religionen] [3]) behaupten, dass Methûshelaḥ (Methusala) ausser
dem Lamech noch einen Sohn des Namens Ṣâbi' hatte, und dass
die Ṣâbier nach ihm benannt seien.

Vor dem Erscheinen der Religionsgesetze und dem Auftreten
des Bûdhasaf waren die Menschen Samanäer [4]), welche den Osten
der Erde bewohnten und Götzendiener waren. Ihre Reste sind
heute in Indien, China und unter den Taghazghaz [5]), und die
Bewohner von Khurâsân nennen sie Shamanân [6]). Ihre Denkmäler, die Bahâras ihrer Götzenbilder und ihre Farkhâras sind
noch zu sehen in den an Indien angrenzenden Gebieten von
Khurâsân. Sie glauben an die Ewigkeit der Zeit und an die
Seelenwanderung und an das Schweben des Himmelsgewölbes

---

[1]) Damit sind offenbar die jetzigen Mandäer gemeint, welche ja in
Hibil (הֶבֶל, Abel) Ṣithil (erweiterte Form von Ṣêth שֵׁת) und Anûsh ('Enôsh
אֱנוֹשׁ) die heiligsten äonenhaften Sendboten ihres Lichtgottes (des Mânâ
rabbâ und des „Ersten Lebens") verehren. Sie könnten auch deshalb Abe-
lianer, Enosianer oder Sethianer heissen. Letztere sind Philosophumena
lib. V geschildert; sie sind wirklich mit den Mandäern sehr eng verwandt.

[2]) Wie die Manichäer, und wie von den Mandäern bereits oben gesagt.
Letztere kehren auch den aufgebahrten Leichnam nach dem Polarsterne,
s. meinen Artikel Mandäer l. c. S. 216 Ende.

[3]) اهل الكتاب „Schriftbesitzer" ist bekanntlich Kunstausdruck der
muhammedanischen Theologie (auf Grund der Koranstellen Sure 2, 59. 5,
73. 22, 17) für die Anhänger der Religionen mit Offenbarungsschriften, und
unter diesen werden ausser den Muslims vor allem Juden, Christen und
„Ṣâbier" verstanden.

[4]) Vom sanskritischen sramana „in Betrachtungen versenkter Asket",
Bezeichnung der Brahmanen: s. Flügel Mani S. 385 und folgende.

[5]) Mongolischer Stamm, der nach dem Fihrist bis ins 10. Jahrhundert
dem Manichäismus anhing, s. Flügel Mani S. 387—391. 395. 96.

[6]) Der Name mit der neupersischen Pluralendung.

in einem unendlichen leeren Raume, weshalb dasselbe sich in
einer Umkreisung bewege (rotire), weil ein Ding von runder
Gestalt, von seiner Stelle weggestossen, in Kreisbewegung nie-
derfahre. Einige von ihnen aber behaupten, dass die Welt in
der Zeit entstanden (— geschaffen —) sei und meinen, dass
ihre Dauer tausendmal tausend (eine Million) Jahre sei und in
vier Weltperioden[1]) abgetheilt sei, die erste von 400000 Jahren,
und das sei die Zeit des Glückes und des Guten (das goldene
Zeitalter) gewesen. [206, 22.]

[Hier ist eine grosse Lücke in den Manuskripten des alBirûni. Ausgefallen ist hier der Schluss des Abschnittes über Bûdhasaf. Ausserdem
fehlt noch der ganze dann folgende Abschnitt über Zarâdusht (Zoroaster,
die altpersische Religion), der wohl durch muslimischen Fanatismus unterdrückt ist, weil Birûni von Natur für diese Religion, wie alles National-
persische, eine lebhafte Sympathie hatte und hier offenbarte. Endlich enthielt die Lücke den Anfang des Stückes über Bardaisân. Die wieder-
beginnende Rede führt uns in eine astronomische Erörterung hinein, die
wir hier wiederzugeben keine Vnranlassung haben. Sie schliesst mit den
Worten:

(S. 207 Z. 4.) „wir haben bereits gesagt, dass der Zeitraum zwischen
Alexander [dem Grossen] und Ardashir [dem Begründer des Sasaniden-
reiches] die Zahl von 400 Jahren überschreitet, und haben uns dies zu
erhärten bemüht". Dann wird 207,5 so fortgefahren:]

[207,5.] Wir kehren also zu unserem Thema zurück und
sagen, dass die Perser der von Zarâdusht gebrachten Religion.
nämlich dem Magierthum, ohne Trennungen und Glaubensspal-
tungen anhingen bis zum Auftreten von Jesus und der Zerstreuung von dessen Jüngern in den Ländern zum Predigen [des
Evangeliums]. Als sie sich auf der Erde zerstreut hatten, gelangten auch einige von ihnen in das Reich der Perser. Bar
Daisân[2]) und Marcion gehörten zu denen, die die christliche
Lehre annahmen und auch das Wort von Jesus hörten. Sie
haben den einen Theil ihrer Lehre von Jesus, den anderen aber
von dem, was sie von Seiten des Zarâdusht gehört hatten. So
leitete denn ein jeder von ihnen aus den beiden Religionen eine
gemischte Glaubensrichtung ab, welche das Dogma von der

---

[1]) Die Yûgas der Brahmanen.

[2]) ابن ديصان, in arabischer Uebersetzung, wie die Araber den Namen
des Gnostikers meistens geben.

Ewigkeit der zwei Principien enthielt [1]). Jeder von beiden Secten-
stiftern producirte ein „Evangelium", welches er auf den Messias
(Christus) zurückführte, und wobei er, was nicht in seinem Evangelium stand, für Lüge erklärte. Bar Daiṣàn behauptete, dass
das Licht Gottes in seinem Herzen Wohnung genommen habe.
Indessen geht weder die Verschiedenheit so weit, um sie und
ihre Anhänger aus der Gemeinschaft der Christen auszusondern,
noch stehen ihre Evangelien in allen Stücken zu dem Evangelium
der Christen im Gegensatze, sondern sie haben bald mehr bald
weniger als dieses [2]). Gott weiss es am besten!

[Hierauf folgt nun der Abschnitt über Mani.]

[207,13.] Dann kam nach diesen beiden [3]) Màni, der
Schüler des Fàdarùn [4]). Dieser hatte die Lehrmeinung der
Magier und der Christen und der Dualisten kennen gelernt [5])

***

[1]) Der Grundcharakter des bardaisanitischen Systemes sowohl als
des marcionitischen war also für alBirùni, wie auch für den Verfasser des
Fihrist, der dualistische.

[2]) بل زِيادات ونقصانٌ وَقَعَ فيهما.

[3]) Nämlich nach Marcion (Màrkjùn) und Bardaiṣàn, die unmittelbar vorher Z. 7 ff. behandelt waren. Die Zusammenstellung der drei Häretiker in
dieser Weise, uns als Gewohnheit des Efràm und der Syrer bekannt, weist
auf eine Benutzung solcher syrisch-christlichen Quellen durch alBirùni in
diesem Abschnitt über Marcion, Bardaiṣàu und Màni hin, welche Birùni im
Verlaufe des Màni-Abschnittes noch im Einzelnen unverkenubar verräth.

[4]) Ueber diesen angeblichen Lehrer des Màni [auch Sachau übersetzt
Fàdarùn] ist bereits oben S. 75 ff. und speciell über diese Stelle des alBirùni
S. 66 ult. gehandelt. Es ist gewiss der entstellte مارقيـون oder مرقيـون
— oder allenfalls قـاردون ,عـاذرون Κέρδων —; die christlich-syrische
Quelle, die zu Grunde liegt, machte den Màni wegen der Verwandtschaft
der Lehre und der zeitlichen Posterität zum „Schüler" eines der älteren
Gnostiker, wie dies auch gegenüber dem „Scythianus" (Fatak, der Alte aus
Scythien, sein Vater) in etwas anderer Weise geschehen ist.

[5]) Sehr charakteristisch für alBirùni's Vorsicht und Exactheit in For-
mulirung seiner Ansichten. Er sagt nur: Màni hatte die Glaubensrichtung
der Magier, der Christen und der Dualisten kennen gelernt, nicht, er
folgte einer von diesen, sondern nur: er kannte und berücksichtigte, benutzte sie alle, während er selbst positiv etwas Neues bringen wollte;
nämlich „er trat als Prophet auf", تَنَبَّأَ. Correcter und prägnanter hat

und gab sich für einen Profeten aus. Er behauptet im Anfang
seines Buches, welches die Bezeichnung als Shâbûrakân trägt —
es ist nämlich das, welches er für Shâbûr den Sohn des Ardashîr
verfasst hatte — Folgendes: „Die Weisheit und die (richtigen)
Werke[1]) sind es, welche die Gesandten Gottes unaufhörlich gebracht haben von Zeit zu Zeit. So erfolgte also ihr Kommen
zu einer gewissen Epoche durch die Vermittlung[2]) des Gesandten, welcher der Buddha ist, in die Gebiete von Indien; zu einer
anderen Epoche durch den Zarâdusht in das Land Persien (Fârs),
und zu einer anderen durch 'Isâ in das Land des Westens[3]).
Darauf kam diese (jetzige) Offenbarung hernieder, und es kam
diese jetzige Prophetie in dieser gegenwärtigen letzten Epoche durch
mich, den Mânî, den Gesandten des Gottes der Wahrheit[4]) in
das Land Babylonien (Babel)[5]). Dann erwähnte er in seinem

---

bis jetzt kein Orientale wie Occidentale die Herkunft der Mani-Lehre ausgedrückt, als hier der gründlich kundige, diplomatisch besonnene Archäolog
aus Khurâsân.

[1]) Weisheit und Werke d. i. theoretische und praktische Weisung
des rechten Weges im Verkehre des Menschen mit Gott. — Hier bei Birûni
haben wir offenbar — cf. die erste Person am Schlusse — wörtliches
Citat aus der Originalschrift. Bei Šahrastâni I, 192 Z. 9 wird dieselbe
Stelle des Šâpûrakân citirt, aber mit Erweiterungen und Umschreibungen.

Da nun lauten die den Worten الحكمة والأعمال entsprechenden: [من
بعث اللهؤ بالعلم والحكمة], Wissen und Weisheit. Diese Tautologie wird jetzt durch alBirûni beseitigt, nach welchem also auch bei
Šahrastâni statt علم das ähnliche عمل, also بالعمل, zu lesen sein wird.

[2]) Das على يَدَى des arabischen Textes weist auf ein صُم in der
syrischen Vorlage.

[3]) Hier bat Šahrastâni noch weiter „und durch den Paulus nach dem
Messias" وفولس بعد المسيح.

[4]) „Gott der Wahrheit" حقّ. إلاء الحَقّ ein Lieblingswort des Mânî,
ganz wie im Sidrâ Rabbâ der Mandäer Gott אלאהא די שראךא heisst.

[5]) Hier ist بابل unzweideutig „das Land Babylonien", nicht die Stadt
(Neu-)Babylon. Man wird also auch die im Fibrist mehrfach wiederholte

„Evangelium", welches er alphabetisch nach den zweiundzwanzig Buchstaben des Alphabets zusammengestellt[1]) hat, dass er der Paraklet (Fàraklit) sei, welchen der Messias vorher verkündigt hatte, und dass er das Siegel (der Beschluss) der Propheten sei. Er trägt eine Lehre von der Entstehung der Welt und ihrer Beschaffenheit vor, mit welcher er sich zu den wissenschaftlichen Schlussfolgerungen und Beweisen in Gegensatz stellt. Er predigte die Herrschaft der Welten des Lichts, den Urmenschen und den Lebensgeist. Ferner behauptete er die Ewigkeit des Lichts und des Dunkels und ihre beiderseitige Anfangslosigkeit. Er verbot in der strengsten Weise[2]), Thiere zu opfern und ihnen Schmerzen zu bereiten, sowie das Feuer, das Wasser und die Pflanzenwelt zu beschädigen[3]). Er erliess Gesetze, welche nur die Gerechten (Auserwählten) auf sich zu nehmen hatten — diese letzteren sind nämlich die Frommen der Manichäer und die Enthaltsamen von ihnen[4]) — nämlich Hochschätzung und Bevorzugung der Ar-

Nachricht, nach uralter unverbrüchlicher manichäischer Satzung sei der Sitz des manichäischen Kirchenoberhauptes an بابل Bàbil geknüpft gewesen, lediglich von der Provinz, nicht von dem doch nur kleinen und höchstens durch das ihm anhaftende Erbe des Namens berühmten Orte Bàbil verstehen dürfen. Im Uebrigen aber, wie die Residenz des römisch-katholischen Papstes unablösbar an der Stadt Rom haftet, so die des manichäischen an Màni's Heimathsstätte, an Babylonien.

[1]) D. i. er hat das Buch in ebensoviele Capitel getheilt, mit Bezeichnung der Capitelanfänge durch die (kalligraphisch verzierten) einzelnen Alphabet-buchstaben der Reihe nach.

[2]) Arabisch على أَبْلَغِ وَجهٍ.

[3]) Der Ausdruck dieses Verbotes ist in seinem ersten Theile — die Thierwelt nicht zu verletzen — etwas indisch, brahmanisch, gefärbt, in seinem zweiten, Feuer und Wasser nicht zu schädigen, etwas persisch, an Feueranbetung anklingend. Birüni war ja mit beiden Religionen sehr intim vertraut.

[4]) Wir dürfen aus dieser dem Ausdrucke الصدّيقون gewidmeten Erklärung wohl schliessen, dass ersterer wirklich der officielle, üblichste Ausdruck für die Vollkommenen unter den Manichäern war, die also in den syrischen Originalschriften der Manichäer wirklich ܐܙܕܩ̈ܐ gehiessen haben werden.

muth, sowie Unterdrückung der Begier und der Leidenschaft,
Verabscheuung der Welt, Enthaltsamkeit in derselben, Ausdauer
(das Anhalten) im Fasten und Almosengeben bis zum höchst-
möglichen Grade. Er verpönte den Erwerb irgend eines Eigen-
thums mit Ausnahme der Nahrung für Einen einzigen Tag und
der Kleidung für ein Jahr [1]); ferner verlangte er von ihnen Auf-
geben der Geschlechtslust und fortwährendes Herumwandern in
der Welt zum Zwecke der Predigt und der Anleitung zum rechten Wandel [2]). Anders sind die Satzungen, welche sie den Zuhörern auferlegen, das heisst ihren Anhängern (Nachfolgern)
und Gesinnungsgenossen aus der Mitte derer, welche in die welt-
lichen Angelegenheiten unlöslich verflochten sind. Dies sind Almosengeben mit dem Zehnten von der Habe, das Fasten den
siebenten Theil des Lebens [3]) über, die Beschränkung auf Eine
Frau, die Unterstützung der „Gerechten" und die Beseitigung der
Dinge, die ihnen lästig sind. Es ward auch von ihm erzählt,
dass er die Befriedigung der Lust an Jünglingen erlaubte in dem
Falle, wo die Lust nach einem Menschen rege geworden wäre,
und es wird zum Zeugniss dafür angeführt, dass ein jeder von
den Manichäern einen Diener zu seiner Bedienung sich zu eigen
anschaffte, der noch keinen Bart und eine glatte Haut hatte.
Indessen, was mich betrifft, so habe ich in denjenigen seiner
Schriften, welche ich gelesen habe, keine Erwähnung von dergleichen gefunden habe, vielmehr weist sein Lebenswandel auf
das Gegentheil hin von dem was erzählt worden ist [4]). — Die

---

[1]) Dieser höchst charakteristische, schätzbare Einzelzug aus der manichäischen Askese wird nur von Birûni, ohne Zweifel noch aus eigener Anschauung des manichäischen Lebens, berichtet.

[2]) Auch diese Nachricht, dass die Vollkommenen der Manichäer angewiesen waren, fortwährend predigend in der Welt herumzuwandern, hat
nur Birûni. Ist sie authentisch, woran ich nicht zweifeln möchte, so hat
Mâni auch in dieser Einrichtung die Buddhisten nachgeahmt; die Electi
entsprechen dann den predigend reisenden buddhistischen Bettelmönchen.

[3]) Auch von dieser Notiz mit ihrer etwas auffälligen Determinirung
(man hat wohl an den je siebenten Tag bei „Siebentel der Lebenszeit"
zu denken) gilt das in den beiden vorigen Anmerkungen Bemerkte.

[4]) Die Gerechtigkeit, welche der Orientale alBirûni hier unter Berufung
auf seine genaue Kenntniss von Leben und Schriften des Mâni offenbart,
wenn er den in Rede stehenden greulichen Vorwurf von den Anhängern

Gehurt Mani's geschah in Babylonien in einem Dorfe, Mârdinû
genannt, im Bereiche (Districte) des Oberen Kanals von Kuthâ [1])
und zwar dem zu Folge, was er selbst erzählt in dem Buche
Shâbûrakân in dem Capitel „Von der Ankunft des Gesandten“,
im Jahre 527 nach der Aera der babylonischen Astronomen, das
heisst: nach der Zeitrechnung des Alexander, und im fünften
Jahre des Königs Adharbân [2]). Die Offenbarung gelangte an
ihn, als er dreizehn Jahre alt war, im Jahre 539 der Aera der
babylonischen Astronomen und im dritten Jahre des Grosskönigs
Ardashîr [3]). Diesen Zeitabschnitt haben wir bereits chronologisch
richtig gestellt in dem vorigen Abschnitte über die Periode der
Herrschaft der Aschkânier und der Theilkönige.

Der Name des Mâni lautet bei den Christen nach dem,
was der Christ Jachjâ ibn Nu'mân [4]) in seiner Schrift über die
Magier bemerkt, Kûrbikûs ibn Fatak (فتك) [5]). Als er auftrat,

des Mâni und ihm selber abwehrt, contrastirt mit der gerade auch diese
Einzelheit behauptenden Gehässigkeit, deren sich leider die christlichen
Bestreiter schuldig machen. Den äusseren Anlass bot letzteren wohl die
Ueberlieferung, dass die manichäischen „Gerechten“ sich durch Knaben im
Essen der Früchte u. s. w. helfen liessen, welche ihnen „zur Befreiung des
gefangenen Lichtes“ in ihnen von den „Hörern“ gebracht wurden.

[1]) Ueber diese Stelle war bereits oben S. 46 u. folg. die Rede, wo über
die geographische Lage des Ortes einiges Nähere beigebracht ist.

[2]) Nämlich Artaban's V., des letzten parthischen Grosskönigs. Wörtlich: „zu der Zeit, als vier Jahre verflossen waren von der Regierung des
Königs Artaban V.

[3]) Diese Angabe Birûni's über die Zeit von Mâni's erster „Offenbarung“
stimmt zu der aus altmanichäischen Quellen geschöpften im Eingange des
Fihristabschnittes, zeigt also, wie gut Birûni unterrichtet war.

[4]) Dieser christliche Autor ist sonst nicht bekannt; es ist eine der dem
alBirûni allein zugänglich gewesenen, jetzt unerreichbaren Quellen. In
dieser Schrift eines christlichen Autors wird also Mâni schon mit dem spät
patristischen Namen Kûrbikûs d. i. Corbicius benannt, der späteren Entstellung des Kubrikus Κούβρικος der Acta und des Epiphanius. Merkwürdig
ist aber zugleich, dass bei diesem Autor also auch die christliche Ueberlieferung den Namen des Vaters des Mâni, Fatak (Patak), festgehalten hat,
den die Acta und deren Dependenten mit ihrem „Scythianus“ ganz verloren, und erst die Abschwörungsformel wieder kennt.

[5]) Das Verhältniss des Mâni zu Christus wird so wohl gleichfalls aus
Jahjâ ibn an-Nu'mân angeben, aber Mâni hat sich ja selbst der Sache nach
so als Fortsetzer der Thätigkeit des „Messias“ im Sâpûrakân bezeichnet.

waren seine Gläubigen und seine Anhänger zahlreich. Er verfasste viele Bücher, wie das „Evangelium", das „Shâbûraḳân", den „Schatz der Belebung", das „Buch der Riesen", das „Buch der Bücher", und viele Tractate, in welchen er die Meinung aussprach, dass er deutlich und offenbar gemacht, was der Messias nur dunkel angedeutet. — Seine Sache nahm fortwährend an Bedeutung zu während der Zeit des Ardashir[1]). seines Sohnes Sâbûr und dessen Sohnes Hurmuz, bis dass Bahrâm, der Sohn des Hurmuz, zur Regierung kam. Der suchte nach ihm bis er ihn fand, und sagte: „Dieser Mensch ist ausgezogen mit der Aufreizung zur Zerstörung der Welt; deshalb ist es nöthig, dass wir mit der Zerstörung seiner selbst anfangen, ehe ihm etwas geräth von dem was er beabsichtigt."

Bekannt ist nun weiter von seinem Ergehen, dass er ihn tödtete[2]) und seine Haut abzog, sie mit Stroh ausstopfte und

---

[1]) Also schon unter Ardasir, vor Mâni's erstem solennen Auftreten an Sâhpûr's Krönungstag, lässt Birûni die Lehre des Mâni sich ausbreiten.

[2]) Hier und im Folgenden haben wir eine offenbare Benutzung der christlich-patristischen Tradition über Mâni durch die Orientalen. Ja alsbald gibt alBirûni ausdrücklich als seine Quelle die Schrift eines Christen an, welche dieser gegen Jazdânbacht, jedenfalls den aus dem Fihrist bekannten Manichäervorsteher, und zwar in Beantwortung einer Streitschrift desselben gegen die Christen فى جوابه عن رد يزنّ على النصارى schrieb. Dieser Gewährsmann des Birûni, Ġibrâ'il ibn Nûḥ — dem Namen גַּבְרִיאֵל בֶּן־נֹחַ nach könnte es ein zum Christenthum übergetretener Jude sein — ist zwar sonst nicht bekannt, seine Schrift ist verloren, aber die unbedingt zuverlässigen Mittheilungen unseres Verfassers aus derselben zeigen ganz deutlich, dass Ġibrâ'il ibn Nûḥ direct die Acta Archelai benutzt hat. Denn mit „einem von den Schülern des Mâni", welcher in einer von ihm verfassten Schrift von dem Tode des Mâni handelt, meint er ohne Zweifel den Sisinius der Acta Archelai cap. 51 (ed. Routh p. 184 Z. 8 vor E.), wo aus dessen Munde dort „Archelaus" den Tod des Mâni nach seinem verunglückten Heilungsversuche berichtet — will sagen, wo der Verfasser der Acta aus einer dem Sisinius, einem bekehrten Manichäer, zugeschriebenen Schrift die verworrene Geschichte von Mâni's Heilversuche und Todesstrafe mittheilt. Der „regis filius" ist hier mit قَرَابَةٌ لِلمَلِكِ „eine Verwandtschaft, ein Verwandter" angedeutet. — Historischen Werth hat also dieser Passus unseres Orientalen nicht, wohl aber — literarhistorischen.

an dem Thore der Stadt Gundisâbûr aufhing, welches bis auf unsere Gegenwart als „Mâni-Thor" bekannt ist; dann liess er eine Anzahl von seinen Anhängern tödten.

Der Christ Gibrâ'il ibn Nûḥ [1] erzählt in seiner Antwort auf Jazdânbacht's Widerlegung der Christen, dass es von einem Schüler des Mâni eine Schrift gebe, in der er von dessen Tode erzähle; er sei gefangen genommen worden von wegen eines königlichen Verwandten, über den er [Mâni] geäussert hatte, derselbe sei vom Teufel besessen: er habe dann dessen Heilung versprochen, als er dazu aber nicht im Stande gewesen, seien Fesseln an seine Füsse und Bande an seine Hände gelegt worden, bis er im Gefängnisse starb. Darauf wurde sein Kopf hoch an der Pforte des Zeltes (سرادق) angebracht, und sein Leichnam auf die Strasse geworfen, um an ihm ein abschreckendes Exempel zu statuiren. —

Es sind von seinen Anhängern kleine Reste, die sich auf ihn zurückführen, übriggeblieben, jedoch zerstreut an verschiedenen Wohnplätzen, ohne dass ein einzelner Ort in den Ländern des Islâms sie alle umschliesst, ausser der Gemeinde in Samarkand, die als die Sâbier bekannt sind [2]. Was den Theil von ihnen ausserhalb des Bereiches des Islâms betrifft, so hängen der grösste Theil der östlichen Türken, der Bewohner von Sinâ und Tibet und eine Anzahl in Indien seiner Religion und Lebens-

[1] Siehe S. 321 Anm. 2.

[2] Hier in Samarkand haben sich also die Manichäer nach dem Muster der Harrânier den Muslims gegenüber des schützenden Namens der geduldeten „Sâbier" bedient. Die Nachrichten des Birûni über die Verbreitung des Manichäismus im Orient zu seiner Zeit (um 1000 nach Chr.) bestätigen durchaus und ergänzen die geschichtlichen Notizen über die orientalischen Manichäer am Ende des bewussten Fihristabschnittes. Samarkand ist also ein Hauptsitz der Manichäer, und die interessante Thatsache (Fihrist, Mas'ûdi), dass der Manichäismus bei den „östlichen Türken" الاتراك الشرقية d. i. den an der Grenze Chinas wohnenden (dem Stamme der Tagazgaz) die officielle Religion war, wird bestätigt. — Dass die Religion des Mâni auch in Tibet (التبت) so viele Anhänger hatte, erfahren wir nur durch Birûni: es wird jedoch hier eine Verwechselung mit dem (lamaischen) Buddhismus vorliegen.

richtung (Theorie und Praxis, ومذهب دين) an. Diese trennen
sich in Betreff seiner Person in zwei Ansichten; die eine Partei
sagt, dass Mânî keine Kraft, Wunder zu verrichten, besass, und
erzählt von ihm, er habe geäussert, die Wundergabe sei mit
dem Abscheiden des Messias und seiner Genossen aus der Welt
gegangen ("aufgefahren"); die andere Partei aber behauptet,
Mânî sei mit Zeichen und Wundern ausgestattet gewesen, und
der König Sâbûr habe angefangen an ihn zu glauben, als Mânî
ihn mit sich in den Himmel erhoben hatte und sie beide zwischen Himmel und Erde in dem Luftraum standen, also nachdem
er ihn somit ein Wunder hatte mitansehen lassen [1]). Sie fügen
hinzu: er pflegte aus der Mitte seiner Genossen in den Himmel
aufzusteigen, einige Tage in ihm zu verweilen und dann zu ihnen
wieder herabzukommen. Ich hörte auch den Ispâhbadh Marzu-
bân, den Sohn des Rustam, erzählen, Sâbûr habe ihn aus seinem
Reiche ausgewiesen in Befolgung dessen, was Zarâdusht ihnen
zum Gesetze gemacht hatte, nämlich der Abweisung von solchen,
die sich für Propheten ausgäben, und er habe ihm die Verpflich-
tung auferlegt, nicht wieder zurückzukehren. Daher habe er sich
fort nach Indien, Sinâ und Tibet begeben und dort gepredigt.
Alsdann sei er zurückgekehrt; und nunmehr liess ihn Bahrâm
festnehmen und tödten, weil er die von ihm eingegangene Ver-
pflichtung verletzt und damit sein Leben verwirkt hatte.

4. AlJa'kûbî.

Wir entnehmen den nächsten Text dem gediegenen Compendium der vorislâmischen und der islâmischen Geschichte des
Aḥmad ibn Abî Ja'kûb ibn Ġa'far ibn Wahb ibn Wâḍiḥ, gewöhnlich kurz als alJa'kûbî bezeichnet. Es ist das Geschichts-
werk (تَأْرِيخ) desjenigen Verfassers, der schon von d'Herbelot

---

[1]) Eine interessante Probe von der Legendenbildung im späteren Manichäismus; von einer gemeinsamen Luftfahrt des Mânî mit König Sâpûr
weiss der Fihrist (Einl.) noch nichts, nur von einer solchen Erscheinung,
die Mânî's Mutter mit ihm zu haben glaubte. Natürlich zeigt sich hier
auch das Bestreben der Manichäer, ihren Stifter über den der Wunder un-
mächtigen Muhammed zu stellen.

seiner Zeit in der Bibliothèque Orientale unter dem Namen
Ahmed elKâtib d. i. der Schreiber öfter genannt und benutzt
und seitdem unter den abendländischen Orientalisten wohl bekannt geworden war. Indessen ist das in Rede stehende Ge-
schichtswerk, so unschätzbar es durch seine gediegenen Auszüge
aus reichen Originalquellen ist, erst 1883 von Th. Houtsma in
zwei Bänden edirt worden [1]).

In dem Abschnitte über die „Könige von Persien" S. 178
Z. 3 ff. kommt alJa'ḳûbî nach der bei den arabischen Historikern
üblichen Aufzählung der alten Perserkönige aus den Dynastieen
der „Pêshdâdier" und „Kayânier" mit 179,3 auf Alexander den
Grossen. Von hier an geben wir hier die Uebersetzung:

[Ja'ḳûbî ed. Houtsma 179,3.] Den Dârâ, der 12 Jahre regierte, tödtete Alexander, der „der Zweihörnige" genannt wird.
Dann theilte sich das persische Reich, und es gelangten Könige
zur Regierung, welche „Theilkönige" heissen [2]). Ihre Residenz
war in Balkh. Die Genealogieenkenner [3]) sagen, dass diese Theilkönige zu den Nachkommen des 'Âmôrâ [d. i. Gomer רמֵגֹ genes.
10, 2] des Sohnes des Jafeth, des Sohnes des Noach gehörten.
Sie hatten die Religion der Sâbier, verehrten die Sonne, den
Mond, das Feuer und die sieben Sterne (Planeten); sie waren
keine Anhänger der Magierreligion, lebten vielmehr nach den
Gesetzen der Sâbier [4]). Ihre Sprache war das Syrische, welches

---

[1]) Ibn Wâdhih qui dicitur al-Ja'qubi historiae pars prior, historiam
anteislamicam continens, pars altera, historiam islamicam continens; edid.
M. Th. Houtsma. Lugduni Batavorum, E. J. Brill 1883.

[2]) D. i. die Diadochen, doch sind mit dem Ausdrucke bei den Arabern
bekanntlich vornehmlich die parthischen Herrscher gemeint, die nicht
als Universalkönige von Iran angesehen werden, sondern nur als Beherr-
scher eines Theiles der alten persischen Monarchie — welches letztere ja
auch der Fall war.

[3]) النَّسَّبُون [im Texte Houtsma's steht verdruckt النَّسَّدنون mit
nún), die Repräsentanten des علم الانساب, der Wissenschaft von den
Genealogieen.

[4]) Unter den Arsakiden war die alte zoroastrische Religion erschlafft,
mehrfach mit semitischen (babylonischen) Elementen versetzt und ver-
schmolzen, doch waren die parthischen Herrscher officiell Anbeter des
Ahuramazda, wie die Achämeniden. und später wieder die Sasaniden.

sie sowohl redeten wie schrieben [1]), und Folgendes ist der syrische Schriftcharakter — — —[2]).

Die Geschichte dieser Könige würde, wie wir fest überzeugt sind, von den Meisten ungeniessbar und hässlich gefunden, und so lassen wir sie weg, weil das Beiseitelassen von allem hässlich Befundenen [Uninteressanten] unser Grundsatz ist.

Die zweite Königsherrschaft, von Ardashîr Bâbakân an.

Zur Regierung kam Ardashir. Dies ist der erste der Perserkönige, welche sich zur Magierreligion bekannten[3]). Seine Residenz war in Istakhr [dem alten Persepolis]. Einige der Provinzialkreise[4]) Persiens widersetzten sich ihm, er bekriegte sie deshalb, bis er sie unterwarf. Dann zog er nach Ispahân, dann nach alAhwâz (Chuzistân, Susiana), dann nach Maisân (Mesene), kehrte dann nach Persien zurück, bekriegte einen König Namens Ardawân[5]) und tödtete ihn. Ardashîr wurde Shâhânshâh [d. i. Grosskönig, König der Könige, in den Sasani-

---

[1]) Das Aramäische war ja in den letzten Jahrhunderten vor wie in den drei ersten Jahrhunderten nach Chr. Geb. die officielle Staatssprache Vorderasiens. Auch das als „Parthersprache", Pahlawi oder Pehlewi (aus Parthawi), bekannte Mittelpersische (in der Arsakiden- und Sasanidenzeit) ist ja bekanntlich vom Aramäischen, im Lexikon vor allen, sehr stark beeinflusst; man schrieb sogar das aramäische Wort, auch wo man das persische sprach. Die Pahlawischrift ist die Tochter der palmyrenisch-aramäischen.

[2]) Die Schriftzüge sind — als verderbt überliefert — in der Ausgabe des Textes weggelassen.

[3]) Die Sasaniden, voran der Begründer der Dynastie, stellten die nationale Mazda-Religion aus ihrem Verfalle in aller Strenge als Staatsreligion wieder her, und es erhielten somit die Priester dieser Religion, die „Magier", unter dieser Dynastie die Macht einer überaus einflussreichen Hierarchie; cf. Nöldeke, Tabari übersetzt, S. 450 ff.

[4]) كور Pluralis von كوره, wie die Districte der Provinzen des Sasanidenreiches bei den Arabern (persisch šahr شهر aus altbaktr. Khshathra, eigentlich „Herrschaft", „Land").

[5]) D. i. der letzte parthische Grosskönig Artaban V., der „Pahlawi", der „König des Berglandes" d. i. Mediens, wo er residirte, s. Tabari (Uebersetzung von Nöldeke) S. 7 ff.

deninschriften מלכאן מלכא geschrieben] genannt. Er erbaute
einen Feuertempel in Ardashir-Khurra. Dann zog er nach
Mesopotamien, Armenien und Adharbaigàn, dann nach dem
Flachlande von 'Iràk, das er unterwarf: dann nach Khuràsàn,
von dem er einige Districte für sich eroberte. Nachdem er die
Länder unterworfen hatte, bestimmte er seinem Sohne Sàbûr
die Nachfolge in der Herrschaft, liess ihn krönen und als König
ausrufen. Ardashir starb nach vierzehnjähriger Regierung. —
[180, 1.] Auf den Thron stieg Sàbûr, der Sohn des Ardashir. Er bekriegte das oströmische Reich, eroberte von demselben eine Anzahl von Gebieten und führte eine Anzahl von
Gefangenen aus dem oströmischen Reiche weg. Er erbaute die
Stadt Gundisàbûr und bevölkerte sie mit den römischen Gefangenen. Der Anführer der Römer[1] musste ihm die Brücke über
den Fluss von Tustar[2] erbauen, deren Breite tausend Ellen
betrug.

Zur Zeit des Sàbûr, des Sohnes des Ardashir, trat Màni,
der Sohn des Hammàd[3], der Ketzer, auf, suchte den Sà-

[1] Gemeint der gefangene Kaiser Valerian: s. den ausführlicheren Bericht des Tabari (übersetzt von Nöldeke) S. 32 ff. und dazu Nöldeke.
Römische Gefangene werden sehr wahrscheinlich an den betreffenden Bauten
mitgearbeitet haben.

[2] So, Tustar, nennen die Araber die heutige Stadt Shushter, altpersisch Shôshtar; bei Plinius hist. natur. 12, 17 § 78 Sostra: s. Nöldeke l. c.
S. 33 Anm. 2. Das hier gemeinte Werk sind die gewaltigen Wasserwerke
an dem Flusse von Shôshtar, besonders ein als Weltwunder angestaunter
Damm, der hier mit „Brücke" قَنْطَرَة, bei Tabari im Texte S. 827 Z. 2 u.
4 mit شَاذِرْوَان bezeichnet wird.

[3] Diese Form des Namens von Màni's Vater hat nur Ja'ḳûbi, sie ist
zweifellos unrichtig, wie denn schon das ächt arabische Aussehen des Wortes
Verdacht erregen muss. حَمَّد Hammàd ist bekanntlich ein nicht seltener
arabischer Männername; ihn führt u. a. ein arabischer Philolog, der zuerst
altarabische Gedichte, darunter die mu'allakàt, gesammelt haben soll, gestorben 167 d. H.: s. Ahlwardt, Bemerkungen über die Aechtheit der
altarabischen Gedichte S. 13. — Hier ist er offenbar entstellt, und zwar
kann es nur eine allerdings starke, aber doch aus der Schrift erklärbare

bûr zum Dualismus zu bekehren und tadelte seine Religion; und
wirklich neigte sich Sâbûr ihm zu. Mânî behauptete, dass der
Leiter der Welt zwei seien, und dass dies zwei ewige Substanzen seien, Licht und Finsterniss, zwei Schöpfer, nämlich der
Schöpfer des Guten und der Schöpfer des Bösen. Die Finsterniss und das Licht seien jedes einzelne von ihnen beiden an
sich selbst ein Name (zusammenfassende Bezeichnung) für fünf
Begriffe, Farbe, Geschmack, Geruch, Gefühl und Klang (الصوت)[1]),
und beide seien mit Gehör und Gesicht und mit Verstand begabt. Was es Gutes und Nützliches gibt, das komme von Seiten
des Lichts, und was es an Schädigungen und an Unglück gibt,
das komme von der Finsterniss. Sie seien beide unvermischt
gewesen, alsdann aber hätten sie sich vermischt. Der Beweis
aber dafür[2]), dass, nachdem zuerst keine bestimmte Form da war,
dann eine solche erfolgt ist, und dafür, dass die Finsterniss es
war, die ihrerseits dem Lichte gegenüber mit dem Vermischen begann, und dafür, dass beide sich gegenseitig berührten nach Aehnlichkeit des Schattens und der Sonne, — der Beweis hierfür liegt
in der Unmöglichkeit (Absurdität) der Entstehung eines Dinges
aus einem Nichtdinge: und speciell (im Einzelnen) der Beweis
dafür, dass die Finsterniss dem Lichte gegenüber mit der Vermischung begann, liegt in dem Umstande, dass jetzt, (ich ersetze der
Deutlichkeit wegen die Pronomina durch die dadurch bezeichneten Sub-
stantiva Licht und Finsterniss) nachdem die Vermengung der Finster-
nisstheile mit dem Lichte erfolgt ist, erstere das Licht verderben;

Entstellung von فَاتَّلَكَ sein; ت wurde zu ح, ك mit د verwechselt, تت durch
einen Verbindungsstrich نن zu ما.

[1]) D. h. die beiden Stoffe haben eine Farbe, man kann sie schmecken
[süss und bitter], riechen [die Finsterniss stinkt], betasten [greifbare Kör-
performen] und hören [wie sie sprechen u. s. w.]. So bestimmt nur bei
Ja'kûbi, dessen Darstellung überhaupt einen philosophischen Anstrich trägt
und wohl aus einer philosophischen Schrift, etwa von der Art der des
Alexander v. Lycopolis, geschöpft ist.

[2]) Ich lese والدنيل على ذلك أنَّه لمَّ نم etc. Der etwas künstliche
Periodenbau erinnert an eine philosophische Vorlage. Ob Simplicius
benutzt ist, der in seinem Commentar zu Epictet's Enchiridion ja auch eingehend sich mit der manichäischen Lehre beschäftigt?

es wäre ja undenkbar (absurd). dass das Licht sie begonnen
hätte, weil das Licht seiner Natur nach das Gute ist. Ferner
der Beweis dafür, dass es Zwei Ewige sind, das Gute und das
Böse[1]), liegt darin, dass [wenn das nicht so wäre][2]) sonst nicht,
nachdem sie in Eine Materie gelangt waren, von derselben zwei
verschiedene Handlungsweisen ausgehen würden, wie z. B. von
dem heissen, in Brand setzenden Feuer keine kältende Wirkung
ausgeht, und wie von dem, von welchem die Kühlung kommt,
nicht die Entzündung ausgeht; in dieser Weise also kommt von
dem, von welchem das Gute kommt, nicht das Böse, und von
dem, von welchem das Böse kommt, nicht das Gute. Der Beweis weiter dafür, dass sie beide lebendig und thätig sind, liegt
darin, dass das Gute sein Thun ununterbrochen fortsetzt und
das Böse sein Thun ununterbrochen fortsetzt.

Sâbûr stimmte ihm also in dieser Ausführung bei, er gewann durch sie des Königs Unterthanen, und dies machte grossen
Eindruck auf sie. Da versammelten sich die Gelehrten[3]) unter
seinen Unterthanen, um ihn davon abzubringen, er that es aber
nicht[4]). Mânî verfasste Schriften, in welchen er den Dualismus
aufstellte. Zu dem, was er geschrieben hat, gehört sein Buch, welches er betitelt: Schatz der Lebendigmachung, in welchem
er beschreibt, was in der Seele von lichtartiger Reinheit und
was von der finsterartigen Verdorbenheit herrührt, und wo die
schlechten Handlungen auf die Finsterniss zurückgeführt werden.
Weiter eine Schrift, welche er den Shâburakân nennt und in
welcher er die reine und die mit den Teufeln vermischte Seele
und die Krankheiten beschreibt. Er betrachtet hier das Firma-

---

[1]) Es wird jeder der Grundlehren eine logische Begründung gegeben,
zuerst der, dass die Initiative zur Vermischung von dem Dunkel ausgegangen sei, dann hier der, dass es zwei Principien seien.

[2]) Diesen Gedanken hat man zur Verständlichkeit der folgenden Schlussfolgerung einzuschalten.

[3]) Gemeint die gelehrten Parsenpriester, die môbed's mit dem môbedân
môbed an der Spitze.

[4]) Dass also König Sâpûr I. eine Zeit lang dem Mâni direct anhing,
nachdem ihm dieser auch eine Schrift speciell gewidmet hatte, den Sâpûrakân, ist hier in aller Deutlichkeit unumwunden ausgesprochen, nicht,
dass der König bloss eine gewisse Sympathie für den babylonischen Philosophen gehabt habe.

ment als eine ebene Fläche und sagt, dass die Welt auf einem
abwärts geneigten Berge ruhe, über welchen hin das obere Himmelsgewölbe kreise[1]). Ferner das Buch, welches er „Buch der
Führung und der Leitung" nennt, sowie „zwölf [lies: zwei
und zwanzig] Evangelien", von denen er ein jedes nach
einem der Alphabetbuchstaben benennt, und wo er das Gebet darlegt und was zur Befreiung des Geistes angewandt werden müsse.
Ferner das „Buch der Geheimnisse", in welchem er die Wun-
derthaten der Propheten lästert, sowie das „Buch der Riesen".
Es rühren von ihm zahlreiche Schriften und Sendschreiben her.

Sâbûr gehörte also dieser Lehre etwa zehn Jahre an. Dann
kam der Oberpriester zu ihm und sagte zu ihm: „Siehe, dieser
Mensch hat dir deinen Glauben verdorben; so veranstalte denn

---

[1]) Diese kosmologische Ansicht des Mâni ist auffallend, die Stelle
überhaupt etwas dunkel. Z. 7 (S. 181) ist العلم gewiss gleich العالم, und
Z. 8 hat Houtsma جَبَل „Berg" statt des حبل des cod. Cantabr. mit
Recht in den Text gesetzt. Dass Mâni den Himmel, das Firmament
الفلك, der altpersischen und altindogermanischen Anschauung — Varuna
Οὐρανός eig. der Bedeckende, das die Erdfläche überdeckende „Gewölbe":
coelum κοῖλον d. i. Wölbung etc. — entgegen nicht als Wölbung sondern als
ebene, ausgedehnte Fläche gedacht habe, stimmt mit seiner sonstigen Lehre,
z. B. mit seiner Lehre von den an der Himmelsfläche angehefteten Archonten
(Fihrist 330, 13 علّقوهم بالعلوّ, die Engel hefteten sie in der Höhe an);
der Himmel wird von einem Engel „getragen" d. i. in der Höhe ausge-
spannt erhalten (وكّل ملك بحمل السموات). Bei dem „abwärtsgeneigten Berge" جبل مائل aber liegt wohl eine Vorstellung zu Grunde
wie die altpersische von der Hara berezaiti (neupersisch Alburg, Alburz),
dem die Welt umgebenden Gebirge, welches hoch bis zum Himmel, zum
„ewigen Lichte" (Bundehesh c. 12) emporragt, und um welches Sonne, Mond
und Sterne kreisen, cf. Spiegel, Eranische Alterthumskunde Bd. I S. 191.
463. Noch besser aber gehen wir zur Erklärung direct auf eine akka-
dische Vorstellung zurück, aus der auch diejenige des Parsismus in letzter Linie stammen wird. Die Akkader dachten sich nach Lenormant
(Geheimwissenschaften Asiens, Deutsche Ausgabe 1878 S. 164) den Himmel
als eine Decke über der Erde und dass er sich mit seinen Fixsternen um
den Berg des Ostens (harsak kurra) drehe; letzterer aber sei wie eine
Säule, die den Himmel mit der Erde verbinde und dem Himmelsgewölbe
als Achse diene.

eine Zusammenkunft zwischen mir und ihm, damit ich mit ihm disputiren kann." Da führte er die beiden zusammen, und der Oberpriester besiegte ihn [den Mani] in der Beweisführung. Daher wandte sich Sàbûr von dem Dualismus ab zu der Magierreligion zurück und trachtete darnach, den Mani zu tödten. Deshalb floh dieser und begab sich nach dem Lande Indien, wo er bis zum Tode Sàbûr's sich aufhielt.

Nach Sàbûr regierte Hurmuz, Sàbûr's Sohn. Er war ein kriegstüchtiger Mann. Er ist es, der die Stadt Ràmhurmuz erbaute. Jedoch war seine Lebenszeit nicht lang: seine Regierung währte nur Ein Jahr.

Hierauf kam zur Regierung Bahràm, der Sohn des Hurmuz. Dieser war den Tändeleien mit Sklaven und Musikmachen bis zur Narrheit ergeben [1]. Da schrieben die Anhänger des Màni: „es ist jetzt ein König zur Regierung gelangt, jung an Jahren, viel beschäftigt mit Zerstreuungen." Da eilte er in das Land Persien; seine Sache machte Aufsehen. Sein Aufenthaltsort wurde bekannt und Bahràm liess ihn holen, um ihn nach seinen Angelegenheiten zu fragen. Da legte er ihm seine Verhältnisse dar, er veranstaltete eine Zusammenkunft zwischen Màni und dem Oberpriester, und sie disputirten. Hierauf sprach der Oberpriester: „Man möge für mich und dich Blei flüssig machen, damit es mir und dir auf den Unterleib [eig. Magen] gegossen werde, und wem von uns beiden es keinen Schaden thut, der soll Recht haben." Da antwortete Màni: „Das wäre das Thun der Finsterniss." Nun gab Bahràm über ihn Befehl, und er wurde festgenommen. Dann sprach er zu ihm: „Wenn der nächste Morgen angebrochen ist, so will ich dich rufen lassen und an

---

[1] Eine Aussage über den König Bahràm I., welche wir allein bei Ja'kûbi finden, die aber sehr gut glaublich ist und es vollkommen erklärt, wie Màni es nach der Niederlage seiner Sache wieder wagen konnte, von Neuem öffentlich Propaganda zu machen. — Bemerkenswerth ist der drastische Ausdruck grimmen Hasses der Parsenpriester gegen den Religionsneuerer: so schon in dem vorgeschlagenen „Gottesurtheil mit dem gegossenen Blei", noch mehr in der Verwandlung des Schindens der Leiche des gekreuzigten Màni in ein langsames Abziehen der Haut vom Körper des noch lebenden, um dadurch (cf. Sisamnes und Kambyses) seinen Tod herbeizuführen.

dir eine Todesstrafe vollziehen. die noch an Keinem vor dir vollzogen worden ist." Da wurde dem Mâni die Nacht über ununterbrochen die Haut abgezogen, bis dass er den Geist aufgab.
Am Morgen schickte Bahrâm nach ihm, man fand ihn aber bereits gestorben. Darauf befahl er seinen Kopf abzuschneiden
und liess seinen Leichnam [vielmehr: dessen abgezogene Haut]
mit Stroh ausstopfen. Seine Genossen verfolgte er und tödtete
eine grosse Anzahl von ihnen.

Die Regierung des Bahrâm, Sohnes des Hurmuz, dauerte
drei Jahre.

5. Der Mâni-Abschnitt in anNadim's Fihrist al-'ulûm.

Die wichtigste Quelle für die ausführliche Kenntniss der
Einzelheiten des reichen ursprünglichen Systems des Mani ist
und bleibt, solange keins der manichäischen Religionsbücher
seinem vollen Umfange nach irgendwo[1]) wieder auftaucht, der
mit „Glaubensmeinungen der Manichäer" مذاهب المننية über-
schriebene Abschnitt des Fihrist al-'ulûm, den G. Flügel zuerst 1862 edirte und der jetzt von S. 327, 30 der vollständigen
Ausgabe des Fihrist bis S. 339, 26 reicht. Er diente bereits 1862
als Unterlage des schon so oft dankbar erwähnten, in der Forschung über den Manichäismus epochemachenden Werkes von
Gustav Flügel. Diesem gegenüber kann jede Wiederaufnahme
der Untersuchungen desselben interessanten Gegenstandes nur
in Form der Fortsetzung und Erweiterung des von dem Meister
grundlegend Gebotenen, beziehungsweise Angedeuteten und An-
geregten sich darstellen.

Was wir an dieser Stelle zu dem Abschnitte des Fihrist
sagen wollen, sind lediglich Beobachtungen über die Aussenseite
der literarischen Composition desselben, namentlich Rück-

---

[1]) Etwa in einer solchen Sammlung von Schriften wie die der Araber
über die „Geheimwissenschaften", Magie, Alchymie u. s. w., in welchen
solche kostbare Reste der vertilgten Ketzerliteratur unter falschen Namen
verborgen sein können, wie z. B. das in den Schriften des Pseudo-Maslama
von Madrid von Dozy (s. oben) wiederentdeckte harranische Gebet-
buch zeigt.

schlüsse auf die Quellen, aus welchen der gelehrte Araber seine Auszüge geschöpft hat.

Der Anfang, eingeleitet mit „es spricht Muhammed ibn Ishâk" (d. i. der Verfasser des Fihrist selbst) und die Jugendgeschichte des Mâni behandelnd, ist gewiss eine Compilation von Nachrichten aus alt-manichäischen Lebensbeschreibungen des Religionsstifters. Dies zeigt das genaue Wissen um Einzelheiten, wie z. B. zu Anfang über die Eltern und Vorfahren des Mani. Es wird nicht nur der Vater, Pàtak Pâpak in der mittelpersischen Originalform, sondern auch der Grossvater Aparsàm¹) namhaft gemacht, und deren Familie durch die Zurechnung zu den Haskäniern aus der parthischen Residenz, Nèsàpùr (arabisirt Nisàbûr) im eigentlichen Parthien abgeleitet. Ueber die Mutter hat anNadim wohl Nachrichten aus verschiedenen Vorlagen, in welchen schon die verherrlichende Legende nach Art der apokryphen Evangelien und der Buddhasage sich breit machte, zusammengetragen, aber, wie die drei verschiedenen Namen zeigen, seine Originale nicht correct zu lesen vermocht. Der Name مرمريم, worin offenbar Marjam = Maria steckt, der Name der Mutter Jesu, weist darauf hin, dass in diese Quellen schon christianisirende Färbung eingedrungen war, was zwar nur durch rivalisirende Manichäer selbst geschehen konnte, aber auf eine spätere, die Ueberlieferung entstellende Zeit weist. Das gleiche gilt auch über die Notiz von der „Bischofswürde" des Mani in قنى 327, 31 und den folgenden Orten Südbabyloniens, wenn أسقف (episcopos) wirklich als Textlesart anzuerkennen ist.

Die Worte 328, 1 ودن احنف الرجل bezeichnen, so gelesen, einen körperlichen Fehler des Mâni, nämlich dass er einen einwärts verdrehten Fuss gehabt habe. Wäre dies wirklich der Fall gewesen, dann würden die patristischen Bestreiter des Manichäismus in ihrer Wuth gegen den „Rasenden" Μάνης gewiss irgendwie auf diese Unzierde des Ketzers angespielt haben, was nirgends, soviel ich weiss, geschehen ist. Auch nimmt sich diese

¹) Das بن ابى برزام ist natürlich Dittographie für بى : بن ابزرام und بر sind offenbar derselbe Schriftzug.

Bemerkung über eine Leibeseigenthümlichkeit des Mani mitten
unter Mittheilungen geographischer und genealogischer Art ganz
verirrt aus. Ich nehme die Lesart des cod. C. الرجل als die richtige an und übersetze die arabischen Worte: „er war der ver-
ruchteste der Männer". anNadîm hatte ein syrisches ܣܢܝܐ
„gottlos", etwa ܗܘܐ ܣܢܝܐ ܡܢ ܟܠ ܟܢܫ ܐܢܫ vor sich, womit die christliche Vorlage einfach sagen wollte, er sei der
ruchloseste, schlimmste Ketzer unter allen Menschen gewesen,
nachdem er zuerst sogar eine christliche Würde bekleidet habe.
Es wird dieselbe Quelle wie die der (327 ult.) unmittelbar vorhergehenden Bemerkung sein. Der Araber behielt das syrische
Wort bei, verstand es aber wohl von Haus aus falsch. Später
S. 335, 5 wird freilich gelegentlich und durch den Text unzweideutig — bestimmt der rechte Fuss genannt — dasselbe Merk-
mal wiederholt, es könnte dies aber eben nur weitere Ausspinnung eines alten Missverständnisses sein.

Es folgt 328, 1 ff. die detaillirte Berichterstattung über die
religiöse Wandlung von Mani's Vater und die damit zusammenhängende religiöse Erziehung des Sohnes; offenbar aus einem
manichäischen Evangelium. Die Bemerkung über die Mughtasilah Z. 5 und 6 ist vom Verfasser des Fihirist eingeschaltet.

Die Bemerkung Z. 10 „Offenbarung vom Lichtkönig und
das ist Gott der Erhabene" zeigt wieder die wörtliche Anführung einer altmanichäischen Quelle, ebenso die Worte, welche
dem Engel Eltawam[1] in den Mund gelegt werden, Z. 12 von
اعتزل „verlasse" an bis 13 لتحداتك سنن, besonders aber die
Worte 16—17, die Berufung, welche noch dazu vom Araber
selbst als Citat eingeführt werden mit der Bemerkung: الكلام
الذى قاله له النتوم und beginnen: „Heil über dich, o Mani, von

---

[1] So, als אֶלְחָם oder vielmehr ursprünglich אֲלְחָם „Gott ist brü-
derlich verbunden", Bildung des nom. propr. wie שִׂמְחָוי „Gott ist sehend"
und אֶלְחָי (Ἠλχασαΐ, Ἐλχεσαΐ, Ἐλξαΐ) (dasselbe), glaube ich den „nabatäischen" Engelnamen النتوم aussprechen zu müssen, worüber ich im fünften
Abschnitte des zweiten Theiles dieses Werkes im Zusammenhange handeln werde.

mir" u. s. w. Ganz greifbar ist in diesen Engelworten wieder die Uebersetzung aus einem aramäischen Originale durch die Einzelausdrücke bekundet. Die Redeweise ist zum Theil ungelenk, unarabisch. „Heil über dich, o Mani, von mir und von dem Herrn der mich zu dir gesandt hat" d. i. نس منقمحم

ܪܽܐܡܙܐ syrisch أَن تَدْعُو بِحَقِك :متب نُسِب بِمَزِاِس ܫܰܩܽܝ

وتبشر ببشرى الحق من قبله :بما حق ,ܨܰܡܠܘ

ܠܬܨܰܩܠܗ für تَحْتَمِل ; ܐܽܠܰܦܷܠܣ ܟܗܩܨܠܗ ;متب عܪܢܣܘܘ.

Es folgt nun 328, 17—20 eine ganz detaillirte, chronologisch fixirte Notiz über den Tag von Mani's erstem öffentlichen Auftreten, wobei auch die — hebräisch-aramäischen — Namen seiner zwei Begleiter Simeon und Zakwâ mitgetheilt werden. Der Tag des Auftretens des Mani, ein „Sonntag, der 1. Nisân'). als die Sonne im Widder stand". der Krönungstag von Sâhpûr I.. fällt nach unserer Zeitrechnung auf den 20. März 242, und ist ein wichtiger Anhaltspunkt für die Chronologie der Sasanidenzeit (cf. Nöldeke, Tabari übersetzt S. 412 ff.). Die Stelle ist wohl einer sehr alten — manichäischen — Lebensbeschreibung des Mani entnommen. Der Fihrist selbst führt sie mit der Bemerkung ein قلت المنوية „die Manichäer sagen", wodurch er die Quelle wohl von der der vorhergehenden Engelworte unterscheidet, dieselbe aber in die alte manichäische Kirche setzt²).

Von 21 ff. an gibt der Verfasser des Fihrist unter seinem eigenen Namen (Anfang: (قل محمد بن اسحق) eine synchro-

¹) Der altbabylonische Monatsname Nisanu — hier natürlich nicht von Juden, sondern von einheimischen Babyloniern so benannt — ist hier besonders interessant; kein persischer Monatsname!

²) Speciell dem Sâpûrakân, wie Nöldeke l. c. S. 412 Anm. 2 glaubt, gehört die Notiz schwerlich an, da der Sâpûrakân als ein Werk des Mani selbst anzusehen ist, von ihm für den Prinzen Sâhpûr verfasst. Mani selbst aber — in einem Werk eschatologischen Inhalts — die Worte nicht gut geschrieben haben kann, am wenigsten die Schlussworte von seinem Vater. Das قلت المنوية des Fihrist bezeichnet die alte Tradition der Anhänger Mani's.

nistische Bestimmung des Auftretens des Mani nach der Regie-
rungszeit von römischen Kaisern (Gallus und Antoninus Pius)
und unter Vergleichung der Zeit des Auftretens der oft mit ihm
zusammengenannten Gnostiker Marcion und Bardaisân. Die Bemerkung (bis Z. 25 Ende) ist ohne Zweifel einer christlichen
Quelle, einem Ketzerbestreiter, entnommen. Efräm der Syrer
stellt in seinen Sermonen gegen die Häretiker ja bekanntlich
immer den Mani mit Bardaisân und Marcion zusammen, und
die Erklärung des Manichäismus als Mischung von Christenthum
und Parsismus ist ganz von der Art des Epiphanius.

Das Stück Z. 26 ff. (von وجول „es durchzog Mâni“ an) mit
der nur hier vorkommenden, geschichtlich wichtigen Erzählung
von dem näheren Verhältnisse Mani's zum Bruder des regierenden Grosskönigs ist offenbar wieder einer alten von manichäischer Hand herrührenden Lebensbeschreibung entnommen, wie
die verherrlichenden Züge von der überwältigenden Glorie des
Mani mit seiner äusseren Erscheinung in der Audienz beim Sâpûr (Z. 27 ff.) zeigen. Z. 27 Mitte steht wieder das قالت المنـذنبة,
„die Manichäer sagen“; wir haben vielleicht bestimmter an eine
Art von Synopse manichäischer Evangelien zu denken, die dem
Verfasser vorlag. — Uebrigens bricht der Fihrist an dieser Stelle
mit der Lebensgeschichte des Mani ab, gibt hier keine vollständige Biographie, schaltet vielmehr die Darstellung der Lehre
ein und gibt das Ende des Stifters erst viel später, wo es eigentlich gar nicht mehr hingehört, mitten in der Geschichte der manichäischen Kirche, S. 335 Z. 1 ff.—5.

Mit S. 329 hebt nun nach den einleitenden biographischen
Notizen die eigentliche Darstellung der Lehren und Einrichtungen
des Mani an, und damit eben der Theil, welcher dem Fihrist-
stücke jene unschätzbare Wichtigkeit verbürgt. Wir haben hier
ohne allen Zweifel lange wörtliche Auszüge aus vorliegenden
Originalschriften von Mani selbst, später wieder von Manichäern.
Mit einem قل مـانى führt der Araber den Abschnitt ein (329, 3)
und gibt dann, nachdem die Einleitungsworte mehr zusammen-
fassend excerpirt zu sein scheinen [1]), von Z. 6 an wörtliche

---

[1]) Zu beachten das وزعم „und er behauptet“ Z. 5.

Citate, wobei er jedes neue Citat mit seinem قل مني (Z. 6.
8) oder nur قل (Z. 18) einführt. Vermerke, die wir als ebenso
viele Anführungszeichen betrachten können. Welchem der verlorenen Hauptwerke des Mani die einzelnen Stücke angehört
haben, ist natürlich nicht mehr zu bestimmen. Annehmen lässt
sich nur, dass die Partieen, welche von der Theogonie, Kosmogonie und Anthropogonie handeln, S. 329—332,7 in dem „Buche
der Riesen" gestanden haben können, nach dem, was wir oben
über dessen Charakter gesehen haben.

Dass wir in diesen Stücken wörtliche Excerpte vor uns
haben, zeigen einzelne, nicht bloss stylistische Disharmonieen
der herausgehobenen Angaben unter einander. So sind
S. 330. 23. 24 „Teufel der Hitze und Kälte" erwähnt, aus deren
Gewalt Sonne und Mond das gefangene Licht loszulösen haben,
aber solcher war bei der Schilderung der Ueberwältigung des
Urmenschen S. 329) nicht gedacht. — Der Abschnitt über die
älteste Menschengeschichte S. 331, 4 wird eingeleitet mit den
Worten „darauf begattete sich einer dieser Archonten mit
einem der Sterne, mit der drängenden Gewalt, der Begierde"
u. s. w., ein Anfang, der in demselben Capitel noch einige Male
wiederkehrt, wie S. 331 Z. 23 „diese Archonten und der Sindīd".
Die S. 331 zusammengestellten Citate aus Originalschriften Māni's
sind als solche sämmtlich bezeichnet mit einem vorgesetzten قل
„er sagt", قل مني, „Māni sagt", was unsere Anführungszeichen
vertritt und sich herausnimmt, wie etwa ausführliche Citate aus
Kirchenvätern in einer christlichen Dogmengeschichte. Als das
zu Grunde liegende Werk Māni's vermuthe ich hier entschieden
das „Buch der Riesen"; immerhin kann aber mit Flügel Mani
1862 S. 32 angenommen werden, dass der Verfasser des Fihrist
diese theologischen Stellen zunächst als Citate einem religionsgeschichtlichen Specialwerke eines älteren Gelehrten entnommen habe, etwa aus des Mas'ūdī „Schätzen der Religion
und Geheimniss der Gelehrten" [1]) (Notices et Extraits de la Bibl.
Nation. VIII S. 164; Journ. Asiat. 1839 Janv. S. 18), welches ja
sich speciell mit den Lehren der Manichäer gegenüber denen

[1]) خزائن الدين وسرّ العالمين.

der anderen Dualisten befasst haben soll. oder aus einer der
Schriften alKindï's, der ja speciell gegen die Manichäer (Flügel,
AlKindî, der Philosoph der Araber 1857 nr. 118. 167. 168)
mehrere Streitschriften richtete. Die im Fihrist mitgetheilten
Stellen sind jedenfalls nicht als freie Excerpte des anNadîm mit
veränderten Originalworten, sondern lediglich als solche der letzteren Art aufzufassen, die der Encyclopädist herausgriff und zu-
sammenstellte.

Der Anfang: „Darauf begattete sich" führt also in mediam
rem, ebenso das „einer dieser Archonten". Im Originale
waren also von den Grossteufeln (Archonten) ebenso einige namhaft gemacht, wie von den Grossengeln („Lebensgeist", „Freund
der Lichter", „Heilsbote" u. s. w.), doch sind uns die Namen
nicht mitgetheilt. Offenbar hat ferner das Original, das sich hier
wieder greifbar als ein aramäisches zeigt, das Wort ܐܪܟܘܢܐ ar-
chônâ (entlehntes ἄρχων) angewendet, da dieses auch sowohl
Šahristânî (S. 140 ارکنت Z. 9) als Efräm in ihren Referaten
über Mânî anwenden. Der صنديد Šindîd „der Gewaltige"
wird ܐܪܟܘܢ ܪܒܐ (ὁ ἄρχων ὁ μέγας der Acta) gehiessen haben.

Die „Vorschriften für die Zuhörer" S. 333 werden aus dem
so betitelten Hauptwerke, und die „Gebete" (ibid.) werden aus
dem „Evangelium" entnommen sein, in welchem er nach
Ja'ḳûbî (s. oben) die Anweisung zum Gebete gab. Vielleicht
waren beide Schriften, da hier im Fihrist die Auszüge beider
Art sich direct einer an den anderen anschliessen, bei den
Manichäern gewöhnlich in Eins verbunden, wie auch die Nen-
nung des „Evangeliums" mit dem Gebetritual gleich nach dem
„Buche der Führungen", d. i. dem Zuhörerkatechismus bei
Ja'ḳûbî vermuthen lässt.

Dass der Verfasser des Fihrist seine Auszüge successiv zu
verschiedenen Zeiten niederschrieb, verräth die Bemerkung
S. 333,3 „wir wollen sie (die Gestalt zweiten Ranges, welche
der abgeschiedene Zuhörer erhält) später erwähnen, so Gott
will". Dies geschieht S. 335 Z. 9ff. in dem Capitel über المعاد.

Was uns der Fihrist über die Geschichte der Manichäer
S. 337 Z. 12ff. gibt, verräth sich als geschöpft aus einer spä-

teren muhammedanischen Quelle, der wohl auch die verscho-
bene Stelle über Màni's Tod auf S. 335 Z. 1 ff. angehört. Auffallend ist, eine Uebersicht über die spätere Entwicklung und
Spaltung der manichäischen Kirche voraussetzend, der Ausdruck
337, 14 المنذنيّة الادين „die manichäischen Glaubensparteien".
Die spätere Zeit dieses Stückes verräth auch die Benennung des
Perserkönigs, der den Mani tödten liess und der vorher mit
Namen und Vorfahren genau bezeichnet war, mit der bekannten generalisirenden, zum Appellativum gewordenen Bezeichnung des Perserkönigs كِسْرَى Kisrà [d. i. Husrau, Χοσρόης].

6. Alšahristàni über die Mànireligion.

Cf. die Ausgabe des arabischen Textes: Book of religious and philo-
sophical sects by Muhammad alShahrastàni. By the Rev. Will. Cureton.
London 1842. 46. 2 voll. 8. Die Uebersetzung mit einzelnen begleiten-
den Anmerkungen: Shahrastàni's Religionsparteien und Philosophenschulen.
Uebersetzt von Th. Haarbrücker. Halle 1851. 2 voll. 8.

Als der bedeutendste Geschichtschreiber der Philosophie bei den Arabern verdient alŠahristàni (geb. zu Šahristàn
in der Provinz Khuràsàn im Jahre 1086 nach Chr., gest. ebenda 1153) eine nähere Würdigung seiner Mittheilungen über die
Lehre des Màni.

Die Darstellung des alŠahristàni von der Lehre der Manichäer, im arabischen Texte S. 188 Mitte bis 192 vor Ende, hat
manches Originelle und Interessante, freilich vorwiegend aus
einer späteren, bereits reflektirenden Bearbeitung geschöpft; doch
auch gegen Schluss einige werthvolle Citate aus Màni's eigenen
Schriften.

Der Name von Màni's Vater lautet bei ihm in Uebereinstimmung mit der wirklichen Gestalt فتك d. i. Fàtak aus Pàtak,
Πατέκιος, während der Fihrist das فتّك mit dem Teschdìd hat,
was im besten Falle eine verderbte Aussprache (Doppelconsonanz
für den langen Vokal) ist, und andere orientalische Quellen die
schlimmsten Entstellungen haben, wie das حمّك des Ja'kùbi.

Šahristânî nennt den Mânî mit treffender Charakteristik seines Wesens einen حكيم d. i. einen Religionsstifter mit philosophischem Anstriche, was vollkommen berechtigt ist. — Sehr bezeichnend durch seine Kürze ist das Wort Z. 3 nach Anfang des Textes: **er bekannte die Prophetenwürde des Messias, aber er läugnete die Prophetenwürde des Mose**, womit der wesentliche Unterschied zwischen Judenthum und Christenthum in der Schätzung der Manireligion scharf und prägnant ausgedrückt ist.

Als seine Quelle führt Šahristânî vor Anfang seiner Skizzirung der Lehre den Muhammad ibn Hârûn, bekannt unter dem Namen Abu-'Îsâ al-warrâk, an, der von Haus aus ein gelehrter [1]) Anhänger des „Magierthums“, also der nationalpersischen Mazdayaçna-Religion gewesen sei; also eine ihrer Art nach zum näheren Interesse für die manichäische Religion besonders befähigte Persönlichkeit. Ihn führt der Fihrist des anNadîm gegen Ende seines Manichäerabschnittes unter der Zahl derjenigen Mutakallimûn d. i. „Scholastiker“ auf, die heimlich dem Manichäismus (dem „Unglauben“ الزندقة) ergeben waren, wo er unter den Dichtern الشعراء, und zwar den „späteren“ ممن تَشِيَّر اخيرا) steht. Er war also einer von jenen vielen gebildeten, und für religiöse Fragen interessirten Muhammedanern, die, wie früher soviele Christen des Orients in der „Gnosis“, so hier in der artverwandten Lehre des Mânî tiefere religiöse Aufschlüsse fanden und diesen auch in der üblichen arabischen Redeweise, in Gedichten, Ausdruck gaben. Seine theologische Dialektik, den Kalâm (كلام), offenbaren noch die Citate des Šahristânî aus ihm. — Auf eine Specialschrift dieses Gewährsmannes wollen also Šahristânî's folgende Mittheilungen zurückgeführt sein; den Titel derselben erfahren wir aber nicht. —

Originell schon für das Auge des Lesers — links steht الظلمة, rechts النور als Ueberschrift — ist die schematisirende Grup-

---

[1]) عارفا بمذاهب القوم d. i. mit den Religionen der Völker überhaupt vertraut, religionskundig, ein gelehrter Theolog.

pirung und Rubricirung der gegensätzlichen Eigenschaften, Thätigkeiten u. s. w. der beiden Urwesen, des Lichts und der Finsterniss, nach den Kategorien الجَوْهَر (der Grundstoff, gleichsam der Körper, die äussere Beschaffenheit), النفس (die innere Beschaffenheit, gleichsam die Seele), الفعل (die Thätigkeit), التحيّز (die räumliche Lage zu einander), اجناس (die Glieder, bei jedem Reiche je vier mit dem fünften, dem „Geiste" الروح) und الصفت „Eigenschaften", wobei auch diejenigen einerseits der Lichterde und des Lichtäthers, andererseits der Erde und des Luftkreises der Finsterniss aufgezählt werden. Besonders die unter dieser letzteren Kategorie gegebene Ausführung ist übrigens — wie eigentlich die ganze schematisirende Darstellung — bereits eingeleitet mit وقل بعضهم „einige von den Manichäern sagen" auf beiden Seiten, ein Product der Scholastik innerhalb der manichäischen Theologie, nicht etwa die originale oder gar wörtliche Rede des Mâni selbst, wie im Fihrist. So wird z. B. nach den Kategorien der Philosophie von einem Körper الجسم, einer psychischen Seele النفس und einem Geiste الروح des Lichtes wie der Finsterniss geredet; die beiden letzteren beim Lichte durch „Luft" الجوّ und „Hauch" النسيم gebildet; der „Geist" des Lichtes ist zugleich sein „König", und ebenso bei der Finsterniss. Von dem Lichte heisst es in originell-materialistischer Vorstellung, dass es in einem fortwährenden Productionsprocesse „Engel, Götter und Herren" gebäre, nicht durch Begattung, sondern „wie die Weisheit geboren wird vom Weisen und die vernünftige Rede vom Vernunftbegabten", und ebenso von der Finsterniss, dass sie immerfort „Satane, Archonten und Dämonen" gebäre, nicht durch Begattung, sondern „wie das Ungeziefer aus faulenden Stoffen entsteht" (!!).

Theologische Differenzmeinungen innerhalb der späteren manichäischen Kirche werden dann sofort bei dem Passus von der Weltentstehung und Weltentwicklung durch Vermischung und Loslösung erwähnt. Originell ist die Fassung der orthodoxen Lehre, dass der Zusammenstoss der Finsterniss mit dem Lichte durch die gelegentliche Trennung der Finsternissleiber (ابدان) von ihrem „Geiste" vorbereitet worden sei, wobei dieser „Geist", der Fessel entledigt, des Lichtes ansichtig geworden sei und seine Leiber gegen dasselbe getrieben habe, **also der** قديم ابليس, der „Urteufel" des Fihrist, in die Mehrheit von Leibern zerfällt und dessen Entschluss zum Kampf hier zu einem solchen des Geistes oder Königs der Finsterniss wird. Also erscheint hier bereits die concrete Urfassung des Mani selbst verlassen und die Meinung so gestaltet, wie sie z. B. Titus von Bostra lib. I vor sich hat. — Der „Urmensch" des Fihrist wird dann weiter (Ende der S. 190) einfach zu „einem von den Engeln"[1]) des Lichtkönigs gemacht.

In dem gleichen Geiste der Materialisirung wie vorher bei der Engel- und Teufelerzeugung heisst es in dieser späteren manichäischen Darstellung S. 191 Mitte, dass auch bei dem Loslösungsprocesse, d. i. dem Gange des Weltverlaufes, die Lichtmolecülen ebenso fortwährend in dem physischen Processe des Aufsteigens — „weil das Sichindiehöhebewegen in ihrer Natur liegt"[2]) — begriffen sind, wie die Finsternissmolecülen im Processe des Niederfallens in die Tiefe, also ganz nach dem Gravitationsgesetze! „Und das ist die Auferstehung und der jüngste Tag", وذلك عو القيامة والمعد setzt der theologisch geschulte Berichterstatter, wohl der obige Abu 'Isà al-warràk, vergleichend hinzu: er hat den wesentlich atomistisch-materialistischen Grundcharakter der manichäischen Kosmologie wohl erkannt und bezeichnet. Die „Gebete, Lobpreisungen, frommen Reden und unsträflichen Werke" sind die motorischen Kräfte dieses ethischphysischen Processes der Lichtbefreiung (ibid. Z. 8 u. 7 vor Ende), فيرتفع بذلك الاجزاء النورية فى عمود الصبح „und also bewegen sich dadurch die Lichttheile auf der Säule des Morgenrothes[3]). Uebrigens stimmt an dieser Stelle und bis S. 192

---

[1]) ملك من ملائكته.

[2]) لأنّ من شأنها الإرتفاع الى عالَمها p. 191 Mitte.

[3]) Statt عمود السبح „Säule des Lobpreises", wie man nach dem vorhergehenden التسبيح erwarten sollte, heisst es hier bei Šahristàni,

Z. 1 die Quelle des Śahristâni (Abû 'Îsä) mit dem Fihrist fast
wörtlich, ersterer hat also hier wohl einmal den Mâni selbst
citirend reden lassen — wenn Śahristâni nicht einfach hier den
Fihrist benutzt hat.

Dass aber Śahristâni auch noch die Originalschriften des
Mani selbst kennt und benutzt, zeigen seine wenn auch kurzen
Citate aus dem „Buche der Riesen" (statt الجبلة ist ohne Zweifel الجمبرة zu lesen. wie oben gesagt) und aus dem „Sâpûrakân".
welche er 192. 1 zusammen mit وذكر الحكيم مانى „Mani der
Philosoph sagt" einführt und über die wir oben bei den Werken Mani's gehandelt haben. Leider führt Śahristâni hier dann
weiter nicht den Titel desjenigen Buches des Mani an, aus welchem die. gleichfalls als Mani's Originalworte durch قل ايضا
„er sagt weiter" eingeführten Sätze entstammen: der Lichtkönig
sitze im „Nabel" seiner (der Licht-) Erde" (Z. 4), und: die Ur-
mischung sei die des Heissen und Kalten, Feuchten und Trock-
nen", die spätere — المحدث — die des Guten und des Bösen,
also erst die physische dann die ethische; — eine Trennung. die
sonst unbelegt ist und jedenfalls zu dem materialistischen Mo-
nismus der manichäischen Lehre nicht wohl passt. — Die sehr
ausführliche Stelle von Mani's Rolle in der Weiterführung
der Prophetenreihe (Z. 9ff.), eingeführt mit واعتقده فى الشرائع
والانبياء „seine Meinung in Betreff der (religiösen) Gesetze[1]) und

---

wie auch der cod. C des Fihrist an der entsprechenden Stelle (S. 330, 24),
hat. „Säule der Morgenröthe". ich glaube, gewiss dem manichäischen Ori-
ginalausdrucke entsprechend. Auch die Juden benennen (in der Mischna
z. B. häufig) die aufsteigende Morgenröthe als עַמּוּד הַשַּׁחַר Säule d. M.,
und es passt in die manichäisch-naturalistische Färbung der Anschauungen
doch vortrefflich, die aufsteigende Morgenröthe, ebenso wie sonst die
Sonne, den Mond, die Zodiacal-Sternbilder und andere Naturkörper, zu einer
Stätte des aufsteigenden befreiten Lichts zu machen. Der στύλος τῆς δόξης
der griechischen Kirchenväter (Flügel Mani S. 227ff.) ist eben nicht die
Uebersetzung des, auch hochpoetischen, Originalausdrucks, sondern
schon eine Deutung.

[1]) Wie das mosaische, christliche, zoroastrische, mit ihren codices sacri.

der Propheten" ist überaus wichtig als Ergänzung der entsprechenden Stelle des alBîrûni 207, 14 ff. und ist nach der ausdrücklichen Bemerkung des letzteren Schriftstellers l. c. über die von ihm citirte Stelle gleichfalls wenigstens als erweitertes Citat aus dem „Anfang der Śâpûrakân" anzusehen. Wir haben sie oben gelegentlich der literarischen Bemerkungen über das Śâpûrakân bereits wörtlich citirt und mit den nöthigen Bemerkungen übersetzt; wiederholt sei hier nur, dass Śahristâni im Einzelnen einige erklärende Zusätze für die Muhammedaner (wie das بشر ابو zu ادم u. s. w.) hinzugefügt hat.

Gegen Ende seiner Skizze citirt Śahristâni für die manichäische Lehre über die Dauer der Welt von 12000 Jahren den Manichäer Abû Sa'îd, „einen von ihren Häuptern", der die betreffende Stelle im Jahre 271 d. H. (884/85 nach Chr.) geschrieben habe, und nach dessen Theorie zu seiner, des Śahristâni, Zeit nur noch 50 Jahre bis zum Weltende übrig sein müssten. Er ist derselbe, welcher in der Skizze der manichäischen Geschichte im Fihrist 334, 24 ff. als Abû Sa'îd Raḫâ und eines der manichäischen Oberhäupter, der Verwalter der manichäischen ربيسة, vorkommt; es wird da von ihm erzählt, dass er die damals schismatisch getrennten beiden grossen Parteien der Manichäer, die Mihriten und die Miklasiten, wieder zur Einheit gebracht habe. —

7. Ibn alMurtaḍâ über Mânî.

Von eigenthümlichem Interesse und nicht geringem Werthe für die Bereicherung unserer Kenntniss der Lehre des Mani ist ein längerer zusammenhängender Text, der erst ganz in jüngster Zeit bekannt geworden ist und hier zum ersten Male herausgegeben und übersetzt wird. Es ist die die Manichäer betreffende Stelle in dem grossen religionsgeschichtlichen Werke البَحْر الزَّخَّار al-baḥr az-zaḫḫâr (d. i. das volle Meer) von Aḥmad ibn Jaḫjâ al-Murtaḍâ[1]). Dies ist ein gelehrter Autor der schî'itischen

---

[1]) Ich verdanke die Bezugnahme auf diesen merkwürdigen Text der

Glaubensrichtung und schrieb in Südarabien, in Jemen; seiner
Zeit nach fällt er in die mittlere Periode der arabischen Literatur (7. bis 10. Jahrhundert der Híǵra). Die Schï'iten Süd-
arabiens waren sehr fanatische theologische Sektirer und in der
Vertheidigung und Verbreitung ihrer Glaubensansichten sehr
fleissige, fruchtbare Schriftsteller. Wir erfahren dies jetzt, und
zwar eigentlich zum ersten Male, in überaus lehrreicher Weise
aus der merkwürdigen Sammlung von (241) arabischen Handschriften, welche der Forschungsreisende Eduard Glaser auf
einer Reise in Südarabien während der Jahre 1885 und 1886
mit grosser Energie und Umsicht zu erwerben gewusst hat, und
welche jetzt Eigenthum der Königlichen Bibliothek zu Berlin
geworden sind. Sie sind, von Meisterhand geordnet und kurz
beschrieben, übersichtlich verzeichnet in W. Ahlwardt's „Kurzem Verzeichniss der Glaser'schen Sammlung arabischer Handschriften. Berlin 1887." Auf diese Arbeit sei an dieser Stelle
auch namentlich speciell zur Informirung über den Charakter
jener grossen jemenisch-schï'itischen Literatur überhaupt verwiesen: vergl. besonders S. IV ff.

Die Schï'iten hatten nach ihrer, den Orthodoxen gegenüber
oppositionell-freieren Grundrichtung naturgemäss ein aufmerk-
sameres Beobachterinteresse für Häretiker und deren Gedanken.
Daher erklärt sich auch wohl die relative Ausführlichkeit, mit
welcher unser Autor in seinem grossen Werke an gegebener
Stelle über die Manichäer spricht. Das Werk النحر البحر
ist trotz seiner grossen Wichtigkeit anscheinend nicht einmal
dem gelehrten Bücherkenner Ḥáǵǵi Ḥalifa bekannt, der es jedenfalls nicht einmal nennt. Es ist theils theologischen, theils ju-
ristischen Inhalts und hat Anlass zu vielen darauf bezüglichen
Erläuterungsschriften u. s. w. gegeben. Das ganze Werk ist in
den Handschriften 230—231 der Glaser'schen Sammlung (Ahlwardt, Kurzes Verzeichniss S. 38 u. 39) enthalten. Es beginnt
mit einer sehr ausführlichen Einleitung (ديباجة), die in elf
Bücher zerfällt. Das dann folgende eigentliche Hauptwerk er-

Güte von Prof. Ahlwardt. Derselbe hat bei Untersuchung der Handschrift Glaser 108 den Text über die Manichäer zuerst entdeckt und
mich darauf aufmerksam gemacht.

örtert die Rechtsgrundsätze in Verbindung mit den Glaubens-
regeln (Ahlwardt l. c. S. VII) in einer grossen Zahl von Büchern. Das erste Buch der Einleitung führt den besonderen
Titel كتاب الملَل والنُحَل, Buch der Religionsparteien und der
Philosophenschulen, also denselben, wie das bekannte Werk des
Śahristāni. Ein erklärender Zusatztitel lautet بـب الفرَق الكفريَة
d. i. Capitel von den ketzerischen Parteien. Zu diesem Abschnitt liegt ein Commentar vor in der Handschrift 108 derselben Glaser'schen Sammlung unter dem Titel: كتاب المنِيَة
والأَمَل فى شرِح كتاب الملَل والنُحَل لاحمد بن يحيى المُرتَضَى
„Buch des Wünschens und der Hoffnung in Auslegung des Buches der Sekten und Schulen von Ahmad ibn Jahjā al-murtaḍā.
Ein anderer poetischer Titel dieses letzteren Sonderwerkes lautet
غاية الافكَار ونهايَت الانظَار المُحيدِنَّة بعجائِب البحر الزخَّار d. i.
„Gipfelpunkte der Gedanken und Grenzsteine der Einsichten,
umfassend die Wunder des Vollen Meeres"[1]). Die Handschrift
ist in Folio, hat 148 Blätter und ist im Jahre 1081 d. H. abgeschrieben.

Hier wird nun Seite 56b post med. bis 58 Z. 4 von oben
über die Manichäer المَنويَة gehandelt. Das Stück ist der erste
Theil einer in 9 Theile zerfallenden Erörterung über die Dualisten الثَنويَة. Dieselbe betrifft nach den Manichäern noch 2)
المَزدكِينة die Mazdakiten; 3) die Daiṣāniten; 4) die Markioniten;
5) die مَاعانيَنة; 6) die كيثنينة; 7) die Sābier صدبينة; 8) die
مُهَراكينة; 9) die Magier المَجوس.

---

[1]) Eine andere Handschrift desselben Werkes (ك" المنِيَة والامَل)
liegt vor in cod. Berol. Landberg nr. 438 (Verzeichniss der Landberg'schen
Sammlung von W. Ahlwardt 1885 S. 42). Doch bietet dieselbe, die offenbar von flüchtiger Hand eines Unkundigen herrührt, in ihren Abweichungen
von cod. Glas. 108 nur werthlose Varianten, deren einige zu Anfang des
Textes von uns notirt sind. Der Manichäerabschnitt steht in cod. Landberg S. 37b Z. 2 ff.

In den Ausführungen über das Detail des Lehrsystems Mani's zeigt der Verfasser stellenweise eine fast wörtliche Uebereinstimmung mit den Excerpten des Fihrist al'ulûm von auNadim. Das unschätzbare Werk des nach Baghdâd benannten nordarabischen Gelehrten hat also unserem Jemeneneser ohne Frage vorgelegen. Ebenso erinnern einige Ausdrücke an anderen Stellen an Šahristânî. Doch sonst ist eben alMurtaḍà originell, selbständig. Von höchstem Interesse ist z. B. seine originelle und doch so exact richtige Benennung des Mani (zu Eingang) mit السُّرِّيني d. i. der Mann aus Sûristân, dem Gebiete von Ktesiphon, bestimmter noch als Bîrûni's schätzbares البابلى der Babylonier.

Wir theilen also jetzt den Text über die Manichäer im arabischen Originale mit deutscher Uebersetzung mit.

Text.

والثنوية تسع فرق مانوية منسوبة الي رجل اسمه مانى
ابن وانى الحكيم السريني خرج ايام سابور بن ازدشير وادعي
النبوة فتخالفته المجوس واشروا على سابور بقتله فقتله بهرام بن
هرمز بن سابور[1] بعد عيسى عم ويبقى مذهبه فى اتباعه ومن
كتبه الانجيل وشبرقان وهذه الفرقة قائلة بالهية النور والظلمة
وحيبتهما وقدرتهما وامتزاج العالم منهما وتصدّ صورهم وطبعهم
فجوهر النور حسن صفى طيب الريح حسن المنظر ونفسه خيرة
ديمة متحيية نفعة ليس فيه شيء من الشر وجوهر الظلمة على
الضد من ذلك قالوا وكنا فى الاول[2] منبينين ثم امتزجا عما
غير متنذبين من جهتهم جميعا الا من جهة تلاقيهم ثم اختلفوا

---

[1] Hier hat die Handschrift am Rande das werthlose بن نيسابور, wie auch cod. Landberg 438.

[2] L. فى الازل (sic!).

فى مكانهم فقيل النور فوق الظلمة وقيل كل واحد انى جنب
الآخر وقيل النور مرتفع الى جهة الشمال والظلمة منحطّة انى
جهة الجنوب' واختلفوا فى كيفية تلاقيهما فقيل || بالمماسّة
كـاتّصـال الظل بالشمس' وقيل بينهما فرجة وزعموا ان كلّ واحد
منهما اجناس خمسة اربعة ابدان والخامس الروح فابدان النور
النـار والـهـوى') والريح والمـاء وروحه النسيم وانهـا لم²) تزل
تتحرّكُ فى هذه الاربعة' وابدان الظلمة الحريق والسواد والسموم
والضبـاب وروحها الدخان وتُدْعى عندهم الهمّامة وسمّوا ابدان
النور ملئكةً³) وابدان الظلمة عفاريت⁴) وشياطين' وزعموا ان
روح النور لم تزل تنفع ابدانها وهى تنفعُها وبعضها ينفع بعضا
وروح الظلمة على الضدّ من ذلك' وقال بعضهم الارواح والاجناس
حيّة حسّاسة وقيل الروحـان فقط' وابدان النور حيّة حياة
ضةرة لا حياة جس وتمييز وابدان الظلمة ميتة فاسدة وقالوا كلّ
خيـر فـمـن انور وكلّ شرّ فمن الظلمة فقيل طبعًا وقيل اختيارًا
الّا ان اختيارَهما لا يَعْدُو مـا فى ثبعهما وقيل معناه ان النور
يختار خيرا على خير والظلمة تختار شرًّا على شرّ' قالوا وانما
تـختـلـف الاشياء فى الـحـسَـن والقبيح بحسب أجزاء الـنـور
والظلمة ولا يخلو شىء من كوّنه مركّبا منهما' واختلفوا فى
الاعراص بين مُثبت وناف واتّفقوا على ان المزاج وقع منه تركيب
الأشياء' ثم اختلفوا اين وقع المزاج فقيل فى عالم الظلمة دون
عـالم النور وقيل بينهما' واختلفوا فى سبب المزاج فقيل لان عالم
الظلمـة لا نهاية له ولم يزل يقطع جهَته حتى انتهى الى حدّ
انـور فى وقت المزاج' وقيل لم تزل الظلمة تجول فى عالمها

---

¹) L. والنور.   ²) omis. L.   ³) Mit scriptio defectiva für
das übliche ملائكة.   ⁴) L. عقارب „Skorpione“.

فوقعت على النور بتخبط لا ينعقد فمتزج' وقد جمهورهم
بل سببه ان ابدان الظلمة تشاغلت عن الاضرار بروحب بعض
انتشـاغـل فنظرت الروح فرأت النور فدعت ابدانها لمُمَزَجتِه
فجهبت لإسراعيب الى الشرّ فتخـيـلـت الظلمة صورة قبيحة من
كل جزء من اجزائها الخـمـسـة فلما راى ذلك ملك عالم النور
وجه اليها ملكا من ملائكته من خمسة اجنـس فاشرف عليب
فُـسرهٔ فاختلظت الاجزاء النورية بـاجزاء الظلمة فتخلـط الدخان
النسيم فتكيحة والروح من النسيم والهلاك من الدخان، وخـالـط
الكريف النار فنـنفع من الـنـار والشرّ من الكريف وخـلـط النور
الظلمة فمنها ترَكيب الاجسام I الغليظة كـلـذهب والفضة وغيرهما ٥٧;
فم فيهمـا من الـمـنـافـع والتحسن فمن النور والصدّ من الظلمة
وخـالـط الصبـاب المـاء والسمومُ الريح وامر مَلك عالم النور بتخَـلّق
هـذا الـعـالـم ونـبـاتِه من تـلـك الاجزاء الممترجة نتخـلّس تلك
الاجزاء من الظلمة فتخلق السموات والارص بما فيهين ووكل مَلَك
بحمل الارص وآخر بحمل الـسـمـاء وخـلـق الافلاك ووكـل ملك
بـادارتها ويسير الشمس والقمر لاستقصاء ما فى هذا الـعـالـم من
النور فلا يزال يدبّر استقصاءه حتى لا يبقى الّا اجزاء منعقدة لا
يقدر على استقصائها فعند ذلك يرتفع الـمَلَك الموكل بـارص
ويَـدَع الملك الموكل بلسمـاء فتنـاخـط الاعالى على الاسافل وتصدّم
نـار من تلـك الاسافل فـلا تـزال تصدّم حتى يتنـاخـلس ما فى عالم
الظلمة من اجزاء النور التى انعقدت بـاجزاء الظلمة' واختلفوا فى
مُدّة الاضطرام فقيل الف واربعمائة وثمانى وستون سنة وقيل الف
واربعـمـائـة وستون فلما رات الظلمة خلاص الـنـور تـقت للقتال
فرجرها مَنّ حَوْلَها من الجنود فترجع مذعورة الى قبر أعدّ لها
فيُسَـد عليـه فـم القبر بصاخرة وتتناخلس من شرّ الظلمة' فرج

واختلفوا فزعم بعضهم ان النور اذا تخلّص من الظلمة جعل
بينه وبينها حاجزا من نور وظلمة لئلّا تعود فتؤذيه وزعم
بعضهم انه لا يبقى فيها شيء من النور لا قليل ولا كثير' قدّ
الحاكم وذكر المانى فى الانجيل والشابرقان ان ملك عُلم النور
فى سُرّة ارضه وذكر فى باب الالف من انجيله وفى اول شابرقان انه
فى كل ارضه وانه ظاهر باطن وانه لا نهاية له الا من حيث
تناهى ارضه الى ارض عدوه وفرض مانِى عليهم المسكنة وان لا
يَقْتَنُوا شيا آلّا لبَاس السنة وقوت يوم وفرض العشر فى اموالهم
ووضعُه على أيْدى وُكلائه ونهى عن دخول بيت الاوثان ونهى
عن الزنا والسرقة وايلام الحيوان باىّ وجه ونهى عن النكاح
والزرع وزعم يزدانْبخْت') فى كتابه ان ادم اوّل الانبياء ثم شيث
ثم نوح وبعث بالبلدة الى الهند وَزَرَادشت الى فارس وعيسى
الى الغرب ثم مانى الفرقليط خاتم النبيّين وقايد ابنآء اليمين
وهكذا ذكره مَانى فى كتابه ويذكرون استدلالات فاسدة نذكرها
عند الكلام عليهم ان شآ الله تعالى.

Uebersetzung.

Die Dualisten zerfallen in neun Richtungen. Zuerst
die Manichäer. Sie gehen zurück auf einen Mann, Namens Mâni[2]), den Sohn des Wânî (lies Fatak[3])), den syri-

---

[1]) Im cod. ist der Name dieses aus dem Fihrist bekannten Manichäers
Jazdanbacht in zwei Theilen — etymologisch — geschrieben: Gottglück;
quasi Theotyches, nämlich so: يزدان بخْت (mit u, sic!).

[2]) Unser cod. schreibt merkwürdigerweise den Namen des Mâni immer
mit Hamza am Ende.

[3]) وانى Wâni ist deutlich zu lesen, ist aber offenbar verschrieben und
verlesen aus فتق, wie aus der Aehnlichkeit der Schriftzüge sehr leicht
erhellt. Der unwissende Schreiber reimte sich wohl Wâni auf Mâni, die
ihm beide wie nomina agentium des Kal (nach فاعل) vorkamen.

schen [1]) Philosophen, der zur Zeit des Sabur, des Sohnes des Ardaschir, aufgetreten ist und die Prophetenwürde beansprucht hat. Da traten ihm die Magier entgegen und rietben dem Sabur, ihn zu tödten: es tödtete ihn wirklich Bahräm der Sohn des Hurmuz, des Sohnes des Sabur, in der Zeit nach Jesus dem Gebenedeiten. Seine Glaubensrichtung erhielt sich in seinen Anhängern. —

Zu seinen Schriften gehören das Evangelium und das Buch Schaburakan [2]).

Diese Richtung bekennt die göttliche Natur des Lichtes und ebendiese der Finsterniss, sowie deren beider Leben und Macht, die Entstehung der Welt durch Vermischung aus ihnen beiden und die Gegensätzlichkeit ihrer beiderseitigen Gestalten und Naturen. Der Grundstoff des Lichtes ist also schön, rein, wohlriechend [3]). schön anzuschen; seine Seelenart ist gut, edel, lebendig machend, Nutzen spendend, nichts Böses in sich enthaltend. Der Grundstoff der Finsterniss ist von einer dem gerade entgegengesetzten Beschaffenheit.

Sie lehren: Es waren die Beiden uranfänglich von einander getrennt, darauf aber vermischten sie sich. Diese beiden erreichen einander gegenseitig durchaus von keiner Seite, ausser auf der Seite, wo sie an einander angrenzen.

Weiterhin sind sie (die Manichäer) in Meinungsverschiedenheit über den Standort der beiden. Es heisst nämlich, das Licht befinde sich oberhalb der Finsterniss, es heisst aber auch, jedes von beiden Elementen liege zur Seite des anderen. Es heisst, das Licht sei nach der Nordseite zu erhöht, das Dunkel nach der Südseite zu gesenkt.

Ferner sind sie uneins über die Art und Weise ihres Zusammenstossens und sagen also zum Theil, dieses sei erfolgt durch Berührung, nach der Art, wie der Schatten mit der Sonne

---

[1]) Dieses hochinteressante as-surjâni heisst nicht allgemein „der Syrer", sondern, hier wenigstens ganz speciell, der Mann aus dem Bezirke Sûristân in Babylonien, s. Nöldeke, Tabari übersetzt S. 15 ff. Anm. 3.

[2]) Weiter kennt unser Verfasser keine Schriften Mani's, als diese beiden. Dies waren aber auch die bekanntesten, die berühmtesten und wichtigsten.

[3]) Wie bei Šahristâni.

zusammenkommt; andere sagen, es sei zwischen beiden eine
Kluft. Sie behaupten, jedes von beiden Elementen bestehe aus
fünf Geschlechtern, von denen vier die Leiber seien, das fünfte
der Geist. Die leiblichen Bestandtheile des Lichtes sind das
Feuer, die Luft, der Wind und das Wasser, und sein Geist ist
der leise Lufthauch, und dieser Geist bewege sich unaufhörlich
in diesen vier Leibern hin und her. — Die körperlichen Bestandtheile der Finsterniss sind der Brand, die Schwärze[1]), der
Gluthwind und der Sticknebel, ihr Geist ist der Rauch, der bei
ihnen alHummàmah[2]) genannt wird. Sie nennen die Leiber
des Lichtes Engel, und die Leiber der Finsterniss Teufel und
Satane. Sie lehren weiter, dass der Geist des Lichtes unaufhörlich seinen Körpern Nutzen zuführe, und dass diese jenem
sowohl wie sich unter einander Nutzen brächten; der Geist der
Finsterniss aber handle in der entgegengesetzten Weise. — Einige
von ihnen sagen: die Geister und die Geschlechter sind lebendig, und mit Empfindungsvermögen versehen; andere aber sagen:
nur die beiden (Haupt-) Geister, weiter keine; die (weiteren)
Geister des Lichtes seien nur äusserlich angesehen mit Leben
versehen, hätten aber kein Gefühl noch Unterscheidungsvermö-
gen; die Körper der Finsterniss seien todt und verderbenbrin-
gend. Sie lehren weiter: alles Gute komme vom Lichte, alles
Schlechte von der Finsterniss; und zwar nach den Einen: durch
ihre Natur, nach den Anderen: durch freie Wahl, nur dass ihre
Wahl nicht ihrer Natur zuwiderlaufe; und dies bedeute, dass
das Licht das Gute in guter Absicht erwähle, das Dunkel aber
das Böse in böser Absicht. — Sie sagen, die Dinge bildeten in
Hinsicht des Schönen und des Hässlichen einen Gegensatz lediglich nach Massgabe der Bestandtheile an Licht- und an Finster-
nissstoff, von denen kein Ding seinem Wesen nach frei sei, als
aus ihnen beiden zusammengesetzt. Sie sind in Betreff des Zu-
falles (nämlich als Anlasses der Mischung) verschiedener Meinung und schwanken zwischen Bejahen und Verneinen, sind aber
darüber Eins, dass es jedenfalls eine Vermischung gewesen

---

[1]) السَّوَاد steht hier für سم und الظلمة im Fihrist.

[2]) Beachtenswerth ist das teśdìd, womit uns hier über die genauere
Aussprache des seltsamen Wortes gewiss Richtiges angegeben wird.

ist, von der aus die Zusammensetzung der Dinge eingetreten
sei. — Weiterhin sind sie verschiedener Meinung darüber, wo
die Vermischung eingetreten sei, und es heisst also einmal, in
der Welt des Dunkels, unterhalb der Welt des Lichtes: dann
aber auch: zwischen ihnen beiden. — Verschiedener Ansicht
sind sie über die Ursache der Vermischung, und es heisst: weil
die Welt des Dunkels keine Grenze hatte und immerfort ihre
Richtung weiter verfolgte, bis sie an die Grenze des Lichtes gelangte zur Zeit der Mischung. Weiter wird gesagt, die Finsterniss hörte nicht auf, sich im Bereiche ihrer Welt herumzutreiben,
und stürzte sich in plötzlichem Ueberfall, nicht in vorgefasster
Absicht auf das Licht, worauf sie sich vermischten. Dagegen
sagt aber eine Anzahl von ihnen: nein, so war es nicht, vielmehr war die Ursache die, dass die Körper der Finsterniss, das
beschädigende Eindringen auf ihre Geister einmal unterbrechend,
sich mit einander in Streit verstrickten; da blickte denn also der
Geist auf, sah das Licht und rief seine Körper, um sich mit
dem Lichte zu vermischen. Darin willigten diese auch ein, weil
sie immer zum Bösesthun schnell bei der Hand sind. Da er-
sann und bildete dann die Finsterniss eine hässliche Gestalt
aus allen ihren fünf Bestandtheilen [1]). Als dies der König der
Lichtwelt [2]) sah, schickte er jener Gestalt einen seiner Engel
entgegen, aus seinen fünf Geschlechtern geformt. Dieser wurde
des Gebildes mächtig [3]) und fesselte es. Da vermischten sich die
Lichttheile mit den Finsternisstheilen. Und zwar vermischte [4])
sich der Rauch mit dem leisen Lufthauche, und so kommt jetzt
das Leben und der Geist vom leisen Hauche, das Verderben
aber vom Rauche. Es vermischte sich der Brand mit dem
Feuer, und so kommt das Nutzenbringen vom Feuer, das Böse
aber vom Brande. Das Licht vermengte sich mit dem Dunkel,
und daher kommt die Zusammensetzung der compacten Körper,

[1]) D. i. der Urteufel, Iblis Kadim des Fihrist.
[2]) Im Fihrist: Der König der Paradiese des Lichtes.
[3]) Sehr kurz gegen den Fihrist: keine anfängliche Niederlage des Licht-
streiters angedeutet.
[4]) In der jetzt folgenden Ausführung ist der Ausdruck unseres Verfassers vom Fihrist unabhängig. Er citirt jedenfalls nicht, wie der Fihrist
l. c. zu thun scheint, die Originalworte einer manichäischen Originalschrift.

wie des Goldes und des Silbers und so weiter. Was in ihnen
von nützlichen Wirkungen und von Schönheit steckt, rührt vom
Lichte her, das Gegentheil von der Finsterniss. Der Qualm vermengte sich mit dem Wasser, und der Gluthwind mit dem
Winde. Da befahl der König der Lichtwelt die Erschaffung
dieser sichtbaren Welt und ihrer Vegetation aus jenen gemisch-
ten Theilen zum Zwecke des Loskommens dieser Bestandtheile
von der Finsterniss. Er schuf die Himmel und die Erde mit
allem, was in ihnen ist, und betraute einen Engel mit dem
Tragen der Erde[1] und einen anderen mit dem Tragen des Himmels. Er schuf weiter die Firmamente und betraute einen Engel damit, sie in Kreisbewegung zu versetzen. Die Sonne und
der Mond gehen ihre Bahn zum Zwecke der Lostrennung dessen,
was in dieser Welt von Licht enthalten ist, und sie hören nicht
eher auf, ihre Function auszuüben[2]), bis nur noch fest verfloch-
tene Bestandtheile übrig bleiben, die sie nicht loszutrennen vermögen. Während dem richtet sich der Engel[3]), der mit der
Erde betraut war, in die Höhe, und der Engel, der mit dem
Himmel betraut war, lässt nach. Da stürzt das Oberste auf
das Unterste, und ein Feuer lodert aus diesen unteren Regionen
heraus und brennt solange fort, bis in der Welt des Dunkels
alle mit dem Dunkel verknüpften Lichttheile befreit sind. Ueber
die Dauer des Brandes sind sie verschiedener Meinung; es heisst,
er solle 1468 Jahre dauern, aber es heisst auch, 1460 Jahre.
Wenn dann die Finsterniss die Befreiung des Lichtes gesehen
hat, dann regt sich in ihr der Trieb zum Kampfe, aber die sie
umgebenden Heeresschaaren drängen sie zurück, und so kehrt
sie dann, von Schrecken erfüllt[4]), in das Grab zurück, das ihr
bereitet ist, und der Eingang des Grabes wird über ihr mit
einem grossen Steine verstopft.

---

[1]) Dieses und das Folgende stimmt fast wörtlich mit dem Fihrist l. c.

[2]) يَـلـدِّبِـر sieht fast aus wie ein Syriasmus, ein دُبَّر gubernare, ad-
ministrare; ob hier der Verfasser eine syrische Vorlage benutzt hat?

[3]) Diese eschatologische Stelle stimmt absolut wörtlich mit der betreffenden im Fihrist, aber auch mit dem Ende des Turbo-Berichts der
Acta Archelai.

[4]) Man beachte das seltene Wort نَعَر für erschrecken, مَنْعُور erschreckt.

Sie theilen ihre Ansicht, und Einige glauben, dass das Licht, sobald es von der Finsterniss sich befreit habe, zwischen sich und ihr eine Scheidewand aus Licht und Finsterniss aufstellen werde, damit die Finsterniss nicht zurückkehre und neuen Schaden anrichte. Andere glauben, es bliebe gar nichts vom Lichte darin, weder wenig noch viel.

Der Gelehrte sagt (nämlich der Autor, der hier commentirt wird): Mani[1]) äussert in seinem „Evangelium" und im „Schaburakàn", dass der König der Lichtwelt im „Nabel" seiner Erde wohne. Er äussert weiterhin, im Abschnitt 'alif[2]) seines Evangeliums und im ersten Theile des Schaburakàn[3]), dass er (der Lichtweltgott) auf seiner ganzen Erde (d. i. nicht nur in ihrem Innersten) vorhanden sei, von aussen wie von innen; er habe keine Grenze, ausser an der Seite, wo seine Erde an die seines Feindes anstosse.

Màni gebot ihnen die Armuth, und dass sie nichts zu Besitz erwerben dürften, als die Kleidung für ein Jahr und Nahrung für einen Tag. Ferner befahl er den Zehnten an Gütern und überantwortete diese Abgabe den Händen seiner Bevollmächtigten. Er verbot das Betreten eines Götzentempels[4]), die Hurerei, den Diebstahl und einem lebenden Wesen in irgend welcher Richtung Schmerz anzuthun; ferner verbot er die Heirath und das Samenlassen. — Jazdànbacht[5]) behauptet in seiner Schrift, Adam sei der erste der Propheten gewesen; nach ihm Seth, dann Noah; er behauptet die Sendung der Buddha's nach Indien, des Zaràdusht nach Persien und die von Jesus in das Westland[6]); dann sei Mani, der Paraklet, gekommen, als die

---

[1]) Auffallend ist hier der Artikel, المـانى, womit der Name sonst nirgends geschrieben erscheint.

[2]) Man beachte den Buchstabennamen statt der Zahl, die doch sogleich folgt; also immer nach den Alphabetbuchstaben wird dieses „Evangelium" citirt!

[3]) Hier wie ein Eigenname, ohne Artikel!

[4]) Wie schon Fatak nach dem Fihrist durch den هـتيف geheissen wurde!

[5]) Bekannter Manichäer, s. den Fihrist am Ende unter den geschichtlichen Notizen.

[6]) Der cod. hat العـرب, was aber gewiss nicht die Araber bedeutet, sondern الغرب occidens zu lesen ist.

Besiegelung [1]) der Propheten und der Führer der Rechtschaffenen."
So hat es Mani in seinem Buche (sc. dem Šahpurakân) ausgesprochen.

Sie bringen verkehrte Darlegungen vor, die wir, wenn die
Rede auf sie kommt, so Gott will, vorbringen werden.

8. Abûlfaraǵ (Gregorius Barhebraeus) über Mânî.

Als eine authentische Probe der Vorstellung, welche die gelehrten Christen des Orientes, freilich in relativ später Zeit,
mehr als ein Jahrhundert nach Šahristânî, vom Mani und seiner
Religion hatten, betrachten wir hier den ziemlich kurzen Bericht
des bekannten vielschreibenden Metropoliten von Takrît Bar
'Ebrâjä („Barhebraeus" † 1286 nach Chr.), von den Arabern
gewöhnlich Abûl-faraǵ genannt, in seinem arabischen Auszuge
aus seiner Weltgeschichte [2]). Dort steht S. 130—131 Folgendes:

„In diesem Jahre regierte über Persien Hurmuz, Ein Jahr
lang. Zu dieser Zeit wurde Mânî der Dualist [3]) bekannt. Dieser
war zuerst ein (äusserlicher) Bekenner (كان يظهر) des Christenthums und wurde Presbyter in Ahwâz, lehrte und erklärte die
Schriften und disputirte mit den Juden, Magiern und Götzen-
dienern [4]). Dann wich er vom rechten Glauben ab, nannte sich

---

[1]) Cod. Glas. hat den starken (wohl absichtlichen!) Schreibfehler خالم
statt خاتم; er wollte wohl an „Diener, Knecht" gedacht wissen!

[2]) Historia compendiosa dynastiarum, auth. Greg. Abul-Pharagio, Malat.
medico, arab. et lat. — ab Ed. Pocockio Oxon. 1668. 4.

[3]) Mit dieser Bezeichnung als الثنوى stellt BH. den Mânî sogleich
in die richtige Kategorie; einfacher christlicher oder persischer Häretiker
ist er ihm nicht, sondern Vertreter dieser bestimmten selbständigen Religionspartei der Dualisten.

[4]) Die Nachricht, Mânî habe sich zuerst äusserlich zum Christenthume
bekannt und habe sogar in der Stadt Ahwâz ein geistliches Amt in der
christlichen Kirche bekleidet, ist auf keinen Fall historisch getreu, reflectirt
vielmehr lediglich den engen, der Information über die heiligen Schriften
wegen unterhaltenen Verkehr des Mânî mit christlichen Lehrern, wie ja
von seinen „Disputationen" mit den Bekennern der herrschenden Religionen
sofort die Rede ist. Höchst wahrscheinlich ist die auffallende Notiz die

23*

selbst den Messias, wählte sich zwölf Jünger[1]) und sandte sie in alle Länder des Ostens bis nach Indien und China, wo sie die Lehre von den zwei Principien (den Dualismus, التنوية) ausstreuten. Diese besteht darin, dass die Welt zwei Götter habe; einer ein guter, und dieser ist der Urquell des Lichtes, und der andere ein böser, und dieser ist die Quelle der Finsterniss. Diese beiden hätten sich vermischt und dabei der Gute über den Bösen den Sieg gewonnen. Dabei verschob sich[2]) der Böse nach der Südseite, um dort eine Welt herzustellen und unter seine Herrschaft zu bekommen[3]). Als er aber angefangen und bereits ein Bärengestirn[4]) um den Südpol herum erschaffen hatte nach Aehnlichkeit desjenigen, welches um den Nordpol liegt[5]), da stifteten die Engel zwischen den beiden Mächten Frieden, dadurch, dass der Gute etwas von seinem Lichte in die Materie[6]) fallen liess, und so gab es eine Welt, welche für Werden und Vergehen empfänglich ist. Herrscher über sie wurde der Böse. Weil nun der Gute dies nur mit Widerwillen und gezwungen

---

directe Reproduction der Acta Archelai mit deren Berichte vom „Aufenthalto des Manes" beim Presbyter „Diodorus". Historisch interessant bleibt der Schauplatz in Ahwâz, der Provinz jenseits des unteren Tigris, als Erinnerung daran, dass in der That diese Gegend die erste manichäische Gemeinde gehabt hat. — Uebrigens war Marcion, von den Orientalen gern als des Mâni Vorgänger bezeichnet, Sohn eines christlichen Bischofs, was dem Mâni hier das Presbyterat eingetragen haben kann.

[1]) Christianisirung in der Zwölfzahl.

[2]) Arabisch انتقل.

[3]) Am Südrande berührte sich ja das Lichtreich mit der Region der Finsterniss, nach den anderen Richtungen war es unbegrenzt.

[4]) بنات نعش.

[5]) So, bestimmt, von einer begonnenen directen Gegenschöpfung des bösen Princips, hat Mani nichts gesagt. Es liegt hier ohne Zweifel ein Hereinspielen persischer Mythologie vor, nach welcher ja Aûramainyus dem Ahuramazda eine Schöpfung böser Wesen entgegenstellt.

[6]) Arabisch الهيولى d. i. ὕλη, der griechische Ausdruck auch von den arabischen Philosophen bekanntlich manchmal lehnweise angewandt; bei Mani gebrauchen ihn auch die Syrer viel, so oben Efräm (ܗܘܠܐ) und die syrischen Verfasser der in griechischer Uebersetzung vorliegenden manichäischen Brieffragmente (s. oben).

gethan hatte, so erschuf er am Himmel zwei grosse Schiffe, nämlich die Sonne und den Mond. Darin begann er die Seelen der
Menschen zu sammeln und so seinen Antheil, der dem Bösen
anheimgefallen war, wieder zurückzunehmen, damit die Materie
allmählich der Bestandtheile des Guten entäussert werde, und die
Herrschaft des Bösen ihr Ende finde. — Er lehrte die Seelenwanderung[1]), und dass in jedem Dinge ein auf der Wanderung
begriffener Geist sei[2]). Ferner erging er sich in überschwäng-
lichem Preise des Feuers und in der Hochhaltung der Natur
desselben, erklärte es auch der Heilighaltung und der Anbetung[3])
für würdig, alles dies wegen seines Lichtes und Glanzes, und weil
es räumlich zwischen den himmlischen (= übersinnlichen) und
den elementaren (= sinnlichen) Objecten die Mitte hält[4]). Die
Objecte der Erde sind gering zu schätzen, weil sie verfinstert
sind, und ihr Inneres weder durch Einwirkung noch durch inne-
wohnende Kraft Licht gibt. — Diese Glaubensrichtung war bereits vor Alters den Persern eigen gewesen, und Mânî hat sie
nicht neu erfunden, jedoch hat er sie durch wohl zureichende
Argumente erhärtet[5]). — Richtig ist, was der gelehrte Meister
Abû 'Alî ibn Sînâ über Mânî äussert, indem er sagt: „Wie
ist es möglich, dass im Feuer jeder denkbare Begriff vorhanden
sei, der in das Bereich des Guten fällt, und an der Erde jeder
Begriff, der in das Bereich des Bösen fällt? Ist doch die Erde
das Bereich der Beständigkeit und des Lebens für Thiere und
Pflanzen, das Feuer aber ist von hastig wechselnder Beschaffen-

---

[1]) Mani lehrte vielmehr eine Zerstreuung der Lichttheile in alle lebende Creaturen, und erst die spätere Zeit hat diese kosmologische These
zu einer eschatologischen nach Analogie des indischen Dogmas umge-
staltet.

[2]) روحًا مُسْتَنْسِخَةً.

[3]) Dies soll wohl hier das Verb تسبيح bedeuten, eigentlich das An-
singen mit Hymnen und Opfergebeten.

[4]) Heilighaltung des Feuers ist nicht manichäisch, sondern zoroastrisch,
also wieder der Manichäismus mit dem Parsismus verwechselt, wie ja Barhebraeus sogleich beide Religionen ausdrücklich identificirt.

[5]) Hier ist also direct ausgesagt, dass Mani nur die altpersische Lehre
erneuert und mit dialektisch scharfen Argumenten vertheidigt habe.

heit und wirkt zerstörend durch Trennung und Zersplitterung
der Bestandtheile des Zusammengesetzten [1])."

Es wird erzählt, dass der Perserkönig Sàbûr den Màni
tödten, seine Haut abziehen und mit Stroh ausstopfen liess, und
dass er ihn an der Mauer der Stadt habe kreuzigen lassen, weil
er hochfliegende Pläne (Ansprüche) verfolgte [2]), und auch nicht
im Stande gewesen war, seinen (des Königs) Sohn von einer
Krankheit zu befreien, die ihn befallen hatte [3]).

9. Die manichäische Abschwörungsformel
in der griechischen Kirche.

Wir halten es für wohl angebracht, an dieser Stelle, wo
wir auswahlsweise einige der wichtigsten, inhaltreichsten orientalischen Quellen für die Kenntniss des alten orientalischen
Manichäismus Revue passiren lassen, auch eine griechische
Urkunde nicht zu vergessen, die, obwohl nicht einmal aus einer
Sprache des Orients übersetzt, durch die Reichhaltigkeit ihres
unschätzbaren Details sich an die getreuesten Bewahrer der alten
und zwar urkundlich-treuen Nachrichten des Orientes selbst
anschliesst. Jedenfalls steht diese Urkunde durch die Fülle und
Treue ihrer Einzelangaben hoch über Epiphanius und seinen Benutzern, überhaupt über allen den griechischen Quellen zur
Kenntniss des Manichäismus. Es ist dies die alte Abschwörungsformel (άναθεματισμοί, formula renuntiationis), welche in
der alten griechischen Kirche die zum Christenthum vom Manichäismus Uebertretenden vorzutragen hatten. Sie ist geradezu
ein unschätzbares Compendium der alten manichäischen Dogmatik, ein Anti-Glaubensbekenntniss, wichtig auch für die manichäische Kirchengeschichte, wenn sie auch erst hinter der
Zeit des Paulicianismus, dieser verjüngten Form des Manichäismus, liegt, und speciell für bekehrte Paulicianer verfasst sein

---

[1]) Also auch Avicenna (Ibn Sina) weiss zwischen dem persischen „Feuer"
und dem manichäischen „Lichte" nicht mehr zu unterscheiden.

[2]) Mani's Gegenkirche musste, wie der Magierkirche, so ausser ihr auch
dem auf ihr ruhenden Sasanidenthron gefährlich werden.

[3]) Also die Erzählung der Acta Archelai auch dem BH. bekannt.

wird. Man muss annehmen, dass dem Verfasser dieses Rituals, für die dogmatischen Particcen wenigstens, wirklich alte orientalische manichäische Urkunden vorgelegen haben; er nennt das Einzelne jedenfalls nach schriftlicher Vorlage, nicht aus blossem Hörensagen.

Wir benutzen den griechischen Text in der Gestalt bei J. B. Cotelerius, S.S. patrum apostolicorum opera. Ed. Nova cura Joannis Clerici Amstelod. 1724. vol. I S. 543, wo sie in Form einer Anmerkung zu Recognit. Clement. IV, 27 abgedruckt ist. Ausserdem ist sie zu lesen in Tollii Insignia itinerarii Italici. 1696. S. 144 ff., sowie bei Gallandi, Bibl. Patrum t. XIV p. 87 ff. Wir heben das Wichtigste in Uebersetzung heraus.

Mit einem ʼΑναθεματίζω, „ich verfluche", werden die einzelnen Sätze des manichäischen Glaubens herausgehoben. Unter den ersten, die verflucht werden, heisst es: ʼΑναθεματίζω Τερέβινθον τὸν καὶ Κουδᾶν (zu lesen Βουδᾶν), also die Sage von den Vorgängern in der in unserem Ersten Abschnitte (I) erörterten Ausspinnung mit als Glaubensbestandtheil vorausgesetzt. — Dann: „ἀναθεματίζω Ζαράδην, den Zoroaster (Zaràdušt im Sàpurakàn), welchen Manes für einen Gott[1]) ausgab, der vor ihm bei den Indern (!)[2]) und Persern erschienen sei, und die Sonne nannte[3])." „Ich verfluche alle Götter[4]), welche Mani ausgesonnen hat, nämlich den vierpersönlichen (viergestaltigen) Vater der Grösse[5]), den sogenannten Ersten Menschen [d. i. Urmenschen,

---

[1]) Vielmehr: einen Gesandten Gottes, wie wirklich Mani gesagt hat, resp. eine Erscheinungsform Gottes im Sinne des chaldäisch-manichäischen Dogmas von der fortgehenden Incarnation oder „Prophetie". Zu vergleichen die authentischen Worte Màni's im Anfange des Sàpurakàn.

[2]) Màni nannte allerdings l. c. des Sàhpur. den indischen Propheten dicht neben dem persischen.

[3]) In der Sonne thront vor allen der „Urmensch", der Leiter der Offenbarungen Gottes (wie Marduk derer des Ea).

[4]) Der Ausdruck „Götter", اَلِهَة, wird im Fihrist oft genug im manichäischen System gebraucht.

[5]) Dies ist die Vierheit des manichäischen Glaubensbekenntnisses: Gott, sein „Licht", seine „Kraft" und seine „Weisheit" Fihrist 333, 6, dort „die vier Grossherrlichkeiten" genannt, arabisch العظائم الاربع. τετραπρόσωπος gibt ein syrisches ܟܘܢܦܪܨܘܦܐ oder ܟܘܢܦܪܨܘܦܐ wieder.

den also auch die späteren Griechen noch wohl kennen!], den
Kranzträger [1]). die sogenannte Jungfrau des Lichtes [2]), den Lich-
ter-halter [3]), die Fünf Geistigen Lichter [4]), den sogenannten Welt-
bildner [5]), den von ihm emanirten Gerechten Richter [6]), kurz-
um alle die Götter, welche Manes aussinnt, die Aeonen und die
Aeonen der Aeonen, auch alle seine erdichteten Erzählungen
über Riesen und Missgeburten" [7]).

„Ich verfluche den Marcion, Valentinus, Basilides [8]) und
jeden, der es gewagt hat, wagt oder wagen wird, das Alte Testament zu schmähen."

(In der zweiten griechischen Columne, Mitte): „Ich
bekenne Einen einzigen Gott, den wahren Gott, der durch die

---

[1]) Ist wohl der „Geleitende Weise", الحكيم الهادى, der dem abgeschiedenen Gerechten „Krone und Kranz" bringt Fihrist 333, 11.

[2]) Παρθένος τοῦ φωτός, die den Archonten Täuschung bereitet nach
den Acta Archelai und ihnen durch die Brunst Lichttheile entlockt.

[3]) Der φεγγοκάτοχος, der „Aufrechterhalter der Lichter" ist gewiss der
حبيب الانوار „Freund der Lichter" des Fihrist, einer der ersten Götter,
die auf den Kampfplatz traten und dem bedrängten Urmenschen Hilfe und
Befreiung brachten.

[4]) Dies sind die „geistigen" Theile des Wesens des Lichtgottes im
Fihrist, nämlich „Sanftmuth, Wissen, Verstand, Geheimniss, Einsicht"
329, 4. 5.

[5]) Nach dem Fihrist 330, 14 beauftragte der Lichtkönig einen der hilf-
reichen Götter بتخلف عذا العالم وبنائه „mit der Erschaffung dieser
(jetzigen) sichtbaren Welt und ihrer Erbauung". Der Ausdruck بنى
„erbauen" kehrt S. 330 öfter wieder.

[6]) Der Δίκαιος Κριτής ist wohl al-ḥakim al-hâdi, der „rechtleitende
Weise" der manichäischen Eschatologie Fihrist 335, 10.

[7]) Hiermit bekommen wir eine Bestätigung des oben über den Inhalt
des „Buches der Riesen" von Mâni Ermittelten. Der griechische Ausdruck ὅσα—ἐπραγματεύθη erinnert an das Wort πραγματεία, mit welchem
Mâni eines seiner Bücher betitelte, über dessen Inhalt wir aber leider
absolut nichts wissen. Sollte es hiernach nur ein Abschnitt des „Riesen-
buches" gewesen sein?

[8]) Wieder die aufsteigende „Verwandtschaft" des Mani namhaft gemacht, so dass also wohl denkbar ist, wie dieser zum Schüler des „Markjûn"
gemacht werden konnte! Valentin (Βαλεντῖνος) wird auch in der Ueberschrift des Brieffragmentes πρὸς Σκυθιανόν bei Fabric. Bibl. graec. VII (s.
oben) als διδάσκαλος Μάνεντος bezeichnet.

freie Entscheidung (τῇ ῥοπῇ) seines Willens den Himmel, die
Erde, das Meer und alles was darinnen ist, hervorgebracht hat
(προαγαγόντα) und der weder der gar nicht vorhandenen Materie
bedurft hat, noch der Häute, Sehnen, Leiber und Schweissergüsse
der bösen Archonten, welche Manes ausgesonnen hat" [1]).

„Ich verfluche den albernen Mythus des Manes, in welchem
er sagt, der erste Mensch, das ist Adam, sei nicht uns ähnlich
von Gott gebildet worden, sondern vom Saklas [2]), dem Fürsten
der Hurerei, und von der Nebrôd [3]), die er mit der Hyle gleich
setzt, rührten Adam und Eva her; und ersterer sei ursprünglich
thierähnlich geschaffen werden, letztere aber leblos, dann aber sei
die Eva durch die sogenannte „Männliche Jungfrau" des Lebens
theilhaftig geworden [S. 544 col. graec. 1]; Adam aber sei durch
die Eva von der Thierartigkeit befreit worden."

— — „Ich verfluche die, welche sagen, ein Anderer sei
der von Maria Geborene und Getaufte, oder vielmehr, wie sie
selbst verkehrt sagen, in die Tiefe versenkte [βυθισθέντα im par-
onomastischen Gegensatze zu βαπτισθέντα], und ein Anderer der
aus dem Wasser in die Höhe gekommene und Bezeugte, welchen
letzteren sie auch den „Ungeborenen Jesus" und eine Leuchte

---

[1]) Anspielung auf die Herstellung des Firmaments aus den abgezogenen
Häuten der Archonten, von der Efräm (s. oben S. 278 Z. 13 ff.) berichtet.

[2]) Es ist früher gelegentlich bereits gesagt worden, wie dieser auffallende
unerklärlich scheinende Name des Teufels, Saklas Σαχλᾶς, entstanden ist,
nämlich zweifellos aus dem verlesenen syrischen ‏ܣܩܘܠܐ‎ oder ‏ܣܩܘܠܐ‎
d. i. ὁ ἐναντίος, der (böse) Feind. — Sachlich bezieht sich die Form. Recept.
hier auf die Lehre von der Erzeugung des Adam durch Begattung des
„Sindîd", des Obersten der Archonten, mit den sinnlichen Gewalten weib-
lichen Geschlechts „Begierde", „Sünde" u. s. w., wovon Fihrist 331,4 ff.
erzählt wird. Zu dem syrischen sakublâ = Σαχλᾶς stimmt das ebenfalls
syrische arkûn des Arabers sehr wohl.

[3]) Diesen Namen für das „Weib" des Saklas habe ich in meiner Abhandlung „über Gnosis und altbabylonische Religion" in den Abhandlungen
des Berliner Orientalisten-Congresses 1882 (S. 288—305) als gleich mit
dem mandäischen Namrûs (l. c. S. 308) erklärt, worauf ich hier verweise.
„Einer der Sterne", mit dem sich der Archon im Fihrist l. c. zuerst be-
gattet, ist wohl dieselbe Gottheit, Marduk, hier durch Verwechselung mit
Istar zum Weibe gemacht.

nennen, die in Menschengestalt erschienen sei; ersterer gehöre zum bösen Principe, letzterer zum guten, fabeln sie.

„Ein anderer sei der am Kreuze, ein anderer, der in der Ferne stand und darüber lachte, dass ein anderer für ihn dem Leiden sich unterzog."

„Ich verfluche diejenigen, welche von Christus sagen, er sei die Sonne, und die die Sonne oder den Mond oder die Gestirne anbeten, ihnen überhaupt wie Göttern sich zuwenden (προσέχοντας) und sie die strahlendsten Götter nennen: und diejenigen, welche nicht lediglich nach Sonnenaufgang gewendet den wahren Gott anbeten, sondern sich zugleich mit der Bewegung der Sonne herumdrehen in ihren unzähligen Anrufungen" [1]).

„Ich verfluche die, welche den Zaradas, den Buddas, Christum, den Mani und die Sonne für Eine und dieselbe Person erklären."

„Ich verfluche die, welche von den menschlichen Seelen sagen, sie seien mit Gott wesensgleich und seien von der Hyle verschlungen, und es sitze jetzt Gott da und lasse sie von unten her durch die Sonne und den Mond, die sie auch Schiffe nennen, in die Höhe schöpfen."

„Ich verfluche die, welche an die Seelenwanderung glauben, die sie selbst eine Umgiessung der Seelen nennen, und welche die Pflanzen, die Gewächse, das Wasser und alles Andere als belebt annehmen [2])."

---

[1]) Diese Stelle ergänzt zu erwünschter Klarheit die sonstigen Nachrichten über die vom betenden Manichäer beim Gebete eingenommene Stellung, seine Kibla. Er richtet sich also nicht ausschliesslich nach Osten, nicht ausschliesslich nach Norden (Bîrûni), sondern folgt der Stellung der Sonne, dieses verehrtesten Lichtgöttersitzes.

[2]) Mani lehrte keine eigentliche Seelenwanderung, das ist kein Herumgehen der abgeschiedenen Seelen von Leib zu Leib, wie die Brahmanen und Buddhisten; die abgeschiedenen Seelen bleiben nach Mani vielmehr, in Consequenz mit seiner sonstigen beschleunigenden Loslösungstheorie, nach dem Tode körperlos, und nur eingebildete Schrecknisse durch visionäre Gestalten quälen die Seelen der noch nicht Geläuterten. So ganz deutlich nach dem Fihrist 335, 21 ff. Aber schon der „Turbo"-Bericht in den Actis Archelai macht daraus eine wirkliche Seelenwanderung in eschatologischem Sinne. Die Verleitung dazu, dem Mani solche Lehre

(Columne 2) — die, welche unmenschliche Härte lehren und nicht gestatten wollen, dass den Armen gegeben werde [1]), und welche die Freiheit des Willens (τὸ αὐτεξούσιον) beseitigen und behaupten, es stehe nicht in unserer Macht, gut oder böse zu sein [2])."

„Ich verfluche diejenigen, welche sich mit ihrem eignen Harne [d. i. Saamen] selbst beflecken und es nicht leiden, ihre Unfläthigkeiten mit Wasser abzuwaschen, damit nicht, sagen sie, das Wasser besudelt werde."

„Ich verfluche sie, die unnatürliche Ungebühr ausüben nicht nur an Männern, sondern auch an Weibern, die dagegen die Ehe verwerfen und sich des üblichen Umganges mit den Weibern enthalten, damit sie, sagen sie, keine Kinder erzeugten und dadurch Seelen in den Koth der menschlichen Seelen hinabführten."

„Ich verfluche alle die Gebräuche, die sie in gottloser Art vollbringen, wie sie in seinen manichäischen Büchern, die man vielmehr Gauklerbücher nennen sollte, enthalten sind."

„Ich verfluche alle die Satzungen (δόγματα, Vorschriften) und Schriften des Manes [3]), das Büchlein seiner Briefe und alle

---

zuzuschreiben, gab freilich sein materialistischer Pantheismus, seine Theorie vom Vermischtsein des gefangenen Lichtes mit „Pflanzen, Wasser und allem Belebten", wie es hier heisst. Die „Umgiessung" der Seelen (μεταγγισμὸς ψυχῶν) war also wohl vorhanden bei Mani, aber nicht in dem Sinne der pythagoräisch und buddhistisch beeinflussten vulgären Seelenlehre des späteren Orients. Dies schliesst freilich nicht aus, dass spätere Manichäer wirklich an die vulgäre Metempsychose geglaubt haben, wie denn alMagdi bei Hyde, Hist. relig. Vet. Pers. (1. ed.) 1700 p. 282 eine Partei der Manichäer mit تَنَاسُخِى d. i. „einer, der an die Seelenwanderung glaubt" bezeichnet.

[1]) Dieser Vorwurf verschwindet, wenn in's rechte Licht gesetzt. Die Manichäer gaben nur, um die lichthaltigen Stoffe von Wasser und Brot nicht in leibliche Verstrickung mit Nichtmanichäern zu bringen, keine Spenden in diesen Lebensmitteln an Arme, sonst aber, in Geld u. s. w., alle Almosen.

[2]) Diese Consequenz ergibt sich aus dem manichäischen Materialismus allerdings sehr leicht; doch wird sie so nackt sonst nirgends ausgesprochen.

[3]) Das hier stehende Schriftenverzeichniss ist wieder durch seine Voll-

manichäischen Bücher; wie ihr todtbringendes „Evangelium",
welches sie das „Lebendige" nennen; den „Schatz" des Todes,
den sie „Schatz des Lebens" nennen, das sogenannte „Buch der
Geheimnisse", in welchem sie das Gesetz und die Propheten umzustürzen versuchen; das „Buch der Verborgenheiten" (τῶν ἀπο-
κρύφων); das „Buch der Denkwürdigkeiten" (ἀπομνημονευμάτων);
das Buch, welches dem Adas und dem Adeimantos zugeschrie-
ben wird und gegen Moses und die anderen Propheten gerichtet
ist, das sogenannte Siebenkapitelbuch (ἑπτάλογος) des Agapios;
das Buch des Aristokritos, welches er „Theosophie" betitelte,
in welchem er zu zeigen versucht, dass das Judenthum, die
griechische Religion, das Christenthum und der Manichäismus
Eine und dieselbe Lehre sei — —".

„Ich verfluche alle ihre Anführer, die Lehrer, die Bischöfe,
die Presbyter, die auserwählten Jünger und Jüngerinnen, sowie
die Zuhörer und die Schüler mit ihren Seelen und Leibern" [1]).

„Ich verfluche den Vater des Manes, den Patekios, als einen
Lügner und Vater der Lüge, seine Mutter Karossa, den Hierax [2]),
den Herakleides und den Aphthonios, seine Biographen und die
Ausleger seiner Schriften, sowie seine übrigen Schüler insgesammt, den Sisinnios, den Nachfolger in seiner Wahnsinnsrolle,
den Thomas, der das nach ihm benannte Evangelium verfasst
hat, den Budas, Hermas, Adas, Adeimantos, Zaruas [3]), Gabria-
bios, Agapios, Hilarios, Olympios, Aristokritos, Salmaios, Jan-
naios ['Ιανναῖον lese ich statt 'Ινναῖον], Paapis, Baraias, und noch

ständigkeit bemerkenswerth. Der Verfasser setzt es hierher gegen Schluss,
nachdem er aus den Schriften selbst geschöpft hat.

[1]) Diese Eintheilung der Glieder der manichäischen Kirche ist die
authentisch-orientalische, dieselbe wie sie der Fihrist berichtet, wie sie
aber dem Augustin so nicht genau bekannt gewesen zu sein scheint.
Siehe meinen Artikel Mani bei Herzog l. c. S. 243 ff.

[2]) Die Häresie der 'Ιερακῖται, dem Manichäismus eng verwandt, wird
auch bei Epiphanius als haer. 67 der manichäischen (66) direct angeschlossen.

[3]) Ueber diese Namen ist oben beim Schriftenverzeichniss im Fihrist
schon gesprochen worden. Für Ζαρούας ist, vermuthe ich, Ζαχούας oder
Ζαχούας zu lesen d. i. der زكوي des Fihrist, der 'Αχούας (lies Ζαχούας) des
Epiphanius haer. 66 zu Eingang.

dazu die, welche in jüngster und letzter Zeit Vorsteher der
Häresie gewesen sind, den Paulos und den Joannes, die Söhne
Kallinike's, den Konstantinos, Simeon, Genesios, Baanes den
„Schmutzigen" (ρυπαρός), Sergios".

Wie der Schluss zeigt, setzt die Niederschrift dieser Anathematismen den Paulicianismus voraus, dieses Wiederaufleben
des Manichäismus in armenischer Neugestaltung, ist also nach
dem 8. Jahrhundert (Sergius, der zuletzt genannte, † 835) verfasst. Indessen die Genauigkeit der Bekanntschaft mit den Einzelheiten auch des alten ächten manichäischen Systems, welche
sich in den herausgehobenen Stellen offenbart, ist geradezu er-
staunlich. Das Gesagte konnten nur die Elekten wissen, der
grossen Masse der Manichäer war das Meiste unbekannt. Ich
vermuthe, dass ein gelehrter byzantinischer Geistlicher der Verfasser war und aus ihm vorliegenden manichäischen Original-
religionsschriften schöpfte.

10. AlĠâḥiẓ über Schriften und Lehren der Zandiken (d. i. der Manichäer).

Es sei hier nicht vergessen, auf die interessante und wichtige
Auslassung über die Manichäer hinzuweisen, welche ein alter und
kundiger, aber relativ wenig bekannter arabischer Schriftsteller
noch mitten aus der Manichäerzeit selbst gibt, und die zuerst
Alfred v. Kremer (Culturgeschichtliche Streifzüge auf dem Gebiete des Islams, Leipzig 1873 [1]), S. 36 ff.) hervorgezogen, durch

---

[1]) In dieser inhaltreichen und interessanten kleinen Schrift hat v. Kremer sich überhaupt auch das Verdienst erworben, auf die historische Wichtigkeit und die grosse Macht der Manichäerreligion und Manichäerkirche in
der Chalifenzeit klar und bestimmt hingewiesen zu haben. Er hat auch
schon erkannt (s. besonders S. 40 Z. 6 v. o.), dass der Manichäismus, wie
das griechische Christenthum und der indische Buddhismus, dem Islam in
den Zeiten des Chalifats als eine selbständige Religion machtvoll
gegenübersteht, nicht als blosse Secte einer der bekannten älteren Religionen; wenn auch in Bezug auf die Elemente der Manilehre Kremer
noch der herkömmlichen unrichtigen Ansicht huldigt, sie sei eine Vereinigung von christlichen und zoroastrischen Vorstellungen (S. 40 Z. 11).

den Druck bekannt gemacht und beleuchtet hat. Dies ist der gelehrte Mu'tazilit al-Ġâḥiẓ (الجاحظ), der 225 d. H., d. i. also 859 nach Chr. gestorben ist und also zu einer relativ frühen Zeit noch lebte, wo die Zahl der Bekenner der Manireligion noch verhältnissmässig gross war, und diese in allen grösseren Städten des 'Abbâsidenreiches, in Bagdad, in Kufa, Basra u. s. w. Gemeinden hatten. Das Werk, bis jetzt noch nicht als Ganzes edirt, führt den Titel كتاب الحيوان d. i. „Buch der Thiere", und es steht hier die betreffende Stelle in der Wiener Handschrift S. 10 vers.

Hier findet sich gleich zu Eingang eine merkwürdige Stelle, welche eine ziemlich anschauliche Vorstellung von der äusseren Beschaffenheit der jetzt ja längst leider verloren gegangenen heiligen' Codices der Manichäer erweckt; denn der Verfasser hat diese Bücher in voller Unversehrtheit vor Augen, wenn er schreibt[1]):

„Ibrâhim asSindi sagte einmal zu mir: „Ich wünschte, die Zandiken [d. i. Manichäer] wären nicht so verpicht darauf, theures Geld auszugeben für sauberes weisses Papier und für die Anwendung von glänzend schwarzer Tinte, und dass sie nicht so hohen Werth legten auf die Schönschrift, und weniger die Schönschreiber zum Eifer anspornten; denn fürwahr, kein Papier, das ich noch sah, ist mit dem Papier ihrer Bücher zu vergleichen, und keine Schönschrift mit der, die in jenen angewandt ist."

قل ابراهيم السندى مرّة وددت ان الزنادقة لم يكونوا حرصى
على المغالاة بالورق النقى الابيض وعلى اتّخاذ الحِبر الاسود
المشرق البراق وعلى اِستجادة الخطّ والاِرغاب لمن يخطّ
فتى لم أَرَ كَوَرق كُتُبهم ورقًا ولا كالخطلوط التى فيها خطّا —

Nun fährt alĠâḥiẓ selbst fort:

„Da erwiderte ich dem Ibrâhim: Wenn die Manichäer für die Ausstattung ihrer heiligen Schriften Aufwand machen, so ist dies dasselbe, als wenn es die Christen für die Kirchen[2]) thun",

---

[1]) S. den arabischen Text bei Kremer l. c. S. 71. 72, Textbeilage XVI.
[2]) Ein in der That recht passender und berechtigter Vergleich. Auf ihre

قلتُ لابراهيم انْ إنفـاق الزنـادقـة على إتقـانِ الكتب كـانفاق
النصارى على البيع und nun folgt eine originelle und zutreffende
Charakteristik des Inhalts der Manichäerbücher, die der Einsei-
tigkeit und Absonderlichkeit ihres Inhaltes wegen eine solche
Pracht der Ausstattung gar nicht verdienten:

„Wären nur die Schriften der Manichäer Schriften über
Lebensweisheit oder Philosophie oder Rechtssatzungen, oder
solche, durch welche die Menschen über die verschiedenen Arten
der Kunstfertigkeiten oder die Mittel und Wege zu Erwerb und
Handel belehrt würden, oder solche, aus welchen die Menschen
Einsicht und feine Sitten lernen könnten, so würden die Manichäer immerhin für Leute gehalten werden dürfen, die die Erkenntniss hochhalten und diese zu verbreiten begehren. So
aber befassen sie sich darin nur mit religiösen Dogmen
und mit der Verherrlichung ihres Glaubens . . . . . .“

لـو كـانـت كتب الزنادقة كتب حكم وكتب فلسفة وكتب مقاييس
وسنن ولو كـانت كتبهم كتبًا تعرف الناس ابواب الصناعات او سُبُل
التكـسـب والتـجـارات او كـتب ارتفاقات ورياضات او بعض مـا
يتعـاطاه النـاس من الفطن والآداب ـــ ـــ لكانوا ممّن قد يـجوز ان
يُظنّ بهم تعظيم البيان والرغبة فى التبيين ولكنّهم ذهبوا فيه
مـذهب الديانات وعلى طريق تعظيم الملّة.

Nach einer Abschweifung kommt der Autor dann in derselben Rede später darauf zurück, das zuletzt Gesagte näher zu
beleuchten und sagt:

„Der Beweis für meine Behauptung liegt in der Thatsache,
dass in ihren Büchern nichts enthalten ist wie in den übrigen,
keine ausprechende Erzählung, keine Kunst der Composition,
keine frappirende Weisheitslehre, keine Philosophie, kein Thema
zur Speculation, keine Anleitung zu einem Gewerbe oder zum

Bethäuser und überhaupt auf ihre Versammlungslocale verwandten die
Manichäer keinen Luxus, da ja ihr ganzer Gottesdienst eigentlich nur in
Gebeten bestand: ihre kirchlichen Kostbarkeiten waren eben nicht Altar,
Ciborium und Heiligenbilder, sondern allein ihre heiligen Bücher.

Gebrauche eines Werkzeuges, keine Belehrung über Ackerbau,
keine Anweisung zur Kriegführung — sondern nur die Rede
ist vom Licht und von der Finsterniss, von der Begattung der
Satane und der Vermischung der Dämonen, vom „Grossmächtigen"
(Sindid), und wo die Leser erschreckt werden mit der „Säule des
Morgenrothes" und mit den Geschichten vom „Bösen Feinde"[1])
und von der Hummàmah[2]) und ......[3]) und so fort nur Geschwätz, Schwindel und Lüge, ohne irgend eine schöne Ermahnung, ohne irgend eine Gefallen erweckende Erzählung, ohne
Anleitung für den Lebensunterhalt, weder Unterricht für den
grossen Haufen, noch Belehrung für die Gebildeten" ..., arabisch:

والـذى يبـدّل عـلـى مـا قُـلـنا انّه لـيـس فى كتبهم مثل سـائـر ولا خـبر

طـريـف ولا صنعـة ادب ولا حكمـة غـريـبـة ولا فلسفـة ولا مسئلـة

كلاميّة ولا تعـريف صناعـة ولا آستخراج آلة ولا تـعـلـيم فلاحـة

ولا تدبيـر حـرب — ذكـر الـنـور والـظـلـمـة وتنذكـم الشيـاطـين

وتسـافـد الـعـفـاريـت وذكـر الـصنـديـد والـتهويـل بعمود الصبح

والاخـبـار عـن شقلون[4]) [شقلان] wohl vielmehr zu schreiben

---

[1]) S. nachher die Anmerkung zu dem شقلون des arabischen Textes.

[2]) Statt الـهامـة „Haupt", wie in Kremer's Texte steht (S. 72 Mitte),
ist unter Vergleichung des Fihrist, Shahristâni u. s. w. offenbar zu lesen
الـهُـمـامـة, die Hummàmah, der „Geist" der Finsterniss. An das berüchtigte
„Haupt" der Harranier ist hier bei den Manichäern gar nicht zu denken,
trotz des Volksgeschwätzes (bei Kremer l. c. S. 36 Mitte, Verehrung eines
Menschenhauptes).

[3]) Im Texte bei Kremer steht وهلدروعى, was wohl verderbt, jedenfalls nicht zu deuten ist.

[4]) شقلون steht bei Kremer im Texte. Ist die Lesung so nach den
Handschriften richtig, so hat man gewiss, wie schon Kremer l. c. S. 72
Anm. 3 thut, an das ähnlich klingende Σακλᾶς der griechischen Berichte
(Form. Rec.; Theodoret I, 26) zu denken. Aber woher das ون am Ende?
Die früher gegebene Erklärung des Σακλᾶς aus ܩܡܨܐ voraussetzend,
finde ich in dem —n einen Hinweis auf den Ausgang auf das pron. suff.
der 1. Pers. plur., also auf ein ܣܢܐܩܡܨ oder ܣܩܡܨ „unser
Feind", als das Original, welches dann analog dem Σακλᾶς verlesen wor-

وعن الهـمـامـة') وهـدروعـى (؟) وخُرافة وسخريّة وتكذّب لا ترى
فيه موعظة حسنة ولا حديثًا مؤنقا ولا تدبير معاش ولا
سياسة عامّة ولا ترتيب خاصّة — — —

Die langen mythologischen Ausführungen der Manichäerbücher über die Welt- und Menschenschöpfung kamen also schon
diesem Araber, der auf sie Bezug nimmt, so vor, wie noch jetzt
jedem, der den zu Grunde liegenden, reichen, uralten babylonischen Mythenschatz nicht wiedererkennt: als Hokuspocus und
phantastisches Kauderwelsch, als reine Hirngespinnste. Uebrigens haben die Anspielungen auf die ächte alte manichäische
Lehre, wie sie durch die Namen Hummâmah und شقلون und
durch die Berührung der Propagationsmythen gemacht werden,
natürlich für uns erst volles Interesse unter Vergleichung der
Ausführungen, welche die Excerpte im Fihrist des anNadîm zu
diesen Titeln geben; ohne letztere wären es leere Namen, welche
die obige Stelle enthielte. Dass aber die besprochenen Zanâ-
diḳah ganz sicher die Manichäer sind, zeigt ganz bestimmt
diese Vergleichung.

11. Ibn Shiḥnah über Mâni.

Der Historiker Abûlwalîd Muḥammed ibn Shiḥnah hat an
der üblichen Stelle, bei Gelegenheit des Sâbûr ibn Ardashîr, folgende Notiz über Mâni [nach cod. Berolin.]: وظهر فى ايّامه مانى
الزنديف وادّعى النبوّة وتبعه خلق كثير وهم المسمّون بالمانويّة
وصنعته ملوك اليونان غير ديقبانوس') وكتب الفلسفة ونقلها
بالفارسيّة واستخرج الملهاة المسمّاة بـالعود d. i. „zu seiner Zeit

den ist; für ورن — ist wohl vielmehr ان = ‏رَ‎ zu lesen. Jedenfalls mit
Vergleich des christlichen ὁ ἐναντίος ἡμῶν recht wahrscheinlich.
') So zu lesen statt الهامة.
') So der cod. Berol. Das Wort ist wohl gewiss aus Diocletianus
verstümmelt, denn an Decius kann doch, da er vormunichäisch ist, nicht
gedacht werden, Diocletian aber erliess ein Edict gegen die Manichäer.

trat der Zandik Mani auf, nahm für sich die Prophetenwürde
in Anspruch und fand viele Anhänger, die „Manichäer" genannt werden. Die griechischen [d. i. oströmischen] Könige be-
günstigten ihn, ausgenommen Diocletianus. Er schrieb über
Philosophie und verpflanzte sie in die persische Religion. Er erfand das Laute genannte Musikinstrument." — Von
directer Begünstigung der Manichäer durch die römischen Kaiser
weiss die Geschichte sonst nichts, vielmehr das directe Gegentheil. Richtig ist aber, dass Diocletian zuerst Schritte gegen sie
that. Interessant ist die durchaus zutreffende Bemerkung von
der philosophischen Grundrichtung der Lehre des Mani,
der also nach ibn Shiḥnah eine philosophische Umgestaltung
der Parsenlehre vorgenommen haben soll.

12. Abû'lma'âlî über Mânî und seine Lehre.

In Schefer's Chrestomathie persane (Paris 1883)[1]) ist das
kleine, aber gediegene Buch des Abû'lma'âlî Muhammed ibn
'Ubaid-'Allâh, betitelt بيان الادبان „Darlegung der Religionen"
zum ersten Male im persischen Texte mit Anmerkungen durch
den Druck bekannt gemacht, eine kurze Skizzirung sämmtlicher
Religionen und Secten, abgeschlossen (wohl in Ghaznah) im Jahre
485 H. (1092 Chr.). Wir theilen aus ihm hier den längeren
Passus über Mani und seine Lehre in Text und Uebersetzung
mit, da die Stelle bis jetzt wenig bekannt sein wird. — Zunächst vorher gehen kurze Paragraphen über Mazdak, Zardusht
und die Magier (مُغارٍ) (S. 145 Zeile 8 ff.).

مذهب مانی * این مردی بود استاد در صناعت صورتنگری
وبروزنّار شاپـور بن اردشیر بیرون آمد در میان مغان وپیغمبری
دعوی کرد وبرهان او صناعت قلم وصورتنگری بود نوبند بر پارۀ
حریر سپید خطّی فرو کشید چنذکه آن یکتار حریر بیرون

---

[1]) Publications de l'Ecole des langues orientales vivantes. Chrestomathie persane publiée p. Ch. Schefer. Tome premier. Paris 1883.

كشيـدنـد وآن خط نـا پدیـد گـشت وكتابى كرد بانواع تصاویر
كه آنرا ارژنگ مانی خواندند ودر خزاین غزنین هست وطریق
او همان طریق زردشت بوده است ومذهب ثنوى داشت چنانكه
پیـش از این یـاد كردیم * مذهب ثنوى * ایشان همان گویند
كه زردشت گفتـه است كه صانع دو است یكى نور كه صانع
خیر است ویكى ظلمت كه صانع شر است وهر چه در عـالم
هست از راحت وروشنـایى وطاعت وخیر بصانع خیر بـاز پذیرد
وهر چه از شر وفتنـه وبیمارى وتاریكى است بصانع شر لیكن هر
دو صانع را قدیم گویند وعشر از مال خویش دادن واجب دانند
ویكـ سالـه جامه دارند ویكـ روزه قوت بـاقى بر خویـشتـن حرام
دانـنـد وهـفت یكـ از عمر خویش روزه دارند وچهار نماز كنند
وبرسالت آدم علیه السلام گروند وبرسالت شیث پس برسالت نوح
علیهم السلام پس برسالت مردى كه اورا بدوه [leg. بوده] نام بود
بهندوستـان ورسالت زردشت بپارس بود ومانى را خاتم النبیین
گویند وبدوه اعتجاب عظیم دارند ومر صابیان را همین مـذهب
بوده است.

„Lehre des Mani. Dieser Mann war Meister in der
Kunst der Malerei. Er trat in der Zeit des Shâpûr, des Sohnes
des Ardashîr, unter den Magiern auf und erhob Ausspruch auf
die Prophetenwürde. Sein Legitimationsmittel war die Kunstfertigkeit im Schreiben und in der Malerei. Wie man sagt,
zeichnete er auf ein Stück weisser Seide einen Schriftzug nieder
in solcher Weise [d. i. so fein], dass man dieses Stück Seiden-
gewebe fadenweise ausziehen konnte, ohne dass jener Schriftzug sichtbar geworden wäre. Er verfasste ein Buch mit allerlei
Malereien, welches man Erjenk-i-Mânî nannte, und welches sich
im (fürstlichen) Schatze zu Ghazna befindet[1]). — Seine Glau-

---

[1]) D. i. natürlich: ein Exemplar des auch in der Vervielfältigung in
herkömmlicher Weise, „nach Mani-Art“, geschriebenen und verzierten Wer-

bensrichtung ist ganz die des Zerdusht gewesen; er war der Lehre der Dualisten zugethan, wie wir deren früher Erwähnung gethan haben.

[Das nun Folgende gehört als Ergänzung hierzu und ist die eigentliche Lehre des Mani.]

Lehre der Dualisten. Diese sagen dasselbe, was Zerdusht gesagt hat, nämlich dass es zwei Schöpfer gebe; der eine das Licht, der Schöpfer des Guten, der andere das Dunkel, der Schöpfer des Bösen. Alles was es in der Welt gibt von Annehmlichkeit, hellem Glanze, Ordnung und Gutem, das geht auf den Schöpfer des Guten zurück[1]), und alles was es an Bösem, Verderbniss, Krankheit und Finsterniss gibt, auf den Schöpfer des Bösen. Sie nennen indessen alle beide Schöpfer ewig. Den Zehnten vom Besitzthum zu geben halten sie für Pflicht. Für jedes Jahr halten sie sich Ein Kleid und für jeden einzelnen Tag schaffen sie sich die erforderliche Nahrung an, mehr zu besitzen erachten sie für unerlaubt. Den siebenten Theil ihres Lebens feiern sie als Festzeit und verrichten [täglich] vier Gebete. Sie glauben an die Gottesbotenwürde des Adam — Heil ihm! — und an die des Shêth, dann an die Prophetie des Nûḥ, dann an die eines Mannes in Indien, der Buddha hiess; ferner war Zerdusht Prophet in Persien; und den Mânî nennen sie das Siegel der Propheten. Dem Buddha legen sie eine grosse Wundergabe bei. —

Die Ṣabier hatten dieselbe Lehre[2]).

kes des Mani, welches mit seinem eigentlichen (syrischen) Namen „Evangelium" hiess. Ein besonders schönes Exemplar des Werkes wird es gewesen sein, welches zur Zeit des Abûl Ma'âli im fürstlichen Schatze zu Ghazna aufbewahrt wurde, zu einer Zeit, wo vollständige Exemplare der ächten Manichäerschriften in Folge der Verfolgungen schon selten gewesen sein müssen.

[1]) Eigentlich führt er zurück, باز پذيرد.

[2]) Nämlich die Lehre von der fortlaufenden Prophetie. Es sind also die ächten Ṣabier (nicht die Harranier) gemeint; zu vergl. deren (oben übersetzte) Skizzirung bei Birûni, sowie in dem Buche tabṣirat al-'awwâm bei Schefer l. c. S. 160—163.

13. Firdausî im Shâhnâmeh über Mâni.

Wie alle orientalischen Historiker, die die Sasanidenzeit behandeln, aber irrthümlich bei Shâhpûr ḏû-l-'aktâf (Sh. „der Schultermann"), d. i. also Sh. II. statt Sh. I., widmet auch Firdausî in seinem „Königsbuche" dem Mani ein Angedenken. Mani's Erscheinen ist nun einmal den Orientalen eines der bemerkenswerthesten Ereignisse im Leben des persischen Grosskönigs Shâhpûr. —

Wir wiederholen hier die längst gedruckte Stelle mit neuer Uebersetzung, um zu zeigen, wie Mani in der persischen Volkssage der späteren Zeit, acht Jahrhunderte nach seinen Lebzeiten, dasteht, und um daran den Contrast zwischen Geschichte und Sage bemerkbar zu machen. Vom historischen Mani ist hier nichts übriggeblieben, als der Zeichenkünstler und der geschickte Disputator, der aber selbst schliesslich im Wortstreite am persischen Oberpriester seinen Meister findet.

In der Ausgabe des Shâhnâmeh von Turner Macan steht der Text über Mânî Bd. III S. 1453 und 1454; in der grossen Pariser Ausgabe von Mohl (Le Livre des Rois, publié etc. par M. Jules Mohl t. V Par. 1866) steht er p. 472—475.

Die Stelle lautet im persischen Texte folgendermassen:

كه چون او مصّور نبيند زمين	بيامد يكى مرد تويا زچين
يكى پر منش مرد مانى بنام	بدان چربدستى رسيده بكام
زدين آوران جهان برتر ام	بصورتگرى گفت پيغمبر ام
بپيغمبرى شاهرا يار خواست	زچين نزد شاپور شد بار خواست
جهاندار شد زآن سخن بدگمان	سخن گفت مرد كشاده زبان
زمانى فراوان سخنها براند	سرش تيز شد موبدانرا بخواند
فتادستم از دين خود در گمان	كزين مرد چينى چيره زبان
مگر خود بگفتار او بگرويد	بگوئيد وهم زو سخن بشنويد
نه بر پايهٔ موبدان موبد است	بگفتند كين مرد صورتگرست
چو بيند ورا كَى كشايد زبان	زمانى سخن بشنو اورا بخوان

بفرمود تا موبد آمدش پیش   سخن گفت با او از اندازه بیش

فرومند مانی میان سخن   زگفتار موبد زدین کهن

بدو گفت کای مرد صورت پرست   بیزدان چرا آختی خیره دست

کسی کو بلند آسمان آفرید   بدو در مکان وزمان آفرید

نجز نور وظلمت بدو اندرست   زهر گوهری گوهرش برترست

شب وروز گردان سپهر بلند   کزویت پناهست وهم زو گزند

برهان صورت چرا بگروی   همی پند ودین مرا نشنوی

که گوینده گوید که یزدان یکیست   جز از بندگی کردنت چاره نیست

در این صورت کرده جنبان کنی   سزد در زجنبنده برهان کنی

ندانی که برهان نباشد بکار   ندارد کسی این سخن استور

اگر اهرمن جفت یزدان بدی   شب تیره چون روز رخشان بدی

همه ساله بودی شب وروز راست   بگردش فزونی نبودی نه کاست

نه گنجد جهان آفرین در مکان   که او برترست از مکان وزمان

سخنهدی دیوانگانست وبس   بدین بر نباید ترا یار کس

سخنه چنین نیز بسیار گفت   که با دانش ومردمی بود جفت

فرو ماند مانی زگفتار اوی   بیژمرد شاداب بازار') اوی

زمنی بر آشوفت پس شهریار   برو تنگ شد گردش روزگار

بفرمود پس تنش بر داشتند   بخواری زدرگاه بگذاشتند

چنین گفت کین مرد صورت پرست   نگنجد همی در سرای نشست

زد آشوب گیتی سراسر بدوست   بباید کشیدن سراپای پوست

همن چرمش آگنده باید بکاه   بدان تا نجوید کس این پایگاه

بیاویختن از در شارسان   وگر پیش دیوار بیمارسان

بکردند چون آن که فرمود شاه   بر آویختندش بدان جنگاه

جهنی برو آفرین خواندند   همی خاک بر کشته افشاندند

') So Mohl; Turner Macan رخسار „Wange“, was gegen بازار zu verwerfen.

Dieser Abschnitt des Shâhnâmeh lautet wörtlich übersetzt folgendermassen:

„Da kam ein beredter Mann aus China[1]), ein Maler, wie seinesgleichen die Erde nie sah; der in dieser seiner Kunstfertigkeit alles leistete, was nur Einer verlangte; ein Mann von hochfliegenden Plänen, namens Mânî. Er sagte: durch meine Kunst bin ich als Prophet bezeugt; ich stehe höher als die Religionsstifter der ganzen Welt. Aus China kam er zu Shâpûr, erbat sich eine Audienz und begehrte den König zum Anhänger an sein Prophetenthum. Der zungenfertige Mann redete, und der Herrscher verfiel durch diese Rede in schlimme [d. i. ketzerische] Gedanken. Sein Kopf erhitzte sich, er rief die Môbeds und redete ihnen viel vor von Mani; „ich bin durch diesen Mann aus China mit der gewandten Zunge in Zweifel gerathen an meinem eigenen Glauben; redet ihr nun und höret auch von ihm das Wort, vielleicht fangt auch ihr selbst an, an seine Rede zu glauben." Da sagten sie: „Dieser Mann ist seines Zeichens ein Maler, steht nicht auf der Stufe des Priesterobersten; höre Mani's Rede, rufe aber jenen erst herbei; wenn er den sieht, wie sollte er es denn wohl wagen, den Mund aufzuthun?" Da befahl er, dass der Oberpriester vor ihm erscheinen solle. Er redete mit ihm übermässig lange, und da zog Mani den Kürzeren im Verlaufe der Rede, vor dem Worte des Priesters des alten Glaubens. Der sprach zu ihm: „Du bilderverehrender Mann, warum tratest du mit frecher Hand auf gegen Gott? Gegen ihn, der den hohen Himmel erschuf, der in ihm Raum und Zeit erschuf? Er, der Licht und Dunkel in sich umschliesst, dessen Wesenheit ist höher als jede Wesenheit. Das hohe Himmelsgewölbe, welches Tag und Nacht im Umkreise sich dreht, ja von dem rührt für dich her Heil wie Unheil. Warum hältst du ein Gemälde für einen Beweis und hörst mir nicht

---

[1]) چين, China, bis wohin die Sage den Mani auf seinen Reisen gelangen lässt, natürlich nicht geschichtsgemäss. Hier soll Ćin wohl nur allgemein den fernsten Osten bezeichnen. Die Sage der späteren Zeit, dass Mani soweit gereist sei, beruhte wohl zumeist auf der geschichtlich feststehenden Verbreitung der Manireligion bis nach Hinterasien, wo der mongolische Stamm der Tagazgaz manichäisch war.

auf Rath und Glauben? Denn der Verkündiger verkündigt, dass
Gott Einer ist; und einen anderen Ausweg, als Unterwerfung
zu bezeugen gibt es für dich nicht. Wenn du dieses (von dir)
verfertigte Gemälde in Bewegung versetzen könntest [1]), dann
würde daraus folgen, dass du von dem sich bewegenden einen
vollgültigen Beweis hernehmen könntest. Du weisst eben nicht,
dass, ehe [bis jetzt] ein Beweis in Wirkung tritt, dein Wort
Niemand für zuverlässig hält. Wenn Ahriman der ebenbürtige
Genosse Gottes wäre, so würde eben die finstere Nacht wie der
Tag glänzend geworden sein! Alle Jahre ward es richtig Nacht
und Tag; es ist in seinem Umlaufe keine Zunahme eingetreten
und keine Abnahme. Der Weltschöpfer wird nicht räumlich
umschlossen, denn er ist erhaben über Raum und Zeit. Das
sind Verrücktenworte, weiter nichts, worin dir Niemand ein Genosse sein darf." In solcher Weise sprach er noch viele Worte;
denn mit Wissen und Mannhaftigkeit war er wohl vertraut.
Mani unterlag vor seiner Rede; es verwelkte das frische Grün
seines Unternehmens [eigentlich Marktes]. Darauf ergrimmte der
Herrscher über Mani. Ihm verengte sich der Kreislauf seines
Geschickes. Er gebot darnach, dass man ihn festnehme und mit
Schanden vom königlichen Hofe fortjage, und sagte dabei:
„Dieser Bilderanbeter darf nicht im Hause der Welt sich niederlassen; Verwirrung für die ganze Schöpfung geht von ihm aus,
darum gebührt es sich, ihm die Haut vom Kopf bis zu den
Füssen abzuziehen; und dann soll man weiter sein Fell, mit
Stroh ausgestopft, zu dem Zwecke, dass es Niemandem wieder
einfalle, diese Rolle zu erstreben, an dem Thore der Residenz-
stadt aufhängen oder noch lieber vor der Mauer des Kranken-
ortes." — Man that so, wie der König befahl, und hing ihn an
jenem Orte auf. Die Volksmenge stimmte über ihn Lobpreisung
[sc. des Königs für sein Verfahren] an, und sie warfen Staub
auf den Leichnam.

— — .... .

[1]) D. i. wenn du ein Wunder als Legitimation für die Prophetenwürde
verrichten könntest.

14. Mirchônd über Mâni.

Um die Sage der späteren Orientalen über Mâni als Maler-
künstler in ihrer vollen Ausbildung vorzuführen, komme ich hier
zum Schluss auf die Erzählung des persischen Historikers Mîrchônd zurück, die ja schon längst durch de Sacy (Mémoires
sur diverses antiquités de la Perse. Paris 1793) und schon
durch d'Herbelot (Bibliothèque orientale s. v. Mani) bekannt
gemacht worden ist. Der persische Text steht in der Bombayer
Ausgabe (1854/5 Chr., 1271 d. H.) Bd. 1 S. 223 ff.

Mirkhondi historia universalis persice Bombay 1271 (1854/5)

كتاب تاريخ روضة الصفا من تاليفات محمّد خواند شاه مشتمل
بر هفت جلد وتمامى در يك جلد مجلد ومنتظم گرديده جناب
بمبى فى سنه ١٢٧١.

p. ٢٢٣ (جلد اوّل) T. I

[ذكر سلطنت بهرام ابن هرمز]

بعضى از اهل تواريخ گويند كه مانى صورتگر در زمان
شاپور ظهر كرده از ايران بهندوستان رفت ودر عهد بهرام بايران
مراجعت كرد وبهرام بن هرمز اورا بكشت * ذكر مانى نقاش * در
بعضى كتب مسطور است كه چون بسمع مانى زنديف رسيد
كه عيسى عم فرموده كه بعد از من فارقليطا مبعوث خواهد
نشت شما بايد فرزندان خود را وصيّت كنيد تا متابعت او
نمايند مانى تصوّر كرد كه فارقليطا عبارت از اوست وحال آنكه
اين لفظ همايون از اسامى حضرت رسول صلعم است لا جرم
بتصوّر باطل دعوى نبوّت كرد وكتابى ظاهر كرد انجيل وگفت
اين كتاب از آسمان باز شده است مسعودى گويد كه شاپور
نخست بدين او در آيد آخر از مذهب اوى رجوع نموده ويا مانى

عتاب آغاز نهاد او بُریخته از راه کشمیر ببلاد هندوستان رفت
واز آنجا متوجه ترکستان وختا شد ومانی صورتگری بی نظیر
بود چنانکه گویند بانگشت خود دائره کشیدی که قدر آن
پنجگر بودی وچون به پرگر امتحان کردندی اصلا تفاوت در
اجزای محیط دایره نیافتند زیرا که صورتهای غریب از او صادر
بشد وپیوسته در اطراف بلاد شرقی تردد مینمود منقولست که
بکوهی رسید که غاری داشت مشتمل بر فضائی خوش بهوائی
دلکش وچشمه آبی وآن غار یکراه بیش نداشت پنهان از مردم
قوت یکسنه بدان غار کشید وبا متابعان خود گفت که من
بآسمن خواهم رفت وتوقف من در سموات یکسال خواهد کشید
بعد از یکسال از آسمان بزمین می آیم وشمرا از خدا خبر
میدهم با جماعت گفت که در اول سال دوم در فلان موضع که
قریب بفلان غارست چشم براه من باشید بعد ازین وصیت از
نظر مردم غایب گشت وبغار مذکور رفته مدت یکسال بتصویر
مشغول شد ویر لوحی صورتهای بدیع انگیخت وآن لوحرا
برژند مانی تعبیر کرد بعد از یکسال قریب بغاری که در آنجا
بود بر خلق ظاهر گشت ولوح مذکوررا در دست داشت مصور
بصور بدیعه منقش بنقوش مختلفه وهر کس که میدید میگفت
هزار نقش بر آرد زمانه ونبود یکی چنانچه در آئینه تصور ماست
مردم از آن لوح در شگفت مانده مانی دعوی کرد که این را
از آسمان با خود آورده ام تا معجزه من باشد خلق دین اورا قبول
کردند ومانی متوجه ملک عجم شد بتصور آنکه اهالی آندیار
را نیز بفریبد چون بایران زمین رسید با بهرام ملاقات کرده اورا
بدین خود دعوت نمود شهریار عادل اول بار سخنان اورا بسمع
رضا اصغا کرد تا مطمئن خاطر گشته متابعانش جمع

شدند آنگاه علمای مملکت طلب داشته تا با مانی در مقام
مباحثه ومعارضه آمدند مانی از جواب ایشان عاجز آمده ملزم
گشت چون کفر وضلالت اوی بر همه روش گشت توبه بر او عرضه
کردند مانی از قبول آن امتناع نموده بهرام مثال داد تا پوستش
از بدن جدا ساخته بر در دروازه جهة عبرة للناظرین بیاویختخت
واتباع وپیروان اورا در عقب روان گردانیدند.

Uebersetzung:

[In dem Abschnitte: „Erzählung von der Regierung des Bahrâm, Sohnes des Hurmuz."] Einige Geschichtschreiber sagen,
dass der Maler Mani, der zur Zeit des Shâpûr aufgetreten war,
aus Irân nach Indien gegangen war und zur Zeit des Bahrâm
nach Irân zurückkehrte, und dass ihn Bahrâm, der Sohn des
Hurmuz, tödten liess. —

Erzählung von Mânî dem Maler. Es steht in einigen
Büchern — nachdem deren Verfasser an die Ueberlieferung von
Mânî dem Zandik gelangt ist — geschrieben, dass Jesus, Heil
ihm, befohlen habe: „Nach mir wird der Paraklet[1]) gesandt
werden; deshalb sollt ihr euren Nachkommen einschärfen, dass
sie ihm Nachfolge leisten." Mani bildete sich nun ein, dass
„Paraklet" eine Bezeichnung für ihn selbst sei. Die Sachlage
ist aber die, dass dieses erhabene Wort einer der Namen des
heiligen Propheten [d. i. des Muhammed] ist. Ganz unzweifel-
haft beanspruchte er also in eitler Einbildung die Prophetenwürde. Er zeigte ein Buch vor, das „Evangelium", und sagte:
„Dieses Buch ist vom Himmel hernieder gekommen." Mas'ûdî
sagt, dass Shâpûr zuerst seine Religion annahm, nachher aber
von seiner Lehre sich abwandte und gegen Mani Tadel zu erheben begann; dieser aber floh und begab sich über Kaschmîr
nach Indien, von wo er sich nach Turkistân und Chatâ [d. i. Nord-

---

[1]) Im Texte steht hier und sofort nachher فارقليطا, also die aramäische Form auf —â.

China] wandte. Mani war ein Maler sonder Gleichen, so dass er, wie man sagt, mit seinem Finger [d. i. „aus freier Hand"] einen Kreis von fünf Ellen Durchmesser beschreiben konnte, und wenn man mit dem Zirkel nachprüfte, so konnte man von Ungleichmässigkeit [1]) in den einzelnen Theilen der Kreisumfassung durchaus nichts vorfinden. Wunderbare Gemälde wurden nämlich von ihm zu Tage gefördert. Dann trieb er sich ununterbrochen im Bereiche der Ostländer herum. Es ist überliefert, dass er zu einem Berge gelangte, der eine Höhle enthielt, welche die erforderliche Annehmlichkeit an erquickender Luft besass, und dazu eine Wasserquelle. Diese Höhle besass nur einen einzigen Zugang. Da schaffte er dann, von Menschen unbemerkt, Nahrung für Ein Jahr in diese Höhle hinein und redete seinen Anhängern vor: „Ich werde in den Himmel mich begeben, und mein Verweilen in den Himmelsräumen wird sich auf ein Jahr ausdehnen; nach einem Jahre werde ich vom Himmel auf die Erde kommen und euch von Gott Kunde bringen." Zu den Leuten sagte er: „Zu Anfang des zweiten Jahres gebt an dem und dem Orte, der in der Nähe der Höhle liegt, auf mich genau Acht." Nach dieser Ermahnung verschwand er aus den Augen der Menschen, ging in die erwähnte Höhle und war ein Jahr lang mit Malen beschäftigt; auf einer Tafel rief er wunderbare Zeichnungen hervor, und nannte diese Tafel „Erjenk-i-Mânî". Nach Jahresfrist kam er in der Nähe der dortigen Höhle wieder vor den Leuten zum Vorscheine und hielt die erwähnte Tafel in der Hand, bemalt mit wunderbaren Malereien, bezeichnet mit mannigfaltigen Zeichnungen. Jeder, der das sah, sagte: „Tausenderlei Zeichnungen bringt die Welt hervor, aber so eine Malerei ist in ihrer Art bei uns noch nicht vorgekommen." Als die Leute über diese Tafel in starrer Verwunderung verharrten, da erklärte Mani: „Diese da habe ich vom Himmel mitgebracht, damit sie als mein Prophetenwunder diene." Da nahmen die Leute seine Religion an. Mani aber wandte sich nach dem Königreiche der Perser mit der Ab-

---

[1]) تَفَاوُت, d. i. Unterschied, Abweichung der einzelnen Theile unter einander.

sicht, auch die Bewohner dieses Landes zu täuschen. Als er in Irân Boden gewonnen hatte, veranstaltete er ein Zusammentreffen mit Bahrâm und lud ihn zur Annahme seiner Religion ein. Der wohlgesinnte König schenkte Anfangs seinen Worten geneigtes Gehör, bis er zu ruhiger Ueberlegung gelangte. Seine Getreuen versammelten sich, und er liess die Gelehrten des Reiches zur Stelle kommen, damit sie mit Mani in Disputation und Gegenüberstellung einträten. Mani blieb im Wortwechsel mit ihnen der Schwächere und zog den Kürzeren. Als nun seine Ketzerei und sein Irrthum Jedermann bekannt geworden war, forderte man ihn zum Widerrufe auf. Da aber Mani diesen zu leisten sich weigerte, gab Bahràm den Befehl, ihm die Haut vom Leibe abzuziehen und an der Pforte des Palastes zum abschreckenden Beispiel für Alle, die es sähen, aufzuhängen und seine Anhänger und Nachfolger ihm nachzuschicken.

Anhang 1.

Der Abschnitt des Fihrist al-'ulûm über die Manireligion ausgugsweise neu übersetzt

(edd. Flügel, Roed. et Müller 1871 p. 327—338).

Die Uebersetzung, welche Flügel in seinem 1862 erschienenen „Mani"
von dem grundlegenden Abschnitte des Fihrist al-'ulûm über die Lehre der
Manichäer gibt, ist jetzt nicht mehr ganz zuverlässig. Denn einmal ist der
von Flügel 1862 zu Grunde gelegte arabische Text von ihm selbst und
anderen, besonders Fleischer in der Gesammtausgabe des Fihrist von
1871. 72, mehrfach verbessert und noch weiter verbesserungsfähig, wodurch
der Sinn an manchen Stellen nicht unwesentlich geändert wird, dann aber
können wir wohl jetzt nach mehr als 25 Jahren auch sachlich Manches
klarer stellen, als es damals dem venerabilis inceptor möglich war.

Ich gebe deswegen hier eine neue Uebersetzung, jedoch nur derjenigen
Stücke des Abschnittes, welche sich auf das Lehrsystem beziehen; betreffs der Mittheilungen über die manichäische Literatur verweise ich auf
Abschnitt 3 dieses I. Bandes, betreffs der über die Geschichte der Manichäer
auf die verarbeitende Darstellung im II. Bande dieses Werkes und den
Anhang zu diesem II. Bande. Von Anmerkungen füge ich nur wenige bei,
vor Allem eben da, wo Aenderungen der Auffassung gerade Flügel gegenüber nöthig geworden sind.

Glaubensmeinungen der Manichäer.

Muhammed ibn Ishâk sagt[1]): Mani war der Sohn des
Fatak[2]) Bâbak[3]), des Sohnes des Abarsâm[4]), aus der Familie

---

[1]) Das jetzt Folgende wird also durch diese Eingangsworte als eigene
Aufstellung des Verfassers des Fihrist bezeichnet, soll nicht, wie so Vieles im
folgenden Abschnitte, nur ein Citat aus vorliegenden Quellenschriften sein.

[2]) Man lese ohne tesdid, welches auch noch 1871 im „Fihrist" ge-
druckt steht, فتنق d. i. فَتَنَق.

[3]) Arabisirte Lautformen; rein persisch Patak Pâpak.

[4]) Man lese بن ابى برزام statt بن ابرزام.

der Chaskânier. Der Name seiner „Mutter" [für: Geburtsstätte, Jugendheimath?] war Mês [die Landschaft Mesene?]; man sagt auch: Ûtâchîm [für Kûthâ?], auch: Marjam [*]) [für Mardinû?] aus dem Geschlechte der Ashaghânier (Arsaciden). Es ist auch berichtet worden, Mani sei Bischof (?) von [dem Klostersprengel Deir-] Ḳûnî (?) gewesen und über die Araber (?), welche Dschauchâ und die Nachbarschaft von Bâderâjâ[*]) und Bâkusâjâ[*]) bewohnen, und dass er der grösste Irrgläubige (Ketzer)[*]) unter den Menschen gewesen sei. — Es heisst, die Urheimath seines

---

[*]) Lies مريم statt مرمريم.

[*]) Der Text ist hier gleich zu Eingang der Schrift gerade in den Eigennamen (Ortsnamen) sehr verderbt; ich weiss nichts Besseres als Flügel Fihrist Bd. 2 (1872) S. 162 ff. gibt vorzulegen. Sicher wird hier wohl nie das Richtige herzustellen sein.

[*]) So die üblichen arabischen Formen (s. Jakût unter den Wörtern بادرايا und باكسايا). Die in der arabischen Schrift genau transscribirten Originalformen sind aramäisch und lauten בֵּית דְרָיֵא וּדָמָא (Δ) صـۡ Bê(th)-derâjê und כֻּסָיֵא בֵּית (Δ) صـۡ خوخۡسۡـا Bêth-kussâjê; der zweite Theil ist beidemale ein aramäischer Plural, wohl der Name von Volksstämmen (kussâjê, vielleicht Κοσσαῖοι, wie Hoffmann meint). Man sehe über diese beiden bei Syrern wie Arabern (cf. Assemani B. O. III, II) oft erwähnten und immer zusammen genannten südbabylonischen Nachbardistricte und Kirchenprovinzen Nöldeke in ZDMG XXVIII (1874), 101; ders. Tabari übersetzt S. 238; G. Hoffmann, Akten persischer Märtyrer übersetzt S. 69 und S. 91.

[*]) So verstehe ich diese Worte. Von „verdrehtem Beine" besagen sie nichts, was auch einen curiosen Zusammenhang ergeben würde. Ich lese أَحۡنَف الرجال mit cod. Constant. (s. Flügel Mani 1862 S. 49 Anm. 12) und fasse أَحۡنَف als Elativ zu حَنِيف als synon. von زنديق; also dieses Wort hier nicht speciell in der Bedeutung „Ḥanîf", sondern in seinem ursprünglichen Sinne, dem von ﻣﻨﻔﺎ bei den Syrern, also „Andersgläubiger, Heide", und von ﻣﻨﻔﻮﺗﺎ „Irrglaube, Heidenthum", besonders „Ṣâbierthum", dann Harranismus. Zum arabischen Ausdrucke cf. Fihrist p. 7 Z. 16 وكان أَكۡتَب الناس d. i. „er war der grösste Vielschreiber unter allen Menschen".

Vaters sei Hamadän gewesen, von wo er nach der Provinz Babylonien auswanderte. Er nahm seinen Wohnsitz in alMadäin und zwar in dem Stadttheile, welcher Taisifûn (d. i. Ktesiphon Κτησιφῶν) genannt wurde. Dort war ein Götzentempel, und Fatak pflegte in diesen hineinzugehen, ebenso wie dies die anderen Leute thaten. Da geschah es eines Tages, dass aus dem heiligen Innenraume des Götzentempels eine Stimme an ihn erscholl: „Fatak, iss kein Fleisch, trinke keinen Wein und enthalte dich des geschlechtlichen Verkehrs." Dies wiederholte sich ihm einige Male an drei Tagen. Als dies Fatak sah, schloss er sich an eine Genossenschaft von Leuten in der Gegend von Dastumaisän an, welche unter dem Namen al-Mughtasilah d. i. der sich Waschenden (Täufer) bekannt waren, und deren Ueberreste in diesen Gegenden und in den Sumpfdistricten bis auf unsere Gegenwart[1]) sich finden. Diese gehörten der Richtung an, welche zu befolgen Fatak angewiesen worden war. Seine Frau war gerade mit Mani schwanger; und als sie ihn geboren hatte, da hatte sie, wie sie sagen, in Beziehung auf ihn herrliche Traumgesichte; und sie sah auch selbst im Wachen, wie ihn Jemand (ein Unsichtbarer) ergriff, mit sich in die Luft emporhob, und ihn dann wieder herniederbrachte; ja manchmal verweilte er einen Tag oder zwei, ehe er [Mani] wieder herabkam[2]). Hierauf schickte sein Vater und liess ihn an den Ort holen, wo er selbst war, und so wurde er bei ihm und in seiner Religion auferzogen. Mani redete trotz seines jugendlichen Alters Worte der Weisheit. Nachdem er nun das zwölfte Lebensjahr vollendet hatte, kam an ihn nach seiner Angabe eine Offenbarung vom König des Lichtparadieses, und das ist Gott der Erhabene, wie er sagt. Der Engel, welcher ihm die Offenbarung brachte, hiess Eltawam; dieser Name ist nabatäisch und bedeutet „der Genosse". Dieser sprach zu ihm: „Trenne dich von dieser Glaubensrichtung, denn du gehörst nicht zu ihren Be-

[1]) 10. und 11. Jahrhundert nach Chr.

[2]) Dieser Zug der Mani-Legende, wie sie im Kreise der Gläubigen verbreitet gewesen sein muss, will natürlich das zeitweilige Abwesendsein des Prophetenkindes im Himmel (Jenseits) andeuten. Die gleichzeitigen Perser sagen etwas Aehnliches aus von ihrem ArdÂivirÂf im A.-nâmeh, der Umarbeitung der christlichen Ascensio Isaiae.

kennern, und es liegt dir ob, Enthaltsamkeit zu üben und die
Begierden zu unterlassen; doch ist für dich deiner Jugend wegen
noch nicht die Zeit gekommen, öffentlich aufzutreten." Als er
aber das vierundzwanzigste Jahr vollendet hatte, erschien ihm
Eltawam und sprach: „Jetzt ist es für dich an der Zeit her-
vorzutreten und deine Lehre zu verkündigen."

Die Worte, welche Eltawam an ihn richtete, lauten so:
„Sei gegrüsst, Mani, von mir und von dem Herrn, der mich
zu dir gesandt und dich zu seinem Prophetenthum erkoren hat.
Er befiehlt dir nunmehr, deine Wahrheit auszusprechen und
auf meine Verkündigung die Wahrheit zu verkündigen, die vor
ihm gilt, und dich auf diesen Beruf mit all' deinem Eifer zu
werfen."

Die Manichäer sagen: Er trat zuerst öffentlich auf an dem
Tage, wo Sâbûr, der Sohn des Ardashîr, die Regierung antrat
und sich die Krone auf das Haupt setzte; und dies war am Sonntag, dem ersten Nisân, als die Sonne im Zeichen des Widders
stand. Es begleiteten ihn zwei Männer, welche ihm bereits in
seiner Glaubensrichtung sich angeschlossen hatten; der eine hiess
Simeon, der andere Zakwâ; ausserdem begleitete ihn sein Vater,
um zu sehen, wie es mit seiner Sache würde [1]). Muhammed
ibn Ishâk sagt [2]): Mani trat auf im zweiten Jahre der Regierung
des römischen Kaisers Gallus. Marcion ist ungefähr hundert Jahre
vor ihm unter der Regierung des Titus Antonius in dessen erstem
Regierungsjahre aufgetreten, und Ibn Daisân [= Bar Daisân]
etwa dreissig Jahre nach Marcion [3]); ibn Daisân wurde letzterer

---

[1]) Diese ganz speciellen Details über Zeit und begleitende Umstände
der ersten öffentlichen Predigt des Mani, ohne Zweifel historisch, müssen
aus altmanichäischen Schriften („es sagen die Manichäer" قالت المنوية
führt anNadim ein) von der Art der christlichen Evangelien und Apo-
stelgeschichten geschöpft sein. Dahin gehören auch die Erzählungen
von den Jugendwundern des Mani und die Legenden von dem Verkehr des
Engels mit dem Heranwachsenden, die entfernt an die evangelischen Berichte von Gabriel bei Maria u. s. w. erinnern.

[2]) Das jetzt Folgende will also eine Notizensammlung seitens des an-
Nadim, kein Referat oder Citat aus manichäischen Quellen sein.

[3]) Die übliche synchronistische Angabe der Orientalen, Syrer wie
Araber, über die zeitlichen Distancen des Ketzertrifoliums Marcion, Bardaisân, Mani fehlt also auch hier bei anNadim nicht.

lediglich deswegen genannt, weil er an einem Flusse des Namens
Daiṣān geboren worden ist.

Mani sagte, er sei der Paraklet, welchen Jesus gesegneten
Angedenkens vorher verkündigte. Es hatte Mani seine Glaubensrichtung aus dem Magierthum und dem Christenthum hervor-
gehen lassen; und in gleicher Weise ist der Schriftcharakter, in
welchem er die Religionsbücher schrieb, aus dem syrischen und
dem persischen abgeleitet. — Mani hatte, bevor er mit Sâbûr
zusammentraf, gegen vierzig Jahre lang die Länder durchstreift.
Hiernach bekehrte er den Firûz, den Bruder des Sâbûr, des
Sohnes des Ardaschîr, und Firûz verschaffte ihm eine Audienz
bei seinem Bruder Sâbûr. Die Manichäer erzählen[1]): „Da trat
er bei ihm ein, während auf seinen Schultern etwas wie zwei
Lichtkerzen strahlte. Als er seiner ansichtig geworden war,
empfand er Ehrfurcht vor ihm, und er erschien gross in seinen
Augen; und doch hatte er vorher das Vorhaben gefasst, ihn fest-
zunehmen und zu tödten. Nachdem er also mit ihm zusammengetroffen war, erfüllte ihn Furcht vor ihm, er freute sich seiner
und fragte ihn, weswegen er gekommen sei, versprach ihm
auch, er wolle sich zu ihm bekehren. Mani bat ihn um eine
Anzahl von Anliegen, darunter auch darum, dass seine Anhänger
in der Hauptstadt[2]) und in den übrigen Gebieten des Reiches
angesehen sein und sich, wohin sie wollten, in den Provinzen
verbreiten dürften. Sâbûr bewilligte ihm Alles, um was er bat.“

Mani hatte damals bereits in Indien, in China und bei den
Bewohnern von Churâsân gepredigt und in jedem Lande einen
seiner Schüler zurückgelassen.

Die Lehre des Mani, insbesondere seine Glaubenssätze
über den Ewigen, dem Preis und Ehre sei, über die Erbauung der Welt und über die Kämpfe zwischen Licht
und Finsterniss.

„Mani nennt als Anfang der Welt zwei Urwesen. Von
diesen ist das eine das Licht, das andere die Finsterniss. Ein

---

[1]) Das Folgende ist wohl wieder wörtliches Citat aus einer manichäischen Legendenschrift.

[2]) فِى الْبَلَد, wie mit Fihrist 1871 zu lesen.

jedes von ihnen beiden ist vom anderen getrennt. Was nun das Licht betrifft, so ist dieses der Erste Grossmächtige, nicht durch die Zahl beschränkt (d. i. unendlich). Es ist die Gottheit, der König der Paradiese des Lichtes. Er hat fünf Glieder: die Sanftmuth, das Wissen, den Verstand, die Verschwiegenheit[1]) und die Einsicht, und weiter fünf geistige[2]), nämlich die Liebe, den Glauben, die Treue, die Tapferkeit und die Weisheit. Er behauptet, dass Gott mit diesen seinen Eigenschaften anfangslos ist. Zusammen mit dem Lichtgott bestehen zwei anfangslose Dinge, die Luft und die Erde.

Mani lehrt weiter: Die Glieder der Luft sind fünf, die Sanftmuth, das Wissen, der Verstand, die Verschwiegenheit und die Einsicht. Die Glieder der Erde sind: der [sanfte, leise] Hauch, der Wind, das Licht, das Wasser und das Feuer.

Was das andere Grundwesen betrifft, die Finsterniss, so sind deren Glieder fünf [künstliche Fünfzahl, der der fünf Lichtelemente gewaltsam nachgebildet], der Qualm, der Brand, der Gluthwind, das Gift und die Finsterniss[3]).“

[1]) „Dieses lichtglänzende Grundwesen ist dem finsternisserfüllten Grundwesen unmittelbar benachbart, ohne dass eine Scheidewand zwischen beiden wäre, und zwar berührt das Licht die Finsterniss mit seiner Breitseite. Das Licht ist unbegrenzt in seiner Höhe, zu seiner Rechten und zu seiner Linken, die Finsterniss aber ist unbegrenzt in der Tiefe, zur Rechten und zur Linken.“

[2]) „Aus dieser finsteren Erde entstand der Satan, nicht in der Weise, dass er an sich selbst anfangslos wäre, wohl aber waren seine Bestandtheile in den Elementen anfangslos. Diese Bestandtheile also fügten sich von den Elementen her zusammen und gestalteten sich zum Satan. Sein Kopf war wie der Kopf

---

[1]) الــغيــب, eigentlich „das Geheimniss“, hier Bezeichnung einer geistigen Eigenschaft, der Macht Alles geheim halten zu können.

[2]) D. i. das Gemüth, nicht: den Intellect betreffende.

[3]) Man vermisst dem Lichte gegenüber hier bei der Finsterniss neben den fünf physischen „Gliedern“ fünf „geistige“ روحانيّة.

قال مانى [1).

eines Löwen, sein Rumpf wie der Rumpf eines Drachen, seine
Flügel wie die Flügel eines Vogels, sein Schwanz wie der
Schwanz eines grossen Fisches und seine vier Füsse wie die
Füsse der kriechenden Thiere. Als sich nun dieser Satan aus
der Finsterniss gebildet hatte — sein Name ist „der Urteufel" —
da fing er an zu verschlingen, zu verschlucken und zu verderben, nach rechts wie links einher zu fahren und hinunter in
die Tiefe zu dringen, indem er fortwährend Verderben und Zerstörung jedem brachte, der ihn zu überwältigen suchte[1]). Hiernach schnellte er in die Höhe empor und erblickte die Strahlen
des Lichtes, empfand aber Widerwillen vor ihnen. Alsdann sah
er, wie diese Strahlen sich durch gegenseitige Berührung noch
an Glanz verstärkten[2]); daher erschrak er, kroch in sich zusammen, Glied zu Glied, und zog sich (zur Vereinigung und
Verstärkung) auf seine Grundstoffe zurück. Nunmehr schnellte
er (wiederum) in die Höhe, und da bemerkte die Lichterde
das Treiben des Satans und seine Absichten auf Angriff und
Vernichtung. Als sie es aber merkte, da (geschah dies näher
in der Weise: es) merkte es (zuerst) die Welt[3]) der Einsicht,
hierauf die Welt des Wissens, dann die Welt der Verschwiegenheit, dann die Welt des Verstandes, dann die Welt der
Sanftmuth."

[1]) „Hierauf merkte es der König der Lichtparadiese und
sann auf Mittel, ihn zu überwältigen."

[2]) „Es waren nun zwar jene seine Heerschaaren mächtig
genug, ihn zu überwältigen, indessen er hatte den Willen, dies
für sich selbst zu vollbringen. So erzeugte er denn mit dem

---

[1]) مِنْ غَائِبَهُ lese ich mit Flügel im „Fihrist" von 1871; im „Mani"
1862 schrieb Flügel مِنْ عَالِبَةٍ „von obenher", was zu verwerfen ist.

[2]) مُتَعَالِبَةٍ; man beachte diese Bedeutung der sechsten Form, nämlich das gegenseitige Sichverstärken der Lichtelemente durch Aneinander-
rücken. Eben dies veranlasst einen ebensolchen Zusammenschluss der
Finsternisselemente an ihren Satan.

[3]) Hier deutlich wie ein Aeon, eine Hypostase, personificirt.

[4]) Im Arab. steht hier wieder قَال, Mani sagt, also ein weiteres Citat.

[5]) قَال.

Geiste seiner Rechten, mit seinen fünf Welten („Aeonen") und mit seinen zwölf Elementen[1]) ein Geschöpf, und das ist der „Urmensch", und diesen schickte er ab zur Bekämpfung der Finsterniss."

„Da panzerte sich nun der Urmensch aus mit den fünf „Geschlechtern", und das sind die fünf Götter, der Leise Hauch, der Wind, das Licht, das Wasser und das Feuer, und nahm sie als Rüstung an sich. Das Erste, was er anzog, war der Hauch[2]); über den hehren Hauch legte er als Ueberwurf das langherabwallende Licht[3]), hüllte sich über dem Lichte in das von Atomen erfüllte Wasser und bedeckte sich mit dem blasenden Winde. Hierauf nahm er das Feuer wie einen Schild und eine Lanze in seine Hand und stieg in Eile aus dem Paradiese herab, bis er zur Grenze in der Nähe des Kriegsschauplatzes gelangte. — Da stützte sich der Urteufel auf seine fünf „Geschlechter", nämlich den Rauch, den Brand, das Dunkel, den Glühwind und den Qualm, panzerte sich mit ihnen, machte sie sich zu einem Schilde und trat dem Urmenschen entgegen. Da kämpften sie lange Zeit, und der Urteufel gewann über den Urmenschen den Sieg, verschlang in sich hinein von seinem Lichte und umschloss ihn mit seinen Geschlechtern und seinen Elementen. Nun folgte ihm der König der Lichtparadiese nach mit anderen Göttern, machte ihn frei und gewann über die Finsterniss den Sieg. Es heisst aber derjenige, durch welchen er dem Menschen nachfolgend zu Hilfe kam, „Freund der Lichter"; dieser also kam herab und machte den Urmenschen von den höllischen Stoffen los zusammen mit[4]) Allem, was er an Geistern der Finsterniss erfasst und gefangen genommen hatte."

---

[1]) Also eine complicirte Zeugung Seitens verschiedener göttlicher Kräfte, ähnlich wie die Zeugung „Adam's, des ersten Menschen" nach 331,5 ff. ein gemeinsamer Act verschiedener dämonischer Personen ist.

[2]) Der Lebensodem, das erfrischende und belebende Grundelement, muss zuerst stehen.

[3]) Die Lichtmasse als ein lang herabreichender (flüssiger) Ueberwurf gedacht. Man lese المُسْبَغ (Flügel 1871) statt انْمُشِيع leuchtend (Flügel 1862): cf. Fihrist Bd. 2 S. 165 Anm. 4 zu S. 329.

[4]) D. i. auch diese vom Urmenschen erfassten Geister der Finsterniss wurden von der befreienden Lichtpotenz mit in die Höhe gezogen.

„Hierauf[1]) begaben sich die Fröhlichkeit uud der Lebensgeist an die Grenze, blickten in den Abgrund dieser untersten
Hölle und erkannten den Urmenschen und die Engel[2]), wie der
Teufel [Iblis], die Uebermüthigen Dränger und das Finstere Leben sie umstrickt hielten."

„Da rief der Lebensgeist den Urmenschen mit heller, lauter
Stimme[3]), wie der Blitz, in Hast, und er wurde ein anderer
Gott."

[Mani sagt weiter:] „Als sich nun der Urteufel mit dem
Urmenschen im Kampfe verstrickt hatte, da erfolgte eine Vermischung von Theilen der fünf Lichtelemente mit den fünf
Elementen der Finsterniss. Es vermischte sich der Rauch mit
dem Leisen Hauche. Daher kommt dieser gegenwärtige Lufthauch von gemischter Art; was nämlich in ihm an Behaglichkeit enthalten ist und an Erfrischung für die Menschengeister
und für das Lebensprincip der Thiere, das rührt her vom Leisen
Hauche, was von Verderben und Schädigung[4]), das kommt vom
Rauche. Es vermischte sich ferner der Brand mit dem Feuer;
dadurch entstand das gegenwärtige Feuer; was es nämlich enthält von Wirkungen des Verbrennens, des Vernichtens und des
Verderbens, das rührt her vom Brande, und was von Wirkungen des Erleuchtens und Erwärmens, das kommt vom (guten)
Feuer. Es vermischte sich das Licht mit dem Dunkel; von da
kommen die gegenwärtigen compacten Körper, wie das Gold
und das Silber und dergleichen; was sie von Reinheit, Schön-

---

[1]) Dieser Satz muss aus einer anderen manichäischen Quellenschrift
als der nächst vorhergehende stammen. Denn dort ist der „Freund der
Lichter" der Befreier des Urmenschen, hier die „Fröhlichkeit" und besonders
der „Lebensgeist", also doch andere Aeonen. Ausserdem ist besonders
bezeichnend das تلك vor الـجـهـنـم, „diese" Hölle; es geht ja eine Beschreibung der Hölle nicht direct vorher! Der Ausdruck „unterste"
Hölle (Superlativ) lässt annehmen, dass auch Mani, ebenso wie die Mandäerschriften, mehrere Etagen der Hölle gelehrt hat.

[2]) D. i. seine himmlischen Elemente.

[3]) Man erkennt hier wieder das syrische Original der Quelle, ein
ܚܩܠܐ ܐܢܫܐ.

[4]) Mani denkt hier an giftige todbringende Ausdünstungen in der Luft.

heit, Sauberkeit und Nützlichkeit enthalten, rührt her vom Licht, was von Schmutz, Unreinheit, Dicke und Härte, kommt vom Dunkel. Ferner vermischte sich der Glühwind mit dem Winde; davon kommt der gegenwärtige Wind; was er von Nutzen und Annehmlichkeit enthält, kommt vom Winde, was von Beängstigung, Blendung und Schaden, kommt vom Gluthwinde. Es vermischte sich der Qualm mit dem Wasser; daher rührt das gegenwärtige Wasser; was es von Klarheit, Süssigkeit und den (menschlichen) Seelen zusagender Art enthält, kommt vom Wasser, was von Ersticken und Erwürgen, von Zerstören, Schwere und Verderben, kommt vom Qualm."

„Nachdem sich nun die fünf dunklen Geschlechter mit den fünf lichthellen Geschlechtern vermischt hatten, stieg der Urmensch auf den Grund der Tiefe hinunter und schnitt die Wurzeln der fünf dunklen Geschlechter ab, damit sie nicht nachwüchsen; hierauf kehrte er in die Höhe steigend zurück zu seinem Standorte auf dem Kampfplatze."

„Hierauf befahl er [1]) einem der Engel, dieses Gemisch nach einer Seite der dunklen Erde, da wo sie an die Lichterde angrenzt, zu ziehen, und sie hingen dieselben [2]) in der Höhe auf. Darnach bestellte er einen anderen Engel und übergab ihm diese vermischten Stoffe."

„Dann befahl der König der Lichtwelt einem seiner Engel, diese gegenwärtige Welt zu erschaffen und sie aus diesen vermischten Stoffen aufzubauen, zu dem Zwecke der Befreiung dieser Lichttheile von den Finsternisstheilen. So erbaute er denn zehn Himmel und acht Erden und betraute einen Engel mit dem Tragen der Himmel und einen anderen mit dem Emporhalten der Erden. Jedem Himmel gab er zwölf Thore mit ihren Vorhallen, gross und weit. Jedes einzelne von den Thoren befand sich seinem Gegenstück [3]) direct gegenüber, und an seiner

---

[1]) Sc. der Urmensch oder direct der Lichtkönig.

[2]) Nämlich die weltschaffenden Engel (Subject) gaben den gefangen fortgeschleppten Dämonen (ﻫﻢ in ﻋَﻠَﻘﻮﻫﻢ) diesen Platz an der Höhe des Firmaments.

[3]) ﺻﺎﺣﺐ kann hier nicht „Hüter" des Thores bedeuten (Flügel

entgegengesetzten Seite waren an jeder von den Vorhallen zwei
Flügelthüren. Ferner verfertigte er in diesen Vorhallen vor jedem von ihren Thoren sechs Stufen (Terrassen), auf jeder von
den Stufen dreissig Gänge (Corridore) und in jedem Gange zwölf
Platzreihen, und legte die Stufen, Gänge und Platzreihen von
oben nach unten in der Höhe der Himmel an."

„Er setzte ferner die Luft an der untersten Grenze der Erden
in Verbindung mit den Himmeln. Sodann brachte er um diese
sichtbare Welt herum einen Graben an, damit in ihn die Finsternissstoffe geworfen werden könnten, die aus der Verbindung
mit dem Lichte losgeläutert würden, und errichtete hinter diesem Graben eine Mauer, damit nichts von diesem, vom Lichte
losgetrennten Finsternissstoffe entkäme."

„Hiernach erschuf er die Sonne und den Mond zum Aus-
läutern des in der Welt vorhandenen Lichtes. Die Sonne löst
das Licht aus, welches mit den hitzigen Teufeln vermischt worden war, und der Mond löst das Licht aus, welches mit den
kalten Teufeln vermischt war, und zwar [geht dieser Process
vor sich] an der Säule des Lobpreises, indem diese Lichtmasse
daran emporsteigt mit Allem, was sich in die Höhe schwingt
von Lobpreisungen und Dankeshymnen, von trefflichen Reden
und frommen Werken."

„So wird dann dieses Licht der Sonne übergeben; die Sonne
übergibt es dem Lichte über ihr in der Welt des Lobpreises,
und in dieser Welt nimmt es dann seinen Weg zu dem höchsten, reinen Lichte. So zu thun hören sie (Sonne und Mond)
nicht auf, bis dass von dem Lichte nur noch ein fest verstrickter
Bruchtheil übrig bleibt, den Sonne und Mond rein auszuscheiden
nicht mehr im Stande sind. — Währenddem richtet sich der
Engel, der die Erden zu tragen hatte, in die Höhe, und der
andere Engel lässt ab mit dem Nachsichziehen der Himmel.
Da vermischt sich das Oberste mit dem Untersten, ein Feuer
bricht los und frisst sich in diesen Stoffen weiter fort, so lange,
bis das in ihnen enthaltene Licht befreit ist."

1862), dazu ist der Ausdruck (eigentlich Genosse, Angehöriger) zu allgemein; warum hiess es dann auch nicht حفظ? Die Schilderung meint wohl
ein paarweises Sichgegenüberstehen der Thore, wie auf einem Corridor.

„Dieser Brand dauert die Zeit von 1468 Jahren."

„Wenn nun dieser Vorgang vollendet ist, und die Hummâma, der Geist der Finsterniss, die Befreiung des Lichtes und das Emporsteigen der Engel, der Heerschaaren und der Hüter erschaut, dann demüthigt sie sich; und wenn sie den Kampf sieht, und wie sie die „Heerschaaren" ringsum bedrängen, dann wendet sie sich zu dem Grabe zurück, welches für sie bereits in Bereitschaft gesetzt ist. Hierauf sperrt er dieses Grab zu mit einem Steine von der Grösse der Welt, und verrammelt sie darin. So bekommt das Licht also zu diesem Zeitpunkte Ruhe vor der Finsterniss und einer Beschädigung durch sie."

Uebrigens lehren die Mâsiten unter den Manichäern, dass vom Lichte noch etwas in der Finsterniss zurückbleibe.

Anfang der Fortpflanzung [des Menschengeschlechts] nach der Lehre des Mani.

„Hierauf begatteten sich einer von diesen[1]) Archonten, einer von den Sternen, die Drängende Gewalt[2]), die Leidenschaft, die Begierde (Sinnenlust) und die Sünde, und hervor ging aus ihrer Begattung der erste Mensch, das ist Adam, und die ihn beaufsichtigten waren ein Archontenpaar, ein männlicher und ein weiblicher. Hierauf erfolgte eine weitere Begattung, und daraus ging das schöne Weib hervor, welches Ḥawwâ ist."

„Als nun die fünf Engel das göttliche Licht und seine Herrlichkeit sahen, welches die Begierde entwandt und in diesen beiden Geschöpfen verborgen hatte, da baten sie den Heilsboten, die Mutter des Lebens, den Urmenschen und den Lebensgeist, sie möchten doch zu diesem Urgeschöpfe Jemanden schicken, der es befreie und erlöse, ihm klaren Aufschluss über Wissen und Frömmigkeit gäbe und es von den Satanen frei mache."

„Da sandten sie Jesum, den ein Gott begleitete. Diese traten den Archonten entgegen, fesselten sie und machten die beiden Geschöpfe frei."

---

[1]) Also hing dieses Stück mit einem weggelassenen anderen zusammen, in welchem zuletzt von den Archonten die Rede war.

[2]) الزجرون الزجر, wohl die Mutter der 329, 31 vorkommenden „Dränger", einer Klasse von Dämonen.

„Da trat Jesus hin, redete das eine Geschöpf, nämlich den Adam an und klärte ihn auf über die Paradiese, die Götter, die Hölle, die Teufel, die Erde und den Himmel, die Sonne und den Mond. Dazu flösste er ihm Furcht ein vor der Ḥawwâ, zeigte ihm ihre verführerische Gewalt, warnte ihn vor ihr und erfüllte ihn mit Scheu davor, sich ihr zu nahen; und so gehorchte er denn auch. Hierauf kehrte der Archon zu seiner Tochter, das ist Ḥawwâ, zurück, beschlief sie nach der ihm innewohnenden Geilheit und liess sie so ein Kind gebären, das hässlich war von Gestalt und von röthlicher Farbe; sein Name ist „Ḳâin der rothfarbige Mann“. Hierauf beschlief dieser Sohn seine Mutter und erzeugte mit ihr einen weissfarbigen Sohn, den er „Hâbil, den weissen Mann“ nannte. Darauf beschlief Ḳâin nochmals seine Mutter und erzeugte mit ihr zwei Mädchen, die eine mit Namen „Weltweise“, die andere „Tochter der Begierde“. Die letztere nahm sich Ḳâin zur Gattin, übergab dagegen die „Weltweise“ an Hâbil, der sie sich zum Weibe nahm.

„Es wohnte aber in der Weltweisen eine reiche Fülle von göttlichem Lichte und göttlicher Weisheit, während in der „Tochter der Begierde“ nichts davon vorhanden war. Hierauf zog einer von den Engeln hin[1]) zur Weltweisen und sprach zu ihr: „Hab' Acht auf dich selbst, denn er [sc. der beaufsichtigende Aeon[2])] will mit dir zwei Mädchen von vollkommener Art zur Freude Gottes erzeugen.“ Dann beschlief er sie, und sie gebar von ihm zwei Mädchen, deren eine sie Farjâd nannte, die andere Barfarjâd. Als dies nun dem Hâbil bekannt geworden war, wurde er von Zorn erfüllt, die Betrübniss nahm ihn ganz ein und er sprach zu ihr: Von wem hast du diese beiden Kinder? Ich glaube, sie sind von Ḳâin, und er ist es, der sich mit dir vermischt hat. Da beschrieb sie ihm das Aussehen des Engels. Nun verliess er sie, ging zu seiner Mutter Ḥawwâ und klagte ihr, was Ḳâin gethan habe, indem er zu ihr sagte: Hast

---

[1]) جز „er wandelte hinüber“, nämlich aus den Regionen des Lichts in die Mischwelt.

[2]) Das Subject ist absichtlich unbestimmt gelassen; man hat aber einen der höheren Lichtgötter, wie den Urmenschen oder den Lebensgeist, zu denken.

du schon gehört, was er an meiner Schwester und Frau gethan
hat?" Dies wurde dem Ḳâin bekannt, und er stürzte sich
auf Hâbîl, zerschmetterte ihm mit einem Feldsteine das Gehirn
und tödtete ihn; und nun nahm er sich die Weltweise zum
Weibe."

') „Hierauf grämten sich jene Archonten und dieser Grossteufel [Ṣindîd] und die Ḥawwâ über das, was sie von Ḳâin er-
lebt hatten, und Ṣindîd lehrte die Ḥawwâ das Formelwesen der
Zauberei, um Adam zu bezaubern. Sie ging hin und gehorchte,
und trat vor ihn hin mit einem Kranze von Baumblüthe. Als
sie nun Adam nach Massgabe seiner Sinnlichkeit in Augenschein genommen hatte, beschlief er sie, sie wurde von ihm
schwanger und gebar ein männliches Kind, schön und von an-
muthigem Angesicht. Dies hörte der Grossteufel, und er verfiel darüber in Kummer und Leiden und sprach zur Ḥawwâ:
„Dieses Kind gehört uns nicht an, sondern ist von fremder Art."
Da trachtete sie darnach, es zu tödten. Aber Adam nahm es
und sagte zur Ḥawwâ: „Ich will es mit Rindermilch und Baum-
früchten ernähren", nahm es und ging fort. Da sandte der
Grossteufel die Archonten ab, dass sie die Bäume und die Rin-
der fortnehmen und weit von Adam entfernen sollten. Als dies
nun Adam sah, nahm er jenes Kind und beschrieb um es herum
drei Kreise, indem er über den ersten den Namen des Königs
der Paradiese aussprach, über den zweiten den Namen des Urmenschen und über den dritten den Namen des Lebensgeistes.
Dann begab er sich an einen höher gelegenen Ort, demüthigte
sich vor Gott, dessen Name herrlich ist, und sprach zu ihm:
„Wenn ich meinerseits mich gegen euch²) mit etwas versündigt
habe, so ist es nicht die Schuld dieses Kindes." Hierauf eilte
einer von den Dreien herbei, indem er den Kranz der [Sieges-]
Herrlichkeit bei sich hatte, den er in der Hand zu Adam her-

---

¹) Im arabischen Texte steht hier قال مانى, „Mani sagt".

²) البكم — Flügel fasst dies als plur. majest.; indessen ist doch
gerade hier die Vorstellung einer Vielheit von Götterwesen, wo kurz
vorher drei Einzelne (Urmensch etc.) mit Namen genannt sind, sehr deutlich; „gegen euch" d. h. gegen die Lichtgötter.

zubrachte. Nachdem nun dies der Grossteufel und die Archonten gesehen hatten, machten sie sich geraden Weges fort."

„Darauf wurde dem Adam ein Baum, Lotus genannt, sichtbar, wie aus ihm Milch zum Vorschein kam. Nun fing er an den Knaben davon zu nähren und benannte ihn mit dem Namen des Baumes. Später nannte er ihn Schâthil. Darauf erhob jener Grossteufel Feindschaft gegen Adam und gegen diese Geschöpfe und sprach zur Ḥawwâ: Mache auf zum Adam, vielleicht kannst du ihn zu uns zurückbringen." Da ging sie fort und verführte den Adam, so dass er sich in Wollust mit ihr vermischte. Als nun Schâthil dies gesehen hatte, ermahnte und tadelte er ihn und sprach zu ihm: „Wohlan, lass uns hinziehen nach dem Osten zum Lichte Gottes und seiner Weisheit." Da zog er mit ihm hin und verweilte dort bis er starb und in das Paradies kam. Hierauf zogen Schâthil, Farjâd und Barfarjâd und deren Mutter, die Weltweise, mit der Kirche[1]) (Gemeinde der Gerechten) nach Einem Ziele hin und in Einem Wege bis zur Zeit ihres Todes. Dagegen kamen Ḥawwâ, Ḳâin und die Tochter der Habgier in die Hölle."

Beschreibung der Lichterde und des Lichtäthers, der beiden Körper, welche mit dem Lichtgott zugleich anfangslos sind.

„Die Lichterde hat fünf Glieder: den Leisen Hauch, den Wind, das Licht, das Wasser und das Feuer; und der Lichtäther hat fünf Glieder, die Milde, das Wissen, den Verstand, die Verschwiegenheit und die Einsicht."

„Die Grossherrlichkeit ist die Gesammtheit dieser zehn Glieder des Aethers und der Erde."

---

[1]) Oder: in der Kirche, in deren Bereich, gleichsam in ihrem abgegrenzten Bezirk, gleich dem Vara des Yima in der persischen Sage, wie vorher die „Weisheit Gottes" einen Ort im fernen Osten bezeichnete? Ich vermuthe in dem بالصديقوت des arabischen Textes eine missverständliche Uebersetzung eines syrischen ܒܙܕܝܩܘܬܐ „in Gerechtigkeit" im aramäischen Original. Die „Gemeinde der Wahrhaftigen", zu einer idealen Persönlichkeit zusammengefasst, ist besonders hier doch ein sehr harter Ausdruck.

„Diese Lichterde hat einen Leib, ist glänzend, heiter, hat einen sanften Strahl und einen Vollglanz, auf dessen Grunde die Vollkommenheit ihrer Reinheit und die Schönheit ihrer körperlichen Gebilde erstrahlt, Form auf Form, Schönheit auf Schönheit, Hellheit auf Hellheit, Reinheit auf Reinheit, Anmuth auf Anmuth, Licht auf Licht, Glanz auf Glanz, Augenweide[1]) auf Augenweide, Lieblichkeit auf Lieblichkeit, Zierlichkeit auf Zierlichkeit, Thore auf Thore, Thürme auf Thürme, Wohnungen auf Wohnungen, Häuser auf Häuser, Gärten auf Gärten, Bäume auf Bäume, Zweige auf Zweige, mit Aesten und Früchten, ein lachender Anblick, ein in verschiedenen Farben schillerndes Licht, Eines immer lieblicher und blühender als das Andere; — Wolken auf Wolken, Schatten auf Schatten. Und dieser lichtglänzende Gott auf dieser Erde ist ein anfangsloser Gott."

„Der Gott auf dieser Erde hat zwölf Grossherrlichkeiten, welche die Erstgeborenen heissen, und deren Gestalten so sind wie seine Gestalt; sie alle wissensbegabt und verständig."

„Auch gibt es (dort, auf der Lichterde) Grossherrlichkeiten, welche die Eingesessenen (Bewohnenden)[2]) heissen, die thätigen, starken."

„Der leise Hauch aber ist das Leben[3]) der Welt."

Beschreibung der Finsternisserde und ihrer Gluth[4]).

Mani sagt: Ihre Erde enthält lauter Untiefen, Abgründe, Schluchten, Schichten, Dämme, Sümpfe, Teiche; sie ist ein Gebiet, zerklüftet und zerrissen, voll Waldungen und Quellen, aus denen von Land zu Land und von Damm zu Damm Rauch aufsteigt, wo ferner von Land zu Land Feuer und Finsterniss hervorquillt. Der eine Theil liegt höher als der andere, der andere niedriger. Der Rauch, der daraus hervorquillt, ist das Gift

---

[1]) So übersetze ich منظر; Flügel: „lieblicher Anblick".

[2]) Arabisch العُمَّار. Flügel: „Hausgeister".

[3]) D. i. der „Geist", die Seele der Lichtwelt, wie der Qualm الهُمَامَة die Hummàmah der „Geist" der Finsterniss روح الظُلمَة (bei Shahrist. etc. heisst.

[4]) D. i. Pein, Qual.

des Todes. Er quillt aus einer Quelle, deren unterster Boden aus trübem, mit Staub überdecktem Schlamme besteht, in welchem die Elemente des Feuers, die groben, finsteren Elemente des Windes und die Elemente des schweren Wassers sich befinden.

Die Finsterniss grenzt oben an diese Lichterde, und letztere an erstere unten. Beide Reiche sind unbegrenzt, das eine in der Höhe, das andere, die Finsterniss, in der Tiefe [332, 26].

Wie der Mensch in den Glauben eintreten soll [332, 27—333, 3].

Es soll, sagt Mani, wer in den [rechten, d. i. manichäischen] Glauben einzutreten wünscht, sich selbst prüfen. Findet er sich nun stark genug, die Lust und die Habgier zu bezähmen, das Essen der verschiedenen Arten von Fleisch, das Weintrinken und den ehelichen Beischlaf zu unterlassen, sowie das Schädliche des Wassers und des Feuers, die Zauberei und die Heuchelei zu vermeiden, so trete er in die Religion ein. Vermag er aber dies Alles nicht, so trete er in den Glauben nicht ein. Wenn er aber von Liebe zum Glauben erfüllt ist, jedoch es nicht vermag, die Lust und die Habgier zu bezähmen, so suche er sich zu fördern durch Beschützen des Glaubens [d. i. der manichäischen Kirche] und der Wahrhaftigen, und trete seinen schlechten Werken entgegen bei Gelegenheiten, wo er ganz aufgehen kann in Werkthätigkeit, Frömmigkeit, Wachsamkeit, Fürbitte und Demuthserweisung; das wird ihn in dieser vergänglichen und in jener unvergänglichen Welt mit Zufriedenheit erfüllen, und seine Gestalt wird die Gestalt zweiten Grades sein im Zustande nach dem Tode[, wovon wir, will's Gott, nachher reden werden].

[Im Anschlusse hieran lasse ich hier den Abschnitt über die manichäische Eschatologie folgen, der von anNadim etwas später gebracht wird, S. 335 Z. 9 ff. bis 336 Z. 6].

Lehre der Manichäer über das Jenseits.

[Mânî lehrt]: Kommt der Tod des Wahrhaftigen heran, so sendet ihm der Urmensch einen lichtglänzenden Gott zu in der

Gestalt des „Geleitenden Weisen" und in dessen Begleitung drei
[weitere] Götter, sowie mit ihnen das Wassergefäss, das Kleid,
die Kopfbinde, die Krone und den Lichtkranz. Zugleich mit
ihnen kommt die Jungfrau, welche der Seele dieses Gerechten
ähnlich ist. Es erscheint ihm aber auch der Teufel der Habgier und der Lust und andere Teufel. Wenn sie der Wahrhaftige
sieht, so ruft er die Götter[1]) zu Hilfe, welche die Gestalt des
Geleitenden Weisen führen, sowie die drei anderen Götter. Diese
nähern sich ihm; und sobald sie die Satane sehen, wenden
sie flüchtlings den Rücken. Dann nehmen jene den Wahrhaftigen, bekleiden ihn mit der Krone, dem Kranze und dem Kleide,
geben ihm das Wassergefäss in seine Hand und steigen mit ihm
auf der Säule des Lobpreises auf zum Mondhimmel, zum Urmenschen und zu der Nahnaha, der Mutter der Lebendigen, bis
an den Platz, an welchem er sich zu Anfang im Lichtparadiese
befand. Denn bleibt der Körper des Abgeschiedenen liegen,
und es ziehen die Sonne, der Mond und die Lichtgötter aus ihm
die Kräfte an sich, nämlich das Wasser, das Feuer und den
Leisen Hauch. Der Verstorbene aber erhebt sich zur Sonne und
wird ein Gott, der Rest seines Körpers aber, der ganz Finsterniss
ist, wird in die Hölle geworfen. — Was nun den kämpfen-
den[2]) Menschen betrifft, der für den rechten Glauben und die
Frömmigkeit empfänglich ist und diese, sowie die Gerechten, be-
hütet, so erscheinen, wenn ihm der Tod naht, jene Götter, die
ich erwähnte, und es erscheinen auch die Teufel. Dann ruft er
um Hilfe und sucht sie zu gewinnen durch das, was er aufzu-
weisen hat an Werken der Frömmigkeit und der Beschützung
der Religion und der Wahrhaftigen. Darauf hin machen sie ihn
von den Satanen frei; aber sein Zustand bleibt unaufhörlich
ähnlich dem eines Menschen in dieser Welt, der im Traume
Schreckgestalten sieht und in Schmutz und Koth versinkt; und
so geht es fort, bis dass sein Licht und sein Geist frei geläutert

---

[1]) Nicht mit Flügel: die Göttin. Es ist beidemale الآلهة zu lesen.

[2]) D. i. den nach Vollkommenheit erst noch ringenden. Doch ist dies
zugleich eine deutliche Spur, dass der manichäische Ausdruck von dem der
Mithrasmysterien beeinflusst ist, die bekanntlich einen der niederen
Grade mit στρατιώτης, miles bezeichnen.

ist und er an das Ziel der Wahrhaftigen gelangt und nach langer
Dauer seiner Irrfahrten deren Kleidung anlegt. Was aber den
sündigen Menschen betrifft, über welchen die Habgier und die
Lust die Oberherrschaft hatten, so erscheinen, wenn sein Ende
da ist, die Teufel, ergreifen ihn, quälen ihn und führen ihm die
Schreckgestalten vor Augen. Es erscheinen aber auch jene Götter
und mit ihnen jenes Kleid, und so glaubt denn der sündige
Mensch, sie seien erschienen, um ihn zu befreien. Sie sind aber
nur erschienen, um ihm Vorwürfe zu machen, ihm seine Handlungen in Erinnerung zu bringen und ihn seiner Schuld, die
Unterstützung der Wahrhaftigen versäumt zu haben, zu über-
führen[1]). Hierauf irrt er unaufhörlich in der Welt unter Qua-
len[2]) umher bis zu der Zeit des Weltendes, wo er in die Hölle
geworfen wird.“

„Dieses sind“, lehrt Mani, „die drei Wege, nach welchen
die Seelen der Menschen vertheilt werden; der eine in's Paradies, und das sind die Wahrhaftigen, der zweite in die Welt
und unter die Schrecknisse, und das ist der Weg der Hüter des
Glaubens und der Helfer der Gerechten; der dritte in die Hölle,
und das ist der des sündigen Menschen.“

Wie der Zustand des Jenseits nach dem Untergange der Welt ist, und Beschreibung des Paradieses und der Hölle.

[Mani lehrt:] „Hierauf[3]) kommt der Urmensch von der Welt
des Steinbocks her, und der Heilsbote von Osten und von dem
Grossen Baue, nämlich von Süden, her, und der Lebensgeist von

---

[1]) Flügel (l. c. S. 102 Mitte) unrichtig: „ihm die Ueberzeugung begreiflich zu machen, dass er die Hilfe für sich von Seiten der
Wahrhaftigen aufzugeben habe“. Schon der Gegensatz zu den beiden ersten Klassen verbietet dies: und dann sind es ja auch nicht die
„Wahrhaftigen“, die dem Abgeschiedenen helfen, sondern die Lichtgötter!

[2]) Das unschöne العذاب فى العالم فى, mit seinem zweimaligen فى
dicht hintereinander, verräth die wörtliche Uebersetzung aus dem Aramäischen.

[3]) Also dem Zusammenhange eines grösseren Abschnittes entnommen;
daher ثُمَّ, „hierauf“.

der Welt des Westens her, und betrachten den grossen Neubau,
der das neue Paradies ist, indem sie um jene [früher erwähnte]
Hölle herumgehen, und blicken in sie hinab. Darnach kommen
die Wahrhaftigen aus dem Paradiese nach diesem Lichte und
lassen sich in ihm nieder; alsdann eilen sie an den Versamm-
lungsort der Götter und stellen sich um diese Hölle auf. Hierauf blicken sie hin auf die Sünder, wie sie sich in der Hölle
hin und her wenden, herumirren und immer tiefer versinken;
die Hölle aber vermag den Wahrhaftigen keinen Schaden anzuthun. Wenn nun diese Sünder der Wahrhaftigen ansichtig werden, so bitten sie dieselben und demüthigen sich vor ihnen;
doch jene entgegnen ihnen nur mit Antworten, die ihnen zu
nichts frommen, nämlich mit Vorwürfen, und die Sünder empfin-
den nur erhöhte Reue, Kummer und Betrübniss. In diesem Zustande verharren sie in alle Ewigkeit [S. 336 Z. 6].

Anhang 2.

Der Text des Abûlfaraǵ zu Bd. 1 S. 855 ff.
(Histor. dynast. ed. Pocock p. 130—131.)

فى هذه السنة ملكى بفارس هرمز سنة واحدة * فصل * وفى
هذا الزمان عرف منى الثنوى هذا كان اول يُظهر النصرانية وصار
قسيسا بلاهواز وكان يعلّم ويفسّر الكتب ويجادل اليهود والمجوس
والوثنيّين ثم مرق من الدين وسمى نفسه مسيحا واتخذ اثنا
عشر تلميذا وارسلهم الى بلاد المشرق باسره حتى الهند
والصين وزرعوا فيه علم الثنويّة وهو ان للعالم الاقيّين احدهما
خير وهو معدن النور والآخر شرّ وهو معدن الظلمة وانّهما تمازجا
فانتصر الخير على الشرّ فانتقل الشرّ الى جهة الجنوب ليَعمل
هنك عالما ويتسلّط عليه ولمّا شرع وعمل بنت نعش حَوّل

انقضب الجنوبى كبذه آتى حول القطب الشمالى اصلحت
الملائكة بينهم بن انقى التخير شيئ من نوره على الهيولى
فوجد عنم قابل للكون والفساد وتسلط عليه الشر ولان التخير
انما فعل ذلك مكرهًا ومجبرًا خلق فى السماء سفينتين كبيرتين
هما الشمس والقمر وصار يجمع فيها انفس النفى ويسترجع
نصيبه الذى صار الى الشر ليتخلو الهيولى رويدا رويدا من آثر
التخير فيبطل سلطان الشر وكان يقول بتناسخ وان فى كل
شى روحا مستنسخة وكان يفرط فى تمجيد النار وتعظيم شنب
ويوجب للتقديس والتسبيح كل ذلك نورض واضاءتب وتوسدنا
فى المكان بين الفلكيات والعنصريات واقل الارض لكونها
مظلمة لا يستضى، بذنب بنفعل ولا بنقوة وهذا المذهب قد
كان قديما للفرس ولم يبتدعه منى ولكن شيده بنتجيج
الاقنعية ونعم ما اجاب عند الشيخ الرئيس ابو على بن سينا
اذ قل كيف السبيل انى ان يوجد فى النار كل معنى واقع فى
حيز التخير وفى الارض كل معنى واقع فى حيز الشر فان الارض
حيز البق والحيوة للحيوان والنبت والنار مفرقة الكيفية مفسدة
بتفريق اجزا المركب وتشتيتها، وقيل ان سبور ملك الفرس
قتل مانى وسلخ جلده وحشه تبن وصلب على سور المدينة
لانه كان يدعى الدعاوى العظيمة وعجز عن ابراء ابنه من
مرض عرض له *

Anhang 3.

Die Abschwörungsformel im griechischen Originaltexte.

S. S. Patrum Apostolicorum etc. opera ed. J. B. Cotelerius. Ed. nova cura Ioannis Clerici. Amstelod. 1724. vol. I S. 542 ff. in der Anmerkung.]

'Αναθεματίζω Τερέβινθον τὸν καὶ Κουβᾶν [lies Βουβᾶν] — ἀναθεματίζω Ζαράδην, ὃν ὁ Μάνης θεὸν ἔλεγε πρὸ αὐτοῦ φανέντα παρ' Ἰνδοῖς καὶ Πέρσαις καὶ ἥλιον ἀπεκάλει.

'Αναθεματίζω πάντας οὓς ὁ Μάνης ἀνέπλασε θεούς, ἤτοι τὸν τετραπρόσωπον Πατέρα τοῦ Μεγέθους καὶ τὸν λεγόμενον Πρῶτον Ἄνθρωπον καὶ τὸν στεφανηφόρον καὶ τὸν ὀνομαζόμενον Παρθένον τοῦ φωτὸς καὶ τὸν φεγγοκάτοχον καὶ τὰ πέντε νοερὰ φέγγη καὶ τὸν καλούμενον δημιουργὸν καὶ τὸν ὑπ' αὐτοῦ προβληθέντα δίκαιον κριτὴν καὶ τὸν ὠμοφόρον τὸν βαστάζοντα τὴν γῆν καὶ τὸν πρεσβύτην καὶ πάντας ἁπλῶς οὓς ὁ Μάνης πλάττει θεοὺς καὶ αἰῶνας καὶ τῶν αἰώνων αἰῶνας καὶ ὅσα αὐτῷ ἐπραγματεύθη περὶ γιγάντων καὶ ἐκτρωμάτων.

'Αναθεματίζω Μαρχίωνα καὶ Οὐαλεντῖνον καὶ Βασιλείδην καὶ πάντα ἄνθρωπον τὸν τολμήσαντα ἢ τολμῶντα ἢ τολμήσοντα βλασφημεῖν κατὰ τῆς παλαιᾶς διαθήκης. —

[2. griech. Col. Mitte] ἕνα μόνον — θεὸν ἀληθινὸν — τὸν τῇ ῥοπῇ τοῦ θελήματος προαγαγόντα τὸν οὐρανὸν καὶ τὴν γῆν καὶ τὴν θάλασσαν καὶ πάντα τὰ ἐν αὐτοῖς καὶ μὴ δεηθέντα ὕλης τῆς μηδέπω οὔσης μήτε βυρσῶν καὶ νεύρων καὶ σωμάτων καὶ ἱδρώτων τῶν πονηρῶν ἀρχόντων οὓς ὁ Μάνης ἀνέπλασεν.

— τὸν ληρώδη Μάνεντος μῦθον ἐν ᾧ φησὶ μὴ ὅμοιον ἡμῖν διαπεπλάσθαι ὑπὸ τοῦ θεοῦ τὸν πρῶτον ἄνθρωπον τουτέστι τὸν Ἀδὰμ ἀλλὰ ὑπὸ τοῦ Σαχλᾶ τοῦ τῆς πορνείας ἄρχοντος καὶ τῆς Νεβρὼδ ἣν εἶναι τὴν ὕλην φησὶ γενέσθαι τὸν Ἀδὰμ καὶ τὴν Εὔαν. καὶ τὸν μὲν θηριόμορφον κτισθῆναι τὴν δὲ ἄψυχον. καὶ τὴν μὲν Εὔαν ὑπὸ τῆς ἀρρενικῆς λεγομένης παρθένου μεταλαβεῖν ζωῆς τὸν δὲ Ἀδὰμ ὑπὸ τῆς Εὔας ἀπαλλαγῆναι τῆς θηριωδίας.

'Αναθεματίζω τοὺς — ἄλλον μὲν λέγοντας εἶναι τὸν γεννηθέντα ἐκ Μαρίας καὶ βαπτισθέντα μᾶλλον δὲ ὡς αὐτοὶ ληροῦσιν βυθισθέντα ἄλλον δὲ τὸν ἐκ τοῦ ὕδατος ἀνελθόντα καὶ μαρτυρηθέντα ὃν καὶ ἀγέννητον Ἰησοῦν καὶ φέγγος ὀνομάζουσιν ἐν σχήματι ἀνθρώπου φανέντα, καὶ τὸν μὲν εἶναι τῆς κακῆς ἀρχῆς τὸν δὲ τῆς ἀγαθῆς μυθολογοῦσιν.

— ἄλλον μὲν εἶναι τὸν ἐν σταυρῷ ἕτερον δὲ τὸν πόρρωθεν ἑστῶτα καὶ γελῶντα ὡς ἄλλου ἀντ' αὐτοῦ παθόντος.

— τὸν Χρ. λέγοντας εἶναι τὸν ἥλιον καὶ εὐχομένους τῷ ἡλίῳ ἢ τῇ σελήνῃ ἢ τοῖς ἄστροις καὶ ὅλως αὐτοῖς ὡς θεοῖς προσέχοντας καὶ φανωτάτους θεοὺς ἀποκαλοῦντας. καὶ τοὺς μὴ πρὸς ἀνατολὰς μόνον τῷ ἀληθεῖ θεῷ εὐχομένους ἀλλὰ τῇ τοῦ ἡλίου κινήσει συμπεριφερομένους ἐν ταῖς μυρίαις αὐτῶν προσευχαῖς.

Ἀνατ. τοὺς τὸν Ζαράδην καὶ Βουδᾶν καὶ τὸν Χριστὸν καὶ τὸν Μανιχαῖον καὶ τὸν ἥλιον ἕνα καὶ τὸν αὐτὸν εἶναι λέγοντας.

— ἀνατ. τοὺς τὰς ἀνθρωπίνας ψυχὰς λέγοντας ὁμοουσίους εἶναι τῷ θεῷ καὶ ὑπὸ τῆς ὕλης καταποθῆναι καὶ καθέζεσθαι νῦν τὸν θεὸν καὶ ταύτας ἐξαντλεῖν κάτωθεν διὰ τοῦ ἡλίου καὶ τῆς σελήνους ἃ καὶ πλοῖα καλοῦσιν.

Ἀνατ. τοὺς τὴν μετεμψύχωσιν δοξάζοντας ἣν αὐτοὶ καλοῦσι μεταγγισμὸν ψυχῶν καὶ τοὺς τὰς βοτάνας καὶ τὰ φυτὰ καὶ τὸ ὕδωρ καὶ τὰ ἄλλα πάντα ἔμψυχα εἶναι ὑπολαμβάνοντας.

— τοὺς ἀπανθρωπίαν διδάσκοντας καὶ μὴ συγχωροῦντας δίδοσθαι πένησιν καὶ τοὺς τὸ αὐτεξούσιον ἀναιροῦντας καὶ μὴ ἐφ' ἡμῖν εἶναι λέγοντας τὸ εἶναι καλοῖς ἢ κακοῖς.

Ἀνατ. τοὺς τοῖς οἰκείοις οὔροις ἑαυτοὺς μιαίνοντας καὶ μὴ ἀνεχομένους τὰς ῥυπαρίας αὐτῶν ὕδατι ἀποπλύνειν ἵνα μὴ μολυνθῇ φασι τὸ ὕδωρ. —

Ἀνατ. τοὺς τὴν παρὰ φύσιν ἀσχημοσύνην κατεργαζουμένους οὐ μόνον ἄνδρας ἀλλὰ καὶ γυναῖκας τὸν δὲ γάμον ἀποβαλλομένους καὶ τῆς νενομισμένης πρὸς τὰς γυναῖκας συνουσίας ἀπεχομένους ἵνα μὴ παιδοποιήσωσί φασι καὶ ψυχὰς εἰς τὸν βόρβορον τῶν ἀνθρωπίνων ψυχῶν καταγάγωσιν.

— πάντα ὅσα τελοῦσιν ἀθέως ἃ ταῖς Μανιχαϊκαῖς μᾶλλον δὲ γοητευτικαῖς αὐτοῦ περιέχεται βίβλοις.

— ἀνατ. πάντα τὰ δόγματα καὶ συγγράμματα τοῦ Μάνεντος καὶ τὸ τῶν ἐπιστολῶν αὐτοῦ βιβλίον καὶ πάσας τὰς Μανιχαϊκὰς βίβλους οἶον τὸ νεκροποιὸν αὐτῶν εὐαγγέλιον ὅπερ ζῶν καλοῦσι καὶ τὸν Θησαυρὸν τοῦ θανάτου, ἐν λέγουσι Θησαυρὸν ζωῆς· καὶ τὴν καλουμένην μυστηρίων βίβλον, ἐν ᾗ ἀνατρέπειν πειρῶνται νόμον καὶ προφήτας. καὶ τὴν τῶν ἀποκρύφων· καὶ τὴν τῶν ἀπομνημονευμάτων· καὶ τὴν γεγραμμένην Ἄδᾳ καὶ Ἀδειμάντῳ κατὰ Μωϋσέως καὶ τῶν ἄλλων

προφητῶν· καὶ τὴν λεγομένην ἑπτάλογον Ἀγαπίου· καὶ τὴν Ἀριστο-
κρίτου βίβλον ἣν ἐπέγραψε θεοσοφίαν ἐν ᾗ πειρᾶται δεικνύναι τὸν
Ἰουδαϊσμὸν καὶ τὸν Ἑλληνισμὸν καὶ τὸν Χριστιανισμὸν καὶ τὸν Μανι-
χαϊσμὸν ἓν εἶναι καὶ τὸ αὐτὸ δόγμα, καὶ ἵνα πιθανὰ δόξῃ λέγειν,
καθάπτεται καὶ τοῦ Μάνεντος ὡς πονηροῦ.

Ἀνατ. πάντας τοὺς ἀρχηγοὺς αὐτῶν, καὶ διδασκάλους καὶ ἐπι-
σκόπους καὶ πρεσβυτέρους καὶ ἐκλεκτοὺς καὶ ἐκλεκτὰς καὶ ἀκροατὰς
καὶ μαθητὰς μετὰ τῶν ψυχῶν αὐτῶν καὶ σωμάτων.

Ἀνατ. τὸν πατέρα Μάνεντος Πατέκιον οἷα ψεύστην καὶ τοῦ ψευδοῦς πατέρα καὶ τὴν αὐτοῦ μητέρα Κάροσσαν καὶ Ἱέρακα καὶ Ἡρα-
κλείδην καὶ Ἀφθόνιον τοὺς ὑπομνηματιστὰς καὶ ἐξηγητὰς τῶν τούτου
συγγραμμάτων καὶ τοὺς λοιποὺς αὐτοῦ μαθητὰς ἅπαντας, Σισίννιον
τὸν διάδοχον τῆς τούτου μανίας, Θωμᾶν τὸν συνταξάμενον τὸ κατ'
αὐτὸν λεγόμενον εὐαγγέλιον, Βουδᾶν, Ἑρμᾶν, Ἀδείμαντον, Ζαρούαν [1]),
Γαβριάβιον, Ἀγάπιον, Ἱλάριον, Ὀλύμπιον, Ἀριστόχριτον, Ζαλμαῖον,
Ἰανναῖον, Πάπιν, Βαραίαν καὶ προσέτι τοὺς ἐσχάτοις ὕστερον χρό-
νοις προστατήσαντας τῆς αἱρέσεως Παῦλον καὶ Ἰωάννην τοὺς Καλλι-
νίκης παῖδας.

---

[1]) Wohl zu lesen Ζαχούαν = dem Zakwâ des Fihrist.

Nachträge und Berichtigungen.

I, 40 zu i neben â im Auslaute (יוחני neben יוחנא) vergleiche man auch die Eigennamen der Märtyrer in den Act. Martyr. ed. Assem. I, p. 216 (bei Roediger, chrest. syr. 2. A. S. 89) Z. 9 ff. نهرى Mahri, حبيبى Ḥabibi, neben ܙܒܝܢܐ Zebinâ und ܣܒܐ Sâbhâ. Es sind Babylonier, deren einige auch jüdische (Lâzâr, Elia), persische (Narsê) und neuhebräische Namen (ܒܝܬܐܠܗܐ „Gott ist sein Haus", cf. שִׁמְחַי) führen.

I, 28 Anmerk. 1 Z. 7 vom Ende ist genauer zu sagen: Manôśćithra, mittelpersisch (Pehlewi) Manośćihr, neuper-Minućihr.

I, 42 Z. 7 von oben muss zur Vollständigkeit der Erklärung des „Cubricus" aus شربك noch hinzugefügt werden: „Ebenso ist [wie das „Ku" aus mandäischem Schin] das b aus mandäischem r, welches der Urheber als ein Estrangelâ-b ansah, entstanden. Mandäisches Jod ist dann als das syrische (Estrangelâ)-Resch gelesen worden und das i in Kubricus ist wohl der Haken des mandäischen k finale. Ich bin fest überzeugt, dass das Κουβρικος Cubricus so aus שריך entstanden ist.

Zu I, 59,60. Ueber das indoscythische Reich cf. auch J. Darmesteter im Journ. asiatique VIII sér. tom. X nr. 1 (Jouillet-Aout) 1887 S. 59 ff. Ferner Gutschmid, Artikel Persia II (Greek and Parthian Empires) in der Encyclop. Britann. p. 582 ff. Ders., Geschichte Irans von Alexander d. Gr. an, Tübingen 1888 S. 106 ff. — Percy Gardner, The coins of the Greek and Scythic Kings of Bactria and India. — A. von Sallet, Die Nachfolger Alexander's des Grossen. — Reinand, Mémoire sur l'Inde p. 95. Gutschmid, Rhein. Museum 1864.

I, 139 u. ff. zu „Scythianus". Die gewöhnliche Schreibung im Syrischen ist die mit ܠ, nicht mit ܛ, also ܣܩܘܬܝܠܐ, ܠ dem griechischen θ entsprechend. Doch die mit ܛ wird auch angewandt.

Zu I, 171 (Sprache der Acta Archelai). Syrisches Original haben z. B. auch die Acten der heiligen Sire, Acta Sanct. 18. Mai. Hier ist in Nachwirkung der Verlesung von syrischem ܖܪ als ܪܪ immer Δάρ statt Ραδ (persisch Radh, pehlewi Rat, im Avesta ratu „Oberster") als Bezeichnung eines hohen persischen Beamten zu lesen. Nöldeke, Tabari S. 447.

Zu I, 209 Mitte, [jeder Abschnitt des „Evangeliums" des Mani hiess selbst „Evangelium"]. Ebenso heisst in der Mischna jeder kleinere Abschnitt selbst „Mischna".

I. 225 (Z. 5) vor Ende Γαβριαβιος נְבְרִיאָבָא (oder vielmehr נְבְרִיאָבִי, mein Mann ist „mein Vater" d. i. Gott) scheint in der Bedeutung mit נְבְרִיאֵל „mein Mann ist Gott" übereinzustimmen, indem für „Gott" 'El hier „mein Vater" gesagt ist. Also wieder führt ein Manichäer einen jüdisch-babylonischen Eigennamen.

I, 228 zu nr. 39 Ende (Deutung von سكني). Oder sollte سكني محلب صحاب gleich صحاب Karkhēni sein, bei Hoffmann Märtyrer S. 272 Z. 11 v. u. (des Textes), neuerer Name der Stadt ܟܪܟܐ ܕܦܝܪܘܙ Karchà dē Pērôz.

I, 230 oben (zum Namen زـوا) וְבַיָא steht wohl für זְבָיַי = זְבָיָה (wie עֶזְרָא עֶזְרָי = עֶזְרַי), wieder mit dem verkürzten Gottesnamen.

I, 306 Z. 8 v. u. AlBîrûni's India ist jetzt (1887) gleichfalls edirt von Ed. Sachau. London, Trübner and Co.

I, 361 Anm. 3. Herodot nennt (I, 131) bekanntlich τὴν Μίτραν als Gottheit der Perser durch Verwechselung des ὁ Μίτρας (= Marduk) mit ἡ Ἀναΐτις (Anahita = Istar).

NABATÄISCHE INSCHRIFTEN

AUS

ARABIEN

VON

JULIUS EUTING.

HERAUSGEGEBEN MIT UNTERSTÜTZUNG DER KÖNIGLICH
PREUSSISCHEN AKADEMIE DER WISSENSCHAFTEN.

MIT 29 LICHTDRUCKTAFELN.

PREIS: 24 MARK.

Muhammed in Medina.

Das ist

Vakidi's Kitab alMaghazi

in verkürzter deutscher Wiedergabe

herausgegeben

von

J. Wellhausen.

Preis: 12 Mark.

Prolegomena

zur

Geschichte Israels.

Von

J. Wellhausen.

Dritte Ausgabe.

Preis: 8 Mark.

Skizzen und Vorarbeiten

von

J. Wellhausen.

Heft III.

Reste arabischen Heidentumes.

Preis: 8 Mark.